U0496864

中 外 人 文 大 讲 堂

这是一座浓缩了古今中外历史文化常识的知识宝库，既是一本精华版的、方便的百科辞典，又可以成为休闲生活中不可缺少的文化快餐：为你提供你最想知道的、最需要知道的、最应该知道的历史文化常识。

中侨大讲堂

刘凤珍 主编

中外人文大讲堂

周曲 ◎ 编著

中国华侨出版社

图书在版编目（CIP）数据

中外人文大讲堂 / 周曲编著．— 北京：中国华侨出版社，2016.12
（中侨大讲堂 / 刘凤珍主编）
ISBN 978-7-5113-6510-1

Ⅰ．①中… Ⅱ．①周… Ⅲ．①人文科学－研究－世界 Ⅳ．①C

中国版本图书馆CIP数据核字（2016）第286042号

中外人文大讲堂

编　　著 / 周　曲
丛书主编 / 刘凤珍
总 审 定 / 江　冰
出 版 人 / 方　鸣
责任编辑 / 冰　馨
封面设计 / 杨　琪
经　　销 / 新华书店
开　　本 / 720mm×1010mm　1/16　印张：24　字数：510千字
印　　刷 / 北京鑫国彩印刷制版有限公司
版　　次 / 2017年6月第1版　2017年6月第1次印刷
书　　号 / ISBN 978-7-5113-6510-1
定　　价 / 48.00元

中国华侨出版社　北京市朝阳区静安里26号通成达大厦3层　邮编：100028
法律顾问：陈鹰律师事务所
发行部：（010）64443051　　　　传　真：（010）64439708
网　址：www.oveaschin.com　　　E-mail：oveaschin@sina.com

如发现图书质量有问题，可联系调换。

前言

一个人拥有的历史文化知识和常识往往是其综合素质和能力的体现，了解和掌握必要的历史文化常识，有利于丰富知识储备，完善个人素质，为走向成功的人生打下坚实的基础。然而，历史文化是一个包罗万象的体系，浩如烟海，无穷无尽，任何一个人对人类历史文化都无法做到面面俱到、事无巨细的了解。即便是专业人士，所掌握的历史文化常识也不过是人类历史文化的冰山一角，对于大多数人来说，更是存在着难以计数的历史文化盲区。

为了帮助读者更方便、更轻松、更快捷地了解和掌握必要的历史文化常识，开阔文化视野，丰富知识储备，提高人文修养，编者对浩如烟海的历史文化材料进行了适当的取舍，选取了读者最感兴趣且最实用的内容，推出了本书。本书是瞭望中外历史文化的一个窗口，透过这个窗口，读者可以对中外历史文化有一个全面而系统的了解。全书分为中国历史常识、世界历史常识、中国名人常识、世界名人常识、中国军事常识、世界军事常识、中国文学常识、世界文学常识等卷，从政治经济到历史宗教，从官制法律到军事兵器，从天文历法到文学艺术，从医药科技到民俗礼仪，以历史、文化为主线，通过科学的体例、图文结合的方式，分门别类地介绍了1000多个常识，涉及人们在学习、工作、生活中最常用的历史文化知识，资料翔实，语言简练，内容全面，脉络清晰。为了方便阅读，本书以词条的形式，把丰富而又零散的知识和史料系统地串在一起，力求为读者在文化的群峰间标画一些简明的线路，在历史的长河中铺设一条有浮标的缆索。

这是一座浓缩了古今中外历史文化常识的知识宝库，覆盖面大，涉猎面广，集知识性、趣味性、科学性于一体，具有超强的参考性与指导性，既是一本精华版的、方便的百科辞典，又可以成为休闲生活中不可缺少的文化快餐：为读者提供最想知道的、最需要知道的、最应该知道的历史文化常识。一书在手，让读者在畅游广阔的历史文化知识海洋的同时，享受无与伦比的阅读感受。

目录 Contents

第一篇　中国历史常识

华夏源头

元谋猿人 2
蓝田猿人 2
北京猿人 2
山顶洞人 2
仰韶文化 3
河姆渡文化 3
大汶口文化 3
炎　帝 3
黄　帝 4
尧舜禅让 4
大禹治水 4
夏朝兴亡 5
商汤建国 5
盘庚迁殷 5
周武王灭商 5
周公摄政 6
国人暴动 6
西周灭亡 6

中原争霸

春秋五霸 6
吴越争霸 7
三家分晋 7
战国七雄 7
商鞅变法 8
荆轲刺秦王 8

九州一统

秦灭六国 8
统一度量衡、货币和文字 9
焚书坑儒 9
大泽乡起义 9
巨鹿之战 10
楚汉相争 10
吕后称制 10
文景之治 10
吴楚七国之乱 11
罢黜百家，独尊儒术 11
张骞通西域 11
王莽改制 12
光武中兴 12
班超通西域 12
党锢之祸 12
黄巾大起义 13
蔡伦改进造纸术 13

离析与交融

官渡之战 13
赤壁之战 14
曹魏概况 14
蜀汉兴衰 14
东吴概况 14
两晋兴衰 15
八王之乱 15

中外人文大讲堂

五胡十六国..........15	明朝建立..........26
祖逖北伐..........15	靖难之役..........27
南　朝..........16	郑和下西洋..........27
北　朝..........16	戚继光抗倭..........27
北魏孝文帝改革..........16	张居正改革..........27
	明朝援朝战争..........28
乾坤变幻	李自成起义..........28
隋的建立..........17	清朝建立..........28
三征高句丽..........17	清军入关..........29
隋末农民起义..........17	郑成功收复台湾..........29
唐朝开国..........18	平定三藩..........29
玄武门之变..........18	土尔扈特部回归祖国..........29
贞观之治..........18	大小和卓叛乱..........30
文成公主和亲..........19	雅克萨自卫反击战..........30
鉴真东渡..........19	文字狱..........30
玄奘取经..........19	鸦片战争..........31
武则天称帝..........19	第二次鸦片战争..........31
开元盛世..........20	太平天国运动..........31
安史之乱..........20	辛酉政变..........32
藩镇割据..........20	洋务运动..........32
唐末农民战争..........20	中法战争..........32
五代十国..........21	中日甲午战争..........33
	戊戌变法..........33
王朝更迭	义和团运动..........33
北宋建立..........21	八国联军侵华战争..........34
庆历新政..........21	
辽国建立..........22	**民主与新生**
王安石变法..........22	武昌起义..........34
宋辽澶渊之盟..........22	清帝退位..........34
西夏建立..........23	中华民国成立..........34
金国建立..........23	二次革命..........35
靖康之变..........23	袁世凯称帝..........35
南宋建立..........24	新文化运动..........35
岳飞抗金..........24	"五四"爱国运动..........36
蒙古汗国建立..........24	中国共产党成立..........36
成吉思汗西征..........24	第一次国共合作..........36
元朝建立..........25	北伐战争..........36
文天祥抗元..........25	"四一二"反革命政变..........37
马可·波罗来华..........25	"七一五"反革命政变..........37
红巾军大起义..........25	南昌起义..........37
活字印刷术..........26	秋收起义..........38
火药的发明和使用..........26	井冈山会师..........38

南京国民政府 38
皇姑屯事件 38
遵义会议 39
"九一八"事变 39
"一·二八"事变 39
抗日救亡运动 40
"一二·九"运动 40
西安事变 40
七七事变 41
第二次国共合作 41
南京大屠杀 41
徐州会战 42
武汉会战 42
百团大战 42
皖南事变 43
辽沈战役 43
淮海战役 43
平津战役 44
渡江战役 44
中华人民共和国成立 44

第二篇　世界历史常识

世界古代史

古代埃及 46
古巴比伦王国 46
亚述帝国 46
新巴比伦王国 47
腓尼基 47
以色列王国 47
犹太王国 47
波斯帝国 48
迦太基 48
爱琴文明 48
斯巴达 48
雅　典 49
梭伦改革 49
伯里克利改革 49
马其顿王国 50
亚历山大远征 50
罗马共和国 50

罗马帝国 50
日耳曼人大迁徙 51
法兰克王国 51
查理曼帝国 51
西欧封建庄园 52
英吉利王国 52
诺曼征服 52
玫瑰战争 53
都铎王朝 53
圈地运动 53
斯图亚特王朝 53
文艺复兴 54
神圣罗马帝国 54
宗教改革运动 54
德国农民战争 55
拜占廷帝国 55
拉丁帝国 55
麦哲伦环球航行 56
尼德兰革命 56
莫斯科大公国 56
新罗统一朝鲜 57
高丽王朝 57
李　朝 57
壬辰卫国战争 58
大和国家 58
大化改新 58
幕府政治 58
奥斯曼帝国 59
帖木儿帝国 59

世界近代史

英国资产阶级革命 59
光荣革命 60
英国工业革命 60
宪章运动 61
法国资产阶级革命 61
启蒙运动 61
法兰西第一共和国 62
热月政变 62
雾月政变 62
法兰西第一帝国 62

七月革命 …………………… 63	
法国二月革命 ………………… 63	
法兰西第二共和国 …………… 63	
法兰西第二帝国 ……………… 64	
法兰西第三共和国 …………… 64	
巴黎公社 ……………………… 64	
彼得一世改革 ………………… 65	
俄土战争 ……………………… 65	
俄法1812年战争 ……………… 65	
俄国1861年改革 ……………… 66	
流血星期日 …………………… 66	
俄国1905年革命 ……………… 66	
俄国二月革命 ………………… 66	
普鲁士王国 …………………… 67	
西里西亚织工起义 …………… 67	
1848年德国革命 ……………… 67	
普奥战争 ……………………… 68	
普法战争 ……………………… 68	
意大利统一运动 ……………… 68	
波士顿倾茶事件 ……………… 69	
莱克星顿枪声 ………………… 69	
大陆会议 ……………………… 69	
《独立宣言》 ………………… 69	
西进运动 ……………………… 70	
门罗主义 ……………………… 70	
美墨战争 ……………………… 70	
美国废奴运动 ………………… 71	
美国内战 ……………………… 71	
海地革命 ……………………… 71	
多洛雷斯呼声 ………………… 71	
墨西哥资产阶级革命 ………… 72	
明治维新 ……………………… 72	
武装倒幕 ……………………… 72	
日俄战争 ……………………… 73	
朝鲜甲午农民战争 …………… 73	
义兵运动 ……………………… 73	
爪哇人民起义 ………………… 74	
印度民族起义 ………………… 74	
菲律宾独立战争 ……………… 74	
马赫迪反英大起义 …………… 74	
萨拉热窝事件 ………………… 75	
第一次世界大战 ……………… 75

世界现代史

十月革命 ……………………… 75	
苏维埃国内战争 ……………… 76	
德国十一月革命 ……………… 76	
魏玛共和国 …………………… 76	
德意志第三帝国 ……………… 77	
国会纵火案 …………………… 77	
向罗马进军 …………………… 77	
自由法国运动 ………………… 78	
西班牙资产阶级民主革命 …… 78	
西班牙内战 …………………… 78	
匈牙利苏维埃共和国 ………… 78	
罗马尼亚八二三起义 ………… 79	
二二六兵变 …………………… 79	
朝鲜三一运动 ………………… 79	
阿姆利则惨案 ………………… 80	
非暴力不合作运动 …………… 80	
土耳其凯末尔革命 …………… 80	
罗斯福新政 …………………… 81	
埃及独立运动 ………………… 81	
埃塞俄比亚抗意民族战争 …… 81	
资本主义世界经济大危机 …… 82	
慕尼黑会议 …………………… 82	
苏台德事件 …………………… 82	
苏德条约 ……………………… 82	
第二次世界大战 ……………… 83	
开罗宣言 ……………………… 83	
德黑兰会议 …………………… 83	
雅尔塔会议 …………………… 84	
波茨坦会议 …………………… 84

世界当代史

苏共第二十次代表大会 ……… 84	
赫鲁晓夫经济改革 …………… 85	
战后两个德国的形成 ………… 85	
法兰西第四共和国 …………… 85	
法兰西第五共和国 …………… 85	
布拉格之春 …………………… 86	
匈牙利事件 …………………… 86	
波兹南事件 …………………… 87

日本战后改革 87
朝鲜的分裂 87
朝鲜人民抗美救国战争 87
越南抗法战争 88
越南抗美救国战争 88
印巴分治 88
伊朗石油国有化运动 89
杜鲁门主义 89
美国黑人民权运动 89
尼克松主义 90
里根"复兴经济计划" 90
古巴革命 90
埃及七月革命 91
南非种族隔离制度 91
"茅茅"运动 91
苏南冲突 91
美苏争霸 92
万隆会议 92
柏林危机 93
古巴导弹危机 93
苏联侵捷事件 93
阿富汗抗苏战争 93
东欧剧变 94
苏联解体 94

第三篇　中国名人常识

政治军事名人

商　汤 96
盘　庚 96
姜　尚 96
周武王 96
晋文公 97
楚庄王 97
管　仲 97
齐桓公 97
孙　武 98
孙　膑 98
越王勾践 98
秦始皇 99
汉高祖 99

项　羽 99
张　良 99
韩　信 100
汉文帝 100
汉景帝 100
李　广 101
汉武帝 101
卫　青 101
汉光武帝 101
曹　操 102
刘　备 102
诸葛亮 102
孙　权 103
晋武帝 103
隋文帝 103
唐太宗 103
房玄龄 104
魏　徵 104
武则天 104
唐玄宗 105
郭子仪 105
辽太祖 105
宋太祖 105
司马光 106
王安石 106
金太祖 106
成吉思汗 106
元世祖 107
文天祥 107
明太祖 107
明成祖 108
努尔哈赤 108
李自成 108
郑成功 108
康　熙 109
雍　正 109
乾　隆 109
林则徐 110
洪秀全 110
康有为 110
孙中山 110
陈独秀 111

李大钊 111

科技经济名人

鲁　班 111
扁　鹊 111
李　冰 112
蔡　伦 112
张　衡 112
华　佗 113
张仲景 113
祖冲之 113
陶弘景 113
郦道元 114
贾思勰 114
孙思邈 114
僧一行 115
毕　昇 115
沈　括 115
黄道婆 115
郭守敬 116
李时珍 116
徐光启 116
徐霞客 117
宋应星 117
李善兰 117
徐　寿 118
华蘅芳 118
张　謇 118
詹天佑 118
冯　如 119
李四光 119
竺可桢 119
茅以升 120
苏步青 120
华罗庚 120
钱三强 120
邓稼先 121
陈景润 121

思想学术名人

老　子 121
孔　丘 122
墨　子 122
孟　子 122
庄　子 123
荀　子 123
韩　非 123
董仲舒 124
王　充 124
范　缜 124
刘　勰 124
程　颢 124
程　颐 125
朱　熹 125
王阳明 125
黄宗羲 126
顾炎武 126
王夫之 126
魏　源 126
黄遵宪 127
严　复 127
蔡元培 127
章太炎 127
王国维 128
陈寅恪 128
陶行知 128
梁漱溟 129
冯友兰 129

艺术名人

俞伯牙 129
钟　繇 129
王羲之 130
顾恺之 130
欧阳询 130
虞世南 131
褚遂良 131
阎立本 131
颜真卿 131
吴道子 132
张　旭 132
怀　素 132
柳公权 132

米 芾	133
张择端	133
赵孟頫	133
黄公望	134
倪 瓒	134
王 冕	134
唐 寅	134
仇 英	135
董其昌	135
陈洪绶	135
朱 耷	135
石 涛	136
郑板桥	136
程长庚	136
吴昌硕	137
谭鑫培	137
齐白石	137
黄宾虹	137
梅兰芳	138
刘海粟	138
徐悲鸿	138
潘天寿	138
尚小云	139
荀慧生	139
张大千	139
傅抱石	139
冼星海	140
李可染	140
聂 耳	140

第四篇　世界名人常识

政治军事名人

汉谟拉比	142
居鲁士	142
大流士一世	142
亚历山大	142
汉尼拔	143
恺 撒	143
奥古斯都	143
君士坦丁大帝	144
查士丁尼	144
查理大帝	144
腓特烈一世	144
帖木儿	145
伊丽莎白一世	145
彼得一世	145
克伦威尔	146
腓特烈二世	146
叶卡捷琳娜二世	146
华盛顿	146
罗伯斯庇尔	147
拿破仑	147
玻利瓦尔	147
加里波第	148
林 肯	148
明治天皇	148
俾斯麦	149
甘 地	149
列 宁	149
丘吉尔	149
麦克阿瑟	150
斯大林	150
罗斯福	150
墨索里尼	151
杜鲁门	151
巴 顿	151
蒙哥马利	152
希特勒	152
尼赫鲁	152
戴高乐	153
艾森豪威尔	153
胡志明	153
铁 托	153
赫鲁晓夫	154
苏加诺	154
金日成	154

科技经济名人

欧几里得	155
阿基米德	155
托勒密	155
哥白尼	155

布鲁诺..................156
伽利略..................156
哈　维..................156
牛　顿..................157
哈　雷..................157
哥德巴赫................157
林　奈..................158
瓦　特..................158
拉瓦锡..................158
琴　纳..................159
富尔敦..................159
安　培..................159
高　斯..................159
史蒂芬森................160
法拉第..................160
达尔文..................160
南丁格尔................160
诺贝尔..................161
门捷列夫................161
贝　尔..................161
爱迪生..................162
伦　琴..................162
普朗克..................162
居里夫人................163
莱特兄弟................163
卢瑟福..................163
爱因斯坦................163
弗莱明..................164
冯·诺伊曼..............164
约翰·洛克菲勒..........165
亨利·福特..............165
贾尼尼..................165

思想学术名人

泰勒斯..................165
苏格拉底................166
柏拉图..................166
亚里士多德..............166
托马斯·阿奎那..........167
马丁·路德..............167
加尔文..................167
培　根..................168

霍布斯..................168
笛卡儿..................168
洛　克..................168
孟德斯鸠................169
伏尔泰..................169
狄德罗..................169
卢　梭..................169
亚当·斯密..............170
康　德..................170
边　沁..................170
圣西门..................171
马尔萨斯................171
黑格尔..................171
欧　文..................171
傅立叶..................172
叔本华..................172
费尔巴哈................172
马克思..................173
恩格斯..................173
斯宾塞..................173
尼　采..................174
弗洛伊德................174
杜　威..................174
罗　素..................175
荣　格..................175
凯恩斯..................175
维特根斯坦..............175
海德格尔................176
萨　特..................176

艺术名人

米　隆..................176
乔　托..................177
波提切利................177
达·芬奇................177
丢　勒..................178
米开朗琪罗..............178
拉斐尔..................178
提　香..................178
鲁本斯..................179
伦勃朗..................179
巴　赫..................179

亨德尔 …………………… 180	长勺之战 …………………… 192
海　顿 …………………… 180	假途灭虢之战 ……………… 192
莫扎特 …………………… 180	齐国图霸战 ………………… 192
贝多芬 …………………… 180	泓水之战 …………………… 193
帕格尼尼 ………………… 181	晋楚之战 …………………… 193
舒伯特 …………………… 181	晋楚鄢陵之战 ……………… 193
门德尔松 ………………… 181	晋阳之战 …………………… 194
舒　曼 …………………… 182	吴楚战争 …………………… 194
肖　邦 …………………… 182	吴越战争 …………………… 194
李斯特 …………………… 182	桂陵之战 …………………… 195
威尔第 …………………… 182	马陵之战 …………………… 195
约翰·施特劳斯 …………… 183	伊阙之战 …………………… 195
马　奈 …………………… 183	长平之战 …………………… 195
塞　尚 …………………… 183	邯郸之战 …………………… 196
莫　奈 …………………… 184	
柴科夫斯基 ……………… 184	**秦汉军事**
罗　丹 …………………… 184	蒙恬北击匈奴 ……………… 196
列　宾 …………………… 185	秦平百越 …………………… 196
高　更 …………………… 185	井陉之战 …………………… 197
凡　高 …………………… 185	垓下之战 …………………… 197
德彪西 …………………… 185	河南、漠南之战 …………… 198
卢米埃尔兄弟 …………… 186	河西之战 …………………… 198
邓　肯 …………………… 186	漠北之战 …………………… 198
毕加索 …………………… 187	武帝降服南越国 …………… 198
杜　尚 …………………… 187	绿林、赤眉起义 …………… 199
卓别林 …………………… 187	昆阳之战 …………………… 199
希区柯克 ………………… 187	东汉统一之战 ……………… 199
布烈松 …………………… 188	东汉与北匈奴之战 ………… 200
达　利 …………………… 188	
黑泽明 …………………… 188	**魏晋南北朝军事**

第五篇　中国军事常识

	义兵讨董卓 ………………… 200
	曹操征乌桓 ………………… 200
	吕蒙袭荆州 ………………… 201
先秦军事	夷陵之战 …………………… 201
阪泉之战 ………………… 190	诸葛亮南征 ………………… 201
涿鹿之战 ………………… 190	诸葛亮北伐 ………………… 202
鸣条之战 ………………… 190	魏灭蜀之战 ………………… 202
牧野之战 ………………… 191	晋灭吴之战 ………………… 202
穆王西征 ………………… 191	桓温北伐 …………………… 203
"宣王中兴"战争 ………… 191	淝水之战 …………………… 203
平原野战 ………………… 191	北魏太武帝统一北方之战 … 203
	宋魏战争 …………………… 204

北周武帝统一北方..............204

隋唐五代军事

隋灭陈之战....................204
李渊晋阳起兵..................205
洛阳虎牢关之战................205
唐与东突厥之战................205
唐与西突厥之战................206
唐对高句丽、百济的战争........206
唐与吐蕃的和战................206
唐与南诏的和战................207
王仙芝、黄巢起义..............207
屯 田........................207
募兵制........................207
火药的发明....................208
禁军的创建....................208

宋元军事

陈桥驿兵变....................208
杯酒释兵权....................209
会战幽州......................209
澶渊之盟......................209
宋夏和战......................210
金灭辽之战....................210
金灭北宋之战..................210
韩世忠大战黄天荡..............211
钟相、杨幺起义................211
采石之战......................211
唐岛之战......................212
蒙古西征......................212
蒙古联宋灭金之战..............212
伯颜取临安之战................213
元末红巾大起义................213

明清军事

鄱阳湖之战....................213
徐达北伐大都..................213
明成祖远征漠北................214
北京保卫战....................214
倭寇的骚扰与平定..............214
萨尔浒之战....................215
明末农民起义..................215

山海关之战....................215
努尔哈赤创八旗................216
明末的抗清斗争................216
清统一台湾之战................216
平定噶尔丹叛乱................217
平定大小金川叛乱..............217
太平军北伐....................217
太平军西征....................218
太平军二破江南大营............218
安庆保卫战....................218
马尾海战......................219
镇南关大捷....................219
黄海海战......................219
辽东半岛之战..................220
淮 军........................220
北洋水师......................220
辛亥革命......................220

民国军事

护国战争......................221
护法战争......................221
直皖战争......................222
粤桂战争......................222
孙中山北伐....................222

第六篇 世界军事常识

古代军事

卡叠什之战....................224
希波战争......................224
马拉松之战....................224
温泉关之战....................225
萨拉米海战....................225
伯罗奔尼撒战争................225
西西里战争....................226
高加米拉之战..................226
第一次布匿战争................226
利帕里海战....................227
第二次布匿战争................227
坎尼之战......................228
扎马之战......................228

第三次布匿战争................228
马其顿战争....................229
叙利亚战争....................229
斯巴达克起义..................229
高卢战争......................230
罗马内战......................230
亚克兴海战....................230
帕提亚战争....................231
卡雷之战......................231
阿德里安堡之战................232
沙隆之战......................232

中古军事

波拜战争......................232
东哥特战争....................233
戒日王的攻略..................233
君士坦丁之围..................233
普瓦捷之战....................234
拜保之战......................234
黑斯廷斯之战..................234
德国远征意大利................235
绍约河之战....................235
涅瓦河之战....................235
英法百年战争..................236
胡斯战争......................236
露梁海战......................237

近代军事

莫卧儿帝国的征服..............237
奥土战争......................237
无敌舰队之战..................238
三十年战争....................238
英荷战争......................238
北方战争......................239
魁北克之战....................239
瓦尔密会战....................239
英国征服印度..................240
里沃利会战....................240
法国入侵西班牙................240
拿破仑远征俄国................241
第二次美英战争................241
莱比锡会战....................241

滑铁卢会战....................242
阿亚库巧战役..................242
英缅战争......................243
阿富汗抗英战争................243
美墨战争......................243
克里米亚战争..................244
葛底斯堡之战..................244
日本戊辰战争..................244
色当之战......................245
美西战争......................245
英布战争......................245
旅顺口之战....................246
对马海战......................246
意土战争......................247
巴尔干战争....................247
马恩河战役....................248
东普鲁士之战..................248
凡尔登战役....................248
索姆河战役....................249
日德兰海战....................249

现代军事

苏俄内战......................249
苏波战争......................250
埃塞俄比亚抗意战争............250
苏芬战争......................250
德国闪击波兰..................251
敦刻尔克大撤退................251
不列颠空战....................252
克里特岛战役..................252
苏德战争......................252
列宁格勒战役..................253
莫斯科保卫战..................253
太平洋战争....................253
中途岛海战....................254
斯大林格勒战役................254
阿拉曼战役....................254
北非登陆战役..................255
塞班岛战役....................255
西西里岛登陆战役..............256
意大利南部战役................256
克里米亚战役..................256

诺曼底登陆..................257
硫磺岛战役..................257
柏林战役....................257
冲绳战役....................258
美军轰炸日本本土............258
苏日战争....................258
奠边府战役..................259
印巴战争....................259
中东战争....................259
两伊战争....................260
马岛战争....................260
海湾战争....................261
波黑内战....................261
科索沃战争..................261
阿富汗战争..................262
伊拉克战争..................262

第七篇　中国文学常识

先秦两汉文学

屈　原......................264
司马相如....................264
司马迁......................264
班　固......................265
《诗经》....................265
《楚辞》....................265
《山海经》..................266
汉　赋......................266
汉乐府......................266
《古诗十九首》..............267

魏晋南北朝文学

王　粲......................267
阮　籍......................267
嵇　康......................268
左　思......................268
陆　机......................268
干　宝......................268
陶渊明......................268
谢灵运......................269
鲍　照......................269

谢　朓......................270
《世说新语》................270
《文选》....................270
木兰诗......................271
正始文学....................271
游仙诗......................271
玄言诗......................271
山水田园诗..................271

隋唐五代文学

卢照邻......................272
骆宾王......................272
王　勃......................272
杨　炯......................273
贺知章......................273
陈子昂......................274
张九龄......................274
王之涣......................274
孟浩然......................274
王昌龄......................275
王　维......................275
李　白......................275
高　适......................276
杜　甫......................276
岑　参......................277
韩　愈......................277
白居易......................277
刘禹锡......................278
柳宗元......................278
元　稹......................278
李　贺......................279
杜　牧......................279
李商隐......................279
温庭筠......................280
韦　庄......................280
冯延巳......................280
李　煜......................280
新乐府运动..................281
古文运动....................281
唐传奇......................281

宋与金元文学

- 柳 永 282
- 范仲淹 282
- 晏 殊 282
- 欧阳修 283
- 苏 洵 283
- 曾 巩 283
- 苏 轼 284
- 苏 辙 284
- 秦 观 284
- 李清照 285
- 陆 游 285
- 辛弃疾 285
- 姜 夔 286
- 白 朴 286
- 马致远 286
- 郑光祖 287
- 王实甫 287
- 纪君祥 287
- 张养浩 288
- 张可久 288
- 西昆体 288
- 诚斋体 288
- 诸宫调 288
- 杂 剧 289
- 南 戏 289

明代文学

- 宋 濂 289
- 施耐庵 289
- 罗贯中 290
- 吴承恩 290
- 兰陵笑笑生 291
- 汤显祖 291
- 冯梦龙 291
- 凌濛初 292
- 临川派 292
- 吴江派 292
- 公安派 292
- 竟陵派 293
- 拟话本 293

清代与近代文学

- 李 渔 293
- 蒲松龄 293
- 洪 昇 294
- 孔尚任 294
- 纳兰性德 294
- 方 苞 295
- 吴敬梓 295
- 曹雪芹 295
- 袁 枚 296
- 姚 鼐 296
- 李汝珍 296
- 龚自珍 297
- 刘 鹗 297
- 吴趼人 297
- 李宝嘉 297
- 曾 朴 298
- 阳羡词派 298
- 神韵派 298
- 格调派 298
- 性灵派 299
- 桐城派 299

现当代文学

- 鲁 迅 299
- 胡 适 300
- 刘半农 300
- 郭沫若 300
- 徐志摩 300
- 叶圣陶 301
- 林语堂 301
- 郁达夫 302
- 邹韬奋 302
- 茅 盾 302
- 丰子恺 303
- 庐 隐 303
- 郑振铎 303
- 朱自清 304
- 老 舍 304
- 闻一多 304
- 俞平伯 304
- 冰 心 305

夏　衍	305
沈从文	305
梁实秋	305
巴　金	306
丁　玲	306
戴望舒	307
臧克家	307
李健吾	307
赵树理	307
艾　青	308
曹　禺	308
钱钟书	308
萧　红	309
孙　犁	309
杨　朔	309
魏　巍	309
汪曾祺	310
张爱玲	310
余光中	310

第八篇　世界文学常识

欧洲古代文学

荷　马	312
伊　索	312
埃斯库罗斯	312
索福克勒斯	313
欧里庇得斯	313
阿里斯托芬	313
维吉尔	314
贺拉斯	314
史　诗	314
十四行诗	315

欧洲中世纪文学

亚瑟王传奇	315
四大民族史诗	315
但　丁	316
骑士文学	316
埃　达	316
萨　迦	316

欧洲文艺复兴时期文学

彼特拉克	317
薄伽丘	317
乔　叟	318
拉伯雷	318
蒙　田	318
塞万提斯	319
莎士比亚	319
流浪汉小说	319
牧　歌	320

17世纪欧洲文学

高乃依	320
弥尔顿	321
拉封丹	321
莫里哀	321
拉　辛	322
古典主义	322

18世纪欧美文学

笛　福	322
斯威夫特	323
莱　辛	323
萨　德	323
歌　德	323
彭　斯	324
席　勒	324
奥斯丁	324
济　慈	325
哥特小说	325
狂飙突进	325

19世纪欧美文学

司汤达	326
格林兄弟	326
拜　伦	326
雪　莱	327
海　涅	327
普希金	327
巴尔扎克	328
大仲马	328
雨　果	328

爱默生	329
乔治·桑	329
安徒生	329
勃朗宁夫人	330
爱伦·坡	330
果戈理	330
狄更斯	331
勃朗特姐妹	331
屠格涅夫	331
惠特曼	331
波德莱尔	332
福楼拜	332
陀思妥耶夫斯基	332
裴多菲	333
奥斯特洛夫斯基	333
小仲马	333
车尔尼雪夫斯基	333
易卜生	334
列夫·托尔斯泰	334
狄金森	334
马克·吐温	335
都德	335
左拉	335
哈代	336
霍桑	336
莫泊桑	337
柯南道尔	337
契诃夫	337
欧·亨利	338
杰克·伦敦	338
自然主义	338
浪漫主义	338
颓废主义	339
唯美主义	339

20世纪欧美文学

萧伯纳	339
纪德	339
伏尼契	340
叶芝	340
罗曼·罗兰	340
高尔基	340
普鲁斯特	341
德莱塞	341
托马斯·曼	341
毛姆	342
茨威格	342
乔伊斯	342
伍尔芙	343
阿·托尔斯泰	343
卡夫卡	343
劳伦斯	344
尤金·奥尼尔	344
艾略特	344
叶赛宁	344
福克纳	345
海明威	345
博尔赫斯	346
玛格丽特·米切尔	346
法捷耶夫	346
伏契克	347
肖洛霍夫	347
贝克特	347
加缪	347
卡尔维诺	348
海勒	348
加西亚·马尔克斯	348
米兰·昆德拉	349
表现主义	349
未来主义	349
意识流	350
超现实主义	350
魔幻现实主义	350
黑色幽默	350

亚非古典文学

蚁垤	351
《吉尔伽美什》	351
印度两大史诗	351
迦梨陀娑	351
《万叶集》	352
《一千零一夜》	352
紫氏部	353
萨迪	353

哈菲兹	353
贾　米	353
井原西鹤	354
松尾芭蕉	354
和　歌	354
俳　句	355
草纸文学	355
悬　诗	355

亚非现代文学

泰戈尔	355
夏目漱石	356
岛崎藤村	356
普列姆昌德	356
纪伯伦	357
芥川龙之介	357
川端康成	357
小林多喜二	357
井上靖	358
戈迪默	358
三岛由纪夫	358
普拉姆迪亚	358
渡边淳一	359
大江健三郎	359
村上春树	359

第一篇　中国历史常识

华夏源头

元谋猿人

1965年5月，在云南元谋县上那蚌村发现了旧石器时代早期的人类化石。这是中国境内已经发现的最早的人类化石，距今约170万年。元谋猿人化石包括两枚上内侧门齿，属于同一成年人个体。齿冠保存完整，齿根末梢残缺，表面有碎小裂纹。这两枚牙齿很粗壮，唇面比较平坦，舌面非常复杂，具有明显的原始性质。这种直立人被命名为"元谋直立人"，俗称"元谋猿人"。这里出土的石制品共7件，有石核和刮削器，应是元谋猿人制作和使用的。此外还发现两块黑色的骨头，可能是被烧过的。研究者认为，这些是当时人类用火的痕迹。

蓝田猿人

"蓝田猿人"指陕西省蓝田县发现的旧石器时代早期的直立人化石，包括头盖骨化石1个、牙齿化石3枚、石器34件和一批动物化石，据测定距今约98万年。蓝田猿人头骨有许多明显的原始性状：眉骨硕大粗壮，在眼眶上方形成一条直的横脊，两侧端明显向外侧延展；眉骨与额嵴之间的部位明显缩窄；额骨非常低平。蓝田猿人石器包括砍斫器、刮削器、大尖状器和石球，还有一些石核和石片，制作显得较为粗糙。在公王岭含化石层里还发现了三四处灰烬和灰屑，散布范围不大，可能是蓝田人用火的遗迹。

北京猿人

这是中国境内发现的旧石器时代早期中晚阶段直立人遗址中最为著名的一处，地点在北京周口店。考古学家先后在这里发现了6个人类头盖骨和大量的人骨碎片、牙齿化石，还有许多兽骨和灰堆等遗物，另有115种动物化石。在我国目前发现的旧石器时代遗址中，这里的遗存最为丰富。北京猿人平均脑容量为1088毫升，他们已经有了语言，习惯于直立行走，这说明北京猿人已经从猿类分化出来了。从体质上看，北京猿人又具有明显的原始特征，颅骨很厚，额骨扁平而后倾，眉骨粗大前突，牙齿大而粗壮。

北京猿人的石器以石片石器为主，石核石器较少，且多为小型，有砍斫器、刮削器、雕刻器、石锤和石砧等多种类型。北京猿人用砾石当锤子，采用直接打击法、碰砧法和砸击法打制石片。用砸击法产生的两极石核和两极石片在全部石制品中占有很大比重，并构成北京猿人文化的重要特色之一。据推断，北京猿人的生活年代为距今71万年至23万年。

山顶洞人

大约1.8万年前的旧石器时代晚期，北京周口店龙骨山上生活着晚期智人，他们被称作"山顶洞人"。山顶洞出土的动物化石中，林栖的食肉类很多，这表明当时北京一带的气候温和湿润。山顶洞人的模样和现代人没有多大的区别。他们能把石块敲打成石斧、石刀、石锤，并且懂得磨制加工，使之更加锋利；运用磨制和钻孔技术把野兽的小骨制成骨针，还用兽骨兽牙、石珠蚌壳制成装饰品，佩戴在身上。除了以飞

禽走兽为食，山顶洞人还采集植物食用。他们会用骨针把大片的树皮树叶连缀起来，围裹下肢御寒，脱离了赤身裸体的时代。考古还表明，山顶洞人已经发明了"钻燧取火"的人工取火技术。在山顶洞人文化遗址里还发现鲩鱼和鲤科鱼类的大胸椎和尾椎化石，说明山顶洞人已能捕捞水生动物，他们的生产活动范围已经扩大到了水域。

仰韶文化

仰韶文化是黄河流域影响最大的一种新石器时代文化，因为首次发现于河南渑池仰韶村，故称。经考古研究，仰韶文化以黄河中游为中心，北到长城沿线及河套地区，南达湖北，西至甘肃，东至河南东部。仰韶文化遗址中有大量的文化遗存，如陶器制造、纺织制衣、绘画雕塑、文字历法、宫室营建等，同文献中所记载的黄炎时代的创造发明相吻合。仰韶文化展现了中国母系氏族制度从繁荣到衰落时期的社会结构和文化成就，它以其广泛的分布、丰富的文化内容和延续两千年的历史进程成为中华民族原始文化的核心部分，可以看作华夏文明的源头。

河姆渡文化

河姆渡文化是长江下游以南的一种较早的新石器时代母系氏族文化，因发现于浙江余姚的河姆渡，故名。河姆渡文化的社会经济是以稻作农业为主，兼营畜牧、采集和渔猎。在河姆渡文化遗址中发现了大量的稻谷、谷壳等遗存，分析结果认定其时间在7000年以前，还有其他大量动植物的遗存，这证明当时的社会经济已经比较活跃。这一时期人们的居住地已经形成大小各异的村落。在村落遗址中有许多房屋建筑基址，其建筑形式和结构与中原地区和长江中游地区发现的史前房屋有着明显的不同。其生活用具以陶器为主，陶盆上印有稻穗的图案，此外还有少量的木器。

大汶口文化

大汶口文化年代约为公元前4300年—公元前2500年，是中国新石器时代晚期的文化典型，其文化遗址最早发现于山东省泰安市大汶口村，故名。大汶口文化的遗存十分丰富，经考古发现有墓葬、房址、窖坑等，墓葬以仰卧伸直葬为主，有普遍随葬獐牙的风习，有的还随葬动物头、骨以象征财富。出土生活用具主要有鼎、豆、壶、罐、钵、盘、杯等器皿，分为彩陶、红陶、白陶、灰陶、黑陶几种，特别是彩陶器皿，花纹精细匀称，几何形图案规整。生产工具有磨制精致的石斧、石锛、石凿和磨制骨器，骨针磨制十分精细，体现了极高的制作技术。大汶口文化的发现为山东地区的龙山文化找到了渊源，也是研究父系氏族时期社会状况的重要文化遗存。

炎 帝

炎帝族和黄帝族是史前两个关系密切的大氏族部落。据古文献记载，炎帝又称"神农氏"，诞生于厉山，原居西北高原

炎帝像
炎帝和黄帝合称"炎黄"。中华民族自称"炎黄子孙"由此而来。

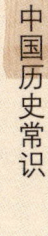

姜水流域，后到达中原地区。炎帝时代的主要贡献是原始农业和原始文化。炎帝开创了农业，带领部属从游牧生活转为农耕定居生活。炎帝遍尝百草，为人医病，是华夏中草药的第一位发现者和利用者。传说炎帝还发明了五弦琴、七弦琴。炎帝时代后期，炎帝部落曾与黄帝部落在阪泉发生大战。战败后两部落结成联盟，由黄帝率领部落在涿鹿大战南方九黎族，将其击败并擒杀其首领蚩尤。炎黄两部的结合成为中原各族的主干，所以炎帝与黄帝并称为中原各族的祖先，他们是中华民族的人文始祖。

黄　帝

上古时期，在渭水一带形成了一个比较先进的部落，黄帝就是这个部落的首领。据《史记·五帝本纪》记载，黄帝是少典之子，姬姓，又号轩辕。传说他有25个儿子，其中得到姓氏的有12个。黄帝时代有许多创造发明：在物质生活方面，造房屋、作舟、制衣服、养蚕桑、发明弓箭；在精神文化方面，作甲子、调历法、造律吕、创造文字，等等。他曾率领部落打败黄河上游的炎帝部落和南方的蚩尤部落。后来炎帝部落和黄帝部落结成联盟，在黄河流域长期生活、繁衍。黄帝族经过与其他各族的相互交往与融合，到了西周末年形成了统一的华夏族。在后世人们的心目中，黄帝不仅是中华民族的始祖，也是中华文明的起源。

尧舜禅让

尧舜都是传说中远古时代的明君。相传尧在位70年后想禅让帝位，就人选问题征求部落联盟议事会议的意见，

壁画中宁静的尧舜时代

《史记》载，舜在20岁时就以孝闻名。30岁时，尧询问可用的人才，部落联盟议事会议都推荐舜。经过一番长期的考查，尧对舜很满意，就把帝位禅让给了舜。

部落联盟议事会议一致推举颛顼的后代舜。尧把自己的两个女儿嫁给舜，又让九个儿子和他共处，以便进一步了解他。舜能够使二女恭行妇道，使九男更加敦厚谨敬。尧让舜主持教化，社会风气很快就有了好转；委派舜办理各种事务，都能及时而有条理地完成；让他迎接宾客，举止仪容十分得体有礼；进入山林川泽，即使遇到了暴风雷雨，舜也不会迷失方向，于是尧向上天推荐舜代自己主持政事。摄政之后，舜做出了许多重大贡献，得到了百姓的普遍拥戴。尧死后，三年丧毕，舜就天子之位。这就是尧舜禅让。这个传说反映的是史前时期存在着的事实，属于原始社会民主制度的遗风。

大禹治水

史前社会里，洪水泛滥成灾。炎黄时期，共工氏部落的2/3被洪水淹没；尧舜之时，洪水涨到了山腰，淹没了丘陵；到了禹的时候，十年九涝。共工氏治水采用填堵的办法，能够在小范围内暂时奏效，但不能根除水患，所以他遭到了失败。鲧沿用共工的老办法，也没有成效。大禹从前人的失败中总结

经验教训，采用新的方法治理洪水。他利用自然地形，把高地筑高加固，把低地挖得更低，让水流顺畅地排出，同时选择适当的地方蓄水用于灌溉。这个办法以疏导为主，把治水患和兴水利结合起来，取得了很大的成功。大禹有顽强奋斗、公而忘私的精神，他治水时在外13年，以身示范，辛苦劳作，三过家门而不入。这种艰苦奋斗的精神受到了后世的高度赞扬。

夏朝兴亡

夏朝（公元前2070年—公元前1600年）是中国历史上的第一个朝代，从禹开始，到最后一代君主桀为止，一共17代君主，历时四五百年。相传舜把天下禅让给禹，禹即位后，立国号为夏。禹死后，他的儿子启破坏了禅让制，自己当上了君主。夏启死后，其子太康即位，以后中康、相、少康、予等相继即位，国家相对稳定，从第14位君王孔甲起，社会矛盾尖锐起来。最后一位君王桀十分残暴，他为了一己私欲，不惜发动战争去攻伐别国；他修筑寝宫和瑶台寻欢作乐，耗尽了国家的财力；他还杀掉了向他进谏的关龙逄。在夏朝国内矛盾尖锐的情况之下，商汤举兵伐桀，夏桀兵败而死，夏朝也随之灭亡。

商汤建国

商族很早就兴起在东方，这一部族包括许多氏族部落，如殷氏、来氏、宋氏、空桐氏等。夏朝末年朝政废弛、民心丧尽的时候，也正是商族势力不断扩大的良好时机，商族优秀的部族首领汤首先灭掉了葛，接着又消灭了韦、顾、昆吾等小国，最后灭掉了夏，建立了商朝（公元前1600年—公元前1046年）。灭掉夏朝后，汤及时地把注意力转移到发展生产方面来，他向各氏族的首领发布命令，要他们致力于民功，商的政权很快地稳定了下来。商朝的中心地区位于现在的河南东北部、山东西南部和河北南部，其国家的疆域东至大海，西达陕西，北到河北，南及湖北，比夏朝的疆域扩大了很多。

盘庚迁殷

商汤建国以后，商朝出现了一段稳定发展的时期。后来因为王位继承的问题，发生了伊尹放太甲和九世之乱事件，王朝也几经起伏。从汤到第20位商王盘庚，商朝政权经历了三度衰落和四度复兴，政治中心经常转移。盘庚即位后，一些贵族大量掠夺和积聚钱财，致使贵族和平民的矛盾加剧，社会上也出现了贪图安逸享受的"惰农"，农业生产因此受到很大损失，整个社会动荡不安。为了摆脱朝政面临的困境，盘庚决定把都城从奄（今山东曲阜）迁到殷（今河南安阳），这里就成了商朝的统治中心，而且此后直到商朝灭亡，再没有迁移过都城。盘庚迁殷扭转了商中期一度出现的混乱局面，加强了商王室的统治，是商朝历史的转折点。这以后，商朝又称为殷朝。

周武王灭商

周武王姓姬名发，是周文王的儿子。文王死后，姬发以太子身份即位，任用太公、周公、召公等为大臣。第二年，武王会盟诸侯，观兵于孟津。当时灭商的条件还不成熟，所以周武王还师归周。随后几年，商纣王依然淫乱作恶，刚愎自用，诛杀贤臣，统治阶级内部以及整个社会的矛盾日趋激烈，整个国家面临着分崩离析的危机。纣王又派兵征伐东夷，将商朝军队的主力开到了东南前线，造成了后方的空虚。在这种有利的情况下，周武王联合各路诸侯，率领兵车300乘、禁卫部队3000人和士卒4.5万人向商都进军。双方会战于牧野，商军士兵纷纷阵前倒戈起义。周朝大军长驱直入，进驻商都，商纣王登鹿台自焚。商朝宣告灭亡。周武王建国，迁都镐京，史称西周。

周公摄政

灭掉商朝的第二年，周武王病死，新君继位，是为周成王。由于成王年幼，武王的弟弟周公旦摄政称王。"摄政"的事引起了王族内部的争权斗争，管叔和蔡叔也乘机散布流言，煽动叛乱。周公派兵镇压，杀了管叔，放逐了蔡叔。这时候，武庚见有机可乘，勾结殷东部地区的徐淮夷，包括东夷各族一起反叛，图谋复辟。周公亲自率师东征，攻克殷地，平定了叛乱，稳定了周王朝的统治。为了实现周武王的遗志，周公又于执政五年役使大量殷朝遗民营造洛邑，经过两年时间，建成了东都成周，派成周八师驻守，并把商人强制迁来，以便监视，这里就成了周人控制东方的中心。到了第七年，周公见天下大局安定，便归政于成王，自己则留守成周。

国人暴动

西周后期，政治腐败，周厉王把山林川泽收归国王所有。这项政策直接触犯了国人的利益，引起了国人的反对和谴责之声。周厉王认为这些反对的言论都是"诽谤"之言，不利于朝政，于是命令卫国之巫监视国人，有"谤"必杀，致使国人不敢谈论政事，在路上相遇，也只能以目示意。厉王自认为得计，大臣召公进谏说："防民之口，甚于防川。"厉王不听。这样过了三年，国人忍无可忍，公元前841年，镐京爆发了以平民为主力的国人暴动。周厉王逃奔到彘。国家大政由大臣召穆公和周定公共同主持，历史上称作"共和行政"。共和元年（公元前841年）是中国历史有确切纪年的开始。共和十四年，周厉王死于彘，周、召二公拥立太子静，这就是周宣王。共和时代宣告结束。

西周灭亡

周宣王在位46年（公元前828年—公元前782年），内修政事，外治武功，很有作为，西周出现了短暂的中兴局面。到了宣王晚年，国势又渐趋衰弱。宣王死后，其子继位，是为周幽王。社会矛盾日益严重，奴隶反抗斗争接连不断，周王室的衰落已经无法挽回。幽王不思政事，朝政更加腐败，幽王因为宠爱褒姒，就废掉了原来的申后和她的儿子太子宜臼，立褒姒为王后，其子伯服为太子。宜臼逃到了母家申侯那里，幽王举兵讨伐，想杀掉宜臼，申侯联合犬戎攻打周幽王，在骊山脚下杀死了周幽王，并把西周都城丰镐之地洗劫一空，西周宣告灭亡。宜臼立，是为周平王。他于公元前770年东迁洛邑，历史进入了东周时代。

中原争霸

春秋五霸

东周分为春秋和战国两个时期。春

秋（公元前 770 年—公元前 476 年）是我国奴隶社会的瓦解时期，周天子的权威一落千丈，各诸侯国间战争不断，争当"霸主"。先后起来争霸的有齐桓公、宋襄公、晋文公、秦穆公、楚庄王，历史上称为"春秋五霸"。齐国在山东北部，经济富庶，是东方的一个大国。齐桓公任用管仲为相，积极改革内政，发展生产，同时改革军制，组成强大的常备军，以"尊王攘夷"为号召，扩充疆界，发展齐国势力。公元前 7 世纪中期，齐桓公召集诸侯在葵丘会盟，齐桓公成为春秋时期第一个霸主。晋文公注重发展生产，整顿内政，训练军队，晋国很快成为北方的一大强国，晋文公成为中原霸主，后来晋楚争霸持续了百余年，最后楚庄王打败晋军，做了中原霸主。晋国称霸的时候，西部的秦国也强大起来。秦穆公向西吞并十几个小国，在函谷关以西一带称霸。

吴越争霸

春秋中期晋楚争霸时，吴的国力也日渐强大。吴王阖闾采纳楚国逃亡之臣伍子胥的建议，向楚国发动了连续的进攻，五战五胜。公元前 496 年，越王勾践即位，吴王阖闾攻打越国，结果大败，阖闾受伤而死。其子夫差继位，立志要为父复仇。公元前 493 年，吴国打败了越国，越国宣告投降，吴国乘胜北上征服中原诸国，俨然以霸主自居，越国降吴以后，越王勾践卧薪尝胆，进行了长期的复仇准备工作。公元前 482 年，吴国北上会盟，内部空虚，越国乘机大举伐吴，经过近 10 年的激烈战争，最终打败了吴国，吴王夫差自杀，越国也北上会盟诸侯，号称霸主。吴越争霸已经是春秋争霸的尾声，战国七雄混战的局面即将形成。

三家分晋

早在春秋初年，晋国公室内部为了争夺君权而产生了尖锐的矛盾。在相互的斗争中，公室宗族的势力逐步衰弱，公族以外的异姓宗族登上了政治舞台，进而掌握了晋国的军政大权，成为参与国家政事的卿大夫。到了春秋晚期，这些卿大夫各自扩大自己的政治势力，互相兼并，结果剩下韩、赵、魏、范氏、中行氏、智氏六家。范氏和中行氏后来在战争中失败，其地被瓜分。最后就只留韩、赵、魏、智氏四家。公元前 453 年，智伯割了韩、魏的土地，又胁迫韩、魏攻赵，相约灭赵后三分赵地。智伯将要攻破赵城的时候，赵派人说服韩、魏，三家一起灭了智氏，三分其地。三家分晋的局面基本形成。公元前 403 年，韩、赵、魏接受了周天子的册命，三国才正式成为诸侯国。

战国形势示意图

战国七雄

战国（公元前 475 年—公元前 221 年）时期，各诸侯国之间的战争接连不断，呈现出天下大乱的形势。这一时期，北起长城，南达长江流域，先后出现了齐、楚、燕、韩、赵、魏、秦七个大国。这七个大国为了扩张自己的势力，一面在本国实行变法改革以图强，一面相互混战，互相兼并。首先是魏国独占中原。后来，魏国逐渐衰弱，齐国和秦国成为东西对峙的两个霸主。公元前298年，齐、韩、魏、赵、中山等五国联军攻入函谷关。秦国被迫退还夺去的韩、魏的一些地方。齐国成为关东各国的盟主。公元前286年，秦国联合了燕、楚、韩、赵、魏等国共同伐齐，削弱了齐国，开始向东方大发展。从公元前231年开始，秦国开始了统一全国的战争，于公元前221年吞并六国，统一了中国。

商鞅变法

商鞅（约公元前390年—公元前338年），战国时期卫国人，公孙氏，名鞅，亦称卫鞅。在秦孝公下令求贤时来到秦国，他先后两次实施变法。变法的主要内容有：一、废井田，开阡陌，允许土地买卖。二、重农抑商，奖励耕织。三、统一度量衡，颁布法定的度量衡器。四、奖励军功，废除世卿世禄制。贵族中凡没有立军功的人不得入贵族籍，不得授予军功爵。五、"燔烧诗书，明法令"，并申明"刑无等级"。六、设"什伍连坐法"。编户籍，五家为一伍，十家为一什，奖励对"奸"告密，知而不告者处以腰斩，告密则可与斩敌同赏。七、革除戎狄旧俗，禁止父子、兄弟同室居住。在秦孝公的支持下，变法得到了强有力的推行，秦国因此而国富兵强，奠定了秦始皇统一中国的基础。

荆轲刺秦王

公元前227年，荆轲奉燕国太子丹之命刺杀秦王，以解亡国之危。到了秦国的朝堂上，荆轲捧着装了樊於期头颅的木匣上去，献给秦王政。秦王政打开木匣，里面果然装着樊於期的头颅，他又叫荆轲把地图拿来。荆轲把一卷地图慢慢打开，到地图全都打开时，荆轲事先藏在地图里的浸毒匕首就露了出来。荆轲连忙抓起匕首，左手拉住秦王政的袖子，右手持匕首向秦王政的胸口刺去。秦王政使劲挣断了那只袖子，便往外跑。荆轲拿着匕首追了上来，秦王政一见跑不了，就绕着朝堂上的大铜柱子跑。荆轲紧紧地在后面追，两个人绕着柱子转起圈来。秦王政的医官急中生智，把手里的药袋向荆轲扔了过去。荆轲一闪身的工夫，秦王政往前一步，拔出宝剑，砍断了荆轲的一条腿。这时候，武士一拥而上，杀死了荆轲。

九州一统

秦灭六国

公元前246年，嬴政即秦王位，当时他才13岁，母后、相国吕不韦、大宦官嫪毐专权。公元前238年，秦王政加冠亲政，他在消灭了国内敌对势力、掌握国家大权以后，任用李斯等人，积极筹划统一大业。李斯认为天下统一的趋势已经形成，秦国已经具备一统天下的条件，建议秦王不要错过良机。这一见解很得嬴政的赏识，于是任命李斯为廷尉。从公元前230年到公元前221年，秦国进行了为期10年的统一战争，先后灭掉了韩、赵、燕、魏、楚、齐六国，结束了东周以来长期分裂和动乱的局面，统一了全中国，从此"海内为郡县，

法令由一统"。秦王政自号"始皇帝",在中国历史上建立了第一个统一的中央集权制度的封建国家,这是历史发展的必然趋势。

统一度量衡、货币和文字

秦始皇为了尽快消除由于长期分裂割据所造成的地区差异,巩固国家统一,决定统一度量衡、货币和文字。他下令以商鞅时制定的度量衡为标准器,来统一全国的度量衡。度分寸、尺、丈;量分升、斗、斛;衡以十钱为一两,十六两为一斤,一百二十斤为一石。废止战国时各国通行的货币,改用黄金为上币,以镒为单位;以秦国原有的圆形方孔铜钱为下币,称为半两钱。秦始皇又命令丞相李斯等人负责统一文字,李斯等人以秦国的文字为基础,并参照六国原来的文字,制定小篆,作为官方文告的标准字体在全国推行。这些措施的实行,为经济和文化的发展提供了便利条件,促进了统一的封建国家的发展和繁荣。

焚书坑儒图

焚书坑儒

秦始皇三十四年(公元前213年),博士淳于越在咸阳宫宴会上针对周青臣的阿谀颂德,提出了"师古"分封同姓王以为屏藩的建议。丞相李斯借题发挥,认为这是对朝政的批评,而这种批评的产生是由于学派分立,私学存在,与秦政的得失无关。他请求朝廷把天下所有的书都烧掉,只留下一些医药卜筮种树之类的书,秦始皇采纳了李斯的建议。第二年,为秦始皇寻求仙药的方士侯生、卢生相邀逃亡,并且散布一些诽谤的言论。秦始皇派人追查,方士儒生转相告发,株连咸阳城内460多人,这些人全部被坑杀。这就是"焚书坑儒"事件。这一事件是秦始皇的君主专制统治在思想文化领域内的进一步扩大,它的目的是统一思想,巩固皇权,却钳制了思想,摧残了文化,对后世的危害十分深远。

大泽乡起义

秦二世元年(公元前209年)七月,朝廷征发河南境内的贫苦农民900余人到渔阳屯戍。适逢大雨,他们停留在了大泽乡,不能如期赶到渔阳戍地,按秦法"失期当斩"。为了死中求生,这一群农民在陈胜、吴广的领导下,在大泽乡举行起义,这是中国历史上第一次大规模的农民起义。陈胜、吴广率领起义军,首先攻下了大泽乡和蕲县,接着向西北挺进,到达陈县的时候,已经是一支拥有战车六七百乘、骑兵千余人、步兵数万人的强大队伍。起义军在这里建立了政权,国号张楚,陈胜自立为张楚王,吴广为假王。在他们的影响之下,许多郡县的农民杀掉当地的守令,响应起义,声势一度十分浩大。后来起义被秦将章邯所镇压。继之反秦的是项氏的楚军和刘邦的起义军。

巨鹿之战

秦二世三年（公元前207年），秦将章邯镇压了陈胜、吴广起义之后，继续进攻赵地的反秦武装。赵王歇及张耳退守巨鹿，被秦将王离所率的20余万大军围困，章邯率军20余万屯于巨鹿附近的棘原。楚怀王派宋义为上将军，项羽为次将，率主力5万前往救援，同时派刘邦西进关中攻秦。宋义行至安阳时停驻不前，意在坐观秦、赵相斗，以便从中渔利，项羽愤而杀死宋义，楚怀王任命他为上将军领兵救赵。十二月，赵将陈馀派5000余人出战，全部阵亡。各路援军见此，皆作壁上观。项羽先派2万人马渡过漳水，断敌通道，然后下令全军破釜沉舟，每人只带3天的粮食，以示死战的决心。他亲自率领全部楚军渡过河水作战，楚军九战连捷，大败章邯，解了巨鹿之围。此后不久，章邯兵败投降，秦朝军队的主力灭亡。

楚汉相争

项羽歼灭秦军主力的同时，刘邦也向西进入关中到达了咸阳，秦王子婴向刘邦投降。刘邦废除了秦法，与民约法三章，深得民望。随后项羽也立即入关，进入咸阳后大肆烧杀抢掠。在诸王并立的既成局面之下，他自立为西楚霸王，分封各王，调整他们的封地。刘邦被封到巴蜀汉中地区为汉王，他于公元前207年，乘机重新进入了关中地区，接着率领兵马远袭彭城，然后在荥阳和成皋之间与项羽成相持状态。刘邦知人善任，因势利导，而项羽则刚愎自用，逞匹夫之勇。公元前206年，双方经过多次的胜败反复后，刘邦把项羽围困在垓下，项羽兵败退到了乌江，自觉无颜见江东父老而自刎。同年二月刘邦即皇帝位，国号汉，定都长安，这就是西汉（公元前206年—公元25年）。

吕后称制

公元前202年，刘邦称帝，立吕雉为后。刘邦嫌太子刘盈柔弱，打算另立宠姬戚夫人之子赵王如意为太子，由于大臣反对和吕后设法为刘盈扶植辅翼而未能如愿。刘邦死后，太子刘盈继位，是为惠帝。吕后控制了朝政大权，后来她毒死赵王如意，害死戚夫人，对其他刘氏诸王大加迫害。惠帝不满吕后所为，忧郁病死，吕后临朝执政八年。她继续推行休养生息的政策，减田租，奖励农耕，放宽对商人的限制，又废除了一批严苛的刑律，这些措施促进了当时社会生产的发展。吕后死后，太尉周勃和丞相陈平等人迅速采取行动，消灭了吕氏集团，恢复了刘家的天下，代王刘恒被立为皇帝，这就是汉文帝。

文景之治

汉文帝、景帝统治时期（公元前179年—公元前141年），继续推行前代所实行的休养生息政策。文帝十分重视农业，多次告诫百官守令要劝课农桑。汉文帝十三年（公元前167年），朝廷下令免除田租，至景帝元年（公元前156年），恢复征收田租，但规定只为原来的一半，即三十税一，从此成为汉朝定制。汉文帝还把男丁徭役减为30年征发一次，算赋也由每年一百二十钱减为四十钱。景帝又把秦时男子17岁傅籍给公家徭役

的制度减为20岁始傅。这些重农的政策，促进了自耕农阶层的发展和农业的兴盛。汉文帝对秦代以来的严刑苛法也做了重大改革，废除了许多残酷的肉刑，景帝又减轻了笞刑。文、景两代40年左右的时间，政治稳定，经济生产得到显著的发展，是封建社会中难得的盛世，历史上称作"文景之治"。

吴楚七国之乱

汉高祖刘邦在开国之初为了巩固统一政权，大封同姓王。到了汉文帝时期，这些同姓王日益暴露出分裂割据的倾向，对文帝表示轻蔑，对朝廷态度傲慢。他们自己制定法令，僭越礼仪，甚至公开举兵叛乱。文帝首先加强自己对于首都局势的控制，继而封诸皇子为王，以屏藩朝廷，并牵制东方诸国。公元前157年汉文帝死，景帝即位。当时吴国强横跋扈，御史大夫晁错上《削藩策》，景帝采纳了他的建议，削除了楚、赵、胶西三国的一些郡县，后又下令削吴王刘濞的豫章郡、会稽等郡，由此激起了"吴楚七国之乱"。以吴王刘濞为首的叛乱诸王以"请诛晁错，以清君侧"为名，起兵反叛。景帝先是诛晁错以谢吴王，但吴王并不息兵，景帝于是决心派兵镇压。叛乱平定以后，景帝大力削藩诸王势力，从此中央集权更加巩固，国家的统一显著增强。

罢黜百家，独尊儒术

汉朝开国之初，统治者遵循黄老"无为"的思想制定政治和经济方面的政策。但是到了文、景时期，无为而治的思想给朝廷带来了许多弊端，统治秩序日趋混乱。变"无为"为"有为"已经成为新形势的要求。汉武帝建元元年（公元前140年），董仲舒提出，思想统一是政治统一的基础，建议朝廷把不属于六艺和孔子之术的各家学说都加以排除。这在当时受到笃信黄老思想的窦太后的反对。建元六年，窦太后去世，武帝起用好儒术的田蚡为相，他把不治儒家《五经》的博士官一律罢黜，排斥儒家以外的诸子百家之言，并且以优厚的礼节聘请了数百名儒生。这就是"罢黜百家，独尊儒术"。董仲舒在此基础上提出了新儒学，建议用儒家的纲常名教来维护封建统治。他的这种学说不仅被汉武帝所接受和大力提倡，而且成为此后2000多年封建社会的正统思想。

张骞通西域

西汉初年，匈奴的势力到达了西域，征服了这里的大小国家。汉武帝听说西迁至妫水流域的大月氏有报复匈奴的想

张骞出使西域图
此为敦煌壁画图，表现的是汉武帝群臣到长安城外，为出使西域的张骞送行的情景。

法，于是在建元三年（公元前138年）派遣张骞率领100余人出陇西向西域出发。张骞在西行途中被匈奴抓住，扣留了10多年，后来他寻机逃脱，西越葱岭，经大宛、康居到达大月氏，过了一年多开始返还。归途中经过羌中时，又被匈奴

扣留了一年多。元朔三年(公元前126年)张骞同胡妻及仆从甘父回到长安。此次出使，获得了大量前所未闻的西域资料，传播了汉朝的声威。元狩四年（公元前119年），张骞率300名随从，携带牛羊币帛无数，再度出使西域，同西域各个国家建立了友好的关系。从此，汉与西域的交通日益频繁，天山南北地区与中原地区联为了一体。

王莽改制

西汉末年汉平帝统治时期，王莽任大司马，大权在握，他极力收买民心，树立党羽，意在夺取政权。平帝死，孺子婴即位，王莽继续辅政，自称摄皇帝。8年，王莽废除孺子婴，自立为帝，改国号为新。为了解决当时尖锐的社会矛盾，王莽进行了一些托名古制的改革措施。9年，王莽下诏，历数土地兼并的弊端，下令天下的土地一律改称王田，天下的奴婢，一律改称私属，都不许买卖；各家土地超出规定的，要把地分给九族或邻里；无田的人家按照一夫百亩的标准受田；违抗不遵者流放。第二年，王莽又下诏实行五均六筦，在全国的大都市设立五均官管理市场，并由国家经营盐、铁、酒、铸钱、五均赊贷等五业，不许私人经营。政治制度方面，王莽也大加变更。王莽的改制，并没有解决西汉末年的社会危机，反而引发了更大的社会动荡。

光武中兴

25年，刘秀建立东汉王朝，定都洛阳。刘秀就是东汉光武帝。称帝之后，光武帝镇压和收编各地的农民起义队伍，削平割据势力，经过近10年的奋战，统一了全国。为了巩固统治，缓和社会矛盾，光武帝多次下令释放奴婢和禁止残害奴婢，减轻赋税，精简地方机构，惩治贪官污吏。光武帝曾多次下令释放奴婢和禁止残害奴婢。他废除了王莽时期的苛捐杂税，把田租从十税一降为三十税一。同时，撤并了400多个县，裁减州县官员数万人。他还从严治吏，一共处死违法的高级官吏刺史和太守十多人。光武帝在位期间，政局渐趋稳定，经济状况明显好转，史称"光武中兴"。

班超通西域

王莽时期，西域与中原断绝了联系，分裂为诸多小国。东汉初年，匈奴的势力重新扩展到西域各国。汉明帝时期，东汉恢复西域都护，并派遣班超出使西域南道诸国，争取这些小国断绝和匈奴的关系，同东汉一起抗击匈奴。班超受命出使，先到达了鄯善国，攻杀了北匈奴的使者，使鄯善归附东汉。然后他西至于阗，迫使于阗王杀掉北匈奴的使者，归降汉朝。此后班超在西域苦心经营，与当地国家合力抗击匈奴。永元三年（91年），朝廷任命班超为西域都护，驻龟兹，并复置戊己校尉。永元六年，焉耆等国归汉，自此西域完全在东汉的统辖之下。班超在西域为政尚宽简，威信很高。班超通西域，恢复了西域同内地的联系，有利于西域各族人民同汉族人民的友好往来。

党锢之祸

东汉桓帝时期，在宦官专权的情况下，有一批较为正直的士大夫和太学生经常品评人物，批评朝政。李膺、陈蕃、王畅等人是当时的代表人物，其中以李膺的名望最高。李膺大力惩办不法宦官，为宦官所恨。延熹九年（166年），李膺杀掉了与宦官关系密切的方士张成，其弟子诬告李膺与太学生等结为朋党，诽讪朝政，败坏风俗。在宦官的怂恿之下，桓帝将李膺投狱，并下令大范围搜捕"党人"，共有几千人被牵连。第二年，这些人赦归田里，禁锢终身。这就是"党锢"。灵帝建宁元年（168年），又发生了一次党人与宦官的斗争，党人失败，遭到了更加残酷的迫害。直到黄巾起义发生以后，党人才被赦免。

黄巾大起义

东汉末年，统治集团十分腐朽，外戚宦官竞相压榨农民，豪强势力不断扩张，土地兼并非常严重。农民的处境日趋恶化，被迫奋起反抗。黄巾起义正是在此背景下展开的，起义的领袖张角，是太平道的首领，自称"大贤良师"。张角以传道和治病为名，在农民中宣扬教义，进行秘密的活动。他加紧部署起义，广泛传播"苍天已死，黄天当立，岁在甲子，天下大吉"的谶语。中平元年（184年），由于计划泄密，起义提前举行。以黄巾为标志的农民起义军在8州36方同时举行起义，攻城夺邑，取得了很大的胜利。黄巾军人数众多，遍布大江南北，声势浩大，京师震动。但是起义军组织涣散，各支力量未能协调配合，统治者采取集中兵力各个击破的策略，黄巾军主力在短短9个月的时间就被镇压了。这次起义瓦解了东汉政权，进而结束了极端黑暗的外戚宦官统治。

蔡伦改进造纸术

在纸张发明以前，人们是用甲骨、竹简和绢帛来进行书写的。西汉时期，宫廷中开始使用一种丝质的纸。同时民间也开始使用一些用麻类纤维制成的纸张。但是丝绵质的纸张成本太高，麻类纸张质量不好，因此，不能满足社会文化生活迅速发展的需要。东汉和帝时期，宦官蔡伦总结了前人造纸的实践经验，改进了造纸方法。他把树皮、麻头、破布、旧渔网等进行一系列的处理，捣成浆液，然后制成纸张。元兴元年（105年），他选出制作质量较好的纸张进献给汉和帝，得到皇帝的称赞，天下称这种纸张为"蔡侯纸"。到晋朝时，造纸术又有了很大进步，纸张完全取代了简帛，成为主要的书写材料。

离析与交融

官渡之战

东汉末年，军阀割据，北方逐渐形成了袁绍和曹操两个强大的军事集团。袁绍占有幽、冀、青、并四州；曹操占有兖、豫二州，并在建安元年（196年）把汉献帝挟持到许昌，"挟天子以令诸侯"，双方都企图独霸天下。建安五年（200年），袁绍组织10万大军，进驻黎阳，发动了对曹操的进攻。曹操用以迎敌的军队仅有二三万人。袁绍分兵包围了屯驻白马的曹军，曹操以声东击西的战术，佯攻延津，引诱袁军主力前往增援，然后再以精锐突袭白马，斩颜良，诛文丑，大败袁军。初战获胜后，曹操退守官渡，两军对阵相持。接着，曹操又派兵偷袭乌巢，焚烧袁军的粮草辎重，并乘袁绍军心动摇之机挥兵猛进，歼灭袁军7万余人。袁绍带着800残兵

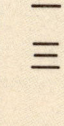

逃回北方。两年后袁绍忧愤而死。官渡之战为曹操统一北方奠定了坚实的基础，并为其在三国鼎立的局面中占据优势提供了有利条件。

赤壁之战

曹操打败袁绍统一北方后，企图一鼓作气，攻占长江流域，继而统一中国。建安十三年（208年），曹操亲自统率20万大军，南征刘表，目的是想先取荆州，并吞灭依附于刘表的刘备，然后再沿江而下平定江东。刘表病死，其子降曹。刘备在当阳县长坂坡被曹操打败，转至夏口，暂时摆脱曹军，随即派遣诸葛亮奔赴江东，联合孙权共同抗击曹操。孙刘联军与曹军在赤壁成对峙之势。曹军虽然在数量上占据优势，而士兵不服南方水土，不习水战，军中时疫流行。初次交锋，曹军失利，退回江北，令军士把战船连接起来以防颠簸。周瑜和诸葛亮确定了火攻之计，把曹军的战船连同江岸的营寨全部焚毁。曹军大乱，孙刘联军乘势出击，大败曹操。曹操收拾残存余部，退回北方。赤壁之战，直接决定了天下三分的大局。

赤壁旧址
在今湖北蒲圻赤壁。

曹魏概况

东汉延康元年（220年）一月，曹操死。同年十月，他的儿子曹丕代汉称帝，国号魏，定都洛阳，建元黄初。曹丕自为魏文帝，尊曹操为魏武帝。在三国之中，魏的实力最为强大。但是自建国不久，魏国政权就开始腐败。少帝曹芳在位时，就发生了辅政的宗室曹爽和太尉司马懿之间的权力之争。司马氏是东汉以来的世家大族，司马懿其人富于韬略，多有军功。正始十年（249年），他乘曹爽随侍曹芳出洛阳城拜谒高平陵的机会发动了政变，处死了曹爽及其党羽，然后独揽朝政，这就是高平陵事件。后来，司马氏陆续镇压了国内的军事叛乱以及朝臣的反抗，巩固了司马家族的统治。265年，司马炎以接受禅让为名，代魏自立，国号晋，历史上称作西晋（265—317年）。

蜀汉兴衰

东汉建安十九年（214年），刘备占据益州，5年后他进驻汉中，自称汉中王。在曹丕称帝以后，221年，刘备在成都称帝，国号汉，历史上称作蜀汉，建元章武。第二年，他为了从东吴手中夺回失去的荆州，就以为关羽复仇为名，举兵东出三峡与东吴作战，结果在夷陵大败。刘备退至白帝城，把国家大事托付给诸葛亮。刘禅继位。诸葛亮进行了一系列治理蜀国的努力，争得了暂时的偏安局面。诸葛亮死后，蒋琬、费祎、董允等人相继为相。后主景耀元年（258年）以后，宦官擅权，政治十分腐败。景耀六年，魏军伐蜀，蜀汉灭亡。

东吴概况

曹魏建立以后，封孙权为吴王。孙

权于222年接受魏国封号，在武昌称王。次年与蜀军进行了夷陵大战，巩固了形势。229年，孙权在武昌称帝，后来迁都建业，建立了吴国。孙权统治时期，江东的经济有了显著的发展。252年孙权病死，吴国渐趋衰落。由于魏国当权者司马氏忙着灭蜀代魏，所以蜀魏两国灭亡以后吴国政权还一直延续。晋朝泰始五年（269年）起，晋开始筹划攻吴大计。太康元年（280年）三月，晋军攻下了吴国都城建业，吴帝孙皓投降，吴国宣告灭亡。吴国历四帝，一共历时58年。吴灭之后，全国又归于统一。

两晋兴衰

曹魏咸熙二年（265年），晋王司马炎夺取政权，建立了晋朝，先都洛阳，后又迁都长安，史称西晋。太康元年（280年）西晋灭吴，统一了中国，全国共有冀、兖、豫、荆、徐、青、扬、幽、平、并、雍、凉、秦、梁、益、宁、交、广19个州。西晋一共经历了4位皇帝。晋愍帝建兴四年（316年），匈奴刘氏灭西晋。建武元年（317年），琅邪王司马睿在江南称帝，都城建康，历史上称作东晋。东晋初年全国有扬、江、荆、湘等11个州，96个郡。东晋一共经历了11位皇帝。晋恭帝元熙二年（420年），大臣刘裕在镇压了国内起义、平定了边境叛乱之后，篡位自立，东晋灭亡，历史进入了南北朝时期。

八王之乱

西晋太熙元年（290年），惠帝司马衷继位，由外戚杨骏辅政。权欲极强的皇后贾南风于元康元年（291年）矫诏诛杀了杨骏。杨骏死后朝政由汝南王司马亮和元老卫瓘主持，贾后又指使楚王司马玮杀掉二人，然后又以"擅杀"大臣的罪名处死了司马玮。永康元年（300年）贾后杀死了对她不满的太子司马遹。贾氏乱政滥杀引起了诸王和朝臣的怨恨，赵王司马伦以替太子报仇为名率兵入宫，鸩杀贾后并消灭其党羽，随即控制朝政，废惠帝自立为帝。第二年，齐王司马冏、成都王司马颖、河间王司马颙联合起兵讨伐赵王司马伦。此后，这一场争权夺利的战争由京城波及地方，演变成为大规模的武装混战。直到光熙元年（306年）才宣告结束。八王之乱持续了16年之久，带来了深重的社会灾难。

五胡十六国

东晋在江南建国的时候，北方的黄河流域成为匈奴、羯、鲜卑、氐、羌等5个主要游牧民族争杀的战场。这5个少数民族分别建立了自己的国家，相互争霸，不断有国家成立和灭亡。从304年匈奴贵族刘渊建立汉国到439年鲜卑族跋部统一北方，在这长达130多年的时间里，先后有前赵（匈奴）、后赵（羯）、前燕（鲜卑）、前凉（汉）、前秦（氐）、后秦（羌）、后燕（鲜卑）、西秦（鲜卑）、后凉（氐）、南凉（鲜卑）、西凉（汉）、北凉（匈奴）、南燕（鲜卑）、北燕（汉）、北夏（匈奴）等15个政权，连同西南地区氐族建立的成汉，一共十六国，历史上称之为"五胡十六国"。这十六国与东晋政权处于长期的对峙状态。

祖逖北伐

东晋建立以后，面对北方胡族的割据，北伐中原光复故土就成为国家的当急之务。在这种背景之下，祖逖开始筹划北伐大计。祖逖（266—321年），范阳人，少有大志，历史上一直流传着他"闻鸡起舞"的佳话。祖逖亲见北方匈奴贵族对于中原人民的残暴统治，立志北伐，恢复中原。他向司马睿请求北伐。

祖逖像

司马睿任命他为豫州刺史，给他一些粮饷。祖逖率部北渡长江，中流击楫，说："祖逖不能清中原而复济者，誓不再回江东！"祖逖北伐得到了中原人民的响应和支持，北伐队伍迅速扩大。祖逖身先士卒，不蓄私产，与将士同甘苦。北伐战争取得一定的成果，迫使"石勒不敢窥兵河南"。就在此时，东晋内乱将起，祖逖自知北伐成功无望，忧愤成疾，于321年病死。祖逖死后，石勒又攻占河南，北伐失败。

南朝

东晋末年，孙恩、卢循相继起兵反抗黑暗的统治。北府兵将领刘裕镇压了起义，之后他又北灭南燕、后秦，收复了洛阳、长安，威权日重。420年，刘裕废掉晋恭帝自立，改国号为宋，年号永初。这是南朝的开始。刘裕对国家的政治经济进行了若干改革，巩固了统治基础。后来刘宋和北方的北魏发生战争，国力大为削弱。不久，宋文帝刘义隆被长子所杀，诸子争位，骨肉相残。479年，刘宋将领萧道成乘机夺取帝位，改国号为齐。史称南齐。南齐末年，宗室互相残杀，造成内乱。502年，萧衍进兵建康，夺取帝位，改国号为梁，是为梁武帝。梁武帝晚年时发生"侯景之乱"，557年，平定叛乱有功的陈霸先代梁自立，国号为陈。589年，陈被新兴的隋朝所灭，南朝结束。

北朝

北朝（439—581年）与南朝相峙并存，包括北魏、东魏、西魏、北齐、北周5个王朝，历时142年。423年，鲜卑族出身的北魏太武帝拓跋焘继位，他先后灭掉黄河流域诸国，于439年统一了中国北方，结束了100多年北方十六国的分裂割据局面。北朝开始。北魏末年，统治薄弱。535年，北魏正式分裂为东魏和西魏，东魏为高欢所控制，政治中心在晋阳；西魏由宇文泰所控制，建都长安。547年，高欢死于晋阳，其子高洋掌握政权。550年，高洋取代了东魏皇帝，建立了北齐，都城于邺，高洋就是北齐文宣帝。557年，宇文觉废除西魏恭帝自立，建立了北周，是为北周的孝闵帝，都城长安。577年，北周灭掉了北齐。581年，北周外戚杨坚迫使皇帝禅位，自己当上了皇帝，建立了隋朝。北朝宣告结束。

北魏孝文帝改革

北魏孝文帝统治时期，在各种有利改革的形势下，孝文帝与冯太后共同推行了改革。改革的第一个阶段始于太和八年（484年），主要是变革政治经济制度；第二阶段始于太和十八年（494年），着重变革鲜卑族的社会生活习俗。改革的主要内容有：一、整顿吏治，全面实行九品中正制和贡举制，选官任人注重才干。二、采纳赵郡汉族大族李安世的建议，颁布均田令。三、接受陇西汉族大族李冲的建议，废除宗主督护制，实行三长制。四、改变过去赋税征收的混乱状况，实行定额的租调制。五、迁都洛阳。六、禁胡服，断北语，改籍贯，改姓氏，定姓族，提倡胡汉通婚。七、改变官制和刑律。八、尊孔尊儒，兴复礼乐。改革加速了北方民族融合的历史进程，使他们由游牧经济迅速转变为以农业经济为主，北魏出现了空前的繁荣景象。

乾坤变幻

隋的建立

北周末年，统治集团四分五裂。杨忠是北朝显贵，西魏时为十二大将军之一，在北周时官至柱国大将军，封隋国公。杨坚（541—604年）继承了爵位，后来他的女儿又成为宣帝宇文赟的皇后，杨坚当上了大司马、上柱国，掌握了国家大权，在朝廷中的地位十分显要。大成元年（579年），北周宣帝传位于年仅7岁的儿子宇文阐，这就是周静帝。第二年五月，宣帝驾崩，静帝年幼，身为外戚的杨坚就以左大丞相、都督内外军事的名义把持朝政，先后平定了相州、郧州、益州发生的武装叛乱，进而消灭了宇文氏诸王，自己独霸朝纲。581年，杨坚废周自立，建立了隋朝（581—618年），这就是隋文帝。隋朝建立之后，进行了几次较大的战争，于隋开皇九年（589年）结束了长达270余年的分裂局面，重新统一了中国。

三征高句丽

隋朝开国之后，高句丽（公元前37年至668年）成为国家东北部最为严重的边患。自大业六年（610年）开始，隋炀帝就着手准备出征高句丽。国内造车造船，调集军队，都集中在进攻的基地东莱和涿郡。612年，隋炀帝集中水陆大军100多万人向高句丽的都城平壤进发。水军由右翊大将军来护儿统领，从东莱海口出发；隋炀帝则亲自统率陆军，从涿郡出发。陆军于六月抵达辽东，遇到高句丽军队的顽抗，推进受阻。宇文述所领的部队推进到距离平壤城只有30里的地方，因为军中补给不足，只得退回，在归途中遭到伏击惨败。来护儿的水军轻敌冒进，遭遇伏击，又听说宇文述兵败，就自动撤兵回国。第一次征高句丽宣告失败。此后，隋炀帝又分别于613年和614年连续两次出征高句丽，但是都无功而返。随后高句丽国派遣使者与隋朝议和。

隋炀帝杨广像

隋末农民起义

隋炀帝营建东京，修筑长城，开凿运河，虽然在历史上有一定的积极意义，但在当时却滥用了民力，使刚刚从长期战乱中解脱出来的百姓背上了更加沉重的负担。三次东征高句丽，更是给广大人民带来了一场灾难。大业七年（611年），河北、山东等地遭到了特大水灾，第二年又发生旱灾，加上兵役和劳役的严重压迫，农民起义首先在这里

爆发。邹平县王薄于山东长白山起义，自称"知世郎"，他作了一首《无向辽东浪死歌》，号召人民起来反抗。刘霸道、孙安祖、窦建德、张金称、高士达等人也纷纷举起义旗。翟让领导的瓦岗军和杜伏威领导的起义军，声势最为浩大。在短短的一二年间，北至山西、河北，南至岭南，东到山东、江浙，西到河西走廊，大大小小的农民起义数以百计，敲响了隋王朝的丧钟。

唐朝开国

隋末农民起义动摇了隋的统治。时为太原留守的李渊看到隋已濒临灭亡，于是趁机扩大私人势力以谋天下。隋大业十三年（617年）五月，李渊在太原起兵反隋。他令四子李元吉率中军留守太原，然后以长子李建成为左领军大都督，次子李世民为右领军大都督，以3万大军进军关中，沿途不停地招兵买马，壮大自己的队伍，后来队伍扩大到20万之众。年底大军攻入长安，控制了关中地区。李渊暂时拥立代王杨侑为帝，遥尊当时在江都的隋炀帝为太上皇，改元义宁，李渊自任大丞相，进封唐王。大业十四年，隋炀帝在江都被杀以后，李渊废掉了杨侑，正式称帝，建立了唐朝（618—907年），定都长安。此后，李渊进行了统一全国的斗争，先后平定了各地的农民起义，解决了北方突厥的问题。唐太宗贞观二年（628年），唐正式统一了全国。

玄武门之变

唐朝开国以后，统治阶级内部因为帝位继承的问题产生了深刻的矛盾。高祖李渊的三个儿子李建成、李世民、李元吉在征伐天下的过程中都有谋划统兵之功，同时各自形成了一定的私人势力。依据宗法制的原则"立嫡以长"，李建成被立为太子，但是李世民军功显赫，声望很高，对帝位也一直有着觊觎之心，建成惧怕二弟争夺帝位，就联合四弟元吉共谋排挤李世民。626年，李建成和李元吉密谋夺取李世民的兵权并将其一举消灭。李世民在得知消息后，先发制人，趁李渊召见太子的时候抢先在皇宫北门玄武门埋下伏兵，杀死了哥哥和弟弟。玄武门之变后，李渊被迫立李世民为皇太子，不久就自称太上皇，让出了帝位。李世民即位，这就是唐太宗。

贞观之治

玄武门政变之后，李世民当上了皇帝，年号贞观（627—649年），他就是唐太宗。唐太宗吸取隋亡的教训，实行了很多开明的政策和利国利民的措施。政治方面，他知人善任，虚怀纳谏；在隋制的基础上，进一步完善了三省六部制，制定了唐律；加强皇权，打击门阀制度，大力提高寒门士人的地位，扩大统治的基础。在经济方面，轻徭薄赋，劝课农桑；继续推行前代实行的均田制，并多次减免租税，兴修水利，促进生产发展。文化方面，兴科举，办学校，促进了教育的发展。民族关系方面，在华夷一体思想指导下，实行较开明的民族政策。贞观年间实行的这些统治措施，使唐朝政权得到了巩固，社会经济迅速恢复和发展，出现封建社会历史上少有的海晏河清的大好局面。后世把这一时期称为"贞观之治"。

文成公主和亲

7世纪，吐蕃的首领松赞干布统一了青藏高原的众多部落，以逻些为首府建立了奴隶主政权。松赞干布多次派遣使者向唐王朝求婚。贞观十五年（641年），唐太宗把文成公主许嫁给他。文成公主入藏时，带去了许多手工业品、药物、诗文经史以及其他自然科学方面的书籍。后来松赞干布也多次派遣贵族子弟到内地学习中原地区的先进文化。在汉族先进的经济和文化影响之下，吐蕃制定了历法，创造了文字。文成公主入藏和亲，促进了藏族的经济和文化的发展，也加强了汉藏人民之间的友好关系，为民族的交往和融合做出了很大的贡献。

鉴真东渡

鉴真和尚（688—763年）是唐代著名的高僧，俗姓淳于，扬州人，精于佛教律宗。当时日本的佛教还不够完备，日僧荣叡和普照随遣唐使入唐邀请高僧到日本传授戒律，访求十年找到了鉴真。天宝元年（742年），鉴真不顾弟子的劝阻和地方官的阻挠，发愿东渡传法。前四次都未能成行，第五次漂流到了海南岛，荣叡病死，鉴真双目失明。但是他不改初衷，第六次搭乘日本遣唐使团的船只东渡，终于在天宝十三年（754年）到达日本，被日本人称为"过海大师""唐大和尚"。他在日本传播佛教和先进的唐文化，后来被日本天皇任命为大僧都，成为日本律宗的始祖。公元763年，鉴真在日本圆寂。他对中日文化交流做出了巨大贡献，1000多年来一直受到日本人民的敬仰。

玄奘取经

玄奘（602—664年），俗姓陈，唐朝著名高僧。贞观三年（629年），玄奘奏请西行求法不被准允，乃私越国境，只身西行，穿越西域大小百余国到达印度，潜心学佛。他在印度多次主持讲学和辩论会，以其渊博精深的学识震惊于世。贞观十九年（645年），玄奘从印度回国，唐太宗在洛阳接见了他。他带回佛经657部，在国家资助下设立"译场"，专门从事佛经的翻译工作。他与门人窥基、圆测等一起，花了20年时间从事翻译，成为中国佛教史上著名的四大译经家之一。玄奘还创立了一个新的佛教门派——法相宗，被后世奉为该宗的一代宗师。

武则天称帝

唐高宗永徽六年（655年），原唐太宗才人武则天被高宗册封为皇后。由于唐高宗身体状况较差，武则天协助处理政事，天下称高宗和武后为"二圣"。弘道元年（683年），唐高宗病死，太子李显继位，是为中宗。两个月后，武则天废中宗，改立李旦为帝，是为睿宗，

武后步辇图

第一篇　中国历史常识

武则天临朝称制。光宅元年（公元684年），徐敬业在扬州起兵反对武则天临朝，被迅速平定；垂拱四年（公元688年），武则天加尊号"圣母神皇"，称"陛下"，李唐宗室起兵反抗，也被镇压，随后李唐宗室相继被杀。天授元年(690年)，武则天终于废掉了唐睿宗称帝，改国号周，建立起武周政权，中国历史上产生了唯一的一位女皇帝。武则天操纵国家大权近半个世纪，在政治上很有作为，但她任用酷吏，杀戮过重。神龙元年（705年），武则天病重，李唐王室和旧臣发动政变，拥立唐中宗复位，重建了唐朝。

开元盛世

712年，李隆基即位，是为唐玄宗。他在登基以后，针对当时朝政的弊端，进行了一些重大的改革。其主要内容有：一、整顿吏治，裁撤冗员，严格控制官吏的铨选。二、调整政府的机构设置，提高行政效率。三、采取措施消除阻碍农业发展的因素，推进农业生产。四、加强财政管理。五、整顿实封制度，限制食封贵族势力的发展。六、恢复道教的优先地位，压制佛教势力。由于这些切实可行的改革措施，唐代的社会经济在贞观之治的基础上，又有了更大的发展，社会经济空前繁荣，国力显著增强，几千年封建社会在这里达到了一个兴盛的顶峰。

安史之乱

开元天宝年间，天下承平日久，统治者耽于安乐，不理朝政，国事日趋糜烂。身兼范阳、河东、平卢三镇节度使的安禄山，深得唐玄宗的信任，手握重兵而心怀异志。755年，蓄谋已久的安禄山与其部将史思明以讨伐杨国忠为名，起兵反唐，"安史之乱"爆发。次年正月，安禄山在洛阳称大燕皇帝；六月，潼关失守，长安危急，唐玄宗仓皇入蜀，在行至马嵬驿时，军士发生哗变，杀死了杨国忠，并逼迫唐玄宗缢死杨贵妃。太子李亨在灵武即位，任用郭子仪为将，并借用回纥兵力，全力平叛。757年，安禄山被其子安庆绪杀死。唐军乘机收复长安、洛阳等地。两年后史思明率13万人进攻，洛阳再度沦陷。762年，唐军再次收回洛阳。763年，历时七年多的安史之乱终于平息。

藩镇割据

安史之乱以后，地方节度使的势力进一步膨胀，所据的藩镇俨然成为独立王国，而中央政府却无力控制。各藩镇中，势力最大为祸也最烈的是安史之乱的降将张忠志、田承嗣、李怀仙所治的成德、魏博、卢龙三镇。他们表面上尊奉朝廷，实际上各拥强兵，自任将吏，自收赋税。其职位也往往父死子继、兄终弟及，朝廷只能事后追认。此外重要的藩镇还有淄青、淮西、宣武、沧景等。藩镇割据使得唐朝后期的政局极为动荡不安。中央政府对藩镇进行了长期的斗争。唐宪宗元和十三年（818年），藩镇割据终于得到了控制和清除。唐王朝出现了"元和中兴"的暂时复兴局面。但仅仅两年后，唐宪宗被宦官杀死，藩镇相继恢复割据，一直延续到唐朝灭亡。

唐末农民战争

唐朝末年，农民不甘封建压迫和剥削，纷纷起来造反。873年，唐懿宗死，僖宗立，政治更加黑暗，财政亏空年达300万贯。当年中原大旱，灾民遍野，而政府的徭役和赋税一如从前，走投无路的农民被迫造反。大规模的唐末农民战争爆发。875年初，王仙芝在长垣聚集数千人举行起义，号召人民起来推翻唐朝。次年，黄巢在曹州冤句响应，义军很快发展到几万人。自878年起，黄巢率领起义军横扫淮河南北各地，并乘虚南下渡过长江，攻取虔、吉、饶、信各州，队伍扩大到几十万人。广明六年（880年），起义军攻占长安，建立了农民政权。此后由于农民军没有乘胜追击，而是陶醉在胜利之中，唐王朝残余势力乘机疯狂反扑，义军节节败退。中和四年（884年），义军退到山东，黄巢自杀，农民起义失败。

五代十国

唐末农民战争之后，到北宋建国之前，中国又陷入了分裂的状态。黄巢起义被镇压后的十余年间，北方形成了几个较大的武装集团。其中的朱全忠集团在相互的争斗中占据了上风。天祐元年（904年），朱全忠用自己的亲兵取代了皇帝的禁军，同年八月杀死了唐昭宗，另立13岁的辉王李柷为唐哀帝。天祐四年（907年）朱全忠废唐自立，建立了梁朝，历史上称之为后梁。继后梁之后，黄河流域先后又建立过后唐、后晋、后汉、后周4个朝代，这就是五代。和五代大致同时，在南方还存在着十个割据政权，历史上称作"十国"。它们是吴、南唐、吴越、前蜀、后蜀、南汉、楚、闽、南平、北汉。五代十国的分裂状态持续了约60年的时间，到北宋时实现了统一。

王朝更迭

北宋建立

后周显德六年（959年），周世宗病死，恭帝继位，殿前都点检、归德军节度使赵匡胤掌握兵权。第二年（960年）元旦，朝廷接到边境谎报契丹和北汉发兵南下，匆忙派赵匡胤统兵北上。大军行至陈桥驿时，赵匡胤之弟赵匡义和幕僚赵普策划将士发动哗变，声称愿意奉赵匡胤为天子。赵匡胤故作辞让，将士们把一件黄袍加在赵匡胤的身上，拥立他为皇帝。赵匡胤随即带着大军回师开封，逼迫恭帝禅位，轻易地夺取了后周的政权，改国号为"宋"，建立了北宋王朝（960—1127年），史称"黄袍加身"。赵匡胤取后周而代之，引起地方势力的极大不满，昭义节度使李筠和淮南节度使李重进先后起兵，赵匡胤两次亲征，消灭了二李，也震慑了其他藩镇势力，巩固了新生的政权。

庆历新政

宋仁宗时，由于对西夏战争的失利和向辽国输"纳"的增加给国家带来了沉重的负担，统治的危机迅速加深。要稳定统治，亟须进行改革。庆历三年（1043年），范仲淹为相，他在富弼、韩琦和欧阳修等人的支持下，提出了改革的方案，内容涉及整顿官僚机构，改革吏治，富国强兵，取信于民等，历史上称作"庆历新政"。庆历新政以缓和阶级矛盾为主要目标，自然触犯了官僚地主的利益，因此遭到了他们的强烈反对。范仲淹被诬陷专权结党而被迫请补外职，其他参与改革的人也相继被罢官，实行仅仅一年多的新政措施被全部废除。新政宣告失败。社会危机依然没有解除。

辽国建立

辽国是契丹族建立的国家。契丹是辽河上游的一个游牧部族，唐太宗时归附中央，唐以其地建立松漠都督府，以其首领窟哥为都督，并赐姓李。901年，耶律阿保机被推为部落联盟的军事首领。907年，耶律阿保机取得了部落首领的位置以后，以武力统一了契丹各部。916年，耶律阿保机正式称帝，年号神册，国号契丹。938年，耶律德光继位，改国号为辽。其疆域东至于海，西至阿尔泰山，北至克鲁伦河，南至河北边境，占据了黄河流域以北的广大区域。其周边国家高丽、后晋、夏国都向其称臣。北宋建国以后，宋太祖为了收复燕云失地，和辽之间发生了高梁河之战，宋军失败。宋太宗又进行了雍熙北伐，亦以失败而告终。此后，辽对北宋黄河以北的地区进行了长期的侵扰。

狩猎图
描绘契丹人在草原上狩猎的情景。

王安石变法

1068年，宋神宗即位。他任用王安石（1021—1086年）为相，实行变法，以求解除严重的社会危机。1069年，中央设立"制置三司条例司"，作为创立新法的机构，相继制定了一系列的新法，对于经济、军事、教育等几个方面都提出了改革的方案。在财政经济方面，主要有农田水利法、方田均税法、青苗法、募役法、均输法、市易法。在军政方面，主要有将兵法、保甲法、保马法及设置军器监。在教育方面，兴学校，改科举。王安石变法取得了一定的预期效果，但是触犯了大官僚、大地主的既得利益，引起了特权阶层的普遍反对，而且在具体实施过程中也因用人不当而给下层人民带来了更加沉重的负担，只因有皇帝的强力支持，变法才得以推行。宋神宗死后，司马光于1086年出任宰相，新法几乎被全部废除，变法归于失败。

宋辽澶渊之盟

北宋景德元年（1004年），辽国皇太后和辽圣宗以收复瓦桥关南十县为名率兵南犯宋境。十一月，抵达重镇澶渊城北，直接威胁宋朝的都城东京开封。宰相寇准临危不乱，力请宋真宗亲征澶渊。宋军在澶渊前线射杀了辽军统军使萧挞凛，辽军士气受挫。宋真宗在寇准的催促之下登上澶州北城门楼以示督战，宋军士气大振。两军出现相互对峙的局面，辽军因为折将受挫，表示同意与宋议和。同年十二月，双方达成以下协议：一、宋辽各守疆界，互不侵犯，约为兄弟之国，辽帝称宋帝为兄，宋帝称辽帝为弟。二、宋朝每年给辽绢20万匹，银10万两，称为岁币。三、双方人户不得交侵，对于逃亡越界者，双方都要互相遣送。此后宋辽形成了长期并立的形势，两国之间不再有大的战事。

西夏建立

西夏是党项族建立的国家。党项族原活动于青海的东南部和四川西北边区一带。公元635年，部族首领拓跋赤辞率部归附唐朝，被封为都督。唐末党项族协助镇压黄巢起义有功，被封为节度使，赐姓李，晋爵为夏国公，领有夏、银、绥、宥、静五州。宋初党项内部出现分裂，与宋朝也不时发生战争。1032年，李元昊继位为党项首领，他先后占领了东至黄河，西到玉门，南接固原，北及大漠的广大地区。1038年十月，李元昊正式称帝，国号大夏，定都于兴庆府（今银川市），因为它位于北宋王朝的西部，历史上称之为西夏。西夏仿照宋朝的政治制度建立起一套统治机构，也推行科举考试，同时仿照汉字创造了西夏文字。西夏建国以后，采取联辽攻宋的策略，多次对宋朝发动战争。1044年，宋夏达成和议，李元昊取消帝号，对宋称臣，由宋册封为夏国王。西夏与宋之间的战争宣告停止。

金国建立

金国是女真族建立的一个国家。女真族居住在白山黑水之间的东北地区，隋唐时期称为靺鞨，五代时称为女真，臣属于辽国，辽国对女真的政治压迫和经济剥削都比较严重。1113年，完颜阿骨打继任女真部落联盟的首领，统一了女真各部。次年，阿骨打集结各部举兵反辽，在几次战役中获得了大量的兵器、马匹和战俘，大大充实了自己的兵力，进而建立起一支强大的军队。1115年正月，完颜阿骨打正式称帝，国号"大金"，取其坚实不衰之意。建国之后，金国与北宋联手对辽国发动了猛烈的攻势，经过10年的战争，于1125年灭掉了辽国。此后，金军目标直指北宋，对北宋发动了战争，北宋的末日已为期不远。

靖康之变

北宋靖康元年（1126年），金兵分东、西两路南侵。十一月，两路金军渡过黄河，北宋军队望风而退，举朝惊惶，被迫答应了金朝以黄河为界的退兵条件。但是这也只不过是金军稳住北宋君臣、争取进军时间的诡计。此后两路金军陆续抵达汴京城下，城中宋军不过数万，京城危在旦夕，但城中军民的抗敌情绪十分高昂，请求作战的群众多达30万人。而宋钦宗却亲往金营议降，答应了金人提出的巨额勒索。靖康二年（1127年）钦宗再赴金营时被扣押。北宋朝廷严令禁止军民的武装抗金。二月，金军下令废除徽宗和钦宗二帝，北宋宣告灭亡。四月，金军掠夺了大量的财物，带着徽、钦二帝及宗室、大臣等3000多人撤离汴京北归。这就是"靖康之变"。

临萧照瑞应图（局部）

此图描绘的是北宋汴京沦陷，康王赵构在军营中睡觉，梦见自己黄袍加身，做了皇帝。

南宋建立

靖康之变后，金兵俘虏徽、钦二帝北还。宋徽宗第九个儿子康王赵构同年在河南商丘即位，改元建炎，他就是宋高宗。随后朝廷南迁至临安（今浙江杭州），南宋（1127—1279年）开始。南宋建国之初，高宗为了收买人心，起用抗战派李纲为相，进行抗金的斗争；同时他又担心战争胜利后宋钦宗会回来和他争夺皇位，于是又任命了一大批投降派的官僚居于要职。因此，南宋抗金斗争中主战派与投降派之间的激烈斗争自南宋初年就开始了。以宋高宗为首的妥协投降派对李纲的抗金斗争百般阻挠，李纲入相仅75天即被罢免。1129年金军发动了对南宋的第三次战争，宋高宗一路狂奔逃到了海上。南宋军民群起而抗金，次年金军北退。宋高宗从海上回到了临安。1138年，临安正式成为南宋的都城。此后，东起淮水、西到秦岭的宋金战线逐渐地稳定下来。

岳飞抗金

靖康之难以后，黄淮之间爆发了大规模的抗金斗争。岳飞（1103—1142年）和抗金名将宗泽、韩世忠等一道，站在抗金斗争的最前线。1139年金军发动大规模的侵略战争，岳飞率领岳家军顽强反击，挺进中原。七月，岳飞和金兀术1.5万精锐骑兵发生激战，大败金兵，然后乘胜向朱仙镇进军。此次北伐中原，收复了颍昌、蔡州、陈州、郑州、郾城、朱仙镇，消灭了金军有生力量，南宋的抗金斗争发生了根本的转机。但是就在这关键时刻，宋高宗担心一旦中原收复，钦宗回国，他就难保皇位，因此与秦桧极力破坏抗战。他们首先令东西两线收兵，造成岳家军孤军突出的不利态势；然后以"孤军不可久留"为名，连下12道金牌令岳飞班师。为了避免孤军被灭，岳飞被迫回师。回到临安以后，岳飞以"莫须有"的罪名被杀害。岳飞精忠报国，不屈不挠地坚持抗金战争，是一位杰出的军事将领。

蒙古汗国建立

蒙古是中国北方的一个古老民族。10世纪时，蒙古高原上生活着蒙古部、塔塔尔部、弘吉剌部、汪古部、蔑儿乞部、克烈部等，各部之间相互攻战残杀。1189年，蒙古族的杰出英雄铁木真（1162—1227年）被推举为蒙古部的首领。他经过十年的征战，先后打败了札塔剌、克烈、乃蛮等部，最后统一了蒙古高原。1206年，铁木真被推为高原各部的最高统治者，尊称成吉思汗，蒙古汗国宣告建立，都城建在和林。成吉思汗制定了一整套的政治、军事、法律制度，壮大汗国的实力。

成吉思汗西征

蒙古汗国成立以后，成吉思汗率领精锐的铁骑对邻国进行了旷日持久的掠夺战争。先后征服了中亚、西亚、欧洲诸国，建立起了地跨欧亚大陆的幅员辽阔的国家。1219年起，成吉思汗带着他的儿子术赤、察合台、窝阔台三人，统领20万大军大举西征，陆续攻下了讹答剌城、不花剌、撒麻尔罕、玉龙杰赤、呼罗珊、克里木半岛等地，一直打到了里海边。在攻城略地的同时，西征部队与以前的异族征战部队一样，一路野蛮地烧杀抢掠。成吉思汗死后，他的后代又发动了两次西征，一直打到了欧洲，先后攻下了不里阿耳（保加利亚）、孛烈儿（波兰）、马札尔（匈牙利）、报达（巴格达）等地区。成吉思汗及其子孙的西征，一方面给中亚、西亚和欧洲国家的人民带来了巨大灾难，另一方面又促进了这些地区的文化交流。

元朝建立

1258 年，蒙古国大汗蒙哥决定征伐南宋。他亲率大军 4 万进攻四川，以忽必烈为帅进攻鄂州，以镇守大理的兀良合台北上，意在三军会师鄂州，然后顺江而下消灭南宋。1259 年，蒙哥汗在战争中受伤不治。忽必烈随后撤军回国夺取汗位。次年三月，忽必烈率军北行到了开平，接受诸王和大臣的"劝进"，即大汗位，以开平为都城。同时，阿里不哥也在漠北和林宣布自己为大汗。1264 年，阿里不哥汗向忽必烈投降。忽必烈改称开平为上都，燕京（今北京）为中都。1271 年，忽必烈改国号为大元，他就是元世祖。第二年，忽必烈改中都为大都，实现了元朝统治中心向汉地的转移。

文天祥抗元

忽必烈稳定了政权之后，大举进攻南宋。1276 年，元军占领了临安，宋恭帝被俘。临安陷落以后，文天祥、张世杰、陆秀夫等仍然率领军民坚持抗元斗争。同年五月，益王赵昰即位，改元景炎，他就是宋端宗。端宗任命文天祥为丞相兼知枢密院事。文天祥建议组织水军经海路收复两浙失地，被左丞相兼都督陈宜中否决，他只好以同都督的身份离开朝廷前往江西发动军民抗战。景炎二年（1277 年），文天祥率军反攻江西，先后收复了赣州、吉州的部分土地。次年四月，宋端宗死，赵昺即位，改元祥兴，移驻广东。文天祥收拾宋军残部，继续坚持战斗，直至兵败被俘。文天祥被押往大都以后，拒绝了忽必烈的亲自劝降，于 1283 年从容就义。1279 年二月，宋元双方在海上展开会战，宋军大败，陆秀夫背着幼帝赵昺投海而死。南宋王朝的抗元力量被全部消灭。

马可·波罗来华

元世祖在位时期，中国是世界上最强大最富庶的国家，西方各国的使者、商人、旅行家纷纷慕名来中国观光，其中最有名的要数马可·波罗。马可·波罗 1275 年到中国，他聪明伶俐，很快学会了蒙古语和汉语。元世祖十分赏识他，就派他到云南去办事。马可·波罗每到一处，都留心观察风俗人情。马可·波罗在中国整整住了 17 年，被元世祖派到许多地方视察，还经常出使国外。马可·波罗回国后，向人们讲述了中国及其他一些亚洲国家的情况。有一个名叫鲁思梯谦的作家，把马可·波罗讲述的事记录下来，编成《马可·波罗行纪》（又名《东方闻见录》）。在这本游记里，马可·波罗对中国的著名城市都作了详细的介绍，称颂中国的富庶和文明。这本书一出版，便激起了欧洲对中国文明的向往。从那以后，中国和欧洲国家及阿拉伯之间的来往更为密切。阿拉伯的天文学、数学、医学知识开始传到中国来；中国古代的三大发明——指南针、印刷术、火药，也传到了欧洲（中国的另一个大发明造纸术，传到欧洲要更早一些）。

红巾军大起义

元朝后期，以蒙古贵族为主的统治

阶级，对各族特别是汉族人民的掠夺和奴役十分残酷。他们疯狂地兼并土地，大批农民沦为奴婢。官府横征暴敛，苛税名目繁多，全国税额比元初增加20倍。在这种情况下，韩山童、刘福通利用白莲教组织农民，于至正十一年（1351年）五月在颍州准备起义。消息泄露，遭到敌人包围，韩山童被害。刘福通率众突围，攻占颍州，起义正式爆发。义军以红巾裹头，所以称作红巾军。红巾军连克亳州、项城、朱皋各州，声威大震。1355年，刘福通率军攻下亳州以后，立韩林儿为小明王，国号大宋，年号龙凤，建立了农民革命政权。1357年起，刘福通分兵三路北伐。但是由于北伐没有严密的战略部署和相对集中的统一指挥，而且没有巩固的根据地，所以进行得并不顺利，至1362年止，几路北伐大军被各个击破。1363年，刘福通遇难。红巾军起义逐渐被镇压下去了。

活字印刷术

唐代发明雕版印刷以后，广泛应用于书籍印刷。人们在使用的过程中仍然感到不便。北宋仁宗时期，平民毕昇发明了活字印刷术，用胶泥刻成单个的字，印刷时排版，一版印完以后，拆版再印，字印可以重复使用，和雕版印刷相比，极为神速。活字印刷术的发明，大大提高了书籍的印刷速度，是印刷史上具有里程碑意义的事件。元代时，又发明了木活字和锡活字。清朝时期，由于政府的大力提倡，活字印刷有了更大的发展，逐步走向了普及。

火药的发明和使用

中国古代炼丹家在炼制丹药的过程中，常使用硝石、硫黄、雄黄和含碳物质等药料。这些物质如果混在一起加热，就可能发生猛烈的燃烧甚至爆炸现象。至少在中唐时期，炼丹家经过长期实践经验的总结，已经明确地认识到了这种现象。他们利用伏火法来炼制这些物质的混合物，并称之为"火药"。北宋初年，火药走出了炼丹家的丹房，被应用到军事领域，引起了军事科学的巨大变革。宋朝在与辽、金、元的战争中，使用了大量的火药武器。在宋末元初时，随着中外交通贸易的发展和元朝军队的远征，火药、火器相继传至南亚、西亚、阿拉伯和欧洲。

明朝建立

朱元璋（1328—1398年）于1352年参加了红巾军，1355年升任都元帅。第二年，他率大军攻占集庆（南京），改为应天府。朱元璋以应天府为根据地，迅速向皖南、两浙地区发展，陆续攻占常州、江阴、徽州、扬州、建德等地，进一步扩大自己的势力。他十分注意招揽人才，许多名士都投奔到他的麾下。1357年，攻占徽州以后，朱元璋采纳了谋士"高筑墙，广积粮，缓称王"的建议，注意巩固后方。至正二十三年（1363年）四月，朱元璋在鄱阳湖大败陈友谅。1364年正月，朱元璋接受部下"劝进"，即位称王。1365年，朱元璋对张士诚发动战争，次年九月俘虏了张士诚。1367年，朱元璋派25万大军北伐，开始了灭亡元朝的计划。他在战斗檄文中提出了"驱逐胡虏，恢复中华"的口号。第二年正月，朱元璋在应天即位称帝，国号大明（1368—1644年），建元洪武，他就是明太祖。同年八月攻占大都，元朝灭亡。然后又用了 20 年的时间，统一了全国。

靖难之役

明太祖在加强中央集权的同时，把他的 20 多个儿子分封为王，一部分授以兵权，节制诸路兵马，而且还规定，诸王有移文朝廷索取奸臣和举兵清君侧的"靖难"大权。这在客观上造成了诸王割据的局面。1399 年，朱元璋死，皇孙朱允炆即位，是为建文帝。建文帝及其诸大臣鉴于诸王势力太大，决定削藩。同年八月，拥有重兵的燕王朱棣不甘心被削权，援引祖训以进京诛杀奸臣为名，从北平起兵发动了"靖难之役"。建文帝先后派老将耿炳文和李景隆率兵，都被燕王打败。经过 4 年战争，朱棣攻破了南京，建文帝不知去向。朱棣夺取了政权，于 1403 年即皇帝位，年号永乐，他就是明成祖。

郑和下西洋

明朝初年，社会经济恢复发展，国力逐渐强盛。永乐、宣德年间，朝廷派遣郑和七下"西洋"，出使亚非 30 多个国家和地区，以炫耀"天朝大国"的富强，"宣德化而柔远人"。郑和（1371—1433 年）初名马三宝，12 岁时入宫为太监，又称作"三宝太监"。永乐三年（1405 年）六月，明成祖朱棣派郑和率领由 63 艘大船、27670 人组成的庞大船队，首次出使西洋。船队从苏州刘家港出发，沿福建海域南下，到了越南的南部，又经过爪哇、苏门答腊群岛，直达印度半岛西南端。永乐五年（1407 年）九月归国。此后，郑和又进行了 6 次航行，最远到达非洲东海岸肯尼亚的蒙巴萨。郑和船队的远洋航行，在太平洋和印度洋上纵横将近 30 年，开辟了多条新航线，是世界航海史上前所未有的壮举。

戚继光抗倭

明朝中叶以后，政治腐败，海防松弛。日本海盗经常出没于东南沿海，侵犯中国领土，抢劫商旅，杀害百姓，无恶不作。人们把这些以日本浪人为主的海盗称作"倭寇"。嘉靖年间，倭寇气焰十分嚣张，沿海人民深受其害。名将戚继光（1528—1587 年）奉命抗倭。他招募农民和矿徒组成新军，严明纪律，并配以精良的战船和兵械，精心训

抗倭图卷（局部）
此图描绘倭寇船侵入浙江沿海、登陆、探察地形、掠夺放火，百姓避难，明军出战、获胜的全过程。这部分是明军与倭寇激战的情况。

练。针对南方多湖泽的地形和倭寇作战的特点，他创造出了"鸳鸯阵法"，即以 12 人为一队，长短兵器配合，灵活作战。嘉靖四十年（1561 年），戚继光在浙江台州九战九捷，大败倭寇。第二年，福建告急，戚继光率军入闽，在兴化、横屿等地给进犯的倭寇以歼灭性的打击。第三年，他又和另一位抗倭名将俞大猷合力清除了广东的倭寇。为害多年的东南倭寇之患最终平息。

张居正改革

明朝中叶，封建统治出现了严重的社会危机。万历元年（1573 年），明神

宗朱翊钧即位，张居正与太监冯保合谋，排挤掉权臣高拱，自任首辅，掌握了朝政大权。他针对当时朝廷在政治、经济、军事方面的诸多弊端，进行了一系列的社会改革。政治上，他提出"尊主权，课吏职，信赏罚，一号令"，解决官僚阶层争权夺势、玩忽职守的腐败之风。军事上，他起用戚继光镇守蓟门，李成梁镇守辽东，又在北方长城上加修敌台3000多座，加强了北方的军备。其改革的主要内容，还是在经济方面。他陆续实施清通欠、省驿递、惩贪墨、省支出等措施。在此基础上，他开始改革赋役制度，推行"一条鞭法"：一、赋役合并，以丁田分担役银；二、田赋征银；三、赋役的征收解运由地方官吏直接办理，废除原来粮长、里长代征代解赋役的旧制。这是中国赋役制度史上继两税法之后的又一次重大改革。张居正的改革使社会矛盾趋于缓和，国家财政有所好转。

明朝援朝战争

明万历二十年（1592年），日本发动了侵略朝鲜的战争，其战争意图是想在取得朝鲜以后进而侵略中国。明朝政府深知日本的侵略意图，决定立即派兵援朝。宋应昌、李如松率军数万东渡鸭绿江。在朝鲜军民的配合之下，明军很快收复了平壤、开城、汉城。日本军队施用缓兵之计，遣使乞和以求卷土重来。万历二十五年（1597年），日人丰臣秀吉派兵40万再犯朝鲜。明朝派都督陈璘和老将邓子龙率领水陆大军再次援助朝鲜，与朝鲜人民一道连败日军。第二年，丰臣秀吉死，日军军心不稳。邓子龙与朝鲜将军李舜臣在海上与日本海军展开激战，给日军以毁灭性的打击，邓、李两位杰出将领也壮烈牺牲。

李自成起义

明末天启、崇祯年间，陕北连年灾荒，农民纷纷起来反抗明朝的统治。天启六年以后，李自成聚集了3万人造反起义，崇祯三年（1630年），他率领人马投靠闯王高迎祥，转战于陕西、山西、河南、湖北等地。崇祯七年，高迎祥战败被杀，李自成被众人推举为闯王，经过连年的征战，到崇祯十三年时，部队发展到百万之众。崇祯十四年，起义军攻破洛阳，诛杀福王朱常洵，没收王府的金银和粮食，赈济灾民。此后，农民三次包围开封，连克项城、南阳、襄城、朱仙镇。崇祯十六年，李自成被推举为顺天倡义大元帅，称新顺王。崇祯十七年（1644年）二月，义军兵分两路直指北京。三月十九日，大军攻占北京。崇祯皇帝自缢，明朝灭亡。由于起义军在胜利时丧失了警惕，明朝山海关守将吴三桂引清军入关。四月下旬，李自成率20余万大军迎战，失败后退回北京。随后放弃北京南下，经晋入陕。次年四月，在湖北通山的九宫山下为地主武装所围困，李自成牺牲，起义宣告失败。

清朝建立

公元10世纪后，世居东北地区的女真族建立金朝，灭辽伐宋。明朝女真族分为建州女真、海西女真和野人女真三大部，满族出自建州女真。明朝万历年间起，努尔哈赤用了几十年的时间，统一了女真各部。在部族统一战争中，努尔哈赤建立了八旗制度。明朝万历四十四年（1616年），努尔哈赤在赫图阿拉称汗，建立了大金国，历史上称作后金。明天启元年（1621年），后金打败了明朝军队的进攻，攻取了沈阳，5年后把都城迁到了这里。努尔哈赤死后，皇太极势力最大，夺取了汗位，改女真族名为满洲，由皇太极和其兄代善、阿敏、莽古尔泰四大贝勒共同主持军政大计，进行了一系列的改革措施。1636年，皇太极在盛京称帝，改国号为清，他就是清太宗。清朝（1636—1911年）正式建立。

清军入关

1643年，皇太极死，其子福临即位，这就是清世祖顺治皇帝。由于福临年幼，由叔父睿亲王多尔衮辅政。崇祯十七年（1644年）四月，清军由摄政王多尔衮率领，倾巢南下。当时李自成的农民起义军已经攻入了北京，推翻明朝，崇祯皇帝自缢。辽东总兵吴三桂率精锐部队南下进入山海关，并拒绝了李自成的招降。山海关依山临海，形势险要，是兵家必争的战略要地。双方在山海关发生激战，吴三桂兵败在即。四月十五日，清朝大军行进至翁后（今辽宁阜新附近），接到镇守山海关的明朝辽东总兵吴三桂的"乞师"书，立刻向山海关进军。四月二十二日，清军疾驰至山海关，吴三桂引清军入关，正式投降了清朝。李自成寡不敌众，只好撤退。战略重地山海关大门洞开，清朝大军进入中原，取代了明朝对全国的统治。

郑成功收复台湾

台湾岛自明朝天启四年（1624年）就遭到了荷兰和西班牙殖民者的入侵。清初的全国性抗清斗争中，活跃在东南沿海的是郑成功（1624—1662年）

所领导的"海上武装"。随着全国性抗清高潮的低落，郑成功准备渡海登台，寻求新的抗清根据地。顺治十八年（1661年）三月，郑成功率领2.5万名官兵，大小战船数百艘，从福建金门出发，经澎湖，抵达台湾西南沿海，在赤嵌城附近的禾寮港登陆，并率兵围攻赤嵌城。荷兰守军放弃赤嵌，退守台湾城负隅顽抗。郑成功切断了城内水源以及和外界的所有联系，同时派水师阻击荷兰的海上援军。8个月后，荷兰殖民者宣布投降。在遭受了38年的殖民统治之后，台湾又回到了祖国的怀抱。

平定三藩

清军在入关的战争中，降清的明将屡立战功，受封为王。到康熙时，这些汉族武装实力大增。其中，平西王吴三桂镇守云南，靖南王耿精忠镇守福建，平南王尚可喜镇守广东，他们都远离京师，拥兵自重。康熙十二年（1673年），朝廷下令撤藩。当年十一月，吴三桂就在云南起兵反叛，率兵迅速攻入湖南。第二年，靖南王耿精忠、平南王尚可喜之子尚之信也举兵反叛，广西和四川等地也群起响应。天下呈现出大乱之势。康熙皇帝根据具体的形势，制定了"打击首恶，剿抚兼施"的策略，对于东南、西北两个战场以抚为主，对西南腹地的吴三桂则予以坚决打击。康熙十五年（1676年），西北叛军投降，东南耿精忠随后也向清军乞降。第二年，尚之信也宣告降清。吴三桂穷途末路，不久死去。康熙二十年（1681年），"三藩之乱"最后平定。

土尔扈特部回归祖国

明朝末年，漠西蒙古土尔扈特部不

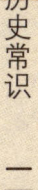

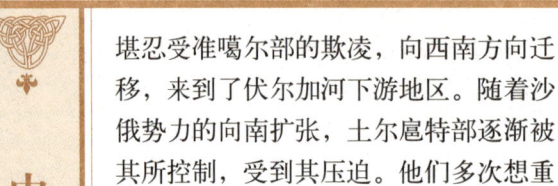

堪忍受准噶尔部的欺凌，向西南方向迁移，来到了伏尔加河下游地区。随着沙俄势力的向南扩张，土尔扈特部逐渐被其所控制，受到其压迫。他们多次想重返故乡，均因路途遥远而未能成行。清朝建立以后，他们和中央政府保持着密切的联系，多次奉表入贡，受到清政府的盛情接待。18世纪中期，沙俄对土尔扈特的压迫更加深重。乾隆三十六年（1771年）一月，部族首领渥巴锡率领全部正式起义，和沙俄堵截部队进行了多次激烈的战斗，经过历时8个月的万里跋涉，终于胜利抵达伊犁。清朝政府对于他们的归来十分重视，安排他们仍驻故地，由伊犁将军统辖。乾隆皇帝亲自接见了渥巴锡一行，并作《土尔扈特部归顺记》和《优恤土尔扈特部众记》以做纪念。

大小和卓叛乱

清朝前期，居住在天山南路的维吾尔族称为回部。乾隆年间，回部贵族波罗尼都兄弟发动了"大小和卓叛乱"。乾隆二十三年（1758年），清朝派兵前往南疆镇压。由于波罗尼都兄弟在当地的统治十分残暴，人民痛苦不堪，清军一到，纷纷响应，甚至一部分维吾尔族上层也和清朝军队合作平叛。第二年，清军在当地人民的大力支持之下，迅速打败了叛军，波罗尼都兄弟在逃窜中被当地群众杀死。不久，清政府在新疆设置伊犁将军，管辖包括巴尔喀什湖在内的整个新疆地区，巩固了对西北地区的统治。

雅克萨自卫反击战

明清之际，由于东北边界兵力空虚，俄罗斯帝国乘机入侵。到清朝初年，沙俄势力已经到达黑龙江流域。顺治六年（1649年），沙俄再度侵入黑龙江，占领了雅克萨城。在平定三藩之后，国内局势稳定下来，康熙皇帝决定对沙俄展开反击。康熙二十二年（1683年），清政府在瑷珲设立黑龙江将军，加强对于边防的控制。二十四年（1685年）正月，为了彻底消除沙俄侵略，康熙命都统彭春赴瑷珲，收复雅克萨。四月，清军约3000人在彭春统率下分水陆两路向雅克萨开进。清军于五月二十三日分水陆两路列营攻击雅克萨，陆师布阵于城南，战船集中于城东南，列大炮于城北。二十五日黎明，清军对雅克萨发动猛攻，沙俄侵略军伤亡惨重力不能支，宣告投降，请求清军放行，撤退至尼布楚。侵略军被迫撤离以后，贼心不死，图谋再犯。康熙二十六年（1687年），在接到沙俄再犯的奏报以后，康熙皇帝即下令反击。侵略军被围困一年时间，近1000名士兵最后剩下66个。沙皇急忙向清朝求和，并派遣使者议定边界。雅克萨反击战结束。

文字狱

清王朝为了加强文化专制和思想钳制，大兴文字狱。文字狱的大规模兴起是在康熙晚年。康熙五十年（1711年），发生了《南山集》一案，其作者戴名世因为议论南明史事，用了南明诸帝的年号，被人告发而处斩，不少人遭到牵连。雍正年间的吕留良案是最大的一件文字狱，吕留良是清初著名学者，有强烈的民族意识。曾静接受了他的思想主张，于雍正四年（1726年）上书川陕总督岳钟琪（岳飞后人），劝其举兵反清，被岳告发。吕留良被开棺戮尸，相关人员或死或流。此外著名的文字狱还有查嗣庭、胡中藻、王锡侯等案，其他文字狱则数不胜数。文字狱的处罚极为惨无人道：死人开棺戮尸，活人凌迟，斩首或绞死，亲属遣戍，妇女入官为奴婢，等等。这种残酷的文化钳制政策，使得清中后期的读书人为了避祸全身，将大量的聪明智慧用在了文字、训诂等烦琐考证之类的学问上面，思想、文化的发展受到了强力的钳制，于后世流毒无穷。

鸦片战争

18世纪末，西方列强竞相对海外进行殖民扩张。英国在与中国进行贸易的过程中，向中国输入了大量鸦片，严重损害了中国百姓的身心健康和经济利益，引起中国朝野的严重关切和强烈不满。1838年年底，清政府任命湖广总督林则徐为钦差大臣，前往广东全权办理禁烟事宜。林则徐在虎门销烟，把英美等国商人的2万余箱鸦片当众销毁。

广州海战图
这幅英国凹版画画中，一艘中国战船因被英国战舰"奈米西斯"号开炮击中而烧毁。此战发生于1841年1月，地点在珠江三角洲亚森湾，在两个小时的作战中，11艘中国战船被击沉，500名船员阵亡，而英军只有几人受伤。"奈米西斯"号是英国的第一艘铁甲战舰。在这样的战舰面前，中国海军的木船不堪一击。

1839年10月，英国发动侵华战争，第二年6月，由近50艘舰船和4000名士兵组成的"东方远征军"侵入广东海域，封锁珠江口，正式挑起战争。8月进逼天津大沽口，直接向清政府施加军事压力。清政府将林则徐等革职查办，改派直隶总督琦善为钦差大臣赴广州谈判。谈判期间，英军于1841年1月突然攻占虎门沙角和大角两处炮台。8月，英国进一步扩大侵华战争。陆续攻陷定海、镇海、宁波等地，随后进入长江。清政府在武力威逼之下，被迫接受英国的全部侵略要求，签订了《南京条约》。

第二次鸦片战争

咸丰六年（1856年），英国与法国共同出兵，再一次发起了侵略战争，历史上称作第二次鸦片战争。英法联军进攻广州，由于清军未做战争准备，广州失守。第二年春，联军北上，在大沽口登陆，攻陷天津。当时清王朝正全力与太平天国军作战，只得与英法两国议和。6月下旬，英、法、美、俄公使威逼清政府签订《天津条约》。条约签订后，英、法政府决定以武力为后盾坚持进京换约。1859年6月17日，联军舰船再次攻打大沽口，被清军击退。英法政府决定进行大规模的报复。1860年，英法联军占领天津。10月初，联军进逼北京。咸丰皇帝逃往热河。英法联军攻占北京以后，大肆烧杀抢劫。随后，英法政府迫使清政府与之签订《北京条约》。俄国乘机从中渔利，与中国签订了《中俄北京条约》。11月，侵略军撤出京津地区，第二次鸦片战争结束。

太平天国运动

鸦片战争以后，朝政黑暗，民不聊生。1843年，洪秀全创立了拜上帝会，宣传人人平等的思想，号召人们起来斗争。1851年1月，洪秀全在广西金田

宣布起义，建号太平天国，3月宣布登基，称天王。8月，太平军攻占永安以后，进行了封王建制的工作。洪秀全封杨秀清、萧朝贵、冯云山、韦昌辉、石达开等为王。1852年，太平军从永安北上，一路攻州克县，队伍迅速扩大到几十万人。1853年3月，太平军攻占南京，改名为天京，定为太平天国的首都。到1856年，太平军击溃清军江北、江南大营，达到了军事上的全盛时期。就在此时，太平天国领导集团内部发生了自相残杀的"天京事变"，清军趁机全面反攻。1863年，曾国藩统率的湘军开始围困天京。次年6月洪秀全病逝。7月，湘军攻破天京。太平天国运动失败。

辛酉政变

咸丰十年（1860年，辛酉年），英法联军攻进北京，焚烧圆明园。咸丰皇帝带着皇族大臣逃往热河。次年七月，咸丰皇帝病死，遗诏立6岁的载淳为皇太子，任命载垣等八大臣辅政，一切军政事务由辅政大臣处理。慈禧太后（叶赫那拉氏）一心想掌握朝政大权。她首先以圣母皇太后的身份取得了干预朝政的权力，然后和恭亲王奕䜣勾结，预谋除去辅政大臣，以达到垂帘听政的目的。慈禧太后利用咸丰灵柩运回北京的时间，于9月30日发动政变，逼令载垣、端华自杀，将肃顺斩首，其他辅政大臣被革职查办。11月3日，任命恭亲王为议政王。11日，同治皇帝即位。从此两宫太后开始垂帘听政，而慈禧独掌晚清朝政大权近50年。

洋务运动

第二次鸦片战争以后，清朝统治阶级就如何解决内外矛盾的问题，形成了一个较为开明的洋务派。洋务派在中央以奕䜣为代表，在地方上则以曾国藩、李鸿章、左宗棠、张之洞、沈葆桢、丁日昌等为主力。他们力主学习西方的先进生产技术，以富国强兵，"自强御侮"。1861年，曾国藩创办安庆军械所，主要生产子弹、火药和炸弹，这是中国最早的近代军事工业。1872年，李鸿章在上海开办轮船招商局，这是中国第一家近代轮船公司，也是洋务派兴办的第一个民用企业。其他还有开平矿务局、汉阳铁厂、电报总局、上海机器织布局等企业。同时，还兴办铁路事业，创建海军，筹设海防。为适应需要，洋务派还举办了京师同文馆等一批新式学堂，培养人才，并分批派遣留学生出国深造。洋务运动引进了西方先进科技，在客观上刺激了中国资本主义的发展。

中法战争

19世纪60年代起，法国开始侵占越南，威胁中国南部边境。1882年，越南正式成为法国的殖民地。法军随即骚扰中国边境。1884年5月，法国从海陆两路大举进攻中国。其海军舰队到达福建海域。8月23日，事先驶进福州马尾军港的法国舰队主力突然袭击泊于港内的福建海军。福建海军仓促应战，仅仅半个小时的战斗中，福建海军军舰被击沉7艘，其余全部被毁，官兵死伤超过700人。马尾海战惨败，朝野震惊，清政府随即对法宣战。老将冯子材在国难当头临危受命，率军赶赴广西前线对法作战。光绪十一年（1885年）二月，法军兵分三路进攻镇南关，冯子材指挥军队进行激战，坚守关隘，两天后对法军发起总攻，取得镇南关大捷的辉煌战果。正当前线大捷之时，清廷却命令停战撤军，并在6月与法国在天津签订了《中法新约》。

中日甲午战争

日本明治维新以后，一直以吞并朝鲜和侵略中国为其基本国策。到1887年，日本侵略中国的"征讨清国策"制定完毕。1894年，朝鲜内乱，日本趁机入侵朝鲜，占领了仁川和汉城。以李鸿章为首的妥协派并不认真备战，而寄希望于帝国列强的"调停"。7月，日本攻入朝鲜王宫，成立了傀儡政权。7月17日，日本正式做出了发动战争的决定。接着日本不宣而战，对中国军队发动海陆两路袭击，中日甲午战争正式爆发。8月1日，清政府对日宣战。日军9月攻占平壤，随后向中国东北边境进犯。9月17日，中日在黄海海面进行了激烈的海战。10月下旬，日军分兵两路侵入东北，由于李鸿章的一再妥协卖国，日军毫不费力地攻占旅顺、大连，在旅顺进行了兽性的屠城，最后只留下36个人抬尸。1895年1月，日本向北洋舰队基地威海卫发起总攻，李鸿章经营了十几年的北洋舰队全部覆没。2月，日军迅速占领了辽东半岛。京津震惊，清政府遂派李鸿章赴日议和。至此，战争以中国的惨败而告终。

戊戌变法

1895年《马关条约》签订以后，康有为等人发动"公车上书"，提出变法的主张。他们陆续创办报刊，组织社团，宣传维新变法。在维新人士和帝党官员的积极推动之下，1898年6月11日到9月21日，光绪皇帝先后颁布了一系列变法法令，进行自上而下的改革。主要内容有：设立农工商局、路矿总局，提倡开办实业，修筑铁路，开采矿藏，组织商会，改革财政；广开言路，允许士民上书言事，裁汰绿营，编练新军；废八股，兴西学，创办京师大学堂，设译书局，派留学生，奖励科学著作和发明。这些革新政令，目的在于学习西方文化、科学技术和经营管理制度，发展资本主义，建立君主立宪政体，以达到富国强兵的目的。维新变法遭到了以慈禧太后为首的顽固派的极力反对。他们在9月21日发动政变，囚禁了光绪，慈禧太后宣布"亲政"，戊戌变法失败。变法从开始到失败，前后仅103天，因此又称"百日维新"。

义和团运动

义和团原称义和拳，是长期流行在山东、直隶等地的一种民间秘密组织。1898年秋，鲁西北义和拳组织竖起"扶清灭洋"的大旗，率众攻打当地教堂，揭开了义和团反帝爱国斗争的序幕。次年秋，斗争迅速蔓延到山东和直隶的大部分地区。清政府任命袁世凯为山东巡抚，血腥镇压义和团。1900年春，义和团挥旗北上，连克州县，势力发展到了京津地区。慈禧太后见义和团难以剿灭，就改用"招抚"的办法，默许其为合法民团。是年6月初，八国联军侵华战争开始，清廷对外宣战，义和团运动达到高峰。8月初，八国联军由天津进犯北京，慈禧太后在出逃途中颁布"剿匪"谕旨，通令官兵对义和团斩尽杀绝。在中外反动势力的联合绞杀之下，义和团运动归于失败。

八国联军侵华战争

义和团运动席卷京津等地,严重威胁了帝国主义在华的侵略利益。1900年4月,英、美、德、法四国照会总理衙门,限令清政府两个月内"剿除"义和团,否则将派出水陆各军代为"剿平"。6月10日,俄、英、美、日、德、法、意、奥(奥匈帝国)各国组成八国联军,共2100多人,在英国海军上将西摩尔的率领下,由天津进犯北京,正式挑起八国联军侵华战争。6月16日,八国联军攻陷大沽口炮台,天津近郊的义和团与清军协同作战保卫天津。6月21日,清政府对八国联军宣战,但是不几天,又电令驻外使臣请求各国体谅,并保证惩办义和团。7月14日,八国联军攻下天津,集结2万兵力进犯北京。8月14日,北京沦陷。联军分兵四处攻掠,烧杀抢劫,繁华的京津之地变成了瓦砾场。1901年9月,清政府和西方11国代表签订了《辛丑条约》。

民主与新生

武昌起义

宣统三年(1911年,辛亥年),共进会和文学社两个革命组织举行联合会议,商量举行起义的计划。会议决定10月6日发动首义。后来因为形势有变,10月10日武昌起义打响了第一枪,两天后,革命军占领了武汉三镇。由于革命领导人都离开了武昌,黎元洪在革命党人的威逼之下就任都督,成立了湖北军政府。汉口、汉阳也相继成立了革命政权。武昌起义的胜利使得革命迅速蔓延,短短两个月时间,即有鄂、湘、陕、赣、晋、黔、苏、浙、桂、皖、粤、闽、川等省先后宣布独立。清政府迅速陷入了崩溃局面。孙中山于12月回国,经十七省代表会议推举为临时大总统。1912年1月1日,中华民国临时政府在南京宣告成立。以武昌起义为高潮的辛亥革命,结束了长达两千多年的封建君主专制统治,建立了民主共和国,开辟了中国历史的新纪元。

清帝退位

1911年武昌起义爆发后,清朝政府陷入了内外交困的境地。清廷重新起用袁世凯收拾局面。袁世凯与黎元洪议定停战,并且密议商定只要袁世凯逼迫清帝退位,即推举他当中华民国大总统。孙中山从海外回国,被各省代表推举为中华民国临时大总统,同时又决定一旦袁世凯逼退成功,孙中山须将总统职位让出。袁世凯暗中指使北洋文武官吏请愿,迫使宣统逊位。经过多次磋商,最后达成了退位的协定。中华民国给清帝提供逊位之后的优待条件。1912年2月12日,清政府颁布了皇帝退位的诏书,布告全国。中国历史上最后一个封建王朝——清朝宣告结束。清帝退位以后,仍然住在皇宫,国民政府每年拨给400万元的费用。

中华民国成立

1912年1月1日,孙中山在南京宣誓就任第一任中华民国临时大总统,他在临时大总统誓词中说:"颠覆满清专制政府,巩固中华民国,图谋民生幸福。"中华民国南京临时政府成立,规定改用西历纪年,1912年为中华民国元年。黎元洪为副总统，临时政府各部部长分别是黄兴、黄钟瑛、伍廷芳、蔡元培、张謇等人。1月11日，决定以红、黄、蓝、白、黑五色旗为民国国旗，五色象征汉、满、蒙、回、藏五族共和；以武昌起义的军旗为陆军旗，青天白日旗为海军旗。临时政府随后相继颁布了《修正中华民国临时政府组织大纲》和《中华民国临时约法》，迅速组建起临时政府的政治体制。

二次革命

1912年2月，清帝退位以后，根据事先的约定，袁世凯当上了中华民国临时大总统，南京临时政府建议定都南京。袁世凯玩弄花招，最后于3月10日在他自己所控制的北京就任。1913年，国务总理赵秉钧在袁世凯的授意之下暗杀国民党领袖宋教仁。5月，在袁世凯的指使之下，北方七省都督联名通电指责黄兴、胡汉民等国民党人只顾党派利益而不顾国家利益。6月，袁世凯下令罢免江西都督李烈钧，随后调任胡汉民等职务，同时他所控制的北洋军奉命大批南下。国民党人决定武装反袁。7月12日，李烈钧在湖口起兵；随后黄兴就任江苏讨袁总司令。南方其他各省也纷纷起兵响应。此即国民党领导的"二次革命"。但不久即告失败，孙中山、黄兴、李烈钧先后逃亡日本。

袁世凯称帝

1913年10月10日，袁世凯在清代皇宫的太和殿以皇帝登基的"坐北面南"形式宣誓就职，随即下令解散国民党。1914年1月，宣布解散国会，废除了《临时约法》，发布《中华民国约法》，其主要内容是取消内阁制，实行总统制，同时取消国务总理。5月23日，宣布恢复清代官制。当年底，又公布了《修正大总统选举法》，造成总统终身制。1915年8月，袁世凯授意杨度等人组织"筹安会"，鼓吹恢复帝制，各地袁派亲信也纷纷上推戴书，劝进皇帝位。12月12日，袁世凯正式发表接受皇帝位的申令。13日，在中南海居仁堂接受百官朝贺。31日，袁世凯下令改第二年为洪宪元年。1916年元旦，袁世凯正式登基。全国上下掀起了一片声势浩大的讨袁运动。众叛亲离的袁世凯被迫于3月22日宣布取消帝制。6月6日，做了83天皇帝的袁世凯病死在北京。

新文化运动

辛亥革命后，北洋军阀掀起了尊孔复古的逆流，企图以此来消除辛亥革命的思想影响。1915年，陈独秀创办《新青年》，新文化运动正式兴起。陈独秀、胡适、李大钊、鲁迅等人是新文化运动的杰出代表。运动的基本内容是：提倡民主，反对封建专制和伦理道德，要求平等自由，个性解放，主张建立民主共和国；提倡科学，反对尊孔复古思想和偶像崇拜，反对迷信鬼神，要求以理性与科学判断一切；提倡新文学，反对旧文学和文言文，开展文学革命和白话文运动。新文化运动的锋芒指向以孔子为首的儒家传统道德，民主主义者们以西方资产阶级的文明为武器来批判封建道德，对于当时的知识青年一代，具有极大的启蒙意义。新文化运动是新兴资产阶级反对封建旧文化的斗争，是一场前所未有的思想启蒙运动，为马克思主义在中国的传播开辟了道路。

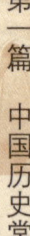

"五四"爱国运动

1919年4月，第一次世界大战的战胜国在巴黎召开"和平会议"，规定战败的德国将其在中国的权益无条件转让给日本。消息传到国内，举国震惊。5月4日，北京3000余名大中

"五四"运动（浮雕）

学生在天安门集会，呼喊"外争国权，内惩国贼""誓死力争，还我青岛"等口号，反对签订条约。以学生斗争为先导的"五四"爱国运动由此爆发，运动迅速波及全国。6月3日起，运动的主力由学生转变为工人阶级，各地工人纷纷举行罢工抗议活动，中国工人阶级开始以独立的姿态登上政治舞台。"五四"运动是中国革命史上具有划时代意义的事件，标志着中国新民主主义革命的开端。

中国共产党成立

"五四"运动以后，马克思主义在中国迅速传播，各地纷纷建立共产主义小组。1921年6月，共产国际代表抵达上海，提出召开中国共产党全国代表大会的建议。7月23日，中国共产党第一次全国代表大会在上海举行。出席会议的代表一共13人：李达、李汉俊、张国焘、刘仁静、董必武、陈潭秋、毛泽东、何叔衡、王烬美、邓恩铭、陈公博、周佛海、包惠僧（陈独秀委派）。大会最后一天转移到浙江嘉兴南湖的一只游船上进行。大会的中心议题是建立统一的中国共产党，通过了党的纲领和决议，选举产生了由陈独秀、张国焘、李达三人组成的中央局。陈独秀以其在新文化运动中的崇高威望和为建党所做的卓越贡献，被选举为中共中央局第一任书记。中国共产党是马克思主义同中国工人运动相结合的产物，她的成立给中国人民和中国革命带来了重大影响。

第一次国共合作

中国共产党成立以后，在斗争的过程中逐步认识到，要战胜强大的敌人，必须争取一切可能的同盟者，建立革命统一战线。1922年8月，中共中央特别会议举行，大会采纳共产国际关于实行国共合作的建议，决定在孙中山按民主原则改组国民党的前提之下，共产党员和社会主义青年团员可以凭个人名义加入国民党，借此推动革命统一战线的形成。1923年，中共三大通过了这一决定。1924年1月，中国国民党第一次全国代表大会召开，依照国共合作的精神，会议选举出了国民党中央执行委员会，共产党人李大钊、毛泽东、瞿秋白等10人当选为执行委员和候补委员。国民党一大的召开，标志着第一次国共合作的正式形成，革命统一战线建立起来，全国反帝反封建的国民革命运动也迅速展开。

北伐战争

广州国民政府成立以后，国民党二大和中共中央特别会议分别召开。国共两党决定实行北伐，以武力打倒北方吴佩孚、孙传芳、张作霖三派北洋军阀。

1926年5月,国民革命军第四军叶挺独立团和第七军一部作为北伐的先头部队,先行出兵湖南,拉开了北伐战争的序幕。6月,国民党中央通过了北伐议案,任命蒋介石为国民革命军总司令。7月正式发表北伐宣言。北伐军兵分三路,一路进军两湖,一路指向闽浙,一路进入江西。其中,湖南、湖北是北伐的主要战场。由于北伐军的英勇善战和广大人民群众的有力支援,在不到10个月的时间内,打垮了吴佩孚、孙传芳的主力,将革命从珠江流域推进到长江流域,席卷了半个中国,沉重打击了北京国民政府的统治,北洋军阀迅速崩溃。

"四一二"反革命政变

1927年春,北伐军在江西战场取得了对孙传芳作战的决定性胜利。蒋介石看到这是他控制中国政治局面的最好时机,陆续发动了一系列反共事件。4月5日,陈独秀和汪精卫联合发表《告两党同志书》,声称国民党"决无有驱逐友党、摧残工会之事",客观上掩盖了蒋介石的反共阴谋。蒋介石在各项准备就绪以后,11日突然下令"已克复各省一致实行清党"。第二天凌晨,蒋介石利用上海青洪帮分子袭击工人纠察队。国民革命军第26军也强行将工人纠察队缴械,并打死打伤300多人。上海总工会和工人纠察队总部也被占领。13日,上海10万群众举行游行抗议国民党反动派屠杀工人,第26军开枪打死100多人,伤者无数。蒋介石随即捕杀大批共产党人和革命群众,300多人被杀、1100多人被捕、5000多人逃亡。在苏、浙、皖、粤等地也相继出现了大规模的反共事件,仅广东一地就残杀2000多人。4月20日,中共创始人李大钊在北京被害。"四一二"反革命政变,为蒋介石建立南京国民政府扫清了道路。

"七一五"反革命政变

1927年"四一二"政变以后,一向标榜反蒋的武汉国民政府主席汪精卫也走向反共,连续发布"纠正"工农运动"过火"的训令,公开压制工农运动并攻击共产党人。6月30日,中共中央通过一个关于国共两党关系的议案,仍试图以投降式的让步拉住汪精卫。7月15日,汪精卫在武汉召开国民党中央党委扩大会议,会议的主要内容就是"分共",宣布与中国共产党决裂。随后,又在"清党"的名义下大肆捕杀共产党人,甚至喊出了"宁可错杀千人,不可使一人漏网"的口号。大批共产党人遭到血腥屠杀,各地工会也先后被查封,"七一五"反革命政变标志着第一次国共合作的彻底破裂。

南昌起义

"四一二"政变和"七一五"政变相继发生,第一次国共合作破裂,全国出现了白色恐怖的局面。为了挽救革命,中国共产党人开始了武装反抗国民党统治的艰苦历程。1927年8月1日,在以周恩来为首的中共前敌委员会指挥下,贺

再现南昌起义场景的油画

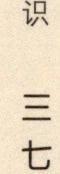

龙、叶挺、朱德、刘伯承率领两万多人举行南昌起义。经过4个多小时的激战,起义军打败了国民政府军队,占领了南昌城。蒋介石国民政府调动军队进攻南昌。起义军撤离南昌,向广东进发。10月初,起义主力部队被国民党军队击败。剩下的革命力量在朱德和陈毅的领导下转入粤赣湘界地区。南昌起义虽然失败了,但它打响了武装反抗国民党反动派的第一枪,中国共产党从此创建了自己的军队,开始走上独立领导革命,武装夺取政权的新道路,具有重大的历史意义。中华人民共和国成立以后,8月1日被确立为中国人民解放军的建军节。

秋收起义

1927年中共八七会议以后,毛泽东受中央委派前往长沙领导湘赣边秋收起义。8月18日,讨论制订秋收起义的计划,毛泽东在会上着重阐述了"枪杆子里面出政权"的思想,会议决定秋收起义的军事领导机关是由毛泽东为书记的前敌委员会。起义部队统一编为工农革命军第一军第一师。9月9日,湘赣边秋收起义爆发。9月19日,各路起义部队到达文家市。根据敌强我弱的形势,决定改变攻打长沙的计划,转向敌人统治力量薄弱的农村中去坚持武装斗争。9月29日,起义部队到达永新县三湾村。当时部队已不足千人,官多兵少,思想混乱,组织纪律性差。当晚毛泽东召开了前敌委员会,决定对部队进行整编,这就是著名的"三湾改编"。

井冈山会师

三湾改编以后,秋收起义部队开始向井冈山进军。10月27日,起义部队到达罗霄山脉中段井冈山的茨坪,开创了中国共产党领导下的第一个农村革命根据地。经过努力发展,农村革命根据地得到了迅速的扩大和巩固。1928年4月,毛泽东所率的秋收起义余部和朱德、陈毅所率领的南昌起义剩余部队在井冈山胜利会师。两支部队合并为红四军,朱德担任军长,毛泽东任党代表。井冈山会师对于革命队伍军事实力的增强起到了重要的作用,对中国革命在以后的发展产生了巨大的影响。

南京国民政府

"四一二"反革命政变之后,蒋介石在南京召开会议,决定以南京为首都建立国民政府。1927年4月18日,南京国民政府举行了成立典礼,胡汉民为政府主席,蒋介石为国民革命军总司令。9月,宁汉合流以后,武汉政府和南京政府合并。1928年2月,国民党二届四中全会在南京召开,通过了改组国民政府等议案,规定国民政府受国民党中央执行委员会指导监督,掌理全国政务。政府部门设有内政、外交、财政、交通、司法、农矿、工商等部以及军事委员会、最高法院、监察院、大学院等。会议推举谭延闿为国民政府主席,蒋介石为军事委员会主席兼国民革命军总司令。10月,南京国民政府公布《中华民国国民政府组织法》,规定国民政府总揽中华民国之治权,同时任命蒋介石为国民政府主席兼陆海空军总司令。蒋介石专权的时代宣告开始。

皇姑屯事件

1928年蒋介石复任国民革命军总司令,随即进行第二次北伐。6月3日,奉系军阀张作霖放弃北京退守关外，在沈阳皇姑屯被日本关东军炸死。少帅张学良接替其父执掌奉系。日本企图在东北建立"满蒙新国"，采取各种手段逼迫张学良就范。张学良声明自己是中国人，要以东北三省的民意为定，顶住了日本的压力。1928年12月29日，张学良宣布东北全部"遵守三民主义，服从国民政府，改易旗帜"。31日，国民政府任命张学良为东北边防军司令长官。全国归于统一。

遵义会议

1935年1月，红军长征到达贵州遵义以后，召开了政治局扩大会议。根据当时的情况，会议集中地解决了最迫切的军事路线和组织领导问题。会议认为，第五次"反围剿"失败的主要原因是战略指导的错误，重新肯定了以毛泽东为代表的正确军事路线及其一整套作战原则。会议改组了党中央的领导，选举毛泽东为政治局常委，取消了博古和李德的最高军事指挥权。后由张闻天接替博古主持党中央日常工作，毛泽东、周恩来、王稼祥组成三人军事指挥小组，负责指挥红军的行动。朱德仍为中央军委主席。遵义会议确立了以毛泽东为代表的新的中央正确领导，在革命危急存亡的紧要关头，挽救了红军，挽救了革命，成为中国革命从挫折走向胜利的一个重大转折点。

国画遵义会议

"九一八"事变

1931年9月18日晚，驻扎在我国东北的日本关东军按照事先的精心策划，炸毁了沈阳柳条湖附近的南满铁路，并嫁祸于中国军队，这就是所谓的"柳条湖事件"。日军以此为借口，不宣而战，向驻守在沈阳北大营的张学良部队发动进攻。当时的蒋介石正集中力量对中央苏区进行反革命"围剿"，一意执行"攘外必先安内"的反动政策。12月21日，日本军队进犯锦州，张学良急电南京请求增援，但迟迟不见实效。日军继续向辽宁、吉林和黑龙江的广大地区进攻，东北军不战自溃。1932年锦州失守后，蒋介石下令东北军撤回关内。2月5日，关东军占领东北最大城市哈尔滨。东北三省全部沦陷。日本帝国主义把东北变成它的殖民地，全面加强政治压迫、经济掠夺和文化奴役。从此，东北3000多万同胞遭受日本奴役长达14年。

"一·二八"事变

日本占领东三省以后，为了转移国际视线，保证伪满洲国的顺利"独立"，同时给国民政府施加压力，迫使其承认东三省一事既成事实，遂发动了"一·二八"事变。1932年1月28日晚，事先集结的日本军队向上海各处发起进攻，扬言"四个小时占领上海""三个月占领支那全土"。驻守上海的十九路军在蒋光鼐和蔡廷锴的指挥之下，坚守阵地，顽强作战。1月30日，国民政府宣布临时迁都洛阳，并调张治中率领第五军加入上海抗战。两军与人数和装备远胜于己方的日军激战一个多月，日军指挥官三次被撤换。3月2日，在国联和英、美等国周旋之下，中日双方达成停火协议。

抗日救亡运动

"九一八"事变发生后，在中国共产党与各党派爱国人士、爱国民众团体的倡导和响应下，迅速掀起了全国范围的抗日救亡运动。不愿做亡国奴的东北人民和不愿意撤退的东北军，纷纷自发地组织抗日义勇军，同日本侵略者展开了顽强斗争。1932年年底，以宋庆龄、蔡元培、杨杏佛为首的民主人士在上海成立了中国民权保障同盟。1933年，冯玉祥与吉鸿昌组织了"察哈尔民众抗日同盟军"，与日寇血战五昼夜，收复了多伦失地。11月，蒋光鼐、蔡廷锴等联合李济深、陈铭枢等发动"福建"事变，成立了"中华共和国人民革命政府"。华北事变以后，全国学生和工人运动一浪高过一浪，1935年12月9日，"一二·九"运动爆发。1936年5月，宋庆龄、何香凝等人在上海发起成立了全国各界救国联合会。8月，傅作义与日伪军在陶林地区激战，打败了日军。抗日救亡运动在华夏大地轰轰烈烈地展开。

"一二·九"运动

华北事变带来了深重的民族危机。1935年12月初，在中共地下党组织的领导下，北平大中学生联合会决定举行请愿示威，反对华北自治。12月9日，北平学生6000多人会合在新华门前，向国民政府军政部长何应钦请愿。学生代表提出了六项要求：反对所谓"防共自治运动"；公开宣布中日交涉经过；不得任意捕人；保障地方领土安全；停止一切内战；要求言论集会结社出版自由。学生遭到了国民党军警的镇压，100多人受伤，30多人被捕。第二天，北平学联宣布总罢课。16日是国民党亲日的"冀察政务委员会"成立之日，北平学生和各界民众3万余人举行了更大规模的游行示威，与军警再次发生激烈冲突。学生的爱国行动，在全国激起很大反响。天津、济南、南京、上海、杭州、武汉、南宁等地爆发了规模更大的游行示威。各地爱国人士先后成立了各界救国会，要求国民党政府停止内战，一致抗日。抗日救亡运动的新高潮在全国迅速兴起。

西安事变

在民族存亡的危急时刻，蒋介石继续坚持"攘外必先安内"的反动政策。

西安事变时的蒋介石和杨虎城

张学良和杨虎城奉命在陕甘一带打击红军，屡遭失败。张学良与中共取得联系，实现了停战。1936年10月，蒋介石亲临西安督战。张学良多次向蒋介石"苦谏"，但蒋介石并不采纳。12月12日，张学良和杨虎城发动西安事变，扣押了蒋介石，逼其抗日。事变发生后，中共代表周恩来和国民政府代表宋美龄、宋子文、戴笠等先后抵达西安。12月24日，蒋介石接受"停止剿共""三个月后抗战发动"等项条件。25日，蒋介石回到南京。西安事变和平解决，全国内战基本停止，国共两党再次实现合作，团结抗日。

七七事变

1937年春，日本华北驻军以丰台为据点不断增加兵力，企图控制南北交通要道卢沟桥。7月7日深夜，日军借口夜间演习失踪士兵一名，要求派部队进入宛平城搜查，被中国守军拒绝。双方正在交涉中，日本侵略军竟突然开炮攻击，日本拉开了全面侵华战争的序幕。事变发生后几小时，日军按计划从山海关、通县、天津等地调兵千余名增援。日本政府召开会议，决定动员40万军队侵华，妄图以武力灭亡中国。7月17日，蒋介石在庐山发表谈话，宣告中华民族已经到了亡国灭种的危急关头，"如果战端一开，那就地无分南北，年无分老幼，无论何人，皆有守土抗战之责任，皆应抱定牺牲一切之决心"。26日，日军增兵达到10万人左右，完成了扩大侵略的军事部署。7月29日，日军攻占了北平和天津。

第二次国共合作

1937年2月起，国共两党代表先后在西安、杭州、庐山和南京等地举行谈判。8月，国共双方达成协议。国民政府军事委员会发布命令，将红军改编为国民革命军第八路军，由朱德和彭德怀分别担任正副司令，下辖3个师，林彪、贺龙、刘伯承为师长。改编后的第八路军在朱德和彭德怀的率领下，迅速开赴晋察冀战争前线，投入抗日战争。1937年9月22日，国民党中央通讯社正式公布《中共中央为公布国共合作宣言》。第二天，蒋介石发表谈话，表示欢迎国共合作，共赴国难。至此，第二次国共合作实现，抗日民族统一战线正式形成。全国抗日力量空前团结，为抗日战争的进行创造了有利的条件。

南京大屠杀

1937年12月13日，南京沦陷。日军司令官下达了对城内进行"扫荡"的屠杀令，日军有预谋地开始了震惊世界的大屠杀。在日军进入南京后的一个月中，全城发生2万起强奸、轮奸事件，无论少女或老妇，都难以幸免。与此同时，日军遇屋即烧，全市约有1/3的建筑物和财产化为灰烬。后来的《远东国际法庭判决书》中写道"日本兵完全像一群被放纵的野蛮人似的来污辱这个城市"，他们"单独的或者二三人为一小集团在全市游荡，实行杀人、强奸、抢劫、放火""江边流水尽为之赤，城内外所有河渠、沟壑无不填满尸体"。据1946年2月中国南京军事法庭查证：日军集体大屠杀28案，19万人；零散屠杀858案，15万人。在日军长达6个星期的野蛮大屠杀中，中国军民被枪杀和活埋者达30多万人。同时，中国文化珍品也遭到了大掠夺。据查，日本侵略者占领南京以后，派出特工人员330人、士兵367人、苦工830人，花费一个月的时间，每天搬走图书文献十几卡车，共抢去图书文献88万册，超过当时日本最大的图书馆东京上野帝国图书馆 85 万册的藏书量。

徐州会战

1938 年，日本占领了华北大片土地，又在占领南京以后控制了江浙地区，苏北重镇徐州历来为兵家必争之地，日军对其虎视眈眈，集中了 24 万兵力夹击徐州。第五战区司令长官李宗仁调集了 60 万人的兵力，分为南北两路防守徐州地区。1938 年 1 月，南路日军相继占领定远、临淮关、蚌埠，然后强渡淮河，中国军队实施反攻，日军被迫退回淮河南岸，敌我双方隔河对峙。北路方面，由于第三集团军总司令临阵畏敌，日军顺利南下，3 月，第四十军、五十九军成功进行了临沂之战，阻止了日军南下的势头。23 日，中国军队在泥沟车站与南下日军交战，台儿庄战役开始。双方军队在台儿庄展开拉锯战，阵地几度易手。4 月 3 日，李宗仁下达总攻击令，第二十军团从背部攻击日军，完成对台儿庄日军的包围。6 日，中国军队全线反攻，歼灭了入侵台儿庄的日军，取得了台儿庄大捷。日军随后调集 30 万兵力，分作六路围攻徐州。5 月，国民政府最高军事会议做出决定，放弃徐州。

武汉会战

徐州会战结束后，日本把目光投向了"九省通衢"武汉。1938 年 5 月，日军先后调集 25 万兵力，编成第十一军和第二军，分别沿长江两岸和大别山北麓合击武汉。蒋介石亲任武汉保卫战的总指挥，集结了 47 个军 100 万人的兵力，陈诚所部 25 个军防御长江南岸，李宗仁所部 22 个军防御长江北岸，意在利用大别山、鄱阳湖和长江两岸地区的有利地形组织抵抗，以换取大量人力、物力转移大西南建立抗战基地的时间。日军主力沿长江南岸地区进攻九江，另一部日军渡过鄱阳湖，向德安守军进攻。中国军队与日本军队在武汉外围血战 4 个多月。10 月 12 日，日军抵达信阳，构成了对武汉的包围。24 日，中国军队在武汉外围全线撤退。27 日武汉三镇沦陷，会战结束。这次会战是抗战初期规模最大的一次战役，大小战斗数百次。日军伤亡惨重，国力明显难以继续支持大规模的进攻。抗日战争进入了相持阶段。

百团大战

1940 年 8 月 20 日，在彭德怀副总司令指挥之下，八路军集中了 105 个团约 30 万的兵力，在从石家庄到太原 200 千米长的铁道线上，展开了规模浩大的交通破袭战。八路军第一二九师喊出了

八路军副总司令彭德怀在前线指挥百团大战

"不留一根铁轨，不留一根枕木，不留一个车站，不留一个碉堡，不留一座桥梁"的口号，将沿线所有的铁轨、车站、桥梁等全部破坏，日军据点全部炸毁，主要公路全部切断。战役的第一阶段，主要任务是交通大破袭，重点是正太铁路线以及深入抗日根据地的主要公路；第二阶段的主要任务是攻坚战，重点攻占交通线两侧和深入根据地内的日军据点；第三阶段，中心任务是反击日军对八路军的"扫荡"。战斗一直持续到1941年1月24日，八路军一共进行了1824次战斗，歼灭日军2万多人。八路军也付出了伤亡1.7万人的重大代价。百团大战向全国人民展现了八路军的强大威力，进一步鼓舞了全国人民夺取抗战胜利的信心。

皖南事变

1941年1月4日，新四军军长叶挺率领新四军军部、一个教导团、一个特务团和三个支队的各两个团共9000余人，由泾县新四军军部所在地起程，向茂林地区前进。国民党反动派预先在这里布置了由顾祝同等指挥的7个师的兵力。7日，新四军到达茂林，国民党军立即实行包围袭击。在叶挺的指挥下，新四军英勇抗击了国民党军的围攻。经过七昼夜血战，除3000多人突围外，大部分壮烈牺牲。军长叶挺被扣，副军长项英、参谋长周子昆、政治部主任袁国平等遇难。蒋介石随即又在1月17日以国民党军事委员会的名义，宣布新四军"叛变"，并取消其番号，将军长叶挺交由军事法庭审判。随后，蒋介石下令汤恩伯等部20余万军队进攻江北新四军。国民党发动的第二次反共高潮至此达到顶点。

辽沈战役

解放战争中著名的三大战役之一。1948年，中国共产党领导的解放军对国民党军队的作战已经由战略防御转为战略进攻。当时盘踞在东北的国民党军共14个军44个师55万人，分别被解放军分割包围在长春、沈阳、锦州3个互不相连的地区。遵照中共中央和毛泽东的指示，第四野战军决定发起辽沈战役，对国民党反动军队实行战略决战。辽沈战役自1948年9月12日至11月2日，历时52天，共歼敌36个整师47万人，解放了东北全境。辽沈战役之后，全国的军事形势发生了根本变化。敌军总兵力下降至290万人左右，我军则增至300余万人。人民解放军不但在质量上，而且在数量上也占据了优势。东北野战军也成为一支强大的战略预备部队，这对于平津战役的顺利进行和加速全国的解放都有着重大的战略意义。

淮海战役

著名三大战役之一。战争从1948年11月到1949年1月结束，历时65天，解放军参战部队有华东野战军16个纵队，中原野战军7个纵队，总共60余万人，中央决定由邓小平、刘伯承、陈毅、粟裕、谭震林五同志组成党的总前敌委员会，由邓小平同志任书记，负责统一指挥作战。国民党参战部队有5个兵团和3个绥靖区部队，共22个军、56个师，总计兵力80万人。淮海战役的战场以徐州为中心，包括东起海州，西到商丘，北达临城，南及淮河的广大地区，其中三个主战场分别是：徐州东边的碾庄，主要是歼灭黄百韬兵团；二是安徽濉溪县双堆集，主要是歼灭黄维

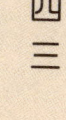

兵团；三是安徽萧县与河南永城接壤的陈官庄、李方林一带，主要是歼灭杜聿明集团。淮海战役共歼灭国民党军队55万人，南京国民党反动政权从此陷入土崩瓦解的状态。

平津战役

在淮海战役进行的同时，解放军东北野战军80万人和华北两个兵团20万人，协同发起了平津战役。林彪、罗荣桓、聂荣臻组成平津战役总前委，统一指挥作战。人民解放军根据毛泽东的指示，首先分割包围，切断敌军的逃路。然后先打两头，后取中间，对被围被隔之敌实行各个歼灭。在天津、塘沽、新保安、张家口解放后，百万解放大军云集北平周围。准备攻城的人民解放军与北平地下党相配合，精确掌握敌情变化，加紧进行政治攻势，努力争取和平解决。1949年1月21日，傅作义接受毛泽东1月14日声明的八项条件，愿意和平改编。人民解放军于31日入城接防。2月3日，解放军举行了隆重的入城仪式。文化古都北平宣告和平解放，平津战役胜利结束。

渡江战役

1949年4月20日，南京国民政府拒绝在国内和平协定上签字。21日毛泽东和朱德向人民解放军发布了进军全国的号令。刘伯承、邓小平率第二野战军，陈毅、粟裕率第三野战军，在中央军委和总前委的指挥下，发动了规模巨大的渡江作战。部队在强大炮火的掩护下，迅速突破了长江天险。经过两天的激战，人民解放军攻占了镇江、扬州、江阴。4月23日，国民政府首都南京宣告解放。人民解放军迅速向东南、中南、华南进军，解放了大片国土。渡江战役是人民解放军在长江中下游长约500千米的战线上进行的一次极其壮观的渡江登陆作战，开辟了全国胜利的道路。

中华人民共和国成立

1949年10月1日，中华人民共和国中央人民政府在北京中南海勤政殿举行第一次会议。会议推选林伯渠为中央人民政府委员会秘书长，任命周恩来为中央人民政府政务院总理兼外交部长，毛泽东为中央人民政府人民革命军事委员会主席，朱德为中国人民解放军总司令，沈钧儒为中央人民政府最高人民法院院长，罗荣桓为中央人民政府最高人民检察署检察长。会议决定接受《中国人民政治协商会议共同纲领》为中央人民政府的施政方针。下午3时，30万群众齐集天安门广场，隆重举行开国大典。毛泽东亲手升起第一面五星红旗，宣读了《中华人民共和国中央人民政府公告》，庄严宣告中华人民共和国中央人民政府成立。中国人民解放军总司令朱德检阅了三军部队，并宣布了《中国人民解放军总部命令》。中华人民共和国的成立，结束了中国半殖民地半封建社会的历史，开创了中国历史的新纪元。

开国大典

第二篇 世界历史常识

世界古代史

古代埃及

世界上第一个统一的奴隶制国家。位于非洲东北部尼罗河下游,大约在公元前3500年左右,原始公社解体,奴隶制小国纷纷涌现。经过长期的战争与兼并,上埃及国王美尼斯征服了下埃及,逐步建立起统一的奴隶制国家。约公元前1710年由亚洲侵入埃及的一支游牧部落在尼罗河三角洲建立"牧人王朝",并统治埃及100多年。后这支游牧部落被赶出,埃及又被奴隶主统一。至公元前16世纪中期,埃及进入空前强盛的时期。公元前15世纪,埃及成为奴隶制军事国家。公元前13世纪开始衰落,遭外族入侵,国家陷于分裂。

埃及金字塔及狮身人面像

公元前525年,埃及为波斯帝国所灭。公元前332年,又被马其顿亚历山大占领,至此埃及已经历了31个王朝。公元前30年归入罗马。

古巴比伦王国

古代两河流域重要的奴隶制国家。由阿摩利人始建于公元前1894年左右,苏木阿布为第一代王。初期为弱小国家,在各国争霸中依附于其他强国。公元前1758年在第六代王汉穆拉比时期,统一两河流域,建立起中央集权的奴隶制国家,成为当时西亚最强大的国家。两河流域在古巴比伦统治下,农业、手工业和商业较前期有所进步,乌尔第三王朝时流行的王室奴隶制大地产消失,私有奴隶制发展明显,以阶级关系为基础的等级关系十分突出,出现一部内容较完备的汉穆拉比法典。汉穆拉比去世后,古巴比伦王国衰落,内外矛盾激化。公元前1595年,古巴比伦王国被赫梯王国所灭,但其都城巴比伦长期成为西亚的重要政治、经济、文化中心,在历史上占有重要位置。

亚述帝国

两河流域北部底格里斯河中游地区的奴隶制帝国。原是亚述城附近的一个小地区,后来崛起为强国,统治范围从巴勒斯坦延伸到土耳其。亚述可能是在公元前3000年出现,后来势力才慢慢强大。公元前8世纪是其全盛时期,当时在亚述纳西拔二世的统领下,远征到地中海地区。公元前745—公元前626年左右,亚述帝国征服了以色列、大马士革、巴比伦和撒马利亚等地。后来的伟大君主包括提革拉-帕拉萨三世、萨尔贡二世、辛那赫里布和亚述巴尼拔。亚述人不仅以残忍和勇敢闻名,他们还是巨大工程的建筑者。相传亚述巴尼拔在尼尼微的宫廷十分富裕。在艺术上,亚述人最有名的是石浅浮雕。公元前626～前612年亚述帝国被征服,当时的米堤亚和巴比伦尼亚(加尔底亚)的国王摧毁了尼尼微城。

新巴比伦王国

古代西亚两河流域奴隶制国家。公元前 630 年，居住在两河流域南部的迦勒底人那波帕拉萨趁新亚述内乱之机，逐渐取得对巴比伦尼亚的控制权。公元前 626 年自立为巴比伦王，建新巴比伦王国。公元前 612 年攻陷尼尼微，灭亚述帝国。公元前 586 年灭犹太王国，将犹太的国王、王公贵族及普通民众俘至巴比伦尼亚，此即所谓"巴比伦之囚"。在尼布甲尼撒二世统治时期，王国处于极盛阶段，奴隶制经济有较大发展。奴隶广泛用于经济生活的各个领域。大奴隶主阶级分为军事贵族和商人僧侣两大集团。僧侣集团势力强大，首都巴比伦城的马尔杜克神庙僧侣在诸城神庙中居领导地位，在政治生活中有举足轻重的力量。公元前 538 年波斯王居鲁士二世攻入巴比伦尼亚，神庙僧侣迎居鲁士入巴比伦城，新巴比伦王国遂亡。

腓尼基

古代地中海东岸北部地区一系列小城邦的总称。位于利万特海岸中部狭长地带，北起阿拉杜斯，南到多尔，长约 320 千米，著名的城邦有推罗、西顿、俾布罗斯、乌加里特等。腓尼基一词来自希腊语，意为紫红色或青铜色，可能与该地所产椰枣的颜色和迦南人的深色皮肤有关，也有人认为与腓尼基人生产紫色染料有关。居民自称迦南人，属西北塞姆语族。腓尼基人是公元前 10 世纪地中海地区最著名的商人、贸易者和殖民者。该国陆续被亚述人、巴比伦人、波斯人和亚历山大大帝征服。公元前 800 年并入罗马的叙利亚行省。腓尼基人对世界文明的最大贡献是字母文字。这种文字直接影响古希腊字母，由希腊字母又衍生出拉丁字母和斯拉夫字母。在东方，对阿拉伯、印度、亚美尼亚等地字母文字的产生也有重大影响。

以色列王国

巴勒斯坦北部古代希伯来人国家。约公元前 1000 年，以色列王扫罗在同非利士人的斗争中兵败身亡，此后，犹太国王大卫彻底击败非利士人，统一南北巴勒斯坦，建立以色列－犹太王国。大卫之子所罗门王统治后期，南北方矛盾激化，北方的耶罗波安一世在埃及支持下起兵反对所罗门，自立为王，建立以色列王国。暗利王朝统治期间，局面较安定。公元前 721 年，萨尔贡二世攻陷撒马利亚，将大批居民迁往异域，以色列王国遂亡。以色列王国是实行贵族政治的奴隶制国家。除国王外，还存在长老会议和民众会。以色列人是全权自由民，其中包括贵族、平民等奴隶主阶层和贫困的非奴隶主阶层。以色列地处近东贸易的重要位置，经济和文化均极发达，公元前 8 世纪时已普遍使用铁器，同近东各地区间的交流也很广泛。

犹太王国

巴勒斯坦南部希伯来人古国。约公元前 1000 年，以色列王扫罗在与非利士人的战斗中战死后，南方二部推举的犹太王大卫彻底击败非利士人，统一了巴勒斯坦，建立以色列－犹太王国。公元前 922 年，大卫之子所罗门王死后，王国分裂，南部为犹太王国，罗波安为王。建国后，曾臣服于以色列、亚述等国。国王希西家及其重孙约西亚进行了政治

宗教改革，在希伯来人历史上影响深远。公元前586年，尼布甲尼撒二世再下耶路撒冷，灭犹太王国，并将大批犹太臣民迁往巴比伦。此后，犹太地区先后处于波斯帝国、古代马其顿王国等的统治之下。大卫·所罗门在位期间，经营贸易，国家的经济有较大发展。王国中央实行贵族政治，除国王外，还有长老会议和民众会，二者一直存在到犹太王国灭亡。

波斯帝国

古代伊朗以波斯人为中心形成的帝国。公元前558年，在居鲁士二世领导下，发动起义，于公元前550年推翻米底王国，建立了奴隶制波斯王国。巩固了在伊朗高原的统治后，居鲁士发动了对外侵略战争。公元前539年占领两河流域。公元前525年吞并埃及。经过扩张，波斯帝国最后成为一个东起印度河、西到爱琴海、北起中亚、南达埃及的地跨亚、非、欧三洲的奴隶制帝国。

大流士一世期间为巩固政权，大流士一世在政治、经济、军事方面进行了一系列改革，对波斯帝国统治的延续起了重要作用。公元前5世纪，在希波战争中，惨遭失败，从此波斯帝国走向衰落。公元前330年，波斯帝国被马其顿王亚历山大所灭。波斯人的宗教富有特色，广泛流行于中亚一带，并一度传入中国。

迦太基

古代非洲北部以迦太基城为中心的奴隶占有制国家。相传公元前814年推罗的腓尼基人在非洲北部海岸建立。在公元前8～前6世纪，迦太基逐渐向非洲内地扩张，使北非的一些腓尼基人殖民地处于从属地位，并且控制了西班牙南部沿岸和很多邻近岛屿，成为当时地中海西部最强大的国家。公元前3世纪，迦太基与罗马发生了布匿战争，结果迦太基被灭，迦太基城也被夷为平地，成为罗马统治下的阿非利加省。迦太基长期为地中海西部地区的中介贸易中心，经商收入是奴隶主阶级财富的重要来源。迦太基的当权者主要是贵族寡头，最高行政官员称为苏菲特；元老院享有立法权和决定重大国事的权力，其成员终身任职；公民大会权力有限；另设有百人会议，执掌监察和审判权；军队主要由雇佣兵组成。

爱琴文明

指公元前3000—前2000年代末分布于爱琴海域及邻近陆地、岛屿上的古代青铜文明，主要成分是克里特文明和迈锡尼文明。早在公元前3000年，克里特进入金石并用时代，原始社会开始解体。约在公元前2000年，形成了许多奴隶制君主制国家。公元前1600年左右，克里特文明进入繁荣期。青铜器、陶器、金银制作技术有明显进步，宫殿规模宏大，设计奇巧，这时的文字已转变为线形文字。约公元前1400年，克里特文明被破坏。爱琴文明中心移向希腊半岛南部的迈锡尼。迈锡尼文明形成于公元前2000年代中叶。文明的特点是一系列君主国家的兴起，伴之宫殿、卫城以及宏大的王室陵墓、众多线形文字泥版文书等物质附属物。公元前12世纪，迈锡尼文明被多利亚人所灭，爱琴文明从此衰落。

斯巴达

古希腊著名城邦，位于南希腊东南

部，伯罗奔尼撒主要城市。起源于多利斯人。大概最初分为3个部落，至荷马时代末发展成五个地域部落，实行军事民主制。公元前9世纪建立，发展成为严格的军事主义社会。公元前800—公元前730年，征服拉哥尼亚其他地区，初步建起耕奴制。公元前8—公元前5世纪征服邻近的美西尼亚。公元前5世纪起斯巴达的统治阶级热衷于战争，建立起希腊最强大的城市。经过和雅典在伯罗奔尼撒战争的长期竞争后，获得了整个希腊的霸权。公元前371年斯巴达的势力在留克特拉战役中被底比斯打败。公元前192年被击败后失去了独立地位，被迫加入亚该亚同盟。公元前2世纪中叶罗马并吞希腊，斯巴达终亡。

雅 典

古希腊著名奴隶制城邦，是古希腊工商业城邦的典型代表，位于中希腊东南的阿提卡半岛。公元前2000年，曾在迈锡尼文明统治之下。公元前8世纪，王政被贵族制替代，形成贵族国家。公元前594年，梭伦当选为执政官，实行重大改革，为奴隶主民主制奠定了基础，为剥削外来奴隶进一步开辟了道路。公元前506年，克里斯提尼又实行改革，实现奴隶主民主政治。在希波战争中，雅典始终是主战国。战争后期跃为希腊最强大国家之一，国内民主制进一步完善，奴隶制得到巨大发展。公元前431年，在伯罗奔尼撒战争中，雅典最后惨败，提洛同盟瓦解。公元前4世纪下半叶，抗击马其顿失败，沦为附属国。公元前2世纪中叶，被罗马征服。雅典民主的有利环境，促成思想文化的繁荣，为人类精神文明做出了巨大贡献。

梭伦改革

公元前7世纪末—公元前6世纪初，雅典平民反对贵族剥削、压迫和独揽政权的斗争十分激烈，公元前594年执政官梭伦进行了一系列经济、政治和社会改革。

雅典立法者梭伦像

其主要内容有：取消债务，废除债务奴隶制，禁止把欠债的平民变为奴隶；以财产的数量来划分公民，分为4个等级，分别规定与其等级相应的政治权利；设立400人议事会和陪审法庭；制定新法典取代德拉古的严酷法律，使整个雅典法较有人道的色彩。梭伦还奖励公民从事手工业和商业，禁止输出谷物，改革度量衡，铸造雅典新币，制定了一些有关财产继承、禁止厚葬、抚恤为国牺牲公民的亲属等法令。梭伦改革的实质是使富有的工商业奴隶主同贵族一样参与国家的统治，奠定了雅典民主政治的基础，调整了公民集体内不同阶层之间的利益关系，有助于工商业的发展。

伯里克利改革

自公元前443—公元前429年，伯里克利一直当选为首席将军，主持国家事务。他对雅典的政治制度作了进一步的改革：取消贵族会议的政治职能，允许公民不受财产资格限制担任高级公职；向参加公共生活的公民发放津贴，以吸引公民参加社会活动；公民大会享有最高的行政和立法权力，对国家大事做出决定，由它投票选出10位将

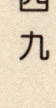

军；陪审法庭为雅典最高的司法和监察机关。在对外关系方面，积极推行扩张政策，主张对附属国严加控制，在许多地方建立军事移民点。伯里克利改革促使雅典奴隶主民主宪法最后完成，雅典的民主政治得到了发展。但是，享有公民权的人不到雅典居民总数的 1/10，广大的奴隶妇女都被剥夺了政治权利，因此雅典的民主政治只是少数奴隶主的民主制度。

马其顿王国

位于巴尔干半岛中部的奴隶制国家。公元前 6 世纪下半叶，马其顿出现部落统一运动，形成王国。公元前 4 世纪中叶，腓力二世实行一系列政治、军事改革，使马其顿跃为地方强国。他推行扩张政策，先征服邻近地区。然后南下，于公元前 338 年在喀罗尼亚大败希腊联军，控制了整个希腊。公元前 334 年，马其顿王亚历山大发动掠夺东方的战争，灭波斯帝国，将马其顿统治扩展到西亚、埃及、中亚、印度河流域，建起横跨欧、亚、非三洲的亚历山大帝国。公元前 323 年亚历山大病逝后，其部将纷争，帝国解体。公元前 301 年基本分裂成马其顿王国（希腊）、塞琉古王国（西亚）和托勒密王国（埃及）。公元前 276 年，军事将领安提柯取得希腊大部地区控制权，建安提柯王朝，公元前 168 年被罗马所灭。

亚历山大远征

公元前 338 年，腓力二世征服希腊而成为爱琴海上的霸主，并在科林斯大会上向波斯宣战。公元前 336 年，腓力二世遇刺身亡。其子亚历山大三世即位，他在巩固盟主地位后，迅即东侵。公元前 335 年，亚历山大三世亲率军队从都城派拉出发，开始远征。公元前 334 年初渡过赫勒斯滂海峡后，在格拉尼库斯河附近与波斯交锋，占领了小亚细亚希腊各城邦，继之占领叙利亚、埃及。公元前 331 年，在布摩多斯河高加米拉村以西与波斯军主力对阵，波斯溃败。公元前 330 年夏，亚历山大三世引兵北上追击大流士三世，波斯帝国遂亡。公元前 327 年，亚历山大远征到达印度河上游，鉴于官兵厌战，加上当地气候炎热，疾病流行，亚历山大三世被迫决定撤退。公元前 325 年，返抵巴比伦，远征即告结束。

罗马共和国

公元前 6 世纪末—公元前 1 世纪末以罗马为中心的奴隶制国家。公元前 509 年以罗马城为中心建立。共和国政府由两名执政官、元老院、地方长官，以及公民大会组成。罗马共和国的一切大权都把持在贵族的手中，是贵族专政的奴隶制国家。公元前 5 世纪—公元前 3 世纪，平民为争取政治权利，争取土地，进行了长期斗争，最后设置了保民官。到公元前 3 世纪末，罗马领土包括了整个意大利；至共和国后期，其版图包括西欧大部分、北非以及近东地区，并将这些领土划分为行省。长期的掠夺战争，使罗马获得了大量的奴隶，奴隶制经济得到巨大发展。但国内社会矛盾日益激化，公元前 2 世纪后半叶—公元前 1 世纪后半叶先后爆发了西西里奴隶起义和斯巴达克起义。公元前 1 世纪末，恺撒独裁，屋大维建立元首政治，共和国瓦解。

罗马帝国

公元前 27—公元 476 年占据整个

地中海地区的罗马奴隶制军事帝国。公元前 27 年，屋大维建立元首制，罗马成为帝国。1—2 世纪，罗马帝国最为强盛，成为地跨欧、亚、非的大帝国。3 世纪封建因素的隶农制不断发展，奴隶制经济与政治出现危机。284—476 年，是帝国的后期。这一时期戴克里先强化统治，实行了改革。324 年，君士坦丁一世重新统一帝国。帝国经济、文化重心东移到拜占廷。这一时期奴隶和隶农的境遇更加恶化，起义此起彼伏。395 年，帝国分裂为两部分：西罗马帝国和东罗马帝国，西半部连年战乱，经济衰落，城乡联系松弛，统治日趋薄弱。476 年 9 月，日耳曼人雇佣军长官奥多亚克废黜最后一个西罗马帝国皇帝罗慕卢斯·奥古斯图卢斯，西罗马帝国灭亡。东罗马帝国则于 1453 年为奥斯曼帝国所灭。

日耳曼人大迁徙

4—6 世纪日耳曼人大规模向罗马帝国境内大迁徙的运动。3 世纪起，罗马奴隶制帝国日益没落，外族入侵，人民起义，同时，日耳曼人也大批进入帝国境内。376 年，日耳曼一支西哥特人因受匈奴人压迫，经罗马帝国皇帝允许，渡过多瑙河进入帝国，开始了日耳曼人大迁徙的运动。419 年，西哥特人在高卢南部建立西哥特王国。439 年，汪达尔人经高卢、西班牙到北非，建立汪达尔王国。5 世纪中叶，勃艮第人进入萨伏伊，建立勃艮第王国。486 年，法兰克人在高卢北部建立法兰克王国。大致同时，盎格鲁人、萨克森人和裘特人渡过北海进入不列颠，建立许多小王国。568 年，伦巴德人在意大利建立伦巴德王国，日耳曼人大迁徙终结。日耳曼人大迁徙加速了西罗马奴隶制帝国的灭亡，也促进日耳曼人氏族制度的瓦解，并形成新的生产关系，进入封建社会。

法兰克王国

日耳曼人的一支法兰克人建立的早期封建国家。法兰克人，原是住于莱茵河下游的一个部落联盟。486 年，一支萨利克法兰克人在首领克洛维率领下，击败罗马帝国军队，占领巴黎和卢瓦尔河以北土地，奠定法兰克王国的基础。6 世纪初克洛维征服了高卢的大部分地区，并统一各部落，建立了法兰克王国的墨洛温王朝。克洛维死后，他的子孙几度瓜分国土，并继续扩张。6 世纪中叶，先后征服勃艮第、图林根、巴伐利亚和萨克森的一些部落，成为西欧最强大的国家。7 世纪中叶，王权衰落，大权归于原是王室财产总管的宫相之手。至 751 年，宫相丕平篡夺王位，自立为王，建立加洛林王朝。丕平的儿子查理曼统治时期，又积极向外扩张。800 年查理曼加冕称帝，法兰克王国发展成为查理曼帝国，领土包括西欧大陆，封建制度基本确立。

查理曼帝国

西欧中世纪早期由法兰克王国发展来的封建军事帝国，存在于 800—843 年。查理原是法兰克王国加洛林王朝国王，故又称加洛林帝国。768 年加洛林王朝国王丕

查理曼像

平死后，其子查理曼与弟卡罗曼共同治理国家。771 年卡罗曼死后，查理曼成为法兰克的唯一国王。800 年教皇为他加冕，称查理大帝，法兰克王国成为查理曼帝国。查理曼发动多次战争，疆域扩大到西临大西洋，东到易北河和多瑙河，北达北海，南至意大利中部。他死后，他的三个孙子于 843 年 8 月签订《凡尔登条约》，三分帝国。高卢、些耳德河和默兹河以西归秃头查理，称西法兰克王国，后发展成为法国。莱茵河以东，包括莱茵河以西的沃姆斯、美因兹和斯拜伊尔，归日耳曼人路易，称东法兰克王国，后发展成为德国。哥哥洛塔尔袭用帝号，定都亚琛，分得介于东、西法兰克之间的土地，称中法兰克王国，后发展成为意大利。

西欧封建庄园

随着封建制度在西欧的确立，国王、教会和封建主大大小小的庄园分布西欧各地。庄园里有教堂、堡垒、仓库以及封建主和农奴的住房。农民生产是为满足自己家庭生活的需要和为封建主提供消费资料，不是为了交换，是自给自足的自然经济。庄园的土地分为领主自营地和农奴的份地，都分割成"条田"。农奴除耕种自己的份地外，还要带着工具无偿地为领主耕种自营地。份地上的产品归农奴自己，自营地上收获归领主。农奴还得向封建主献纳贡物，交纳各种捐税，还要服从各种杂役和临时性徭役。封建主还有审判和惩罚农奴的权力。农奴虽然受到沉重的剥削，但毕竟有自己的独立经济，比奴隶有更多的劳动兴趣，有利于生产力的发展。

英吉利王国

封建社会时期的英国。5 世纪中叶，日耳曼人中的盎格鲁人、萨克森人和裘特人等部落渡海进入不列颠，沿泰晤士河和汉伯尔河向内地推进，赶走当地居民，建立 7 个小王国，史称"七王国时代"。829 年，威塞克斯王爱格伯特征服其他 6 国，建立西撒克斯王朝统治的英吉利王国。1066 年诺曼底公爵威廉率军在英格兰登陆，入主伦敦，开始诺曼王朝，封建化过程完成。诺曼王朝结束后，发生 20 多年王位之争。1154 年，安茹伯爵亨利入主英国，开始安茹王朝。无地王约翰时期，被迫签署大宪章。1265 年首次召开国会，建立等级君主制。13 世纪初，与法国爆发百年战争。兰加斯特王朝时发生玫瑰战争，到约克王朝末期结束，建立著名的都铎王朝。英吉利王国最后一个封建王朝斯图亚特王朝于 19 世纪中叶被英国资产阶级革命推翻。

诺曼征服

以法国诺曼底公爵威廉为首的法国封建主对英国的军事征服。1066 年初，英王爱德华死后无嗣，韦塞克斯伯爵哈罗德二世被推选为国王。威廉以爱德华曾面许继位为理由，要求获得王位。1066 年 9 月末，威廉率兵入侵英国。英王哈罗德闻讯后仓促南下迎战。1066 年 10 月 14 日，双方会战于哈斯丁斯。结果英军战败，哈罗德阵亡，伦敦城不战而降。12 月 25 日，威廉在伦敦威斯敏斯特教堂加冕为英国国王，即威廉一世，开始了诺曼王朝对英国的统治。残存的英国贵族进行顽强的抵抗，但均遭残酷镇压。1071 年，威廉一世巩固了他的统治，因此获得"征服者"的称号。诺曼征服后，威廉没收原有英国贵族的土地，分给随他入侵的主教与将士，将法国封建制度逐步移植到英国，加强了王权，加速了英国封建化过程，到12世纪，英国封建制度基本完成。

玫瑰战争

1455—1485年期间的英国封建内战，是英国百年战争失败后两大封建主集团在国内为争夺王位的结果。因战争一方为主要倚靠西北地区及威尔士贵族支持的兰开斯特家族，以红玫瑰为族徽，另一方为主要倚靠东南地区以及新贵族和城市市民的支持的约克家族，以白玫瑰为族徽，故名。约克公爵理查德企图夺取王位，1455年5月22日于圣奥尔本斯击败兰开斯特家族的武装，战争开始。战初，兰开斯特家族获得胜利，理查德被杀，但其长子爱德华很快大败兰开斯特家族，并于1461年即位，开始了约克王朝的统治。爱德华四世死后，其弟理查德篡位，其统治激起许多封建贵族的反对。后理查德三世战败被杀。兰开斯特家族远亲里士满伯爵亨利·都铎继承王位，建立都铎王朝，结束了内战。玫瑰战争有利于加强专制统治，也有利于新贵族和资产阶级势力的兴起。

都铎王朝

英国从封建主义向资本主义过渡时期的一个重要封建专制王朝。玫瑰战争末期，兰开斯特家族的远亲里士满伯爵亨利·都铎于1485年8月夺取王位，建立都铎王朝。新王朝依靠新兴贵族和资产阶级的力量，削弱封建割据势力，设立"星室法庭"，建立起强大的王权，实施保护关税，支持本国工商业和航运业，奖励航海活动，保护对外殖民和海盗活动，自上而下推行宗教改革，进一步加强了王权。通过圈地运动和血腥立法，资产阶级和新贵族积累了巨额财富，也加剧了社会矛盾。1588年7月英国舰队击败西班牙无敌舰队，成为海上强国，女王伊丽莎白一世时期尤为强盛。在资本主义迅速发展的都铎王朝时期的英国，文化空前繁荣，人文主义思想流行。1603年伊丽莎白女王死后，无嗣，政权转到斯图亚特王朝家族手中。

圈地运动

从15世纪末到19世纪末英国用暴力剥夺农民土地的运动，是资本原始积累的一种典型方式，大致以17世纪英国资产阶级革命为界线，分为两个阶段，顶点在19世纪。荷、法、德等西欧国家也有类似过程。15世纪末，由于毛纺织业空前繁荣，引起羊毛价格上涨，养羊业变得有利可图。于是英国贵族竭力发展养羊业。他们用暴力把农民从土地上赶走，变耕地为牧场，放牧羊群。广大农民失去土地无以为生，只得四处流浪。英国资产阶级革命成功后，通过"公有地圈围法"，使圈地运动合法化。19世纪初更有所谓"清扫领地"，即动员军队强行拆毁村庄，改成农牧场。圈地运动是剥夺农民土地的过程，破产农民为生活所迫只有出卖自己的劳动力，成为雇佣工人；而发财的贵族成为资产阶级化的新贵族，为资本主义的发展创造了前提。

斯图亚特王朝

斯图亚特家族在苏格兰和英国建立

的王朝。14世纪初，斯图亚特家族的瓦尔特和苏格兰国王的女儿结婚。其子在1371年继位为苏格兰国王，从而开始斯图亚特王朝对苏格兰的统治。1503年斯图亚特家族的詹姆士四世与英国国王亨利七世的女儿结婚。其后裔斯图亚特家族的詹姆士六世在1603年继承英国王位，即英王詹姆士一世，斯图亚特王朝开始统治英国。爆发的资产阶级革命推翻了查理一世，1660年，斯图亚特王朝复辟。詹姆士二世推行对外依靠法国，对内复辟封建制度的政策，被1688年的光荣革命推翻，其女婿荷兰执政威廉和其妻玛丽应邀前来统治英国。他们死后无嗣，王位由詹姆士二世的另一个女儿、玛丽的妹妹安妮继承。1714年安妮女王去世，亦无嗣。王位传给斯图亚特家族的远亲汉诺威乔治一世。斯图亚特王朝为汉诺威王朝所代替。

文艺复兴

13—17世纪发生在欧洲的资产阶级思想文化革新运动，反对封建制度，以复兴希腊、罗马古典文化为号召，主张创造资产阶级新文化。文艺复兴开始于13世纪晚期的意大利。为打破封建制度与宗教神学的束缚，随着罗马、希腊古典文化的影响，东方文化的西传，以及新航路的开辟，文艺复兴向前发展。15世纪中扩展到整个欧洲，于17世纪初结束。其以人文主义作为世界观与指导思想，主张以人为中心，反对以神为中心；要求用人性、人道、人权取代神性、神道、神权；主张个性解放，重视人的价值，提倡文化科学与世俗享受。人文主义思想渗透到了文艺复兴的各个领域，打破了天主教会的思想统治，推动了反封建的革命斗争，促进了近代自然科学的兴起与文学艺术的繁荣，并为后来的资产阶级革命做了舆论准备。

神圣罗马帝国

欧洲的封建帝国（962—1806年）。10世纪中叶德国萨克森王朝国王奥托一世力图利用教会势力抑制大封建主，加强王权。961年罗马内部发生冲突，奥托应一派之请带领大批人马入侵意大利，并控制了教皇。962年2月，教皇为奥托加冕，称奥古斯都，奠定了神圣罗马帝国的基础。1154年，德皇腓特烈一世攻陷罗马，帮助教皇镇压罗马共和国。教皇感恩，为腓特烈加冕，称神圣罗马帝国皇帝，正式在罗马帝国名称之前冠以"神圣"二字。帝国的疆土以德国和意大利的中、北部为主，有时包括瑞士、尼德兰、捷克和法国的勃艮第、普罗旺斯。13世纪末叶开始皇权衰落。1806年7月，莱茵地区在法国大革命的影响下成立"莱茵同盟"，宣布独立，是对帝国的沉重打击。同年8月，神圣罗马帝国最后一位皇帝弗朗西斯二世在拿破仑的强迫下退位，帝国灭亡。

宗教改革运动

16世纪欧洲新兴资产阶级一次大规模的反对天主教会和封建制度的社会、思想和政治运动。1517年，德国宗教改革的代表人物马丁·路德发表《九十五论纲》，正式点燃宗教改革的烈火。路德系统提出唯信称义、政教分离、廉价教会和改革文化教育等主张，发出驱逐罗马教会实现德国独立的檄文，得到各方响应。1555年的《奥格斯堡宗教和约》，承认路德教的合法地位。大致同时，瑞典、丹麦和挪威改宗路德教。继路德之后，约翰·加尔文在瑞士进行成功的宗教改革。他提出先定论，主张建立民主选举产生的廉价教会，反映新兴资产阶级的利益和要求。宗教改革运动沉重地打击了天主教会和西欧的封建制度，在历史上具有进步作用；并在部分德国、北欧诸国、瑞士、荷兰和英国等地，建立了不受罗马控制的新教组织。

德国农民战争

15世纪末到16世纪初，德国迅速发展的经济和资本主义经济与政治上分裂割据发生尖锐冲突。封建主和教会残酷地剥削农民，连手工业者、市民和下层僧侣也深受迫害。1524年夏，起义首先在士瓦本南方爆发。主要领导人是托马斯·闵采尔。接着法兰克尼亚、图林根和萨克森相继爆发农民起义。农民军号召打倒封建统治阶级，并提出了广泛的反封建纲领。1525年3月，闵采尔领导缪尔豪森的矿工和平民推翻贵族统治，成立革命政权"永久市政会"。5月中旬，在弗兰根豪森决战中，由于力量悬殊，起义失败，闵采尔受伤被俘，壮烈就义。6月初，缪尔豪森陷落，图林根和萨克森的起义失败，整个农民战争基本结束。农民战争是从路德宗教改革开始的资产阶级革命的顶点，沉重地打击了天主教会和封建制度。

拜占廷帝国

位于欧洲东南方和南方及亚洲西部的帝国。公元330年罗马皇帝君士坦丁一世接管这里，易名为君士坦丁堡。此时该地区通称东罗马帝国。公元395年狄奥多西一世将帝国分给两个儿子。公元476年西罗马帝国灭亡，东半部的罗马帝国延续下来，因其首都君士坦丁堡为古希腊移民城邦拜占廷的旧址，故称拜占廷帝国。其继承了希腊划时代的文明，因此人口稠密，商业繁荣。公元6—7世纪，逐渐从奴隶社会向封建社会过渡。在它最伟大的皇帝查士丁尼一世掌权后，重新征服了一些西欧地区。他死后，帝国逐渐衰落。13世纪在第四次十字军东侵时，威尼斯人占领了君士坦丁堡，并成立了拉丁帝国。1261年拜占廷重新复国，但领土大为缩小，势力衰微。14世纪奥斯曼土耳其开始入侵，1453年，土耳其人占领君士坦丁堡，拜占廷帝国灭亡。

拉丁帝国

1204年由西欧封建主和意大利威尼斯的巨商们组织的第四次十字军东侵，攻陷拜占廷帝国都城君士坦丁堡后建立的封建帝国。因希腊人称西欧人为拉丁人，故称拉丁帝国。疆域包括小亚细亚西北部巴尔干半岛南部及其附近岛屿。由组成这次十字军的西欧封建主统治，共持续57年。虚弱的拉丁帝国对人民群众实行残酷的掠夺与奴役，并摧残希腊文化。其自存在之日起就岌岌可危，西欧封建主内部不和，希腊人不

1524年，农民们再也忍受不了封建主和教会的残酷剥削，揭竿而起。图为农民们举着起义旗帜，上面画着一只系带的鞋子，将一个抓获的骑士围了起来。

懈地抵抗，保加利亚、土耳其也在伺机谋求取代。1224年伊庇鲁斯取得帖撒罗尼加，1225年尼西亚收复小亚细亚，1235—1236年君士坦丁堡几被保加利亚的伊凡·亚森二世攻占。1261年7月，尼西亚皇帝巴列奥略家族的迈克尔八世收复君士坦丁堡，恢复了拜占廷帝国。拉丁帝国末代皇帝鲍德温二世逃往西欧，拉丁帝国遂亡。

麦哲伦环球航行

1517年，麦哲伦放弃葡萄牙国籍移居西班牙，得到西班牙国王查理一世的支持和资助，于1519年9月20日率船5艘，

麦哲伦像

水手265人，由西班牙的塞维利亚港启航，越过大西洋。12月13日船队到达里约热内卢湾，沿巴西海岸南下。次年10月21日经过南美大陆与火地岛之间的万圣海峡（后命名为麦哲伦海峡）。10月28日进入太平洋，继续西行。1521年3月抵达菲律宾。在马克坦岛，麦哲伦于4月27日被当地居民杀死。11月其余航员至摩鹿加一带。仅存的一只船"维多利亚"号和18名疲弱不堪的船员，横渡印度洋，绕过好望角，于1522年9月6日回到西班牙塞维利亚港。麦哲伦及其船队费时近3年完成人类历史上第一次环球航行，扩大了世界各大洲之间的联系，同时以实践证实了地圆学说，对科学的发展具有重大意义。

尼德兰革命

历史上第一次成功的资产阶级革命。16世纪中期，尼德兰（包括今荷兰、比利时等地）资本主义生产关系逐渐形成，但西班牙的封建专制统治严重阻碍其发展。1566年，爆发了反天主教会和西班牙的"圣像破坏运动"，随之掀起反西班牙统治的武装起义。1572年，尼德兰北方各省爆发了人民大起义，推选威廉为北方各省执政。南方形势也日趋高涨。但南方贵族慑于人民力量的壮大，迅速与西班牙国王妥协，于1579年缔结了"阿拉斯同盟"。北方各省和南方部分城市为对抗南方贵族的叛变行为，以荷兰省为首结成"乌得勒支同盟"，继续进行斗争。1581年各省宣告独立，正式成立资产阶级的联省共和国。1609年，西班牙被迫与荷兰签订《十二年停战协定》，事实上承认了尼德兰的独立。

莫斯科大公国

14～15世纪东北罗斯的封建国家。首都为莫斯科，故名。13世纪初在弗拉基米尔领地上兴起，从众多小公国中脱颖而出。1328年，伊凡一世被钦察汗国册封为弗拉基米尔大公，兼并邻近公国侯，号召诸侯。其孙德米特里·伊凡诺维奇继续兼并各公国，开始与钦察汗发生冲突。1380年8月于顿河库里科沃一役击败钦察汗主力，确立了莫斯科公国在罗斯各公国的领导地位。伊凡三世时先后兼并诺夫哥罗德、特维尔、里亚赞等大公国，统一大部分领土，奠定俄罗斯版图的基础。1480年钦察汗进攻莫斯科，失利撤退，俄罗斯最终摆脱了蒙古人统治，并开始向波罗的海方

面扩张领土。瓦西里三世先后归并普斯科夫、梁赞等大公国，完成俄罗斯统一的中央集权国家形成过程。1547年伊凡四世时加冕沙皇，莫斯科公国变成沙皇俄国。

新罗统一朝鲜

公元前1世纪中叶后，朝鲜半岛先后建立起新罗、百济、高句丽三个王国，形成三足鼎立的局面。公元7世纪中期，新罗太宗武烈王、文武王时，与中国的唐朝结盟，660年征服百济，668年征服高句丽，于676年统一了朝鲜半岛。这是朝鲜半岛有史以来第一次由本国人民实现其统一。朝鲜自此由奴隶社会进入封建社会。从668年起，经过将近10年的战争，新罗终于把唐朝的军队赶出去。在新罗王朝的统治下，朝鲜成为最早出现的民族国家之一。统一之后，新罗仿照中国改组行政机构，设置部和府，把整个半岛分成9个州，下设郡和县。10世纪初，由于统治阶级内部争权夺利和农民暴动，朝鲜半岛重新形成三足鼎立的局面。935年新罗王朝被推翻，建立起新的高句丽王朝。新罗统一结束了朝鲜半岛的分裂局面，为经济、文化发展创造了有利条件。

高丽王朝

朝鲜史上的封建王朝，918年为王建所创立，定都开京。新罗末年，国势衰微，农民起义连绵不断，地方封建势力割据。918年后高句丽武将王建夺得政权，改国号高丽，建立高丽王朝。936年，重新统一朝鲜半岛。高丽王朝实行中央集权制，976年，实行田柴科制，即按不同等级分赐土地，以加强中央集权。并设有一套完整的官僚机构，中央掌握着一支强大常备军。10世纪末和11世纪初3次击退契丹的入侵，捍卫了国家独立。12世纪为高丽最强盛时期，政治稳定，经济、文化高度繁荣。12世纪后期起土地兼并重新盛行，田柴科制被废除，爆发了席卷全国的农民大起义。1258年投降蒙古，蒙古于1280年在高丽设立征东行省。1368年明朝推翻蒙古贵族统治，有力地支援了高丽人民争取独立的斗争。1392年高丽王朝大将李成桂发动政变，废高丽末王，改国号为朝鲜，建立李朝。

李　朝

朝鲜史上的封建王朝。元朝灭亡后，高丽末王仍依附蒙古贵族残余势力，并派兵攻辽东。1388年，反对进攻中国的大将李成桂，在鸭绿江威化岛发动兵变，班师回京，成立新政府。1392年自立为王，改国号朝鲜，是为李朝，迁都汉城。李朝建立后，实行田制改革，实行科法制，限制土地兼并；颁布《经国大典》，规定国家机构和各项制度，加强中央权力。这些都使其初期经济、文化高度繁荣，农业、手工业得到发展。15世纪末起，政治腐败，党争迭起，各地农民纷纷起义。1592年日本侵略军十五万余人在釜山登陆，朝鲜人民奋起迎战，进行了壬辰卫国战争。朝鲜军民在明军支援下浴血奋战，终于取得卫国战争的最后胜利。1894年，朝鲜爆发东学党领导的农民战争，日本乘机出兵，变朝鲜为保护国。1910年日本迫使朝鲜签订《日韩合并条约》，朝鲜沦为日本的殖民地，李朝灭亡。

壬辰卫国战争

16世纪末朝鲜军民抗击日本入侵的卫国战争。因在农历壬辰年（1592年）爆发，故名。16世纪末，丰臣秀吉统一日本后，于1592年4月，派军约20万由釜山登陆朝鲜半岛，至6月，占领汉城、开城和平壤三京，朝鲜陆军节节失利，遣使向中国明朝求援。是时，以李舜臣部为主力的朝鲜水军连获大捷，掌握了制海权。郭再佑等朝鲜义兵部队也在敌人后方积极活动，抗击日军入侵。12月，明朝派李如松等率军援朝。1593年年初，收复平壤、开城，4月收复汉城。日军被迫退守南方沿海一带。1597年年初，日本又出兵14万人，在釜山登陆，但最终败北。1598年，丰臣秀吉病死，日本内部混乱，侵朝日军仓皇撤退。朝中水军乘胜追击，经过激战，几乎全歼日军。战争以侵略者的失败而告终。这次战争保卫了朝鲜，也粉碎了日本妄图侵略中国的计划。

大和国家

4—7世纪日本最初的统一的奴隶制国家。3世纪中叶，大和国家兴起于本州中部，得到迅速发展。4世纪，大和国家不仅统治着日本列岛的关东以西大部地区，还扩张到朝鲜半岛，占据半岛东南端的任那。及至5世纪初，实力强大的大和国家征服各部，建立起日本列岛第一个统一国家政权。大王（天皇）为日本大和国家首脑，依赖中央、地方的氏姓贵族统治全国。在征服过程中，大和统治阶级往往将被征服的部落居民，按照部的形式组织起来进行生产，部民制遂成为日本奴隶社会重要的经济组织形式。6世纪后，奴隶与奴隶主两大阶级之间的矛盾激化；中央朝廷与地方豪强、中央大贵族各个集团间的纷争也愈演愈烈。在这种情况下，646年进行了大化改新，日本进入封建社会，确立了天皇统治权，大和国家结束，日本进入律令国家时代。

大化改新

7世纪日本的一次自上而下的改革。7世纪初期，日本社会各种矛盾激化。645年，皇室和一部分要求改革的贵族刺死大贵族苏我入鹿，发动政变，拥立孝德天皇，定年号为大化，迁都难波（大阪），颁发革新诏书。改新的主要内容是：废除皇室的私地、私民，改为国家的公地、公民；编制户制，实行班田制，征收租、庸、调，受田男子还须自带武器服兵役；废除世袭制，建立中央集权国家机构，天皇之下设二官、八省、一台；地方设国、郡、里；各级官吏由国家任免，废除旧贵族的称号和特权。改新打击了旧贵族的经济、政治利益，引起他们的激烈反抗。实行班田制使生产者成为经济上相对独立的公民，负担相对稳定，提高了生产者的生产积极性。大化改新标志着日本奴隶社会转变为封建社会，但奴隶制残余依然存在。

幕府政治

亦称"武家政治"。日本封建社会武士封建主的一种军事独裁的政权形式。"幕府"一词出自中国，指将军出征时的营幕，后转意为将军的府署和武士政权。10世纪中叶，日本各地封建主为了维护自己的利益，争相蓄养武士，从而出现了一个特殊的武士阶层，他们以忠、义、勇为信条，与封建主结成主从关系。到12世纪，形成了关东源氏和关西平氏两大集团。皇族和贵族依靠他们进行政治斗争。两大武士集团之间也因争夺权利而互相倾轧。1185年源氏称征夷大将军，在镰仓建立幕府，统治全国。后征夷大将军的住处被称为"幕府"，设有一套统治机构，掌握实际统治大权，天皇形同虚设。幕府是朝廷之外的政府，故称"幕府政治"。日本历经镰仓幕府、室町幕府和德川幕府，至1868年德川幕府被推翻，延续677年的幕府政治才宣告结束。

奥斯曼帝国

又称奥托曼帝国，奥斯曼土耳其人建立的封建帝国。祖先是突厥人，原居中亚，后西迁至小亚细亚，依附罗姆苏丹。1299年，其酋长奥斯曼宣布独立，称奥斯曼帝国。它不断侵占拜占廷帝国的领土。14世纪末占领巴尔干半岛大部地区，奠定了帝国的基础。1453年苏丹穆罕默德二世亲率大军攻陷君士坦丁堡，拜占廷帝国灭亡，并迁都于此，改名伊斯坦布尔。又经过一百多年的扩张，到16世纪中叶，形成地跨欧、亚、非三洲的帝国。疆域包括埃及、阿拉伯半岛、叙利亚、伊拉克、匈牙利、塞尔维亚、巴尔干半岛、阿尔及利亚、突尼斯等地区。国内阶级矛盾与民族矛盾尖锐，人民纷纷起义，17世纪中期国势衰落。19世纪初民族解放运动高涨，巴尔干诸国先后独立。第一次世界大战时是战败国，领土仅剩土耳其本土。1919年爆发了资产阶级革命，1922年奥斯曼帝国被推翻。

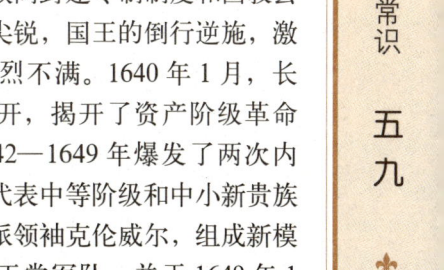

帖木儿帝国

14世纪末在伊朗和中亚细亚兴起的大帝国，首都撒马尔罕。13世纪时是蒙古帝国的一部分，蒙古帝国解体后属西察合台汗国。帖木儿帝国的奠基人帖木儿生于撒马尔罕附近，居住于河间地带，宣称自己是蒙古帝国的重建者。1380年他开始征服波斯，并于1383—1385年占领呼罗珊和波斯东部；1386—1394年，波斯西部、美索不达米亚和乔治亚也被其征服；之后他又占领了莫斯科。波斯爆发起义，他对此进行了残酷的镇压，并屠杀了全城的居民。1398年南侵印度；1399年西征西亚细亚；1402年大败奥斯曼帝国，俘其苏丹，终于建成一个仅次于蒙古的大帝国。1404年他又准备入侵中国，但却在出征前死去。帖木儿帝国内部发展不平衡，缺乏统一的经济基础，所以帖木儿死后，帝国四分五裂。1501年，帖木儿帝国被乌兹别克所灭。

世界近代史

英国资产阶级革命

1640—1688年英国确立资产阶级统治的革命。17世纪初，英国的资本主义工商业有了迅速发展。新兴的资产阶级和新贵族同封建专制制度和国教会的矛盾日趋尖锐，国王的倒行逆施，激起人民的强烈不满。1640年1月，长期国会的召开，揭开了资产阶级革命的序幕。1642—1649年爆发了两次内战。其间，代表中等阶级和中小新贵族利益的独立派领袖克伦威尔，组成新模范军，打败王党军队；并于1649年1

月，处死国王查理一世，5月成立共和国，把英国资产阶级革命推向高潮。此后，克伦威尔独揽大权，实行军事独裁，镇压掘地派运动，远征爱尔兰。1653年年底，克伦威尔改共和政体为护国政体，自任"护国主"。1658年克伦威尔病故后，斯图亚特王朝于1660年乘机复辟，大资产阶级和上层新贵族同土地贵族妥协，1688年联合发动宫廷政变，推翻詹姆士二世，迎立其女婿、荷兰执政威廉为英王，确立了君主立宪制的资产阶级政权。英国资产阶级革命宣告了资本主义制度的诞生，为英国资本主义的发展扫清了道路，大大推进了生产力的发展。同时开辟了资产阶级革命的新时代，标志着世界近代史的开端。

光荣革命

英国资产阶级和土地贵族推翻复辟的斯图亚特王朝的政变，资产阶级史学家把它说成是"光荣革命"。1660年斯图亚特王朝复辟后，查理二世和他的继承者詹姆士二世竭力推行反动政策。在革命时期没收的一部分王党的土地被夺回，许多共和主义者被处死。同时，为恢复专制制度取得法国援助，降低了法国商品的关税率，并准备在英国恢复天主教会。这威胁了资产阶级和新贵族的根本利益，因此资产阶级和一部分大地主联合起来发动政变。1688年，他们邀请詹姆士二世的女婿、荷兰执政奥伦治亲王威廉到英国接受王位。威廉率军来到英国，詹姆士二世逃往法国。1689年年初，国会宣布威廉为英国国王（即威廉三世），并制定《权利法案》，限制王权，巩固国会的权力，确立了资产阶级和新贵族专政的君主立宪制。

19世纪早期英国煤矿使用蒸汽机的情景

英国工业革命

亦称产业革命。18世纪60年代至19世纪40年代英国工业部门内生产方式的革命，即从手工工场到大机器工业的转变。英国资产阶级革命的胜利，为工业革命提供了有利的政治条件；圈地革命和殖民扩张，为英国工业革命提供了大量的资金和廉价劳动力；生产技术不断改进，劳动工具日趋专门化，为过渡到大机器生产准备了物质技术条件。英国工业革命首先从棉纺织业开始。1733年，凯伊发明飞梭；1765年，哈格里夫斯发明珍妮纺纱机；1769年，阿克莱特发明水力纺纱机；1779年，克朗普顿发明骡机；1785年，卡特莱特发明了水力织布机；1785年，瓦特制成改良蒸汽机，用作纺织机器的动力，并逐步扩展到化工、冶金、采矿、机器制造、运输等部门。19世纪40年代，英国完成了工业革命。法、美、德、日等国也先后进行了工业革命。工业革命使社会生产力大大提高，英国成为首屈一指的工业国，巩固了资产阶级的政治统治；与此同时，资本主义国家加紧对殖民地人民的疯狂掠夺，使东方从属于西方；并导致了近代资本主义两大对立阵营的形成，即工业资产阶级与工业无产阶级。

宪章运动

19世纪30—40年代英国工人从争取普选权为中心的群众性的政治运动。1836～1848年，在英国爆发，工人阶级制定了政治纲领，提出6点要求：年满21岁的男子均有选举权；秘密投票；按居民人数平均分配选区，每区选派一名议员；每年改选一次国会；废除议员候选人的财产资格限制；议员领取薪俸。各地工人热烈响应，举行集会、示威游行、罢工和请愿，掀起签名运动，有的地方还爆发了起义。资产阶级激进派亦加入运动。但宪章运动的领导人指望通过和平请愿的方式，达到斗争的目的。议会3次拒绝接受人民宪章运动的请愿书，最后下令解散了宪章派的组织，逮捕了宪章派的积极分子，宪章运动被镇压下去。宪章运动是英国无产阶级的第一次全国规模的、群众性的政治斗争，标志着英国无产阶级登上了政治舞台。

法国资产阶级革命

1789年法国资产阶级和人民群众推翻封建统治、建立资本主义制度的革命。18世纪末，波旁王朝的封建统治严重束缚了资本主义的进一步发展，第一、二等级与广大第三等级之间的矛盾急剧激化。1789年5月国王被迫召开三级会议，第三等级的代表在人民群众的支持下展开了反对以国王为首的特权等级的斗争。7月14日，起义者攻占了象征封建专制主义的巴士底狱，法国大革命爆发。大资产阶级窃取了政权，主张实行宪政。废除了部分次要的封建义务，颁布《人权宣言》。制定《1791年宪法》，维护君主立宪。1792年8月10日，巴黎人民再次武装起义，逮捕国王推翻君主立宪派的统治。代表大工商业资产阶级的吉伦特派掌权，取得瓦尔密大捷，并把国王路易十六押上了断头台，但后来不愿把革命继续向前推进，拒绝限制物价和惩办奸商。5月31日至6月2日，巴黎人民举行了第三次武装起义，推翻吉伦特派的统治，政权转到雅各宾派手中。以罗伯斯比尔为首的革命政府，颁布了3个土地法令，彻底废除了封建义务；颁布了《1793年宪法》；镇压反革命，平息了武装叛乱；暂时稳定了政权。但因雅各宾派内部出现分裂，削弱了自己专政的社会基础。1794年7月27日，大资产阶级发动政变，推翻雅各宾派专政，建立起热月党人的统治。法国革命是世界近代史上规模最大、最彻底、最深刻的一次资产阶级性质的革命，它摧毁了封建制度，为资本主义的发展扫清了道路，推动了欧洲各国的反封建斗争，在世界上产生了巨大影响。

启蒙运动

18世纪20—70年代，法国资产阶级进步思想家所进行的反宗教神学和封建专制的思想解放运动。它首先从欧洲、北美兴起，逐渐扩展到全世界。法国大革命前夕，资产阶级夺取政权，在思想上同封建统治者展开激烈的斗争。资产阶级的先进思想家孟德斯鸠、伏尔泰、卢梭、狄德罗、孔多塞和劳动大众的思想家梅里叶等，他们高举"自由、平等、博爱"和"民主与科学"的旗帜，用笔为武器，著书立说，认为只有按照理性的要求生活，人类的前途才充满希望。揭露和抨击王权、神权和封建特权。

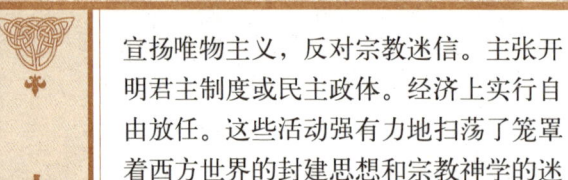

宣扬唯物主义，反对宗教迷信。主张开明君主制度或民主政体。经济上实行自由放任。这些活动强有力地扫荡了笼罩着西方世界的封建思想和宗教神学的迷雾，影响深远，对动员和组织群众进行资产阶级革命起了巨大的推动作用。

法兰西第一共和国

法国历史上第一个资产阶级共和国。1792年8月10日巴黎人民发动第二次武装起义，推翻了君主统治。9月21日，国民公会开幕，次日，国民公会宣布成立法兰西共和国，史称第一共和国。吉伦特派未能有效地阻止经济恶化趋势，人民群众生活异常困苦，物价猛涨；前线连连失利，反法联盟军队攻入法国境内，国内王党叛乱猖獗，激起人民的严重不满。1793年5月31日—6月2日，巴黎人民举行第三次武装起义，雅各宾派取得政权。雅各宾派消灭封建制度，建立民主专政，实行革命恐怖政策，颁布限价法，反击外国入侵，把革命推向了高潮。1794年7月27日热月政变后，政权落入代表大资产阶级的热月党人手中，标志着革命的结束。共和国的基础日益削弱，开始了执政府时期。1804年12月拿破仑称帝后被法兰西第一帝国所代替。

热月政变

1794年法国大革命期间发生的颠覆雅各宾派民主专政的政变。因发生在法国新历共和2年热月9日而得名。雅各宾派为挽救革命，打击敌人，实行一些限制资产阶级的政策，以丹东为首的"宽容派"主张取消在革命非常时期所采取的激进措施，但以埃贝尔为首的另一派，却主张更加严厉地执行这些政策，进一步打击资产阶级。由于这两派都反对罗伯斯庇尔，于1794年3—4月遭到罗伯斯庇尔为首的执政派的镇压。以丹东派余党分子为首，联合国民公会内外一切反对罗伯斯庇尔的势力，于7月27日发动"热月政变"，罗伯斯庇尔及其集团的主要成员如圣茹斯特、古东等被捕，并被送上了断头台，雅各宾派专政被推翻，建立以热月党人为代表的大资产阶级政权。热月政变是法国资产阶级革命的转折点。从此，革命高潮过去。

雾月政变

法国拿破仑发动推翻督政府的政变。因发生在雾月18日，故名。1799年以来，督政府的统治发生严重危机，对外战争接连失利；国内雅各宾派领导的民主运动日益高涨，并准备发动新的起义；王党势力也在各地叛乱，力图复辟。这时法国的大资产阶级迫切希望建立一个强有力的政权，以维护他们的利益，解决当前的危机，而拿破仑是他们最理想的代表。1799年10月，拿破仑从埃及回到巴黎，受到大资产阶级的热烈欢迎。在军火商和金融资本家的支持下，拿破仑于1799年11月9日发动政变，从大资产阶级热月党人手中夺取了政权，解散了督政府，建立了以他为首的执政府。

法兰西第一帝国

雾月政变后，拿破仑在法国建立了资产阶级军事专政。1804年11月6日，公民投票通过《共和十二年宪法》，宣布拿破仑·波拿巴为法兰西皇帝，法国为法兰西帝国。历史上称之为法兰西第一

拿破仑加冕仪式

帝国。拿破仑帝国代表大资产阶级的利益，对内实行多项改革，巩固和发展了法国革命的成果，建立了资本主义的秩序，同时镇压民主运动，防止革命的发生。对外不断进行战争，多次粉碎反法联盟的干涉，打击了欧洲的封建势力。拿破仑帝国不断同英、俄争霸和掠夺欧洲。在1812年侵俄战争中遭到惨败，英、俄、普、奥等国组成反法联盟，1814年3月攻入巴黎，4月拿破仑一世被迫退位。1815年3月，拿破仑一世返回巴黎复位。6月18日，拿破仑一世在滑铁卢战役中失败，再次退位，第一帝国覆灭。

七月革命

1815年6月法国的波旁王朝复辟，1824年9月查理十世即位后，力图恢复封建专制制度，极力保护大地主和贵族的利益，引起社会各阶层的普遍不满。并于1830年7月26日颁布了反动的《七月敕令》，提出取消言论自由，解散议会，限制选举权，群情激愤。7月27日，巴黎人民发动武装起义，28日占领市政府，29日起义者占领了卢浮宫和杜伊勒里宫。8月2日查理十世宣布放弃王位，逃往英国，波旁王朝被推翻。但由于资产阶级共和派软弱无力，无产阶级也没有形成独立的政治力量，政权落到了代表金融贵族的大资产阶级的手中，开始了"七月王朝"的统治。七月革命粉碎了波旁王朝在法国重建封建专制统治的企图，巩固了资产阶级革命的胜利成果，推动了欧洲革命和民主运动的发展。

法国二月革命

1848年2月巴黎人民推翻"七月王朝"的革命。19世纪40年代后期，法国工农业生产水平下降，大批工人失业，社会矛盾激化。资产阶级反对派以"宴会"形式举办的政治性集会，得到广大人民群众的响应。基佐政府两次禁止预定于1848年1月和2月举行的"宴会"，引起群众不满。1848年2月22日巴黎市民举行大规模的示威抗议活动，并同军警发生了冲突。次日，示威演变成武装起义，巴黎到处筑起了街垒，许多国民自卫军和正规士兵拒绝执行镇压的命令，倒向革命。国王路易·菲力普被迫罢免基佐，先后任命莫雷和梯也尔组阁，但愤怒的群众要求废除王政，建立共和国。2月24日，起义群众几乎控制了巴黎，并开始向杜伊勒里宫进攻，国王逃奔英国。资产阶级共和派成立临时政府，25日宣布法兰西第二共和国成立，七月王朝灭亡。

法兰西第二共和国

1848年法国二月革命建立的资产阶级共和国。1848年的二月革命推翻七月王朝，成立临时政府；2月25日共和国宣布成立；4月23日选举制宪议会；5月9日成立执行委员会；6月22日代替临时政府的执行委员会下令解散"国家工厂"，引起工人不满，爆发六月

起义。在血腥镇压了六月起义后，以卡芬雅克为首的共和党右翼控制了政权，执行打击无产阶级和小资产阶级的政策，削弱了其统治基础。11月，制宪议会制定共和国宪法，确立立法和行政分立原则。由750名议员组成立法议会；参政院由议会任命；总统掌管行政权，任免部长与颁布法律，但无权解散或延长议会。12月10日，大资产阶级代表路易·波拿巴当选总统。1851年12月2日波拿巴发动政变，解散议会，建立专政体制。次年波拿巴称帝，建立法兰西第二帝国，第二共和国灭亡。

法兰西第二帝国

法国历史上第二个资产阶级君主制国家，史称拿破仑第二帝国。"路易·波拿巴政变"后，1852年1月14日颁布宪法，加强总统权力，削弱议会的立法权。1852年11月7日，元老院颁布法令建议恢复帝制，随即举行公民投票并通过。12月2日宣布恢复帝国，波拿巴为法兰西皇帝，称拿破仑三世。第二帝国代表金融资产阶级和大工业家的利益。拿破仑三世为了维护其反动统治，建立了庞大的军事警察官僚机构，对内实行军事独裁统治，对外推行侵略政策。第二帝国经历了一个由专制统治向自由主义、议会政治演变的过程，发展了资本主义工商业，完成了工业革命。为了争夺欧洲大陆优势和进行海外殖民侵略，帝国发动多次对外战争。1870年普法战争中，法军战败，拿破仑三世在色当投降。9月4日巴黎发生革命，第二帝国被推翻。

法兰西第三共和国

法国历史上第三个资产阶级共和国。普法战争中，法国在色当投降的消息传到巴黎，1870年9月4日巴黎人民起义，推翻了法兰西第二帝国，建立了法兰西第三共和国。新政权开始时，由资产阶级共和派与保王派联合组成国防政府，梯也尔力图建立保守共和国，但遭保王派与共和派的反对，被迫辞职，极端保王派人麦克马洪当选总统，直接着手恢复君主制。共和派为确立共和制进行了长期而激烈的斗争。国民议会终于通过1875年宪法，以法律的形式肯定共和制。在1876年众议院选举和1879年1月参议院选举中，共和派取得稳定多数席位，在人民群众支持下，终于确立共和派的共和国。掌权的资产阶级制定和完善了一些资产阶级制度。1940年5月10日巴黎被占领，6月22日法国投降，成立维希政府，第三共和国宣告终结。

巴黎公社

1871年法国无产阶级建立的世界历史上第一个无产阶级专政的政权。1871年3月18日，巴黎工人发动起义，26日巴黎人民选举产生了工人自己的政权巴黎公社。3月28日，巴黎公社正式成立。公社打碎旧的国家机器，废除旧军队；新建立由工人阶级领导的国家机构，没收逃亡资本家的工厂，由工人团体管理，严禁克扣工人工资。公社还规定工作人员薪水最高不得超过工人最高工资，不受群众信任的可以随时撤换。但公社却没有乘胜追击和坚决镇压反革命，也未将法兰西银行收为国有，未能与外省工人和农民建立联系，致使巴黎工人孤军作战，反对派得以重新集结。5月21日，梯也尔反动军队攻入巴黎，巴黎公社进行了殊死抵抗，但终因力量悬殊而失败。巴黎公社是无产阶级推翻资产阶级统治、建立无产阶级专政的一次伟大尝试。

彼得一世改革

俄国沙皇彼得一世为强化中央集权和巩固农奴制而进行的改革。改革的主要内容有：第一，向西欧先进资本主义国家学习。他亲自考察和研究英国和荷兰先进的造船工业，招聘大批外国技术人才；创办海军，建立起一支20万人的新式陆军和48艘战船的海军；建造兵舰，建立造船、火药、炼铁、炼铜等工厂，创办了科学院、医药学校，简化俄文字母，采取儒略历法，奖励翻译出版西欧书籍等。第二，发展工业。建立国家工场；同时鼓励农奴主在自己领地内使用农奴劳动开办手工业工场，和鼓励商人购买农奴兴办工场。第三，彼得一世整顿了非常混乱的财政税务制度，把国家财税大权真正集中到沙皇控制的中央政府手里。彼得一世改革，促进了俄国经济的发展，巩固了贵族地主和商人的专政，为其跃居欧洲军事大国奠定了基础。

俄土战争

为争夺俄国南方的出海口，彼得一世时就长期同土耳其进行战争。18世纪中期在沙皇叶卡捷琳娜二世在位时，俄国夺得第聂伯河至布格河之间的土地和克里米亚的叶尼卡列和刻赤，势力扩张到黑海，打通了通向黑海的门户。在1806—1812年的战争中，双方最后签订了《布勒加斯特和约》，土耳其将比萨拉比亚割让给俄国。1828—1829年的俄土战争，俄国获胜，双方签订《亚

1812年9月7日，俄法在莫斯科郊外的波罗丁诺展开决战。

得里亚堡条约》，俄国占领了多瑙河口和附近岛屿及高加索的大片土地，加强了其在巴尔干的势力，使土耳其在一定程度上依附于俄国。1877—1878年，俄土再战，土耳其再次失败，被迫签订《圣·斯特法诺和约》，俄国占有了巴统等地并占领南比萨拉比亚。通过18～19世纪的俄土战争，俄国攫取了大片土地，势力大大加强。

俄法1812年战争

1812年俄法为争夺欧洲霸权而进行的战争。1810年俄国破坏反英大陆封锁的协定，解除对英国货的限制，并规定了抵制法国货的新关税率，激起拿破仑的愤怒。1812年6月24日拿破仑率兵60余万渡过涅曼河进入俄境，俄军节节败退，法军长驱直入。9月亚历山大一世任命库图佐夫为俄军总司令。库图佐夫采取防御战术，消耗敌方有生力量，决定在莫斯科郊外的波罗丁诺展开决战，战争中拿破仑的速胜战略遭到失败。9月13日在库图佐夫坚持下，俄军撤出莫斯科。9月14日拿破仑进驻空城莫斯科，大肆抢劫，俄国人民奋起反抗。10月19日俄军在人民军和游击队配合下发动反攻，迫使法军撤出莫斯科向西撤退。12月拿破仑带着3万残兵逃出俄境，

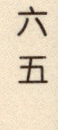

俄国取得胜利。随后欧洲封建势力乘机组织以俄国为首的第六次反法联盟，促使拿破仑帝国趋向瓦解。

俄国 1861 年改革

1861 年俄国废除农奴制的资产阶级性质的改革。19 世纪上半叶俄国资本主义迅速发展，农奴制陷入严重危机，成为资本主义发展的严重障碍。俄国先进的知识分子、工人和农民的反封建斗争不断高涨。1861 年 3 月 3 日沙皇亚历山大二世颁布了《关于农民脱离农奴依附关系的法令》规定：农民获得人身自由，地主再不能买卖农奴和干涉他们的生活；农民获得一定数量的份地，农民的份地可赎买成私产。农民在赎买份地之前，必须承担一定的义务，交纳货币代役租和工役租；地主要求赎买份地的赎金要一次付清。政府给农民贷款，但农民必须偿还；在划地界时，地主可从农民原种份地中割去其中最好的部分；为了加强对农民的管理，保留村社制，实行连环保等。1861 年的改革废除了农奴制，加速了俄国资本主义的发展，但仍保留了许多封建残余。

流血星期日

1905 年 1 月 9 日（俄历）沙皇政府枪杀彼得堡请愿工人的事件。1905 年 1 月 3 日（俄历）彼得堡普梯洛夫工厂工人为抗议厂主开除 4 名工人举行罢工，很快得到其他工厂的声援。8 日发展成为全市总罢工，参加人数达 15 万人。期间加邦牧师鼓动工人去冬宫向沙皇呈递请愿书，布尔什维克劝告工人不要去请愿。但工人普遍对沙皇抱有幻想。1 月 9 日（俄历）晨，彼得堡工人偕同家属约 15 万人举着旗帜和沙皇画像，唱着祷歌和对沙皇的颂歌，前往冬宫向沙皇请愿。当队伍行至冬宫前的广场，遭到沙皇军警的突然射击，100 多人被当场打死，2000 多人受伤，鲜血染红积雪的广场。因那天是星期日，史称"流血星期日"。惨案唤起了广大人民群众的觉醒，他们在布尔什维克的领导下，拿起武器反对沙皇专制制度，导致 1905 年革命的爆发。

俄国 1905 年革命

无产阶级参加并领导的俄国第一次资产阶级民主革命。1900—1903 年世界经济危机和日俄战争加速了革命形式的成熟，"流血星期日"事件导致了这次革命的爆发。1905 年 10 月，革命运动发展为全俄政治总罢工，成立罢工领导机关工人代表苏维埃。12 月 18 日，根据布尔什维克党的建议，莫斯科苏维埃决定举行政治总罢工。22 日发展成武装起义，成为 1905 年革命的最高潮，1906 年 1 月 1 日，革命被镇压，革命走向低潮。1905 年革命是列宁主义诞生后的第一次重大的革命运动，锻炼了布尔什维克党和广大劳动人民，为二月革命和十月革命作了准备，是十月革命的一次总演习。

俄国二月革命

俄国第二次资产阶级民主革命。因发生在 1917 年俄历 2 月，故名。第一次世界大战给俄国带来严重的经济和政治危机，社会矛盾异常尖锐，革命形势迅趋成熟。1917 年 3 月 3 日（俄历 2 月 18 日）彼得格勒普梯洛夫工厂工人罢工，得到许多工厂工人的声援。9 日罢工人数增加到 20 万。10 日，发展为全城政治性总罢工，提出"打倒沙皇""打倒战争""要面包"等口号。26日，工人响应布尔什维克党的号召，罢工发展成武装起义。4月12日起义席卷全城，首都驻军也参加了起义。起义的工人和士兵逮捕政府大臣和将军，占领政府机关，推翻了沙皇专制统治。各地工人、士兵纷纷推翻当地政府。革命后，建立了工兵代表苏维埃。资产阶级在孟什维克和社会革命党的帮助下，成立了临时政府。俄国出现了两个政权并存的局面。

普鲁士王国

德意志邦国，建立于1701年。普鲁士原为古普鲁士人居住地，13世纪为条顿骑士团征服，始称普鲁士。1466年臣属波兰，1525年成为普鲁士公国，1618年普鲁士和勃兰登堡合并，1648年摆脱波兰宗主权，1701年普鲁士王国正式建立。18世纪后半叶的七年战争和三次瓜分波兰，使其获得奥地利的西里西亚、波兰的西普鲁士等地，逐渐成为德意志的封建军事大国。19世纪，资本主义得到进一步发展。1848—1849年爆发了资产阶级革命，但遭失败。1862年俾斯麦就任首相后，通过战争，击败了主要竞争对手奥地利和法国，实现了德意志的统一。1871年建立以普鲁士王国为中心的德意志帝国，帝国皇帝和首相分别兼任王国国王和首相。帝国实行中央集权统治，普鲁士王国失去了"国家"的含义。1919年德国十一月革命推翻了帝制，建立共和国，普鲁士王国的名称消失。

西里西亚织工起义

德国工人在西里西亚反抗封建地主和资本家的压迫、剥削的武装起义。1844年6月4日，西里西亚住有5000居民的彼得斯瓦尔道的织工不堪忍受资本家的残酷剥削与封建地主的欺压，以要求增加工资厂主拒绝并开除工人代表为由，掀起自发斗争，并酿成起义。次日，烈火蔓延至另一纺织重地——住有13000居民的朗根比劳。起义织工高唱自己编写的战歌，集中打击工人最痛恨的厂主，他们捣毁厂主住宅、厂房、机器，焚毁票据、账册。普鲁士当局调集军队镇压，起义群众奋起抵抗。6月6日清晨，当局又调来步兵连、炮兵连和骑兵连进行镇压，起义失败。11人殉难，24人重伤，150人被捕。西里西亚起义虽然失败了，但其精神鼓舞了广大工人群众，标志着无产阶级已经形成独立政治力量登上了政治舞台，成为历史发展的伟大动力。

1848年德国革命

1848—1849年德意志人民进行的资产阶级民主革命。德意志地区的政治上的分裂和封建专制统治，严重阻碍着资本主义的发展，1845—1846年的农业歉收和1847年经济危机，使工人、农民和小资产阶级的处境严重恶化。1848年德国革命的基本任务是消除封建割据，实现国家的统一。3月初，德国巴伐利亚首先爆发革命。3月13日，奥地利首都维也纳人民推翻了梅特涅政府，3月18日普鲁士首都柏林人民起义成功。其他各邦也相继起义。马克思、恩格斯参加了这次斗争，并发表了《共产党在德国的要求》。由于德国资产阶级自由派害怕无产阶级起来革命，与封建势力妥协，到1848年年底，革命失

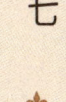

败。奥地利恢复了君主专制，普鲁士成立了地主官僚政府，其他各邦反动统治也相继恢复。革命虽然失败，但为德国统一创造了条件，并打击了封建势力。

普奥战争

1866年普鲁士和奥地利为争夺德意志的统一领导权而进行的决定性战争。1866年年初，普鲁士取得法、俄不干涉德意志内部事务的保证。4月，与意大利缔结秘密军事同盟。并经过改革，装备了先进的后膛枪和线膛后装炮，制订了速战速决的战略计划。6月7日，普军侵入奥地利管辖的霍尔施坦公国，战争爆发。萨克森、巴伐利亚、汉诺威、黑森等邦支持奥地利。北德意志各邦、汉堡等自由市支持普鲁士，意大利亦协助普军作战。7月3日，在萨多瓦会战中，重创奥军主力，逼近维也纳，奥地利被迫求和。战争历时7个星期，亦称"七周战争"。8月23日，普奥签订《布拉格和约》，规定奥地利退出德意志邦联，旧联邦解散。普奥战争使普鲁士取得了德意志统一运动的领导权，并加强了国内容克地主与资产阶级的联合。

普法战争

1870—1871年普鲁士和法国为争夺欧洲霸权而进行的王朝战争。1870年7月19日，拿破仑三世以西班牙王位继承问题为借口向普鲁士宣战，普法战争爆发。8月4日，普军越过边界进入阿尔萨斯。9月1日，普、法两军在色当会战。2日，法军失败投降，皇帝路易·波拿巴被俘。9月4日，巴黎发生革命，推翻了第二帝国，建立了资产阶级临时政府，即法兰西第三共和国。19日，普军包围巴黎。27日，巴赞元帅投降。1871年1月28日，法德签订停战协议。2月26日，法德在凡尔赛签订初步和约，3月1日法国国民议会予以批准。5月10日，法国梯也尔政府同普鲁士签订《法兰克福和约》，法国割让阿尔萨斯和洛林给普鲁士，并赔款50亿法郎，战争结束。普法战争改变了欧洲列强的对比，增强了德国的力量，为第一次世界大战埋下了祸根。

意大利统一运动

19世纪意大利人民争取民族独立与统一的资产阶级革命运动。又称意大利复兴运动。意大利人民为摆脱法奥统治，争取国家统一与民族独立，进行了长期的斗争。1831年马志尼成立青年意大利党后，多次发动起义均遭失败，但为革命运动的高涨创造了条件。1848年1月，西西里岛起义揭开了革命的序幕。不久，米兰、威尼斯也爆发了起义并得到解放。起义迅速波及到都灵、罗马、那不勒斯和意大利其他城市。4月23日，撒丁王国对奥宣战，其他各邦相继参战。8月，反奥战争失败。1848年9月开始，意大利又出现新的革命高潮。11月，罗马起义并建立了政权，次年2月5日成立了罗马共和国，7月3日被奥法等组成的联军颠覆。期间撒丁王国发动的对奥战争也遭失败。8月22日，威尼斯共和国最后战败投降。1848年意大利革命最终失败。1859年撒丁王国和法国发动了对奥战争并取得胜利，基本完成了中部和北部的统一。1861年意大利王国成立。1866年在普奥战争中收复了威尼斯，1870年合并罗马，意大利统一最后完成。

波士顿倾茶事件

1773年北美殖民地波士顿城人民反对英国东印度公司垄断茶叶贸易的事件。"唐森德法案"取消后，英政府仍保留了茶税。为逃避茶税，北美殖民地人民多饮用走私茶叶。为帮助濒于破产的东印度公司解决财政困难，1773年5月，英国议会制定并通过《救济东印度公司条例》，允许东印度公司缴纳3便士轻税后，把它储存的1700万磅茶叶运往北美殖民地倾销，并明令禁止当地人民饮用走私茶叶，引起人民强烈不满。他们决定不许东印度公司的茶船靠岸卸货，但要求遭到拒绝。1773年12月16日晚，一批富有正义感的波士顿人化装成印第安人，闯上驶入港内的3艘茶船，将停泊在波士顿港的英属东印度公司3艘茶船上所载价值18000英镑的342箱茶叶倒入海中。此即著名的"波士顿倾茶事件"。这个行动大大鼓舞了殖民地人民反英斗争的士气。

莱克星顿枪声

北美独立战争的开端。1775年4月18日晚，英国殖民军准备偷袭北美波士顿西北郊莱克星顿和康科德两地民兵的秘密火药库。英军一出发，负责侦察英军行动的民兵就在波士顿北教堂的塔尖上悬挂起灯笼。民兵、银匠保尔·瑞维尔看见灯光立即上马飞驰，向沿途民兵报信，民兵迅速集合应变。19日拂晓，英军在莱克星顿遭到迎头痛击，一些英军继续向康科德前进，亦遭伏击，共死伤近300人，大败而归。该战斗打响了美国独立战争的第一枪，揭开了北美独立战争的序幕。

大陆会议

英属北美13个殖民地的代表会议，美国独立战争的领导机构。在北美殖民地人民开展反英斗争的呼声中，根据马萨诸塞立法会议的建议，12个殖民地（除佐治亚外）的55名代表于1774年9月5日—10月26日在费城召开了第一届大陆会议。会议通过了《权利宣言》，主张抵制英货，要求英国政府取消对殖民地的各种经济限制，实行自治。但会议没有提出独立问题，在请愿书中仍表示效忠于英王。独立战争爆发后，第二届大陆会议于1775年5月10日在费城召开。13个殖民地都派了自己的代表参加。会议通过了用武力对抗英国的宣言，决定创建大陆军，任命华盛顿为总司令。大陆会议遂成为领导独立战争的临时政府。1776年7月4日，会议又通过《独立宣言》，宣布脱离英国，成立美利坚合众国。1781年《邦联条例》生效，成立邦联政府，大陆会议宣布解散。

《独立宣言》

美国独立战争革命中的纲领性文献。由杰弗逊等起草，在1776年7月4日的费城第二届大陆会议上通过。其主要内容是从保护资产阶级利益出发，谴责英国对北美统治的暴行；宣布同英

《独立宣言》公开宣读后，激动的纽约市民冲到百老汇街尾的滚木球游戏草坪，捣毁乔治三世的塑像。

国王室断绝臣属关系，以资产阶级民主原则宣告建立在内政外交享有独立主权的美利坚合众国；宣告了"主权在民"的原则，人民有权推翻旧政府，建立新政府；美国公民享有自由、平等的天赋人权等（但不包括黑人和印第安人）。《独立宣言》是号召北美各阶层人民推翻英国殖民统治，争取民族独立战争胜利的旗帜；宣告了主权在民的原则，是后来法国资产阶级革命时期《人权宣言》的蓝本。在历史上第一次以政治纲领的形式表达了资产阶级的政治要求，推动了欧洲资产阶级革命和拉美民族独立运动；它的通过和发表，标志着美利坚合众国的诞生。

西进运动

美国独立战争后不断向西部扩张领土、开发大西部的群众性运动，也是印第安人的"血泪之路"。美国独立后，为适应资本主义与种植园经济发展的需要，大规模向西部扩张。1803年，从法国手中"购买"路易斯安娜；1810—1811年强占了西属佛罗里达；从1845—1853年，美国从墨西哥共抢占了246万平方千米的土地；1846年，又从英国手中取得俄勒冈地区74万多平方千米的土地。这样，美国领土从密西西比河扩张到太平洋。美国的领土扩张，除了采用欺诈、战争、收买等手段外，也是在驱逐、屠杀印第安人的过程中实现的，使印第安人遭受了深重灾难和屈辱。美国在向西部扩张的同时，鼓励东部的贫苦大众、土地投机者、资本家、种植园主以及大量的欧洲移民涌向西部地区，以扩大资本原始积累。西进运动是美国资本主义向广度发展的一次历史运动。

门罗主义

美国总统门罗提出的独霸拉丁美洲的外交政策。美国总统詹姆斯·门罗（1817—1824年在位）为了反对沙俄由阿拉斯加南下扩张以及英国和"神圣同盟"插足拉丁美洲，于1823年12月2日在致国会的咨文中阐述美国对外政策原则时宣称："美国不干涉欧洲事务和任何欧洲国家在美洲现存的殖民地和保护国，但任何欧洲列强都不得干涉西半球的事务，否则就是对美国安全的威胁和不友好的表现。"同时还提出"美洲是美洲人的美洲"的口号，这就是"门罗主义"。它把美国打扮成"从不干涉任何国家内政"的"保护者"，实际上是企图把美洲变成美国人的美洲。它在当时对于防止欧洲列强染指拉丁美洲起了一定的遏制作用，使拉丁美洲各国的独立得到巩固，此后则变成美帝国主义在西半球以及世界其他地区推行侵略、奴役政策的工具。

美墨战争

1846—1848年间美国对墨西哥进行的一次以强凌弱的侵略战争。1845年美国强占了墨西哥的得克萨斯，但美国种植农奴主要占有墨西哥的更多领土。于是美国以边界纠纷为借口，于1846年发动了对墨西哥的战争。美国海、陆军分三路，入侵墨西哥，1847年9月，攻占墨西哥城，墨西哥政府被迫议和。1848年2月2日，双方签订《瓜达卢佩－伊达尔戈条约》，战争结束。美国吞并了墨西哥的得克萨斯、新墨西哥和加利福尼亚等约235万平方千米的土地，几乎是墨西哥的半壁江山；作为报偿，美国付给墨西哥1500万美元。这场战争对美国的发展影响至大。

美国废奴运动

美国群众性的要求废除奴隶制的活动。美国独立后，北部诸州先后废除了奴隶制，而南部一些大种植园主仍顽固维护黑奴制，使北方资本主义发展失去了廉价的劳动力。对黑人奴隶进行残酷的剥削和压迫，激起了广大人民的强烈不满。自18世纪末就开始了废奴运动，参加者有工人、农民、黑人、白人、妇女和部分资产阶级知识分子。到19世纪30年代，废奴主义组织了全国性的秘密团体，出版刊物，宣传废奴。他们组织了秘密通信联络点，称为"地下铁路"，帮助南方黑奴逃往北方或加拿大，并支持黑人奴隶的反抗斗争。1859年10月16日，约翰·布朗起义，将废奴运动推到了顶点。1861—1865年的美国南北战争，最终以暴力推翻了南方的奴隶制。废奴运动是一次资产阶级性质的民主运动，在美国人民争取民主的斗争史上占有重要地位。

美国内战

美国历史上第二次资产阶级革命，亦称南北战争。美国独立战争后，北部资本主义和南部种植园经济得到迅速发展，大资产阶级和种植园奴隶主之间的矛盾不断激化，并集中体现在奴隶制的存废问题上。1860年11月，倡导限制和逐步废除奴隶制的共和党人林肯当选总统。1861年2月南部11州的奴隶主发动叛乱，另选总统，定都里士满并建立政府。4月南部挑起内战。战争初期，由于资产阶级的妥协，使北方一度失利。1862年林肯颁布《宅地法》，发表《解放奴隶宣言》，改组军队，极大地激发了人民的革命热情，扭转了败局。1863年，北方转为反攻。1865年4月，南部联军战败投降，内战结束。南北战争维护了联邦国家的统一，废除了黑人奴隶制度，扫除了资本主义发展的最后障碍，使美国迅速赶超英、法等先进资本主义国家。

海地革命

海地黑人奴隶反抗法国殖民统治和废除奴隶制度的革命。海地原为西班牙的殖民地，17世纪又被法国殖民者夺取。法国殖民者的残酷压迫，激起了海地黑人奴隶的反抗。在美国独立战争和法国资产阶级革命的感召下，1791年8月，海地黑人奴隶发动了武装起义，在奴隶出身的杜桑·卢维杜尔的领导下，建立了革命军队，多次打败殖民军队。1802年，拿破仑派遣大量士兵和军舰进攻海地，也没有扑灭海地革命。于是，法国殖民者用欺骗的手法，假装和谈，诱捕了杜桑·卢维杜尔，并将他押送到法国。杜桑·卢维杜尔的战友坚持战斗，以小胜大，以弱胜强，在1803年10月迫使法军投降。1804年元旦，拉丁美洲第一个国家海地正式宣布独立。海地革命揭开了拉丁美洲独立战争的序幕，海地的独立，为拉丁美洲人民树立了光辉榜样。

多洛雷斯呼声

墨西哥人民独立革命的呼声，在墨西哥，殖民统治力量较强，阶级矛盾

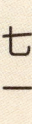

林肯坐像

尖锐。长期被奴役的印第安人和混血种人对西班牙统治者怀有无比的仇恨。19世纪初，拿破仑率军侵入西班牙，西属美洲殖民地人民趁机起义。1810年9月16日，墨西哥民族独立运动的领导人、多洛雷斯镇的神父伊达尔戈敲响了当地教堂的钟声，集合附近的农民和城市贫民，号召夺回被西班牙占去的土地，大大激发了墨西哥人民的革命热情，唤起人民的斗志。群众齐声高呼"独立万岁""绞死殖民强盗"，墨西哥独立战争从此开始。起义军与西班牙殖民军展开了战斗。1811年伊达尔戈被敌人俘虏，英勇就义。人民把他发出"多洛雷斯呼声"的日子9月16日定为墨西哥独立日，尊他为"墨西哥独立之父"，永远怀念他的伟大功勋。1822年，墨西哥联邦共和国成立。

墨西哥资产阶级革命

墨西哥人民反帝反封建的资产阶级民主革命。1910年，农民、工人、城市小资产阶级、民族资产阶级和部分军队进行起义。在斗争中，著名南部农民英雄萨帕塔和北部起义领袖比利亚领导起义队伍在各处摧毁大地主农庄，把土地分给农民。起义军向首都墨西哥城进军，并于1911年5月推翻代表地主、帝国主义和天主教反动集团利益的迪亚斯军事独裁统治，但国内反动派勾结美国，于1913年发动政变，建立反革命政权，美国还出兵支持反革命政权。墨西哥人民再次起义。以工农为主体的武装力量于1914年8月再一次推翻了反革命政权，并挫败了美国的干涉。1917年，墨西哥建立了资产阶级政权，制定了新宪法。1910—1917年的墨西哥资产阶级革命，打击了国内封建势力、帝国主义的走狗和外国侵略势力，为墨西哥发展民族经济创造了条件。

明治维新

1868—1873年日本明治政府推行的资产阶级改革运动。19世纪上半期，日本封建统治危机深重。1854年美国用武力强迫日本打开门户后，江户幕府相继同美、英、荷、俄、法等国签订不平等条约，促使阶级矛盾、民族矛盾尖锐化。1868年1月，倒幕派发动政变，迫使将军德川庆喜把政权交给天皇睦仁，天皇制专制政府掌握了全国政权。新政府实行了一系列资产阶级性质的改革：废藩置县，加强中央集权；取消关卡和行会制度，修建铁路，兴办邮局、电报、电话，统一币制，大量引进西方技术，发展资本主义工商业，实行义务教育；废除土地买卖的禁令，确定土地私有权。明治维新促进了日本资本主义的发展，逐步废除了不平等的条约，摆脱了民族危机，使日本成为亚洲的强国。但改革不彻底，保留了大量的封建残余，致使日本走上了军事封建帝国主义道路。

武装倒幕

19世纪中叶，欧美资本主义加紧对日本的侵略，日本国内人民反封建斗争日益高涨，德川幕府的封建统治陷于危机之中。在人民积极行动起来推翻幕府统治的形势下，以中下级武士、商人、资本家和新兴地主为主体的改革力量组成倒幕派，要求实行资产阶级性质的改革。倒幕派与幕府之间于1864年开始了武装冲突。1867年10月，倒幕派以明治天皇的名义下达了讨幕密诏。德川庆喜假装还政天皇，同时在大阪集结兵力。1867年在倒幕派的策划下，天皇发布"王政复古大号令"，宣布废除幕府制和成立新的中央政府，并令德川庆喜将一切权力重归天皇。1868年1月，在京都附近的伏见、鸟羽战役中，幕府军大败。1869年，德川幕府被推翻，明治天皇政府从京都迁往东京，实行了一系列资产阶级性质的改革。

日俄战争

1904—1905年日本和俄国为争夺东亚霸权、重新瓜分朝鲜和中国东北而进行的帝国主义战争。主要发生在中国东北地区。甲午中日战争后，日、俄在远东的矛盾日趋尖锐。俄国联合法、德迫使日本放弃辽东半岛。1898年，俄国强行租借旅顺和大连。1900年，俄国出兵占领中国东北三省。1903年4月，俄国拒绝从中国撤兵。1904年2月8日，日本偷袭俄国太平洋舰队，日俄战争爆发。1905年3月，日军在沈阳附近击溃俄军主力；5月，俄国波罗的海舰队在对马海峡又遭日本海军伏击，几乎被全歼。俄国这时国内爆发革命，美国担心日本过于强大而出面调停。9月5日，双方代表在美国朴茨茅斯签订和约。据此，日本夺取中国辽东半岛和俄国库页岛南部，以及对朝鲜的独占权。日俄战争改变了远东国际关系的格局，俄国被削弱，日美矛盾开始突出。

朝鲜甲午农民战争

1894（甲午）年朝鲜农民反封建统治和外国侵略的武装起义，又称"东学党起义"。1893年全罗道古阜郡守赵秉甲不顾当年歉收，非法征收水税和杂捐，引起人民不满。1894年1月，东学党徒全琫准率古阜、泰仁两郡数千愤怒的农民举行起义，并攻占了古阜郡城。3月，攻下要地长白山，整顿了队伍，共推全琫准为总大将，明确提出了"辅国安民""逐灭倭夷""尽灭权贵"的斗争纲领。4月，义军攻下南方重镇全州，锋芒直指汉城。朝鲜统治者向清政府求援，并被迫接受了起义军提出的12项要求。日本趁清政府派兵在朝鲜登陆之机，也出兵朝鲜，占领汉城，发动宫廷政变而建立了亲日政府，并挑起甲午中日战争，打败清政府。1895年全琫准被俘，次年3月被处死，起义军被日本侵略军和朝鲜统治者镇压。

义兵运动

朝鲜人民反对日本侵略者的爱国武装斗争。1907年7月，日本迫使朝鲜签订了《日韩新条约》，规定由日本统监掌管朝鲜的立法、行政和司法，朝鲜政府的各部任用日本人为次官。8月，日本进而强行解散了朝鲜军队，这促使义兵运动进入高潮。驻扎在汉城的军人首先暴动，随即在各地产生反响。起义军人直接组织或参加义兵队伍，极大地提高了义兵的战斗力。12月，义兵以杨州为根据地，开始建立统一的组织，计划夺取汉城，驱逐统监，废除"保护条约"，遭到日军围剿。1908年义兵运动扩大到全国240个郡，人数有10万多。各地义兵袭击日本守备队、宪兵队，处死卖国官吏和亲日分子。在日本侵略者的血腥镇压下，轰轰烈烈的义兵运动在1911年以失败结束。但它显示了朝鲜人民的爱国主义精神和斗争精神，给

了日本侵略者以沉重打击。

爪哇人民起义

　　1825—1830年蒂博尼哥罗领导印度尼西亚爪哇人民反抗荷兰殖民者的起义，又称爪哇战争。19世纪初，荷兰殖民者对印尼人民征收苛捐杂税，实行强迫种植，激起广大人民的不满，也极大地侵犯了当地封建主的政治权力和经济利益。1825年7月，蒂博尼哥罗树起圣战旗帜，号召人民起来反抗荷兰异端分子的统治，从贫苦农民到王公贵族纷纷响应。起义军到处捣毁荷兰人的仓库、住宅、种植园、关卡，严惩殖民当局的贪官污吏，控制了整个中爪哇和东爪哇部分地区，建立了王国。荷兰殖民者采用军事镇压、分化瓦解的手段，使起义受到挫折。1830年3月，在停战谈判中，殖民当局背信弃义地拘捕了蒂博尼哥罗，并将其流放于望加锡岛。起义失败。爪哇人民起义打击了荷兰的殖民统治，是19世纪中期亚洲民族运动的序幕。

印度民族起义

　　印度1857—1859年由印度封建主领导的、以印度土兵为骨干的反抗英国殖民统治和争取民族独立的起义。19世纪中叶，印度各阶层和英国殖民者之间的民族矛盾迅速激化。1857年年初，印度西北各省的农村中，传递着神秘的烤薄饼。2月，这种被看作起义信号的薄饼传到了德里城下。在士兵中也开始传递荷花这种同样象征的信号。5月10日，密拉特掀起以士兵为骨干的起义。不久，起义者进入古都德里，各地的起义迅速发展。起义波及北印度和中印度广大地区，中心是德里、坎普尔、勒克瑙等。从6月上旬至9月中旬，起义者进行了英勇的德里保卫战。9月中旬，在血战6天之后，德里陷落，印度民族起义转入相持阶段，游击战一直坚持到1859年。这次起义沉重地打击了英国的殖民统治，增强了印度人民的反英斗志，推动了印度民族独立运动的发展。

菲律宾独立战争

　　19世纪末期菲律宾人民推翻西班牙殖民统治，争取民族独立的战争。1892年波尼发秀成立资产阶级激进派政治秘密团体卡蒂普南，主张依靠人民和暴力争取民族的独立。1896年8月，波尼发秀在巴林塔瓦克发动起义，各地纷纷响应，攻击殖民军并建立政权。1897年初，卡蒂普南发生分裂，阿奎那多成为新政府的总统，波尼发秀被处死，卡蒂普南瓦解。革命力量因分裂元气大伤，在殖民军反扑之下节节败退，阿奎那多被迫流亡香港。但各地人民仍坚持武装斗争，卡蒂普南相继恢复。1898年4月，马卡布罗斯将军在中吕宋建立临时革命政府，阿奎那多在香港设立爱国委员会。5月，阿奎那多回国重新领导战争。6月12日，菲律宾宣布独立，并成立了共和国，阿奎那多当选总统。同年，美国通过美西战争占领了菲律宾，菲律宾又沦为美国的殖民地。

马赫迪反英大起义

　　19世纪后期苏丹穆罕默德·艾哈迈德领导的反抗英国殖民统治和埃及封建压迫的民族大起义。1881年，穆罕默德·艾哈迈德自称"马赫迪"，号召人民进行"圣战"，赶走外国侵略者，并于12

月发动了武装起义。1883年11月，歼灭英国干涉军一万多人。1885年1月，攻克首都喀土穆，击毙殖民头子戈登。9月，起义军解放了除萨瓦金港以外的苏丹全境。6月，马赫迪病逝后，由其弟子和助手阿卜杜拉继位。阿卜杜拉自称哈里发，把苏丹建立成独立的封建神权国家，定都恩图曼。起义领袖将没收的大地产据为私有，封建等级关系取代了起义时期的公产平均制度。1896年，英、埃联军大举入侵苏丹。1898年9月，恩图曼陷落。1899年11月，阿卜杜拉战死，起义最后失败。这次起义是非洲近代史上规模最大、持续时间最长的一次反对殖民统治的武装起义。

萨拉热窝事件

1914年6月28日奥匈帝国皇储斐迪南在萨拉热窝遇刺事件，是第一次世界大战的导火索。奥匈帝国为了向巴尔干扩张，决定首先摧毁塞尔维亚，奥军于1914年6月28日在波斯尼亚进行以塞尔维亚为假想敌的军事演习，奥皇储弗兰茨·斐迪南夫妇亲往检阅。事毕，乘敞篷汽车巡视波斯尼亚首府萨拉热窝。奥匈帝国的挑衅行为激起了塞尔维亚爱国者的义愤，其秘密爱国军人组织黑手党沿街伏击。查卜林诺维奇投掷炸弹，未击中。稍后，"青年波斯尼亚"成员、17岁的普林西普开枪击毙斐迪南夫妇。奥匈帝国在德国的支持下，以行刺事件作为对塞战争的借口，于7月23日向塞尔维亚政府发出苛刻的最后通牒。尽管塞尔维亚接受了绝大部分条件，奥匈帝国仍于7月28日对塞宣战，8月初德国也向俄、法宣战，第一次世界大战爆发。

坦克在"一战"中首次被英军使用，大大推进了战争进程。

第一次世界大战

1914—1918年帝国主义各国为重新瓜分世界、争夺殖民地和霸权而进行的一场世界级的帝国主义战争。1914年6月28日的萨拉热窝事件是第一次世界大战的导火线。7月28日，奥匈帝国对塞尔维亚宣战。俄国为支持塞尔维亚，于7月30日宣布军事总动员。8月1日，德国对俄宣战。8月3日德国对法宣战。8月4日英国对德国宣战。土耳其和保加利亚先后加入同盟国，而日本、意大利、罗马尼亚、希腊、美国、中国则加入协约国。战争规模不断扩大，超出了欧洲。1917年11月7日俄国十月革命取得胜利，首先退出战争。11月初，德国十一月革命爆发，帝制被推翻，11日投降。大战以协约国的胜利告终，战争给世界造成了巨大的损失，使帝国主义各国的力量对比发生了变化，也促进了各国的革命运动，对军事学术的发展产生了重大影响。

世界现代史

十月革命

1917年俄国无产阶级在列宁和布尔什维克党的领导下联合贫苦农民所进行的社会主义革命，因当时是俄历十月

而得名。第一次世界大战爆发后，俄国革命形势迅速成熟。1917年的二月革命，推翻了沙皇专制制度。4月，列宁发表了《四月提纲》，制定了社会主义革命的路线、方针和策略。8月，布尔什维克党召开了第六次代表大会，确立了武装起义的方针。随后又通过了关于立即准备武装起义的决议，成立了党的革命军事总部。11月6日，彼得格勒武装起义爆发。7日晚，全俄工兵代表苏维埃第二次代表大会开幕，大会宣告全部政权转归苏维埃，成立苏维埃政府。8日清晨，攻下冬宫，起义取得胜利。到1918年2—3月间，全国各地都相继建立了苏维埃政权。十月革命的胜利开辟了人类历史的新纪元，它预示着资本主义必然为社会主义取代。

苏维埃国内战争

1918—1920年苏维埃俄国与外国武装干涉者和国内反革命武装所进行的战争。1918年初，英、法、美、日等协约国军队入侵苏维埃俄国，占据了大片领土。国内反动势力在帝国主义者的支持下纷纷叛乱。德国占领者霸占了乌克兰、白俄罗斯和波罗的海沿岸。苏维埃共和国四面受敌，3/4的领土为反革命所控制。苏维埃政权实行战时共产主义政策，创立红军，提出了"一切为了前线，一切为了共和国"的口号，同敌人展开了英勇的斗争。到1918年年底，在东线，红军把敌人打回了乌拉尔地区，在南线，红军赢得了察里津保卫战的胜利。从1919年年初到1920年年底，协约国又先后组织三次大规模武装干涉，均被红军打败。至1920年年底，反苏武装的基本力量已被歼灭。苏维埃国内战争

斯巴达克派士兵正在与艾伯特反动政府激烈交战

的胜利，保卫了十月革命的成果，巩固了世界上第一个无产阶级专政的国家。

德国十一月革命

第一次世界大战以后，德国爆发的以无产阶级为主体的资产阶级民主革命。1918年11月的基尔港水兵举行起义，揭开了十一月革命的序幕。11月9日，在斯巴达克团等组织号召下，柏林发动武装起义推翻了霍亨索伦王朝统治。首相巴登亲王将政权交予社会民主党右派首领艾伯特，艾伯特组成资产阶级临时政府，该政府进行部分资产阶级民主改革，但保留旧的国家机器和容克资产阶级政治经济特权，阴谋解除无产阶级的武装，打击苏维埃。12月30日斯巴达克联盟建立德国共产党，宣布革命的任务是建立无产阶级专政。1919年1月，柏林工人举行的武装起义遭到镇压。1月5日德共领导人卡尔·李卜克内西和罗莎·卢森堡被捕遇害。5月初，苏维埃政权被颠覆，革命结束。德国十一月革命虽然失败，但它推翻了君主制，部分完成了资产阶级民主革命任务，对欧洲各国革命斗争起到了推动作用。

魏玛共和国

德国十一月革命中建立的资产阶

级议会制共和国。1918年爆发的德国十一月革命推翻了君主制，资产阶级篡夺了政权。1919年2月6日在德国魏玛城召开国民会议，宣布成立德意志共和国即魏玛共和国，艾伯特当选为总统，并讨论制定了宪法。宪法规定了国家为议会制共和国政体、德国公民的基本权利与义务以及私有财产不可侵犯原则。魏玛共和国在政治上加强垄断资本的政治统治，削弱工人民主权利；在经济上大力扶植垄断资本，借助外国资本的流入发展经济，使德国工业生产1929年跃居资本主义世界第二位。1925年加入国际联盟并任常任理事国，重新取得欧洲大国的地位。1929年，受到世界经济危机严重打击，国内矛盾激化，革命形势高涨，政局动荡。垄断资本遂支持希特勒于1933年上台，建立法西斯政权，魏玛共和国宣告解体。

德意志第三帝国

法西斯德国的非正式名称。1933年1月30日，希特勒建立了法西斯独裁统治，攫取政权，废除魏玛共和国，宣布要在神圣罗马帝国和德意志第二帝国之后，建立一个包括所有日耳曼人的大德意志帝国。人民把希特勒专政的德国称为"第三帝国"。1939年3月，法西斯德国军队开进捷克斯洛伐克；1939年9月1日，德军进军波兰。为了争夺殖民地，确立自己的世界霸权地位，奴役世界各国人民，希特勒发动了第二次世界大战。1945年，德国战败，"第三帝国"覆灭。

国会纵火案

德国法西斯制造的陷害共产党人的案件。希特勒上台后，图谋建立一党专制的法西斯独裁体制，加紧镇压共产党。1933年2月27日夜，在国会议长戈林等人的策划下，纳粹分子从戈林官邸潜入国会大厦纵火，然后嫁祸于共产党。纳粹当局借口"保卫人民和国家"，颁布紧急法令，取消宪法中保障人身自由、新闻自由、集会结社自由、言论通信自由等公民基本权利的条款，取缔共产党和进步党派的报刊，大肆逮捕共产党人和民主人士。德共主席台尔曼和当时在德国的保加利亚共产党领袖季米特洛夫均被捕。9月21日，纳粹当局在莱比锡组织挑衅性审讯。季米特洛夫在法庭上戳穿了纳粹分子的谎言，揭露了德国法西斯主义的反动实质和血腥罪行。由于世界舆论的压力和季米特洛夫的英勇斗争，法庭最后不得不将其无罪释放。

向罗马进军

墨索里尼法西斯党向罗马进军夺取政权而发动的军事政变。20世纪20年代初，在垄断资本的支持下，意大利法西斯党势力膨胀，武装人员达30余万，夺取了部分地区的政权，宣布拥护君主制度，整顿军队，准备夺取全国政权。1922年10月16日墨索里尼召开法西斯党中央会议，决定发动政变向罗马进军。10月24日，法西斯分子在那不勒斯举行大会，墨索里尼发表夺取政权的讲话。10月27日，墨索里尼命令法西斯党徒分四路进逼罗马。政府一直未采取有力措施，迟至10月28日才宣布在全国范围实行戒严，但代表垄断资本意志的国王同情法西斯，怀疑政府军的力量，担心镇压会危及王室，拒绝在戒严令上签字，内阁被迫辞职。10月

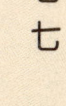

31日，国王委任墨索里尼组阁。接着，国王和议会于11月25日授予墨索里尼以独裁的权力，从而在意大利建立了法西斯专政。

自由法国运动

第二次世界大战中法国人民反法西斯的民族抵抗运动，第二次世界大战中法国战败后，立即遭到德国的残酷剥削和压迫。具有光荣革命传统的法国人民没有屈服，展开了一场反法西斯的民族抵抗运动。1940年6月18日戴高乐在伦敦发表《告法国人民书》，表示"不论发生什么事情，法兰西抵抗的火焰绝不应该熄灭，也不会熄灭"。接着他在伦敦开创了"自由法国运动"，第一个高举起争取民族独立的旗帜，号召向德国和维希政府进行公开的抵抗，得到法国人民的积极响应。他招募志愿军3万多人，建成"自由法国"的第一支军队，到1942年6月发展到7万余人，1942年9月成立了"法兰西民族委员会"，作为"自由法国"的行政机构，1942年7月"自由法国"改为"战斗法国"。在自由法国运动的影响下，法国抵抗运动蓬勃兴起，为解放法国奠定了基础。

西班牙资产阶级民主革命

西班牙人民推翻君主制度的革命。1929年世界经济危机袭击了西班牙，使西班牙大批工厂倒闭，失业增加，农民纷纷破产，罢工事件、土地风潮不断发生，革命时机逐渐成熟。1930年8月17日，共产党和社会党人成立了革命委员会，号召人民起来推翻君主制度，建立共和国，各地工人运动迅速发展，革命运动席卷整个西班牙。1931年4月12日，西班牙举行地方选举，资产阶级共和派取得胜利。4月14日，国王逃往国外，革命委员会宣布西班牙为共和国。它是资产阶级民主派和地主阶级自由派的联合政权。共和国政府实行了一系列资产阶级性质的改革，但没有解决土地问题、民族自治问题和工人就业问题，工农运动继续高涨。不久，代表大地主、金融寡头利益的反动势力在议会选举中获得大多数选票，建立了亲法西斯的政府。

西班牙内战

西班牙人民反对法西斯叛乱、抗击德意武装干涉的正义战争。1936年7月，佛朗哥等西班牙反动势力在西属摩洛哥等地发动叛乱，企图推翻共和国，建立法西斯专政，遭到共和国政府的坚决镇压。7月底，德意法西斯公开进行武装干涉，向叛军提供大量武器装备，同时出动20万德、意军直接参加作战，西班牙内战演变为民族革命战争。1936年11月～1937年3月，法西斯军队向首都马德里发动三次进攻，广大军民英勇抗战，取得保卫战的胜利。1937年中，法西斯军队把进攻重点转向北方，北方陷落后又转而进攻东部，1938年春突破阿拉贡防线至地中海。1939年2月，东部加泰罗尼亚等地区落入敌手，英、法承认佛朗哥政权，至此共和国力量受到严重削弱。3月28日，马德里陷落。3月30日，法西斯军队占领共和国全境，西班牙民族革命战争失败。

匈牙利苏维埃共和国

匈牙利历史上第一个无产阶级专政的国家。1918年11月以库恩·贝拉为首的共产主义者成立匈牙利共产党，并展开卓有成效的宣传组织工作。1919年3月20日，由于协约国对匈牙利的逼迫，社会民主党只得与共产党领导人进行谈判，决定两党合并，改称匈牙利社会党。3月21日匈牙利苏维埃共和国宣告成立，并采取了一系列革命措施，实行国有化和对外贸易的垄断，没收地主土地建立大农场，提高职工工资，实行8小时工作制，建立红军，但没有满足无地、少地农民对土地的要求，因而未能建立起牢固的工农联盟。4月起协约国对苏维埃共和国进行武装干涉和经济封锁。右派社会民主党人背叛革命，并迫使革命政府委员会于1919年8月1日辞职。匈牙利苏维埃共和国只存在了133天，但它鼓舞了争取自由解放的各国劳动人民，也丰富了国际共产主义运动的经验。

罗马尼亚八二三起义

罗马尼亚人民推翻安东尼斯库法西斯独裁统治的武装起义。1940年，安东尼斯库在罗马尼亚建立了法西斯统治，对外投靠希特勒，对内实行法西斯恐怖，并追随德国参加对苏战争。1943年6月，罗马尼亚共产党建立了反法西斯的"爱国阵线"。8月，制订了推翻安东尼斯库政权的武装起义计划。1944年4月，苏军抵达罗马尼亚，起义时机逐渐成熟。经过周密计划和准备，8月23日，罗共领导人民在首都布加勒斯特举行大规模武装起义，最后推翻了安东尼斯库的统治。武装起义很快扩张到全国，到8月30日，爱国军民依靠自己的力量，解放了2/3的领土。9月12日，在莫斯科签订了《苏美英对罗

1936年2月28日在料亭的叛乱军部队

马尼亚停战协定》。10月，罗马尼亚军民同苏联红军协同作战，把希特勒赶出了罗马尼亚，此次起义的胜利为罗马尼亚人民共和国的建立创造了条件。

二二六兵变

日本皇道派青年军官在1936年2月26日发动的武装政变。20世纪30年代初，陆军中法西斯分子分裂为两派：主张以军事政变推翻现政府、建立天皇亲政的军事独裁政权的皇道派，和主张运用军部现有地位，逐步扩大其势力，以合法手段建立军事独裁政权的统制派。随着形势发展，两派对立逐渐激化。1936年1月，皇道派成员对第一师团调往"满洲"的消息极端不满，决定提前发动武装政变，遂于2月26日清晨，在东京举行叛乱。他们提出"昭和维新""尊皇讨奸"等口号，要求"解散国会""任命真崎大将为首相、荒木大将为关东军司令官""建立维新政府"。遭到了天皇、统制派大部分人和官僚、财阀的反对。29日下午2时许，叛乱被镇压，皇道派瓦解。3月9日，广田弘毅组织内阁，建立了军部控制下的法西斯政权。

朝鲜三一运动

1919年发生在朝鲜的反抗日本殖民

统治、争取民族独立的民众起义。1910年日本吞并朝鲜后,朝鲜民族矛盾日益激化,工农运动不断兴起。1919年1月,风传日本当局毒死朝鲜废王高宗李熙的消息,成为此次运动的导火线。3月1日,汉城青年学生、市民和前来参加高宗葬礼的外地群众,在塔洞公园举行大会,并宣读《独立宣言》,随后举行30万人参加的声势浩大的示威游行,运动很快波及全国各地和海外。从1919年3月至年底,在全国共有217个郡爆发了示威和起义,参加者达200多万,终因敌我力量相差悬殊,运动以失败告终。"三一"起义尽管失败,但是它沉重打击了日本帝国主义的殖民统治,显示了朝鲜人民争取民族解放的革命精神。从此,朝鲜工人阶级登上民族解放斗争的政治舞台,朝鲜革命面貌为之一新。

阿姆利则惨案

英国殖民当局血腥屠杀印度阿姆利则人民的惨案。第一次世界大战后,印度人民掀起反对英国殖民统治的斗争高潮,英国殖民者决定采取恐怖手段。1919年3月初,旁遮普邦阿姆利则市人民开展反英斗争,抗议《罗拉特法案》。4月10日,英殖民当局在阿姆利则城逮捕两位著名民族运动活动家。当日,该市群众举行游行示威,与军警发生冲突。愤怒的群众捣毁英国银行,占领火车站、电报局、电话局,切断了该城与外地的联系。英殖民当局派军队开进阿姆利则,实行戒严,禁止一切集会。13日,大批锡克教徒在贾连瓦拉·巴格广场举行集会活动。英国殖民当局军队包围广场,封锁出口,向群众开枪扫射,当场打死370余人,打伤1200余人。惨案发生后,英国殖民当局封锁消息达四个月之久。阿姆利则惨案激起印度各地更大规模的反英浪潮。

非暴力不合作运动

1919年3月《罗拉特法案》颁布后,激起印度人民抗英怒潮,各地举行集会、示威和罢工。国大党为了掌握反英斗争的领导权,迫使英国让步,采纳了甘地拟定的"非暴力不合作运动方案"。其主要内容有:拒绝英国授予的爵位、封号和名誉职位,学生退出英办学校;立法机关、法院及政府中服务的人员离职;家家户户恢复手工纺织,提倡国货,抵制英货;在运动最后阶段拒绝纳税。不合作运动立即得到各阶层人民的广泛响应,使英国政府收入锐减,并增强了印度人民的民族自尊心。1922年2月,联合省曹里曹拉村发生农民袭击警察所事件,甘地认为超出了非暴力的范围,决定在全国停止不合作运动。在英殖民当局血腥镇压和国大党妥协投降方针下,非暴力不合作运动宣告失败。

土耳其凯末尔革命

凯末尔领导的土耳其资产阶级民族民主革命。第一次世界大战后,土耳其作为战败国被迫签订《摩得洛斯停战协定》和《色佛尔条约》,丧失了许多重要的领土,苏丹政府成为傀儡政权。在民族危急关头,土耳其人民奋起举行反帝武装斗争。1919年7月和9月,先后在埃尔祖鲁姆和锡瓦斯召开护权协会第一、二次代表大会,选举了以凯末尔为主席的代表委员会。1920年4月,在安卡拉召开的国民大会,建立了国民政府,凯末尔任临时总统兼国防军总司令。1922年11月统治600年之久的奥斯曼专制王朝被推翻。1923年7月，协约国被迫与土耳其签订《洛桑条约》，正式承认土耳其独立。同年10月29日，土耳其共和国宣告成立，凯末尔当选为总统。凯末尔革命是第一次世界大战后殖民地半殖民地国家由民族资产阶级领导的一次取得胜利的民族民主革命。

罗斯福新政

美国总统富兰克林·罗斯福政府于1933—1939年间实施的各项经济社会改革措施的总称。1929—1933年的经济大危机使美国社会生产遭到严重破坏，人民生活恶化，阶级矛盾尖锐。为摆脱危机，1933年罗斯福开始改革。新政主要内容为：一是整顿财政金融。整顿银行，关闭银行，经检验后，有偿付能力的银行才允许重新开业。二是调整工业生产措施。由国家出面协调国家、企业主及劳工间的关系，实行公平竞争，举办公共工程，减少失业。三是节制农业发展。缩小耕种面积并给予补偿损失，重定农产品价格。四是实行社会救济和以工代赈。新政实施使美国逐渐摆脱了危机，到1935年起所有经济指标都稳步上升，失业率下降，阶级矛盾缓和，但它不能从根本上消除资本主义固有矛盾。新政反映了现代私人垄断资本主义向国家垄断资本主义过渡这一总的趋向。

埃及独立运动

第一次世界大战后初期埃及人民反对英国殖民统治、争取民族独立的斗争。1918年11月13日，埃及民族资产阶级的代表柴鲁尔等要求英国殖民当局撤回保护权，给埃及以完全独立，遭到拒绝。柴鲁尔等人便组织"代表团"要去英国谈判，又遭到拒绝。1919年3月8日，殖民当局逮捕了柴鲁尔等4人并将其流放，引起埃及人民反英浪潮。斗争从3月9日开罗高校学生罢课起，发展到全国工人罢工、商人罢市、群众示威游行，直至武装起义。英国殖民当局被迫释放柴鲁尔等人，同时派重兵镇压起义。4月中旬起义失败。1921年12月英国殖民当局又逮捕了柴鲁尔，激起人民进一步反抗，城市罢工和农民武装斗争重新高涨。1922年2月28日，英国政府被迫发表声明，宣布放弃对埃及的保护，承认埃及独立，但仍保留了对埃及的一些特权以及对英埃苏丹的统治。

埃塞俄比亚抗意民族战争

埃塞俄比亚人民为维护民族独立、抗击意大利法西斯侵略者的战争。埃塞俄比亚占据重要的战略地位，意大利为掠夺新的殖民地，建立地中海霸权，策划对埃塞俄比亚的侵略，挑起边境冲突。1935年10月意大利侵入埃塞俄比亚，国联宣布意大利为侵略者，对其进行了经济和财政制裁，但未对意大利急需的石油实行禁运。战争爆发后，埃皇海尔·塞拉西一世即颁布总动员令，抵御入侵，并亲临前线指挥。埃军利用山地条件，顽强抗击意军，但因力量悬殊，埃军总体上处于劣势。4月初，北线意军击溃埃军，5月5日意军进入埃塞俄比亚首都，5月9日南北两线意军会合。同日，墨索里尼宣布吞并埃塞俄比亚。埃塞俄比亚人民坚持斗争，广泛开展游击战争打击意军，迫使意军固守在一些大城市及其周围地区。1941年年底在塞拉西一世的率领下，埃塞俄比亚人民

把入侵者全部赶出本国领土。

资本主义世界经济大危机

又称30年代大危机，是迄今为止发生在资本主义世界的持续时间最长、波及范围最广、破坏最严重、影响程度最深的世界性生产过剩危机。其产生的根本原因在于资本主义生产的社会性和资本的私人占有形式间的矛盾。此次危机以1929年10月29日美国纽约股票市场价格暴跌为开始标志。危机具有如下特点：范围之广前所未有，此次危机袭击了整个资本主义世界；破坏空前严重，整个资本主义世界工业生产下降40%，损失达2500亿美元，失业人数高达3500万～4000万；持续时间长，历时5年。大危机使资本主义各国阶级矛盾激化；帝国主义者加强殖民掠夺，民族解放运动高涨；美、英、法等国在维持资产阶级民主制度的前提下，走上了国家垄断资本主义道路；德、日等国法西斯势力上台，走上侵略扩张道路，最终导致第二次世界大战的爆发。

慕尼黑会议

1938年9月，德、意、英、法四国首脑在德国慕尼黑召开的关于捷克斯洛伐克割让苏台德地区领土给德国的会议。1938年9月29日晚在德国慕尼黑举行英、法、德、意四国首脑会议，翌日凌晨签订《慕尼黑协定》。规定将苏台德地区和与奥地利接壤的南部边境地区割让给德国；捷克斯洛伐克必须在10月1日至10日期间，从上述地区撤退完毕；上述地区一切设备不得破坏，无偿移交给德国。《协定》附件中还规定，由4个签字国保障捷克斯洛伐克的新国界。在整个会议中，捷克斯洛伐克代表被排斥在外。1938年10月6日，德国策动斯洛伐克宣布"自治"。次年3月15日，德军占领整个捷克斯洛伐克，将其纳入德国版图。《慕尼黑协定》没有保证捷克斯洛伐克新国界的安全，也没有制止住希特勒的武装侵略，反而加速了第二次世界大战的全面爆发。

苏台德事件

1938年法西斯德国侵占捷克斯洛伐克西北边疆苏台德地区的事件。1933年10月，在纳粹党指示下，成立以汉莱因为首的苏台德日耳曼人党，实际为希特勒在苏台德的"第五纵队"。1938年4月，汉莱因在希特勒的指使下提出苏台德区完全"自治"的要求，遭到捷克斯洛伐克政府拒绝。5月希特勒向德捷边界集结军队，以发动战争相要挟。5月20日，捷克斯洛伐克政府实行局部动员，准备抗击德国入侵，德、捷边境形势骤然紧张，出现了"五月危机"。英、法权衡当时形势的利弊，向德国提出警告，苏联表示坚决支持捷克斯洛伐克，希特勒不得不暂时退却。5月26日，希特勒命令汉莱因同捷克斯洛伐克政府谈判，"五月危机"暂时缓和，但同时希特勒却签发关于"绿色方案"的新指令。1938年9月，英、法出卖捷克斯洛伐克，签订了《慕尼黑协定》。10月初，德国出兵夺取苏台德区。

苏德条约

1939年苏、德在莫斯科缔结的《互不侵犯条约》。该条约在希特勒迫切需要入侵波兰时，为避免两线作战及苏联因与英、法谈判破裂退而求自保的情况下签订。正文主要有以下几点：双方保证彼此间不进行任何武力行动、任何侵略行为或任何攻击；通过和平方法解决两国间的纠纷；如果缔约一方成为第三国敌对行为的对象时，缔约另一方将不给予第三国任何支持；缔约任何一方将不加入直接或间接旨在反对另一方的任何国家集团；条约有效期为10年。第二次世界大战后，双方又公布了该条约附加秘密协定书，主要内容为划分两国在东欧的势力范围。《苏德互不侵犯条约》的签订，为苏联赢得一个短暂和平时期进行反侵略战争准备，然而它使希特勒避免两线作战的危险，为德国发动世界大战创造了有利条件，同时条约也暴露了苏联大国主义的倾向。

第二次世界大战

德、意、日法西斯国家挑起的人类历史上规模空前的世界战争。1939年9月1日德国突然袭击波兰，英法对德宣战，第二次世界大战全面爆发。1941年6月22日本撕毁《苏德互不侵犯条约》，苏、德战争爆发，大战范围进一步扩大。1941年12月7日，日本偷袭珍珠港，太平洋战争爆发，大战成为名副其实的世界大战。1942年1月1日《联合国家宣言》的签署，标志着反法西斯同盟正式建立。斯大林格勒战役的胜利，从根本上扭转了第二次世界大战的局面。美军在中途岛战役和瓜岛战役的胜利，迫使日军转入战略防御。1943年5月北非解放，从此盟军进入全面战略反攻。1943年9月意大利投降。1945年5月2日，苏军攻克柏林；5月8日，德国无条件投降；8月14日，日本宣布接受《波茨坦公告》，无条件投降；9月2日签署投降书，第二次世界大战结束。世界反法西斯同盟取得胜利。

开罗宣言

美、英、中三国1943年在埃及首都开罗签署的宣言。1943年11月22日至26日，罗斯福、丘吉尔和蒋介石在开罗举行会议，讨论联合对日作战计划和战后处置日本问题。会后，12月1日发表了此宣言。宣言指出：三大盟国将坚持长期作战，直至日本无条件投降；对日作战目的在于制止和惩罚日本的侵略，

1943年11月22～26日，中、美、英三国在埃及开罗举行会议。图中由左至右依次为蒋介石、罗斯福、丘吉尔及宋美龄。

决不为自身图利，也无拓展领土之意；三国的宗旨在于剥夺日本从1914年第一次世界大战开始以后在太平洋所夺得的或占领的一切岛屿，将日本逐出其以暴力或贪欲所攫取之所有土地，使日本窃取的中国领土，如东北、台湾、澎湖列岛等归还中国，使朝鲜自由独立。此次会议是国际反法西斯力量在远东问题上的一次积极合作，对鼓舞人心、威慑敌人和加强盟国团结，加速打败日本法西斯，起到了积极作用。

德黑兰会议

第二次世界大战中美、苏、英三国首脑罗斯福、斯大林和丘吉尔在伊朗首

都德黑兰举行的会议。1943年反法西斯形势发生根本转折，盟国已经取得战略进攻的主动权。美、英、苏三国首脑遂于1943年11月28日—12月1日在德黑兰举行会晤，商讨加速战争进程和战后世界的安排问题。会议主要包括以下内容：决定于1944年5月在法国南部开辟第二战场；就成立一个战后维护世界和平与安全的国际组织问题交换了意见；初步讨论了战后如何处置德国的问题；就波兰问题达成初步一致；苏联对日作战问题。会议签署了《苏、美、英三国德黑兰协定》和《苏、美、英三国德黑兰宣言》。该会议是反法西斯三大盟国首脑在第二次世界大战中的首次直接会晤，对加强盟国间的团结与合作，协调军事战略行动，加速反法西斯战争的胜利进程，起了重大作用。

雅尔塔会议

又称克里米亚会议，第二次世界大战末期美、英、苏三国首脑在苏联克里米亚半岛雅尔塔举行的会议。1945年年初，反法西斯战争接近最后胜利，为加强相互信赖，协调战略计划，尽快结束战争，安排战后国际事务，维护战后和平，三国首脑罗斯福、丘吉尔和斯大林于1945年2月4—11日在雅尔塔举行会议。会议主要讨论了战后处置德国问题、波兰问题、远东问题、联合国问题。此外，会议还讨论了南斯拉夫、希腊、意大利等欧洲国家的有关问题。会议签署了《雅尔塔协定》，通过了《被解放的欧洲的宣言》和《克里米亚宣言》等文件。此次会议巩固和维护了三国战时联盟，对加速反法西斯战争的胜利进程和战后和平稳定局面的形成起到重要积极作用，但会议具有明显的大国强权政治的倾向，严重损害了中国等国的主权和利益。

波茨坦会议

1945年美、英、苏三国首脑在德国波茨坦举行的一次首脑会议。1945年5月反法西斯战争接近最后胜利，战后欧洲的一系列问题如何解决，亟待最后决定。三国首脑杜鲁门、丘吉尔（后期为艾德礼）和斯大林遂于1945年7月17日~8月2日在波茨坦举行会晤。关于德国问题，三国确认了雅尔塔达成的协议；承认波兰临时统一政府，初步确定波兰西部边界为奥得－尼斯河，但泽和东普鲁士南部划归波兰；东普鲁士北部和哥尼斯堡划入苏联；苏联重申对日作战的承诺。通过了《苏、美、英三国柏林会议议定书》和《柏林会议公报》。会议还就成立外长会议，准备对意、匈、保、罗、芬的和约达成一致协议。此次会议解决了欧洲战争结束后的一系列迫切问题，巩固了欧洲反法西斯战争的胜利成果，加速了对日战争的结束，奠定了战后世界新秩序。

世界当代史

苏共第二十次代表大会

1956年2月14—25日在莫斯科举行。赫鲁晓夫代表中央委员会做了总结报告。报告分析了国内外形势，总结了苏联经济上取得的成就，提出了今后的任务。在阐述对外政策方面，提出"战争并不是注定不可避免"的著名论断，宣布和平共处原则是苏联对外政策的总路线，强调和平共处应发展成为和平竞赛。并认为各国向社会主义过渡的形式将会越来越多样化，某些资本主义国家可能通过议会的道路向社会主义过渡。大会通过了关于总结报告的决议、部分修改党章的决议、关于"六五"计划的指示和草拟新党纲的决议。大会闭幕后，24日夜，赫鲁晓夫召集大会代表听取了题为"关于个人崇拜及其后果"的"秘密报告"。这是苏共在斯大林逝世后召开的第一次代表大会，对苏联和国际共产主义运动具有重大历史意义。

赫鲁晓夫经济改革

赫鲁晓夫执政期间对苏联经济进行的改革和调整。农业改革措施有：改善计划体制；改变农产品采购制度，实行国家统一的收购制和统一的采购价格，并规定采购价格应高于农产品的生产成本；解散机器拖拉机站，使集体农庄拥有农业机器。此外，赫鲁晓夫还采取了扶植家庭副业经济，增加农业投资和大面积垦荒等发展农业的措施。在工业方面的改革措施主要是1957年对工业、建筑业的改组。撤销了25个中央部和113个加盟共和国的部；同时将全国划分为105个经济行政区，各区设国民经济委员会；原中央和加盟共和国各部管理的企业交给所在地区的国民经济委员会管理。赫鲁晓夫的农业改革尽管很不彻底，有很多失误，但还是促进了苏联农业的发展。工业改组促进了同一地区的企业协作，但也造成了经济秩序一定程度的混乱。

战后两个德国的形成

第二次世界大战后冷战期间德国分裂为两个德国的事件。1945年德国投降后，美、英、法、苏四国分区占领德国及其首都柏林。苏占区逐步向社会主义方向发展，西占区着重于重建资本主义。1947年1月，美、英合并两国占领区。1948年2—6月，美、英、法、荷、比、卢六国召开伦敦会议，提出西方三个占领区合并及协调经济政策。6月21日西占区单方面实行货币改革。苏联采取措施对美国进行反击，1947年6月在苏占区成立德国经济委员会。1948年6月22日，苏联在苏占区发行新币，从6月24日起"封锁柏林"。同年11—12月，东西柏林分别成立市政机构首先分裂。1949年5月12日，西方占领当局批准西占区德国议会委员会通过的基本法即《波恩宪法》。9月20日，联邦德国正式成立。同年10月7日，在苏占区成立德意志民主共和国。

法兰西第四共和国

1940年，法国政府向纳粹德国投降，法兰西第三共和国告终。法国光复后，1946年10月13日，法国第一届制宪会议修改的新宪法获得通过。宪法宣布法兰西为非宗教的、和海外领土组成的法兰西联邦，从而宣告第四共和国成立。第四共和国为议会制共和国，实行多党制。议会由国民议会和参议院两院组成，国民议会为国家权力中心。总统由两院联合选出，任期7年，不掌握实权。总理由总统提名，国民议会任命，政府严格对议会多数派负责。第四共和国时期，法国经济得到恢复，外交上追随美国，连年进行殖民战争；内政上政党林立，党争激烈，民族、阶级矛盾激化，内阁更迭频繁，先后共达20届。1958年9月，法国通过新宪法，为第五共和国代替。

法兰西第五共和国

根据1958年新宪法建立的资产阶级共和国。20世纪50年代中期，法兰西第四共和国陷入严重的政治经济危机。1958年6月1日，戴高乐出任政府总理；9月4日，戴高乐政府公布了宪法草案，28日经公民投票通过；10月5日正式宣告法兰西第五共和国成立。总统权力扩大，议会权力缩小，为半总统、半议会制共和国。总统为国家元首和三军统帅，掌握军事、政治和立法的大权，拥有任命总理和各级官员、主持内阁会议、签署法令、解散议会、决定公民投票、在紧急状态下行使独裁的权力，议会无权监督和罢免总统。这些变化适应了巩固垄断资产阶级统治和加强国家对经济生活的干预的需要。第五共和国时期法国政治上保持了法兰西民族独立和自主的内外政策，反对超级大国和霸权主义，经济上大力发展现代科技与民族经济，其延续至今。

布拉格之春

1968年春捷克斯洛伐克进行的一场自由化改革运动。1968年1月，杜布切克担任捷共中央第一书记后，进行"建立一种十分民主的、适合捷克斯洛伐克条件的社会主义社会新模式"试验：在政治方面，改变党的职能，改造整个政治制度，保证集会、结社、迁徙、言论和新闻自由，取消书报检查制度，使人民的一切政治团体直接参加国家权力机构；在民族政策方面，主张建立捷克和斯洛伐克两个民族的联邦制国家；在经济方面，改革工业结构和布局，允许私有企业存在，扩大企业自主权，建立工人委员会，实行民主管理，充分发挥市场作用，取消国家对外贸易垄断权；在对外政策方面，主张在进一步发展同苏联的友好关系的同时，发展同发达资本主义国家和一切国家的互利关系。这一改革运动曾被西方报刊称为"布拉格之春"。

匈牙利事件

1956年10月匈牙利发生的社会动乱。10月21日，哥穆尔卡担任波党第一书记的消息传到匈牙利后，布达佩斯民情激愤。23日，布达佩斯学生举行游行示威，向党和政府提出了16点要求：撤走苏联驻军；改变苏匈贸易上的不平等地位；政治生活民主化；让纳吉·伊姆雷重新执政等。当天晚上，电台大厦前发生了武装冲突。24日纳吉·伊姆雷出任政府总理，苏军开进布达佩斯，但未能控制局势，动乱进一步扩大。帝国主义间谍、特务分子、国内反革命分子等也乘机捣乱，一些武装暴徒捣毁党政机关，屠杀共产党员和无辜群众，国内一片混乱。11月1日，纳吉·伊姆雷宣布匈牙利退出华约组织，并向联合国求援。11月4日，以卡达尔为首的工农革命政府宣告成立，苏军再次开进布达佩斯，局势逐

1968年春，温和派领导人杜布切克（左一）推行一系列改革措施，受到人民的欢迎。

渐稳定。这次动乱给匈牙利人民的生命财产造成了巨大的损失。

波兹南事件

1956年6月发生在波兰西部工业城市波兹南的政治风波。赫鲁晓夫在苏共"二十大"的秘密报告传出后，在波兰引起巨大反响。1956年6月上旬，波兹南的斯大林机车车辆制造厂的工人提出了增加工资和降低所得税的要求，派代表团去华沙和机械工业部部长谈判，遭到拒绝。6月28日工人们前往市中心举行示威游行，并同警察发生冲突，外国敌对势力也趁机捣乱，市内发生骚乱，党政机关、警察局和监狱均遭到攻击。波兰政府出动了军队和坦克，才控制住局势。在这次事件中，有50多人死亡，200多人受伤。事件发生后，波兰统一工人党于7月召开七中全会，全会要求立即采取措施改善人民生活，实行政治民主化。后选举哥穆尔卡为中央第一书记，通过了《关于党在目前的政治和经济任务的决议》，开始了政治、经济方面的改革。

日本战后改革

第二次世界大战后初期，在美国占领当局主导之下进行的日本政治、经济、军事、教育、司法等广泛领域的民主主义改革。主要包括：第一，解散日本全部军队；审讯战犯；解散右翼法西斯团体；解除军国主义分子的公职等，以打击日本军国主义势力。第二，根据美国占领当局意旨修改宪法，使日本成为资产阶级君主立宪制国家，实现了政治体制的民主化。第三，解散财阀，促进战后日本企业管理体制的改革和企业管理的现代化。第四，实行农地改革，形成以自耕农为主体的新的土地所有制关系。此外，日本还对文化教育、劳动立法、公务员制度、警察制度、家族制度等进行改革。战后改革是自上而下的资产阶级民主改革，使日本由军国主义法西斯国家转变成一个资产阶级民主主义国家，为战后经济恢复和高速增长打下了良好基础。

朝鲜的分裂

第二次世界大战后冷战期间在美国的干涉下朝鲜分裂成两部分的事件。日本投降后，美、苏两国以北纬38°线界分别占领朝鲜南北部。1945年12月，美、英、苏三国外长会议达成协议，决定创造条件重新使朝鲜统一，但美国1946年2月却在南部成立"民主议院"。1947年冷战爆发后，美国加快分裂朝鲜的步伐。1948年5月10日，在美国的操纵下，南朝鲜举行非法的"国民议会"选举，7月12日公布《大韩民国宪法》，8月15日成立"大韩民国政府"。为了回击美帝国主义及其走狗的阴谋，在以金日成为首的朝鲜劳动党的领导下，整个朝鲜于1948年8月25日举行选举，9月8日公布宪法，组成以金日成为首的政府。9月9日，朝鲜民主主义人民共和国成立。1948年年底，苏军全部撤离北朝鲜。美国军队仍然驻扎在南朝鲜，使两个朝鲜的分裂局面长期存在。

朝鲜人民抗美救国战争

朝鲜人民反对美国侵略争取民族独立和解放的战争。战后，美国为实现其征服朝鲜、征服亚洲、称霸世界的野心，指使南朝鲜李承晚以武力侵占朝鲜北部。1950年6月25日，南北朝鲜之间

朝鲜战争使得人民流离失所

爆发战争。战争初期，朝鲜人民军坚决进行反击，并把敌人压制在洛东江一线。9月15日，美国调集兵力，在朝鲜中部仁川登陆，同时在洛东江一线增强兵力转入反攻，以合围朝鲜人民军。朝鲜人民军被迫实行战略北撤。10月初，美军侵入朝鲜北部，攻占平壤，并威胁中国的和平与安全。10月25日，中国人民志愿军为了保家卫国，援朝参战，中、朝军队并肩作战，使美国被迫于1953年7月10日在开城开始进行停战谈判，并使其于7月27日在板门店签订了《朝鲜停战协定》。这次战争是战后规模最大的局部战争之一，粉碎了美国的阴谋，保卫了亚洲和世界的和平。

越南抗法战争

1946—1954年越南人民反对法国殖民者的民族解放战争。1945年9月23日，法国企图恢复其殖民统治，在越南南部发动了殖民战争。1946年12月19日，法国殖民军进攻河内，越南人民在越南劳动党和胡志明的领导下，开展了全面的抗法救国战争。战争初期，法军处于优势，但越南军民经过一年战斗，收复了部分城镇，消灭了大批法军，挫败了法国殖民者速战速决战略。此后，战争进入相持阶段。越南军民坚持以游击战为主、运动战为辅的方针，逐步扩大解放区。1948—1949年，取得了一系列反扫荡战役胜利。从1950年起，越南军民不断发动反攻，消灭了法国殖民军大批有生力量。1954年5月7日，越南在奠边府取得了决定性的胜利，改变了整个印度支那战场的形势。1954年7月21日，法国被迫签订《日内瓦协议》。越南抗法战争取得历史性胜利。

越南抗美救国战争

越南人民反抗美国侵略者的民族解放战争。1954年《日内瓦协议》签订后，美国在越南南方取代法国并拼凑吴庭艳傀儡政权。又于1961年5月在越南南方发动"特种战争"，被越南人民在南方民族解放阵线的领导下粉碎。1964年8月，美国又制造了"北部湾事件"，把侵略战争扩展到越南北方。1965年3月，美国直接出兵越南南方，把战争升级为以美军为主的"局部战争"，最后破产。1969年美国为了摆脱侵越的困境，转而实行"用越南人打越南人"的计划，又被粉碎。1973年1月27日，美国被迫在巴黎签订了《关于在越南结束战争，恢复和平的协定》，美军及其仆从军被迫从南方撤走。但美国支持的伪政权破坏巴黎协定，蚕食南方解放区。越南军民实行自卫反击，于1975年发动春季总攻势，4月30日解放西贡，彻底摧毁伪政权，5月1日解放了整个南方。

印巴分治

1947年英属印度被分为印度联邦和巴基斯坦两个自治领而独立的事件。第二次世界大战结束后，印度民族解放运动高涨，英国难以直接统治，只得采取分而治之政策。1947年3月，新任总督蒙巴顿与印度各政党及教派领导人商谈，制定了《蒙巴顿方案》。6月3日公布该方案。方案规定：英属印度根据居民宗教信仰的不同，分为印度和巴基斯坦两个自治领，分别建立自治政府；巴基斯坦由东西两部分组成；各王公土邦在移交政权后享有独立地位，可加入任何一个自治领。7月，英国议会通过《印度独立法案》。同年8月14日和15日，巴基斯坦和印度分别成立自治领，从而结束了英国在印度190年之久的直接统治。1950年1月和1956年3月，印巴分别宣布成立共和国。印巴分治使印巴独立，也为两国以后的领土纠纷等问题埋下了祸根。

伊朗石油国有化运动

第二次世界大战后伊朗人民开展的石油国有化运动。战后，石油国有化成为伊朗人民的一致要求。1947年，伊朗政府向英国提出了修改1933年石油协定的要求，但只签订了一个对1933年石油协定的"补充协定"，仅给伊朗增加了一些租让权的税金，伊朗人民更加愤慨，石油国有化运动以更大的规模在全国展开。1951年3月15日，伊朗议会通过了石油国有化方案。4月29日，宣布石油国有化。美、英勾结起来，对伊朗施加种种压力，支持伊朗军队发动政变，并于1954年9月18日迫使伊朗政府与国际财团签订协定，使美、英石油垄断资本重新控制了伊朗石油资源。伊朗人民继续进行斗争。1973年7月13日，伊朗废除了与国际财团签订的协定。1981年9月8日，伊朗石油部宣布废除巴列维王朝与西方多国公司签订的一切合同，从而控制了本国的全部石油资源。

杜鲁门主义

1947年3月12日美国总统杜鲁门在国情咨文中提出的谋求世界霸权的对外政策纲领。其宣称共产主义"危害自由世界和美国的安全"，美国负有领导"自由世界""援助"某些国家"复兴"的使命，要求在1948年6月30日前向希腊、土耳其提供4亿美元紧急援助，并选派文职和军事人员前往，以此"抵制极权政体强加于它们的种种侵犯行动"，反对共产主义的"渗透"等。1947年7月，美国与土耳其签订《关于援助土耳其协定》；1948年10月，希腊革命被美、希反动派所扼杀；后援助对象扩大到西欧及其他地区。"马歇尔计划"和北大西洋公约组织就是其在经济、军事方面的直接产物。杜鲁门主义以反共为名，利用美援排挤英、法势力，并第一次把"遏制"苏联、称霸世界的美国基本国策公之于世，标志着美、苏战时同盟正式破裂、冷战正式爆发。

美国黑人民权运动

20世纪50年代中期—60年代中期美国黑人反对种族歧视和种族压迫，争取政治经济和社会平等权利的大规模斗争运动。1955年，阿拉巴马州蒙哥马利市黑人为反对公共汽车上的种族隔离制度而坚持一年之久的罢乘取得胜利，是黑人民权运动开始的标志。运动以非暴力主义为指导方针，采取抵制、静坐、游行、和平进军等方式。1963年运动达到高潮。4月，阿拉巴马州伯明翰市爆发黑人抗议示威斗争，迫使当局接受黑人要求。8月，在华盛顿举行该市有

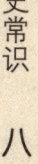

史以来规模最大的示威游行，25万黑人和白人同情者举行争取就业和自由的"自由进军"。美国国会被迫于1964年通过《公民权利法案》，1965年通过《选举权利法》，正式以立法形式结束美国黑人受到的在选举权方面的限制和各种公共设施方面的种族歧视和种族隔离制度。1964年以后，黑人运动走上武装抗暴斗争的道路。

尼克松主义

美国总统尼克松在其任内提出的调整美国对外政策战略重点的外交方针。1969年7月25日，尼克松出访途中在关岛对记者发表谈话，提出美国在亚洲的新政策"关岛主义"。

尼克松像

1970年2月8日，尼克松在向国会提交的国情咨文中，把"关岛主义"正式发展为美国新的全球战略即"尼克松主义"。其内容为：与盟国建立"平等的伙伴关系"，实际上是要西欧、日本分担防务义务，要美国扶植起来的傀儡或附庸更多地承担军事行动的任务，以使美国腾出手来，收缩战线，加强重点，在自身力量不足的情况下仍然保持霸主的"实力"，以"实力"为后盾进行"谈判"，达到限制苏联实力增长、使苏联"自我约束"的目的；改善对华关系，加强自身战略地位。这是美国的全球战略从进攻转为防守的标志，是美国力图继续称霸世界但又力量不足的表现。

里根"复兴经济计划"

美国总统里根任内制定和实施的经济改革措施。里根上台后，美国经济面临严重的滞胀局面和1981—1982年战后最严重的经济危机。1981年2月18日，里根在其国情咨文中提出了复兴经济计划，提出应从调节需求转向调节供应，即从扩大消费转为减税、鼓励投资来刺激生产，削减联邦政府开支，降低通货膨胀，计划主要集中在税制改革和社会福利改革两方面。1981～1984年分3次把个人所得税共减少23%，公司所得税最低由17%降至15%。但减税使财政赤字剧增，政府又不得不于1985年5月进行新的税制改革，大规模减税与大规模增税并举。1986年10月通过的新税法把税率降到60年以来最低水平，并且简化了税栏。计划降低了通货膨胀率和失业率，减轻了联邦政府负担，促进了美国经济增长。

古巴革命

菲德尔·卡斯特罗领导的古巴人民推翻巴蒂斯塔独裁政府，建立人民革命政权的武装革命。为反对巴蒂斯塔独裁统治，1953年7月26日，卡斯特罗率领100多名青年发动起义失败后被捕，1955年获释后流亡墨西哥，建立"七二六运动"组织，提出建立民主制的纲领。1956年12月2日，卡斯特罗等回国，建立游击根据地。1958年3月17日，古巴42个群众团体发表联合宣言，反对独裁政府血腥统治。7月，起义军同国内各派反独裁力量在委内瑞拉签订《加拉加斯协议》，组成反巴蒂斯塔的革命阵线。8月，切·格瓦拉率军挺进拉斯维利亚省，打开通向哈瓦那的道路。1959年1月1日，起义军进入哈瓦那，建立革命临时政府，卡斯特罗任武装部队总司令，同年2月任政府总理。古巴革命取得胜利，并向社会主义过渡。

埃及七月革命

1952年埃及"自由军官组织"发动的推翻法鲁克封建王朝，建立资产阶级共和国的革命。第二次世界大战后埃及人民反对英国殖民者和封建王朝反动统治、争取民族独立的斗争不断高涨。由青年军官秘密组织的"自由军官组织"在纳赛尔的领导下，积极准备推翻王室。1952年7月23日，"自由军官组织"发动起义，并控制了首都。26日，法鲁克国王被迫宣布退位，逃往意大利。起义者成立"革命指导委员会"，没收王室的土地，取消社会等级和贵族封号，清洗腐败的国家机构，颁布土地改革法，废除了1923年宪法。1953年正式宣布废除君主政体，成立埃及共和国。纳吉布任总统兼总理，纳赛尔任副总理。1954年10月19日，签订了《关于苏伊士运河基地协定》，规定英军1956年6月12日最后一批撤离埃及领土。1956年6月23日制定新宪法，纳赛尔当选总统。

南非种族隔离制度

南非白人种族主义政权推行的对黑人和其他有色人种的种族歧视和压迫的制度。南非联邦成立以来，一直推行种族歧视和种族压迫政策。1948年种族主义政党国民党执政后，以"种族隔离"为纲领，制定一系列法令，将种族压迫法律化和制度化，建立了完整的种族隔离制度。其主要法令有：1951年的《种族隔离法》，把南非居民分为白种人、有色人、非洲人等等级，分别隔离，非洲人被赶到贫瘠的"保留地"内，而占人口总数不到17%的白人却占有87%以上的肥沃土地；1952年的《通行证法》，规定非白种人必须携带60余种证件，否则即遭监禁或罚款；1959年的《班图自治法》，把非洲人按语言文化的区别分为8个部落自治单位，企图将所有黑人逐步赶到这些地区。种族主义统治遭到南非人民的强烈反抗和国际社会的广泛谴责，许多国家予以制裁。

"茅茅"运动

肯尼亚爱国武装组织"茅茅"进行的反对英国殖民者、争取民族解放的斗争。20世纪40年代末，一些爱国的吉库尤族青年开始组织秘密队伍，称为"茅茅"。"茅茅"反对英国殖民主义，主张把欧洲人驱逐出肯尼亚，把白人抢去的土地夺回来，废除种族歧视，争取民族独立，得到各族人民的支持。1952年起，"茅茅"领导农民展开了大规模的武装斗争，以森林地带为基地，开展游击战，袭击殖民军的兵营和警察所，捣毁种植园，破坏铁路，大力打击英国殖民者，并在丛林中建立军事和行政组织，成立政府和议会等。1952年10月，英国宣布肯尼亚进入紧急状态，调动军队对"茅茅"战士进行围剿和镇压，"茅茅"大批战士牺牲或被捕，剩余力量退入山林继续斗争。"茅茅"运动虽然失败了，但它给英国殖民者以沉重打击，推动了整个东非的民族解放运动。

苏南冲突

苏、南两国共产党在第二次世界

1955年，苏南关系比较正常时期，赫鲁晓夫与铁托一起检阅仪仗队。

大战期间已存在分歧。战后，苏共以领导党自居，干涉南斯拉夫内政，要求南斯拉夫照搬苏联模式，两国经济关系也不平等，南共对此加以抵制。1948年3月中旬，苏联突然撤走在南斯拉夫的全部军事顾问和文职专家，两国关系急剧恶化。3—5月，两党交换信件，互相批驳。经苏联提议，6月20—28日欧洲共产党和工人党情报局于布加勒斯特举行会议，严厉抨击南斯拉夫内外政策，宣布将其开除出情报局。1949年，苏联与东欧国家断绝与南斯拉夫的贸易关系，对南斯拉夫施加政治、经济和军事压力。苏联及东欧国家完全断绝与南斯拉夫的关系。至1955年，苏南签署《贝尔格莱德宣言》，两国关系才实现正常化。苏联的大党主义和大国主义是苏南冲突的根本原因。

美苏争霸

美、苏两个超级大国争夺世界霸权的斗争。第二次世界大战后，美、苏形成对峙的局面。从20世纪50年代后期起，美苏争霸格局逐渐形成。美国凭借其经济和军事力量，推行全球扩张政策，但随着侵越侵柬战争的失败，美国的霸权地位逐渐衰落。1969年尼克松上台后把争夺的重点转向欧洲，这标志着美国霸权的衰落和独霸地位的丧失。此时的苏联经济实力与美国的差距大为缩短，军事上从战略劣势转为战略均势，并日益显示出超越美国的趋势，形成了美苏争霸的新格局。1981年里根上台后，开始对苏联采取强硬政策，以遏制苏联全球性进攻的势头，美苏争霸出现了僵持局面。1985年苏联戈尔巴乔夫提出了全球缓和战略。欧洲是美、苏争夺的战略重点。地中海和印度洋是美、苏争夺海洋霸权的热点。为了争霸，双方都展开激烈的假裁军、真扩军，争夺军事优势。美苏争霸是世界不安定和动乱的主要根源。

万隆会议

1955年4月18—24日亚非新兴独立国家在印度尼西亚万隆召开的国际会议，也称亚非会议。会议是由缅甸、锡兰（今斯里兰卡）、印度、印度尼西亚、巴基斯坦联合发起的，参加会议的有中国等亚非29个国家。会议讨论了国际形势和有关亚非国家人民共同利害关系问题。周恩来代表中国政府提出存同求异的方针，为各国代表普遍接受，为会议的成功奠定了基础。会议一致通过了《亚非会议最后公报》，宣布一切国家的人民享有自决的权利，支持殖民地和附属国的民族独立斗争，倡导以和平相处、友好合作10项原则为国与国之间关系的准则，强调促进经济发展的迫切性，号召亚非国家发展全面的经济与文化合作。会议体现了亚非人民团结一致、保卫世界和平和增进各国人民之间的友好合作的精神，促进了亚非各国人民反帝反殖斗争的发展。

柏林危机

第二次世界大战后美、苏在德国问题上的对抗，是冷战的高潮。1948年6月21日，美英法在德境西占区实行货币改革，迈出正式分裂德国的第一步。22日，苏联决定在柏林发行新货币，美英法拒绝接受。24日，德国切断了西占区和西柏林的水陆交通和货运。德国局势异常紧张，双方实行封锁与反封锁，柏林最后分裂。经过秘密谈判，1949年5月12日双方取消一切交通封锁。5月23日在巴黎召开苏、美、英、法外长会议，柏林危机暂告结束。1955年5月《巴黎协定》生效后，柏林问题又成为美、苏争夺欧洲的焦点之一。1958年11月，赫鲁晓夫提出要把西柏林变成联合国管辖的"自由城市"，限定美、英、法在半年内撤出西柏林驻军，否则苏军单独与东德签订和约，把进入西柏林的通道交给东德管理。最后赫鲁晓夫在戴维营会谈上做出让步。1961年6月初赫鲁晓夫又提出相同的要求。8月13日苏筑起"柏林墙"，双方剑拔弩张。后又以苏联的妥协退让而宣告结束。

古巴导弹危机

亦称加勒比海危机，是美、苏就苏联在古巴设置导弹基地问题发生的尖锐冲突。1962年苏联以保卫古巴为名，秘密向古巴运送导弹，建立基地，对美国进行核讹诈。美国发现后，经过一系列内部商讨和策划，决定以讹诈对付核讹诈。10月22日，美国总统肯尼迪发表演说，要求苏联在联合国观察员监视下，迅速拆除和撤走在古巴的进攻性武器，并下令武装封锁古巴，命令世界各地美军进入戒备状态。随后，美军在古巴领海周围设置警戒线，拦截检查前往古巴的船只，集结庞大的部队准备参战。苏联因实力不足被迫退却，表示愿意在联合国的监督下撤走古巴导弹，交换条件是美国撤销封锁并保证不入侵古巴。经谈判，苏联同意分别于10月28日和11月21日从古巴撤走导弹和伊尔28式轰炸机。苏联轰炸机撤走后，美国解除封锁，危机基本平息。

苏联侵捷事件

1968年苏联武装入侵捷克斯洛伐克的事件。1968年1月，捷共中央全会后，以杜布切克为代表的改革派取得了党政大权，决定进行政治、经济体制方面的改革，与发达资本主义国家保持友好关系等，引起了苏联的恐慌。1968年8月20日深夜，苏军出兵占领布拉格机场和主要据点，绑架了杜布切克等人。同时，苏、波、匈、保和民主德国的50余万军队越过捷克斯洛伐克边境，控制各战略要地。捷共宣布不进行抵抗。8月26日，捷克斯洛伐克领导人被迫在莫斯科签署两国会谈公报，称五国出兵是为镇压帝国主义策划的反社会主义阴谋而提供的国际主义援助。10月16日，苏联又迫使捷克斯洛伐克政府签订关于苏军留驻捷克的协定，使苏军占领合法化。捷克人民多次举行集会示威，采取各种方式抗议苏军入侵。苏联出兵捷克斯洛伐克是苏联强权政治和霸权主义的典型表现。

阿富汗抗苏战争

1979年苏联军队对阿富汗的全面入侵。70年代苏联为从陆路南下印度洋，对阿富汗进行渗透和扩张。1979

年12月27日，驻阿苏军突然袭击阿富汗首都喀布尔，后苏军大举入侵，一周之内控制了主要城市和交通干线，并扶植傀儡政权。阿富汗人民奋起抵抗，各派抵抗组织于1981年6月组成抗战联盟。苏军以10余万兵力占领阿富汗，但仍难以取胜，且耗资巨大，人员装备损失严重，国内反战呼声高涨，国际进步舆论和绝大多数国家也予以严厉谴责。经过6年谈判，1988年4月14日，巴基斯坦、喀布尔政权和美、苏外长于日内瓦签订了《政治解决阿富汗问题协议》。规定苏军1988年5月15日起撤出阿富汗，9个月内全部完成，巴阿互不干涉，美苏提供国际保证，联合国实行监督。1989年2月，苏军全部撤出阿富汗。

东欧剧变

东欧社会主义国家1989年开始的社会体制和政治格局的巨大变化。这既是帝国主义和平演变战略的结果，更是由于这些国家指导方针政策的失误引起的。具体表现为：1989年10月6日，匈牙利社会主义工人党改为匈牙利社会党，宣布党的目标是"民主社会主义"，不再是实现社会主义。1990年12月瓦文萨当选波兰总统，共产党被排斥在政府之外。1989年11月17日捷克斯洛伐克发生政变，捷共失去政权。同年12月22日，罗马尼亚共产党总书记齐奥塞斯库被处死，并宣布放弃一党制，实行多党制。1989年11月10日，保加利亚共产党总书记日夫科夫被迫辞职，党的目标变为更新社会主义社会，并在政治体制上实行议会民主制。1990年12月阿尔巴尼亚劳动党被迫宣布实行多党制。1991年，阿劳动党改为阿社会党。1990年1月，南斯拉夫宣布实行多党制，南的社会主义制度逐渐瓦解，并引发各民族之间的斗争，并于1991年分裂为几个共和国。1989年10月，民主德国共产党总书记昂纳克辞职，人民大量涌入联邦德国。1990年2月，民主德国共产党改为民主社会主义党。10月，德国统一。1990年苏联政局变动，至1991年12月分裂为15个独立国家，苏联解体。

苏联解体

20世纪80年代末，苏联改革出现失误，帝国主义加紧了"和平演变"。1989年东欧社会主义国家发生政治剧变。1990年苏联的立陶宛、爱沙尼亚、拉脱维亚3个共和国先后宣布独立。1991年8月14日，苏联公布了《苏维埃主权共和国联盟条约》，条约将苏联改名为"苏维埃主权共和国联盟"。这意味着苏联国家体制将面临重大变化、对民族分离活动的让步和认可以及苏联瓦解的开始。一些试图维护苏联本来的联盟体制、避免苏联解体的苏联高级官员于8月19日发动事变，3天后失败，叶利钦及其支持者迅速掌握了国家大权。苏共被排挤出政权机构，国家政权发生了根本的质变，各加盟共和国分离势力急剧增长，纷纷宣布独立。12月21日，原苏联的11个加盟共和国在阿拉木图签署《阿拉木图宣言》，宣布苏联不复存在，并成立独立国家联合体。12月25日，苏联总统戈尔巴乔夫宣布辞职，第二天，苏联最高苏维埃通过最后一项决议，宣布苏联停止存在。

第三篇 中国名人常识

政治军事名人

商 汤

姓子，原名履，又称武汤、成汤，商部落的杰出首领，商朝的建立者，在位 13 年。商族兴起在黄河下游，夏朝末年，夏桀荒淫无道，商族势力逐步壮大。夏桀担心商族威胁到自己，便将商汤召入夏都，囚禁在夏台。商族以重金贿赂夏桀的亲信，使商汤获释归商。商汤回归后决心灭夏，他迁都于亳，以此为据点开始对夏大举进攻，并最终在鸣条（今河南封丘东）将夏桀一举击溃，建立了中国历史上第二个奴隶制王朝——商朝，定都亳。商朝建立后，商汤吸取夏桀亡国的教训，安抚民心，鼓励生产，减轻征赋，获得了人民的爱戴，并将商的势力扩展至黄河上游，成为当时世界上强大的奴隶制王朝。商汤也因此而和尧、舜、禹共同成为中国历史上明君的象征。

盘 庚

商朝著名帝王，继兄长阳甲之位，在位 28 年。盘庚即位时，商朝几经内乱，在政治上已经腐败不堪，王室内部奢侈腐化，你争我夺，阶级矛盾趋于激化，常年的天灾使国家贫困不堪，商朝的统治岌岌可危。为了挽救商王朝的衰亡，盘庚放弃了原来的都城亳，把都城迁移到当时一片荒芜的殷，以抑制腐化的社会风气，减少自然灾害对社会生产的影响。他还以强硬手段制止了贵族们搬回旧都的企图，并积极改良政治，减轻对人民的剥削，厉行节俭。经过不懈的努力，殷逐渐发展成为一个十分繁荣的都市，社会局面也终于安定下来。盘庚迁殷使商朝的经济、文化再度复兴，达到了前所未有的鼎盛，成为当时世界上的文明大国。此后 270 多年，商的都城一直在这里，商朝也被称为殷朝、殷商。

姜 尚

姜姓，吕氏，名望，字牙，一说字子牙，东海人，据说是炎帝的后代，商末周初的杰出政治家，周朝最重要的开国功臣。他学识渊博，先前曾在商纣手下做事，老年时巧遇周文王，被封为国师，此后便协助周文王实行仁政，广招人才，和悦百姓，并向外征讨了西方的犬戎、密须和黎国等，使周的势力逐渐强大，为伐纣奠定了坚实的基础。文王逝世，武王继续重用姜尚。在姜尚的辅佐下，武王举行了孟津会盟，此后又发动牧野之战，最终一举消灭了商朝。周王朝建立后，他被封到齐国，成为齐国的始祖。他治国赏罚分明，又努力发展渔业、盐业和手工业，使齐国成为诸侯中的富国。传说他一百多岁才去世，葬在镐京。他在当时就有太公之称，后人都习惯地称他为姜太公。

周武王

名发，周部落领袖姬昌之次子，周朝的建立者，在位 3 年。姬昌死后，他继续以姜子牙为相，以兄弟周公旦、召公奭为助手，励精图治，扩充实力，并于第二年在孟津（今河南孟州南）会集 800 多诸侯，一

周武王像

起举行伐商演习。公元前1057年，姬发联合各个诸侯国，发动了历史上著名的"武王伐纣"战争，在牧野大败商军，攻入朝歌，灭亡商朝，建立西周，定都镐京（今陕西西安西南），号称宗周。周朝建立后，姬发推行分封制，以公、侯、伯、子、男五等爵位分封亲属和功臣，让他们建立诸侯国，以巩固和扩大周朝的势力。西周建国后的第三年，姬发病死在镐京，死后谥号为武王。

晋文公

名重耳，春秋时期著名的政治家、晋国国君，为春秋五霸之一。重耳即位之前，因为国内的政治斗争，被迫长期逃亡，先后到过狄国、齐国、楚国、秦国。公元前637年，晋国惠公死，秦穆公派军队护送重耳归国继位，他就是晋文公。晋文公即位不久，先平定了内乱，然后大力治理国家，轻徭薄赋，发展生产，整顿吏治，奖拔贤能，晋国一天天强大起来。晋文公随后开始了一系列的对外战争和外交活动。公元前633年，晋楚两国交兵，晋文公用"退避三舍"之计以避敌之锋芒，而后于公元前632年4月与楚军在城濮决战，晋军大胜，从此奠定了晋国称霸中原的基础。城濮之战以后，晋文公举行了"践土之盟"，周襄王赐给晋文公象征霸主权威的礼器以及黄河以南的大片土地。晋文公便成为了春秋时代的又一霸主。

楚庄王

名熊侣，春秋时期楚国国君（公元前613—公元前591年），春秋五霸之一，著名的政治家、军事家。楚庄王刚即位时，国内局势十分复杂，他以静观动，3年不出号令，日夜为乐。3年后，他"一鸣惊人"，开始了自己一生的大业。他重用伍举、苏从、孙叔敖等忠直贤良之臣，虚心听取臣下的意见。击败了前来进犯的庸国，使楚国的势力向西北扩展。为了使国家强盛起来，能够雄踞中原之中，他大力选拔和任用人才。他知人善任，任用孙叔敖为令尹，虚心听取孙叔敖对治理国家的意见。楚庄王在位期间，君臣和睦，国泰民安，国家逐渐强大起来。公元前606年，楚庄王观兵于周郊，饮马黄河，派人向周天子问九鼎之轻重，表现出代周称霸的雄心。公元前598年起，楚国先后打败了陈、郑、晋、宋等国，逐渐称霸于中原。

管 仲

名夷吾，字仲，安徽颍上人，春秋初期齐国著名的政治家、哲学家。他早年曾经营商业，后辅佐齐桓公对内政和外交政策进行全面的改革，制定了一系列富国强兵的方针策略。在政治上，他推行国、野分治的叁国伍鄙之制，并在国中设立各级军事组织，规定士、农、工、商各行其业；在经济上，他实行租税改革，合理征收赋税，减轻农民负担，并运用国家力量发展盐铁事业，增加财政收入；在军事上，他发展了民间武装力量，并统一军政的领导；在外交上，他采取"尊王攘夷"的策略，获得了外交的主动权。他秉政的三年，齐国国力空前强盛，成为当之无愧的春秋五霸之首，他也因此而成为中国历史上最著名的政治改革家之一。

齐桓公

姓姜，名小白，齐襄公弟，公元前

685—公元前643年在位，春秋时期首先称霸中原的国君。由于齐襄公荒淫无道，他恐有不测，就逃到别国。襄公死后，他抢先于公子纠回国继位，是为齐桓公。此后他用管仲为相，推行政治、军事、经济改革，使齐国逐渐强大起来，成为东方的泱泱大国。此后，他首倡"尊王攘夷"的口号，北伐山戎以救燕，平定狄乱以存邢、卫，解王室之祸而定周襄王之位。公元前651年，他大会诸侯于葵丘（今河南兰考），确立了中原霸主的地位。齐桓公在位43年，纠合诸侯凡26次。齐桓公死后，齐国发生内乱，国力大大削弱。

孙 武

春秋时期的名将和伟大的军事理论家。孙武的曾祖父和祖父都是齐国名将，家庭的熏陶使孙武非常热爱军事。当时，吴王阖闾刚夺得王位，一心想扩充军备，建立霸业，急需统兵征战的大将之才。大臣伍子胥推荐了孙武。公元前506年，吴王拜孙武为将，率3万精兵攻打楚国。孙武大展雄才，五战五捷，以3万人胜20万楚军。公元前484年，孙武辅佐吴王夫差在艾陵之战中战胜齐国，从而使吴国国威大震，在两年后的黄池会盟中取代晋国成为霸主。孙武不仅战功显赫，还给后人留下一部不朽的军事名著——《孙子兵法》，这部兵法对中国军事学术的发展产生了巨大而深刻的影响，三国时著名的政治家和军事家曹操亲自为《孙子兵法》做了系统的注解。孙武也因他在军事上的杰出才能和成就而被后世尊崇为"兵圣"和"兵家之祖"。

孙 膑

本名不传，因为他受过膑刑（剜去膝盖骨），故后世称作孙膑。年轻时，由于被同学庞涓陷害，他在魏国遭受膑刑，后来为齐国大将田忌所收留。在一次田忌与齐王的赛马中，他帮助田忌以劣马赢得了比赛。公元前354年，庞涓率魏兵围攻赵国都城邯郸，赵国向齐国求救。齐国采用孙膑的建议，没有直接增援邯郸，而是乘虚进攻魏国国都大梁。魏军只好回救大梁，在回军途经桂陵时，遭到埋伏在此的齐军的攻击，这就是"围魏救赵"。公元前342年，魏军进攻韩国，韩国向齐求救。孙膑待两国交战已久、兵力衰竭之时，又一次令齐军直捣魏都大梁，在魏军回师的途中，孙膑运用"减灶"的方法诱敌深入，同时在马陵伏击魏军，魏军死伤惨重，庞涓兵败自杀。孙膑后来对自己的作战经验进行总结，写成了著名的《孙膑兵法》。

越王勾践

春秋时期越国国君，越王允常之子，又称菼执，在位32年。勾践是我国历史上杰出的政治家，他年轻时曾经被吴王夫差打败而被迫屈膝投降，并随夫差至吴国，臣事吴王。在此期间，勾践日日卧薪尝胆，忍辱负重，以期复仇。在被赦回国后，他重用范蠡、文种等人，整

越王勾践卧薪尝胆图

顿国政，发展生产，经过 10 年的养精蓄锐，使越国的国力渐渐恢复起来。公元前 482 年，勾践利用夫差北上争霸、国内空虚之机，一举攻入吴国并杀死了吴太子，迫使夫差与越议和。公元前 473 年，越军再次大破吴国，吴王自杀，吴国灭亡。在平吴之后，勾践引兵渡淮，在徐州（今山东滕县南）大会诸侯，成为当时的霸主。由于此时春秋时代已经接近尾声，勾践因此成为春秋最后一个霸主。

秦始皇

名嬴政，战国时秦庄襄王之子，秦王朝的创建者，中国历史上第一个封建皇帝。他继承秦国王位后，延续了自秦孝公以来变法革新、奖励耕战的一系列政策，并采取李斯等人的建议，远交近攻，先后灭韩、魏、楚、燕、赵、齐六国，结束了自春秋战国以来长达数百年之久的分裂割据的局面，创立了中国历史上第一个统一的封建中央集权国家。统一天下后，他创立了"皇帝"的尊号，自称"始皇帝"，废除了自商、周以来的分封制，实行郡县制，并在全国统一了法律、度量衡、货币和文字，还筑长城，修驿道，北击匈奴，南定百越。这些措施奠定了中国封建社会政治、经济、文化的基本格局。但是，为了加强统治，他实行残酷的专制主义和严刑苛法，并焚书坑儒，大兴土木，钳制文化和思想，使人民痛苦不堪。他死后不久，秦朝就爆发了大规模的农民起义，并在不久后灭亡。

汉高祖

姓刘，名邦，字季，泗水郡沛县（今江苏沛县）人，西汉开国皇帝。为汉王 4 年，在帝位 8 年。他原本是秦朝泗水亭长，大泽乡起义爆发后率众起义，称沛公，后投奔项梁，逐渐成为反秦的主力之一。公元前 207 年，他率军攻入咸阳，秦朝灭亡。此后他被项羽封为汉王，并和项羽展开了长达 4 年之久的楚汉之争，最终打败项羽，平定天下，建立了汉朝。初建都洛阳，不久迁至长安，史称西汉。刘邦在位期间，采取了诸如减轻田租、什五税一、与民休息、豁免徭役等重要措施，对安定民生、恢复残破的社会经济、稳定封建统治秩序起到了重要的作用。他还修改《秦律》，制定《汉律》九章，定算法、历法和度量衡，并剪除异姓诸侯王以加强统一的中央集权国家。公元前 195 年，他在平定英布叛乱中胸部受箭伤，后创伤复发而死，终年 53 岁。死后庙号为太祖，称高皇帝，历史上习惯称他为汉高祖。

项 羽

名籍，字羽，下相（今江苏宿迁西南）人，秦末著名将领。他幼年丧父，跟随叔父项梁长大成人，秦二世元年（公元前 209 年），助叔父项梁杀秦会稽郡守，起兵响应陈胜。项梁死后归楚怀王节制。项羽勇猛善战，率 5 万人大破秦军，取得了巨鹿之战的胜利，并逼迫秦将章邯举军投降，名震诸侯。公元前 206 年春，项羽挟灭秦之功分封诸侯，自号西楚霸王，建都彭城，并使人杀怀王。在楚汉战争中，由于他刚愎自用，优柔寡断，而且不善于谋划纳谏，逐渐失去优势和主动，最终被刘邦大败于垓下，自刎而死，时年 31 岁。

张 良

字子房，城父（今安徽亳县东南）

人，汉朝最重要的开国功臣。他的祖先是韩国人，秦灭韩后，他倾全部家财结交刺客，企图暗杀秦始皇，结果在博浪沙（今河南原阳东南）阻击秦始皇未遂。于是变更姓名，亡匿下邳（今江苏睢宁西北），曾跟随圯上老人学《太公兵法》。陈胜、吴广起义后，张良聚众响应，不久归属刘邦，此后成为刘邦的重要谋士。楚汉战争期间，他协助刘邦制定作战方略，提出了联结英布、彭越，重用韩信等策略，又主张追击项羽，歼灭楚军，这些建议对刘邦夺取楚汉战争的胜利和建立西汉王朝起了重要作用。刘邦登基后，张良被封为留侯。他力主建都关中，并劝说刘邦安抚功臣的不满情绪，为调整统治阶级内部关系、稳定封建统治秩序立下了功劳。汉惠帝六年，病卒，谥号文成侯。

韩　信

淮阴（今江苏清江西南）人，秦汉之际的名将，我国历史上著名的军事家。韩信早年家贫，常从人寄食。陈胜、吴广起义后，他投奔了项梁起义军，项梁阵亡后归属项羽，但未受到重用，后来归属刘邦。他协助刘邦制定了还定三秦以夺天下的方略，并率军开辟了北方战场，先后击破魏、赵、齐、楚，并参与指挥了垓下（今安徽灵璧南）决战，围歼楚军，迫使项羽自刎。在整个楚汉战争中，韩信发挥了卓越的军事才能，为汉王朝的创建做出了重要贡献，他的用兵之道也为后世兵家所推崇。由于韩信功高盖主，而且手握重兵，刘邦对他心存疑忌，因此在项羽败亡后，便夺取了他的兵权，徙为楚王，后来又黜为淮阴侯。汉高帝十一年（公元前216年），韩信被吕后与萧何设计诱至长乐宫，以谋反罪名杀害。

汉文帝

名恒，汉高祖刘邦第三子。汉惠帝死后，吕后立非正统的少帝。吕后死，周勃等人杀死吕产，迎立刘恒为帝。他在位23年，病死，终年46岁，死后葬于霸陵（今陕西西安东郊）。汉文帝在位期间，继续推行汉初以来轻徭薄赋、与民休息的措施，鼓励农民发展生产，减轻人民负担，并厉行节约，使当时社会经济获得显著的发展，封建统治秩序也日臻巩固，从而开创了封建社会著名的盛世——"文景之治"。他还对秦代以来的刑法作了重大改革，明令废止"收孥相坐律令"，废除黥、劓、刖等刑法，改用笞刑代替。这些改革在中国历史上有着重要的意义。

汉景帝

名启，汉文帝第三子，在位16年，病死，谥号景帝，葬于阳陵（今陕西高陵县西南15千米处）。刘启即位的时候，诸侯王势力发展迅速，使中央政权受到了严重的威胁。为了削弱诸侯王势力，巩固中央集权，他采纳御史大夫晁错的建议，实行"削藩"。这一举措触动了诸侯王的利益，公元前154年，以吴王刘濞为首的七个诸侯国打着"清君侧"的旗号发动叛乱，史称"七国之乱"。刘启先是腰斩了晁错，见七国并没有退兵，便任用周亚夫为太尉，一举平定了这次叛乱。此后，刘启将诸侯王任免官吏之权收归中央，加强了封建集权统治。与此同时，他继续推行文帝时期减轻赋税徭役、与民休息的政策，进一步促进了社会经济的稳定和发展。他统治期间，汉朝国内殷富，府库充实，国力强盛，因此与文帝时期一起被誉为"文景之治"。

李广

李广，陇西成纪人，西汉著名军事将领，其先祖李信为秦国名将。公元前166年，匈奴大举犯边，李广少年从军，抗击匈奴。他作战英勇，受到汉文帝的赏识。汉景帝即位以后，李广升为骑郎将，成为景帝身边的禁卫骑兵将军。吴楚七国之乱时，李广在平叛战争中立下显赫战功。叛乱平定后，李广被调往上谷、上郡、陇西、雁门、代郡、云中等西北边陲做太守，抗击匈奴的入侵。汉武帝时，召为中央宫卫尉。公元前126年，李广以骁骑将军的身份率兵出击匈奴，受伤被俘后借机逃脱。回国后，出任为右北平太守，匈奴对其十分畏服，称他为"飞将军"，多年未敢进犯。公元前119年，李广随大将军卫青出击匈奴，深入失道，引咎自杀。李广一生经历大小70多次战役，为阻止匈奴对西汉的侵扰立下了不朽的战功。

汉武帝

名彻，汉景帝第三子，在位54年。汉武帝是中国历史上一位具有雄才大略的皇帝，在他统治期间，中国的封建社会达到了空前的鼎盛时期。他颁行推恩令、左官律、附益法，建立察举制度，设立太学，巩固了封建中央集权。他北击匈奴，南灭南越，两次遣张骞出使西域，并开辟了自长安到欧洲罗马帝国的"丝绸之路"。还实行均输平准，算缗、告缗等政策，使得社会经济迅速发展。文化上，他实行"罢黜百家，独尊儒术"的政策，从此确立了儒家思想的统治地位。刘彻的这一系列措施，使西汉帝国发展到了鼎盛时期，但他后期变得好大喜功起来，不但举行数次劳民伤财的封禅仪式，还沉迷于

汉武帝像

长生不老术。后元二年（公元前87年）二月，刘彻外出巡游，到达扶风（今陕西兴平）时，得病。不久，刘彻病死于巡视途中，庙号为世宗，谥号为武帝，葬于茂陵（今陕西兴平东北8.5千米处）。

卫青

字仲卿，本姓郑，河东平阳（今山西临汾西南）人，汉朝著名军事家。少时为平阳公主家骑从，因其同母异父姊卫子夫得幸武帝，始以卫为姓，入宫当差。不久被武帝升为建章监、侍中，迁大中大夫。元光六年（公元前129年）春，以车骑将军率万骑出上谷郡（治沮阳，今河北怀来东南）击匈奴，进至龙城（今内蒙古东、西乌珠穆沁旗境），斩获700人，受爵关内侯。此后他6次出击匈奴，解除了匈奴对汉的威胁，为汉朝边疆的稳定立下了汗马功劳。卫青为将号令严明，与士卒同甘苦；用兵敢于深入，奇正兼擅；作战常奋勇争先，将士皆愿为其效力；处世谨慎，奉法守职，是不可多得的军事人才。

汉光武帝

名秀，字文叔，南阳蔡阳（今湖北

枣阳西南）人，汉高祖刘邦九世孙，东汉王朝的开国皇帝，在位22年。王莽末年，先后爆发了赤眉、绿林起义。22年，刘秀在舂陵（今湖北枣阳南）起事，组织了"舂陵军"，并在促使新莽政权覆灭的昆阳之战中立下了大功。此后刘秀的势力逐渐壮大，并最终与农民军彻底决裂。25年，刘秀在鄗县（今河北柏乡北）称帝，不久定都洛阳，史称东汉。他用了十几年时间，先后削平群雄，完成了统一事业。在位期间，他致力于整顿吏治，淘汰冗员，加强专制主义中央集权，并采取减轻赋税、释放奴婢等措施来安定民生，恢复残破的社会经济。在他统治期间，社会生产得到了发展，国力得到恢复，史称"光武中兴"。

曹 操

名操，字孟德，小名阿瞒，三国时期沛国谯县（今安徽亳县）人，魏国的实际奠定者。曹操是我国历史上著名的政治家、军事家和文学家，世有"奸雄"之称。他年轻时镇压黄巾起义有功，升为济南相，后来将汉献帝劫持到许昌，"挟天子以令诸侯"，并颁布"屯田令"，大力发展生产，不断壮大势力，先后灭掉吕布、袁术、袁绍等诸侯，统一了北方。但208年于赤壁败于孙刘联军，三国鼎立的局面形成。216年，曹操受封为魏王，4年后病逝，葬处不明。死后，其子曹丕称帝，追尊他为魏武帝。曹操还是文学史上著名的文学家，与儿子曹丕、曹植并称"三曹"，诗歌苍凉雄健，为建安风骨的代表。

刘 备

字玄德，涿县（今河北涿州）人，三国时蜀国的开国皇帝，在位3年。他是汉中山靖王刘胜的后代，幼年家贫，与母亲织草席、贩草鞋度日，后与关羽、张飞桃园结义，参与镇压了黄巾起义，逐渐步入政坛，但一直颠沛流离，无处容身。后来在诸葛亮的谋划下，与孙权合力在赤壁之战中击败曹操，并乘机进占荆州，夺取益州和汉中，自立为汉中王。曹丕称帝后，刘备于221年称帝，国号"汉"，定都成都，史称蜀汉或蜀。219年，刘备为替关羽报仇而亲自率领大军进攻东吴，结果在夷陵（今湖北宜昌境内）之战中全军覆没。刘备逃到白帝城（今四川奉节东）后，悔恨交加而病倒，最终死于白帝城。死后谥号为昭烈帝，史家又称为刘先主，葬于惠陵（今四川成都南郊）。

四川成都刘备墓

诸葛亮

字孔明，琅邪郡阳都（今山东沂南县）人，三国时期杰出的政治家、军事家。他年轻时隐居于南阳隆中，被人们称为"卧龙"。刘备三顾茅庐，诸葛亮在著名的"隆中对"中，为以后的蜀汉制定了总的战略。此后他协助刘备、孙权取得了赤壁之战的胜利，然后佐定益州，使蜀与魏、吴鼎足而立。刘备称帝后，诸葛亮出任丞相，总理国家大事。后主刘禅即位，诸葛亮受封武乡侯，又兼任益州牧，掌管蜀汉的军、政、财各方面事务。他七擒孟获，安定了后方，并先后6次北伐，意图驱逐曹魏，恢复中原，但都因力量相差悬殊而未能成功，最终在六出祁山时病卒于五丈原，谥忠武侯。诸葛亮生前用兵如神，善于治军，留下了空城计、火烧藤甲兵等战例。他恪尽职守、忠心耿耿，被后代封建统治者推为"鞠躬尽瘁，死而后已"的忠君典型。

孙　权

字仲谋，三国时吴国的开国皇帝，在位31年。孙权继承父亲孙坚、兄长孙策在江东创下的基业，在张昭、周瑜等人的扶持下搜罗人才，励精图治，成为江东的实际统治者。208年，孙权与刘备合作，在赤壁之战中大败曹操。不久，又联曹反蜀，派吕蒙袭杀蜀汉大将关羽，夺取荆州，并在此后的夷陵之战中大败刘备。222年，孙权在武昌（今湖北鄂城）称帝，国号"吴"，史称东吴，不久迁都建业（今江苏南京）。孙权在位期间，曾在吴国设置农官，实行屯田，并加强对山越地区的管理，促进了江南地区的开发，还派人进行大规模的航海活动，加强与夷洲等地的联系。252年，孙权因病不治而死，死后被追尊为大帝，葬于蒋陵（今江苏江宁钟山南面4千米处）。

晋武帝

名炎，字世安，河内温县（今河南温县西南）人，西晋开国皇帝，在位26年。其祖父司马懿、伯父司马师、父亲司马昭是曹魏重臣，相继专断曹魏政权。265年，司马炎废黜魏元帝曹奂，自立为帝，改国号为晋，建都洛阳，史称西晋。280年，他消灭东吴，结束了三国分立的时代，统一了全国。此后他收兵入库，劝课农桑，使动荡已久的社会得到了短暂的安定与复苏，被后世称为"太康繁荣"。但他同时又奢侈淫乐，横征暴敛，甚至公开卖官鬻爵，使得政治渐趋黑暗腐朽，在表面的繁荣之后隐藏着各种危机。290年4月，他病死于洛阳宫中的含章殿，葬于峻阳陵（今河南洛阳附近）。

隋文帝

名坚，弘农华阴（今陕西华阴）人，隋朝开国皇帝，在位24年。他本是北周隋王，581年，他废黜9岁的北周静帝宇文阐，代周称帝，改国号为隋，定都大兴，后改为长安。杨坚称帝后，先后灭梁、陈，统一中国，结束了西晋末年以来近300年的分裂局面，并奠定了这以后中国几百年的统一局面。隋文帝是历代帝王中一位有作为的政治家。他在位期间轻徭薄赋，继续推行均田制，使隋初的社会经济呈现繁荣景象。他废除了魏晋以来的九品中正制，在中央建立三省六部制，开创科举制，以考试取士。这一系列措施，加强了中央集权，使隋王朝得以巩固、强盛。604年，他被次子杨广谋杀，终年64岁，葬于泰陵（今陕西城县西南10千米）。

唐太宗

名世民，唐高祖李渊次子，在位23年。他曾经策动李渊起兵反隋，唐朝建立后，他领兵南征北战，先后消灭

了刘武周、王世充等割据势力，逐步统一了全国，是唐朝的实际开创者。626年8月，他发动玄武门之变，杀死了太子李建成，并逼迫高祖让位，由他继位称帝，是为唐太宗，第二年改年号为"贞观"。他继位后居安思危，任用贤良，虚怀纳谏，实行轻徭薄赋、疏缓刑罚的政策，并且进行了一系列政治、军事改革，把当时民不聊生、边患无穷的中国，建设成一个经济繁荣、国力强盛、政治清明、社会安定的国家，使中国成为当时世界上最富强昌盛的封建国家，史称"贞观之治"。他也成为历代帝王中杰出的政治家之一，是后世帝王的楷模。649年，李世民患痢疾而死，终年51岁，葬于昭陵（今陕西礼泉东北25千米的九宗山）。

房玄龄

名乔，字玄龄，齐州临淄（今山东淄博东北）人，唐代初年名相。他年轻时博览经史，18岁时中进士，官拜羽骑尉。李渊起兵反隋后，他投奔了李世民，协助李世民经营四方，削平群雄，并参与策划了玄武门之变，为贞观之治的到来立下了功勋，李世民称赞他有"筹谋帷幄，定社稷之功"。李世民继位后，房玄龄被任命为中书令，总领百司，掌管政务达20年，主持制定了唐初的律令、格敕和各种典章制度，并调整政府机构，精简中央官员，为政府选拔了大量优秀人才。他任职期间善于用人，恪守职责，不自居功，后世把他和杜如晦作为良相的典范，合称"房谋杜断"。唐太宗征高句丽时，他留守京师，贞观二十二年（648年）病逝。

魏　徵

字玄成，馆陶（今属河北）人，唐代著名的政治家，我国古代以刚直不阿、勇于犯颜进谏而闻名的大臣。他从小父母双亡，曾出家当过道士，隋末农民起义爆发后被李密任为元帅府文学参军，并随李密降唐，后被太子李建成引用为东宫僚属。玄武门之变以后，由于被李世民器重而任命为谏议大夫，后任秘书监、侍中，封郑国公。魏徵为人耿直，敢于抗颜直谏，据理力争，从不委曲求全。他在任期间前后陈谏二百余事，多次规劝太宗以隋亡为鉴，居安思危，薄赋敛，轻租税，与民生息，为贞观之治作出了重要贡献。他还奉命主持编写了《隋书》《周书》《梁书》《陈书》《齐书》（时称"五代史"）等。他的思想和行为已经成了封建政治家的典范，为历代所赞赏和遵循。

武则天

又名武曌，并州文水（今山西文水）人，中国历史上唯一的女皇帝，在位16年。她本是唐工部尚书武士彟之女，14岁时被选入宫，为太宗才人，太宗死后通过各种手段成为高宗皇后，逐步掌握了国家权力，并于690年9月废黜睿宗，登基称帝，改国号为"周"，自尊号为"圣神皇帝"。在称帝后，她采取重用人才、奖励农耕、管束亲近者等有力措施，并一举收复了被吐蕃侵占达22年之久的安西四镇，在庭州（今新疆吉木萨尔）设置北庭都护府，与安西都护府分辖天山南北等地。她的这些措施有效地维持了社会的安定，使得社会经济在贞观之治的基础上继续发展，为后来的开元盛世奠定了坚实而雄厚的基础。她执政中国实际长达半个世纪，后病死，终年82岁，葬于乾陵（高宗陵附近）。

唐玄宗

名隆基，武则天之孙，唐睿宗李旦第三子，在位44年。武则天死后，韦皇后毒杀了唐中宗李显，准备自己登基称帝。李隆基发动羽林军攻入宫中，杀死韦皇后，然后拥睿宗李旦复位。712年，睿宗禅位给李隆基。他初登帝位时励精图治，任用贤才，鼓励生产，改革弊政，使得唐王朝政治安定，国力强盛，百姓富庶，经济文化发展到了封建社会空前绝后的顶峰，史称"开元盛世"，但他晚年变得骄傲怠惰，宠溺杨贵妃，重用杨国忠、李林甫和宦官高力士等奸臣，使得政治一片混乱，天宝十四年（755年）爆发了安史之乱，成为唐朝由盛转衰的转折点。安史之乱平息后不久，唐玄宗禅位于肃宗，后抑郁而死，终年78岁，葬于泰陵（今陕西蒲城县东北15千米的金粟山）。

郭子仪

华州郑县（今陕西华县）人，唐代著名的军事家、政治家。初以武举补左卫长史，唐天宝八载（749年）任横塞军使，后以天德军使兼九原太守、朔方节度右兵马使。安史之乱时被任命为朔方节度使，在河北打败史思明。后联合回纥收复洛阳、长安两京，平定天下，对挽救唐朝的危亡起到了至关重要的作用。唐代宗时，叛将仆固怀恩勾结吐蕃、回纥进犯关中地区，郭子仪正确地采取了结盟回纥、打击吐蕃的策略，保卫了国家的安宁。郭子仪戎马一生，屡建奇功，84岁高龄时才告别沙场，天下因有他而获得20多年的安宁。尽管郭子仪一生功劳显赫，但他忠勇爱国，宽厚待人，从不居功自傲，因此在朝中有极高的威望，是我国封建社会忠臣良将的典范。

辽太祖

名耶律阿保机，小名啜里只，汉名亿，契丹族迭刺部人。他是我国杰出的少数民族政治家，原本出身于耶律氏的贵族家庭，因战功而被选举为契丹可汗，后经过征战统一契丹八部称帝。在位期间，他任用汉人韩延徽等，大胆地改革契丹习俗，发展农业生产，开展商业贸易，制作契丹文字，推进了契丹政权的封建化过程，使之成为当时我国北方的一个强大政权。926年七月，他率军回国途经扶余城（今吉林四平）时病死，终年55岁，死后谥号为太祖，葬于祖陵（今内蒙古巴林左旗西南）。

宋太祖

名匡胤，涿州（今河北涿州）人，宋朝的开国皇帝，在位17年。他原本是后周的殿前都点检，掌握着后周兵权。960年，他发动"陈桥兵变"，废去周世宗之子柴宗训，自己称帝，建国号为宋，定都汴京（今河南开封），史称北宋。即位后，他先后攻灭了各个地方割据政权，统一了大半个中国，同时又加强了对北方契丹的防御。他采取"杯酒释兵权"的措施加强中央集权，同时又将地方上的行政权、财政权收归中央，使得中国历史上多次出现的地方割据局面基本结束。他还重视农业生产，注意兴修水利，减轻徭役，促进

了社会经济的发展。然而，他重文轻武，过于强调"安内守外"，最终导致了北宋后来积贫积弱的局面。976年病死，庙号太祖，葬于永昌陵。

司马光

字君实，陕州涑水（今山西夏县）人，世称涑水先生，宋代杰出的政治家、历史学家。幼时就聪颖过人，有"司马光砸缸"的故事流传。他历仕宋朝四朝，仁宗宝元二年（1039年）进士，庆历八年（1048年），官大理寺丞，召试，授馆阁校勘，累除知制诰，改天章阁待制，知谏院。英宗朝，任龙图阁直学士，改右谏议大夫。神宗时，擢翰林学士，判西京留司御史台，拜资政殿学士。因竭力反对王安石变法，熙宁四年（1071年）离朝退居洛阳，致力于编撰《资治通鉴》。哲宗即位次年，任尚书左仆射、门下侍郎，废除新法。同年卒，封温国公，谥文正。

王安石

字介甫，号半山，江西临川（今江西抚州）人，宋代著名的改革家、思想家和文学家。庆历二年（1042年）进士及第，曾任地方官多年。为改变宋代长久以来积弱积贫的局面，王安石力主变法改革，获得了宋神宗的赏识，于1069年出任参知政事，次年拜相，在神宗的支持下开始大力推行包括青苗法、保甲法、募役法、农田水利法、均输法等在内的"熙宁新政"，从农业到手工业、商业，从军事到科举、教育，从乡村到城市，展开了广泛的社会改革。这是北宋历史上最为重要的一次政治改革实践。由于变法触犯了大地主、大官僚的利益，王安石被两次免职，晚年闲居江宁府。宋神宗去世后，新法被旧党全部废除，王安石不久便抱憾病逝。王安石也是北宋著名的文学家，他的诗歌、散文都卓有成就，是"唐宋八大家"之一。

金太祖

名完颜阿骨打，按出虎水（今黑龙江哈尔滨东南阿什河）女真完颜部人，金国建立者，在位9年，病死，终年56岁，葬于睿陵（今北京房山西面三峰山下）。1113年，完颜阿骨打担任女真各部的都勃极烈（即部落联盟长），此后他先以武力逐步统一了女真各部，后又领导女真族发动了反抗辽国奴役的战争，并不断地取得胜利。1115年，阿骨打称帝，国号金，定都会宁。此后，他不断攻占辽的领地，并于1123年与北宋联合攻破辽国，辽天祚帝西逃夹山（今内蒙古萨拉齐西北）。阿骨打在位期间，定制度，立刑法，造文字，加强皇权，为金的立国奠定了基础。死后庙号为太祖，谥号为武元皇。

成吉思汗

名铁木真，姓孛儿只斤，乞颜氏，蒙古开国君主，我国历史上著名的军事家、政治家。他出生于蒙古部贵族家庭，年少时父亲被仇人毒死，部属离散，他投奔克烈部首领王罕，收集亡父部下，经过多年的努力，连续击败蒙古纷争部落，终于统一蒙古。1206年，铁木真在斡难河畔举行大聚会，建大蒙古国，铁木真被推戴为蒙古大汗，号成吉思汗。在成吉思汗的率领下，蒙古国先后攻金、灭夏，统一了中国北方，并不断西征，

先后建立了钦察、察合台、窝阔台、伊儿四个属国（汗国），打通了亚洲和欧洲的陆路交通线，促进了东西方文化和经济的交流，为元朝的建立奠定了基础。他军事才能卓越，用兵注重详探敌情、分割包围、远程奇袭、佯退诱敌、运动中歼敌等战法，史称"深沉有大略，用兵如神"。另一方面，他的作战也带有野蛮残酷的特点，大规模屠杀居民，毁灭城镇田舍，破坏性很大。元代建立后，被追加庙号太祖。

成吉思汗像

元世祖

名忽必烈，成吉思汗之孙，拖雷第四子。初从蒙哥进攻南宋，1259年蒙哥死于四川合州（今四川合川区），次年他在开平（在今内蒙古正蓝旗）即大汗位。与此同时，其弟阿里不哥在和林即位，双方内讧长达5年多。1264年他取得胜利，将都城由和林迁至燕京（今北京），称为大都，1271年改国号为元。1279年，统一全国。此后，又向邻国发动战争，均遭失败。他在位期间，确立中央集权政治，建立包括行省在内的行政、军事、赋税等制度，加强中央政府对边疆地区的管理，巩固并发展了统一的多民族国家。他重视农业，设置司农司专掌农田水利，大规模推行屯田；统一货币，疏浚运河，设置驿站，对元初社会经济的恢复和发展起了一定的积极作用，但他将人民分为蒙古人、色目人、汉人、南人四等，实行民族歧视和民族压迫政策，致使各族起义斗争始终不绝。

文天祥

字宋瑞，一字履善，号文山，南宋庐陵（今江西吉安）人，南宋著名政治家、文学家，伟大的爱国将领。1275年，元军进逼南宋，文天祥在江西赣州组织义军，开赴临安（今浙江杭州）帮助朝廷抗敌。第二年担任右丞相，奉命去元营谈判时被扣留。后来脱险，冒着九死一生到达福州，继续抗元，兵败被俘后被送往燕京（今北京），囚禁了3年。元朝统治者千方百计利诱威胁，要他投降，但他坚贞不屈，从容就义。他死后留下了大量诗文，其中如《过零丁洋》《正气歌》，都已成为光照日月、气壮山河的绝唱，诗中的高尚品格成为千百年来中国人的楷模。

明太祖

姓朱，名元璋，字国瑞，濠州钟离（今安徽凤阳）人，明朝的开国皇帝，在位31年。他出生于贫农之家，年轻时为了糊口而出家为僧。红巾起义爆发后，他参加了濠州郭子兴领导的红巾军，逐渐取得领导权，并击败了陈友谅、张士诚等起义军势力。1368年正月，朱元璋在应天（今江苏南京）称帝，国号大明，建元洪武，定都应天。同年八月，明军攻克元大都，元朝灭亡。朱元璋创建明朝后勤奋治国，采取与民安息的政策，减免赋税，奖励农耕，整肃吏治，巩固边防，对生产力的恢复、社会的稳定和国家的统一都起了积极作用。但他大兴冤狱，诛杀功臣，对官民实行残暴的专制统治，使权臣和宦官更容易控制政权，

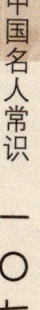

为明末的宦官专权埋下了隐患。1398年，朱元璋病死于南京西宫，谥为高皇帝，庙号太祖，葬于应天孝陵（今江苏南京城外钟山南面独龙阜玩珠峰下）。

明成祖

姓朱，名棣，明太祖朱元璋第四子，在位22年。明太祖朱元璋去世后，皇太孙朱允炆即位，年号建文。朱棣从北京起兵发动政变，于1402年占领南京，后在南京即位，年号永乐。朱棣是历史上争议颇大的一位帝王，他在位期间营建北京城，重修万里长城，解除了北方少数民族对中央政府的威胁；他设置奴儿干都指挥司，管辖黑龙江、乌苏里江、乌弟河、库页岛等地，使上述地区归属于明中央政府；他还派郑和下西洋，扫除了禁海闭关的痼疾。在他的统治下出现了明初的"永乐盛世"，但他以血腥的屠杀清除建文帝余党，设置东厂加强特务统治，还重用宦官开始干预明朝政事，埋下了明朝宦官专政的祸根。1424年，朱棣病逝于北征返程途中，葬于长陵，庙号太宗。1538年，嘉靖帝将他的庙号改为成祖。

努尔哈赤

名爱新觉罗·努尔哈赤，明晚期建州女真人，后金国（清）的创立者，在位11年。他原本是明朝的龙虎将军，1583年，他起兵自立为王，与明合作，经过30多年努力，统一了原本四分五裂的女真各邦，于1616年在赫图阿拉城（今辽宁新宾）称帝，国号大金，年号天命，史称后金。建国后，努尔哈赤坚持整顿内部，发展生产，扩大兵力，并不断向明朝发起进攻。1626年，努尔哈赤在攻打宁远堡（今辽宁兴城）时为火炮击伤，后不治而死，葬于沈阳福陵（今辽宁沈阳东北15千米处的东陵），清朝建立后被追尊为清太祖高皇帝。他生前建立了对满族影响深远的八旗制度，并借鉴汉文制定了满文，这些措施对发展民族文化，加速社会封建化，起到了重要作用。

李自成

字鸿基，陕西米脂人，明末农民起义军领袖。他童年时为地主牧羊，20岁充银川驿卒，崇祯三年（1630年）于米脂号召饥民起义，先投农民起义军领袖高迎祥，高迎祥战死后被推举为起义军首领，号称"闯王"。他提出了"均田免粮""五年不征""平买平卖"等口号，同时实行"劫富济贫"的政策，并打开官府的粮食、金库，开仓放赈，救济饥民，使得农民军受到了人民的拥护。农民军迅速壮大，不久打到西安，1644年正月，李自成在西安正式建立农民政权，称大顺王，年号永昌。他采纳谋士顾君恩的建议，先取关中，以关中为基地，进而攻取山西，经山西攻打北京，并于同年攻克北京，推翻朱明王朝。后来清兵入关，李自成战败，退至湖北通山九宫山，被当地地主武装杀害。

郑成功

名森，字明俨，号大木，福建南安人，明末清初的著名将领。他年轻时曾经在南京国子监太学拜名儒钱谦益为师，南明弘光政权覆灭后回到福建，在厦门建立了抗清根据地，并利用控制台湾海峡制海权的优势，发展海上贸易，以商养战，建立起一支强

大的军事力量。1661年，他发动收复台湾的战争，并于次年迫使荷兰殖民者投降，使得荷兰殖民者对台湾长达38年的统治宣告结束，台湾重新回到中国的怀抱。郑成功收复台湾的壮举，为中华民族的统一建立了不朽的丰功伟绩。郑成功在台期间，加强政治经济建设，置府县，务屯垦，废苛税，兴学校，改善军民关系，安抚台湾土著，颁布各种法令和条例，为台湾社会经济的发展打下了基础。在收复台湾不久，郑成功便因病去世，年仅39岁。

康熙

名爱新觉罗·玄烨，顺治皇帝第三子，清入关后第二个皇帝，在位61年。康熙是中国历史上在位时间最长的皇帝，也是一位雄才大略的政治家。他8岁继位，16岁时成功剪除了专权大臣鳌拜及其党羽，随后平定三藩之乱，收复台湾，驱逐了入侵后盘踞雅克萨的沙俄军队，还平定了新疆、西藏反动贵族的叛乱。这些举措巩固了中央政府的统治，奠定了中国今日的疆域，加强了多民族国家的统一，使中国成为当时世界上一个繁盛、统一的封建强国。康熙在位期间，清代社会政治安定，经济繁荣，为历史上著名的"康乾盛世"打下了坚实基础。他死后葬于景陵（今河北遵化西北），庙号为圣祖仁皇帝，史称康熙皇帝。

雍正

名爱新觉罗·胤禛，康熙皇帝第四子，康熙病死后继位，在位13年。雍正是历史上毁誉参半的一位皇帝。他继位后残酷屠戮曾参与皇位争夺的兄弟，并大兴文字狱，严厉镇压具有反清思想的知识分子，以特务机构强化君主专制，这些都使得他以严酷、残忍而闻名。但他平定青海和硕特部贵族的叛乱，反击准噶尔部贵族的骚扰，在西南少数民族地区实行改土归流，与沙俄签订《中俄布连斯奇界约》《中俄恰克图界约》等条约，对中国的领土完整和国家统一做出了卓越的贡献。他在位期间励精图治，有步骤地进行多项重大改革，取得了重要的成果，为乾隆时期的盛世奠定了坚实的基础。他死后葬于河北泰陵（今河北易县西），庙号为世宗宪皇帝，史称雍正皇帝。

乾隆

名爱新觉罗·弘历，雍正皇帝第四子，雍正病死后继位，在位60年。乾隆在位期间务实足国，减免赋税，重视农桑，使得社会生产持续发展，"康乾盛世"在他统治期间达到

乾隆戎装像

了顶峰。同时，他继续推行康熙、雍正以来的内政、外交策略，对内平定了准噶尔部叛乱，消灭了天山南路大小和卓的势力，对外严厉拒绝英国特使马嘎尔尼提出的侵略性要求。这些措施对于中国多民族并存的局面和领土的完整做出了重要贡献。但他统治后期任用中国历史上最大的贪官和珅20年，致使政治腐败，民怨沸腾，农民起义频繁爆发，原本强盛的清王朝也由此转向了衰败。1795年，乾隆将皇位禅让给皇太子，

四年后病死，葬于河北裕陵（今河北遵化西北），庙号高宗纯皇帝。

林则徐

字元抚，又字少穆，福建侯官（今福建福州）人，清末伟大的爱国主义者。他是嘉庆年间的进士，早年担任过清政府道台、巡抚等职，为官清廉而正直，颇有政绩。1837年年初，他出任湖广总督，此后坚持在海关查禁鸦片，鸦片战争爆发后他曾上书道光皇帝禁烟，并受命为钦差大臣赴粤禁烟，于1839年6月3日主持了著名的"虎门销烟"。此外，联合水师提督关天培筹划海防，多次挫败英军的武装挑衅。他还设立译馆，将大量外国书报、律例、军事著作等介绍到中国，并编成《四洲志》，成为近代中国向西方学习的先驱。晚年因遭诬害而被流放新疆，后病死于广东普宁县。

洪秀全

原名仁坤，广东花县人，清末伟大的农民起义领袖，太平天国创建者及思想指导者。他于1843年创立拜上帝会，深入广西，以宗教发动农民群众。于1851年举行金田起义，编组太平军，颁布《太平军目》，又以《十款天条》严明军纪。此后，太平军围长沙，克武汉，下九江，于1853年3月占领南京，定为都城，改称天京。此后，因领导层发生内讧，导致太平军实力大大削弱，形势急转直下，南京被困。洪秀全忧虑成疾，于1863年病逝。他死后不久，清军便攻破南京，轰轰烈烈的太平天国运动宣告失败。太平天国运动是一场前所未有的农民运动。洪秀全于1853年颁布的《天朝田亩制度》，提出了改变土地制度和其他改革社会的措施，其纲领内容的完备性和深刻性，使太平天国革命达到了中国历代农民革命所能达到的最高境界。

康有为

原名祖诒，字广厦，号长素，广东南海人，近代政治家、思想家、文学家。康有为是19世纪后期中国政治学术界一位突出的思想家和活动家。他先后7次上书清廷，请求变法图强，其中以中日甲午战争失败后的"公车上书"最为有名。他与梁启超等人一起创办《万国公报》，建立强学会，发行《强学报》，为维新变法制造舆论。1898年与梁启超等人发动戊戌变法运动，变法失败后，逃亡国外。其后思想日趋保守，反对孙中山领导的民主革命。他的文学成就主要是诗歌创作。

孙中山

名文，字德明，号逸仙，广东香山（今中山市）人，近代资产阶级革命领袖。1894年孙中山在檀香山发起成立第一个中国资产阶级革命团体——兴中会，1905年在日本东京发起成立中国同盟会，任总理，并提出了"三民主义"革命指导思想。1911年辛亥革命推翻了清王朝，孙中山于1912年元旦在南京就任中华民国临时大总统，同年2月南北议和达成协议，他辞去临时大总统职务。1913年7月他发动反袁世凯的"二次革命"，失败后流亡日本，组织中华革命党。1919年孙中山将中华革命党改组为中国国民党，1923年11月发表《中国国民党改组宣言》，确定"联俄、联共、扶助农工"三大政策，实现了第一次国共合作。后筹建黄埔军校，准备北伐。1924年年底，孙中山为了谋求中国的南北统一，抱病北上，不幸于1925年3月12日病逝于北京，终年59岁。

陈独秀

原名乾生，字仲甫，号实庵，安徽怀宁人。1915年陈独秀创办并主编《青年》(后改名为《新青年》)，提倡民主与科学。1917年2月在《新青年》上发表《文学革命论》，提出文学革命的"三大主义"。1918年冬和李大钊创办《每周评论》，倡导新文化，是"五四"新文化运动的主要领导人之一。"五四"运动后，陈独秀接受马克思主义。1920年8月，他与李大钊等人在上海建立第一个共产主义小组，并发起创建中国共产党，1921年7月在上海召开的中国共产党第一次全国代表大会上当选为中央局书记，先后参加领导了五卅运动、上海工人三次武装起义。大革命后期陈独秀犯了右倾投降主义错误，1927年在党的"八七会议"上辞去总书记职务，1929年11月被中共中央政治局开除党籍。

李大钊

字守常，河北乐亭人，中国共产主义运动的先驱和最早的马克思主义者，中国共产党的创始人之一，党的北方组织负责人。李大钊在日本留学期间开始接触社会主义思想。回国后，他积极参与领导"五四"运动。1918年发表《布尔什维主义的胜利》等文章，号召全国人民走俄国十月革命的道路。1919年发表《我的马克思主义观》，向中国人民介绍了马列主义。1920年春，李大钊和陈独秀开始发起北京中国共产党早期组织，同年10月，建立了北京共产主义小组。中国共产党成立后，李大钊曾先后领导发动了开滦大罢工、京汉铁路大罢工等。1924年1月，李大钊出席国民党第一次全国代表大会，帮助孙中山确定了"联俄、联共、扶助农工"三大政策，为改组国民党、实现国共合作起到了重要作用。1927年4月6日李大钊被奉系军阀张作霖逮捕，28日在北京英勇就义。

科技经济名人

鲁 班

姓公输，名般，又名盘，因为般和班读音相同，所以又名鲁班，春秋末期鲁国的著名工匠、发明家。鲁班出身于一个工匠世家，从年轻时起就跟随家人参加土建劳动，积累了丰富的土木工程的经验。在长期的实践中，他留下了许多种发明创造。在兵器方面，他发明了攻城的"云梯"和水战用的"钩拒"，在建筑方面发明了立体石质九州地图，在机械器具方面发明了机动的木马车、只有用钥匙才能打开的锁等。他最为人们称道的是在木工方面的成就，他发明的曲尺、墨斗、刨子、锯子、凿子、铲子等木工工具，将当时的工匠从原始繁重的劳动中解放出来，大大地提高了工作效率，同时也将木匠工艺提升到了一个很高的水平。在此后的两千多年里，他一直被奉为木工始祖。

扁 鹊

姓秦，名越人，战国时期齐国的名医。他年轻时跟随当时的名医长桑君学

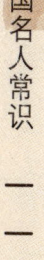

扁鹊像

习医术。学成后不辞辛苦，周游列国行医，治好了许多疑难杂症。后来当他在秦国行医时，被秦国的医官李醯派人杀害。扁鹊大胆地挑战当时社会上流行的巫术可以治病的观念，不断地用高超的医术来揭穿巫术把戏，为使医学摆脱巫术迷信、走上科学的发展道路做出了卓越的贡献。他首创了中医望、闻、问、切的四大诊法，形成了一个比较完整的科学诊断体系。把中药制成丸、散、膏、丹、汤剂等品类也是他的创造。他是我国中医发展史上一位承前启后的重要医学家，为我国传统中医学的发展奠定了基础，人们把他比作传说中黄帝时代的神医扁鹊，后来的中医都尊他为祖师。

李　冰

战国后期的水利专家，大约在秦昭王五十一年（公元前256年），李冰被任命为蜀郡守。当时的成都是一个水旱灾害频繁的地区，李冰到任后，组织了大规模的治水工作。他和儿子沿岷江两岸进行实地考察，设计、建造了都江堰，不但消除了困扰成都人民的水患，而且还巧妙地治理、利用了河道，使之得以灌溉成都平原的农田。都江堰的出现彻底改变了成都平原10多个县的农业生产面貌，使成都平原变成了沃野千里的富饶粮仓。都江堰虽然修建在两千多年前，但它的规划、设计和施工都具有高度的科学性和创造性。

蔡　伦

字敬仲，桂阳（今湖南耒阳）人，我国古代伟大的发明家。他于明帝永平十八年（75年）入宫为宦，东汉章和元年（87年）任尚方令，掌管宫廷御用手工作坊。他总结西汉以前用麻质纤维造纸的经验，于元兴元年（105年）改进了造纸术。他使用树皮、麻头、破布、旧渔网等原料，经过挫、捣、抄、烘等工艺造纸，既解决了过去造纸原料不足的问题，又降低了造纸成本，而且在工艺上也比以往的造纸术有很大的进步。蔡伦对造纸术的改革使造纸从此成为独立的行业，纸的生产得到迅速发展，从而为推进中国，乃至世界文化的传播、发展，做出了巨大的贡献。造纸术也因此成为影响世界文明进程的中国古代四大发明之一。

张　衡

字平子，南阳（今河南南阳）人，东汉著名科学家、文学家。他第一次正确地解释了月食形成的原因，并依据当时的天文学知识，肯定了宇宙的物质性和无限性。他继承和发展前人的浑天理论，创制了浑天仪，利用漏水转动和浑象联动把天象变化形象地演示出来。他创制了一种叫做"瑞轮荚"的机械日历，同样利用漏水转动和浑象联动来表示日期，显示月亮的圆缺变化。他还发明了世界上第一台地震仪——地动仪。他的天文学思想主要体现在他的著作《灵宪》和《浑天仪图注》中。此外，他还制造过指南车和记里鼓车，并著有数学名著《算罔论》。张衡把中国古代自然科学和哲学推向了一个新的高度，张衡同时也是汉代知名的文学家，他既擅长散体大赋，又开创了抒情小赋的体制，是汉赋发展史中一位重要的代表作家。

华　佗

字元化，沛国谯县（今安徽亳县）人，东汉末年的著名医学家。他精通内科、外科、儿科、妇科、针灸科等，曾游学徐州，行医足迹遍及现在的河南、江苏、安徽、山东等地，后来为曹操所杀。华佗在医学史上首先采用了以麻沸散进行全身麻醉对患者进行手术治疗的方法，将外科手术的范围空前地扩大，同时也为医学的发展开辟了新的道路。他还是体育疗法的创始者，创造了"五禽戏"，通过模仿虎、熊、鹿、猿、鸟的动作而保证血脉通畅，使消化能力加强，从而达到锻炼身心的目的。华佗对后世的中国医学产生了深远的影响，不但在当时被称为"神医"，而且被历来的医家推崇为"外科鼻祖"。

张仲景

名机，字仲景，南阳郡涅阳（今河南南阳）人。他自幼便酷爱医学，拜当时的同郡名医张伯祖为师，获得了他的真传，青年时代便声名远扬，曾被推作孝廉。张仲景倾毕生之力完成了《伤寒杂病论》。这是我国第一部理、法、药兼备，理论与实践结合的临症诊疗专著，全书共16卷，包括"伤寒"和"杂病"两部分。张仲景科学地概括了外感发热病发展过程中的各个阶段的综合症状，系统地论述了外感热性病"伤寒"的病理、诊断、治疗和用药，确立了"辩证用药"的规律。同时，《伤寒杂病论》也对内科杂病以及外科、妇科、儿科、急救等40多种病的病理、治疗做了详细分析。中医学发展到张仲景时，已经具备了诊断、用药的严谨法度。由于张仲景在中医诊断治疗学方面的杰出贡献，他被后人称为"医圣"和"方剂学之祖。"

祖冲之

字文远，河北范阳郡遒县（今河北涞水）人，生活在南朝的宋、齐两代，是我国古代杰出的数学家、天文学家和发明家。他在数学上第一次把圆周率的数值精确到了小数点7位之后。这一成果直到1000年以后才被15世纪的阿拉伯国家的数学家阿尔·卡西和16世纪的法国数学家维叶特超过。他还对球的体积计算做出了重要贡献，得出了"等高处截面积相等，则二立体体积相等"的结论。这一结论比西方也早了1000多年。在天文学方面，他创制的《大明历》第一次证实了岁差的存在，并采用了391年加144个闰月的新闰法。这些在历法史上都具有重大的意义。

陶弘景

字通明，晚年号华阳隐居，丹阳秣陵（今江苏南京）人，我国古代杰出的医学家。他幼年受葛洪的影响，立志修仙学道，在37岁时辞去官职，隐居句容茅山，遍游名山，寻访仙药，炼丹修道。他知识渊博，在药物、天文、地理、冶炼、生物、数学方面都有研究。他最

听松图

图中道教著名学者陶弘景倚松听涛，悠然自得。

大的贡献是在医学方面。在《神农本草经集注》中，陶弘景共收药物730种，比《神农本草经》多出一倍。他对《神农本草经》中原有的药物仔细做了校订，并结合自己的临床经验，把新搜集到的药物用途以及不同的记载进行了逐一的鉴别和补充，而且按照药物的天然来源分成玉石、草木、虫鱼、禽兽、果蔬、米食6类。这种分类法在药物学上有较大的影响。他还规定了丸、散、膏、丹、汤、酒的制作规程，统一细分了称量药物的斤两标准。这部著作是《神农本草经》之后几百年间药物知识的一次总结，在本草学的发展史上具有承上启下的重要地位。

郦道元

字善长，北魏范阳人，我国古代杰出的地理学家。他曾经先后在平城、洛阳等地任过御史中尉等官职，还做过鲁阳郡太守、东荆州刺史、河南尹等官。他为官执法清明严峻，使豪强惧怕。北魏宣武帝孝昌三年（527年），他在去关中任关右大使的途中被人暗害。《水经》是汉代桑钦撰写的一部专门研究河流水道的书籍，文字非常简略，也没有把水道的来龙去脉和详细情况叙述清楚。郦道元通过自己的实地考察，并参照古代的地图，在《水经》的基础上完成了《水经注》。这部著作不但详细记述了每条河流的水文情况，而且记述了每条河流流域内各种自然、人文情况，如地质、土壤、气候、物产、民俗、城邑兴衰、历史古迹与神话传说等，并做了全面的研究。《水经注》不但是一部具有重要科学价值的地理学著作，而且全书文字优美，笔调清新，也是一部极具特色的山水游记。

贾思勰

我国古代杰出的农业科学家，北魏时期人，当过高阳郡的太守。他所著的《齐民要术》是我国现存最早、最完整、最全面、最系统的农业科学著作，也是世界上最早的农业科学著作之一。这部著作成书于533—544年，总结了黄河流域的农业生产经验，内容涉及土壤工作、栽培技术、选种留种技术、畜牧兽医、桑蚕技术、农产品加工储藏、野生植物的经济利用等农业生产的各个方面，并包含着丰富的植物学知识，是对我国农业技术的一次重要的总结和发展。贾思勰在我国农业史上起到了承前启后、推陈出新的重要作用。

孙思邈

京兆华原（今陕西耀州区）人，唐代杰出的医学家。他一生不图名利，坚持在民间医伤治病，用毕生精力写成了两部医学巨著《急备千金方》和《千金翼方》。在这两部著作中，他第一个主张把妇科、儿科从医学中独立出来，并赋予了相应的内容。他最早重视采药的季节，并把各地所产的各种药材列出来，以供人们按时采集。鉴于他对医药学做出的巨大贡献，后人称他为"药王"。这两部书集当时和前代医学之大成，在我国医学史上具有极其重要的地位。此外，孙思邈在化学领域也做出了很大贡献，他写的《丹经内伏硫磺法》最早记录了黑火药的配方。

僧一行

本名张遂，陕西巨鹿人，唐代杰出的天文学家。他年轻时出家当了和尚，一行是他的法名。唐玄宗开元五年（公元717年），他从隐居的荆州当阳山佛寺来到京都长安，充当唐玄宗的顾问，直到去世。在长安的10年中，他主要致力于天文研究和历法改革，在天文、历法、数学以及仪器制造方面做出了突出贡献。《大衍历》是僧一行最重要的成就。这部历法正确地掌握了太阳在黄道上运行速度变化的规律，创造了不等距间的二次内插公式。《大衍历》还把过去没有统一格式的历法科学地归纳成7个部分，使得这部历法内容系统、结构合理、逻辑严密，一直到明代都还在沿用。此外，僧一行还组织了世界上第一次大规模测量地球子午线的活动，并制造了观测日月星辰位置和运行情况的黄道游仪，和用水力驱动模仿天体运行的水运浑仪。

毕　昇

徽州（今安徽歙县）人，我国古代伟大的发明家，活字印刷术的发明者。早期的印刷方法是把图文刻在木板上用水墨印刷的，统称为"刻版印刷术"，这种印刷术的刻版造价昂贵，而且使用起来不是很方便。宋代庆历（1041年）年间，毕昇首创泥活字印刷术，彻底改变了印刷术的现状。他使用胶泥片刻字，一字一印，烧硬后便成为字模。排版前，先在置有铁框的铁板上敷一层掺和了纸灰的松脂蜡，活字依次排在上面，通过加热使蜡稍熔化，以平板压平字面，泥字便会附着在铁板上，可以像雕板一样印刷。这种活字版可以反复使用，而且造价低廉，比刻板印刷术的木板整版雕刻更加经济方便。活字印刷的发明使书籍印刷更为方便，大大促进了社会文化的发展和传播。

沈　括

字存中，钱塘（今浙江杭州）人，宋代卓越的科学家、政治家和军事家。他曾经积极响应王安石变法，作为王安石的助手参与变法，出使过契丹。晚年退居润州（今江苏镇江）梦溪园，专事写作。沈括的科技思想体现在他的笔记《梦溪笔谈》中，其内容包括数学、天文、地质、物理、化学、水利、建筑、生物等各个领域，非常富有创见性。这本书最早记载了石油的用途，并第一个提出了"石油"这个科学的命名，甚至还预言"此物后必大行于世"。《梦溪笔谈》反映了我国北宋时期自然科学所达到的高度，是世界科技史上的一本重要著作。为了纪念他，1979年国际上曾以沈括的名字命名了一颗新星。

黄道婆

南宋时期的纺织专家，她出生于松江乌泥泾（今上海华泾）的一个贫苦家庭，从小被卖作童养媳，由于不堪忍受凌辱而出逃，流落到海南岛的崖州。在

那里她向黎族人民学会了先进的棉织技术。13世纪末她回到故乡，在黎族人民棉织技术的基础上，制造了新的"捍弹纺织"的棉织工具，创制了一种搅剥棉籽用的车，从而大大地提高了当地的生产效率。她还研究了"错纱配色"技术和增强棉花弹力、去除杂质的技术，并把黎族人民织提花被的技术传给人们，使得当地的纺织工艺水平有了质的飞跃。从此以后，原本生产落后的松江变成了先进的棉纺织中心。黄道婆对我国纺织工业的发展做出了巨大的贡献。

郭守敬

字若思，元代顺德邢台（今属河北）人，我国古代著名的天文学家、水利学家和数学家。他曾经师从当时的天文、地理学家刘秉忠，并在他的推荐下受到元世祖召见，被任命为都水监，兴复西夏濒河、五州诸渠，后来又兴修了通惠河。1276年，他又受命修治历法，参与编制了比过去准确的《授时历》。这部《授时历》是在大量的天文学实践的基础上编成的。郭守敬认为，治历必须根据实际测量校准，因此他先从事制造天文仪器，创造和改进了简仪、仰仪、高表、候报仪、景符和窥几等近20件观测天象的仪器。他还在全国各地设立27处观测站，进行规模巨大的测量工作，重新观测了二十八宿及其他一些恒星的位置，测定了黄赤交角，达到极高的精确度。这部历法推算极为精研，因而得以在中国施行达360年，是中国历法史上施行最久的历法。

李时珍

字东璧，号濒湖，湖北蕲州（今湖北蕲县）人，明代卓越的医药学家，也是当时世界上伟大的医学巨匠之一。他出生在一个以医为业的家庭，青年时期考取过秀才，但此后就一直随父亲行医。他针对《神农本草经》分类不科学、名目混乱的问题，经过二三十年的钻研与实践，写成了医学巨著《本草纲目》。全书分为16部、62类，共收药物1892种，收录药方11096个，并附有药物形态图1160幅。李时珍打破了药物的人为分类方法，对药物重新做了科学的分类。书中除了植物性药物外，还有动物性药物445种，矿物性药物276种。《本草纲目》系统地总结了我国16世纪以前医药学的经验和成就，极大丰富了我国的药物品种，对我国乃至世界医药学的发展都起了重大的推进作用。

徐光启

字子先，号玄扈，上海人。他一生担任过庶吉士、赞善等多种官职，但他终身都致力于科学研究，是我国16世纪自然科学的杰出代表，他的科学成就是多方面的。在农业上，他的《农政全书》系统地从农本、田制、水利、农器、农时、开垦、栽培、酿造等多方面阐述了农业生产理论，是我国古代农业知识的一次大的总结。他尤其重视农田水利的理论，提出的用水五法至今还具有重要的借鉴价值。在数学上，他与利玛窦合作，翻译了欧几里得的《几何原本》，译本中的许多数学专用名词如几何、点、线、面、三角形、四边形等，都一直沿用到了今天。他还写了《勾股义》和《测量异同》，用数学方法把中西测量方法做了比较。在天文上，他主张改革历法，并借鉴西方历法编定了《崇祯历法》。他为我国科学技术进入中西结合的研究开辟了道路,在我国科学史上享有崇高的地位。

徐霞客

名弘祖,字振之,霞客是他的别号,江阴(今江苏江阴)人,明代伟大的地理学家。他从22岁起第一次到太湖地区进行考察,直到逝世的30多年间,几乎每年都要外出进行地理考察,足迹踏遍了中国的16个省市。他把自己的考察所得记录下来,这就是闻名于世的《徐霞客游记》。这本书以散文和日记体的形式,记载了徐霞客在游历中所经历和观察到的各种地理现象、自然规律、气候状况、动植物情况,乃至少数民族地区的风俗习惯、经济状况等。他特别考察和研究了我国石灰岩地貌的分布区域、地貌特征及其发育规律,比西方人的考察早了二三百年。这部著作是我国地理史上的重要著作,在世界地理学史上也有着重要的地位。徐霞客对我国水文地理学的发展也做出了杰出的贡献。他对长江和盘江做了详细的考察后,写了《江源考》和《盘江考》。这两部书是水利科学史上的重要著作。

宋应星

字长庚,江西奉新人,明代著名的科学家。万历四十三年(1615年),他同哥哥宋应升同中举人。崇祯七年(1634年),出任江西分宜县教谕,在此期间,他总结了长期积累的生产技术方面的经验,写成了《天工开物》。这本书分三卷,从豆麻的栽培和加工、蚕丝的纺织与染色技术,到陶瓷的制作,煤炭、石灰的开采冶炼,再到兵器的制

《天工开物》之铸鼎图

造和颜料的生产,广泛而详细地记载了当时农业生产和手工业生产的具体操作方法。《天工开物》中的化学知识也是相当丰富的。书中叙述的连续鼓风的活塞木风箱比欧洲早100多年,锌的冶炼和铜锌技术是世界上的首次文献记载,发现磷的自燃现象也比德国的布朗特早。这部著作发表的初期轰动了全欧洲,在日本甚至兴起了"开物之学"。即使是在科学技术突飞猛进的今天,仍有许多学者对《天工开物》很感兴趣。

李善兰

字壬叔,号秋纫,浙江海宁人,清代最出名的数学家。他自小喜欢数学,10岁时就通晓《九章》,青年时代客居上海从事西方科学著作翻译。太平天国攻陷苏州等地后,他曾投到曾国藩军中。1868年进入同文馆,担任数学教学的负责人,70岁时死于任上。李善兰著有《则古昔斋算学》丛书,共14种。在书中,他提出了高阶等差级数求和公式,即著名的李善兰恒等式;他阐释了三角函数、反三角函数、对数的幂级数展开式,以及尖锥求级术、判定素数定理等,其中的尖锥求级术已经有了初

步的微积分思想。他还与英国传教士伟烈亚力合作翻译了《代微积拾级》《代数学》《圆锥曲线说》以及《几何原本》后九卷等西方数学著作，以及《重学》《植物学》《天文学纲要》等，为近代中国的科学进步做出了巨大的贡献。

徐　寿

中国近代化学的先驱者。在洋务运动中，他曾经被曾国藩推荐到江南制造局工作多年，设计制造了中国第一艘轮船，为中国的造船工业奠定了技术基础。后来他致力于西方近代化学书籍的翻译工作，编辑了《化学材料中西名目表》，其中许多化学名词沿用至今。他参与创办了中国近代第一所讲授科学技术的学校——格致书院，并编辑出版了中国近代第一部科技方面的定期刊物《格致汇编》。他与傅兰雅合译的《化学鉴原》《化学考质》《化学求数》等书为西方近代化学在中国的传播奠定了基础。他译定的24个元素名称，如钡、铋、镍、碘、铱、锂、镁、锰、钼、钯、铂、硒等，都已成为标准译名沿用至今。他是把西方化学知识系统地介绍到中国的伟大先驱。

华蘅芳

字若汀，号畹香，江苏金匮（今江苏无锡）人，我国清末杰出的机械工程专家、数学家。他与同乡好友徐寿是中国早期掌握和传播近代科技的代表人物，共同在江南机器制造总局试制成功中国第一艘实用的以蒸汽机为动力的轮船，并主持制成硝酸和氢气球。此后他主要致力于数学等方面的研究和西方科技著作的翻译。在数学研究领域，他著有《行素轩算稿》《积较术》《数根术解》《学算笔谈》等著作，在开方术、积较术、数根术等方面取得了不俗的成就。他与人合译的《决疑数学》是中国第一部概率论译著，《地学浅释》首次向中国介绍了赖尔的地质进化均变说和达尔文的生物进化论，《金石识别》则将近代矿物学和晶体物理学知识系统地介绍到中国。他的翻译工作在中国近代科学启蒙中发挥了重要作用，为中国科技的近代化做出了贡献。

张　謇

字季直，晚年号啬庵，江苏海门人，中国棉纺织领域早期的开拓者。他曾经获得封建科举中的最高荣誉——状元称号，被授予翰林院修撰之职。1895年秋，他筹办了大生纱厂，开始了从士大夫向实业家的转变。辛亥革命后，张謇接受孙中山的任命，担任实业部总长兼两淮盐政总理。后来他因反对袁世凯称帝而辞掉所有任职，回到南通故里，继续从事实业、教育、文化事业。他创办了中国第一所纺织专业学校——南通纺织专门学校，开了中国纺织高等教育之先河；他首次建立棉纺织原料供应基地，进行棉花改良和推广种植的工作，为发展近代纺织工业做开拓性的实践工作。张謇为中国民族纺织工业的发展、壮大做出了重要贡献。

詹天佑

字达朝，号眷诚，生于广东省广州府南海县（今广东南海）。我国近代科学技术的先驱，伟大的爱国主义者，杰出的铁路工程师。他是清政府派出的第一批留洋学习的幼童之一，学成归国后，曾修建和主持修建京奉、京张、张绥、津浦、川汉、粤汉、汉粤川等铁路，历任工程师、总工程师、督办和交通部技监。其中，京张铁路是克服了国内外强大的政治、经济压力和艰巨的工程难度而自行设计修建的，体现了独特的技术创新，是中华民族智慧的结晶和中外铁路的典范之作。他主持制定了铁路建设技术标准和规范，坚持采用标准轨距，研究并建议全国使用自动车钩，这些措施为中国铁路的统一和通畅创造了有利条件。詹天佑对我国铁路网的规划，干线的勘测设计，线路、桥梁、隧道的设计和施工，都有开创性的重大贡献。

冯 如

原名冯九如，字鼎三，号树垣，生于广东恩平。12岁时随亲戚赴美国旧金山谋生，在耶稣教会做童工。八国联军侵华战争爆发后，他决心以航空救国，先后在船厂、电厂和机器制造厂当学徒和工人，历时近7年，终于学会了多种机器制造技能。1909年9月21日，他完成了中国人自己设计、制造的第一架飞机，从而使中国跻身早期世界航空之林。1911年2月，冯如谢绝美国多方的聘任，带着助手及自己制造的两架飞机回到中国。辛亥革命后，冯如被广东革命军政府委任为飞行队长。1912年8月25日，冯如在广州燕塘飞行表演中不幸失事牺牲，被追授为陆军少将。他是我国从事飞机研制和飞行的第一人，为我国动力载人飞行史谱写了光辉的第一页，被美国报纸赞为"东方莱特"。

李四光

原名李仲揆，湖北黄冈人。早年加入同盟会，参加了辛亥革命。1919年毕业于英国伯明翰大学，获硕士学位。新中国成立后，李四光担任过中国科学院副院长、地质部部长、中国科协主席等职务。李四光是中国地质力学的创立者。他创立了"构造体系"的基本理论，把各种构造形迹看作是地应力活动的结果，主张用力学研究地壳现象、探索地壳运动与矿产分布的规律。他用这一理论分析了中国东部地质构造特点，指出了新华夏构造体系的3个沉降带具有大面积储油层，为我国的地质、石油勘探和建设事业做出了巨大贡献。在地震地质工作方面，他主张在研究地质构造活动性的基础上观测地应力的变化，为实现地震预报指明了方向。他对地热的利用也有着突出的贡献。有《中国地质学》《地质力学概论》《地震地质》《天文、地质、古生物》等著作传世。

竺可桢

浙江上虞人，杰出的气象学家、地理学家、教育家。1909年毕业于唐山路矿学堂，之后赴法留学，1918年获得博士学位回国。1936年后任浙江大学校长。新中国成立后，竺可桢曾任中国科学院副院长、中国气象学会名誉理事长、中国地理学会理事长等职。竺可桢是中国近代地理学和气象学的奠基者。他创建了中国第一个地学系，成为当时培养地学英才的摇篮。他最先在中国开设了地学通论、气象学、世界气候和世界地理等课程，为开拓中国现代地理学和气象学事业准备了条件。他还领导创建了中国第一个气象研究所和首批气象台站。竺可桢在气候变迁、物候、农业自然区划、气象学、地理学和科学发展史等领域都取得了卓越的成绩，不愧为中国地理学和气象学界的一代宗师。

茅以升

字唐臣，出生于江苏丹徒（今镇江），我国杰出的土木工程学家、桥梁专家、工程教育家。1937年11月，他在水文地质条件极其复杂的情况下，克服了重重困难，设计建成了钱塘江大桥，打破了外国人垄断中国近代大桥设计和建造的局面，这是中国桥梁史上一个伟大的里程碑，也是中国桥梁建设史上的一项重大成就。中华人民共和国成立后，他主持我国铁道科学研究院工作30余年，为铁道科学技术进步做出了极其卓越的贡献。他是将土力学学科应用于工程中的开拓者。他在工程教育中，始创启发式教育法，坚持理论联系实际，致力教育改革，为我国培养了一大批科学技术人才。茅以升长期担任学会领导工作，是我国工程学术团体的创建人之一。著有《桥梁次应力》《钱塘江桥》《中国的古桥与新桥》，主编有《中国古桥技术史》。

苏步青

浙江平阳人。1927年毕业于日本东北帝国大学数学系，后入该校研究院，获理学博士学位。回国后，受聘于浙江大学数学系。1952年全国院系调整，到复旦大学任教，任教务长、副校长、校长等职，1983年起任复旦大学名誉校长。1985年起任温州大学名誉校长。历任第七、八届全国政协副主席，第五、六届全国人大常委，民盟中央副主席。1955年当选为中国科学院数学物理学部委员，兼任学术委员会常委。专长微分几何，创立了国内外公认的微分几何学派。撰有《射影曲线概论》《射影曲面概论》等专著10部。研究成果有"船体放样项目""曲面法船体线型生产程序"等。

华罗庚

江苏金坛人，我国杰出的数学家。初中毕业后刻苦自学，受到著名数学家熊庆来的赏识，破格调入清华大学任教。20世纪60年代中期之后，在我国工业部门从事数学普及工作。长期担任中国科学院数学研究所和中国数学会的领导工作，为中国数学事业的发展做出了突出贡献。1985年逝世于日本东京。华罗庚在矩阵几何学、偏微分方程、高维数值积分、解析数论、多复变函数论等诸多领域取得了突出成就。他解决了高斯完整三角和的估计这一历史难题，得到了最佳误差阶估计，他证明了历史长久遗留的一维射影几何的基本定理。他的名著《堆垒素数论》系统地总结、发展与改进了哈代与李特尔伍德圆法、维诺格拉多夫三角和估计方法及他本人的方法，其主要成果至今仍居世界领先地位，是20世纪经典数学理论著作之一。

钱三强

原名钱秉穹，出生于浙江绍兴，他

的父亲钱玄同是中国近代著名的语言文字学家。他年轻时就读于清华大学物理系，毕业后进入巴黎大学居里实验室做研究生，导师是居里的女儿、诺贝尔奖获得者伊莱娜·居里及其丈夫约里奥·居里。在法国学习和研究期间，钱三强在原子核物理学领域中取得了突出的成果。他首先从理论和实验上确定了 5 万电子伏特以下的中低能电子的（真）射程与能量的关系。他根据实验继续分析研究得出能量与角分布等关系，对三分裂现象从实验与理论两方面做出了全面的论述，得到了全世界的公认。1948 年回国后，他培养了一批从事研究原子核科学的人才，建立起中国研究原子核科学的基地。在原子弹的研制中，钱三强担任技术上的总负责人、总设计师，在"两弹一星"的领域创造了世界上最快的发展速度，为中国原子能科学事业的创立、发展和"两弹"研制做出了突出贡献。

邓稼先

安徽怀宁人，我国现代著名的核物理学家，中国科学院学部委员。1945 年毕业于西南联合大学物理系，后在北京大学任教。1948 年 10 月赴美国普渡大学物理系留学，1950 年获物理学博士学位，同年回国。邓稼先在我国的原子弹、氢弹研制中做出了巨大的贡献。他领导完成了原子弹的理论方案，并参与指导核试验的爆轰模拟试验。他领导开展了爆轰物理、流体力学、状态方程、中子输运等基础理论研究，对原子弹的物理过程进行了大量模拟计算和分析，迈出了中国独立研究核武器的第一步。在原子弹试爆成功后，他马上组织领导了氢弹设计原理、选定技术途径的研究，组织领导并亲自参与了 1967 年中国第一颗氢弹的研制与试验工作。

陈景润

福建闽侯人，我国杰出的数学家。他年轻时代就立志于解决哥德巴赫猜想，1953 年从厦门大学毕业后，他的数学论文受到华罗庚教授的赏识，把他调到中国科学院数学研究所当实习研究员，从此便在华罗庚的指导下，向哥德巴赫猜想进军。1966 年，陈景润在物质条件极端简陋的情况下，攻克了世界著名数学难题"哥德巴赫猜想"中的 (1+2)，创造了距摘取这颗数论皇冠上的明珠 (1+1) 只有一步之遥的辉煌。他证明了"每个大偶数都是一个素数及一个不超过两个素数的乘积之和"，这就是著名的"陈氏定理"。这一定理被誉为筛法的光辉顶点，在世界上被广为征引。他研究哥德巴赫猜想和其他数论问题的成就，至今仍然在世界上遥遥领先。他在组合数学与现代经济管理、科学实验、尖端技术等方面也卓有成就，有《数学趣味谈》《组合数学》等著作传世。

思想学术名人

老 子

姓李，名耳，字伯阳，谥曰聃，楚国苦县（今河南鹿邑）人，春秋时期伟大的思想家，道家的创始人。他幼年牧牛耕读，聪颖勤快，曾做过周朝的守藏史，孔子曾向他请教关于礼的问题。晚年在故里陈国居住，后出关赴秦讲学，死于扶风。老子是我国思想史上影响至为深远的伟大思想家，他所撰述的《老子》(又称《道德经》)是道家的开山著作，开创了我国古代哲学思想的先河。这部著作中已经体现出了朴素的辩证法思想和唯物主义色彩，它以"道"为思想体系的核心，反对天道有知，宣扬自然无为的天道观和无神论。老子的哲学思想和由他创立的道家学派，不但对我国古代思想文化的发展做出了重要贡献，而且对我国两千多年来思想文化的发展，产生了深远的影响。

孔 丘

字仲尼，世人尊称孔子。春秋鲁国陬邑（今山东曲阜东南）人，春秋末期伟大的思想家和教育家，我国儒家学派的创始人。他3岁丧父，青年时代做过管理仓库和牛羊的小官，30岁时开始私人讲学。大约47岁时，孔子曾在鲁国短期地行摄相事，却因为和当权者产生矛盾而不得不辞去职务，率弟子周游列国，志欲改良时政，复兴周礼，但是都没有得到重用。68岁时他重返鲁国，从此专心从事整理和传授典籍的文化教育工作。他整理了《诗》《书》《礼》《易》等古代文献，编著了《春秋》，这些典籍自西汉"罢黜百家、独尊儒术"后，便被统治阶级定为必读的教科书，儒家学说由此成为中国封建文化的核心，对整个封建时代的政治生活和精神生活起着指导作用，从积极方面和消极方面都给中国文化教育的发展以极其深刻的影响。他和弟子的言论由门徒记录整理，编为《论语》一书。这部作品蕴含着丰富的政治、文艺、教育思想，是中国最伟大的著作之一。作为儒家学派的创始人，孔子在长期的封建社会中都被奉为"圣人"和"万世师表"，这是中国历史上任

临车模型
又叫楼车、巢车，墨家学派发明的攻城器具，用以观察城中敌情、发射箭矢、掩护攻城人员攀登城墙的高架战车。

何一个思想家所不曾有过的特殊地位。

墨 子

本名翟，鲁国人，一说是宋国人，春秋末战国初的思想家、学者，墨家学派的创始人。墨子出身平民，做过小工业者，精通手工技艺，可与当时的巧匠鲁班相比。他做过宋国大夫，曾经从师于儒者，但后来逐渐对儒家的烦琐礼乐感到厌烦，最终舍掉了儒学，形成自己的墨家学派。墨子对统治者发动战争带来的祸害以及平常礼俗上的奢侈逸乐，都进行了尖锐的揭露和批判，提出了"兼爱""非攻""尚贤""尚同""节用""节葬""非乐"的主张，并终生为实现这些思想奔走不止。他也是中国古代逻辑思想的重要开拓者之一，他比较自觉地大量运用逻辑推论的方法，以建立或论证自己的政治、伦理思想。墨子的哲学思想反映了从宗法奴隶制下解放出来的小生产者阶层的二重性，他的思想中的合理因素为后来的唯物主义思想家所继承和发展，其神秘主义的糟粕也为秦汉以后的神学目的论者所吸收和利用。

孟 子

名轲，战国中期邹国（故城在今山

东邹县）人，伟大的思想家，孔子之后儒家学派的集大成者。他早年受业于孔子的孙子子思的门人，曾经为了实现政治理想而游说于各国诸侯之间，却不被重视。晚年和门徒从事著述，曾序《诗》《书》，发挥孔子的学术思想。孟子是继孔子之后儒家学派最杰出的代表，他以民本思想为基础，提出了"仁政""王道"的思想和"人性本善"的观点，并提出静心、养性、诚心、寡欲等主张，尽管不被当时诸侯所用，但是在后来的封建社会里却和孔子的学说一起，成为主导的统治思想。在元朝时，孟子被加封为"亚圣公"，以后就称为"亚圣"，地位仅次于孔子。

庄 子

名周，宋国蒙（今河南商丘东北）人，先秦著名思想家。他大概生活在齐宣王、梁惠王时代，比孟子稍晚，比屈原略早。曾经做过蒙地的漆园小吏，管理生产漆的工匠。后来厌恶政治，脱离仕途，依靠编草鞋糊口，过着隐居生活。楚威王听说他是贤才，曾派人以重金迎他到楚国去做国相，却被他拒绝了。庄子涉猎各家学说，但独对老子的学说特别敬重，并最终继承老子的衣钵，成为战国时期道家学派的代表人物和集大成者。他所著的《庄子》一书是道家与道教的经典，对后世产生了极其深远的影响。在封建社会，庄子曾被统治者封为南华真人，《庄子》也被尊为《南华真经》。

荀 子

名荀况，字卿，又称孙卿，战国末年赵国人，我国儒家学派的集大成者之一。他15岁时到齐国稷下游学，齐襄王时，成为最有声望的稷下学者。他曾到过秦国和赵国，但是都没有得到重用，后来到了楚国，被楚相春申君任命为兰陵令。春申君死后，他也被废置，此后一直居住在兰陵，从事著述和讲学。荀子是继孟子之后儒家学派最重要的代表人物，他的思想集中体现在自己的著作《荀子》中。荀子站在儒家学派的立场上，总结了百家争鸣的理论成果，提出了自己既尊崇礼义又提倡法制的观点，并主张人性本恶，应该通过学习使人接受礼仪教化。最可贵的是，他提出了天道有其内在规律性，不以人的意志而改变；同时，他又主张发挥人的主观能动性，提出了人定胜天的思想。这些思想已经具备了唯物主义的因素。

韩 非

战国末期韩国人，法家学说的集大成者。他出身于韩国贵族，曾多次上书韩王，力主变法图强，都未被采用，于是写下《孤愤》《五蠹》等文章。秦王嬴政看到文章后大为赞赏，便发兵攻韩，迫使韩王送韩非入秦。但由于李斯等人从中作梗，韩非并没有受到重用。后来又由于李斯、姚贾的陷害而入狱，最终被毒死在狱中。韩非的思想集中体现在《韩非子》一书中。在政治上，他主张"法治"，并提出了一套"法、术、势"相结合的封建君主统治术，为封建中央集权奠定了理论基础。在历史观上，他认为历史是发展的，人们应该按照现实的要求进行变革。他发展了荀子的朴素唯物主义思想，否定天命鬼神，崇尚人力。这些思想为秦代统治者所实行，并对后世的封建统治产生了极其深远的影响。

董仲舒

广川（今河北枣强广川）人，西汉著名儒家学者、哲学家、今文经学大师。他少年时专治《春秋》，汉景帝时被召为博士，潜心钻研孔子学说。汉武帝时，召试天下贤良文学之士，董仲舒以"天人三策"相对，要求汉武帝"罢黜百家，独尊儒术"，为汉武帝采纳，使得儒学从此成为封建社会的正统。他的学说以儒家宗法思想为中心，杂以周朝以来的阴阳五行说，把神权、君权、父权、夫权贯穿在一起，并提出"三纲""五常"的封建伦理，对后世影响极大。在教育方面，主张以教化为"堤防"，立太学，设庠序，为汉代教育事业的发展做出了贡献。后来托病辞官，专心于著述，朝廷遇有大事时，汉武帝常常派人到他家里听取意见。

王充

字仲任，会稽上虞（今浙江上虞）人，东汉时期杰出的唯物主义思想家。王充自幼聪明好学，青年时期曾到京师洛阳入太学，拜班彪为师。他一生撰写了《论衡》《讥俗节义》《政务》和《养性》四部著作，其中《论衡》一书流传至今。《论衡》85篇，是我国思想史上一部重要著作。在书中，王充以唯物主义观点批判了统治者提倡的对于天道神权命运的迷信，系统地清算了神秘主义的思想体系，表现了作者反正统思想的战斗精神。从这种精神出发，作者对当时以辞赋为主的正统文学"华而不实，伪而不真"的文风也进行了尖锐的批判，并在许多篇章如《艺增》《超奇》《佚文》《案书》《对作》《自纪》等篇中提出了不少进步的主张。

范缜

南朝杰出的无神论者。南乡舞阴（今河南泌阳）人。他生活在佛教盛行的齐、梁时期，一生勇敢地向佛教宣战。针对佛教宣扬的神不灭论，发表《神灭论》，系统地阐述其无神论思想。他认为人的精神和肉体是互相结合的，有了肉体，才有精神；肉体毁了，精神也就随着消灭。《神灭论》揭露了统治阶级利用佛教进行欺骗的本质。面对统治阶级的打击和围攻，范缜毫不屈服，始终坚持自己的真理。范缜继承和发扬荀况、王充等人的唯物论思想，有力地打击了当时流行的有神论，这种战斗精神值得赞扬。

刘勰

字彦和，山东莒县人，早年丧父，家境贫寒，但笃志好学。青年时随僧佑在定林寺（今江苏南京紫金山）整理佛教经典，历10余年。梁武帝时，历任奉朝请、东宫通事舍人等职，深为萧统所重用。晚年出家为僧，改名慧地。是中国文学史上著名的文学理论家和批评家。刘勰所著《文心雕龙》共50篇，内容博大精深，采用骈文体裁，却具有议论文的性质。书中论述了文学发展的外部原因和内部规律，总结了许多文学创作的宝贵经验，揭示了创作活动的奥秘。它的出现标志着中国文学理论和文学批评已建立起完整的体系。

程颢

字伯淳，祖籍黄陂（今属湖北）。程颢生于宋仁宗明道元年（1032年），童年时，多随父辗转迁徙。程颢一生多从事政治活动。他在宋仁宗嘉祐二年（1057年）中进士，曾先后担任过上元县（今属江苏）主簿、泽州晋城（今属山西）等地方官吏。宋神宗熙宁二年（1069年）二月，王安石任右谏议大夫参知政事，设置三司条例司，程颢为其属官。他上疏十余章，反对王安石变法。次年改签书镇宁军节度判官。翌年黄河在澶州曹村决口，他亲自率兵众抢险。熙宁五年（1072年）以后，程颢先后监西宁竹木务、知扶沟县事、监汝州酒税，但把更多的时间和精力投向了学术研究和教育。元丰八年三月，宋神宗逝世，召程颢为宗正寺丞，程颢还未动身就患病而死。时年53岁。

程 颐

字正叔，祖籍黄陂（今属湖北）。程颐生于明道二年，是程颢的弟弟。和程颢相比，程颐的时间和精力大多投入学术研究和教育活动。程颐曾在汉州、洛阳、关中等地讲学，与当时著名学者张载切磋学术，又接纳游定夫、吕大临、周纯明等众多学生，成为一时之盛。绍圣四年（1097年）春，朋党议论再起，程颐被黜放。同年底送涪州（今重庆涪陵）编管。宋徽宗登极后被赦免，回到洛阳。在流放的十多年中，他完成了《伊川易传》，接纳罗从彦为弟子，讲授《易》学。崇宁二年（1103年）范致虚奏称"程某以邪说行，惑乱众听，"程颐由是心灰意冷，退居洛阳龙门以南把楼山下（今嵩县程村）。三年后，程颐复职为宣义郎。大观元年病逝。程颐主要哲学著作有《周易程氏传》，还有《遗书》《文集》《经说》等。他与程颢的著作，明代后期合编为《二程全书》。

朱 熹

字元晦，又字仲晦，号晦庵，别称紫阳，徽州婺源（今属江西）人，南宋诗人、哲学家。宋代理学的集大成者，继承了北宋程颢、程颐的理学，完成了客观唯心主义的体系。认为理是世界的本质，"理在先，气在后"，提出"存天理，灭人欲"。注释《大学》《中庸》《论语》《孟子》"四书"，被后世奉为继孔孟之后的儒学正统，"四书"也成为明清学子的必读经典。他学识渊博，对经学、史学、文学、乐律乃至自然科学都有研究。其词作语言秀正，风格俊朗，无浓艳或典故堆砌之病。除词外，还善作诗，《春日》和《观书有感》是他最脍炙人口的诗作，其词集有《晦庵词》。

王阳明

本名王守仁，字伯安。曾筑室于绍兴阳明洞中，后又创办阳明书院，被称为阳明先生，余姚（今浙江余姚）人，明代的哲学家、教育家。出身官宦世家，王守仁28岁中进士，先后授刑部和兵部主事。1509年因触怒权贵被贬到修文，住在龙岗山东洞，后人称为阳明洞。他自幼是宋代程朱理学的信徒，后转向陆九渊的心学，批判程朱理学，认为事物之理即在心中，离开了心就谈不上理，心之本为性，性即无理，成为主观唯心主义哲学家。他除聚徒讲学外，还大量创办书院，设立地方学校，推广社学。他的学说对当时社会产生了很大影响，长期与程朱理学并峙，其"门徒遍天下，流传逾百年"。后来，王守仁又受到明王朝重用，镇压农民和少数民族起义，累迁为南京兵部尚书。他的著述由其门生钱德洪汇集成《王文成公全书》（亦称《阳明全书》），行于世。

黄宗羲

明末清初思想家、文学家。字太冲，号梨洲，又号南雷。余姚（今属浙江）人。父黄尊素是东林党中重要人物，黄宗羲深受家庭影响，重气节，轻生死，反对宦官和权贵，成为东林子弟的著名领袖。清兵南下，黄宗羲组织同志，起兵抗击失败，避入四明山，结寨自固，又依鲁王于海上。抗清斗争失败后，从事著述，坚不出仕。他坚决反对明末空洞浮泛的学风，倡言治史，开浙东研史之风，为清代史家之开山祖。史学之外，对经学、天文、历算、数学、音律诸学都有很深造诣。黄宗羲著作宏富，《明夷待访录》是他进步思想的集中表现，带有鲜明的民主思想色彩。书中明确指出："为天下之大害者，君而已矣。"对于八股取士的科举制度，也予以猛烈抨击。著作还有《明儒学案》《宋元学案》《律吕新义》《行朝录》等等。

顾炎武

初名绛，字忠清，后改名炎武，字宁人，号亭林，学者称亭林先生，明末清初著名思想家。少年时参加复社反宦官权贵斗争。清兵南下，嗣母王氏殉国后，参加昆山、嘉定一带人民的抗清斗争，唐王立，除兵部主事。入清不仕，专心学术。治经重考据，注意经世致用，开清代汉学风气。与黄宗羲、王夫之并称"清初三大儒"。其诗沉郁苍凉，有强烈的爱国精神。他生平著作有40多种，累计400多卷。有《日知录》《亭林诗文集》等，现存的诗歌还有420多首。

王夫之

字而农，号姜斋，衡阳（今属湖南）人，晚年居衡阳之石船山，学者称船山先生，明清之际思想家。明亡，曾在衡山举兵起义阻击清军南下。抗清失败后决心隐遁。居处深山，刻苦研究，勤奋著述，历40年"守发以终"。他在哲学上总结和发展了中国传统的朴素唯物主义，认为"尽天地之间，无不是气，即无不是理也"。强调"天下惟器而已矣"，从"道器"关系建立其历史进化论。在知、行关系上，强调行是知的基础，反对陆、王"以知为行"和禅学家"知有是事便休"的论点。他在天文、历法、数学、地理方面也均有研究，善诗文，工词曲，论诗多独到之见。政治上反对豪强地主，所著后人编为《船山遗书》，其中《周易外传》《尚书引义》《读四书大全说》《张子正蒙注》《思问录内外篇》《黄书》《噩梦》等，在思想史上尤具重要意义。

魏　源

原名远达，字默深，一字墨生，又字汉士，晚年信佛教，法名承贯，湖南邵阳隆回人，晚清思想家、文学家，中国近代向西方寻求救国真理的先行者之一。魏源论学以"通经致用"为宗旨，提出"变古愈尽，便民愈甚"的变法主张，成为晚清学术的开风气者。道光初年，魏源曾先后任江苏布政使、巡抚幕僚，主持《皇朝经世文编》纂辑事宜，对海运、水利诸政多所建言。鸦片战争后，感愤时事，撰成《圣武记》14卷。又遵友人林则徐嘱，据《四洲志》，参以中外文献资料，辑为《海国图志》50卷，后续增至100卷。《海国图志》率先介绍西方各国历史、地理状况，主张学习西方的先进科学技术，提出"师夷长技以制夷"。

他有经学、史学、文学、佛学著作多种存世。1976 年，中华书局集魏源诗文杂著合为《魏源集》刊行。

黄遵宪

字公度，别号人境庐主人，广东嘉应（今广东梅州）人，中国近代卓越外交家、启蒙思想家、改革家、著名诗人。4 岁入家馆读书，10 岁学诗。德宗光绪间举人。历任清廷驻日本、英国参赞，驻美国、新加坡总领事，尽力保护华侨权益，深受华侨爱戴。1894 年奉召回国后，参加强学会，出资参与创办《时务报》，以救亡图存为己任，并协助湖南巡抚陈宝箴推行新政。后被弹劾。他在驻外期间，曾潜心研究日本明治维新的历史，考察英国的政治制度，主张向西方学习，同时也大力向外国介绍中国文明，颇受外国人欢迎。他撰写了 50 余万字的《日本国志》，全书共 40 卷，是近代中国系统介绍日本政治、历史、人文、地理的重要专著。其诗作《日本杂事诗》等反映了近代中国许多重大历史事件，被称为"诗史"。

严 复

初名体乾、传初，改名宗光，字又陵，后又易名复，字几道，晚号愈野老人，别号尊疑，又署天演哲学家。福建福州人，中国近代资产阶级启蒙思想家、翻译家、教育家，是中国近代史上向西方寻求真理的"先进的中国人"之一。1877 年他作为首批海军留学生入英国皇家海军学院学习，学成归国后极力倡导维新变法，并翻译达尔文的《天演论》、亚当·斯密的《原富》、斯宾塞的《群学肄言》、约翰·穆勒的《群己权界论》《穆勒名学》、甄克斯的《社会通诠》、孟德斯鸠的《法意》等西方名著，达 160 多万字。他是近代中国系统翻译介绍西方资产阶级学术思想的第一人。他将科学进化论等带到中国，对中国近代思想界产生了极大影响。除译著外，他还倾心于教育事业。但辛亥革命后，严复的思想日趋保守。他的著述有《严几道文集》《愈懋堂诗集》等。

蔡元培

中国著名的民主革命家、教育家，为发展中国教育文化事业功绩卓著。毛泽东称他为"学界泰斗，人世楷模"。蔡元培出身于商贾之家，少年时期饱读经史，1898 年戊戌变法失败，他认为革新必先培养人才，于是走上倡导教育救国之路。同年 9 月，他弃官归里，任绍兴中西学堂监督。1906～1916 年间，他赴德、法留学，为兼通中西文化奠定了基础。1912 年他出任中华民国第一任教育总长，对封建教育进行改革，初步建立了资产阶级教育体系。1917 年任北京大学校长后，提出"思想自由，兼容并包"的办学方针，对北大进行全面改革，使之成为新文化运动的中心，成为研究新学术、传播新思想、培养新人才的基地。蔡元培的教育主张，能根据本国需要，兼采各国所长，"食而化之"。这在当时的历史条件下，对中国教育的发展，起了推动作用。

章太炎

名炳麟，初名学乘，字枚叔，后改名绛，号太炎，浙江余杭人，清末民初民主革命家、思想家、著名学者，研究范围涉及小学、历史、哲学、政治等，著述甚丰。早年接受西方近代机械唯物主义和生物进化论，在他的著作中阐述了西方哲学、社会学和自然科学等方面的新思想、新内容，其思想又受佛教唯识宗和西方近代主观唯心主义影响。随着旧民主主义革命失败，他思想上渐趋颓唐。在文学、历史学、语言学等方面，均有成就。宣扬革命的诗文，影响很大，但文字古奥难解。所著《新方言》《文始》《小学答问》，上探语源，下明流变，颇多创获。一生著作颇多，约有400余万字。著述除刊入《章氏丛书》《续编》外，遗稿又刊入《章氏丛书三编》。

王国维

字静安，又字伯隅，号观堂，浙江海宁人，清末民初著名学者。王氏为近代博学通儒，其功力之深、治学范围之广、对学术界影响之大，为近代以来所仅见。他16岁考中秀才，1907年起任学部图书馆编辑，从事中国戏曲史和词曲的研究，著有《曲录》《宋元戏曲考》《人间词话》等。其中《人间词话》一书乃是王氏接受了西洋美学思想之洗礼后，以崭新的眼光对中国旧文学所作的评论，具有划时代的意义。辛亥革命后以清朝遗老自居。1913年从事中国古代史料、古器物、古文字学、音韵学的考订，尤致力于甲骨文、金文和汉晋简牍的考释。1925年任清华研究院教授，除研究古史外，兼作西北史料和蒙古史料的整理考订。1927年6月3日在北京颐和园昆明湖投湖自尽。其生平著作甚多，身后遗著收为全集者有《海宁王忠悫公遗书》《海宁王静安先生遗书》《王观堂先生全集》等数种。

陈寅恪

江西义宁（今修水）人，生于湖南长沙。清光绪二十八年（1902年）经上海去日本求学，后因病回国。三十三年入上海吴淞复旦公学。宣统二年（1910年）起先后在德国柏林大学、瑞士苏黎世大学、法国巴黎高等政治学校、美国哈佛大学研究古文字学和佛学。通晓英、法、德、日、拉丁、希腊、梵、蒙、满、藏等多种文字，对魏晋南北朝史、隋唐史、蒙古史以及梵文、突厥文、西夏文等古文字和佛学经典，均有精到研究。著有《隋唐制度渊源略论稿》《元白诗笺证稿》《寒柳堂集》《金明馆丛稿》《柳如是别传》，有《陈寅恪文集》。

陶行知

原名文濬，后改名知行，再改名行知，是我国现代伟大的人民教育家、思想家、大众诗人、革命战士。陶行知是安徽歙县人，家境清贫，幼年接受父亲和塾师的教育，此后一生都从事人民的教育事业，他是我国现代教育史上最早倡导职业教育思想的教育家之一。陶行知于20世纪20年代初曾为争取女子受

陶行知与重庆育才学校的孩子们在一起

教育权利而呐喊。1920年，他在南京高师继续进行改革，就包含有提倡男女同校和招收女生等措施。毛泽东称誉陶行知是一位伟大的人民教育家。

梁漱溟

名焕鼎，字寿铭，曾用笔名寿民、瘦民、漱溟，后以"漱溟"行世，是著名的思想家和社会活动家。梁氏远祖乃元朝宗室，元顺帝时改汉姓。祖籍广西桂林，实自曾祖即已定居北京，梁漱溟自幼便受到半西化的教育，他曾将自己一生的思想发展分为三个时期：西方功利派、佛教出世主义、儒学。他最先在北大发起东方学及孔子哲学的研究，并于1921年出版《东西文化及其哲学》一书，且由此成为现代新儒学的先驱。《东西文化及其哲学》一书对中国、印度、西方三个文化体系的特点及其在世界文化发展史上的地位做了系统的分析，预测了世界文化未来的趋势，对儒学的前途作了乐观的估价。此书成为其一生最有代表性的著作。同时他也是一位继往开来的思想家。

冯友兰

中国科学院学部常务委员。字芝生，河南唐河人。著名的哲学家、教育家。冯友兰出生在一个当地远近闻名的书香世家。1918年，冯友兰从北京大学毕业后，回到河南开封，在河南留学欧美预备学校和省立师范学校里教国文和修身。

1919年秋，冯友兰来到北京，顺利通过了教育部组织的出国留学资格考试，1920年1月，进入美国哥伦比亚大学研究院，1924年获哲学博士学位。

冯友兰是中国近代以来能够建立自己思想体系的少数几个哲学家之一。

他的思想在中国现代史上占有重要地位，在国内外都有很大影响。他在中国哲学史的研究方面，形成了富有思辨性的独特思想体系，是第一个把中国哲学和西方哲学进行比较研究的人，也是较早地把中国哲学介绍到西方的中国人之一。他一生著述甚丰，中、英文著作近500万言。代表作有《中国哲学史》。

艺术名人

俞伯牙

传为春秋时人，生卒不详，擅长鼓琴。《荀子·劝学篇》里曾载道："伯牙鼓琴，而六马仰秣。"伯牙起初学琴于成连先生，3年内就学会了成连的所有技艺，然而却始终不能达到成连的那种"精神寂寞，情之专一"的水平。后随成连至东海蓬莱山，闻海水澎湃、群鸟悲号之声，心有所感，乃援琴而歌，作成著名的《水仙操》。据说他所弹奏的琴曲美妙动听，但只有一个叫钟子期的人能够听明白曲中之意。钟子期死后，再没有人能听懂伯牙的琴声，伯牙悲痛世上再无知音，遂摔碎琴，从此不再为别人弹奏。相传除《水仙操》外，他的作品还有《高山流水》等。

钟繇

字元常，颍川长社人。三国时魏国人，出生于河南长葛，官至太傅，我国书法史上第一位楷书大家。他幼年曾向蔡邕、刘德升等求教，在外寻师访友，

16 年从未返家一次，最终成为与王羲之齐名的书法大家。他擅长各种书体，但是最有名、对后世影响最大的还是楷书。他的楷书结体疏朗、宽博，同成熟的唐楷比起来，在各方面虽然都还显得幼稚，但却有一种浑然天成的古雅、拙朴的风格，有一种后人无法企及的盎然天趣，因而被誉为"正书之祖"。钟繇的书法呈现出中国书法由隶入楷的新面貌，是晋王羲之真书的先驱，故与王羲之并称"钟王"。有《力命表》《宣示表》《荐季直表》等，可惜真迹不传。宋以来的《宣示表》《力命表》《荐季直表》及《墓田丙舍帖》等法帖，都是后人的临摹本。

王羲之

字逸少，号澹斋，原籍琅琊临沂（今山东临沂），后迁居山阴（今浙江绍兴），东晋伟大的书法家，被后人尊为"书圣"。他出身于一个书法世家，7岁时拜女书法家卫铄为师，后官至右军将军、会稽内史，世称王右军。王羲之对中国书法做出了巨大的贡献，他把钟繇与隶书相近的横体势转化为一种方正而稍长的体势，因而使得当时还十分拙朴的楷书，成为更接近现在的妍美的楷书。这一改变，是隶书向楷书过渡的最为重要的标志之一，已经孕育着唐代楷书诸大家的胚胎，也成为后世人们写楷书的基本样式。他的行书《兰亭序》被誉为笔势飘若惊鸿，矫若惊龙，人称"天下第一行书"。中国书法艺术在他笔下成就最高，走到了个人的顶峰。

顾恺之

字长康，晋陵无锡（今属江苏）人，东晋大画家。他出身士族，多才多艺，以"画绝、才绝、痴绝"而驰名于世，曾任参军、散骑常侍等职。顾恺之对中国绘画及绘画理论做出了重要贡献。他的人物画善于用淡墨晕染增强质感，运用"铁线描"勾勒出劲挺有力的细线，衣服线条流畅而飘逸，优美生动，并以人物面部的复杂表情，来隐现其内心的丰富情感，具有强大的艺术魅力。他在《魏晋胜流画赞》《论画》《画云台山记》等画论中还提出了传神论、以形守神、迁想妙得等观点，主张绘画要表现人物的精神状态和性格特征，通过形象思维来把握对象的内在本质，对后世的绘画产生了深远影响。现今传世的顾恺之作品摹本有《洛神赋图》《女史箴图》《列女仁智图》等。

欧阳询

湖南临湘人，曾任太常博士、太子率更令，我国隋唐时期的大书法家，与虞世南、褚遂良、薛稷并称"初唐四大家"。在隋朝时他受到唐高祖李渊的赏识，入唐后被提拔为给事中，后来长期担任弘文馆学士，主编类书，教授书法。欧阳询创立了对后世影响极大的"欧体"楷书，在他的书法作品中，大到整体的章法、汉字形式的类别，小到点画之间的主次关系、穿插挪让，都成为一种严肃的、郑重其事的创作方式，一切变化都是按照法度原则而表现得完整、坚实、充分、和悦，趋于尽善尽美，因而具有一种典雅、庄严的气派。欧阳询对楷书结构的整理，为我国书法做出了独特贡献。所谓"欧阳结体三十六法"，就是以他的书格总结的结字规律。传世作品有《化度寺邕禅师舍利塔铭》《九成宫醴泉铭》《皇甫诞碑》等，我国古代著名的类书《艺文类聚》也是在他的主编下成书的。

虞世南

字伯施，浙江余姚人，初唐四大书法家之一。他从小就过继给叔父为子，曾跟随著名书法家智永和尚习书法，深谙王羲之的笔法。虞世南生性沉静，刚直忠贞，为唐太宗李世民所器重，官至银青光禄大夫、弘文馆学士。太宗常称虞世南有德行、忠直、博学、文词、书翰"五绝"，对其评价极高。虞世南的书法用笔深粹、典丽，圆融遒逸而外柔内刚，风骨遒劲而几无雕饰或火气，被称为"虞体"流派，与欧阳询的"险劲"一路并称"欧虞"。唐太宗尝言远学王羲之，近学虞世南，足见其影响力。他的行草书，则几乎是王羲之行草诸帖的嫡传。传世作品有《孔子庙堂碑》《汝南公主墓志铭并序》《积时帖》等。

褚遂良

字伯高，浙江钱塘（今浙江杭州）人，初唐四大书法家之一。他出身名门贵族，唐太宗时，曾被提升为中书令，成为继魏徵之后在唐代政坛上起着举足轻重作用的大臣。高宗时曾作为尚书右仆射执掌朝政大权，晚年被贬到中国本土以外的河内西南一带，并在流放之中死去。褚遂良是一位具有唯美气息的大师，他既是初唐楷书风格的创造者，同时也是晋人书风的继承者。他的书法具有一种瘦硬清挺的"空灵"境界。他刻意地处理每一笔画，每一根线条，使得笔下的线条充满生命，具有一种飞动之美。在初唐四大书家中，褚遂良善于把虞、欧笔法融为一体，方圆兼备，波势

雁塔圣教序　唐　褚遂良

在此序中足见褚书俏丽、瘦劲的特色，此书端雅质朴，结体疏展而章法明朗，金声玉润，可见右军风气，堪称书林精品。

自如，比前辈更显舒展。代表作品有《房玄龄碑》《孟法师碑》《雁塔圣教序》等。

阎立本

雍州万年（今陕西临潼）人，唐代著名画家。他出身于贵族世家，具有极高的政治才干，曾担任工部尚书、右丞相、中书令等职务。阎立本是中国绘画史上承前启后的一代人物画大师。他善画道释、山水、鞍马等，尤长于重大题材的历史人物画。他继承南北朝的优秀传统而又勇于开拓，线条刚劲有力，色彩古雅沉着，人物神态刻画细致，在各个方面都超过了前朝的水平。他的作品被誉为"丹青神化"而为"天下取则"，在绘画史上具有重要地位。传世作品有《步辇图》《古帝王图》《职贡图》《萧翼赚兰亭图》等。

颜真卿

字清臣，京兆万年（今陕西西安）人，南北朝时期著名学者颜师古的五世孙，唐代最伟大的书法家，我国书法艺术的集大成者。他3岁丧父，由母亲训

导成才，并得到草圣张旭真传。他一生刚正耿直，历任玄宗、肃宗、代宗、德宗四朝大臣，在平定安禄山的斗争中立下显著功勋，最终为叛军所杀害。在中国书坛上，颜真卿集500年雄健派之大成，而又最富革新精神，继王羲之之后把我国书法推向了所能达到的最高峰。他所创造的"颜体"楷书一反初唐书风，行以篆籀之笔，化瘦硬为丰腴雄浑，结体宽博而气势恢宏，骨力遒劲而气概凛然，这种风格体现了大唐帝国繁盛的风度，开拓了中国书法艺术崭新的恢宏境界。颜体法度之严峻、气势之磅礴前无古人；颜体的端庄美、阳刚美为后世立则。颜真卿造就了在书法中的盛唐之音，成为盛唐气象鲜明的标志之一。代表作品有《多宝塔碑》《颜勤礼碑》《寒食帖》《祭侄季明文稿》《东方朔画赞碑》等。

吴道子

原名吴道玄，河南阳翟（今河南禹县）人，唐代杰出画家。他年幼时丧失父母，生活贫寒，曾去洛阳追随书法家张旭、贺知章学书法，后因唐玄宗召他入宫，遂改名道玄为道子。吴道子是古代画家中最享盛名的一个，他一变古来因袭的高古游丝描的细笔，发展了线描的艺术方法，线条遒劲雄放，变化丰富，富有运动感、节奏感，被人们称为"吴带当风"。他还创造出"于焦墨痕中，略施微染"的淡彩法，称作"吴装新格"。他所作人物、鬼神、鸟兽、台阁都冠绝一世，千年来被后人奉为"画圣"和民间画工的"祖师"。他生前作宗教壁画有300幅之多，但是流传下来的只有摹本《送子天王图》。

张 旭

字伯高，唐代吴郡（今江苏苏州）人，杰出的书法家。他初仕为常熟尉，后官至金吾长史，人称"张长史"。张旭是一位极有个性的草书大家，他为人洒脱不羁，卓尔不群，喜欢饮酒，往往大醉后挥毫作书，或以头发濡墨作书，如醉如痴，世人称之为"张颠"，并与李白、贺知章等人相善，称为"酒中八仙"。他精工楷书、草书，尤以草书著称，师学"二王"而又能独创新意，用抽象的点线去表现书法家思想情感博大清新、纵逸豪放之处，远远超过了前代书法家的作品，把书法艺术升华到新的境界，具有强烈的盛唐气象。传世书迹有《郎官石柱记》《肚痛帖》《古诗四帖》等。

怀 素

俗姓钱，湖南零陵人，是书法史上领一代风骚的唐代大书法家。他原本出身世家，少年时忽发出家之意，皈依佛门改字藏真，史称"零陵僧"或"释长沙"，晚年在四川成都宝园寺撰写经文，后患风痹病去世，享年62岁。怀素与唐代另一草书家张旭齐名，人称"张颠素狂"或"颠张醉素"。他虽然身在佛门，却嗜酒如荤，醉后兴之所至，便笔走龙蛇，留下风骤雨旋般气势磅礴的作品，给人以"剑气凌云"的豪迈感。他的草书用笔圆劲有力，使转如环，奔放流畅，一气呵成，称为"狂草"，和张旭齐名。传世作品有《千字文》《自叙帖》《圣母帖》《论书帖》《藏真帖》等。

柳公权

字诚悬，京兆华原（今陕西耀州

人，唐朝最后一位大书法家。他31岁进士及第，历仕宪宗、穆宗、敬宗、文宗、武宗、宣宗、懿宗七朝，一生基本上都在京城为官。柳公权从颜真卿处接过楷书的旗帜，自创"柳体"，登上了中国书法的又一峰巅。他一变中唐书法的肥腴之风，用笔爽利快健，骨力深注，以方为主，济之以圆，法度森严而清劲挺拔，具有瘦硬通神的艺术境界。这便是著名的"柳骨"。"柳体"与"颜体"齐名，并称"颜筋柳骨"，是中国书法史上最具影响的书体。传世作品有《太子太傅刘沔碑》《魏公先庙碑》《高元裕碑》《玄秘塔碑》《神策军碑》等。

米 芾

字元章，号襄阳漫士、海岳外史，祖籍山西，后迁居襄阳，因此有"米襄阳"之称。北宋最杰出的书法家、画家之一。他7岁学书，10岁写碑，21岁步入官场，晚年居润州丹徒（今属江苏），是个早熟的艺术怪才。在书法上，他是"宋四家"（苏、黄、米、蔡）之一，他重视书法作品的整体气韵，又兼顾细节的完美，潇洒奔放而又严于法度，形成飘逸超迈的气势和沉着痛快的风格，对后世影响深远。在绘画上，他独创山水画中的"米家云山"之法，善以"模糊"的笔墨作云雾迷漫的江南景色，用大小错落的点簇来再现层层山头，世称"米点"。传世作品有《蜀素帖》《草书四帖》等，并有《宝章待访录》《书史》《画史》《砚史》等著作传世。

张择端

字正道，一字文友，东武（今山东诸城）人，宋代著名画家。他早年曾

清明上河图（局部） 北宋 张择端

游学汴京（今河南开封），后转学绘画，在宋徽宗时供职翰林图画院。他擅长宫室界画，尤长于舟车、市肆、桥梁、街衢、城郭，在北宋画坛上自成一家。他的代表作《清明上河图》是我国12世纪初期一幅杰出的风俗画，在北宋风俗画中具有典型的代表意义。画家以周密的观察力为基础，对北宋清明时节汴京各阶层在城郊一带的生活情景，以及汴河上的繁华景象，做了真实而详尽的描绘。它集宋代各画种的高超技艺于一图，纷繁多变，于繁杂间游刃有余，实为我国古代绘画之瑰宝。

赵孟頫

字子昂，号松雪，浙江湖州人，元代在书法、绘画界都堪称泰斗的伟大艺术家。他原本是宋太祖赵匡胤的十一世孙，入元后被征召入仕，官至翰林学士，封魏国公。赵孟頫是中国书画史上影响最大的艺术家之一，他的书法华美而不乏骨力，流丽而不落庸俗，潇洒中见高雅，秀逸中吐清气，集晋唐书法之大成，有"赵体"之称。他的绘画标榜复古，提倡笔墨法趣，人物、鞍马、山水、花木、竹石、禽鸟，各种题材，下笔皆成妙品，扭转了北宋以来古风渐湮的画坛颓势，使绘画风气从工艳琐细转向质朴

自然。赵孟頫绘画艺术的完美性及其成就可称得上是空前的。除书画外，他还长于诗文、考据学，精通音乐，并在篆刻艺术、鉴定古器物上皆有一定的成就。传世作品有《兰亭十三跋》《归去来兮辞》《赤壁赋》《道德经》《洛神赋》等。

黄公望

字子久，江苏常熟人，"元四家"中声望最高的大画家。他原姓陆名坚，后过继给温州黄家，故改姓黄。曾经做过浙西廉访司一名书吏，因为受到上司贪污案的牵连而入狱。出狱后加入新道教，改号"大痴"，从此云游四方，曾以卖卜为生，还曾在苏州等地开设教堂，宣传全真教义。他的画初学董源、巨然一派，后受赵孟頫熏陶，善用湿笔披麻皴，为明清画家大力推崇。不过，他虽受过赵孟頫的影响，但他更多地着意于董、巨画法，而且更专意于山水画，水墨纷披，苍率潇洒，境界高旷，把董、巨一派山水画推向了画坛主流地位。传世作品有《九峰雪霁图》《丹崖玉树图》《天池石壁图》《富春山居图》等，此外还有《写山水诀》《论画山水》等理论著作，皆为后世典范之学。

倪　瓒

字元镇，号云林，江苏无锡人，元代大画家，"元四家"之一。倪瓒生性洒脱不羁，淡泊名利，50岁后尽卖田产，携眷隐遁太湖，成为一名全真教徒，在山水、书画中终老。倪瓒把中国文人画发展到空前完美的形式，为元代画坛和整个中国画坛增加了奇异的光彩。他的山水作品以深秀、苍润、含蓄的特点，改变了李成、马远、夏圭等人以斧劈皴、墨块为特征的挺拔刚健的画风，形成自己独具特色的萧疏风格，以其独特的意境和鲜明的性格，呈现出空前的美。他的书法恬淡瘦劲、静穆秀雅，秀逸俊美而无妩媚柔弱之嫌，兼之清润遒丽、淡雅拔俗，堪称大家。传世作品主要有《水竹居图》《江岸望山图》《松林亭子图》及诗文《自书诗稿》《静寄轩诗文》等。

王　冕

字元章，浙江诸暨人，元代著名花鸟画家。他一生淡泊名利，蔑视权贵，不求仕进，晚年避居会稽九里山，自筑"梅花屋"，种粟养鱼，以清贫生活了其余生。王冕创立了在绘画史上影响深远的"墨梅流派"。他的"墨梅"构图以密取胜，同时做到密而不乱，繁而有韵，令人感到风神绰约、奕奕有致。他笔下的梅花千蕊万朵，含笑盈枝，香气凌风，占满在画幅上，显示了他的乐观主义精神。王冕的墨梅具有"神韵秀逸"的独特风格，对后代影响深远，特别通过徐渭等人的丰富与发展，逐渐出现了大写意与没骨花卉繁荣并峙的局面。

唐　寅

初字伯虎，更字子畏，号桃花庵主，晚年信佛，有六如居士等别号，吴县（今江苏苏州吴中区）人，是我国绘画史上杰出的画家、书法家、文学家。在绘画上，他是吴门画派中的杰出代表，擅长山水，又工画人物，尤其是精于仕女，画风既工整秀丽，又潇洒飘逸，被称为"唐画"，与沈周、文徵明、仇英齐名，合称"明四家"。他的书法取法赵孟頫，俊逸秀挺，韵味悠远。他还是明代有名的诗人，诗风清朗洒脱，又擅长采用民歌形式写曲，与祝允明、文徵明、徐祯卿切磋诗文，蜚声吴中，世称"吴中四才子"。传世作品有《春山伴侣图》《落霞孤鹜图》《蓊田行犊图》《杏花仙馆图》《草堂话旧图》等。

仇 英

江苏太仓人，"明四家"之一。他是明代四大画家中唯一不是文人，而是出身工匠，终生只以职业画家身份活跃于画坛的。在四人中，仇英的绘画风格最富有特色，也最多样化。他擅长各种画科和题材，其中人物画的成就最为突出。他有着观察和体验生活的敏锐眼光，能够准确地捕捉到生活中最生动、最能反映精神本体的特质，加上他的线条在秀雅纤丽中透露出欢快和飘逸的气息，因而能做到虽然精巧如生，但不失儒雅之气，在当时雅俗共赏。他的山水构图加大了画中物象的景深，具有全景式的大山大水的布局特征，视野开阔清旷，从而跃出了南宋马远"一角"和夏圭"半边"的构图程式，具有独特的艺术魅力。传世作品有《柳下眠琴图》《临溪水阁图》《双勾兰花图》等。

董其昌

字玄宰，号香光，别号思白，明代南直隶松江府上海（今属上海）董家汇人，是一位在书法、山水画、美术鉴赏、美术理论上都有卓越贡献的书法家、画家、理论家。他17岁参加会考，却因为文章虽好而字差屈居第二。深受刺激的董其昌从此发愤练习书画，终成大家。他的书法结构森然而天真烂漫，神秀淡雅，在赵孟頫妩媚圆熟的"松雪体"称雄书坛数百年后独辟蹊径，称雄一代。他的山水画潇洒生动，特别讲求用墨的技巧，水墨画兼擅泼墨、惜墨的手法，浓淡、干湿自然合拍，着墨不多，却意境深邃，韵味无穷。他的创作成为文人画追求意境的典范。传世作品有《鹤林春社图》《浮岚暖翠图》《神楼图》《西湖八景图》《溪回路转图》等。

陈洪绶

字章侯，号老莲，浙江诸暨枫桥人，明代杰出画家。他10岁时拜杭州著名画家孙杕伙、蓝瑛为师，14岁便小有名气。1646年，他在绍兴云门寺出家，改号为悔迟、悔僧，亦号云门僧，6年后去世于杭州。陈洪绶是中国绘画史上引人瞩目的一代大师。他才华横溢，于诗书画中均能独树一帜，尤其是他的人物画创作，自清以来，一直被奉为楷模。他的人物版画在壮年时凝神聚力，细圆而利索，已由"神"入"化"；晚年则更加苍老古拙，勾线也十分随意，意到便成，炉火纯青，愈臻化境。他笔下的人物及笔墨的舒缓状态，达到了中国传统文人审美的最高境界，因而独霸明清人物画坛，无人能比。代表作有《归去来图》《折梅仕女图》《屈子行吟图》《水浒叶子》《博古叶子》等。

陈洪绶像

朱 耷

号八大山人，江西南昌人，明清以来的画坛巨擘。他本是明代皇室后裔，20岁时便弃家避祸山中，23岁剃发为僧，释名传綮，号刃庵，中年时曾因为躲避清政府征召而佯狂装疯。康熙十九年（1680年）还俗，此后便在家乡以诗文书画为事，直至去世。朱耷是明清近300年来成就最高、影响最大的画家之一，他绘画做到了削尽冗繁，返璞归真，笔墨清脱，以一种含蓄蕴藉、丰富多彩、淋漓痛快的艺术语言，塑造了一个前所未有的纯净、酣畅境界，不愧为300年画坛的领袖人物。他的书法平淡天成，藏巧于拙，笔涩生朴，不加修饰，静穆而单纯，不着一丝人间烟尘气，有着很高的艺术成就。传世作品有《快雪时晴图》《河上花图》《行书四箴》等。

石 涛

原名朱若极，后更名元济、原济，又名超济，号清湘老人，晚号瞎尊者，北京人，清代最杰出的画家之一。他本是明代皇族，10岁时即遭国破家亡之痛，削发为僧，改名石涛。为了逃避兵祸，他四处流浪，从事作画写生，最终成为名扬海内外的大画家。石涛饱览名山大川，形成了自己苍郁恣肆的独特风格。他作画构图新奇，无论是枯树寒鸦、悬崖峭壁，还是江南水墨、黄山云烟，都力求布局新奇，意境翻新。他还善用墨法，通过水墨的渗化和笔墨的融和，表现出山川的氤氲气象和深厚之态。他尤其善用"截取法"，以特写之景传达深邃之境。他的画笔纵情恣肆，淋漓洒脱，不拘小处瑕疵，具有一种豪放郁勃的气势。他在绘画艺术上成就极为突出，是明清时期最富有创造性的绘画大师。代表作有《采石图》《云山图轴》《梅竹图卷》《山林乐事图轴》《梅竹兰图》等。

郑板桥

名燮，字克柔，号板桥，清代杰出的艺术家、文学家。他的前半生在读书、授课、著文、卖画、出游中度过，40岁后曾中举人、进士，并任山东范县、潍县县令。后因在饥荒中赈济难民侵犯了豪商富贾的利益而被诬告，撤职罢官，回到扬州卖画终老。郑板桥的书法在清代自成一家，他以真、草、隶、篆四体相参，创造出一种"六分半书"的新体，这种书体雄浑清劲，书法中还渗入画法，因而生气勃发，飘逸绝俗，甚得气韵生动之致。他还创造过一种叫"柳叶书"的书体，其特点是中锋放笔为之，给人以柳叶飘动之感。他一生最喜画兰、竹、石，构思巧妙，笔墨多变，形象生动，风格爽朗，确是艺术精品。郑板桥还是清代享有盛誉的现实主义文学家，他的诗、词、曲真挚风趣，为人民大众所喜诵。传世作品有《竹石图》《九畹兰花图》《修竹新篁图》等，后人辑有《郑板桥全集》《郑板桥先生印集》。

程长庚

名椿，一名闻翰，字玉山，祖居安徽怀宁，出生于潜山县，清代杰出的京剧表演艺术家。程长庚的父亲程祥桂是道光年间三庆班掌班人，他幼入三庆班坐科，道光二年（1822年）随父北上入京，始以《文昭关》《战长沙》的演出崭露头角，后为三庆班老生首席演员。从道光、咸丰至同治年间，长期主持三庆班并任主要演员。咸丰时开始兼任精忠庙会首，直至逝世。他的演唱熔徽调、汉调、昆曲等优长于一炉，以徽音为主，调高声宏，字正腔圆，气势磅礴，当时称徽派。他的表演善于体察人物的性格、身份，注重表现其气质、神采，做功身段沉稳凝重。程长庚为京剧艺术的形成做出了重要贡献，有"徽班领袖，京剧鼻祖"之称。代表剧目有京剧《战樊城》《文昭关》《战长沙》《让成都》《法门寺》《群英会》《华容道》和昆曲《钗训大审》等。

吴昌硕

名俊，又名香补，中年后易字昌硕，别号缶铁，安吉人，清末艺术巨匠。他12岁中秀才，此后便不再应考，而专心于艺术。年轻时离乡到杭州、苏州、上海等地寻师访友，晚年曾发起筹办西泠印社，并被推为会长。吴昌硕在书法、篆刻、绘画诸方面均有很深的造诣。他的书法凝练遒劲，貌拙气酣，极富金石气息，尤以篆书最为著名。他所临石鼓文突破了陈规，参以两周金文及秦代石刻，朴茂雄健，别具一格。他的篆刻气势恢宏，雄伟奇兀，独具风格。他还把书法、篆刻的行笔、运刀及章法、体势融入绘画中，形成了富有金石味的独特画风，所作花卉木石，笔力深厚老辣，力透纸背，又纵横恣肆，气势雄强，是"后海派"的大师。传世作品有《设色菊花图》《墨荷图》《双钩兰图》等。

谭鑫培

原名金福，原籍湖北江夏，我国近代伟大的京剧表演艺术家。他的父亲是当时有名的旦角，有"叫天"之称，因而他被世人称作"小叫天"。他自小便进入金奎科班学武生，出科后搭入永胜班担任配角，变声期间改演武生，在京东一带流动演出，回北京后入三庆班。谭鑫培是一位善于革新的艺术家，一些传统的剧目如《珠帘寨》《连营寨》《空城计》等，经他的删减增益后，显得更为精练精湛，成为后学所宗法的上演剧目。他创立了京剧的谭派唱法，在京剧表演艺术创造上做出了卓著的成就，为京剧老生表演艺术开拓了新的天地，有"伶界大王"的美誉，影响极其深远。

齐白石

原名纯芝，字渭清，后更名璜，字萍生，号白石，湖南湘潭人，我国20世纪国画大师和书法篆刻家。早年曾做雕花木匠，后师从陈少蕃、胡沁园学习绘画、书法等，并以卖画、刻印为生。新中国成立后曾任北京画院名誉院长、中国美术家协会主席等职。齐白石以文人画为根基，开掘民间传统，讲求雅俗结合，为传统花鸟画注入了蓬勃生机。他作画喜欢将阔笔大写的花卉与工细草虫合于一图，以求相反相成之韵趣，用笔雄浑健拔，用墨滋润淋漓，用色浓艳泼辣，极为简括大气。除了绘画，他在诗、书、印方面也取得了卓越成就，被授予"人民艺术家"的称号。传世作品有《虾趣图》《千帆过尽图》《鳞桥烟柳图》等，并著有《白石诗草》《白石印草》。

黄宾虹

原名懋质，后改名质，字朴存，中年更字宾虹，祖籍安徽歙县，出生于浙江金华，我国近代艺术巨匠。他早年激于时事，参加了同盟会、南社等革命社团，后潜心学术，深研画史、画理。黄宾虹对中国的传统山水画笔墨做了总结性的考察研究，他的作品

已经走到了传统山水画模式的边缘，其抽象性格又和世界现代艺术倾向接近，为中国画史进入现代竖起了一块新的里程碑，堪称中国传统山水画精华之集大成者和现代艺术的开拓者。著有《古印概论》《古文字释》《古画微》《虹庐画谈》《鉴古名画论》《画法要旨》《宾虹诗草》等。

梅兰芳

名澜，字畹华，原籍江苏泰州，北京人，我国近代伟大的京剧表演艺术家。他出身于梨园世家，早年父母双亡，由伯父抚养成人，8岁开始学戏，10岁首次登台，先后加入翊文社、双庆社、喜群社、崇林社等戏班，与谭鑫培、杨小楼等人合作，为中国京剧事业的发展立下了不可磨灭的功勋。他早期演出以青衣戏为主，随即学演了花旦戏和刀马旦戏，被称为京剧"四大名旦"之首。他对人物的化妆、头饰、服装进行了大胆的革新，创造了绸舞、镰舞、盘舞、剑舞、袖舞、羽舞等新的舞蹈，丰富了京剧旦角的表现手段。由他创立的梅派，被称为近现代京剧中最重要的流派之一。

刘海粟

字季芳，江苏武进人，我国近现代杰出的美术家、教育家、美术史家、画家。他14岁到上海入画家周湘主持的背景画传习所学西洋画，1912年在上海创办中国第一所现代美术学校——上海国画美术院（上海美术专科学校前身），招收了徐悲鸿、王济远等高材生，并冲破封建势力阻挠，首创男女同校，增加用人体模特和旅行写生，结果因此受孙传芳迫害逃亡日本。1938年春回上海，应上海中华书局之邀，写成80万言的巨著《海粟丛书》，并著有《米勒传》《塞尚传》介绍西洋艺术。新中国成立后，历任上海美术专科学校校长，南京艺术学院院长等职。刘海粟是一位兼容并包的艺术家，他兼擅中国画、油画、书法、诗词和美术史论，笔力深厚，苍拙老到，如高山坠石，笔、墨、彩的混用，创立了独家风貌，是我国20世纪最杰出的画家之一。代表作品有《彩荷》《山茶锦鸡》《白菡新开初过雨》等。

徐悲鸿

江苏宜兴人，兼采中西艺术之长的现代绘画大师，美术教育家。他少年时代随父学画，20岁时便在上海卖画。1918年，他接受蔡元培聘请，任北京大学画法研究会导师。新中国成立后曾任中央美术学院院长，全国美术工作者协会主席，直至病逝。徐悲鸿擅长中国画、油画，尤精素描。他的绘画线条坚卓清爽，既像行云流水般畅达，又有力透纸背的沉雄劲健，满含激情而技巧极高。最能代表其艺术成就的是写马的画卷。他笔下的马筋强骨壮，气势磅礴，形神俱足，笔墨酣畅淋漓，精微处不琐屑，奔放处又不狂狷，是价值极高的艺术珍品。他的代表作有油画《溪我后》《田横五百士》，国画《九方皋》《愚公移山》《会师东京》等。

潘天寿

原名天谨，后改作天寿，字大颐，浙江宁波人，我国20世纪时书画大师、书画理论家。他19岁入浙江省立第一师范学校求学，得李叔同等人指导。27岁就任上海美专、新华艺学校中国画教授，后任浙江美术学院院长。潘天寿充分发挥了中国画表现方法以线为主的特长，汲取书法"屋漏痕""折钗股"的手法入画，运笔苍劲泼辣，构图豪放奇崛、疏密相适，风骨遒劲，诗意盎然，成就极高。他所独创的指墨画更是以其沉郁古拙、气势恢宏而独步画坛。代表作有《松鹰》《秋夜》《和平鸽图》《雁荡山花》《泰山图》等等。他的书法风格豪迈朴茂，真草隶篆，无一不精。同时也精通画史、画论，有《中国绘画史》《中国画院考》《中国书法史》等著作传世。

尚小云

原名德泉，字绮霞，出生于河北南宫，后定居北京，现代杰出的京剧表演艺术家，京剧"四大名旦"之一。他是清代平南王后裔，幼年时入北京三乐科班（后改名正乐）学艺，艺名三锡。他最初学习武生，后跟从孙菊仙学正旦，改名小云，以演青衣戏为主。他的演唱字正腔圆，高亢洪亮，有穿云裂石之胜；动作节奏鲜明，刚烈中富于柔媚，柔情中蕴涵坚贞，做功端庄优美，勇健挺拔，富于美感，形成了独树一帜的尚派京剧艺术。他一生排演、改编了大量京剧作品，主要有《雷峰塔》《珍珠扇》《花蕊夫人》《鞭打芦花》等，还编排了三部取材于外国及少数民族生活的新剧目，即《摩登伽女》《相思寨》《北国佳人》，对我国京剧艺术的发展起到了重要的作用。

荀慧生

初名秉超，后改名秉彝，字慧声，号留香，艺名白牡丹，祖籍河北东光，我国现代著名的京剧表演艺术家，"四大名旦"之一。他从小被卖给梆子戏班，11岁入三乐班（后易名正乐）学京剧旦行，与尚小云、赵桐珊有"正乐三杰"之称。后来专演京剧，并自组留香社。荀慧生广采博收，标新立异，创造了"荀派艺术"。他的唱腔俏丽多姿，委婉动听，声情并茂，感人至深。他的表演熔青衣、花旦、闺门旦、刀马旦表演于一炉，甚至将外国舞蹈步法融于其中，活泼多姿、文武兼备、唱做俱佳。代表剧目有《胭脂虎》《红娘》《玉堂春》《十三妹》等。

张大千

名爱，又名季、季菱，字大千，别号大千居士，四川内江人，我国近代国画大师、杰出的艺术家。他幼年时便受到母亲和兄长的熏陶指引，并师从曾农髯、李梅庵，年轻时便与以画虎著称、自号"虎痴"的二哥张善子齐名。在早、中年时期，张大千主要从事临古仿古，从临摹到仿作，进而到伪作，几能以假乱真。57岁时，他在继承唐代王洽的泼墨画法的基础上，糅入西欧绘画的色光关系，自创出一种新的山水画笔墨技法——泼彩画法。这种技法的变化始终能保持中国画的传统特色，创造出一种半抽象墨彩交辉的意境，是他最可贵之处。他的创作集文人画、作家画、宫廷画和民间艺术为一体，于中国画人物、山水、花鸟、鱼虫、走兽，无所不能，无一不精，是一位天才艺术家。代表作品有《巫峡清秋》《山雨欲来》《秋水清空》等。

傅抱石

原名瑞麟，号抱石斋主人，生于

江西南昌，我国现代山水画大家。早年曾得到徐悲鸿资助留学日本，回国后在中央大学艺术系任教。新中国成立后任江苏省国画院院长、中国美术家协会副主席。傅抱石在艺术上崇尚革新，他长期深入体察真山真水，摆脱了古人的笔墨，在山水画上取得了巨大的成就。他创作时章法结构不落俗套，别出心裁，线条纵逸挺秀，设色沉浑质丽，善于把水、墨、色融合为一体。在布局上，他打破了传统形式，常在满纸上下充塞山峦树木，不大留出天空，以"大块文章"的结构形成遮天盖地、壮丽沉雄的磅礴气势。人民大会堂的巨幅山水画《江山如此多娇》便是他与关山月合作的杰作。他还擅绘水和雨，独创"抱石皴"法。他的人物画也用笔洗练，着重气韵，自成一格，达到了传神的效果。有《傅抱石美术文集》等数十种著作行世，影响至为深远。

冼星海

原籍广东番禺，生于澳门一个贫苦船工家庭，中国近现代著名的音乐家。他少年时代曾在岭南大学附中学小提琴，后来入北大音乐传习所、国立艺专音乐系学习，1940 年去苏联学习、工作，不幸于 1945 年病逝于莫斯科。在他短暂的一生中，创作出了不少不朽名作，如脍炙人口的《黄河大合唱》和《生产大合唱》等作品，并写有交响曲《民族解放》《神圣之战》，管弦乐组曲《满江红》，管弦乐《中国狂想曲》以及小提琴曲《郭治尔－比戴》等。此外还写了《论中国音乐的民族形式》《聂耳——中国新兴音乐的创造者》等大量音乐论文。

李可染

江苏徐州人，我国近现代的绘画大师。他 13 岁学画，16 岁入上海私立美专学习，后入杭州（国际）西湖艺术院研习西画。1946 年之后，他师从黄宾虹、齐白石等大师，潜心于民族传统绘画的革新与创作，使古老的山水画艺术获得了新的生命。他的水墨画一扫文人积习，创造性地探索出深厚凝重、博大沉雄的新图式，以鲜明的时代精神和艺术个性促进了民族传统绘画的嬗变与升华。代表作品有《渔村春晓图》《江南春喜雨图》《桂林阳江图》等。

聂　耳

原名聂守信，字子义，又作紫艺，云南玉溪人，我国近代杰出的作曲家。他早年自学小提琴、钢琴等乐器，并与友人组织九九音乐社。后因参加革命活动而被迫前往上海，曾在商号当店员。

1935 年，由于国内白色恐怖的蔓延，他决定经日本去苏联学习，不幸在日本藤泽市鹄沼海滨溺水逝世，年仅 23 岁。在中国音乐史上，聂耳最早把革命现实主义和浪漫主义相结合，创作出大量富有时代气息和民族风格的作品，为中国革命音乐的发展开辟了道路。他创作的《义勇军进行曲》被定为中华人民共和国国歌，其他如《毕业歌》《前进歌》《大路歌》《卖报歌》，歌剧《扬子江暴风雨》，民族器乐曲《翠湖春晓》《金蛇狂舞》等，都是传诵一时的经典之作。

第四篇　世界名人常识

政治军事名人

汉穆拉比

古代巴比伦王国国王、政治家。汉穆拉比继承王位后,首先致力于积聚实力,消除内争。从继位第六年起,汉穆拉比开始对外扩张。经过35年的征战,汉穆拉比终于消除了城邦割据,统一了两河流域,建立了一个从波斯湾至地中海的中央集权的奴隶制国家,并自称"巴比伦之王"。汉穆拉比主要以他的《汉穆拉比法典》著称于世。《汉穆拉比法典》内容涉及经济、政治、军事、文化等各个方面,人们认为它是人类历史上第一部较为完备的成文法典。尽管如此,汉穆拉比所建立的国家,政权并不牢固,内部各种矛盾斗争也从未停止过。汉穆拉比逝世后,巴比伦王国逐渐走向衰落。

居鲁士

古代波斯帝国的开国君主。居鲁士征战一生,致力于扩张疆域。他打败米底王国,征服亚美尼亚、吕底亚,控制小亚细亚的希腊城邦,消灭巴比伦王国,进入巴比伦城,建立起庞大的波斯帝国。居鲁士虽然征战一生,但他对被征服地区实施宽厚开明的政策。例如他打败米底王国后,仍把米底国王当作帝王对待;他征服巴比伦,但禁止军队扰民,尊重当地的风俗习惯和宗教信仰;他释放巴比伦国王掳掠来的奴隶,派军队送他们回故乡;他帮以色列先民重建耶和华圣殿,重建犹太教,他的事迹因此被写入《圣经》。居鲁士虽然征服了许多国家,但他所征服的国家及其文明却没有被毁灭。所有这一切,使居鲁士成为古代文明的创造者和崇拜者,而不仅仅是文明的征服者。后他在远征中亚的作战中阵亡。

大流士一世

古代波斯帝国国王。大流士于公元前522年即位。即位初期,大流士采取了一系列措施,以确立中央集权的专制统治:镇压各地叛乱;进行行政制度改革;制定严酷的法律;开凿运河;改革税制;统一度量衡和币制等等。在此基础上,大流士也积极进行对外军事扩张:征服色雷斯,侵占马其顿,控制赫勒斯滂,逐渐建立了一个西至埃及、东达印度、南到波斯湾和阿拉伯半岛、北接里海及黑海的大帝国。从公元前492年起,大流士一世发动了对希腊的战争,最后于公元前490年在马拉松战役中以失败告终。大流士一世统治期间,波斯帝国的商业和贸易获得了很大发展,某种程度上也促进了东西方文化交流。

亚历山大

古代马其顿国王,军事家和政治家。亚历山大18岁随父出征,20岁继

这幅油画是由17世纪大画家鲁斯本所绘。图中,居鲁士大帝在与中亚草原的马萨革泰人交战中阵亡,他的头颅被马萨革泰女王托米丽斯浸入血水中。

承王位，曾师从于希腊著名哲学家亚里士多德。亚历山大在其短暂的一生中，一直致力于对东方的军事远征，通过多年征战最终征服了波斯帝国，建立了横跨欧亚非三洲的马其顿王国。公元前323年，亚历山大病逝，马其顿王国随即崩溃。

亚历山大的远征，是对被征服地区的野蛮掠夺，给东方各民族带来了深重灾难和无穷痛苦。但在客观上，远征却促进了东西方的经济和文化交流，开阔了人们的眼界，丰富了东西方知识宝库，对后来历史的发展产生了重要影响。亚历山大曾在东方建立了许多亚历山大城，最著名的是尼罗河口的亚历山大城。

汉尼拔

汉尼拔·巴卡，古代迦太基国军事统帅，杰出的军事家。作为一名将帅，汉尼拔的战绩主要是在第二次布匿战争中取得的。在第二次布匿战争期间，汉尼拔在特拉比亚战役、特拉西梅诺湖战役和坎比战役中大败罗马人，取得了最辉煌的胜利。作为军事家的汉尼拔，足智多谋、学识渊博，具有战略眼光和杰出的组织才能。他智勇双全，善于抓住战机；他勇敢而不鲁莽，懂得集中优势兵力打击敌人。汉尼拔曾计划把一切反罗马的力量团结起来，但由于迦太基政府不同派别之间争权夺利，他最终却落了个悲惨结局，公元前182年，汉尼拔在被追捕途中服毒自尽，成为统治者权力斗争的牺牲品。

恺撒

古罗马共和国末期政治家和军事统帅。他出身没落贵族，靠发动掠夺战争成为富有者和大奴隶主。他曾与庞培、克拉苏结成罗马历史上有名的"前三头同盟"。在后来的对外战争中，恺撒立下了赫赫战功，赢得了很高的威望。在一次战争胜利后，他用"到，见，胜"（veni, vidi, vici）作为捷报，这就是历史上著名的"三V文书"。这表现出他用兵神速、语言简洁的特点。他被元老院授予终身荣誉头衔——"大将军"和"祖国之父"。恺撒建立了一个强大的中央集权帝国。他还改革历法，采用儒略历。这部以恺撒命名的历法就是现在大多数国家通用的公历的前身。恺撒还是一个文学家，他的主要著作《高卢战记》和《内战记》，文笔清新简朴，行文巧妙，是初学拉丁文者的必读之书。公元前44年3月15日，恺撒到元老院开会，被共和派贵族刺杀。恺撒死后，西方帝王往往用他的名字来作为自己的头衔。他被看作历史上才干卓绝、仁慈大度的君主的楷模，一位出类拔萃的真正的政治家。他使罗马帝国成为古代最负盛名的帝国。

奥古斯都

原名盖乌斯·屋大维，罗马帝国开国皇帝，古代杰出的政治家。奥古斯都出生于骑士家庭，后来成为恺撒养子。恺撒被刺后，奥古斯都开始登上政治舞台。经过一系列的斗争，奥古斯都逐渐成为罗马唯一的统治者。为加强统治，奥古斯都对内进行军事改革，加强军队建设，创立元首制，调整行省制度；对外则实行灵活的外交政策，并积极对外扩张，使罗马成为一个东至幼发拉底河、西至大西洋、南到撒哈拉大沙漠、

北达多瑙河与莱茵河的大帝国。他所采取的内外政策，顺应了当时形势发展的要求，开创了相对安定的政治局面，为罗马帝国初期的繁荣奠定了基础。公元14年，奥古斯都病逝于巡视途中。

君士坦丁大帝

弗拉维乌斯·瓦列里乌斯·奥列利乌斯·君士坦丁，罗马帝国皇帝。君士坦丁早年从军，曾随父出征不列颠。306年，君士坦丁被军队拥立为皇帝。即位初期，君士坦丁致力于巩固政权，确立其统治地位。他于312年战胜马克森提，确立对帝国西部的统治；于313年和东部皇帝共同发布"米兰敕令"，承认基督教为合法宗教；于323年和东部皇帝决裂，并进行战争；于324年，统一罗马帝国，成为罗马帝国唯一的皇帝。统一罗马帝国后，君士坦丁成为罗马第一位信仰基督教的皇帝，制定了许多鼓励基督教发展的政策，使基督教逐渐变为在欧洲占统治地位的宗教。同时，君士坦丁还进行军事、政治、经济改革，实行文武分治，迁都到拜占廷，改名君士坦丁堡。337年，君士坦丁病逝。

查士丁尼

拜占廷帝国皇帝。查士丁尼于483年出生于农民家庭，后来继承叔父王位，成为拜占廷帝国皇帝。查士丁尼当政后，对内积极革新内政，主持编纂《查士丁尼法典》《查士丁尼学说汇纂》与《查士丁尼法学阶梯》等，对后世产生了重要影响；对外则积极发动一系列的战争，包括入侵北非，征服达尔-阿兰王国，征服意大利的东哥特王国，占据西班牙的西哥特王国东南部，从而建立了疆域空前广大的拜占廷帝国。查士丁尼统治时期，经济相对稳定，工商业兴盛，城市繁荣，但多年的征战也大大削弱了帝国实力，为外敌入侵提供了可乘之机。565年，查士丁尼死后不久，拜占廷帝国所侵占的领土就大部分丧失。伴随着拜占廷帝国的最终灭亡，查士丁尼的业绩也就成了历史。

查理大帝

法兰克王国加洛林王朝国王，查理曼帝国皇帝，西欧中世纪初期最强大的统治者。在近40年的统治期内，查理大帝先后进行了50多次对外扩张远征，逐渐成为西欧大部分地区的统治者，建立了疆域广阔的查理曼帝国。800年，查理被罗马教皇加冕为皇帝，史称查理大帝。查理曼帝国建立后，查理大帝进行了政治、经济、军事等各方面的改革，大大促进了帝国内的经济与文化交流。为了加强统治，查理大帝还十分重视文化教育事业，派人搜集和抄写了许多希腊文和拉丁文文稿，保留了许多典籍，创造了著名的"加洛林文化"。查理大帝对基督教十分虔诚，使查理曼帝国成为第一个接受基督教的日耳曼人国家。812年，查理病逝，查理曼帝国即告解体。

腓特烈一世

中世纪"神圣罗马帝国"皇帝。腓特烈一世于1152年继承其伯父之位成为德意志国王。作为当时的德意志国王，腓特烈一世一心要驾驭教皇，使教皇成为他统治帝国、进行对外扩张的工具。为此，他通过《康斯坦茨条约》被教皇加冕为皇帝，正式成为神圣罗马帝国皇帝。腓特烈一世被加

腓特烈一世（右）与其子

冕后，随即展开了与教皇夺权的斗争。他曾七次入侵意大利，但均告失败，导致了其侵略意大利政策的最终破灭。此后，腓特烈一世致力于巩固国内政权，虽取得了一定成效，但未能从根本上结束德国的封建割据状态。1189年，腓特烈一世参加了第三次十字军东侵，对拜占廷进行了残酷的大掠夺，但没有如愿占领该城。1190年，腓特烈一世在东侵途中渡河时不幸溺水身亡。

帖木儿

帖木儿帝国创建者，著名的军事统帅。帖木儿一生基本上都在征战中度过。他利用动乱的时局，周旋于河中地区诸封建主之间，由一名普通军官逐渐成为河中地区唯一的统治者，号称"吉星相会之主"。掌握政权后，帖木儿开始了一系列的对外扩张。他四次征战，征服花剌子模；南下掠取阿富汗、波斯、伊拉克；三次远征金帐汗国；北进南高加索地区，夺取亚美尼亚和格鲁吉亚，侵入俄罗斯境内；西征奥斯曼土耳其帝国。经过一系列的扩张战争，帖木儿建立了一个东接中国和印度、西逼爱琴海、南至波斯湾和阿拉伯海、北达咸海和黑海的大帝国。1405年，帖木儿率兵20万东征中国，却死于进军途中。帖木儿帝国随即瓦解。

伊丽莎白一世

英国都铎王朝女王，史称"处女女王"。伊丽莎白于1558年即位，统治英国45年。在位期间，伊丽莎白依靠新贵族和新兴资产阶级，不断加强专制统治。她于1559年颁布《至尊法案》，重申国王为教会最高首领；于1571年促使国会通过"三十九信条"，确立了英国国教；于1588年打败西班牙"无敌舰队"，独占海上霸权。伊丽莎白奖励工商业和航海业，积极发展海外贸易；支持英国商人的海盗活动，鼓励罪恶的奴隶贸易。同时也颁布血腥法案，迫害在圈地运动中流离失所的农民。所有这些措施，大大促进了英国资本主义的发展，为后来不列颠帝国的建立奠定了基础。因此伊丽莎白一世统治时期被称为英国历史上的黄金时代。伊丽莎白死后，王位传给苏格兰王詹姆士一世，都铎王朝也被斯图亚特王朝取代。

彼得一世

俄国沙皇，史称彼得大帝。1682年彼得与其兄伊凡五世并立为沙皇，1696年彼得独掌政权。1697年他秘密出国考察西欧，学习西方的文化、科学和技术，1698年回国，效法西欧发达国家，在国内实行军事、经济、文化、教育、政治全面改革，史称彼得一世改革。彼得一世照搬西方模式开办学校，创立科学院，兴办报纸，他提倡西欧的生活方式，并鼓励外国人在俄设厂；大力发展对外贸易；还加强中央集权，着手中央与地方的行政改革；他对外实行

侵略扩张政策，重点是夺取出海口，马克思曾称之为"世界性侵略体制"。在发动对外战争中，彼得不断取得胜利，俄国逐渐进入欧洲强国之列。他因而也被尊为"大帝"。但在推行扩张政策的同时，他不断增加赋税，导致国内阶级矛盾的尖锐化，引发了农奴起义。

克伦威尔

英国功名显赫的军事领袖，17世纪英国资产阶级革命中新贵族集团的代表人物、独立派的首领，也是英国议会民主制的奠基人。克伦威尔1599年生于英国亨廷顿。他在两次国内战争中，先后率"铁骑军"和新模范军，击溃保王党人的力量。1648年，他根除了国会中长老派的势力，于1649年处死国王查理一世，宣布成立共和国。同时，他还残酷地镇压了平均派和掘土派的民主运动和爱尔兰的民族起义。从1653年到1658年，克伦威尔作为"护国公"进行军事独裁统治，对外进行扩张和争夺海上霸权战争。1658年，克伦威尔死于疟疾。克伦威尔最主要的贡献是使得议会民主制在英国得以确立和加强。1660年，反动势力打回英国，克伦威尔的尸体被掘出并施以绞刑。

腓特烈二世

普鲁士第三代国王，史称腓特烈大帝。1712年生于柏林，年轻时受启蒙思想的影响，后被其父制服。1740年即位，自称"普鲁士第一公仆"。他遵循"强权即公理"的原则，40余年如一日地东征西伐，直到1786年去世。在40年间的两次西里西亚战争中，他击败奥地利，占领西里西亚。后与英国结盟，经过多次战争，击败奥地利，成为中欧强国。后又参加瓜分波兰，组织反奥"诸侯同盟"等战争。他因而被奉为"大王"。在国内，他代表容克地主的利益，致力于建立君主专制国家，但又主张开明改革，推行重商主义政策。他在提倡发展文化和艺术的同时，对思想严格控制，以符合他的军事扩张政策。他的军事强权和俾斯麦的"铁血政策"深刻影响了德国的历史。

叶卡捷琳娜二世

俄国沙皇。叶卡捷琳娜1729年出生于德意志贵族之家，后来嫁给俄国彼得三世为妻。1762年她发动宫廷政变，处死彼得三世，登上俄国皇帝的宝座而成为叶卡捷琳娜二世。叶卡捷琳娜统治期间，在政治上，通过加强农奴制和改革国家机关，建立了高度集中的沙皇专制制度；在经济上，实行鼓励工商业发展的政策，并在对外贸易中实行保护主义政策；在文化上，仇视进步思想，迫害进步知识分子；在军事上，发动了六次战争，瓜分和灭亡波兰，打败土耳其，打通黑海出海口，为俄国争夺欧洲霸权奠定了基础。在叶卡捷琳娜的统治下，俄罗斯帝国国力空前增强，她因此也被授予"大帝"称号。1796年，叶卡捷琳娜病逝。俄国的迅速发展，说明她是俄国历史上有作为的皇帝之一。

华盛顿

美利坚合众国的奠基人，美国独立战争中的军事领袖，立宪会议主席，第一任总统。他1732年生于美国弗吉尼亚的威克弗尔德庄园，是一位富有的种

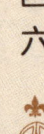

植园主之子。他指挥才能卓越，性格坚韧不拔。早年在英国殖民军中服役，1775年北美独立战争爆发，他任十三州起义部队总司令，领导独立战争取得胜利，赢得了国家独立。1787年他主持制定联邦宪法。1789年他当选为总统并连任两届。在任期内他制定了一系列有利于美国资本主义发展的措施，发展工商和保护对外贸易，建立合众国银行，颁布司法条例，成立联邦最高法院。华盛顿拒绝了国会推选他为第三届总统的请求，辞职还乡。1799年12月他在弗吉尼亚的家中病逝。华盛顿保持了美国的统一，他既不想做国王，又不想做独裁者，开创了美国历史上主动让权的先例。

罗伯斯庇尔

法国资产阶级革命家，法国大革命时期雅各宾政权的领袖。1758年5月6日，他生于阿尔图瓦郡阿腊斯城。1778年进入巴黎大学学法律，在这里他阅读了启蒙思想家的著作，信仰卢梭的学说。后来在巴黎，他参加了雅各宾俱乐部，从此走上了革命道路。1791年，罗伯斯庇尔成为雅各宾派的领袖人物。1792年8月起义后，他坚决主张处死国王路易十六和抗击普奥联军。1793年5月，颁布1793年宪法，摧毁了封建土地所有制，粉碎了欧洲各君主国家的干涉，在保卫和推动法国革命中起到很大作用。1794年6月，罗伯斯庇尔被推选为主席，同年7月27日，大资产者和新富人发动热月政变，罗伯斯庇尔被逮捕，次日被处死。

拿破仑

法兰西第一帝国和百日王朝皇帝，政治家和军事家。拿破仑生于破落贵族家庭，巴黎军事学校毕业，在法国资产阶级革命时参军，在作战中立功，并

阿尔卑斯山上的拿破仑雄姿

获上校军衔。督政府时期，法国受到欧洲反动势力组成的反法同盟的威胁。他于1796年率兵先后进攻意大利，打败奥地利，并入侵埃及。1799年雾月18日发动"雾月政变"，组成执政府，1804年5月18日称帝，建立了法兰西第一帝国，这时他的政治生涯到了顶峰。但由于连年战争，国内的阶级矛盾加剧，被侵略国家的民族解放运动高涨。1814年欧洲的反法同盟攻进巴黎，他被放逐到一个孤岛上。1815年3月他逃回巴黎，建立百日王朝。在6月18日滑铁卢一战中失败，再次被流放，并于1821年病死。拿破仑把法国大革命成果用法律形式固定下来，沉重打击了欧洲反动封建势力。他的军事才能也为后人所称道。

玻利瓦尔

拉美独立运动领导人、军事家。他生于委内瑞拉白人贵族家庭，曾在加拉加斯和马德里读书，受启蒙思想影响和法国大革命鼓舞，决心推翻西班牙在美洲的殖民统治。1807年他回到加拉加斯，从事反西班牙殖民政权的活动。他因此多次流亡，但不气馁，鼓舞人们继续战斗。1811—1822年，他率领军

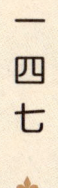

队与殖民军展开不屈不挠的斗争，最终建立了委内瑞拉共和国，因而被授予"解放者"称号。1824年他率军击溃殖民军，最终解放秘鲁。1830年12月因病逝世。玻利瓦尔为拉美的独立解放事业立下了不朽功勋。他在建立南美资产阶级共和政权方面也做出了重要贡献。他的革命业绩和民主思想对拉美有着深远影响。1980年联合国把玻利瓦尔列为"世界民主战士"。

加里波第

意大利民族统一运动的领袖、军事家，1807年7月4日生于渔民家庭。他幼年机智勇敢过人，早年当过水手和船长，1832年加入青年意大利党。1834年参加起义，起义失败后，他先流亡法国，后流亡南美，并建立青年意大利党红衫军。1848年革命爆发，他返回意大利，组建志愿军参加独立战争，后率军辗转各地，宣传意大利统一思想，成为家喻户晓的民族英雄，后来他再度流亡。1854年5月返回意大利，1859年组织"阿尔卑斯猎人军团"，在

加里波第率"千人红衫军"远征西西里岛

北意大利的统一中做出贡献。1860年他组成"千人团"，解放西西里岛。后曾两次组织部队进攻罗马，均遭失败。1870年普法战争中率志愿军援助法国。1882年6月2日病逝。加里波第是一位富有传奇色彩的民族英雄，也是一位伟大的爱国者，为意大利的统一立下了不朽的功勋。

林 肯

美国第十六任总统，共和党人，曾任律师。1809年2月12日，亚伯拉罕·林肯出生在肯塔基州哈丁县一个伐木工人的家庭，迫于生计，他从事过多种工作。1834年当选为州议员，开始政治生涯。1847～1849年当选为众议员。1860年他当选为总统，此时正值南北内战一触即发之际。战争爆发后，初期形势对北方军极为不利，为了扭转局势，林肯于1862年颁布了《宅地法》和《解放黑奴宣言》，次年又提出"民有、民治、民享"的纲领性口号，从而使战争成为群众性的革命斗争。他的威望提高，再次当选总统，北方军也最终取得胜利。1865年4月，内战结束时他被南方奴隶主派人暗杀。马克思称赞林肯是一个"不会被困难所吓倒，不会为成功所迷惑的人""是一位达到了伟大境界而仍然保持自己优良品质的罕有的人物"。

明治天皇

日本天皇。生于1852年，是孝明天皇第二皇子，名睦仁。1866年12月继承皇位，第二年实行王政复古。1868年将江户改名为东京，随即举行即位典礼，并改年号为明治。在他即位初期，日本发起维新运动，建立了天皇专制政权。在他的主持下，日本先后实行一系列资产阶级改革，推出版籍奉还、废藩置县、制定征兵令等改革措施，促进了

日本资本主义的发展，摆脱了被殖民的危机。他在位的 45 年，日本经济得到了发展，国力加强。明治政府于 1889 年制定《大日本帝国宪法》，即明治宪法，使得天皇成为总揽各种大权于一身的神人。1894 年发动侵略中国和朝鲜的战争，1904 年发动日俄战争。1912 年 7 月 3 日明治天皇死于尿毒症。他在位时期也是日本作为一个近代国家诞生的时期。

俾斯麦

德意志帝国首相，因执政期间采取"铁血政策"，有"铁血宰相"之称。俾斯麦出身容克世家，17 岁在柏林大学学法学，毕业后任候补文官，后回家经营庄园，逐渐成为资产阶级化的容克。1847 年他担任普鲁士议会议员，政治上属于顽固的保守派。1862 年任普鲁士首相后，为德意志的统一，他采取"铁血政策"，认为"只有通过铁和血才能达到目的"。他建立起一支普鲁士正规军，发动了一系列战争，最终实现了德意志的统一。统一后，他对内镇压工人运动，对外缔结军事同盟，成为欧洲政治舞台上的风云人物。1890 年因与新德皇意见不合被迫辞职。此后他住在自己的庄园，著有《思考与回忆》。1898 年去世。他的思想对实现德意志统一有积极意义，但他的"铁血政策"却成为后来战争的根源之一。

甘 地

莫汉达斯·卡尔姆昌德·甘地，印度民族独立运动领导人，国大党领袖。他在印度被尊称为"圣雄"。他上身赤裸，皮肤黝黑，总是随身携带着一架木制纺纱机，一有空儿就纺纱。他有非凡的智慧、超人的胆识和坚强的意志。他曾留学英国，回国后，领导印度国大党。他创造了一种独特的争取印度民族独立解放的方式，即"非暴力不合作运动"。这对印度民族独立起到了重要作用，经过长期斗争，印度人民终于获得了独立。在成立制宪会议上，甘地被称为"向导和哲学家""印度自由的灯塔"。英国驻印度总督蒙巴顿则称他为"印度自由的建筑师"。1948 年他在印度的教派纠纷中，被极端分子刺杀。"圣雄"甘地永远活在印度人民的心里。

列 宁

弗拉基米尔·伊里奇·列宁，马克思、恩格斯无产阶级革命学说和事业的继承者，全世界无产阶级的伟大导师和领袖，世界上第一个社会主义国家的缔造者。列宁一生致力于无产阶级革命事业，并取得了巨大成就。他是无产阶级政党的缔造者，俄国社会主义革命的领导者，世界无产阶级革命斗争的导师。1917 年 11 月 7 日（俄历 10 月 25 日）他领导彼得格勒武装起义，推翻了资产阶级临时政府；他提议成立了共产国际；积极领导了苏联的社会主义建设，把科学社会主义理论发展到一个新的阶段，即列宁主义阶段；他还同形形色色的修正主义、机会主义进行了坚决的斗争。1924 年，列宁逝世。列宁把自己的一生都奉献给了无产阶级革命事业，为全人类解放事业做出了杰出的贡献。

丘吉尔

温斯顿·丘吉尔，英国首相。第二次世界大战爆发后，丘吉尔出任英国

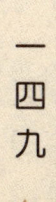

海军大臣，1940年，出任英国战时内阁首相兼第一财政大臣、国防大臣，迅速把国民经济转入战时轨道。在其就任首相期间，促成美国通过《租借法案》；制定"先欧后亚"的战略方针；签署《大西洋宪章》，对日宣战；参与起草和签署《联合国宣言》；签署《开罗宣言》，开辟欧洲第二战场；签署《德黑兰宣言》，参与雅尔塔会晤。1945年辞职后，曾发表"铁幕演说"，主张英美联盟，对抗苏联，拉开了战后"冷战"序幕；提出"三环外交"政策，反对美国的对朝战争。丘吉尔坚定地领导英国及英联邦国家人民进行反法西斯战争，为世界反法西斯战争的胜利做出了重要贡献。1951年10月丘吉尔再次当选首相，1955年退休。著有《第二次世界大战回忆录》等书。1953年获诺贝尔文学奖。

麦克阿瑟

美国军事家，美国陆军五星上将。1880年麦克阿瑟出生于军人世家，毕业于美国陆军军官学校（西点军校），在菲律宾和日本等地服役。麦克阿瑟为人们所熟知，主要是基于他在第二次世界大战期间所创造的战绩。第二次世界大战中，麦克阿瑟任西南太平洋战区总司令，指挥部队进行了56次两栖登陆；在太平洋战场重创日本海军，夺回太平洋战场的主动权。第二次世界大战后，代表盟军成功占领日本，对其进行民主改造；1950年以"联合国军"总司令的名义指挥侵略朝鲜的战争，最终失败。麦克阿瑟战争生涯的最大业绩，在于他对日本的成功改造。占领日本期间，他有力地削弱了天皇权威，用专制手段使日本由封建军国主义政体转变为资产阶级现代民主政体，使日本摆脱了封建专制统治，为日本战后的崛起奠定了基础。1964年，麦克阿瑟逝世。

斯大林

原名约瑟夫·维萨里奥诺维奇·朱加施维里，苏联共产党和苏维埃社会主义共和国联盟领导人。1922年担任苏共总书记。列宁逝世后，斯大林成为苏联党和国家的主要领导人。领导苏联共产党和苏联人民保卫和巩固了世界上第一个无产阶级专政的国家，并进行了社会主义改造和社会主义建设。在苏联卫国战争时期，领导苏联人民和苏联军队取得了反法西斯战争的伟大胜利。斯大林一生中也有严重错误，如搞个人崇拜，20世纪30年代发动了"大清洗"运动，混淆敌我矛盾和人民内部矛盾，错捕、错杀大批党政军干部和无辜公民等。斯大林在社会主义建设中所做的种种探索，为人们提供了有益的借鉴。而他在第二次世界大战中的战略决策和领导，在世界反法西斯史上做出了不可磨灭的贡献。

罗斯福

美国第三十二任总统，民主党人。

在太平洋战场上，美日疯狂争夺海上霸权。当时，麦克阿瑟将军担任西南太平洋战区总司令。

1882年，生于一个显贵的家庭里。他早年曾从事律师工作，1910年后转向政界发展。1921年他患上了脊髓灰质炎症，但依靠自己的坚忍、乐观、智慧和才干，当选为总统。1932年就任总统后，面对经济危机，他告诉人们：我们唯一害怕的就是害怕本身。他在被称为"百日新政"的短时间内，推行改革，使美国的经济逐渐恢复。第二次世界大战中，1941年12月日本偷袭珍珠港后，他领导美国正式加入反法西斯战争，为反法西斯战争的胜利做出了巨大的贡献。他对世界的影响是巨大的，在《大西洋宪章》《联合国宣言》《雅尔塔协定》等影响世界的重大决定里，都可以发现他所起到的重要作用。1944年他第四次当选为美国总统，在任内的第二年病逝。罗斯福是美国历史上唯一任职四届的总统，也是美国历史上杰出的总统之一。

墨索里尼

意大利内阁总理，法西斯党领袖，独裁者，第二次世界大战主要战犯。1883年7月29日他生于一个铁匠家庭，自幼受布朗基主义和国家主义思想影响。1900年加入社会党，后成为该党领导人之一。第一次世界大战爆发后，因鼓动意大利参战被社会党开除。1919年他在米兰成立"战斗的法西斯"组织，后改称"意大利国家法西斯党"，自称领袖。1922年指挥该党"黑衫军"打向罗马，夺得政权。1925年终止议会制度，实行法西斯统治。1936年与希特勒签订协定，成立柏林－罗马轴心。1940年对英、法宣战，正式参加第二次世界大战。1943年7月因军事失利和国内人民反抗，他被逮捕并软禁，9月被德军伞兵救出后，在意大利北部成立"意大利社会共和国"，成为德国的傀儡。1945年4月27日潜逃德国时被游击队捕获，次日被处决。在他统治的21年中，他对内实行法西斯恐怖统治，对外发动侵略战争，给意大利人民和世界人民带来了深重灾难。

杜鲁门

美国总统，民主党人。杜鲁门生于密苏里州，早年生活艰苦，做过银行职员、杂工，后回乡经营农场，参加过第一次世界大战。曾在炮兵学校学习，后以少校军衔退役，接着去经商，破产后投身于政界。1934年当选为参议员。1945年1月任副总统，同年罗斯福病逝后，杜鲁门继任总统，并于7月参加波茨坦会议。8月批准对日本使用原子弹。1949年竞选总统连任获胜。任内实施"杜鲁门主义"，镇压希腊武装斗争；以"复兴欧洲"为名，推行"马歇尔计划"，订立《北大西洋公约》，提出"第四点计划"，加强对第三世界的渗透活动。1950年发动侵朝战争，并派遣海空军侵占中国领土台湾。1953年任期届满后回到故乡独立城。1972年12月逝世。著有《杜鲁门回忆录》等。他的政策对20世纪中期的政治产生了很大影响。

巴　顿

美国军事家，美国陆军五星上将，有"铁胆将军"之称。1885年巴顿出生于军人世家，毕业于美国陆军军官学校（西点军校）。巴顿将军在"二战"中创造了辉煌战绩，因此而被载入史册。在巴顿的战争生涯中，他强调快速进攻，重视坦克的使用，加之作战英勇顽强，因此取得了辉煌的胜利。1942年，巴顿将军指挥北非登陆战役，占领摩洛哥；1943年，指挥美军第七集团军发动西西里岛登陆战役，并收复该岛；1944年，在法来斯战役中重创德军；1945年，指挥军队突破"齐格菲防线"，深入德国腹地。巴顿将军的第3集团军在欧洲大陆转战281天，歼灭德军144.4万，为第二次世界大战的胜利做出了贡献，他也成为少数使德军望而生畏的西方将领之一。1945年，巴顿将军因车祸而逝世。

蒙哥马利

英国军事家，英国陆军元帅。1887年，蒙哥马利出生于牧师家庭。作为一名军人，蒙哥马利在第二次世界大战期间取得了最为辉煌的战绩，因此被世人所熟知。1942年，蒙哥马利在北非战场成功地指挥了阿拉曼战役，击溃了有"沙漠之狐"称号的隆美尔的军队，彻底扭转了北非战场局势，赢得"沙漠之鼠"的称谓，从而一举成名。阿拉曼战役后，蒙哥马利又指挥和参加了突尼斯战役，以及西西里和意大利本土登陆战役。1944年6月，蒙哥马利成功地指挥了诺曼底登陆，为他的戎马生涯又添了光辉一页。蒙哥马利军事生涯50年，赢得了无数荣誉和尊敬。他在1958年退休后，于1960年和1961年两次应邀访问中国，对改善中国的国际地位、缓和中国与西方国家的关系起到了积极的作用。

希特勒

法西斯德国元首，第二次世界大战头号战犯。1889年3月21日生于奥地利。第一次世界大战时，是一名德军下士。1919年加入德国工人党（后改为纳粹党）。1921年掌握领导权，任党魁。1923年发动暴动，失败后入狱，次年获释。1925年重建纳粹党。1933年，他施展政治阴谋，在垄断集团支持下当上总理。第二年8月攫取最高领导权，自称元首。掌政后，他解散国会，取消反对党，迫害、屠杀共产党人和犹太人，扩张军备，实行法西斯专政。1937年与意、日结成军事同盟。他利用英法等国的绥靖政策，先后吞并奥地利和捷克斯洛伐克。1939年9月1日突袭波兰，全面发动第二次世界大战。1941年进攻苏联失利。1945年4月30日盟军包围柏林时，希特勒自杀。著有《我的奋斗》。他宣扬极端反动的种族主义和沙文主义思想，发动了第二次世界大战，造成了严重的后果。

尼赫鲁

印度民族主义运动领导人，国大党领袖，印度第一任总理。尼赫鲁在其政治生涯中一直致力于争取印度的民族独立。在几十年的斗争中，尼赫鲁曾投身甘地领导的反对英国殖民统治的非暴力不合作运动，也曾先后九次被捕，在狱中度过十余载，1947年印度独立后，一直担任总理职务到逝世。在尼赫鲁任期内，曾希望建立"国家财富平均分配"的所谓的"社会主义"类型，但最终没能实现。1949年底，尼赫鲁代表印度率先承认新中国。1954年，尼赫鲁访问中国，并和周恩来总理一起提出处理国际关系的和平共处五项原则，奠定了中印关系的基础。尼赫鲁还是不结盟运动和万隆会议的倡导者之一，为第三世界国家的联合斗争贡献了自己的力量。

1944年6月戴高乐将军凯旋法国。

戴高乐

　　法兰西第五共和国总统,政治家、军事家。1890年戴高乐生于里尔。1912年军校毕业。参加过第一次世界大战。第二次世界大战爆发后先在军界,后任国防部副部长而进入政界。在英国时,领导"自由法兰西"运动,建立法国部队,与盟国一起作战,为反法西斯战争胜利做出贡献。1944年任临时政府主席。1958年在法国陷入政治危机时,出任第四共和国总理,后两次当选总统。在总统任期内,他提出新宪法草案,扩大了总统权限,使法国变为半总统制国家。任职期间完成法国的非殖民化,对外奉行独立自主的外交政策,重视与第三世界的关系。1969年辞职,撰写回忆录。1970年病逝。著有《战争回忆录》《希望回忆录》等。终其一生,他领导法国走向解放和胜利,拯救了法国的荣誉,战后维护着法国的尊严,受到法国人民的爱戴。

艾森豪威尔

　　美国陆军五星上将,美国第34任、第35任总统。艾森豪威尔出生于贫寒家庭,于1915年毕业于西点军校。在第二次世界大战期间,他担任美国驻欧洲战区总司令,北非战场盟军总司令,北非和地中海盟军总司令,欧洲盟军远征军最高统帅,并成功指挥了英美联军的北非登陆行动、诺曼底登陆行动等重大战役,为打败法西斯做出了贡献。艾森豪威尔也凭借在第二次世界大战中的赫赫战功,由一名普通的参谋官逐渐成为将军。1952年,艾森豪威尔出任美国第34任总统,后来连任成功。在担任总统期间,他批准签订《朝鲜停战协定》,提出"艾森豪威尔主义",继续推行"冷战"政策,同时会晤了赫鲁晓夫,开了美苏首脑会晤的先例。1969年,艾森豪威尔在华盛顿病逝。

胡志明

　　越南劳动党主席,越南民主共和国第一任主席。1890年出生,幼名阮必成,后名阮爱国,20世纪40年代初改名胡志明。早年做过教师、海员和杂役。胡志明一生致力于争取越南的民族解放和独立。曾于1927年在广州成立越南青年革命同志会;1930年成立印度支那共产党;1941年发起成立越南独立同盟,与法国殖民者和日本帝国主义展开了坚决斗争。1945年革命胜利后,发表《独立宣言》,成立越南民主共和国,并任临时政府主席,后任主席、总理。在胡志明的领导下,越南人民取得了长达九年的抗法战争的胜利,20世纪60年代取得了抗美救国战争的胜利。1969年,胡志明在河内逝世。胡志明一生都在斗争中度过,为越南人民的独立与解放贡献了毕生精力,赢得了越南人民的爱戴。胡志明还多次到中国,奠定了中越关系的基础,受到中国人民的尊敬。

铁　托

　　约瑟普·布罗兹·铁托,南斯拉夫

联邦人民共和国联邦政府主席、最高统帅。铁托1892年出生于克罗地亚贫农家庭。20岁加入克罗地亚社会民主党。第一次世界大战中因反战受处分，后被俄军俘获。回国后参加南斯拉夫共产党，致力于南斯拉夫的独立解放运动，并为此进行了不懈斗争。在几十年的斗争生涯中，铁托不仅使南斯拉夫共产党走上了健康发展的道路，而且领导南斯拉夫人民取得了反法西斯战争的伟大胜利。1945年，南斯拉夫联邦人民共和国成立，铁托任联邦政府主席、最高统帅。同时，作为一位有国际声望的政治活动家，在铁托的参与和发起下，第一次不结盟国家首脑会议于1961年胜利召开，从而为世界和平与进步做出了重要贡献。1980年，铁托逝世。

赫鲁晓夫

苏联共产党中央第一书记，苏联部长会议主席。赫鲁晓夫于1953年担任苏共中央第一书记；1958年担任苏联部长会议主席。在赫鲁晓夫当政期间，苏联的经济建设取得了一定成绩，但也走了许多弯路，对后来苏联经济的发展产生了不良影响。1956年赫鲁晓夫在苏共二十大所做的《反对个人崇拜及其后果》秘密报告，全面否定斯大林，引起了国际帝国主义反共反社会主义的高潮。他曾赴美访问，也曾引发古巴导弹危机；在对中国关系上，全面撕毁中苏友好同盟条约，单方面召回在华专家，废除合作项目，并在贸易方面对华实行歧视和限制，对中国经济建设造成了巨大损失。在经济上，赫鲁晓夫脱离实际，急躁冒进，挫伤了苏联农民的积极性。1971年，赫鲁晓夫逝世。

苏加诺

印度尼西亚民族运动的领导者，印度尼西亚共和国第一任总统。苏加诺1901年出生于贵族家庭，1927年出任印尼民族联盟主席，提出"立即独立"的口号，后被捕。苏加诺一生致力于争取印尼的民族独立，并为此进行了不懈的斗争。1945年，苏加诺发表《独立宣言》，宣告印尼独立，并当选为第一任总统。1955年4月他主持召开了万隆会议，为亚非国家的团结和联合斗争发挥了重要作用。1965年后，其总统权力逐渐被剥夺，1967年开始退居二线，将权力交给苏哈托。后被迫辞去总统职务，1970年病逝。作为印尼历史上的首位总统，苏加诺不仅为印尼的民族独立做出了重要的贡献，而且为加强亚非人民的团结贡献了积极的力量。

金日成

原名金成柱，朝鲜劳动党中央委员会总书记、朝鲜民主主义人民共和国主席。1912年金日成生于一个普通农民家庭。1926年建立朝鲜第一个真正的共产主义革命组织——打倒帝国主义同盟。第二年8月，成立了朝鲜共产主义青年同盟。1936年5月，创建了朝鲜第一个反日民族统一战线组织——祖国光复会。在几十年的革命斗争中，金日成领导朝鲜人民完成了反帝反封建的民主主义革命，于1948年创建了朝鲜民主主义人民共和国，出任内阁首相和国家元首。1950～1953年在中国人民志愿军的援助下，取得朝鲜战争的胜利。此后，金日成对生产关系进行社会主义改造，努力把朝鲜建成社会主义工业国。金日成曾多次访问中国，并于

1961 年同中国签订了《中朝友好合作条约》，与中国共产党和中国人民有着深厚的友谊。金日成 1994 年 7 月 8 日因病逝世。

科技经济名人

欧几里得

古希腊数学家，几何学的鼻祖，雅典人，柏拉图的学生。公元前 300 年左右，在托勒密王的邀请下，欧几里得来到亚历山大，并长期在那里工作，建立了以他为首的数学学派。他是一位温良敦厚的教育家和有志于数学之士。他治学严谨，反对在做学问时投机取巧和追求名利。他曾说过："在几何里，没有专为国王铺设的大道。"欧几里得总结希腊数学成果，写成了 13 卷的《几何原本》，使几何学成为一门独立的科学。这部著作的观点统治了数学界 1000 多年。欧几里得对光学、天文学、音乐也有研究，他主张光的直线性观点。欧几里得的著作较多，如《数据》《图形分割》《论数学的伪结论》《光学之书》《反射光学之书》等。

阿基米德

古希腊数学家、力学家。约公元前 287 年生于西西里岛的叙拉古，他出身贵族，家庭富有，从小就对数学、天文学，特别是几何学，有浓厚的兴趣。11 岁时，到亚历山大城学习多年。公元前 212 年，被入侵的罗马士兵杀死。他的墓碑上刻着一个圆柱内切球的图形，以纪念他。阿基米德的贡献是多方面的。他确立了杠杆定律，并称"给我一个支点，我将撬起地球"；发现了流体静力学的基本原理，并用来鉴别皇冠的真假；在天文学方面，认为地球绕着太阳转。他的著作很多，有《论球和圆柱》《抛物线求积》《论螺线》等数学著作和《论浮体》《论杠杆》《论重心》等力学著作。后人称他是"理论天才与实验天才合于一人的理想化身"。

托勒密

托勒密·克罗丢，古希腊天文学家、数学家、地理学家和地图学家。生于埃及，父母都是希腊人。公元 127 年，年轻的托勒密被送到亚历山大去求学。在那里，他阅读了大量书籍，并且学会了天文测量和大地测量。他曾长期住在亚历山大城，直到公元 151 年。他在公元 168 年去世，终年 78 岁。他是"地心说"的集大成者。他集古希腊天文学之大成，建立地心宇宙观，即托勒密地心学说，形成"托勒密体系"。他的地球中心说支配西方达 1500 年之久，并被教会利用，作为宗教的理论支柱，直至哥白尼"日心说"问世。托勒密著有四本重要著作：《天文学大成》《地理学》《天文集》和《光学》。其中《天文学大成》是当时的天文学百科全书，直到 16 世纪，一直是天文学家的必读书。此外，他在地理学、年代学和占星学等方面也有所成就。

哥白尼

波兰天文学家，"日心说"的创立者，近代天文学的奠基人。1473 年生于托伦富商家庭。中学时对天文学发生兴趣。1491—1495 年，在克拉科夫大学学习时，对天文、数学和观测技巧发生极大兴趣，发现了托勒密体系存在的

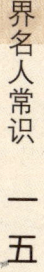

问题。后到意大利波伦亚和帕多瓦大学学习法律、神学和医学等。后来他从事过多种工作，写过经济学著作，行过医，且医术高明，被人们称为"神医"。1515年，哥白尼开始写作《天体运行论》一书，1536年写成，1543年出版。该书推翻了托勒密的"地球中心说"，创立了"太阳中心说"。1543年5月24日，哥白尼病逝。哥白尼的名字就表示"谦卑"的意思。他的最大成就是以"日心说"否定统治西方天文学1000多年的"地心说"。这是天文学上一次伟大革命，使人类的宇宙观发生了根本变革，揭开了近代自然科学革命的序幕。

布鲁诺

意大利自然科学家、思想家和哲学家。1548年，出生于那不勒斯附近的诺拉镇。17岁进入多明我会，读了不少禁书，并勇敢地批判《圣经》的创世说。1577年以"异端"罪被开除出教。后因

西班牙宗教法庭进行审讯的恐怖情形。图中，布鲁诺被视为异端分子，竟然被活活烧死。

与罗马教会冲突而在西欧四处流亡。流亡期间他到处演讲和著书立说，反对"地心说"，捍卫哥白尼的学说，宣扬新思想。

1592年，被诱骗逮捕。1600年2月17日，这位"在真理面前，我半步也不退让"的战士，最后以"异端分子和异端分子的老师"的罪名，被烧死在罗马鲜花广场。1889年在鲜花广场上人们竖起布鲁诺铜像以表纪念。他的主要著作有《论无限宇宙和世界》《论原因、本原和同一》《挪亚方舟》等。他继承了哥白尼的"太阳中心说"，并且纠正其学说中的错误，具有巨大的科学意义。

伽利略

意大利文艺复兴时期天文学家和物理学家。生于比萨贵族家庭。17岁入比萨大学，发现钟摆的等时性定律。先后在比萨大学和帕多瓦大学当教授。通过实验，推翻了亚里士多德"物体落下的速度和重量成比例"的学说，发现了落体定律，结果被赶出比萨大学。1609年自制望远镜观察天体，发现新宇宙，写成《星空使者》，轰动一时。1613年发表证明哥白尼的学说正确的《论太阳黑子》，被宗教裁判所传讯。1633年被判终身监禁，被迫承认"错误"。后被保释回乡。1638年完成他最重要的著作《两种新科学的对话》，为牛顿第一定律和第二定律的研究铺平了道路。1642年病逝。伽利略是经典力学和实验物理的先驱，也是利用望远镜观察天体的第一人，被誉为"近代科学之父"。1983年罗马教廷承认对他判决错误。

哈 维

英国生理学家、胚胎学家、医生。他1578年出生于英国一个富裕的农民家庭。19岁从剑桥大学毕业后，去意大利留学，5年后获得医学博士学位。

哈维在医学上的突出贡献是提出了血液循环学说。1628年，他发表了划时代的著作《关于动物心脏与血液运动的解剖研究》（又译《心血运动论》），在书中他指出心脏是一个可以压出血液的肌肉实体，血液以循环的方式在血管系统中不断流动。这一石破天惊的发现标志着近代生理学的诞生，同时也确立了哈维在科学发展史上的重要地位。可叹的是他的这一结论遭到了当时学术界权威的一致攻击，直到他死后的第四年，人们将显微镜用于医学观测，才确认了哈维的科学结论。哈维1657年逝世。哈维的贡献是划时代的，他的医学发现标志着新的生命科学的开始。

牛 顿

英国物理学家、天文学家和数学家。他出生于林肯郡一个农村家庭。牛顿是早产儿，差点儿夭折。12岁他进金格斯中学上学。他性格腼腆，学习成绩不佳，但他爱好思索，特别喜欢制作各种机械玩具。1661年进入剑桥大学，师从著名数学家巴罗，1668年获硕士学位。27岁时经巴罗教授推荐，牛顿继任数学教授，他从此在剑桥待了30年，取得了巨大的成就。牛顿是17世纪最伟大的科学巨匠，他的成就遍及物理学、数学、天体力学的各个领域。恩格斯曾做出恰当评价："牛顿由于发现了万有引力定律而创立了科学的天文学；由于进行了光的分解，而创立了科学的光学；由于创立了二项式定理和无限理论而创立了科学的数学；由于认识了力的本质，而创立了科学的力学。"牛顿对人类的贡献如此巨大，为纪念牛顿的贡献，国际天文学联合会将662号小行星命名为牛顿小行星。

哈 雷

英国天文学家、数学家。1656年11月8日出生于伦敦附近的哈格斯顿。哈雷有归算和处理大量数据的非凡才能。他曾就读于牛津大学，1676年在南太平洋圣赫勒拿岛建立了南半球的第一座天文台，测编了第一个南天恒星表（共有341颗），并于1678年发表，在当年他被推选为皇家学会会员。他通过精密观测和分析，指出1531年、1607年、1682年以近似轨道3次出现的是同一颗彗星，并且预言1758年它会再度重现，这一推测后来得到了证实，人们因此把这颗彗星命名为哈雷彗星。1705年，他发表了《彗星天文学论说》；1720年担任格林尼治天文台第二任台长；1742年1月14日在格林尼治去世。他曾鼓励并资助牛顿出版了《自然哲学的数学原理》这一科学巨著。他制成了世界上第一个海上盛行风气象图，并出版了《大西洋太平洋地磁图》（1701年）等著作。在物理学中，他还找到了透镜共轭点之间的关系。哈雷是一个有着诸多建树的科学家。

哥德巴赫

德国数学家。1690年3月18日出生于格奥尼格斯别尔格。他曾经在英国牛津大学学习；先是研习法学，由于在欧洲各国访问期间结识了贝努利家族，所以对数学研究产生了兴趣；他当过中学教师，做过驻俄国的公使；从1725年开始，成为彼得堡科学院院士。哥德巴赫主要从事微分方程和级数理论的研究。他喜欢和别人通信讨论数学问

题，著名的"哥德巴赫猜想"就是他在1742年6月7日给老友著名瑞士数学家欧拉的信中提出的。他的大胆设想是任何不小于6的偶数均可表示为两个奇数之和。这位数学天才逝世于1764年11月20日。遗憾的是，在"哥德巴赫猜想"发表以来的250多年里，无数的数学家为了证明这个猜想付出了艰辛的劳动，但是迄今为止，它仍然是一个没有被完全证明的猜想。

林 奈

瑞典植物学家。1707年生于瑞典。父亲是乡村牧师，对园艺非常爱好。受其影响，林奈从小喜爱植物，八岁就有"小植物学家"之称。20岁时他入大学学习，系统地学习了植物学的知识和方法。25岁时他进行野外考察，收集了不少宝贵的资料。28岁时他用3年时间周游欧洲各国，并在荷兰取得医学博士学位。期间出版了《自然系统》，学术思想得以成熟。1738年他回到故乡，在大学担任植物学教授。此后20余年，共发表了180多种科学论著。

1753年发表了《植物种志》，用他新创立的"双名命名法"对植物进行统一命名。1778年去世。林奈是近代植物分类学的奠基人，建立了人为分类体系和双名制命名法，他首创了纲、目、属、种的分类概念。瑞典政府为纪念他，先后建立了林奈博物馆、林奈植物园等，并于1917年成立了瑞典林奈学会。

瓦 特

英国发明家、工程师。1736年1月19日生于苏格兰的一个小镇格里诺克。他的父亲是一位多才多艺的工匠，受其影响，瓦特从小就很有探索精神，据说他小时候看到沸腾的水把壶盖顶开，就思考其中的原因。他先是在格里诺克文法学校学习，后因身体不好辍学，15岁学完了《物理学原理》，1753年跟从有名的机械师摩尔根当学徒。

1756年在格拉斯哥大学当仪器修理员，这是他人生的一大转折。他于1790年完成了蒸汽机的整套发明过程。这一发明极大地推动了欧洲的第一次工业革命，使世界进入了"蒸汽机时代"。由于他在科学技术上的杰出贡献，1785年被选为伦敦皇家学会会员；1806年被授予格拉斯哥大学法学博士头衔；1814年被选为法国科学院外籍院士。1819年8月19日瓦特在伯明翰附近的希斯菲逝世。

拉瓦锡

法国化学家。1743年8月26日出生于巴黎，从小就受到良好的教育。1763年获法学学士学位，并取得开业律师资格证书。从21岁起开始研究地质学，后来又致力于化学的研究。1765年当选为法国巴黎科学院候补院士；1768年研制成功了浮沉计，可以用来检测矿泉水；从1772年开始担任皇家科学院副教授，1778年晋升为教授，并从1775年开始担任皇家火药局局长一职。1794年5月8日在法国大革命期间被砍头。拉瓦锡的突出贡献是证明了燃烧是一种有氧参加的化学反应，推翻了"燃素说"，用实验证明了化学中的质量守恒定律。他还提出水是氢气和氧气的化合物，并且引入了一套统一的化学术语系统。他的代表著作有《化学概要》《物理学和化学的重量》等。拉瓦锡是近代化学的奠基人，被人们尊称为"现代化学之父"。

天花病的攻克者琴纳医生

琴　纳

英国医学家，天花病的攻克者。1749年他生于英国一个乡村，父亲是个牧师。他13岁起跟随一位外科医生学医。21岁时他跟随当地名师学习。老师的献身精神和高明医术，给他很大的影响。26岁时，他大学毕业回家乡从医。那时天花病泛滥，他决心研究治疗天花病的方法。他发现凡是得过天花的人，就不会再得天花。1796年他证实了他的假想。他根据研究成果，写成《牛痘的成因与作用的研究》，但当时没有人相信他，直到1801年他的研究成果才被承认。英国皇家学会在伦敦建立了皇家琴纳学会，让他任主席。在这里他继续进行研究工作，直到逝世。琴纳种牛痘消灭了天花，给人类带来无穷的福音。

富尔敦

美国发明家、工程师。1765年出生于美国。他年轻时曾经留学英国学习绘画，对英国和其他一些造船业比较发达的西欧国家进行过技术考察。1803年，他在巴黎研制了第一艘以瓦特蒸汽机为动力，以桨轮为推进方式的船，并于同年在塞纳河下水试航。这艘汽船在逆水航行时，速度已经超过在河岸上快步前进的行人，但是它的推进系统还不够完善，航速和稳定性方面都还不够理想。由于缺乏研究资金，富尔敦无奈回国，他幸运地得到了另一位发明家利文斯顿的资助，终于在1806年建成了第二艘汽船"克勒蒙"号，并在次年试航成功。富尔敦在其他方面也有突出的贡献，如他还发明了水闸，研制了蒸汽艇、潜水艇和水雷等。

安　培

法国物理学家、数学家。1775年1月22日，生于里昂一个商人家庭。他自幼聪明好学，记忆力惊人，特别是在数学方面有非凡的天赋。12岁学习微积分，13岁发表关于螺旋线的论文。18岁时，就通晓了拉丁语、意大利语和希腊语三门语言。他不仅钻研数学，还广泛涉猎其他学科，比如物理和化学。在化学方面，他最先指出了氯、氟、碘三种物质是元素，并且独立地发现了阿伏伽德罗定律。安培最重要的贡献是在电磁学方面。1820年，安培受到奥斯特电流磁效应实验的启发，通过精妙的实验，得出了著名的安培定律。他的著作《电动力学现象的数学原理》，是电磁学史上的经典论著。安培1836年逝世。由于他在电动力学方面的开创性贡献，人们把他称为"电学中的牛顿"。

高　斯

德国数学家和天文学家，被公认为有史以来最多产和影响最深远的数学家之一，有"数学王子"之称。他是一个农民的儿子，从小就在数学方面显示出非凡的才华。19岁时高斯发明了只用

中外人文大讲堂

第四篇　世界名人常识　一五九

圆规和直尺就能做出正17边形的方法，解决了两千年来悬而未决的几何难题。22岁时提出了复数的概念。1801年，他发表了《算学专论》，发展了数论理论。后担任哥廷根大学天文台台长，直至去世。他在数学科学方面做出了广泛而多样化的重要贡献。他一生共发表323篇著作，完成了4项重要发明，提出了404项科学创见。高斯去世后，人们建立了以正17边形棱柱为基座的高斯像来纪念这位伟大的数学家。他被公认为是和牛顿、阿基米德、欧拉齐名的数学家。

史蒂芬森

英国设计工程师、"蒸汽火车之父"。1781年出生于英国纽塞的一个矿工家庭。他自幼家境贫寒，没有受过正规的学校教育。14岁就到煤矿工作，后来又当了机器保管员。在工作的闲暇时间，他刻苦地自学物理学的相关知识。1812年，他设计制造了用于机车的蒸汽机。起初他设计的蒸汽机速度慢，功能也不稳定，但他不断地改进技术，到1821年左右，他的机车功能就比较完备了。1821年，他主持修建了世界上第一条铁路，他发明的蒸汽机车"旅行"号也正式运行。1830年，史蒂芬森又主持修建了从利物浦到曼彻斯特的铁路，还设计了功能更完备的"火箭"号机车。这段铁路为周边地区经济带来了极大发展。史蒂芬森的发明，迅速在世界各国推广起来，从而开辟了火车铁路运输的新时代。1843年史蒂芬森在英国逝世。

法拉第

英国物理学家和化学家。1791年9月22日生于一个贫寒的铁匠家庭。13岁当报童、学徒工，自学成才。21岁时听的一次化学讲座，引发了他对科学的极大兴趣。后来他如愿成为皇家学院实验室里的助手。通过自己的刻苦工作，成为实验室的主任。随着科学探索上的成功，他得到很多荣誉。1825年当选为英国皇家学会会员。自1833年起，担任皇家研究院化学教授。1867年8月25日逝世。他一生取得了一系列重大科学技术发现和发明成果。他发现了电磁感应原理，奠定了电磁学的实验基础，在科技史上有着划时代的重大意义。还发现了电解定律和法拉第效应。他的重大科研成果，都收录在《电学的实验研究》中。

达尔文

英国博物学家，进化论的奠基人。1809年，生于英国一个医生家庭。先是学医，后在剑桥大学学神学。毕业后，参加贝格尔舰的环球考察航行，历时5年，搜集了动、植物和地质等方面的大量材料。回国后，经过实验、归纳整理和综合分析，形成了生物进化概念。于1859年出版《物种起源》，提出以自然选择为基础的进化学说，摧毁了各种唯心的神造论、目的论和物种不变论，震动了学术界，成为生物学史上的一个转折点。随后又发表了一系列著作，进一步充实了进化学说。1882年，逝于肯特郡达温村。他一生不断追求真理，取得了重大成就，留下了一笔宝贵的科学遗产，是一位划时代的伟大科学家。恩格斯曾把他的进化学说誉为19世纪"自然科学三大发现"之一。

南丁格尔

意大利近代护理学、护理教育奠基

人。她 1820 年 5 月 12 日出生于意大利佛罗伦萨的一个富有的移民家庭，后来随家迁居英国。她自幼勤奋好学，曾就读于法国巴黎大学，精通英、法、意、德数国语言。1844 年，她从英国出发考察了法、德、比、意等各国的医院。1850 年在德国一所女护士学校接受了短期的医护训练。1853 年担任伦敦患病妇女护理会的监督一职。1854—1856 年克里米亚战争期间，南丁格尔在前线从事救护工作。1856 年，她担任陆军医院妇女护理部总监。1857 年，她促成皇家陆军卫生委员会的建立，同年还开办了陆军军医学校。1860 年，南丁格尔创建了世界上第一所正规护士学校——南丁格尔护士学校，她还组织了助产士及济贫院护士的培训工作。1901 年，南丁格尔因操劳过度而双目失明。1907 年，英王授予南丁格尔功绩勋章，她成为英国历史上第一位获得这一最高荣誉的女性。她于 1910 年 8 月 13 日逝世。人们把她的生日 5 月 12 日作为国际护士节。

诺贝尔

瑞典化学家、硝酸甘油炸药的发明人。1833 年出生于瑞典的斯德哥尔摩。他一生致力于炸药的研究，在硝酸甘油的研究方面取得了重大成就。他不仅从事理论研究，而且进行工业实践。他一生共获得技术发明专利 355 项，并在欧美等五大洲 20 个国家开设了约 100 家公司和工厂，积累了巨额财富。1896 年 12 月 10 日，诺贝尔在意大利逝世。他在逝世前夕立下遗嘱，将部分遗产（920 万美元）作为基金，以其利息分设物理、化学、生物或医学、文学及和平 5 种奖金，授予世界各国在这些领域对人类做出重大贡献的学者。1900 年 6 月，瑞典政府批准设立了诺贝尔基金会，并于次年诺贝尔逝世 5 周年纪念日，即 1901 年 12 月 10 日首次颁发了诺贝尔奖。

门捷列夫

俄国化学家。1834 年 2 月 7 日出生于俄国西伯利亚的托波尔斯克市。1850 年就读于彼得堡师范学院，主修化学，1855 年毕业后当过一段时间的中学教师。1857 年被聘为彼得堡大学副教授。1859 年他到德国海德堡大学深造，1861 年回到彼得堡后继续从事科学研究。1863 年担任工艺学院教授。1865 年获得化学博士学位。1866 年担任彼得堡大学普通化学教授，1867 年任化学教研室主任。从 1893 年起，担任度量衡局局长。1890 年当选为英国皇家学会外籍会员。门捷列夫在化学上最突出的贡献就是发现了元素周期表，他还研究过气体和液体的体积与温度、压力的关系，研究了溶液的性质，为近代溶液学说奠定了基础。他的代表著作是《化学原理》一书。门捷列夫 1907 年 2 月 2 日于彼得堡逝世。1955 年科学家们为了纪念他，将 101 号元素命名为钔。

贝　尔

电话的发明者。1847 年生于苏格兰爱丁堡市。他只在学校念过几年书，但是通过家庭的熏陶和自学，也有了良好的学识。其父是语言生理、语言矫正和聋哑教学方面的专家，这引起了贝尔对语音复制的兴趣。1871 年他移居美国。在担任波士顿大学生理学教授

期间，进行利用电流传送声音的实验，于1876年发明电话。他申请电话发明的专利权被批准。一个叫伊茉沙·格雷的人也申请类似装置的专利权，但已经晚了一个小时。贝尔及其同事一起于1877年成立了一家公司，就是今天美国电话电报公司的前身。电话发明使贝尔成了富翁，但是他兴趣广泛，从来没有中断研究工作。1882年贝尔加入美国籍，1922年去世。贝尔发明电话对人类的通信影响是重大的。

爱迪生

美国电学家、发明家。1847年2月11日出生于美国俄亥俄州米兰小镇。读小学时被老师斥为低能儿，并被赶出学校。从此，爱迪生在母亲的启发下读书学习，他的发明创造才能逐步显现出来。从12岁起，他一边工作，一边买仪器设备做各种实验。1863年开始，爱迪生成为一名电信报务员。1868年他获得了第一项发明专利权，这是一台自动记录投票数的装置。1869年发明"爱迪生普用印刷机"。从1872年至1875年，爱迪生先后发明了二重、四重电报机，还协助别人制成了世界上第一架英文打字机。1877年他发明了留声机。爱迪生一生的发明创造数不胜数，最著名的是1879—1880年经数千次的挫折后发明的高电阻白炽灯，这是人类发明史上的创举。1931年10月18日，这位伟大的发明家在美国逝世。

伦　琴

德国实验物理学家。1845年3月27日生于莱因兰州的伦内普镇。3岁时全家迁居荷兰并入荷兰籍。1865年进入苏黎世联邦工业大学机械工程系学习，1868年毕业。1869年获苏黎世大学博士学位，并担任声学家A.孔脱的助手；1870年随孔脱返回德国，先后到维尔茨堡大学及斯特拉斯堡大学工作。1894年任维尔茨堡大学校长。1900年任慕尼黑大学物理学教授和物理研究所主任。1923年2月10日因患癌症在慕尼黑逝世。伦琴毕生致力于物理学的实验研究工作，有诸多的发现和发明。他最重要的贡献是1895年发现的"X射线"，这实际上打开了通向人类身体内部的一扇窗户。"X射线"的发现成为19世纪90年代物理学上的三大发现之一，伦琴因此获得了1901年的诺贝尔物理学奖，成为20世纪最伟大的物理学家之一。

普朗克

德国物理学家，量子论的奠基人。普朗克于1858年4月23日出生于德国的基尔，父亲是基尔大学著名的法律教授。普朗克先后在慕尼黑大学和柏林大学学习，曾经在基尔霍夫等人的指导下学习和研究热力学，并于1879年获得博士学位。1880年，普朗克成为慕尼黑大学物理学讲师，1885年被基尔大学聘为理论物理学特邀教授。1889年普朗克重返母校，成为柏林大学的教授，并一直在此工作到1926年退休。1894年，普朗克被选为普鲁士科学院院士；1926年，他被英国皇家学会吸收为会员；同时还兼任柏林威廉皇家研究所所长。普朗克最主要的成就是提出了著名的普朗克辐射公式，创立了能量量子概念。1900年，他在黑体辐射研究中引入了能量量子。他的这一发现对物理学的发展做出了突出贡献，由此获得1918年诺贝尔物理学奖。他出版了《热辐射讲义》（1906年）等著作。

居里夫人

波兰物理学家。1867年11月7日出生于沙皇俄国统治下的华沙，父亲是中学老师。16岁时，她以金质奖章毕业于华沙中学，因家境困难而中断学业，曾经做了长达6年的家庭教师。1891年去巴黎大学求学，4年后以优异成绩毕业，并获得了物理和数学两个硕士学位。1898年7月居里夫妇共同发现了"钋"这一元素；1898年12月，他们又把另一种元素命名为"镭"。由于对放射性物质镭的发现，居里夫妇获得了1903年诺贝尔物理学奖。1906年，丈夫比埃尔·居里去世后，居里夫人接任了丈夫在巴黎大学的物理学教授职位，成为该校第一位女教授，并继续进行放射性物质的研究，于1911年再次获得诺贝尔物理学奖。第一次世界大战期间居里夫人积极参与伤员的救治工作。由于长期受到辐射物质的侵害，她的健康受到极大损伤，于1934年7月4日在巴黎逝世。

莱特兄弟

哥哥威尔伯·莱特（1867—1912年），弟弟奥维尔·莱特（1871—1948年），美国发明家。威尔伯·莱特和奥维尔·莱特出生于美国俄亥俄州的一个工人家庭，由于家境贫寒，兄弟俩只念到中学就不得不辍学务工来养家糊口。他们靠给人修理自行车为生，兄弟两人对机械设计情有独钟。他们在工作之余，经常研究人类对飞行器的设计并总结飞行的各种经验，不久就成为远近闻名的航空问题专家。1903年12月17日，奥维尔·莱特驾驶动力飞机试飞，在12秒内飞了36米远，然后跌跌撞撞落到沙地上。又经过了两年的努力实验，他们才真正建造起并驾驶了世界上第一架可控制的飞机。莱特兄弟发明了世界上第一架飞机，实现了人类几千年飞翔的梦想，开拓了人类飞行史的新纪元，他们的勇敢和聪颖永远值得人类纪念。

卢瑟福

英国物理学家。1871年8月30日出生于新西兰纳尔逊附近的泉林村。他从小就对物理实验有浓厚的兴趣。1894年以优异的成绩从坎特布雷学院毕业，获得理学学士学位。留校工作一年后，进入英国剑桥大学卡文迪什实验室学习。他先是研究无线电，并用自己研制的发射器和检波器实现了3.2千米的收发距离。1896年开始将研究方向转到放射性上。1897年，发现并命名了 α 射线、β 射线和 γ 射线。从1898年他开始担任加拿大麦吉尔大学物理学教授。他和来自英国的青年化学家F. 索迪合作，于1902年发现了放射性元素的半衰期。1905年他利用放射性元素的含量及其半衰期，计算出太阳的寿命约为50亿年。从1907年开始担任英国曼彻斯特大学物理学教授。他于1910年设想出原子的核式结构模型。由于卢瑟福在物理学上的突出贡献，他获得了1908年诺贝尔物理学奖。1937年10月19日，他因患肠阻塞并发症逝世，葬于威斯敏斯特大教堂牛顿的墓旁。

爱因斯坦

20世纪最伟大的自然科学家，现

代物理学的开创者和奠基人。1879 年 3 月 14 日生于德国乌尔姆一个犹太人家庭。从小受到科学和哲学的启蒙及音乐熏陶，脑中充满许多奇思幻想。少年时，更是勤奋好学。他 1921 年获诺贝尔物理学奖。在德国时，任威廉皇家研究院物理研究所所长。后因受纳粹迫害移居美国，在普林斯顿高级学术研究所任终身研究员。1940 年入美国籍。1955 年 4 月 18 日逝世。遵照他的遗嘱，他的骨灰撒在永远对人保密的地方，为的是不使任何地方成为圣地。爱因斯坦是人类历史上最具创造性才智的人物之一。他一生在物理学的四个领域中有开创性意义：狭义相对论、广义相对论、宇宙学和统一场论。他的相对论的观念和方法对现代理论物理学的发展影响深远。他晚年还致力于世界和平运动。可以说他既是一位伟大的科学家，还是一位杰出的思想家，同时也是一位有强烈正义感的世界公民。

弗莱明

英国细菌学家，青霉素的发现者。1881 年出生于苏格兰洛克菲尔德一个穷苦的农民家庭。他从伦敦圣马利亚医院医科学校毕业后，一直从事免疫学研究。第一次世界大战爆发后他作为一名军医，深切地体会到人们迫切需要一种对细菌有抑制作用而对人体无害的药物。1922 年他从某种植物和动物的分泌液中提炼出一种能杀灭细菌的物质，称之为溶菌酶。1928 年又在培养葡萄球菌的器皿中，发现被青霉菌污染的周围没有葡萄球菌菌落，这证明青霉菌能分泌一种杀灭葡萄球菌或防止葡萄球菌生长的物质。他把这种物质称为青霉素。后来英国病理学家佛罗理和德国生物化学家钱恩肯定了它的治疗价值，三人共同获得 1945 年诺贝尔生物或医学奖。弗莱明曾担任伦敦大学细菌学教授和瑞特－弗莱明研究所所长。著有《青霉素——它的实际应用》等。他 1955 年逝世，享年 74 岁，他被人们尊称为"青霉素之父"。

世界上第一台电子计算机"埃尼阿克"

冯·诺伊曼

20 世纪最杰出的数学家之一。1903 年生于匈牙利布达佩斯。小时候是一个数字神童，显示出很高的数学天赋。12 岁时就对深奥的数学领域了如指掌。青年时期师从著名数学家希尔伯特学习。获数学博士之后，不到 30 岁他就成为美国普林斯顿大学的第一批终身教授。1944 年，他参加原子弹的研制工作，涉及极为困难的计算。他迅速决定投身到计算机研制者的行列。1945 年提出了"程序内存式"计算机的设计思想，为计算机的逻辑结构设计奠定了基础，他的设计思想成为计算机设计的基本原则。他为此写出了 101 页的总结报告，这是计算机发展史上一个划时代的文献，表明电子计算机的时代开始了。1954 年他到美国普林斯顿高级研究所工作。1957 年逝世。诺伊曼在计算机逻辑结构设计上的创新，推动了电子计算机的发展，他因此被誉为"计算机之父"。

约翰·洛克菲勒

美国实业家、美孚石油公司创办人。1839年7月8日出生在美国一个小村，家境贫寒。他从小就接受父亲的"商业训练"，并继承了母亲的勤俭美德。1858年开始创办公司。23岁时决定从事炼油业。1863年，他与别人合资在克利夫兰建立炼油厂。1870年，他创建俄亥俄美孚石油公司。接下来的8年内，控制了全国石油工业。1882年，成为美国历史上第一个托拉斯。后洛克菲勒财团和大银行联合，形成垄断。1884年公司迁到纽约市百老汇街26号，成为全世界最大的石油集团企业，他成了"石油大王"。1896年他退休。退休后发展慈善事业，并于1913年设立了"洛克菲勒基金会"，负责捐款工作。1937年5月23日去世。他是美国历史上第一个十亿富翁，创设了托拉斯企业制度，在美国资本主义经济发展史上占有重要的地位。

亨利·福特

美国"汽车大王"。1863年7月30日出生于美国一个富裕的农场主家庭。他从小就对机械有浓厚的兴趣。17岁那年，他到底特律的密西根汽车制造公司上班，但很快辞职。后来做过机械修理、手表修理、船舶修理等工作，并一边工作一边学习。1896年春天，福特的第一辆汽车研制、试验成功，这是汽车发展史上的里程碑。在后来的几年里福特连续成立了两家汽车公司，但都以倒闭告终。但福特并没有因失败的经历而灰心，他再接再厉，相继研制出了A型、R型、S型等功能稳定的车型，逐步打开了局面。1908年T型车的问世，使福特获得了巨大的成功，从此汽车成为普通民众的交通工具，并极大地改变了人们的生活方式，将人类带入汽车时代。1947年4月7日，福特因脑溢血死于底特律。

贾尼尼

美国金融巨子。1870年出生于圣何塞。他的生父因为1美元的欠款而被人打死。贾尼尼曾经在希尔兹商学院学习了8年5个月，后到继父斯卡泰纳那里工作。他很快地成为一名出色的经纪人。1904年他继承了继父的遗产，开办了意大利银行。他以独特的经营方式，秘密建成了遍布欧美的意大利银行分行网。20世纪20年代末，意大利银行更名为美国国民信用储蓄协会，成为美国最大的银行之一。在晚年的时候，他终被推上了"全美第一银行家"的宝座。1949年6月，贾尼尼去世。此时，他的银行总资产已达到20亿美元。他还把50万美元的存款全部捐献了出来，用于医学研究和银行员工子弟的教育奖学金。

思想学术名人

泰勒斯

西方历史上第一个哲学家和第一个科学家，被誉为"科学之祖"，米利都学派的创始人。约公元前640年出生于米利都一个名门望族，早年曾做过商人，后游历埃及等地，掌握了天文和几何知识。他创办了第一个哲学学派——米利

苏格拉底之死　雅克－路易·达维特　法国
苏格拉底因坚持自己的信念将被判处鸩刑，但他神色安然，面无惧色。

都学派。他提出"水是万物的本原"。这句话是哲学思维的开始，也是以科学态度对待自然界的第一个原则。他还是古希腊第一个天文学家、几何学家。在数学方面的贡献是开始了命题的证明。在天文方面，他曾推得了公元前585年5月28日日食的发生。泰勒斯是古希腊数学、天文、哲学之父，生前有崇高的声望，被尊为"希腊七贤"之首。公元前546年逝世。他的墓碑上刻着："这里长眠的泰勒斯是最聪明的天文学家，是米利都和爱奥尼亚的骄傲。"

苏格拉底

古希腊哲学家，被公认为道德哲学的创始人和教育家。他生于雅典，娶了一个悍妇，还有一副跑堂的尊容。然而，他却是一只"牛虻"，永远的反对派，因为他的存在，能使人们时时审视自己的良知。他一生都是在和别人的交谈和辩论中度过，没有留下任何著作。他辩论的方法分为四个步骤：反讽，接生术，归纳法，下定义。这就是"苏格拉底问答法"，它让人接近真理。他的问题时常把雅典城搞得人心混乱，他因此以作恶者、败坏青年罪被处死刑。他在临死前还和自己的弟子讨论灵魂的再生问题，这就是他伟大而从容的死。苏格拉底堪称为"真理的助产士"，无论是他生前还是死后，都有一大批狂热的崇拜者和一大批激烈的反对者，他对后世的西方哲学产生了极大的影响。

柏拉图

古希腊哲学家、思想家和教育家。他出身名门望族，从小就受到良好的教育。20岁时师从苏格拉底，跟随10年。苏格拉底死后，柏拉图游历过很多地方，宣传他的政治主张。但他想说服统治者建立一个由哲学家管理的理想国的目的没有达到。后来回到雅典，创办了一所学园，即阿卡德米学园，将全部精力放在哲学研究和教学工作上。这个学园成为古希腊重要的哲学研究机构。柏拉图在这里讲学，著书立说，直到去世，终身未婚。柏拉图留下的著作有《辩诉篇》《曼诺篇》《理想国》《智者篇》《法律篇》等，其中《理想国》是其代表作。他是西方哲学史上第一个使唯心论哲学体系化的人，他的著作和思想对后世产生了十分重要的影响。

亚里士多德

古希腊哲学家、政治思想家和科学家。公元前384年生于斯特基拉城。从小就很爱钻研自然科学。父亲是马其顿国王的侍医，他曾跟父亲学过医。17岁去雅典，在阿卡德米学园学习达20年。柏拉图曾称赞他为"学园之灵"。公元前343年他任王子亚历山大的老师。亚历山大执政后，他一度回乡。公元前335年他在雅典创办吕克昂学院，由于他和他的学生经常在花园里边散步边讨论问题，因而被称为逍遥学派。公元前 323 年，亚历山大病故，他在政治上不得志，便回乡隐居。公元前 322 年病逝。亚里士多德是希腊古典文化的集大成者，恩格斯称他是最博学的人。他的著作是古代的百科全书，其中《工具论》《伦理学》《政治学》《形而上学》《物理学》《诗学》等，对后来的哲学和科学的发展影响深远。

托马斯·阿奎那

意大利中世纪神学家和经院哲学家，有"神学界之王"的称号。他生在意大利一个贵族家庭，小时受教会教育达 9 年。14 岁时在那不勒斯大学学到很多科学与哲学知识。1244 年加入天主教组织多米尼古学团，是他人生的一个重要转折。20 岁以后进入巴黎大学学习神学并取得硕士学位，后在巴黎大学教授神学。1259 年被任命为罗马教廷的神学老师。后来，回到意大利，从事神学研究和著述，期间曾到巴黎教授神学。1274 年死于一个修道院。1323 年被追封为"圣徒"。托马斯·阿奎那是经院哲学的集大成者，他建立起一套系统的、完整的神学体系，被称为"托马斯主义"。他的 18 部巨著中，《神学大全》集基督教思想之大成。他的学说后来被引申为新托马斯主义，对基督教神学的发展产生了重要的影响。

马丁·路德

16 世纪德国宗教改革家，基督教新教路德派创始人，德语《圣经》的翻译者。他出生在一个矿工家庭，家境富裕。家里支持他读书，盼望他成为律师。1502 年他在厄福大学完成了学士学业，1505 年取得硕士学位，开始读法律。但在这一年，他许愿做修道士，进入了奥古斯丁修道院，两年后成为神父。1509 年他在威登堡大学完成了圣经学士学业。1510 年他去了罗马。1512 年他又读完神学博士课程，成为威登堡大学的圣经教授。1517—1522 年他发起宗教改革运动，在运动中成为领袖人物，有许多仰慕者和跟从者。他反对罗马天主教独身传统，并于 1525 年同修女凯慈琳结婚。路德晚年的健康不佳，但他仍勤奋写作。1546 年 2 月 18 日他在故乡逝世。路德有坚定的信念，雄辩的口才。他的著作及他的思想深刻地影响了当时的欧洲。

加尔文

瑞士宗教改革家、神学家、新教加尔文教创始人。他 1509 年生于法国。16 世纪 30 年代他参加了巴黎的宗教改革运动，由于法国政府对新教徒的迫害，他逃往瑞士，发表其主要神学著作《基督教原理》。从 16 世纪 40 年代起，他在瑞士日内瓦领导宗教改革和市政工作：废除主教制，代之以共和式的长老制；简化宗教仪式；鼓励经商致富，宣称作官执政，蓄有私产，贷钱取利，同担任教士职务一样，均可视为受命于上帝。加尔文的神学思想在许多方面与路德教派相同，如强调《圣经》是基督教信仰的唯一根据和权威；主张因信称义等。但加尔文还主张"预定论"，认为人的得救与否，贫穷与富贵，早已由上帝"预定"。加尔文教又称归正宗，"归正"一词译自英文 reformed，意指经过改革复归正确。加尔文教的广泛传播在于它符合了当时新兴资产阶级的发展，更在于加尔文对新教的信心和贡献。加尔文的名字和"加尔文教"联系在一起。

培 根

英国唯物主义哲学家。1561年培根出生在英国伦敦的一个贵族家庭，12岁入剑桥大学。培根非常反感那里"经院哲学"的统治。他一生大部分时间在官场中度过，然而作为政客，他饱尝了仕途之艰辛。他的两卷集《学问的促进》抨击了中世纪的蒙昧主义，论证了知识的巨大功用，对法国百科全书派有很大的启发作用。1620年，培根总结了他的哲学思想，出版了《新工具》一书。在书中他提出了"知识就是力量"的观点。培根还是一位散文家，留有文笔优美、语言凝练、寓意深刻的《论说文集》。1626年培根离开了人世。培根对近代哲学史、科学史做出了重要的贡献。马克思称他是"英国唯物主义和整个现代实验科学的真正始祖"。

霍布斯

英国哲学家、政治学家。1588年4月5日生于一个牧师家庭。1608年毕业于牛津大学。1610年游历欧洲大陆时结识伽利略等思想家。1637年回国担任培根的秘书，思想受到很大影响。后因他的政治观点不为当局所容，1640年逃亡法国。1651年，他的重要著作《利维坦》出版。1652年回国，在王政复辟后得宠。但因《利维坦》被视为异端而遭迫害，他进行了申辩，虽然有一定效果，但他的政论著作仍被禁止出版。84岁时发表了拉丁诗体自传。1679年12月4日逝世。霍布斯作为政治学家，是近代英国君主制以及国家政治学说的最重要奠基人。他发展了经验主义和实验主义哲学，在数理逻辑和符号语言哲学方面有开创性贡献。他在认识论和逻辑问题上的研究，启发了后来的许多哲学家。

笛卡儿

法国哲学家、数学家、物理学家，解析几何学的创始人。出身贵族家庭，从小就勤于思考。1616年获法律博士学位，后当上一名军官，长期服役。1618年他结识了物理学家伊萨克·毕克曼，受其影响而从事科学研究。1625年回到法国，开始致力于科学研究活动。1629—1649年隐居荷兰，潜心著述。1649年受聘于瑞典宫廷，次年病逝。笛卡儿在科学上的贡献是多方面的。他著有关于生理学、心理学、光学、代数学和解析几何学方面的论文和专著，有影响的著作有《方法谈》《形而上学的沉思》《哲学原理》。他的"普遍怀疑"和"我思故我在"的哲学思想对后来的哲学和科学的发展，产生了极大的影响。

洛 克

英国哲学家和政治思想家，唯物主义经验论著名代表之一。1632年出生于英国灵顿。他就读于牛津大学，厌恶经院哲学，转向实验科学。他精通医学、化学，1688年成为皇家学会会员，后参加辉格党活动。詹姆士二世复辟期间，流亡法国，5年后因"光荣革命"成功回国，任政府部长等职。此后一直住在伦敦。洛克终身未娶，1704年溘然长逝。著有《人类理智论》《政府论》《论宗教宽容的书信》等著作。洛克的哲学观点基本上是经验主义的，他继承并发展了培根和霍布斯的思想，创立并论证了唯物主义经验论"知识起源于感觉"的学说。在政治上，他提出了自由宪政民主的基本思想，批驳了王权神授观念。他的思想深刻地影响了美国及法国启蒙运动中的许多重要哲学家。

孟德斯鸠

法国启蒙运动思想家、法学理论家。1689年1月18日生于法国一个贵族家庭。19岁获法学学士学位，1716年继承世袭的波尔多法院院长的职务。1726年高价卖出院长职位后，迁居巴黎，并于1728年进入法兰西科学院。接着他花了3年时间周游欧洲，对各国的政治制度和国情进行了深入考察。1734年，他出版《罗马盛衰原因论》，轰动了整个欧洲。1748年，他发表《论法的精神》。这部著作发展了资产阶级国家学说，主张"三权分立"，即立法权、行政权和司法权分属于3个不同的国家机关以相制衡。1755年2月20日孟德斯鸠因病在巴黎逝世。孟德斯鸠的思想对当时的世界产生了重大的影响，尤其是他的"三权分立说"，对法、美国家的制宪工作以重要指导，后来成为资产阶级政治制度和立法思想的基本原则。

伏尔泰

法国启蒙思想家、作家、哲学家。本名叶弗朗索瓦·马利·阿鲁埃，伏尔泰是他的笔名。出身于公证人家庭。他从小就热爱文学，曾学过法律，从事过多种职业，曾赢得"法兰西最优秀诗人"的桂冠。1717—1726年，由于著文抨击封建专制，两次被关进巴士底狱，出狱后被驱逐出境，3年后又回到巴黎，进行启蒙宣传。1734年因他的《哲学通信》被当局查禁，而再次离开巴黎。此后，伏尔泰进行多方面的创作活动，并取得丰硕的成果。有史学名著《路易十四时代》，哲理小说《老实人》《天真汉》等。他的声望越来越高，1778年他返回巴黎，受到公众的隆重礼遇。同年因病逝世，被安葬于法国名人公墓。伏尔泰这个"投向旧制度的第一颗炸弹"，是启蒙运动中公认的领袖和导师。他以其思想启迪民众的心智，影响了几代人。

狄德罗

法国哲学家、文学家、启蒙思想家，《百科全书》的主编。他追求真理，知识渊博，是百科全书派领袖人物。出身于手工业者家庭。童年时父母指定要他献身教会。起初由父亲规定学法，但他更喜欢人文科学。由于拒绝做神父，家里停止了对他的接济。在1734—1744年的10年间，他过着贫困的生活，他也因发表无神论著作而一度被捕。1751—1772年主持《百科全书》的编纂工作，呕心沥血，历20余年完成该巨著。晚年创作了多本剧作。1784年去世。主要著作有《哲学思想录》《拉摩的侄儿》《达兰贝尔之梦》《对自然的解释》《关于物质和运动的哲学原理》等。狄德罗在哲学、美学、小说和戏剧创作以及理论上都有重要建树，对后世影响深远。

卢 梭

18世纪法国启蒙思想家、哲学家、教育学家、文学家。出生于瑞士一个钟表匠的家庭，青年时过着流浪生活，从事过多种工作。他自学成才，1749年以征文《论科学与艺术》获头奖而出名。后著有他的四大名篇《新爱洛绮丝》《社会契约论》《爱弥儿》和《忏悔录》。当时，因《爱弥儿》激怒了当局和百科派，卢梭四处逃难。晚年很孤独，1778年

死在一个侯爵的庄园里。1794 年，他的遗体被移葬在巴黎先贤祠。他在哲学上强调情感高于理智，信仰高于理性。在社会政治观方面，提出"天赋人权说"，主张"返回自然"，有"自然主义之父"之称。在教育上，主张让儿童的身心自由发展，被称为"教育史上的哥白尼"。

亚当·斯密

英国古典政治经济学的主要代表人物之一。1723 年他出生于苏格兰一个海关官员的家庭，14 岁考入格拉斯哥大学，学习数学和哲学，并对经济学产生兴趣。17 岁时转入牛津大学。毕业后，1748 年到爱丁堡大学讲授修辞学与文学。1751—1764 年回格拉斯哥大学执教，期间他的"伦理学"讲义经修订在 1759 年以《道德情操论》为名出版，为他赢得了声誉。1764 年他辞了教授一职，担任私人教师，并到欧洲旅行，结识了伏尔泰等名流，对他有很大影响。1767 年他辞职，回家乡写作《国富论》，9 年后《国富论》出版，从而成为最受欢迎的经济学家之一。1787 年他出任格拉斯哥大学校长。1790 年逝世。他的《国富论》是一部划时代的巨著，是古典政治经济学代表作，标志着自由资本主义时代的到来。亚当·斯密因而被奉为现代西方经济学的鼻祖。

康德

德国哲学家和天文学家。1724 年 4 月 22 日生于德国哥尼斯堡。在哥尼斯堡大学毕业。1755 年起在母校任教，这一时期是他思想上的"前批判期"。他埋头于自然科学研究，讲授多门学科，同时发表了许多关于自然科学的著作。1770 年被聘为教授，他的思想转入"后批判期"。从 1781 年开始，他完成了《纯粹理性批判》《实践理性批判》和《判断力批判》3 部著作，这标志他的批判哲学体系的诞生，并带来了一场哲学上的革命。1793 年他因一些观点，被告蔑视基督教教义，遇到一些麻烦。但他仍不断探索和写作，直到 1804 年 2 月 12 日病逝。康德深居简出，过着极为有规律的学者生活。他一生独身，从未走出过家乡。但他是一个有丰富生活内容和细腻生活情调的人。康德是近代西方哲学史上划时代的哲学家，后世哲学家想入哲学之门就必须通过康德之桥。

边 沁

英国法学家、哲学家、伦理学家，功利主义学说的创始人。他出身于一个律师家庭，有"神童"之誉，13 岁进入牛津大学学法律，16 岁毕业后曾一度从事律师事务，后转而专门从事法学理论研究。1776 年他完成了其成名作《政府论片断》。自 1781 年起担任伦敦大学教授。1789 年他的代表作《道德与立法原理》出版。1832 年创办了著名的《威斯敏斯特评论》。边沁的主要著作有《政府论片断》《道德与立法原则导论》《司法证据原理》《宪法典》。其中，《道德与立法原则导论》是其最主要的著作。其著作后被编成《边沁文集》出版。边沁学说的中心是功利主义，他极力反对十七、十八世纪以来的古典自然法学的理性法观点，认为最好的立法是达到"最大多数人的最大幸福"。边沁的功利主义法学使整个 19 世纪英国制度一直处于不断进行合理化改革的过程中，对其他西方国家的立法和司法发展也产生过重大影响。

圣西门

法国第一位空想社会主义者、思想家、哲学家。他出生在一个贵族家庭，幼时因达兰贝尔做他的老师而受唯物主义思想的影响。19岁时他参加了北美独立战争，受到资产阶级革命的洗礼。1789年法国大革命爆发，他在家乡参加革命活动，宣传自由思想。后来离开革命，由资产阶级民主主义向社会主义转变，致力于建立未来社会。1802年在《一个日内瓦居民给当代人的信》中，他设想出美好社会制度。但他把希望寄托在国王和大人物身上，反对暴力革命和阶级斗争，其学说也成为空想。在政治上，他批判资本主义制度；在哲学上，坚持唯物主义立场。他的主要著作有《人类科学概论》《关于社会组织的理论》《论实业制度》和《新基督教》等。圣西门的著作为科学社会主义提供了有益的思想材料。

马尔萨斯

英国经济学家。他1766年2月14日生于英国萨里郡多金。家境富裕，小时候在家跟家庭教师学习。1784年他入剑桥大学读书。大学时期，他成绩很好。1791年他获得硕士学位，毕业后当了牧师。18世纪末英国进行工业革命，面对工人失业问题，理论家们进行了思考。马尔萨斯对这些问题也感兴趣，他从人口问题思考，于1798年写出了影响深远的《人口原理》，使他一鸣惊人。1802年他写了《政治经济学原理》，在政治经济学上提出地租论，影响了后来的经济学家。他38岁结婚。1805年他任东印度公司学院历史和政治经济学教授，直到1833年12月23日在美国巴斯逝世，终年68岁。马尔萨斯晚年被选为英国皇家文学协会会员，在欧洲具有相当高的声誉，他的理论也产生了深远影响。

黑格尔

德国哲学家。1770年8月27日生于德国斯图加特一个官僚家庭。1780年入中学。18岁时入图宾根神学院学习神学和哲学。

黑格尔像

1793毕业后，先后在瑞士和法兰克福做家庭教师。1801年开始在耶拿大学工作，并做过报纸编辑。1816年后，任海德堡大学和柏林大学哲学教授。1830年任柏林大学校长。1831年11月14日病逝于柏林。青年时期的黑格尔思想进步，崇尚卢梭，反对专制制度，向往民主、自由，是一名资产阶级共和派。晚年，思想趋向保守。黑格尔一生著述丰富，其代表作品有《精神现象学》《法哲学原理》《哲学史讲演录》《历史哲学》和《美学》等。他的著作集德国古典哲学之大成，并创立了一个完整的客观唯心主义哲学体系，产生了深远的影响。马克思吸收了他的唯心主义辩证法思想的合理内核，创立了唯物辩证法。

欧文

英国空想社会主义者。生于一个

《人类思想和实践的革命》(1849年)，该书是欧文在多年革命实践的基础上总结出来的经验和认识。

手工业者家庭，10岁辍学当学徒，19岁成为一家纱厂经理，1800年以后管理一个大纺纱企业。1817年提出组织"合作村"安置失业者的方案，后把"方案"发展成一套完整的合作社会主义思想体系。他成为欧洲有名的慈善家。1824年在美国实验合作村，以失败告终。1829年回到英国，创办杂志，宣传他的观点，并积极参加和领导工会运动和合作社运动。1832年他在伦敦建立全国公平劳动交换商场，1834年又发起成立全国产业大联合，均失败。欧文反对工人进行政治斗争，晚年走向唯灵论。1858年11月17日逝世于故乡。主要著作有《新社会观》《新道德世界书》等。欧文促进了英国工会运动的发展，他的学说启发了工人觉悟，并影响了后来社会主义思想的发展。

傅立叶

法国哲学家、经济学家、空想社会主义者。1772年4月7日生于一个富商家庭。他自学成才。20岁时，继承其父遗产经营商业。后因参加起义被捕，对革命失去热情，影响了他以后的思想。19世纪初，他发表了一系列著作，揭露了资本主义制度的罪恶，主张以他设计的"和谐制度"来代替资本主义制度。他理想的"和谐社会"名称叫"法朗吉"。他不主张革命，想靠资本家或权贵人物来实现社会改造。他刊登广告说在每天中午12点到下午1点接见出资创办"法朗吉"的富翁。他还和门徒创立"法朗吉"，结果以失败告终。1837年10月10日在巴黎去世。他的主要著作有《四种运动论》《宇宙统一论》《新的工业世界》等。傅立叶的空想社会主义学说是马克思的科学社会主义学说的宝贵的思想资料。

叔本华

德国唯意志论哲学的创始人，美学家。他于1788年2月22日生于但泽一个银行家家庭。他从小傲慢、孤僻，带点儿神经质。1809年入哥廷根大学学医，后改学哲学。1814年获哲学博士学位。1819年他发表重要著作《意志和表象的世界》，标志着他思想发展的顶点。1822年被聘为柏林大学哲学副教授，因与黑格尔争夺听众败北而辞职。尽管他的哲学受到同时代人的冷落，但他很自负，坚信真理的最后胜利。1836年他发表论文《论自然界中的意志》，来维护他的意志学说。然而直到1853年之后，他的哲学才为人重视。他于1860年9月21日病逝。叔本华是新的生命哲学的先驱者。他从非理性方面来寻求哲学的新出路，提出了生存意志论。他对人间苦难很关注，被称为"悲观主义哲学家"。他所开启的非理性哲学对后世思想发展影响深远。

费尔巴哈

德国古典哲学最后一个代表人物，唯物主义哲学家，无神论者。1804年7

月 28 日出生于一个法学教授之家。上中学时，立志做神学家，后对神学失望。1824 年进入柏林大学哲学系，在黑格尔的课上深受影响。1826 年转入爱尔兰根大学，毕业后留校任教。后因宣传无神论被迫离开，此后他便隐居乡间，从事哲学研究，开始向唯物主义转变。1837—1843 年，他归属青年黑格尔派，发表了《黑格尔哲学批判》和《基督教的本质》等主要著作，其哲学观点已是唯物主义的。接着又写出《宗教的本质》等重要著作。他拥护资产阶级民主制，1870 年参加德国社会民主党。晚年读马克思的《资本论》。1872 年 4 月 13 日逝世。他的哲学观点是机械唯物主义的，其唯物主义的基本内核为马克思主义所吸收和发展。

马克思

全世界无产阶级的伟大导师和领袖，马克思主义的创始人。1818 年 5 月 5 日生于普鲁士莱茵省特里尔城。先后在波恩大学和柏林大学学习，最后在耶拿大学取得博士学位。后从事新闻工作，担任过《莱茵报》的主编。他和燕妮结婚后被迫迁居巴黎。1844 年他创办《德法年鉴》，发表一系列文章，标志着他的世界观转变完成。同年和恩格斯在巴黎会见，结下终生友谊。不久他因从事革命活动，被驱逐，迁居布鲁塞尔。1847 年他加入共产主义者同盟，并同恩格斯一起起草了影响广泛的《共产党宣言》。1848 年他回德创办《新莱茵报》参加斗争，再次遭驱逐，他先到巴黎，后定居伦敦。1867 年他最重要的著作《资本论》（第一卷）出版。1864 年他创建国际工人协会，即第一国际。晚年，他继续撰写《资本论》。1883 年 3 月 14 日与世长辞。马克思的一生是战斗的一生，他创立的马克思主义思想为全世界工人阶级所接受和实践，对世界历史产生了深远而重大的影响。

恩格斯

马克思主义创始人之一，全世界无产阶级革命导师，马克思的亲密战友。1820 年 11 月 28 日生于普鲁士莱茵省马门市。中学未毕业，就被迫经商。后去英国父亲的棉纺厂工作。他刻苦钻研，边研究理论著作，边参加工人运动。1844 年，发表《政治经济学批判大纲》，标志着他已成为唯物主义者和共产主义者。同年 8 月和马克思相见，结为终生挚友。1847 年，同马克思创立共产主义者同盟，撰写了《共产党宣言》。1848 年与马克思回国参加革命，创办《新莱茵报》。1850 年至 1870 年，重新经商资助马克思完成《资本论》。此期间他专心研究，在理论上也取得重大建树。马克思逝世后，他呕心沥血 12 年整理出版《资本论》，同时关注和指导国际社会主义运动。1895 年 8 月 5 日，病逝于伦敦，骨灰投葬于大海中。他所从事的事业"具有世界历史意义的伟大功绩"，对人类历史产生了重大影响。

斯宾塞

19 世纪下半叶英国实证主义哲学的代表和不可知论者，社会学家。1820 年他出生于英格兰中部一个中学教师家庭。少年因病不能上学，在家受其父指导，后基本靠自学成才，一度当过教师。20 岁左右在铁路当技师，1843 年他到伦敦开始了他的著述生涯。他的哲学和

社会学观点是从1848年任《经济学家》杂志编辑时形成的。他结交学术名流，和别人交往、思考。他曾去法国旅行，认识了孔德。后来他有了一个庞大的写作计划，最终就是他的《综合哲学》的诞生。书中提出了一个无所不包的实证主义哲学体系。他于1903年逝世。他的主要著作有《综合哲学》《心理学原理》和《社会学原理》等。斯宾塞终身未娶，过着孤独的生活。他知识渊博，其思想在当时就产生了世界性影响。

尼 采

德国哲学家。1844年尼采生于勒肯的一个牧师家庭，因而身上有极浓厚的宗教色彩。他自幼身体纤弱，性情孤僻。他在语言方面的才华很高，这在大学里就表现出来。1869年，巴塞尔大学给他一个语言学教授的职位，他接受下来，但不久因为他的健康状况，不得不在1879年辞职。后来住在意大利和瑞士。1888年他精神失常，直到死去。尼采对叔本华的哲学和瓦格纳的音乐都很偏爱。他提出"超人"哲学，推崇权力意志。他喊出的"重估一切价值"的口号，震动了思想界。他用自己的灵感作出对哲学的理解。他有影响的代表作有《权力意志论》《查拉图斯特拉如是说》和《超越善与恶》等。尼采哲学发展了叔本华的非理性主义，其意义在于对理

《查拉图斯特拉如是说》(1884年)，尼采著，书中尼采阐述了自己的哲学思想体系。

性主义和基督教的批判，对德国社会乃至世界都产生了巨大影响。

弗洛伊德

奥地利精神病医生，精神分析学派的创始人。1856年5月6日出生于奥地利一个犹太商人家庭，4岁时全家迁居维也纳。他天资聪颖，勤奋好学，17岁考入维也纳大学，1881年获得医学博士学位。随后十年他任临床神经专科医生。1886年结婚。1900年他的《释梦》问世。1902年他在维也纳组织了一个心理学研究小组。1908年他到美国做了一系列演讲。1920年他成为维也纳大学的教授。1938年因遭纳粹迫害迁居伦敦，于1939年12月23日在伦敦逝世，终年83岁。他的主要著作有《精神分析引论》《自我和本我》和《弗洛伊德全集》等。弗洛伊德最重大的贡献是揭示了人类的无意识过程，开创了潜意识研究的新纪元。他的研究超出了医学科学的范围，对20世纪人文科学的研究提供了重要理论支持，产生了重大影响。

杜 威

美国实用主义哲学家、教育家和心理学家，机能主义心理学的代表。他1859年生于佛蒙特州一个商人家庭。1875年进佛蒙特大学读书。后到霍普金斯大学学习，于1884年获博士学位。从此开始了他的大学教授生涯，并逐渐成为世界著名的教育家。他先在密执安和明尼苏达大学任教。1894年他到芝加哥大学任教10年，这10年中他在心理学研究方面取得重大成果。1904年他到哥伦比亚大学教书。从1919年起，他开始了一系列国外讲学旅行。1919—1921年

曾到中国讲学。1929 年他以荣誉教授退休。1952 年逝世。杜威主要著作有《哲学的改造》《经验与自然》《确定性的追求》《逻辑：探究的理论》和《能知和所知》等。杜威是实用主义的集大成者，他使实用主义成为美国特有的文化现象，并产生了世界性的影响。

罗 素

英国哲学家、数学家、逻辑学家。1872 年 5 月 18 日生于英国蒙茅斯郡，4 岁前父母双亡，由祖母和家庭教师抚养和教育。11 岁开始学习欧氏几何，18 岁入剑桥大学三一学院学习数学和哲学。1895 年获得学位。从 1901 年开始，经过 10 年的奋战，写成 3 卷本《数学原理》，提出著名的"罗素悖论"，引起所谓"第三次数学危机"。1911 年他当选为亚里士多德学会会长。1918 年他因反战而遭监禁。1920—1921 年任北京大学客座教授，其学术观点对当时的中国产生较大影响。1950 年获诺贝尔文学奖。1964 年设立罗素和平基金会。1970 年 2 月 2 日逝世于英国威尔士。他的代表作品有《西方哲学史》《幸福之路》和《哲学问题》等。罗素是一个人道主义者，他身上充满正义和良知，而又温情、睿智。

荣 格

瑞士精神病学家，分析心理学的创始人，苏黎世学派的领导者。他 1875 年生于瑞士凯斯威尔乡村，从小性格孤僻。1900 年获巴塞尔大学医学博士学位。1902 年他又获苏黎世大学医学博士学位。1906 年开始与弗洛伊德通信，1907 年在维也纳和弗洛伊德会晤，得到器重。1911 年他们共同创立国际精神分析协会，荣格任第一任主席。1914 年与弗洛伊德在理论上产生分歧，他自己创立了分析心理学。20 世纪 20 年代由于研究集体潜意识的需要，他远赴非洲考察原始人的心理历程。后他又先后任苏黎世大学和巴塞尔大学教授，直到 1961 年逝世。荣格的主要著作有《力比多的转化与象征》《潜意识心理学》《集体潜意识原型》和《心理学和东方》等。他对心理学、宗教、历史、艺术及文学都有重要贡献，他的理论影响直至今日。

凯恩斯

英国经济学家。1883 年生于英国萨伊法。起初在英国财政部印度事务部工作，后任剑桥大学皇家学院的经济学讲师，26 岁时他的著作《指数编制方法》获"亚当·斯密奖"。后任《经济学杂志》主编，第一次世界大战前任皇家经济学会秘书，第一次世界大战后任财政部巴黎和会代表。曾在 1929—1933 年主持英国财政经济顾问委员会工作。1942 年被封为勋爵，1944 年担任国际货币基金组织和国际复兴开发银行的董事。1946 年死于心脏病。凯恩斯最著名的著作是 1936 年发表的《就业利息和货币通论》，它标志着"凯恩斯革命"的开始。凯恩斯的宏观经济理论体系，成为资本主义国家发展制定经济政策的依据。美国从罗斯福新政开始，几乎历届总统都是凯恩斯主义者。凯恩斯对经济学发展做出了极大的贡献，他一度被誉为资本主义的"救星""战后繁荣之父"等。

维特根斯坦

英国哲学家、数理逻辑学家。1889

年 4 月 26 日生于奥地利一个犹太家庭。家里把他送到英国学工程，但他读了罗素《数学原理》后，对逻辑和哲学产生兴趣。1911 年他到剑桥师从罗素学逻辑。罗素很欣赏他，预言他在哲学上会有所成就。第一次世界大战爆发后，他参军，后被俘。在战俘营里，他写了《逻辑哲学论》。战后在罗素的推荐下，此书于 1919 年出版，立即引起轰动。他认为他已经解决了一切哲学问题，于是就去当小学教师。1928 年他重返剑桥，1936 年成为哲学教授。他的哲学思想在后期哲学日常语言的研究中，再次产生了重大影响。他于 1951 年 4 月 29 日逝世。他的主要著作《逻辑哲学论》和《哲学研究》，分别代表了他一生前后阶段的哲学体系，也分别开创了两个重要学派，影响深远。

海德格尔

德国哲学家，现象学学派的发展者，存在主义哲学的创始人。1889 年 9 月 26 日生于德国一个手工业者家庭。少年时在天主教学校学习，1909 年加入耶稣会，后因心脏病被解除教籍，随后到弗莱堡大学学习哲学和神学。1913 年获博士学位。1915 年获大学教师资格。1918 年起任胡塞尔的助教。1923 年任马堡大学哲学教授，颇有影响，被人们称为"秘密哲学之王"。1927 年发表《存在与时间》。后到弗莱堡大学任教。1933 年被选为弗莱堡大学校长。第二次世界大战时，曾多次在课堂批判国家社会主义。战后由于他和法西斯的不明关系，受到审查，并一度被禁止在大学授课。1951 年恢复教学活动。1959 年退休，隐居家乡，潜心著述。1976 年 5 月 28 日逝世。海德格尔是一位影响广泛、有独创性的思想家，对后世有深远影响。

萨 特

法国存在主义哲学家、文学家、社会活动家。1905 年他出生于巴黎，父亲在他很小时就去世。他随母到当教授的外祖父家生活。1915 年，他考入中学。20 岁考入巴黎高等师范学校攻读哲学，1928 年毕业后担任中学教师，并与波伏娃结为夫妻。1933 年赴德留学深造，师从著名哲学家胡塞尔和海德格尔。回国后他边从教边写作。第二次世界大战爆发后，他参军，次年被俘。获释后从事创作，主张"介入文学"。1945 年创办《现代杂志》，成为职业作家。1955 年访问中国。1964 年他以"不接受一切官方给予的荣誉"为由谢绝了诺贝尔文学奖。1980 年 4 月 15 日他病逝于巴黎。他的代表作有《存在与虚无》《词语》和《恶心》等。萨特存在主义哲学思想，影响了世界范围内的文学家和思想家。

艺术名人

米 隆

古希腊雕塑家，希腊古典时期的开创者。他的生平事迹不详。据材料和传说，他生于希腊伊柳塞拉，长期在雅典活动。据说他受过良好的体育训练，力量非常大，能扛起公牛。他的作品题材和对象大多是传说中的神、运动家、英雄和动物等，但他大部分作品业已失传，现保留下来的是罗马时期的复制品。他的代表作有《雅典娜和玛息阿》

和《掷铁饼者》等，部分收藏在意大利罗马的拉特朗美术馆。米隆善于用写实的艺术手法刻画人物在运动时的状态，赋予雕像以生动的表现力，他作品中的这些完美艺术技巧，是后世的雕塑家们所难以企及的。他对希腊雕塑艺术的发展起了巨大的推动作用，从他开始，希腊雕塑艺术进入了一个全新的黄金时期，并一步步趋向成熟。

乔 托

意大利文艺复兴时期雕刻家和建筑师。约 1267 年出生在佛罗伦萨附近的农村，父亲是农民。少年时非常喜欢画画，他曾在画坊当过学徒，后跟从画家契马布埃学习。乔托进步很快，创作了许多宗教画。后来他到罗马、那不勒斯、米兰等多个地方作壁画。1305 年至 1308 年，他在阿累那教堂创作的描绘圣母及基督生平事迹的壁画，被誉为"14 世纪意大利艺术的重要纪念碑"，现保存完整，成为世界重要艺术宝库之一。他的其他作品还有《金门之会》《逃亡埃及》和《犹大之吻》等。1334 年 6 月他设计了佛罗伦萨大教堂的钟楼。1337 年 1 月 8 日死于佛罗伦萨。他被授予"艺术大师"的称号。乔托被誉为"意大利绘画之父"，现实主义画派的鼻祖。他的绘画影响意大利长达一个世纪之久。

波提切利

文艺复兴时期意大利画家，佛罗伦萨画派的重要代表。1445 年，他出生在佛罗伦萨一个皮革工匠之家。少年时他顽皮，不思学业，父亲送他去学金银手艺。他原名菲力佩皮，"波提切利"是他的绰号，原意为"小桶"。15 岁时在利皮门下为徒，1470 年开设自己的画室。40 岁左右他画出了他最著名的《维纳斯的诞生》。44 岁时，他创作了他的代表作之一《春》。1478 年为宫廷作壁画，他的三幅壁画——《摩西的少年时代》《对科莱的惩罚》和《麻风病人的火化》，成为文艺复兴早期典型群像构图。1481—1482 年，他回到罗马后一直没离开佛罗伦萨。他晚年孤单，1510 年 5 月逝世，葬在佛罗伦萨的"全体圣徒"教堂墓地。波提切利以爱和精益求精的精神去完成他的每一幅画，给后世留下了宝贵的艺术财富。

达·芬奇

意大利画家、科学家。1452 年生于佛罗伦萨的芬奇小镇，故取名叫芬奇。5 岁时凭记忆画出母亲的肖像，表现出绘画天赋。14 岁跟随

达·芬奇像

名画家佛罗基奥学习，练习画蛋，打下坚实的素描基础。在老师工作室的 6 年中，他接受多方面的艺术教育。1482 年，他到米兰，发展成米兰画派，完成了《最后的晚餐》等重要作品。1515 年被聘为法兰西宫廷画家，定居法国。1519 年客死他乡。他的绘画把科学知识和艺术想象结合起来，发展到一个新的水平。其著名的代表作是《最后的晚餐》和《蒙娜丽莎》。他还是一位科学家，在科学上提出了不少创造性的见解和设想，给后世科学家以启示。他的学生评价说："芬奇的死，对每一个人都是损失，造物主无力再造一个像他这样的人了。"

丢 勒

　　德国文艺复兴时代画家。1471年5月21日生于德国纽伦堡。其父精于首饰活，他自小从父习艺兼学绘画，表现出很高的艺术天赋。从1486年开始，在一个画室工作了三年。1495年去威尼斯，学习、吸收威尼斯画派的技法，形成自己的风格。1498年作《启示录》插图，令他在画坛一举成名。1505年他再次去意大利广泛学习美术技艺和理论，积极参与人文主义学术活动。丢勒具有科学的头脑，曾研究数学和透视学并写下了很多笔记和论著。他的画作往往是将科学的技艺同人文主义和哲学思想融合在一起。1513年他完成的版画《名手版画》体现了这一点。丢勒1528年4月逝于自己的故乡。丢勒是"自画像之父"，一生画过许多自画像，成为德国文艺复兴时代最有成就的画家之一。在艺术风格上，他保留和发展了巴洛克风格，给后人以重要影响。

米开朗琪罗

　　文艺复兴时期意大利雕刻家、画家和建筑师，意大利艺坛三杰之一。1475年3月6日生于意大利佛罗伦萨。他6岁丧母，从小喜爱艺术，长大后不顾父亲的反对，学习绘画和雕刻。13岁进入佛罗伦萨画家画室学画，后学雕塑，达14年之久。24岁开始创作，雕刻出《哀悼基督》等有着很高艺术水平的作品。后来他从佛罗伦萨到罗马为教堂画壁画。最后20年他专搞建筑，主持了圣彼得大教堂的建筑工作，他也成为文艺复兴时期著名建筑师。他还是一位爱国志士，曾参加抵御外国侵略者的战斗。他一生未婚。1564年2月在自己的工作室逝世。米开朗琪罗最有成就的雕塑有《大卫》《摩西》《朝》《夕》和《昼》等。米开朗琪罗的作品在艺术上具有坚强的毅力和雄伟的气魄。

拉斐尔

　　文艺复兴时期意大利艺坛三杰之一。他父亲是宫廷画师，他从小随父学画，生活幸福，但不久他父母相继去世。1504年他进入画家画室当助手，学习佛罗伦萨画派的作品，后走上独立创作的道路。22～25岁期间，他在梵蒂冈宫廷作壁画，创作了大量圣母像，声名大扬。1515年他主持了圣彼得教堂的建设。1520年4月6日去世，年仅37岁。拉斐尔是文艺复兴盛期最红的画家，他的作品中最完满地表现了鼎盛时期文艺复兴的艺术风格。他一生创作了不少作品，其中《大公的圣母》和《教皇利奥十世》等最为著名。他还做了一些建筑设计，为教堂设计画稿。他创造出最合乎当时人们口味的形象，作品被称为具有一种特别"秀美"的风格，延续了400年之久，被后世古典主义者认为是不可企及的典范。

提 香

　　意大利文艺复兴盛期威尼斯派画家。少年时，他跟随哥哥在威尼斯等地辗转作画，并在贝利尼画室里工作，遇见乔尔乔内，给他以重要影响。1510年他离开威尼斯到帕多瓦，在这里他创作了一些壁画。1516年，贝利尼死后提香取代了他的位置，成为威尼斯的首席画家。1518—1530年在人文主义思想指导下，创作了一系列作品。1530—1550年他创作了一些裸体画。1548年他被查理五世召去给他画肖像画。1533

年查理五世授予他贵族称号。后来他就一直在自己的故乡。1576 年 8 月 27 日逝世。提香生前共画了千幅以上的作品，很有名气的作品有《纳税银》《圣母升天》和《爱神节》等。他还擅长画肖像画。他发展了威尼斯派的绘画艺术，把油画色彩、造型和笔触的运用提高到一个新的水平，在油画技法上对后期欧洲油画发展有较大影响。

鲁本斯

法兰德斯巴洛克风格画家。1577 年 6 月 28 日生于德国的锡根，父亲是律师，后随母迁回法兰德斯。15 岁时就精通多种语言，曾当过一位伯爵夫人的侍童。他先后师从几位画家习画。1600 年至 1603 年的意大利旅行使他真正完成了自己的美术教育。1609 年他成为荷兰宫廷画家。1610 年左右创作出他的《走上十字架》和《走下十字架》。17 世纪 20 年代他作为外交官忙碌起来。53 岁时他再婚，后在郊区得到一所房子，幸福地生活着。1640 年 5 月 30 日逝于安特卫普。他最有影响的作品是《劫夺柳西帕斯的女儿》，现藏慕尼黑美术馆。鲁本斯是欧洲第一个巴洛克式的画家，他的创作以对生活富于诗意的表现来歌颂生活，他擅长绘制宗教、神话、历史、风俗、肖像以及风景画，是 17 世纪西方成就最大的画家之一。

伦勃朗

17 世纪荷兰最著名的画家。1606 年 7 月 15 日诞生在莱登城的一个面粉厂主之家。1620 年入莱登大学，但他中途辍学，由家中提供经费，跟随莱登最著名的画家斯瓦林布格学习绘画。3 年后又到著名历史画家拉斯特曼门下深造。1632 年他为阿姆斯特丹外科医生同业公会所作的理事群像《杜尔普博士的解剖课》获得好评，名声大振。1634 年与富家小姐结婚，迎来他一生中最幸福的时期。17 世纪 30 年代他完成了大量的肖像画，还有圣经和神话题材的画。17 世纪 40 年代他的生活出现转折，失去亲人，工作紧张，经济困顿。1656 年他宣布破产，晚境凄凉，1669 年 10 月逝世。伦勃朗的遗产是巨大的，他的油画、版画及素描画保存下来数以万计，成为一份宝贵的遗产，他的作品是民主主义和人文主义的光辉典范，为世人所喜爱。

巴 赫

德国古典作曲家。生于一个著名音乐世家，早年精通管风琴演奏。先是任教堂管风琴师，后到魏玛，任宫廷管风琴师，直至宫廷乐长。38 岁起在莱比锡圣托马斯教堂任乐长，直至逝世。巴赫笃信宗教，又深受启蒙思想影响，使他的作品具有丰富的世俗情感和大胆的

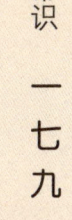

劫夺柳西帕斯的女儿　鲁本斯
这幅画是鲁本斯最优秀的作品，描绘的是古罗马神话的"抢劫"情节。

革新精神。他刻苦钻研，创作异常勤奋，流传下来500多首作品，主要有《马太受难曲》《约翰受难曲》《b小调弥撒曲》和二百余部康塔塔，以及古钢琴曲《法国组曲》《英国组曲》等。巴赫在德国民族音乐的基础上，集16世纪以来各国音乐之大成，把巴洛克音乐发展到顶峰。其作品对近代音乐具有深远的影响，因此其被称为"西方音乐之父"和"不可超越的大师"。

亨德尔

英籍德国作曲家。1685年生于德国哈勒，其父为宫廷侍从。7岁从师学习音乐。12岁时就写成双簧管奏鸣曲。17岁入哈雷大学学习乐法。1703年去剧院当小提琴师，并开始歌剧创作，产生一定影响。25岁他在汉诺威宫廷任乐长。1712年去英国演出，受到欢迎，在英国宫廷取得作曲家之职，随后定居英国，15年后加入英国籍。1741年他转入了清唱剧写作，创作了著名的《弥赛亚》和《扫罗》等，在英国受到热烈欢迎。晚年患眼病，后失明。1759年4月14日逝世。他一生创作了46部歌剧，32部清唱剧，还有声乐曲等。他的主要作品有《奥兰多》《恺撒》《以色列人在埃及》《扫罗》《弥赛亚》和《广板》等，其中《弥赛亚》流传最为广泛。亨德尔是巴洛克时期的重要作曲家，对英国的音乐发生深远的影响。

海 顿

奥地利作曲家，维也纳古典乐派代表人物之一。1732年他出身于贫苦铁匠家庭，从小在很艰苦的条件下学习音乐，作曲主要靠自学。8～17岁在教堂唱诗班当歌童。1759年任一个伯爵私人乐队长，1761年起在一个公爵家任宫廷乐长约30年。18世纪90年代成为出色的音乐家。1791年、1794年两次去伦敦旅行，写下了他一生中最优秀的12部《伦敦交响曲》，从此声名鹊起。1809年逝世。他的创作吸取民族、民间音乐素材，风格质朴，感情明朗、乐观。他一生共创作了100多部交响曲，其中较著名的交响曲有《告别》《时钟》《狩猎》《惊愕》《军队》《伦敦》《牛顿》等。海顿为近代交响乐的发展奠定了基础，被誉为"交响乐之父"。他直接影响了贝多芬等后来的大音乐家。

莫扎特

奥地利作曲家。1756年出生于萨尔兹堡一个音乐世家，父亲是小提琴手。他3岁开始学弹钢琴，4岁就能演奏，5岁学作曲，6岁在欧洲巡回演出，12岁开始指挥乐队演奏自己的作品，轰动了欧洲，被人们誉为"音乐神童"。后由于他不能忍受上流社会对他人格的蔑视和侮辱，25岁辞职，成为奥地利第一位不依附于贵族的自由作曲家。1786年他创作了歌剧《费加罗的婚礼》，取得极大的成功，达到事业的顶峰。他最后几年的生活极为困难。1791年12月在写作《安魂曲》时逝世。莫扎特给人们留下近50部交响曲，22部歌剧，50部各种形式的协奏曲，主要代表作品有歌剧《费加罗的婚礼》《魔笛》，交响乐《朱彼特交响曲》和协奏曲《D大调小提琴协奏曲第四号》等。

贝多芬

德国作曲家，维也纳古典乐派代表人物之一。出身于莱茵河畔波恩城的一个音乐世家，自幼从父学音乐。1792年起在维也纳定居，进行音乐创作和教学。26岁听力发生障碍，晚年全聋，但仍然坚持创作。他一生十分坎坷，没有结婚成家，毕生追求"自由、平等、博爱"的理想。在欧洲音乐史上，他集古典派之大成，开浪漫派先河。其作品展现出慑人的活力、罕见的高贵情操以及完美的技巧，他创作的九部交响乐，两首弥撒曲，还有不胜列举的序曲、协奏曲、奏鸣曲和弦乐四重奏曲，都深深影响了后来作曲家的风格，例如：交响乐《英雄》《命运》《田园》，第九交响乐的最后乐章《欢乐颂》；序曲《爱格蒙特》；第五号钢琴协奏曲《皇帝》；《悲怆奏鸣曲》《月光奏鸣曲》等等已是家喻户晓。他为人类留下了一笔宝贵财富，对世界音乐的发展也产生了巨大的影响，因而被世人尊称为"乐圣"。

帕格尼尼

意大利小提琴家、作曲家。1782年10月27日出生于意大利北部热那亚。他不到6岁就在父亲严格指导下，刻苦练习小提琴，从不间断。后来他不负众望，11岁便开始他的演奏生涯，13岁时就成为一位小提琴家了。16岁时他写出至今仍是小提琴曲目中的极品的"24首随想曲"。1828年他在维也纳的演出获得成功，成为人们崇拜的偶像。1831年他的演出在巴黎和伦敦也引起巨大的轰动，造成当时一股"帕格尼尼旋风"。晚年因身体不佳，减少了演出，此间还曾从事赌场经营，后遭受严重损失。1840年5月27日在法国尼斯去世。帕格尼尼被誉为19世纪"小提琴之王"和浪漫主义音乐的创始人。他革新了小提琴的演奏技巧，扩大了它的表现力，对后世音乐家有着深刻的启发和影响。帕格尼尼赢得了永久的称颂。

舒伯特

奥地利作曲家，浪漫主义音乐的开创者之一。1797年1月31日生于维也纳一个教师家庭，8岁开始随父学习提琴和钢琴。11岁被送入免费寄宿的神学院充当童声合唱团的歌童，过了五年"牢狱"般的艰苦生活。13岁创作第一首歌曲《哈加尔的悲哀》，14岁作第一交响曲，17岁为歌德的诗篇《野玫瑰》等谱曲。18岁完成多部作品。1828年11月19日去世，年仅31岁。他总共写下14部歌剧、9部交响曲、100多首合唱曲、567首歌曲等近千件作品，其中最著名的有《未完成交响曲》《C大调交响曲》《死神与少女》四重奏、《鳟鱼》五重奏、声乐套曲《美丽的磨坊姑娘》《冬之旅》及《天鹅之歌》、剧乐《罗莎蒙德》等。他尤以歌曲著称，被称为"歌曲之王"。他的许多作品已成为世界音乐的宝贵财富。

门德尔松

德国作曲家，19世纪欧洲浪漫派作曲家杰出代表之一。1809年2月3日，生于汉堡。他出身贵族家庭，受过极其正规的音乐教育。他兴趣广泛，天赋很高，11岁开始创作、17岁即完成《仲夏夜之梦序曲》。曾在英国和南欧一些国家游历，创作了一批著名的作品。1829年指挥巴赫的《马太受难曲》，将巴赫发掘出来。1835年任指挥，传播德国古典音乐。1843年和舒曼等创办了莱比锡音乐学院。1847年11月4日病逝，终年38岁。

门德尔松作品的风格温柔优美，完整严谨，富有诗意幻想。他的代表作品有交响曲《苏格兰》《意大利》《e 小调小提琴协奏曲》，序曲《芬格尔山洞》等。他还独创了"无词歌"的钢琴曲体裁，成为早期标题音乐的代表。他对 19 世纪德国音乐产生了很大的影响。

舒 曼

德国作曲家，音乐评论家。1810 年 6 月 8 日生于一个出版商家庭。自幼显露出音乐、诗歌、戏剧等多方面的才华。1828 年在莱比锡大学学法律，19 岁起学钢琴，勤奋练琴而伤指，转而从事作曲和音乐评论。1830 年起投入音乐创作，1834 年创办《新音乐报》，刊发了大量评论文章。1844 年去俄国演出。1850 年任音乐总监。1853 年因精神疾病离职，后病情加重，1856 年 7 月 29 日病逝于精神病医院。舒曼的代表作有钢琴曲《蝴蝶》《狂欢节》《交响练习曲》《幻想曲集》等，这些乐曲促进了浪漫主义音乐风格的发展。他 1840 年写了 138 首歌曲，被称为"歌曲文萃"，还写了四部交响曲及《a 小调钢琴协奏曲》《曼弗雷德序曲》等。舒曼是 19 世纪最有独创性的钢琴作曲家之一。他的歌曲构思精致，富于诗意，被称为"诗人音乐家"。

肖 邦

波兰作曲家、钢琴家，浪漫主义音乐语言的创造者。他从小喜爱波兰民间音乐，7 岁写了波兰舞曲，8 岁就登台演出，不满 20 岁已成为华沙公认的钢琴家和作曲家。他的后半生正值波兰亡国，于是侨居国外，在国外时他经常募捐演出，但为贵族演出却很勉强。1837 年严词拒绝沙俄授予他"俄国皇帝陛下首席钢琴家"的职位。晚年生活非常孤寂，痛苦地自称是"远离母亲的波兰孤儿"。临终嘱咐亲人把自己的心脏运回祖国。他的主要作品有《第一叙事曲》《降 A 大调波兰舞曲》《革命练习曲》《b 小调谐谑曲》等。肖邦一生不离钢琴，所有创作几乎都是钢琴曲，被称为"钢琴诗人"。他是波兰历史上出现的一个举世闻名的音乐家，是 19 世纪欧洲民族乐派最杰出的代表，也是欧洲浪漫主义音乐的重要人物。

李斯特

匈牙利作曲家、钢琴家、指挥家，浪漫主义大师，是浪漫主义前期最杰出的代表人物之一。他生于匈牙利雷定，1817 年起学钢琴，1823 年赴维也纳学习，先后成为多位钢琴名家的弟子。16 岁定居巴黎。之后，又访英、法、意、德、俄等国，进行演出活动。1848 年起他开始了大量的创作活动，并定期回匈牙利。1875 年创建匈牙利音乐学院，并任院长。他写有 13 部前奏曲、19 首匈牙利狂想曲、12 首高级练习曲等。他的代表作品有交响诗《塔索》、钢琴曲《匈牙利狂想曲》19 首，大大开拓了钢琴音乐的表现力。李斯特有"钢琴之王"的美称，他的钢琴创作气势宏伟，技巧绚丽。他开创了"交响诗"的体裁，他的作品结构自由、富于文学性，体现了欧洲浪漫主义音乐中各种艺术相结合的理想。

威尔第

意大利歌剧作曲家。生于意大利北部的一个小村庄，早年在乡村当管风琴手，显露了卓越的音乐才华。他曾投考米兰音乐学院，未被录取。1842 年他创作的歌剧《纳布科》引起巨大轰动，一跃成为一流作曲家，人们尊称他为"意大利革命的音乐大师"。19 世纪 50 年代是他创作的高峰时期，他的创作进入成熟阶段，写了《弄臣》《茶花女》《假面舞会》等七部歌剧，奠定了其歌剧大师的地位。1871 年《阿依达》一剧的问世，标志着他创作新风格形成。直到 73 岁时他还写了一部更高境界的作品《奥赛罗》。威尔第一生共写了 26 部歌剧，被誉为"歌剧之王"。他的创作光耀了意大利民族现实主义歌剧，使意大利歌剧在 19 世纪欧洲音乐史上留下绚丽的一笔，他也成为最受欢迎的歌剧作曲家之一。

约翰·施特劳斯

奥地利小提琴家、指挥家、圆舞曲及维也纳轻音乐作曲家。做过银行职员，后自学小提琴与作曲。1844 年自建乐团，演奏自己创作的圆舞曲，并任指挥。1849 年带领乐团在欧美各国旅行演出。后在俄国圣彼得堡任音乐会指挥 10 年。1862—1863 年任奥地利宫廷舞会乐队指挥。1872 年在美国任纽约和波士顿音乐会指挥。1870 年起创作了一批轻歌剧，对欧洲轻歌剧的发展有深远影响。1899 年逝世。他有 500 余首作品，其中圆舞曲四百余首，世称"维也纳圆舞曲"。最著名的有《蓝色多瑙河》《维也纳森林的故事》《春之声》《美酒、爱情和歌曲》等，《蓝色多瑙河》被誉为"奥地利第二国歌"。他的作品节奏自由，音乐语言真挚而自然，维也纳圆舞曲也因而风靡全欧。他有"圆舞曲之王"的称誉。

马　奈

法国 19 世纪画家，印象派领袖。1832 年 1 月 23 日生于巴黎一个富有的中产阶级家庭，父亲是官员，门第高贵，他从小受到良好的教育。青年时当过海员，后进入学院派画家库图尔画室学习。1856 年他建立自己的画室，并到荷兰、意大利和德国旅行。1863 年他的大幅油画《草地上的午餐》和《奥林匹亚》在巴黎被拒绝参展，并受到批评家的谴责。1867 年他仿效库尔贝的做法，结合一部分落选画家，举行了"落选作品展览会"。后来一批年轻画家聚集在他周围，受他新颖画风影响，努力探求新的艺术风格与手法，被当时人讽刺为"马奈帮"，可这却成为后来著名的印象派。1883 年 4 月 30 日他在巴黎病逝，享年 51 岁。死时有人认为"马奈要比我们所想象的更伟大"。的确，马奈使他所处时代的绘画发生了巨大的变化。

塞　尚

法国后期印象派画家。1839 年 1 月 19 日生于一个银行职员家庭。1858 年到巴黎学画，并与文学家左拉等人结识。19 世纪 60 年代初，与印象派画家马奈、毕沙罗、雷诺阿等结识，1872 年，在毕沙罗的影响下，积极参加印象主义运动。1869 年塞尚结婚，他的夫人成为他最有耐心的模特儿。1886 年，他的父亲去世，兄长为他安排了舒适的生活，他勤奋作画。1900 年在巴黎万国博览会上，他的 3 件作品入选。1904 年巴黎出版了介绍包括塞尚在内的画家的小册子，因此他出名了。1906 年 10 月 22 日由于心脏病猝发，在作画中死去。他一共创作了 250 多幅油画，他的画色彩和谐美丽。他毕生追求表现形式，对运用色彩、造型有新的创造，被称为"现代绘画之父"。塞尚的绘画风格深刻影响了后来的画家，其中毕加索从塞尚的艺术中萌发了立体主义的观念。

莫奈

法国画家。1840 年 2 月 14 日生于法国巴黎，其父是位商人。莫奈童年在阿佛尔度过。上学期间他唯一爱好是绘画。15 岁时他的漫画在当地已小有名气。后认识画家布丹，后又对荷兰画家琼康的画感兴趣，并从布丹和琼康那里接受了基本艺术修养的熏陶。1859 年，莫奈来到巴黎，1863 年他在格莱尔学院的画室里待了一段时间，但他不想在学院完成他的学画过程。他对各种理论学说不感兴趣，于是怀着火热的信念投入对自然生活的纯直觉观察中，形成自己的一套绘画方法。1874 年他曾与马奈和雷诺阿一起工作。1880 年他举办了个人画展，受到人们的赞誉。19 世纪 90 年代他画了几组整套的画。1926 年 2 月 8 日逝世。从莫奈的观念看，他是一个现实主义者；从他本性看，他是一个幻想家。他在绘画技巧和精神上的努力深刻影响了后来者。

柴科夫斯基

俄国作曲家，俄罗斯民族音乐与西欧古典音乐的集大成者。10 岁开始学习钢琴和作曲。1862 年入彼得堡音乐学院学习作曲，毕业后赴莫斯科音乐学院任教，并开始了紧张的创作活动。约 10 年间，他创作出自己的早期名作。他性格敏感，加上婚姻的不幸，几乎使他精神崩溃。此时他得到富孀梅克夫人资助，使他把全部精力投入创作。此后的 10 多年取得了辉煌的成就。后来染上霍乱去世，时年仅 53 岁。他留下的世界名曲有歌剧《叶甫根尼·奥涅金》《黑桃皇后》，舞剧《天鹅湖》《胡桃夹子》《睡美人》和《第四交响曲》《第五交响曲》《第六交响曲》，幻想曲《罗密欧与朱丽叶》《暴风雨》等。他的作品有浓郁的民族风格，具有很高的艺术水准，是世界音乐文化中的宝贵财富。

罗丹

法国艺术家。1840 年 11 月 12 日生于巴黎一个普通职员家庭。小时候就显示出美术方面的天赋。14 岁时开始入美术学校学习，受到很好的绘画技能训练。1864 年他师从雕塑家巴里学习，给他以深刻影响。后来他从事过一段时间的装饰工作。1875 年他去意大利旅行，决心致力于创作。1876—1877 年他完成了雕塑《青铜时代》。1880 年他应政府要求，装饰巴黎装饰艺术博物馆，他在那里开始创作《地狱之门》。这一项伟大工程用了他的一生。1884 年他开始建造《加莱义民》，这座纪念碑取得了世界性的声誉。53 岁的罗丹接着创作了《巴尔扎克》纪念碑，在 1898 年沙龙美展上展出时，引起了激烈的争论。这时的罗丹已经是人们公认的有声望的雕塑家，他的作品被世界上的大博物馆收藏，他得到各种各样的荣誉。他利用自己的地位，创建了国家组织——艺术家协会。他一直在工作着，直到 1917 年 11 月 17 日逝世。他的最有名的作品还有《吻》《思想者》等。

列 宾

俄国19世纪末现实主义画家。1844年出生在俄国边境一个小镇，家中生活贫困而艰难。19岁时他到彼得堡学画画，后考入美术学院。1871年他的毕业作品《雅鲁女儿的复活》获得学院大金质奖，并获得赴意大利和法国留学机会，但他更多的时间在巴黎度过。1876年回国后，他坚持在乡村和民间写生。1878年他加入克拉姆斯科依的美术家工厂巡回展览协会，和革命民主主义知识分子保持联系。1917年俄国十月革命后，他的故乡被划为芬兰领土。列宁写信请他回到祖国，但因年老未能成行。1930年9月29日病逝于故乡。他的代表作品有《宣传者的被捕》《临刑前拒绝忏悔》《意外归来》《不期而遇》《宗教行列》和《索菲亚公主》等。列宾是俄国19世纪后期批判现实主义绘画派的主要代表，他的《伏尔加河上的纤夫》是世界绘画艺术的杰作。

高 更

法国画家。1848年6月7日出生于巴黎。两岁时全家迁居秘鲁，幼年在此度过。1855年他们搬回法国，定居下来。青年时期，他当过海员，做过证券交易所的经纪人，在闲暇时，从事绘画和收藏。1883年他辞去工作，决定当画家。1888年在阿尔与凡高共同生活，后因凡高的割耳事件离开阿尔。1890—1891年他一人到塔希提去实现他的原始生活和原始艺术的理想。后从塔希提跑到多米尼加岛上定居。1903年5月8日在此去世。高更的祖父具有西班牙血统，外曾祖父是秘鲁人。这种西班牙和秘鲁混合来的血统使他成为一个为了理想而甘愿牺牲自己的狂热的人，他温柔而无聊，天真而狡黠，犹豫而坚定，被称为"野蛮人"。他的"野蛮"风格是画界前所未有的，而恰恰就是他奏响了19世纪艺术的新声。

凡 高

荷兰印象派画家，一位用心灵作画的大师。他说："我的作品就是我的肉体和灵魂，为了它，我甘冒失去生命和理智的危险。"1853年3月30日出身于一个牧师家庭。小时候的他很有语言天赋。16岁在画廊工作。25岁时到一个矿区传教。27岁立志当画家，开始自学绘画。33岁时在巴黎，受到印象派的影响。35岁时厌倦城市生活，到法国南部小城阿尔寻找他所向往的金色的阳光和无垠的田野。租下"黄房子"，准备建立"画家之家"。此时他的创作也进入了高潮，但不久他得了精神病。1890年7月自杀。凡高的主要作品有《向日葵》《星月夜》《农民》《邮递员罗兰》等。生前他的作品不为当时人所欣赏，后在巴黎举办他的画展，引起轰动。现在他的作品为世人欣赏，产生了广泛的影响。

德彪西

法国作曲家，印象主义的鼻祖。1862年8月22日生在巴黎一个小资产阶级家庭。他十分热爱音乐，幼年时显露出音乐才能。7岁开始学习钢琴，11岁考入巴黎音乐学院，他富有创新精神，常遭老师的责备。1880年，他到俄国担任梅克夫人的家庭钢琴师。接触到许多俄国音乐大师的作品，对他产生了深刻影响。1884年他以大合唱《浪荡儿》荣获罗马大奖。1890年以后，他和象征派诗人马拉美结识，为他们的诗歌谱曲。第一次世界大战期间他写过对苦难人民同情的作品，当时他已患癌症。1918年3月25日病逝在巴黎。德彪西著名的作品有歌剧《佩列阿斯和梅丽桑德》，管弦乐曲《牧神午后》《夜曲》，钢琴曲《版画集》等。德彪西的音乐具有划时代的意义，尤其是他那独特的印象主义风格，对现代音乐起到了直接影响作用。

卢米埃尔兄弟

电影的发明者和创始人，电影之父，即路易·卢米埃尔（1864—1948年）与其兄奥古斯特·卢米埃尔（1862—1954年）。他们生在法国的里昂，早年两人经营着一家生产照相器材的工厂。他们总结了依斯曼和爱迪生等人的成就，经过自己的创造，研制成功采用新传动方式的电影机。1894年8月，他们拍摄了短片《卢米埃尔工厂的大门》，该片成为电影史上第一次用"隐蔽摄影法"拍摄的电影。在1895年2月13日获得"摄取和观看连续照相试验用的机器"首项专利，同年3月30日，机器改进后再获专利，正式定名为"电影放映机"。这使他们兄弟俩成为真正电影的发明者和创始人。1895年12月28日，他们在巴黎卡普辛路14号大咖啡馆地下室的"印度沙龙"内，第一次售票向公众放映了他们用纪实手法拍摄的第一批短片。后来人们把这一天视为电影诞生之日，电影从而成为唯一可以让我们知道它诞生日期的艺术。他们摄制上映的短记录片《火车到站》《工厂大门》《水浇园丁》等，表明电影结束了发明阶段。他们在这个地下室公开售票，进行商业性放映持续了好几年，映出了《火灾》《铁匠》《下棋》《捉金鱼》等50多部。1896年2月下旬，他们到伦敦公映他们的影片。进入1896年后，在短短半年的时间里，电影放映风靡欧美许多国家。卢米埃尔兄弟因发明了这种"活动影戏机"而获得了世界性的声誉，他们不仅首先在银幕上取得成功的实验，最终完成了电影的发明，而且还作了摹拟有声片电影的第一次尝试，从而催生了真正的"声画合一"时代的到来，他们使电影成为群众化的观赏艺术，并作为企业进入经营市场。卢米埃尔兄弟的贡献是划时代的。

邓 肯

美国舞蹈家，现代舞蹈创始人。1878年5月27日生于美国旧金山。父亲是诗人，母亲是家庭音乐教师。她5岁上学，家住海边，常去海滩玩。她说："我最初跳舞的观念就起源于大海的波浪。"从1899年起，她开始在欧洲各国巡回演出。1921年，她在莫斯科大剧院举行的庆祝十月革命四周年会上，表演了舞蹈《国际歌》，受到热烈欢迎。她回国后遭到报纸的攻击，被剥夺了美国公民资格。后来她与俄罗斯著名诗人叶赛宁结为伴侣。叶赛宁自杀后，她去了法国。1926年莫斯科法院将30万法郎的叶赛宁诗集稿费交给邓肯，她将这笔钱赠给了叶赛宁的亲人。1927年9月14日邓肯在法国意外死亡，年仅49岁。邓肯曾经创办舞蹈学校，传播推广了她的舞蹈思想和舞蹈动作。她是美国现代舞蹈的奠基人，影响了世界舞蹈的发展进程。

毕加索

法国现代画派的主要代表。1881年10月25日出生于西班牙一个美术教师家庭。他自小在父亲指导下画画，8岁完成第一件油画作品。14岁进巴塞罗那美术学校学习，颇有神童之风。16岁进入马德里圣费南多美术学院就读。19岁时他来到巴黎。20岁时毕加索以蓝色调作画，开始"蓝色时期"。21岁完成《蓝色自画像》。1904年定居于巴黎，创作《洗衣船》，开始"粉红色时期"。24岁以马戏团题材创作《卖艺人家》等。26岁创作《亚维农的少女》。1937年创作《格尔尼卡》。1944年加入法国共产党。1950年获列宁和平奖章。1973年4月8日逝世。毕加索是一位最富有创造性的艺术家，除去绘画以外，还涉及雕塑、陶艺、书籍装帧等方面。他的作品约达6万件，仅油画就有1万件以上。他的作品对20世纪的艺术家都产生过很大的影响。

杜 尚

达达派绘画的典型代表人物。1887年7月28日出生于法国。1902年开始作画，画了第一幅作品《薄兰韦勒的风景》。1911年开始画立体主义风格的画，画了《下楼的裸女》。1915年去纽约宣传他的艺术主张，并受到欢迎。他画了《大玻璃》，人们以"现成品"来称呼他的艺术风格，他的艺术主张形成。1917年他送《泉》参加独立艺术家展，未获准展出。1942年后他住在美国，和超现实主义艺术家一起出版超现实主义刊物《VVV》。1955年他成为美国公民。1961年他被美国的三所大学授予荣誉博士学位，知名度空前地高。1968年10月1日在法国巴黎去世。他的代表作有《下楼的裸女》《泉》《大玻璃》等。杜尚是第二次世界大战观念艺术的先驱，他的出现改变了西方现代艺术的进程。在他以后，"现成品"成了创造的一种方式，他也成了后现代主义的鼻祖。

卓别林

著名艺术家，世界电影史上最伟大的喜剧演员之一。出生于伦敦一个贫苦演员家庭，父母都是游艺场的歌舞演员。由于父亲早亡，母亲精神失常，他的童年生活充满了辛酸和不幸。19岁那年，他当上了一个著名剧团的演员，1913年他来到美国，开始从事电影事业。卓别林一生主演过80多部影片，他的代表作有《安乐狗》《狗的生涯》《寻子遇仙记》《淘金记》《城市之光》《摩登时代》《大独裁者》等。他的作品具有独特的艺术风格，他的喜剧性的表演令人捧腹大笑，但是又使人笑后感到泪水的苦味。1972年，美国影艺学院特别颁了一座奥斯卡奖表扬卓别林对影坛的特殊贡献。1977年12月25日他在瑞士逝世，终年88岁。卓别林是影坛的喜剧泰斗，他关注"小人物"的命运，创造了世界喜剧电影不可逾越的高峰。他对电影艺术的贡献在世界电影史上留下了光辉的一页。

希区柯克

美国电影大师。1899年生于英国伦敦，他于1920年进入电影界。1926年导演了他的第一部电影《寄宿人》，在英国电影界确立了地位。接下来的《暗杀者之家》和《三十九夜》使他享有了国际声誉。1938年他以《巴尔干

超特急》杀进好莱坞。他的第一部好莱坞作品《蝴蝶梦》便勇夺奥斯卡最佳作品奖。他是公认的悬念大师，他自己曾经说过："我终生都对悬念作品有着浓厚的兴趣，这是一种特殊的虔诚和痴迷。"从他的10部令人难忘的电影《蝴蝶梦》《后窗》《群鸟》《美人计》《夺魂索》《眩晕》《精神病人》《深闺疑云》《电话谋杀案》和《西北偏北》中，人们确实感到他的悬念直到故事结尾才能让人松一口气。1980年4月29日逝世，留下了53部电影作品。

布烈松

法国电影导演。他出生于1901年，中学毕业后从事绘画。20世纪30年代起从事电影制作。1934年执导了他的第一部电影《公事》。他一生导演了14部经典电影作品。从1956年的《死囚逃狱记》、1959年的《扒手》到1983年的收山之作《金钱》，他的电影风格一成不变。他的电影语言充满了哲思，风格内省，寓意深刻而又含有无尽诗意。他的其他经典影片还有《贞德的审判》《梦者四夜》《心魔》和《罪恶天使》等。此外他还留下了一本薄薄的《电影书写札记》。他的"电影书写"理论及其实践使其在电影史的殿堂上占有一席之地。1999年12月18日，布烈松去世，享年98岁。著名电影大师让－吕克·戈达尔说："布烈松之于法国电影，犹如莫扎特之于奥地利音乐，陀思妥耶夫斯基之于俄国文学。"

达 利

西班牙超现实主义画家、版画家。1904年5月11日出生于西班牙菲格拉斯。

达利年幼时就对绘画产生兴趣，于1910年创作了第一幅绘画。22岁时他对印象派产生兴趣并尝试印象派画法。后在马德里和巴塞罗那学习美术。20世纪20年代末期，他受弗洛伊德潜意识意象学说的影响，画风日趋成熟。1929—1937年间所作的画使他成为世界最著名的超现实主义艺术家。1954年他的画展在罗马帕拉维西尼宫、威尼斯和米兰成功举办。1958年他发起"视觉艺术"，探寻视觉和错觉效果。1957年达利为《唐·吉诃德》作系列插图，获得"法国贵族勋章"。1989年1月23日去世，享年84岁。达利的一生充满了传奇色彩。达利是一位具有卓越才华和想象力的画家。他把梦境的主观世界变成客观的形象方面，为超现实主义和20世纪艺术的发展做出了巨大的贡献。

黑泽明

日本电影导演。生于日本一个武士家庭，从小对绘画感兴趣，立志当一个画家。1936年黑泽明进入电影界，在做了7年的副导演后，1943年拍摄第一部电影《姿三四郎》，1950年的影片《罗生门》奠定了黑泽明在世界影坛的地位。1990年，80高龄的黑泽明在奥斯卡颁奖典礼上获得终身成就奖。黑泽明一生所导演的电影超过了30部，其中较著名的作品包括《罗生门》《七武士》《蜘网宫堡》和《乱》等。对人道主义、人类命运的强烈关注，对人性本质的挖掘、自我牺牲和承担道义，是黑泽明许多影片的中心主题。他的作品对其他导演，如乔治·卢卡斯和史蒂文·斯皮尔伯格等，都产生了巨大的影响，他们尊称黑泽明为"电影大师"。

第五篇　中国军事常识

先秦军事

阪泉之战

阪泉之战是中华文明有史以来记载的最早的一次战争,是黄帝在征服中原各个部落的战争中与炎帝部落在阪泉地区进行的一场大战。炎帝和黄帝据传都是少典氏的后裔,当时神农氏统治着各部落,神农氏日渐衰微后,出现了以黄帝和炎帝为首的两大部落联盟。黄帝部落不断进攻周围的部落,很多小的部落纷纷归附,黄帝部落的势力不断壮大。炎帝部落沿黄河向东发展进入中原,成为黄河中游地区最强大的部落联盟,势力不断扩大。两个部落联盟终于在阪泉爆发了冲突。阪泉在今河北省涿鹿县东南,地势险要。黄帝部族与炎帝部族各自占据有利地形,黄帝统领熊、罴、貔貅、虎等为图腾的部落,与炎帝进行决战。经过3次激烈的战斗,最终战胜了炎帝,炎帝的部落并入黄帝的部落,组成华夏族(部落),黄帝成为中原地区部落联盟的首领。

涿鹿之战

黄帝战胜炎帝后,沿着黄河向今华北大平原西部地带发展,东迁至河北平原西部。而兴起于今冀鲁豫交界地区的九黎族,在首领蚩尤的率领下则由东向西发展。两大部落为争夺适于牧猎和浅耕的中原地带,展开了长期的战争。蚩尤九黎族联合巨人夸父部落把炎帝打败,并夺其居住之地。后又乘势北进涿鹿(今河北涿州),攻击黄帝部落。

传说蚩尤率领所属72氏族(或说81氏族),利用浓雾天气围困黄帝部落。黄帝率领以熊、罴、貔貅、虎等为图腾的氏族,屡战不胜。后得到玄女族帮助,吹号角,击夔鼓,乘蚩尤族迷惑、震慑之际,以指南车指引方向,冲破迷雾重围,终于一举击败敌人,并在中冀之野(今河北冀州)将蚩尤擒杀。此后,黄帝继续征战,征服了中原地区的其他部落,"凡五十二战而天下咸服"。黄帝成为中华民族的共同祖先。

鸣条之战

夏朝末年,夏王桀暴虐无道,民众怨声载道。商族在夏的东方崛起,商族首领汤对内任贤举能,对外联合其他部落,国力日盛,积极进行灭夏准备。商汤先采取由近及远、各个击破的策略,攻灭了夏东部地区许多依附于夏的小国,随后商汤停止向夏纳贡。于是夏王桀率军至有仍氏居地(今山东济宁东南)会盟攻商,但无人响应,陷于孤立。汤乘机誓师伐夏,率战车70辆,敢死士6000人和各诸侯国联军采取战略大迂回,绕道至夏都以西突袭夏都,桀仓促应战,西出拒汤。双方决战于鸣条,商军士气高昂,阵容整齐,战斗力强,而夏军则士气低落,抵挡不住商军的进攻。商军大败夏军。桀逃至三朡(今山东定陶东北),汤率军乘胜追击,克三朡,桀又逃奔南巢氏(今安徽巢湖北岸)。汤占夏地,建立商朝,定都西亳(今河南偃师二里头),夏朝灭亡。

涿鹿之战

牧野之战

商朝末年，商纣王荒淫暴虐，致使众叛亲离，政权摇摇欲坠。地处渭水流域的周部落，其首领周武王励精图治，发展实力，迅速崛起，力图推翻商的统治。周武王见商朝的政治腐败，内部混乱，乘商军主力远征东夷，朝歌空虚，遂率兵车300乘，虎贲3000人，甲士4.5万人联合周围各诸侯的军队进攻商朝。周军渡过黄河，进军商都殷（今河南安阳西北），到了离殷不远的牧野（今河南淇县以南卫河以北地区）。商纣王惊闻周军来袭，仓促武装大批奴隶，连同守卫国都的军队17万（一说70万），开赴牧野迎战。双方展开了大战，史称"牧野之战"。商朝为迎战周的军队主要是临时武装起来的奴隶，由于他们都不愿为商纣打仗，所以当周军猛烈进攻时，商军阵前倒戈，让开通道。商纣王逃回朝歌，登上鹿台，放火自焚，商朝灭亡。

穆王西征

周穆王，名满，西周昭王之子，周朝第五代天子，中国历史上最富有神话色彩的君王之一。穆王时，西北方犬戎的势力逐渐强大，阻碍了周朝与西北各国的往来，成了西周最重要的外患。犬戎是古戎族的一支，商周时游牧于泾渭流域，是商周的劲敌。由于在朝见周穆王时没有献纳贡品，于是穆王决定西征犬戎。在西征前，祭公谋父曾提出过不同意西征的意见，但周穆王没有采纳。战争的结果是周穆王大获全胜，"获其五王，又得四白鹿、四白狼，王遂迁戎于太原"，即俘虏了五个酋长，得到白鹿、白狼各四只，并将一批犬戎部落迁到太原（今甘肃凉平、镇原一带），这些情况在《后汉书·西羌传》中有记载。周穆王战胜犬戎后，打通了周与西北各国的道路，对于加强周人和西北各族人民的友好往来具有重要意义。

"宣王中兴"战争

周宣王名姬静，周厉王之子。周宣王即位后，国家危机重重：内有贵族之间的矛盾和阶级矛盾，社会动荡不安；外有四周的部族，乘周朝衰落之机，不断侵扰。其中威胁最大的是周朝西北的猃狁。另外，周朝西南方的淮夷各邦也联合起来向周进攻。在危机面前，周宣王励精图治，勤理国政，由二相（召公和周公）辅佐，采取了一系列的政策，缓和了矛盾。为了解除四周少数民族的侵犯，周宣王四处征伐，大举用兵。由于猃狁威胁镐京，所以周穆王首先派文武双全的尹吉甫征讨猃狁。周军在战车的军事优势下，击退了猃狁。宣王又派大将南仲筑城设防，解除了猃狁的威胁。周宣王五年八月，派元老方叔率军进攻南方楚国，大获全胜，各国纷纷归附。六年，徐国联合淮夷反周，宣王率军亲征，经过多年讨伐，徐国臣服，淮夷平定，使周朝出现了短暂的"中兴"局面。

平原野战

西周时期的战争方式是平原野战。这是因为商周时期大部分战争都发生在黄河中下游，地势开阔的大平原非常适合当时盛行的车战。当时的战车长宽各3米左右，再加上两侧的步兵，有将近10平方米的面积。这样一个庞然大物的机动性很差，所组成的队形作纵深配置也很困难，所以只有大排面横列发起冲击才能发挥战车威力。此外，横列

队形还可以做到左右照应，有效地抵御敌人的攻击。在交战中，距离较远时双方用弓箭互射，给对方造成混乱，以扰乱对方阵形。接近时，使用矛、戈等进行搏杀。这样车战的战斗方式，能否取得胜利，很大程度上取决于队形的整齐程度。所以在战斗前和战斗时要不停地调整队形。在牧野之战时，周武王命令士兵每前进六七步就要停下来，重新排列，以保证队形的整齐。这样呆板的队形和机械的动作决定了车战只能在开阔平坦的平原进行。

长勺之战

齐国公子纠和公子小白（即后来的齐桓公）争做齐国国君，鲁国站在公子纠一边，并公开出兵支持公子纠争夺君位，但最终公子小白继位，是为齐桓公。齐桓公对鲁国耿耿于怀，不肯善罢甘休。周庄王十三年（公元前684年），齐桓公率军进攻鲁国。鲁庄公闻报齐军大举来攻，于是动员全国的军事力量，在长勺迎击齐军。鲁将曹刿建议庄公坚守阵地，以逸待劳，伺机破敌，鲁庄公接受了曹刿的建议，暂时按兵不动。齐军凭恃强大的兵力，向鲁军发起3次猛烈进攻，但都在鲁军的严密防守下失败。齐军筋疲力尽，士气低落。曹刿见时机已到，建议庄公果断进行反击，鲁军全线出击，齐军败走。鲁庄公想乘胜追击，曹刿怕齐军有诈，登车看到齐军阵形不整，车辙混乱，才建议鲁庄公追击，鲁军大胜。长勺之战是中国历史上一次著名的以弱胜强的战役。

假途灭虢之战

春秋时，晋献公积极扩军，拓展疆土。晋献公为了夺取崤函要地，决定南下攻虢（初都厂阳，今山西平陆东北，后迁上阳，今河南三门峡东）、虞（今山西平陆北）两个小国。晋献公害怕两国联合，于是采用各个击破之计，先向虞借道攻虢，再伺机灭虞。周惠王十九年（公元前658年），晋献公派人携美女、骏马等贵重礼品献给虞公，请求借道攻虢。虞公贪利，不但应允借道，还自愿作攻虢先锋。当年夏，晋虞联军攻下虢国重镇下阳（今山西平陆境），使晋控制了虢虞之间的要道。二十二年，晋又故技重演向虞借道。虞国大夫宫之奇用"唇亡齿寒"的道理，劝虞公决不能答应借道。但虞公认为晋、虞是同宗，不会相欺，遂不听劝告。十月十七日，晋军围攻虢都上阳。十二月初一破城灭虢。晋军班师暂住虢国休整。后乘虞不备，发动突然袭击，俘虞公，灭其国。

齐国图霸战

齐国是春秋时的一个大国。齐桓公继位后，任管仲为相，委以国政，进行政治、军事、经济改革，齐国国力大增，奠定了称霸的基础。齐桓公打着"尊王攘夷"的旗号，开始了他的称霸大业。齐桓公北伐山戎保卫了燕国，驱逐了狄人，存邢救卫。齐桓公还多次以"尊王"的名义派兵平定周王室的内乱，召集诸侯国的军队帮助周天子戍守国都成周。当时南方的楚国，实力强大，势力已经逼近中原，大有北上争霸的势头。公元前656年，齐桓公率鲁、宋等八国军队，征伐楚国，在召陵（今河南郾城东北）迫楚订盟，阻其北进，奠定了霸主的地位。公元前651年，齐桓公大会诸侯于葵丘（今河南兰考），与会的有鲁、宋、郑、卫、许、曹等国，周天子也派人前

齐国遗址复原图

往。齐桓公的霸业达到了顶峰。齐桓公死后，诸子争位，齐国从此衰落。

泓水之战

春秋时期，中原地区的第一个霸主齐桓公去世后，齐国因内乱而中衰。长期以来受齐桓公遏制的楚国，企图乘机进入中原，夺取霸权。一贯自我标榜仁义的宋襄公，想凭借宋国爵位最尊贵的地位以及领导诸侯平定齐乱的余威，出面领导诸侯抗衡楚国，继承齐桓公的霸主地位，于是出现宋、楚争霸中原的局面。宋襄公率军进攻臣服于楚国的郑国，楚国出兵救郑。宋襄公屯兵泓水北岸，摆好阵势以待楚军。楚军进至泓水南岸，并开始渡河。部下建议乘楚军渡到河中间时发起进攻，但是却被宋襄公拒绝，使得楚军得以全部渡过泓水。楚军渡河后开始列阵，这时部下劝宋襄公乘楚军列阵未毕发动攻击，但宋襄公仍然拒绝。等到楚军布阵完毕后，宋襄公率军进攻。结果宋军大败，宋襄公本人也受了重伤，在部下的拼死掩护下，宋襄公才得以突围，狼狈逃回宋国。

晋楚之战

春秋中期，楚庄王继位后，国势日强，欲霸中原，与晋斗争日益激烈。周定王十年（公元前 597 年）六月，楚庄王为了彻底征服叛服无常的郑国，亲率大军攻破郑都新郑（今属河南），郑降楚。当楚围郑时，晋景公派元帅荀林父率军救郑。晋军到达黄河时听到郑降楚的消息，荀林父准备撤军，副将先縠却擅自率部渡河攻楚，荀林被迫命令全军尽渡。得知晋军渡河，楚庄王率军北进，与晋军对峙于管（今河南郑州）。楚庄王派人至晋营求和，示弱于敌，以麻痹晋军，又派小股部队袭扰晋军，诱其出战。晋将赵旃、魏锜乘赴楚营议和之机，向楚军发动进攻，楚军乘机大举反攻。荀林父正待楚使前来订盟，忽闻楚大军迫近，惊慌失措，急令全军后撤。撤到黄河南岸的邲时，晋军抢船争渡，自相残杀，惨败而归。此战奠定了楚庄王的霸主地位。

晋楚鄢陵之战

周简王十一年（公元前 575 年），楚国把汝阴（今河南叶县一带）的土地送给郑国，使之叛晋与楚结盟，并且进攻与晋国结盟的宋国，宋军不敌，向晋国求援。晋厉公以栾书为中军帅，联合齐、鲁、卫等国伐郑救宋。楚共王亲自统率楚军，以司马子反为中军主帅，援救郑国，两国军队在郑地鄢陵相遇。楚军利用晨雾作为掩护，向晋军发起突然进攻。此时晋军的盟军未到，加之营垒前方有泥沼，兵车无法出营列阵。晋厉王当机立断，派军从营前泥沼两侧向楚军发起进攻。楚共王望见晋厉公所在的中军兵力薄弱，即率中军攻打，企图先击败晋中军，结果遭到晋军的顽强抵抗。楚共王的左目被射瞎，后撤，楚军顿时军心大乱，晋军乘势猛攻，楚军大败。

第五篇 中国军事常识 一九三

晋阳之战

春秋末年，晋国公室衰微，朝政被赵、魏、韩、智4个卿大夫把持。实力最强、独专国政的智伯，逼韩康子、魏桓子割让大片领地后，又向赵襄子索地，被拒。周贞定王十四年（公元前455年），智伯胁迫韩、魏共同发兵攻赵。赵襄子自知寡不敌众，退守晋阳（今山西太原西南）。智伯率联军包围晋阳，久攻不克。十六年，智伯引晋水（汾水）灌城，城中变为汪洋泽国。城内人们只好"悬釜而炊"，粮食吃完后，竟"易子而食"。赵襄子利用韩、魏与智伯的矛盾，派人乘夜潜出城外，密见韩、魏，说服他们倒戈。一天夜里，赵襄子派人杀死智伯守堤的士卒，掘堤放水，倒灌智氏军营。智氏士卒从梦中惊醒，乱作一团。赵军乘势进攻，韩、魏两军从两翼夹击，擒杀智伯，智氏军逃散。赵、魏、韩灭智氏，瓜分其地。"三家分晋"标志着战国时代的开始。

吴楚战争

吴国是春秋晚期兴起于长江流域的一个小国，为了争夺江淮的霸权，吴国和楚国进行了长期的战争。从公元前584年第一次州来之战算起，两国之间在60余年时间里，先后发生过十次大战，吴胜多负少，渐渐由弱变强，开始占据战略上的主动。晋国实施联吴制楚的战略，积极扶持吴国与楚国对抗。而楚国由于长期征战搞得民疲财竭，国力大衰，而且内部政治黑暗，君臣离心。当时的楚国虽然还是大国，可其实早已外强中干，不堪一击了。吴王阖闾励精图治，重用伍子胥、孙武，不断进攻楚国，占领了很多战略要地，又不停地派兵轮番袭扰楚国，消耗了楚国大量的人力物力。等到时机成熟后，吴倾全国之兵全力攻楚。吴军灵活机动，以迂回奔袭、后退疲敌、寻机决战的战法，一举战胜楚国，占领了楚都郢，给楚国以沉重打击，为吴国争霸中原奠定了基础。

吴越战争

春秋晚期，吴越两国相继勃兴于南方。吴国地处长江流域，建都姑苏（今江苏苏州）。越国地处钱塘江流域，建都会稽（今浙江绍兴）。晋国联吴制楚，楚国联越制吴，两国彼此征战不休。吴国连年向楚国发动进攻，使楚国疲于奔命，国力大耗。公元前506年，吴王阖闾率军伐楚，大战于柏举，消灭了楚军主力，攻占郢都。后来楚国搬来秦国救兵，越国又乘吴国远征国内空虚之机发起进攻，吴国被迫撤军。后吴王阖闾攻越失败，受伤而死。夫差继位后，为报父仇，再次攻越，越国战败投降。吴国乘胜北上，大败齐国，成为霸主。越王勾践降吴后，卧薪尝胆，立志复仇。公元前482年，乘吴军主力北上，国内空

吴越战争图

虚之机大举伐吴。后又经过多次大战，终于灭吴，吴王夫差自杀。越王勾践率军北上，会诸侯于徐州，成为春秋最后一个霸主。

桂陵之战

战国初年，魏国推行改革，国力逐渐强盛。魏惠王即位后，连年对外扩张。齐威王面对魏国扩张的威胁，极力拉拢韩、赵以抗魏。周显王十五年（公元前354年），赵国进攻魏国的属国卫国，魏国便派将军庞涓率军围攻赵都邯郸（今河北邯郸）。次年，赵求救于齐。齐威王以田忌为主将，孙膑为军师，领兵8万前往救援。田忌听从孙膑的建议，放弃奔赴邯郸与魏军决战的计划，转而进攻魏国的首都大梁。魏惠王大惊，立即命令庞涓回援。庞涓指挥部队昼夜兼程，直奔大梁。桂陵（今山东菏泽北）是魏国的交通要道，也是魏军主力回援的必经之地，这里地形险要，易守难攻。孙膑、田忌率军埋伏于此。魏军连续行军，士兵疲惫不堪，又因为长期攻赵，兵力消耗很大。在桂陵以逸待劳的齐军，斗志高昂，大败魏军，庞涓狼狈逃回大梁，邯郸也回到赵国手中。

马陵之战

魏军虽在桂陵之战中严重失利，但是并未因此而一蹶不振，仍然拥有相当的实力。公元前342年，魏国发兵攻打韩国。韩国向齐国求救。齐威王以田忌为主将，孙膑为军师，发兵救韩。齐军直驱魏都大梁。魏惠王以太子申为主将，庞涓为将军，率兵10万迎击齐军，孙膑利用魏军求胜心切的弱点，主动后撤，诱敌冒进，在撤退途中，第一天造了10万人吃饭的锅灶，第二天减为5万，第三天则减为3万。庞涓看到齐军锅灶日减，以为齐军胆怯，丢下辎重和步兵，只领骑兵日夜追击齐军。齐军退至马陵，此地道路狭窄，地势险隘。孙膑命士卒伐木堵路，1万名弓弩手埋伏在道路两侧的山上，以待魏军。庞涓率军追到马陵时已是傍晚，两旁弓弩手万箭齐发。魏军猝不及防，乱作一团，庞涓自杀。齐军乘胜追击，俘获魏军主将太子申，歼灭魏军10万。魏国从此一蹶不振。

伊阙之战

战国后期，经过商鞅变法而日益强盛的秦国，为了东进中原，乘齐、魏相争之际，不断蚕食韩、魏土地。周报王二十一年（公元前294年），秦将白起率军攻占韩国的新城（今河南伊川西南）后，继续向韩、魏进攻。韩、魏以公孙喜为主将，组成联军24万抵达伊阙，抵抗秦军。伊阙为韩、魏门户，两山对峙，伊水中流其间，望之如阙，地势险要。当时秦军兵力还不及联军一半，且联军已据险扼守，两军成对峙之势。次年，白起针对韩、魏两军互相观望、保存实力不愿先战的情况，用少量兵力牵制联军的主力韩军，以主力猛攻较弱的魏军。魏军丝毫没有防备，仓促应战，很快溃败。韩军翼侧暴露，秦军全力攻击，韩军大败而逃。白起乘胜追击，全歼韩魏联军，俘主帅公孙喜，攻占伊阙，夺取五城。韩国精锐损失殆尽。此后，秦国以锐不可当之势向东扩展。

长平之战

公元前262年，秦国进攻韩国，韩

国割上党郡（今山西长治西南）求和。韩上党守冯亭不愿降秦而将其地献给了赵国，赵派廉颇率军接收长平。秦昭王大怒，于公元前260年派王龁攻长平。赵军初战不利，廉颇筑垒固守，不与秦军交战。赵孝成王中秦反间计，用赵括替代廉颇，秦国也改派白起为主将。赵括到任后，一反廉颇的防守策略，全线出击。白起佯败退兵，赵括率军追至秦军壁垒，秦军坚守不出。白起派骑兵2.5万人迂回至赵军后，断其归路，又派5000骑兵牵制、监视赵军大营中的留守部队。赵军只好就地筑垒，固守待援。秦昭王亲赴河内，征发15岁以上壮丁至长平，增援秦军。赵军被困，绝食45日，以人肉充饥，虽分四队轮番冲击，仍不能突围。赵括亲率精锐突围，被秦军乱箭射死。赵军降秦。白起将降卒40万人活埋。长平一战，使赵国元气大伤。

邯郸之战

长平之战后，赵孝成王准备割六城与秦议和。但在大臣的劝说下，把六城贿齐，联齐抗秦，并交好楚、魏、燕、韩等国。同时积极发展生产，重整军备，为抗秦做准备。秦昭王大怒，派王陵率军进攻邯郸。赵国军民同仇敌忾，坚城死守，秦军久攻不克。秦昭王于次年改派王龁代王陵为将，仍屡攻不下。赵军被困日久，形势逐渐危急。赵相平原君散家财与士卒，编妻妾入行伍，鼓励军民共赴国难，并选3000精兵，不断出击，袭扰秦军。同时遣使赴魏求援，还亲自前往楚国，向楚王陈说利害，使楚发兵相救。魏遣晋鄙率军10万救赵，因受秦威胁，到邺（今河北临漳西南）时停止前进。魏信陵君盗魏王兵符，杀晋鄙，夺军权，选精锐8万北上救赵。秦军久攻不克，士气低落，又受赵、魏、楚军内外夹击，大败。秦将郑安平率2万人降赵，邯郸之围遂解。赵、魏乘胜夺回了部分失地。

秦汉军事

蒙恬北击匈奴

匈奴是我国古代北方的一个游牧民族。战国时期，匈奴逐渐强大，再加上中原地区七雄纷争，匈奴贵族常率兵南下侵扰。秦朝建立时，匈奴已占领了自阳山至河南地（今内蒙古河套和鄂尔多斯）的广大地区，对秦王朝构成了严重的威胁。秦完成统一后，为了解除匈奴对秦的威胁，秦始皇命蒙恬率30万大军北击匈奴，当时匈奴的首领是头曼单于。蒙恬的第一个目标是收复河南地，他采用集中兵力、速战速决的作战方法，很快收复了河南地和榆中。公元前214年，蒙恬率军渡过黄河，大规模进攻匈奴，头曼单于难以抵挡，只好北移，蒙恬乘机率军占领了高阙、阳山、北假等地。秦政府一方面在这些地区设置44个县，实行有效的行政管理；另一方面还大量迁徙刑徒，并鼓励一些民众移居边地。为巩固抗击匈奴取得的胜利成果，秦始皇又命蒙恬负责修建了秦长城。

秦平百越

在今天的浙江、福建、江西、广东、广西、云南一带，有一个人数众多的民族，即越族。越族部属众多，而且部落差异很大，被称为"百越"。依据其分布地区不同，可分为于越、闽越、瓯越、南越、西瓯等八部分。王翦在灭楚后，率军南下，夺取越人一部分土地，置会稽郡（今江苏苏州）。秦统一后，秦始皇命尉屠睢为统帅，兵分五路，统率50万大军进攻南越，遭到了南越和西瓯的顽强抵抗。越人转入山林继续战斗，秦军伤亡惨重，统帅尉屠睢不幸战死。公元前214年，秦始皇派监御史禄负责开凿沟通漓、湘两水的灵渠，把长江和珠江两大水系连接起来，灵渠修建完工后，解决了秦军的军粮运输问题。秦军攻势猛烈，于公元前214年攻占岭南，设置了桂林、南海和象郡。 公元前213年，秦始皇下令将中原50万罪犯流放到岭南地区，与越族杂居，共同开发珠江流域。

井陉之战

公元前205年，刘邦为了牵制项羽，派韩信率军北上，开辟北方战场。韩信率军3万，对依附项羽的赵国发起攻击。赵王歇、赵军主帅陈余闻讯后，即以号称20万的大军集结于井陉口防守。韩信半夜时点两千骑兵，命每人带一面汉军旗，迂回到赵军大营的后方埋伏。天亮后，韩信背水列阵，向陈余叫战。陈余见韩信兵少，于是率轻骑蜂拥而出。交战后不久，韩信诈败后退，陈余下令全营出击，这时预先埋伏的两千骑兵则乘机攻入赵军空营，遍插汉军红旗。汉军因背河而战，无路可退，于是人人奋勇杀敌，与赵军决一死战。双方厮杀半日，赵军仍不能取胜，忽然发现营垒已遍插汉旗，赵军以为汉军已经占据了营地，一时

军心大乱，汉军趁势反攻，和占营的两千汉军两面夹击，赵军大败。韩信背水一战，出奇制胜，是中国古代著名以少胜多的典型战例。

垓下之战

成皋之战后，刘邦乘楚军疲惫，乘胜追击，并命韩信、彭越南下夹击楚军。韩信、彭越按兵不动，楚军反击，刘邦大败。为了调动韩信、彭越攻楚，刘邦封韩信为齐王、彭越为梁王，再次进攻项羽。韩信率军南下，彭越率军北上，刘邦率军东进，40万汉军三面进击，与10万楚军对阵于垓下。韩信首先进攻项羽，被打败后撤退。其他汉军乘项羽追击韩信时从两翼进攻，夹击项羽，韩信乘机率汉军主力反攻，大败楚军，项羽率军退入营垒之中，陷入汉军重重包围。深夜，韩信让人唱楚歌，楚军以为楚地已经全部被汉军占领，军心大乱。项羽率800骑南逃，刘

霸王别姬图 版画

项羽生有异相，生重瞳子，少有大志，见秦始皇出巡，对其叔父项梁说："彼可取而代之矣。"遂弃文而习武，学"万人敌"，终于灭秦而称西楚霸王。但因刚愎寡断，在4年楚汉战争中终于强弱易势，于垓下之战中四面楚歌，恨别爱姬，无颜见江东父老而自刎乌江。其人其事至今令人扼腕叹息。

邦派大将灌婴率5000骑追击，项羽屡战屡败，迷了路，部下只剩下100余人，退至乌江边（今安徽和县）自刎而死。历时4年的楚汉战争，以刘邦的最终胜

利、西汉建立而告终。

河南、漠南之战

武帝元朔二年（公元前127年），匈奴进犯上谷（今河北怀来东南）、渔阳（今北京密云西南）等地。汉武帝避实击虚，派大将卫青率大军进攻匈奴所盘踞的河南地。卫青引兵北上，突袭占据河套及其以南地区的匈奴楼烦王和白羊王，全部收复了河南地。汉武帝迁内地民众10多万到该地屯田戍边。此战拔掉了匈奴进犯中原的据点，解除了匈奴对长安的威胁。匈奴不甘心失去河南，数次出兵袭扰边郡，企图夺回河南地。元朔五年（公元前124年），汉武帝派遣卫青率军10万进入漠南，进攻匈奴右贤王。李息等出兵右北平（今内蒙古宁城西南），牵制单于、左贤王部。卫青出塞六七百里，长途奔袭，乘夜突袭右贤王，右贤王仅带数百人逃走。汉军俘敌1.5万人，牲畜100万头，凯旋回师。这次胜利，进一步巩固了河南要地，迫使匈奴主力退到漠北，彻底消除了匈奴对长安的威胁。

河西之战

汉文帝时，匈奴逐走月氏人，占据河西之地，西控西域诸国，南制西羌各部，对西汉的西部边境构成了严重威胁。汉武帝在取得河西、漠南之战的胜利后，为了打通西域的道路和保卫边郡，于元狩二年（公元前121年）三月，派霍去病率精锐骑兵1万人出陇西，进攻河西走廊的匈奴。霍去病长驱直入，6天内扫荡了隶属于匈奴的5个小部落王国。随后翻越焉支山（今甘肃山丹县境的大黄山），大败匈奴休屠王、浑邪王，杀敌9000人，俘虏浑邪王子及相国、都尉多人。同年夏，汉武帝派霍去病率精骑数万再攻河西。霍去病率军绕道河西走廊北边，从敌后发起进攻，在祁连山地区大败匈奴，杀敌3万，俘获匈奴名王5人及王母、王子、相国、将军等百余人，收降匈奴浑邪王部众4万，占领了整个河西走廊。之后汉武帝在那里设置了武威、酒泉、张掖、敦煌四郡。

漠北之战

元狩四年（公元前119年），汉武帝集中精锐骑兵10万人，分别由卫青和霍去病统率，北上与匈奴决战。卫青率军穿越大沙漠，北进千里，"见单于兵陈而待"。匈奴万余骑兵向汉军发起冲击，卫青下令先用武刚车环绕成阵，同时派五千骑兵迎敌。双方从中午大战至黄昏，不分胜负。忽然大风骤起，卫青率军从两翼向伊稚斜单于包抄。单于不敌，仅带数百精锐突围北逃。卫青派轻装骑兵连夜追击二百里，仍不见单于踪影。汉军挺进到赵信城，将城中匈奴囤积的粮食除补充之外，连同该城一同烧毁，然后回师南返。霍去病率军越过沙漠，北进两千里，与匈奴左贤王遭遇。经过激战，歼灭了左贤王精锐部队，俘获屯头王、韩王以下7万余人。左贤王北逃。霍去病率军追到贝加尔湖，"封狼居胥山，禅于姑衍，登临翰海"而还。漠北决战后，威胁汉朝百余年的匈奴边患基本解决。

武帝降服南越国

赵佗（公元前237—公元前137年），秦真定人（今河北石家庄正定县）。秦始皇二十八年（公元前219年），赵佗随军南征百越。秦始皇三十三年（公元前214年），赵佗任南海郡龙川县令。公元前208年，赵佗任南海郡尉。秦亡后，赵佗建南越国，自称南越王，定都番禺（今广东广州）。汉高祖十一年（公元前196年），赵佗被汉朝封为南越王。汉高祖死后，吕后掌权，为防止南越获得武器，在长沙一带禁止铁器贸易。赵佗大怒，僭称南越武帝。汉文帝刘恒即位后实行怀柔政策，赵佗去帝号复归汉朝，仍称南越王。汉武帝建元四年（公元前137年），赵佗死，其子赵兴即王位。后来南越丞相吕嘉独揽大权，反抗汉朝。元鼎五年（公元前112年），汉武帝派路博德为伏波将军，杨仆为楼船将军，一路出川贵，一路出零陵，夹击南越，一举扫平叛乱，在南越故地设九郡。

绿林、赤眉起义

王莽新朝末年，由于改制失败，加上天灾，农民走投无路，纷纷起义，其中绿林、赤眉实力最强。17年，荆州闹饥荒，新市（今湖北京山东北）人王匡、王凤，率众起义，由于起义军以绿林山（今湖北大洪山）作为根据地，所以称为绿林军。23年，绿林军将士推举汉宗室刘玄做皇帝，恢复汉朝国号，年号"更始"，所以绿林军又称为汉军。天凤五年（18年），琅玡（今山东诸城）人樊崇率众在莒县（今山东莒县）起义，发展迅速。为了和官兵有所区别，他们把眉毛涂成红色，故称"赤眉军"。刘玄对赤眉军的态度冷淡，引起赤眉军的不满。25年春，赤眉军拥立汉宗室刘盆子做皇帝。随后，赤眉军攻入长安，绞死刘玄。赤眉军进入长安后，豪强地主组织武装抵抗，起义军被迫退出长

安。27年（建武三年）初，赤眉军被刘秀打败。

昆阳之战

汉光武帝刘秀像

王莽新朝末年，为了剿灭绿林军，王莽派王邑、王寻率军42万进攻绿林军占领的昆阳（今河南叶县）。当时昆阳只有七八千守军，绿林军将领决定由王凤坚守昆阳，刘秀去外地搬救兵。王军来到昆阳后，将昆阳团团围住，并开始轮番向昆阳城发起猛烈进攻，昆阳守军拼死抵抗，多次击退王军。王军久攻不克，士气低落。刘秀率领救兵万人驰援昆阳，在王军不远处列阵。刘秀亲率千人向王军发起进攻，王邑、王寻等人自恃兵多，骄傲轻敌，只派出数千人迎战。刘秀率众奋勇冲杀，当场斩杀王军数十人，初战胜利，士气大振。接着，刘秀又派3000人迂回到王军的后方，向王邑、王寻大营发起进攻，绿林军奋勇杀敌，击毙王寻。城内的绿林军趁机反攻，内外夹击，王军大乱，纷纷逃命，死伤惨重。昆阳之战是一次著名的以少胜多的战役，为推翻王莽政权创造了条件。

东汉统一之战

建武元年（25年）十月，刘秀称帝，建立东汉，定都洛阳。建武三年（27年），消灭赤眉军，夺取长安。当时，刘秀占有司隶校尉部（今陕西中部、河南西部地区）和冀、幽、豫、并等州（今河北、山西大部、河南南部、安徽西北部），其余地方均为地方豪强所割据。

第五篇 中国军事常识 一九九

从此，刘秀开始了长期的统一战争。建武三年，刘秀于睢阳击败刘永。十一月，刘秀派兵大举南下，进占南郡彝陵。建武四年五月，刘秀攻占燕蓟及其以北地区。七月，刘秀率主力东攻董宪。翌年二月，杀董宪，夺占东海。十月，汉将耿弇率军攻青州张步，张步投降。汉将马成率军击杀李宪于舒县（今安徽庐江西南）。关东各割据势力都被刘秀击破。刘秀随即转兵西向进攻陇西的隗嚣，隗嚣战败病死，残部很快被消灭。平陇后，刘秀从南、北两个方向，对益州的公孙述展开攻势，合围成都。建武十二年十一月，公孙述重伤毙命，公孙述部将投降，天下重归统一。

东汉与北匈奴之战

东汉初年，匈奴分裂为南北两部，相互攻战不休，南匈奴南下归汉。永元元年（89年），汉将窦宪、耿秉率军联合南匈奴大败北匈奴于稽落山，单于北遁。窦宪率军追击，分兵四路，过安侯河（今蒙古人民共和国鄂尔浑河），北匈奴20余万众投降，窦宪、耿秉登燕然山，刻石记功而还。九月，北匈奴遣使上书称臣。窦宪派班固率军出塞迎北单于，暗中遣汉将率南匈奴8000锐骑，兵分两路，乘夜合围单于庭，歼万余人，单于负伤西奔。永元三年二月，窦宪获悉北单于庭帐设于金微山（今新疆阿尔泰山），遂派大将耿夔率军，出居延塞（今内蒙古额济纳旗东南）5000余里，再破北匈奴，歼敌5000余人，北单于逃走。此后，北匈奴开始向欧洲迁徙。汉军针对北匈奴飘忽不定的特点，施以先围后歼、穷追不舍的战略，终于彻底击败了北匈奴。

魏晋南北朝军事

义兵讨董卓

董卓，字仲颖，陇西临洮人。《三国志》记载他"少好侠，尝游羌中，尽与诸豪帅相结"，性残忍而有谋断。后因军功官居并州刺史。184年，汉灵帝封董卓为中郎将，命他镇压黄巾起义。189年，汉灵帝死，外戚何进立其外甥刘辩为帝，即汉少帝，同时召并州刺史董卓进京，准备将宦官一网打尽。不料事泄，何进反被宦官所杀。袁绍率军进京，杀宦官2000人。不久，董卓进京，驱走袁绍，废掉少帝，刘协即位，即汉献帝。董卓把持朝政，胡作非为。190年，关东各州郡的地方官吏和豪强，组成了以袁绍为首的盟军讨伐董卓，黄巾军余部也进入关东地区。董卓抵挡不住，烧掉洛阳，挟持汉献帝迁都长安，后被部将吕布杀死。董卓的另外两个部将李傕和郭汜，分别挟献帝和百官，互相攻打。关东联军在董卓西迁后散去，各自割地称雄，混战不已。

曹操征乌桓

官渡之战后不久，袁绍病死，其子袁尚、袁熙投奔居今冀东、辽宁一带的乌桓，以图东山再起。曹操为消灭袁

匈奴车马人物纹铜饰牌　东汉

氏残余势力，统一北方，于建安十二年（207年）夏，率军出无终（今天津蓟县），东征乌桓。但是连日大雨，道路阻塞，曹操采纳当地人田畴的建议，走偏僻小道，攻其不备。曹军以田畴为向导，上徐无山（今河北遵化东），轻骑出卢龙塞（今河北喜峰口一带），在崇山峻岭中疾行数百里。八月，曹军进至距柳城（今辽宁朝阳附近）约二百里处，乌桓单于蹋顿仓皇调军迎击，两军对峙于白狼山（今辽宁喀喇沁左旗境）。曹操登高望见乌桓军阵列不整，遂以张辽为先锋，率军急袭。乌桓军顿时大乱，蹋顿被斩，全军崩溃。曹操乘胜攻占柳城，并迁乌桓及汉民20余万入塞。袁氏兄弟投奔辽东太守公孙康。公孙康杀二人，归附曹操。自此，曹操统一了北方。

吕蒙袭荆州

赤壁之战后，刘备和孙权瓜分了荆州，刘备又以抵抗曹操为名借了孙权占领的荆州的南郡。后来，刘备又占据了益州和汉中，孙权向刘备索要南郡，遭到拒绝。219年，镇守荆州的关羽留下南郡太守糜芳守公安，将军傅士仁守江陵，自己亲率大军进攻曹魏的襄阳、樊城。驻守陆口的吴将吕蒙向孙权建议趁机夺回荆州。219年，孙权任命吕蒙为大都督，进攻江陵。吕蒙将战船伪装成商船，将精兵藏在船舱内，摇橹的士兵身穿白衣，扮成商人模样，日夜兼程。吴军抵达公安后，蜀将傅士仁投降，傅士仁又劝糜芳投降。吴军兵不血刃就占领了荆州的两个重镇。关羽得知荆州失守后，急忙撤军回援。关羽将士得知公安、江陵已经失守，吕蒙又善待他们的家属后，纷纷逃散。关羽势单力薄，败走麦城（今湖北当阳东南），后被吴军俘杀于彰乡（今湖北当阳东北）。孙权占据了荆州。

夷陵之战

孙权背盟，派吕蒙偷袭荆州，杀死关羽，对刘备来说是个沉重打击。章武元年（221年），刘备称帝，以为关羽复仇的名义，率8万精兵大举伐吴。蜀军先头部队打败了防守巫县（今湖北巴东）的吴军，进占秭归（今湖北秭归）。刘备派大将黄权驻扎在长江北岸，防止魏军袭击侧翼。吴军主将陆逊诱敌深入，后撤数百里，然后安营扎寨，坚守不战。蜀军各路大军进展迅速，深入吴境，沿途扎营数十座，直抵猇亭（今湖北宜都北）。蜀军将吴将孙桓包围在夷道（今湖北宜都），陆逊拒绝分兵救援。蜀军的粮道要经过山区，运输困难，加上天气暑热，蜀军士气十分低落。刘备只好把军营移驻到深山老林里。看到时机成熟，陆逊命令士兵每人带一把茅草，趁夜潜至蜀军营地，放火连营，蜀军大乱，陆逊乘势反攻，蜀军死伤无数。刘备率残部逃到白帝城，不久病死。

诸葛亮南征

刘备死后，南中益州郡（今云南晋宁）大姓雍闿，杀太守正昂，叛蜀投吴。雍闿又诱永昌郡人彝族首领孟获，使之煽动各族群众叛蜀。为了使蜀汉有个稳定的后方，也为了获得北伐的兵源和物资，诸葛亮决定率军南征，经过激战，大败叛军，杀死高定元，兵锋直指叛军的最后据点益州郡。这时叛军内讧，叛乱头目雍闿被高定元的部下杀死，彝族首领孟获率领雍闿余部和本族人马南逃，继续对抗蜀军。诸葛亮率军渡过泸

水，追击孟获。蜀军设伏，生擒了孟获。孟获以中计被俘，心里不服。诸葛亮采用攻心为上的策略释放孟获，让他再战。结果，孟获再次被擒。经过七擒七纵，孟获诚心归降，南中全部平定。

诸葛亮北伐

蜀汉自诩为正统，视曹魏为篡逆，因此诸葛亮奉行联吴抗魏的政策，北伐曹魏。第一次北伐是在蜀汉建兴六年（228年）春，诸葛亮出师攻魏，初战顺利。可大将马谡被魏将张郃所败，丢失要地街亭，诸葛亮只得退回汉中。第二次北伐是在蜀汉建兴六年冬，诸葛亮包围陈仓（今陕西宝鸡西南），攻打20多天未破，魏的援军赶到，诸葛亮退兵。第三次北伐是在建兴七年，诸葛亮打败魏军，攻占武都、阴平。次年，魏军进攻汉中，被击退。第四次北伐是在建兴九年，诸葛亮出祁山，魏军统帅司马懿坚守不出。诸葛亮粮尽退兵，途中伏杀魏将张郃。第五次北伐是在建兴十二年春，诸葛亮率10万大军，扎营五丈原。司马懿拒不出战，想等蜀军粮尽再进攻。诸葛亮分兵屯田，准备长期作战。八月，诸葛亮病死，蜀军退兵。蜀国以弱攻强，以攻为守，起到了救亡图存的作用。

魏灭蜀之战

三国蜀汉末期，蜀后主刘禅昏庸无能，宦官黄皓专权，政治日益腐败，国势每况愈下，大将姜维为避祸，率军远避沓中（今甘肃岷县）屯田，削弱了汉中的防御。魏元帝景元四年（263年），魏权臣司马昭派兵分三路大举伐蜀。一路由邓艾率3万余人自狄道（今甘肃临洮）向沓中进攻姜维统率的蜀军主力；一路由诸葛绪领3万人自祁山挺进阴平，以断绝姜维归路；一路由钟会率10万人，欲乘虚进攻汉中，再取成都。邓艾到达沓中，姜维闻汉中已失，撤至阴平，突破诸葛绪截击后，退守剑阁，与钟会的大军对峙。邓艾绕过剑阁天险，偷渡阴平小道，进攻江油，江油守将投降。邓艾进攻涪城，诸葛瞻（诸葛亮之子）在涪城拒守不胜，退至绵竹，后与其子诸葛尚均战死。绵竹陷落后，成都已无险可守。刘禅只好开城降魏，同时遣使令姜维投降。魏军占领成都，蜀汉亡。

晋灭吴之战

咸熙二年（265年），司马昭之子司马炎废魏元帝曹奂，登皇帝位，即晋武帝，改国号为晋，史称西晋，改元泰始，建都洛阳。晋武帝为灭吴做了大量的准备。晋泰始五年（269年），晋武帝以羊祜都督荆州诸军事，训练士卒，囤积军粮，加紧备战。泰始八年（272年），司马炎以王濬为益州刺史，命他制造战船，训练水军，准备东下灭吴。吴主孙皓残忍暴虐，肆意挥霍，导致大臣离心离德，国势日衰，对晋的伐吴准备视而不见，迷信长江天险。咸宁五年（279年），晋武帝见时机成熟，下令伐吴。王濬率水军顺江而下，突破吴军在江中设置的铁索铁锥，一路上势如破竹。与此同时，杜预率领的晋军所到之处，大多不战而胜，进展神速。晋军逼近建业（今江苏南京），吴军或降或逃。孙皓投降，吴亡。至此，自汉末以来90余年的分裂局面宣告结束，天下归于统一。

桓温北伐

桓温（312—373年），字元子，东晋大将，谯国龙亢（今安徽怀远）人，晋明帝女婿，曾率军三次北伐，欲收复中原。第一次北伐是在永和十年（354年），他亲率步骑4万余人，击败氐族苻健军，直抵霸上（今陕西长安东），受到当地人民的欢迎。后因军粮不继，返回江南。第二次北伐是在永和十二年（356年），桓温打败羌族贵族姚襄，收复洛阳。桓温向晋穆帝建议还都洛阳，但皇帝和士族都安于江南一隅，不愿北还。桓温返回江南，洛阳又落入胡人之手。第三次北伐是在太和四年（369年），桓温率步骑5万人大败前燕军，逼近燕都邺（今河北临漳）。后前燕得到前秦的支援，截断了晋军的粮道，桓温只得退兵，又遭到前燕骑兵的追击，死伤3万人，大败而回。祖逖和桓温的北伐虽然没有成功，但是却阻止了北方游牧民族对江南的侵扰，保护了江南地区的经济文化发展。东晋大司马桓温自认为才干威望盖世，世人都不可及，常慨叹"男子汉不能流芳百世，亦当遗臭万年"。他三次北伐，欲建功业以提高政治威望，然而第三次北伐枋头大败，声望江河日下。参军郗超建议他废帝以重立威权。他觉得此计可行，东晋太和六年（371年）十一月，大司马桓温废晋帝司马奕为东海王，改立丞相、会稽王司马昱为帝，是为简文帝。

淝水之战

357年，苻坚称前秦天王，后统一北方。苻坚踌躇满志，欲率军渡江南下，一举灭亡东晋，统一天下。383年，苻坚亲率步兵60万、骑兵27万、羽林郎（禁卫军）3万，共90万大军从长安南下。东晋丞相谢安，派将军谢石、谢玄等率精锐北府兵8万沿淮河西进，阻击秦军。双方对峙于淝水（今淝河，在安徽寿县南）。谢玄派人要求前秦军稍向后退，以便晋军渡河与之作战。苻坚企图乘晋军渡河时，发动突然袭击，所以不顾劝阻，命令部队后撤。结果秦军顿时陷入混乱之中，一退不可收拾，东晋大将朱序趁机在阵中大喊"秦军败了"，不明真相的秦军军心大乱，四散奔逃。晋军乘势渡河发起猛攻，秦军全线崩溃，争相逃命，互相践踏，死伤无数。苻坚也被流矢射中，仓皇北逃。淝水之战后不久，前秦灭亡，北方重新陷入分裂割据状态。

东山携妓图　明　郭诩

谢安曾隐居会稽（今浙江绍兴）东山，故后人多以"东山"称之。

北魏太武帝统一北方之战

北魏建国后，四处征伐，到太武帝拓跋焘继位时（423年），北方只剩下北魏、大夏、北凉和北燕四个政权，还有漠北的柔然。426年，夏主赫连勃勃死，诸子争位，太武帝趁机攻夏，大获全胜，但没有攻克夏都统万城，后大掠而还。427年，太武帝率军再次进攻统万城，夏主赫连昌坚守不战。太武帝派士兵诈降谎报粮草已尽。赫连昌信以为真，开城率军进攻。魏军兵分两路，夹击夏军，夏军大败，赫连昌逃走，后被擒获。后又俘其弟赫连定，夏亡。柔然是北方的一个强大的游牧民族，不断南下袭扰北魏。429年，太武帝亲率大军，分两路夹击柔然，魏军轻骑突进，没有防备的柔然，最后兵败国亡。北燕位于辽东，国小兵少，太武帝率军伐北燕，燕主冯弘逃往高句丽，北燕亡。北凉位于河西，439年，太武帝率军伐北凉，凉主沮渠牧犍降，北凉亡。至此，太武帝结束了北方100多年的分裂局面。

宋魏战争

元熙二年（420年），刘裕废掉晋恭帝司马德文，自立为帝，改国号为宋，史称刘宋，建都建康（今江苏南京）。386年，鲜卑族拓跋部拓跋珪建立北魏，定都平城，统一北方。北魏大军南下，攻占河南。元嘉七年（431年），宋文帝出兵10万，以到彦之为主将，北上伐魏。宋军起初进展顺利，收复失地，攻占了黄河以南地区。魏军被迫撤至黄河以北。八月，魏军大举反攻，宋军大败，收复之地尽失，武器辎重损失无数。元嘉二十七年（450年），宋文帝趁北魏和柔然交战之机，派王玄谟和柳元景再次伐魏，宋军进展顺利，屡战屡胜。由于王玄谟指挥失误，贻误战机，宋军在滑台（今河南滑县）受阻。九月，魏太武帝拓跋焘亲率大军南下，宋军大败。魏军乘胜追击，直抵长江北岸，后因无船渡江北返。此后，南方再也无力北伐，形成了北强南弱的局面。

北周武帝统一北方

575年，北周武帝宇文邕见北齐政治腐败，决定乘机攻灭北齐，统一北方。北周武帝北联突厥，南和陈朝，形成了对北齐的夹击之势，而自己则亲率18万大军伐北齐，数路并进，连克30余城，后因北周武帝染病班师。576年，北周武帝再次伐齐，率军进攻北齐重镇平阳（今山西临汾），旋即攻克。北齐后主高纬率10万大军救援平阳，北周武帝为了避敌锋锐，率军后撤，留下1万精兵守平阳。北齐军至，包围平阳，昼夜猛攻，又挖堑壕以阻挡周军救援。北周武帝亲率8万大军救援，两军对峙于堑壕两侧。北齐后主下令填平堑壕，全军进攻，周军奋勇还击，双方激战。齐军左翼稍向后退却，北齐后主以为齐军战败，临阵脱逃，顿时齐军人心涣散。最终北齐军主力被歼。北齐后主先逃到晋阳，后又逃到邺城，周军穷追不舍，围攻邺城，北齐后主被俘，北齐亡，北周统一了北方。

隋唐五代军事

隋灭陈之战

南北朝末期，杨坚取代北周建立隋朝后，准备攻灭与隋隔江对峙的陈朝，统一南北。588年，杨坚以晋王杨广为主帅，派兵50万，分兵8路，大举进攻长江以南的陈朝。此时的陈朝，政治腐败，国势日衰。陈后主陈叔宝自以为凭借长江天险便可高枕无忧，照常饮酒赋诗，寻欢作乐。驻守长江防线的陈军也疏于防备。隋军趁陈军欢度春节之机，分路渡江。贺若弼从广陵率军南渡；韩擒虎率军由横江（今安徽和县东南）夜渡。隋军渡江后迅猛推进，贺若弼和韩擒虎两军夹击建康。陈叔宝弃险不守，命军队仓促出战，在白土冈一带摆成南北长二十里的阵势。由于陈军缺乏统一指挥，首尾进退互不相知。贺若弼率军猛攻陈军薄弱部分，陈军全线崩溃。韩擒虎率军进入建康城，俘获陈叔宝，陈亡。至此中国结束了自西晋末年以来持续了270年的分裂局面，再次实现统一。

李渊晋阳起兵

隋朝末年，农民起义风起云涌，一些隋朝的官僚见隋朝大势已去，纷纷起兵反隋。太原留守李渊和他的儿子李世民、亲信刘文静经过精心的准备，于公元617年在晋阳（今山西太原）正式起兵。李渊打着"废昏立明"的旗号，率军直捣关中。一路上招兵买马，实力日增。为了争取民心，李渊下令军队对百姓秋毫不犯，又开仓济贫，得到百姓的拥护。隋将宋老生领兵3万屯于霍邑（今山西霍县），妄图阻挡李渊进军。当时阴雨连绵，道路泥泞，粮食匮乏，又听说突厥袭击晋阳，李渊准备返回太原，被李世民阻止。抵达霍邑后，宋老生率军出击，李渊抵挡不住，被迫后撤，宋老生不顾侧翼暴露，率军冒进。李世民抓住时机，奋勇冲杀，杀死宋老生，隋军大败。随后，李渊渡过黄河，在族弟李神通和女儿平阳公主的配合下，占领长安。大业十四年（618年），李渊称帝，国号唐。

洛阳虎牢关之战

武德三年（620年），唐军进攻占据河南的王世充。武德四年（621年），河南大部分州县已经落入唐军之手，王世充困守洛阳，负隅顽抗。占据河北的

洛阳虎牢关碑

窦建德意识到王世充灭亡后，自己将成为唐军的下一个目标，所以率军援救王世充。在这种情况下，有人主张撤军，遭到李世民的反对。李世民当机立断，派李元吉继续围攻洛阳，自己率军进驻虎牢关，迎战窦建德军。在虎牢关，唐军屡屡挫败窦军的进攻，又截断了窦军的粮道。窦军士气低落，人心思归。窦建德率大军在虎牢关前摆开阵势，准备与唐军决战。但是，李世民按兵不动。到了中午，窦军又饥又渴，有的坐在地上休息，有的到河边喝水，阵形已乱。李世民见时机已到，立刻率骑兵冲锋，窦军全阵溃散，窦建德被擒。唐军把窦建德押到洛阳城下，王世充只好开城投降。李世民一战而克二敌，为唐朝统一奠定了基础。

唐与东突厥之战

突厥是我国北方的一支游牧民族，隋末唐初逐渐强大起来，后来分裂为东、西两部。隋朝末年，东突厥时常南下侵扰。唐朝建立后，为了集中精力统一全国，对东突厥采取了忍让态度。武德七年（624年），唐朝统一全国以后，积极备战，准备彻底消除突厥的威胁。贞观三年（629年），唐太宗命李世勣、李靖统兵10万，出击东突厥。贞观四年（630年），李靖率骑兵趁黑夜攻下定襄，李世勣在白道（今内蒙古呼和浩

特市北）大破东突厥，颉利可汗逃往阴山，突厥兵溃散，被杀1万余人，被俘10余万人，丢掉牲畜数10万头。颉利可汗率残部北逃，后被俘，东突厥灭亡。唐朝在东突厥故地设立了都督府，让东突厥贵族担任都督，由他们管理东突厥各部。此后几十年，唐朝北部边境没有战事。

唐与西突厥之战

唐朝初年，西突厥经常侵扰唐西部边境。显庆二年（657年），唐以右屯卫将军苏定方为伊丽道行军总管，与燕然都护任雅相、副都护萧嗣业，率唐兵与回纥骑兵万余人，讨伐西突厥。唐军至金山（今新疆阿尔泰山），西突厥木昆部归顺。唐军继续前进，行至伊犁河西，被西突厥可汗沙钵罗率领10万之众所包围。苏定方命步兵持矛在南，亲自率骑兵列阵于北。西突厥军三次冲击南线，都没有得逞，苏定方率骑兵乘势反击，大败西突厥军，追击三十里，斩杀数万人，沙钵罗率残部逃走。当时天降大雪，深达两尺。苏定方率军昼夜兼程，直抵金牙山沙钵罗牙帐。沙钵罗正准备去打猎，毫无戒备，唐军突然发起攻击，斩获数万人，沙钵罗逃往石国（今乌兹别克斯坦塔什干一带）。苏定方命萧嗣业率兵继续追击，石国人诱擒沙钵罗，送交萧嗣业，西突厥亡。唐朝置昆陵、濛池二都护府于西突厥故地。

唐对高句丽、百济的战争

唐朝初年，朝鲜半岛上高句丽（公元前37—668年）、百济、新罗三国鼎立。新罗与唐朝通好，高句丽、百济则千方百计地阻挠新罗向唐朝朝贡。660年三月，独掌高句丽大权的盖苏文，与百济联合入侵新罗，新罗王金春秋向唐朝求救。660年，唐高宗派以左武卫大将军苏定方为神丘道行军大总管，率水陆10万征伐百济。八月，苏定方率兵从成山（今山东荣成东北）渡海。百济王扶余义慈派兵5万在熊津江口（今锦江入海口）阻击唐军。唐军强行登陆，歼敌数千，余众溃逃。随后，唐朝和新罗联军击败百济主力，百济王降。661年，倭国企图火中取栗，派兵护送百济王子扶余丰回国，在白江口（今韩国锦江）与刘仁轨所率的唐军相遇，经过四次大战，倭军惨败，战船被焚烧400艘，火焰冲天，江水皆赤。唐灭百济后，高句丽陷入腹背受敌的境地，不久被灭。唐朝在平壤设立了安东都护府。

唐与吐蕃的和战

吐蕃是藏族的祖先，7世纪至9世纪在青藏高原建立强大的奴隶制国家。从此，唐朝和吐蕃之间呈现了旷日持久的和战局面。贞观年间，松赞干布遣使求婚，唐太宗把文成公主嫁给了他，唐朝和吐蕃关系非常融洽。后来吐蕃逐渐强大，开始不断对外扩张。663年，吐蕃进攻吐谷浑，击败了来援的唐军，并占领了唐朝的安西四镇。692年，唐朝收复安西四镇。安史之乱爆发后，唐朝调边军入中原平叛，吐蕃乘机大举进攻，占领了河西、陇右地区，还一度攻占了长安。以后又陆续占领了西域。822年，唐朝与吐蕃会盟，唐朝承认吐蕃对河西、陇右地区的占领，吐蕃则表示不再扰边，双方关系有所改善，但仍战争不断。由于吐蕃王室争权，内战不断，实力大衰。沙州人张议潮率众起义，收复河西、陇右地区，重归唐朝。吐蕃从此一蹶不振。

唐与南诏的和战

唐初，在洱海地区分布着六个较大的部落，史称"六诏"。"六诏"之一的南诏在唐朝的支持下，吞并其他五诏，统一了洱海地区。开元二十六年（738年），为了与吐蕃抗衡，唐朝封南诏主皮逻阁为云南王。南诏实力强大后，侵占了滇池地区。皮逻阁死，其子阁逻凤继位，杀死了唐朝边将，占领了32州。唐朝派鲜于仲通率8万大军讨伐南诏，南诏向吐蕃求援。在南诏、吐蕃联军的夹击下，唐军战败。从此以后，南诏叛唐，归附吐蕃。大历十四年（779年），南诏、吐蕃联兵20万进犯西川，唐将李晟率5000精兵南下，大败南诏、吐蕃联军，南诏元气大伤，吐蕃将惨败的罪责归咎于南诏，导致南诏不满，遂叛吐蕃，重新归附唐朝。后来南诏又起兵叛唐，大掠成都。乾符二年（875年），唐天平节度使高骈在大渡河击败南诏军，南诏再不敢侵扰。天复二年（902年），南诏灭亡。

王仙芝、黄巢起义

唐朝末年，朝政腐败，赋税繁多，农民不断起来反抗。唐僖宗乾符元年（874年），王仙芝、黄巢率众起义。不久王仙芝战败被杀，黄巢接收了王仙芝的部众。僖宗乾符五年，黄巢自称"冲天大将军"，转战黄淮流域，其后又进军长江下游，接着挺进赣浙，由福建直趋广州，进行游击作战。不久黄巢就从广西挥师北伐，这时起义军已达60多万，所向披靡，唐军望风而逃，起义军很快攻占了长安，唐僖宗逃往四川。唐僖宗中和元年（881年），黄巢在长安称帝，国号大齐，建元金统。唐朝残余部队乘黄巢政权尚未稳固之机，联合沙陀人李克用夺回长安。不久黄巢反攻，再占长安。唐军从南北西三面包围长安，黄巢部将朱温又投降唐朝，李克用收复长安，黄巢败退至泰山虎狼谷一带，又被唐军打败。最后黄巢被叛徒杀害，起义失败。黄巢起义后，唐朝也名存实亡。

屯 田

屯田是汉魏以来中央政府为了解决军队的粮食供给问题而采取的办法。边地士卒在边将的率领下，耕战结合，平时种地，战时打仗。唐朝沿用此法，在边地军州屯田以增加军储。唐朝军防令明确规定：军队要在驻地附近的土地上种植粮食、蔬菜，以备军需。唐朝中央尚书省工部设屯田司，置屯田郎中、员外郎，掌管全国屯田政令。屯田在唐朝军需供给方面起到了极其重要的作用。武德初年，为了防御突厥，并州大总管窦静奏请在太原置屯田，一年收获粮食数千斛。此后，唐朝中央政府和各地官员非常重视屯田，并取得了很大成绩。开元年间，在西方和北方的朔方、陇右、河西、安西和北庭督护府都开屯田以供军用。开元后，唐在西起高昌、龟兹、焉耆、小勃津，北到薛延陀故地数十州置重兵，屯田已不足以供军需，政府只好出钱买粮。

募兵制

唐朝中期由于土地兼并现象严重，破坏了均田制，农民失去土地；征战频

繁，不能按时轮换，长期服役，"壮龄应募，华首未归"；不能免去征徭，因此农民大量逃亡。在这种情况下，唐玄宗下令废除府兵制，代之以"募兵制"。募兵制由国家招募壮丁当兵，供给粮食，免征赋役，在边将统率下从事屯垦。募兵制的实行使军费开支暴涨，成为国家的沉重负担。边境统兵的将官称为节度使。节度使最初只掌兵权，长期统领一支军队，使兵将之间有了固定的隶属关系，后兼管地方行政和财政，权力日益扩大，"既有其土地，又有其人民，又有其甲兵，又有其财富"。唐玄宗时期，节度使已有10个，他们掌握一州或数州的军、政、财权，使中央政府越来越无力控制，成为割据一方的军阀。唐朝的安史之乱和唐末五代十国军阀割据局面的形成，都和募兵制有极大的关系。

火药的发明

火药是中国古代炼丹家在炼丹时发明的，被称为我国古代四大发明之一。隋末唐初的医药学家孙思邈在《孙真人丹经》中，记载了世界上最早的火药配方：硫磺、硝石和皂角，被称为硫磺伏火法。唐元和三年（808年），炼丹家清虚子所著的《铅汞甲庚至宝集成》卷二之中，记载了"伏火矾法""硫二两，硝二两，马兜铃三钱半。右为末，拌匀。掘坑，入药于罐内与地平。将熟火一块，弹子大，下放里内，烟渐起。"该法用马兜铃代替了孙思邈方子中的皂角。唐朝末年，火药已开始用于军事。唐哀帝天祐元年（904年），郑璠攻打豫章（今江西南昌），他命令兵士"发机飞火"，烧了龙沙门。这是中国首次将火器用于战争的记录。大约在八九世纪时，火药传到了阿拉伯、波斯等地。13世纪时，火药又从阿拉伯传到了欧洲。

禁军的创建

中央禁军是保卫皇宫和都城的军队，是国家的常备军。禁军由精锐士卒组成，装备精良，训练有素，战斗力很强。朝廷在抵御外敌入侵或镇压叛乱时，除了征发方镇兵以外，主要依靠禁军。禁军有时也出戍地方，禁军将领有时也兼任节度使，权力很大，容易导致拥兵自重或发生叛乱。为了防止此类事情，后来禁军将领主要由皇族宗室或心腹大臣担任。除了一般的禁军外，侍卫亲军也是禁军的重要组成部分。中央禁军的编制，分左右两厢，由厢主（又称厢都指挥使）统领。厢下设军，军由军主（又称军都指挥使、都校）和都虞侯统领。中央禁军军制沿袭唐制，六军、诸卫分别由统军、将军统领。侍卫亲军的最高将领是侍卫亲军马步军都指挥使，下设副都指挥使、都虞侯、马军都指挥使、步军都指挥使。后梁时创立的这一军制，对后世影响很大。

宋元军事

陈桥驿兵变

959年，周世宗柴荣去世，年仅7岁的恭帝即位。时任殿前都点检、归德军节度使的赵匡胤与禁军高级将领石守信、王审琦等结义兄弟掌握了军权。960年春，赵匡胤和赵普、石守信等，在京城散布"点检做天子"的谣言并谎称北汉和辽国的军队联合南下，攻打后周。宰相范质难辨真伪，急派赵匡胤统

陈桥兵变遗址，位于今河南封丘陈桥镇，为宋太祖黄袍加身处。

率军北上御敌。军队行至陈桥驿（今河南封丘陈桥镇）时，赵匡胤授意赵匡义（赵匡胤之弟）和赵普等发动兵变，众将把黄袍加在赵匡胤身上，拥立他为皇帝，反叛后周。随后，赵匡胤率军回师开封，京城守将石守信、王审琦大开城门，迎接赵匡胤入城，翰林学士拿出早已准备好的禅让诏书，逼迫周恭帝退位。赵匡胤即位，是为宋太祖，改国号为宋，史称北宋，改元建隆元年，仍定都开封，史称"陈桥兵变"。

杯酒释兵权

赵匡胤自从陈桥兵变，建立北宋后，为防止握有军权的武将效仿，采纳丞相赵普的计策，谋划解除禁军将领的兵权。961 年，他先撤销禁军最高职位殿前都点检一职，改任慕容延钊为山南东道节度使，侍卫亲军都指挥使韩令坤为成德节度使。七月，又借宴饮之名，召集曾拥戴他称帝的大将石守信、王审琦等。席间以"君臣两无猜疑，上下相安"为由，采用赏赐良田美姬为诱饵，加以武力相胁迫的办法，迫使石守信等人交出兵权。次日，石守信、王审琦等将领皆称病不朝，告老还乡。由皇帝直接控制禁军兵权。969 年，又召集节度使王彦超等宴饮，解除了他们的藩镇兵权，以消除藩镇割据的隐患。史称宋太祖此举为"杯酒释兵权"。宋太祖的做法虽然成功地防止了军队的政变，但却削弱了部队的作战能力。以至宋朝在与辽、金、西夏的战争中，屡战屡败。

会战幽州

五代时，石敬瑭割中原屏障幽云十六州给契丹以换取支持，建立了后晋。此后，中原王朝屡次北伐，企图收回幽云十六州。979 年，宋太宗灭北汉后，乘胜北伐幽州（今北京市）。一路势如破竹，辽国守将纷纷投降。但宋军因连续作战，疲惫不堪，被辽军以逸待劳击败于高梁河一带。986 年，宋太宗再度出兵，约 30 万，分三路北伐。主力东路军 20 万人，以曹彬为帅，进军幽州；中路军以田重进为帅，攻打蔚州（今河北蔚县）；西路军以潘美为帅，杨业为副将，进攻云州（今山西大同）。起初，宋军进展顺利。但东路军抵达幽州后，屡攻不克，粮尽退兵。辽将耶律休哥率骑兵追击，在岐沟关（今河北涿州西南）大败宋军。主力东路军失败后，中、西两路宋军被迫撤退，潘美、杨业护送人民内迁，被辽军追上，陷入重围，杨业孤军奋战，最后被俘牺牲。从此，宋朝被迫对辽由进攻转为防御。

澶渊之盟

北宋景德元年（1004 年），辽萧太后和辽圣宗发兵 20 万南下。辽军避实就虚，绕过宋军坚守的城池，长驱直入，抵达黄河边的重镇澶州城北，直接威胁宋朝的都城开封。宋朝大多数大臣主张南逃，但宰相寇准坚决主战，并力请宋

中外人文大讲堂

第五篇 中国军事常识 二〇九

真宗亲临澶州前线督师。宋真宗勉强登上澶州北城门楼以示督战,宋军士气大振,射杀辽国南京统军使萧挞凛,辽军锐气大挫。辽军在澶州受挫,又孤军深入,而宋真宗只希望辽军能尽快北撤,并为此不惜代价。于是双方议和,交换誓书约定:辽帝称宋帝为兄,宋帝称辽帝为弟,宋辽为兄弟之国,宋真宗尊辽萧太后为叔母;宋朝每年给辽绢20万匹、银10万两;双方停战撤兵,宋辽以白沟河为界。澶渊之盟的签订,结束了宋辽长达数十年的战争,两国的经济都得到了恢复和发展。

宋夏和战

西夏是我国西北的一支少数民族党项族建立的政权,经过多年的发展,党项首领元昊于1038年称帝,国号大夏。元昊称帝后,宋朝极为愤怒,准备讨伐元昊。元昊却先发制人,主动出击,向宋朝发动一系列进攻,大败宋军。其中规模较大的有三川口之战、好水川之战、定川寨之战。1040年,西夏军包围延州。宋将刘平、石元孙领兵万余人,救援延州。西夏军伏兵于三川口(今陕西安塞东),将宋援军团团包围。西夏军四面出击,宋军全线崩溃。西夏军俘虏刘平、石元孙等多名宋将,大获全胜,乘势围攻延州,后因大雪而还。1041年,宋将任福迎战西夏军,西夏军佯败,尽弃辎重而走,任福率军追击,进入好水川(今宁夏隆德西北),被西夏10万大军合围。任福与1万余名宋军将士战死。宋和西夏经过多年交战,疲惫不堪。双方于1044年议和,元昊向宋称臣,宋给西夏岁币并开放榷场。

金灭辽之战

女真是我国东北的一支少数民族。辽建立后,女真人饱受辽的奴役和压迫。1114年,女真人在完颜部首领完颜阿骨打的带领下,举行反辽起义。阿骨打率2500人攻打辽的重镇宁江州,全歼辽军,极大地鼓舞了女真人士气。1115年,阿骨打称帝,国号金,定都会宁,是为金太祖。金国建立后,阿骨打不断率军攻辽,占领了很多州县,并且攻克了辽控制女真的军事据点黄龙府。辽天祚帝闻讯大惊,亲率70万大军出征,企图消灭金政权,阿骨打率军迎战。正当两军对峙之时,辽将耶律章奴发动政变,辽天祚帝急忙撤军平叛。阿骨打率军追击,两军相遇于护步答岗,阿骨打集中全部兵力进攻辽天祚帝率领的中军,辽军大败,"死者相属百余里",经此一战,辽军的主力全部被歼。随后,金军接连攻克辽的五京:东京、上京、中京、西京、南京,并于1125年俘获辽天祚帝,辽亡。

金太祖阿骨打墓
位于黑龙江省阿城区会宁府城外,俗称斩将台。原建有宁神殿,现已无存。

金灭北宋之战

在金和北宋联合灭辽之时,金就看到了北宋的虚弱无能。在灭辽的当年(1125年),金军在完颜宗翰和完颜宗望的率领下,分东、西两路南下攻宋。西路军进攻太原,遭到太原军民的顽强抵抗,被滞留不能南下。东路军长驱直入，守黄河的宋军烧桥南逃，金军从容渡河，包围了开封。惊慌失措的宋徽宗一面遣使向金军求和，一面下令各地勤王救援，又传位给太子赵桓，是为钦宗，改元靖康。宋钦宗任命李纲负责守卫开封。在李纲的指挥下，开封军民接连打退了金军的进攻。金军见不能取胜，逼宋议和后撤军。同年八月，金军再度攻宋。宋钦宗遣使求和，但金军毫不理会，继续进攻。闰十一月底，金军攻克汴京。次年三月，金军将徽、钦二帝和宗室、后妃、皇子，连同大臣共3000人掠走，此外，还掠夺了大量宝玺、法物、图册、文籍等北返，北宋亡，史称"靖康之耻"。

韩世忠大战黄天荡

北宋灭亡后，宋徽宗第九子赵构在南京（今河南商丘南）即位，史称南宋，年号建炎，是为宋高宗。宋高宗继位后，消极抗金，一味求和。1128年，金军在金兀术（完颜宗弼）的率领下，大举南下，企图一举灭亡宋朝。宋高宗南逃，以避金军。金军渡过长江追击。宋高宗先逃到杭州，又逃到越州，最后流亡海上。在江南人民的打击下，金军大掠后北撤。进至镇江时，被宋将韩世忠率8000人，战船百余艘所阻。双方在长江展开激战，金军大败，无法渡江。金兀术致书韩世忠愿献出所有掠夺的财物，换取金军过江，被严词拒绝。金军只好沿江西行，宋军紧追不舍，最后将金军阻截在镇江附近的黄天荡中，两军相持48天。最后在叛徒的指点下，金军一夜挖通老鹳河故道，直达秦淮河，才逃出黄天荡。此后，金军再不敢过江，形成了南宋、金对峙的局面。

钟相、杨幺起义

南宋初年，洞庭湖地区人民饱受金兵、宋兵的掳掠。宋将孔彦舟催粮逼租激起了民愤，武陵（今湖南常德）人钟相率众起义。他自称楚王，年号天载，提出"等贵贱，均贫富"的口号，附近的农民纷纷参加起义军，发展到数十万人，起义军攻占了洞庭湖周围19个县。孔彦舟派奸细打入起义军内部，然后里应外合，攻破起义军大寨，钟相被杀。钟相牺牲后，起义军推举杨幺为首领，称"大圣天王"。在杨幺领导下，起义军采取了"陆耕水战"的办法，在洞庭湖岸边建立了70个山水寨。起义军不断发展壮大，控制了北到公安，南抵长沙，西至鼎、澧，东及岳阳的广大地区。起义军拒绝了南宋的招降和伪齐的诱降。 南宋视杨幺为心腹之患，从抗金前线把岳飞调回，全力镇压起义军。岳飞采取剿抚并用的方法，包围水寨，招安起义军将领，俘杀杨幺，终于镇压了起义。

采石之战

1149年，金发生政变，完颜亮杀死金熙宗自立，是为海陵王。1161年，完颜亮发全国之兵南侵，企图灭亡南宋。金军很快占领了从淮河到长江北岸的大片领土，准备渡江攻占采石。这时南宋中书舍人虞允文奉命到采石犒军，发现采石人心惶惶，士气低落，一片混乱。虞允文挺身而出，安抚士卒，又召集诸将，积极部署防御。完颜亮指挥金军渡江，虞允文将宋军埋伏在高地后面，金军登陆后，宋军以一当十，奋勇杀敌，很快歼灭了陆上的金军。

与此同时，南宋水军驾驶海鳅船冲击金军战船，围而歼之。虞允文又令宋军敲锣打鼓，完颜亮以为南宋援军到来，率军撤退。宋军乘胜追击，又败金军。金军撤至瓜州（今江苏扬州南），企图从这里渡江。虞允文率军星夜驰援，屡战屡败的完颜亮强令金军渡江，结果激起兵变，被乱军射死，金军北撤。不久，宋金议和，南宋转危为安。

唐岛之战

1161年，金主完颜亮率军从陆路大举南侵攻宋，同时令金工部尚书苏保衡率驻屯在密州（今山东诸城）胶西县唐岛（又名陈家岛，今山东灵山卫附近）的拥有战船600艘，水兵7万人的金水师，从钱塘江进攻南宋首都临安，企图水陆夹击，一举灭宋。宋将李宝自请率战船120艘、士卒3000人，从平江（今江苏苏州）出发，北上抗金。李宝率水师抵达石臼山（今山东日照附近）时，得知金水师已驶出海口，正停泊于唐岛，双方相距15千米。宋军先发制人，进攻金水师。金水师遭到突袭，惊慌失措，仓促应战，船只乱成一团。宋军发射火箭，金水师数百艘战船被焚毁。宋军又跳上尚未焚毁的敌舰，与金兵展开白刃战，金水师全军覆没。唐岛之战挫败了金海上攻宋的军事企图，而这场战役本身，作为火药火器应用于战争之后而进行的第一次海战而永载史册。

蒙古西征

蒙古国建立后，从1219年到1260年的40余年时间里，先后进行了3次大规模的西征，建立起庞大的蒙古帝国。第一次西征（1219—1225年）：成吉思汗借口花剌子模杀蒙古商队及使者，率军西征。蒙军攻占了花剌子模的都城撒马尔，继续西进，越过高加索，深入俄罗斯，大败钦察突厥和俄罗斯的联军。成吉思汗将征服的土地封给4个儿子。第二次西征（1235—1244年）：窝阔台派遣其兄术赤之次子拔都再度西征。西征军彻底灭亡花剌子模后大举进攻俄罗斯，攻陷莫斯科，并挺进欧洲腹地。蒙古军分两路进攻波兰和匈牙利。窝阔台死，西征军东归。第三次西征（1253—1260年）：蒙哥汗令其弟旭烈兀率兵西征。蒙古军攻灭今伊朗境内木剌夷和今伊拉克境内的黑衣大食，还攻陷了阿拉伯的圣地麦加和大马士革。蒙哥阵亡后，西征军班师。蒙古西征，给中亚、西亚和东欧人民造成了沉重的灾难，但同时也促进了各民族的交流。

蒙古联宋灭金之战

成吉思汗去世后，窝阔台于1229年即大汗位。他依成吉思汗的遗嘱，联合南宋，继续进攻金国。金国采取了一系列的措施企图扭转颓势，并取得了一些重大胜利，但都无法改变其灭亡的命运。1231年，蒙古分兵三路伐金。中路由窝阔台亲自率领，由山西攻河南；左路由山东攻河南；右路出陕西借道宋境，进攻河南，进逼金都城汴京（今河南开封）。1232年，金军主力在钧州（今河南禹县）南的三峰山遭到蒙古军的伏击。金军奔波数日，筋疲力尽，又逢大雪，蒙古军以逸待劳，歼灭金军主力。随后，乘胜进军，围攻汴京。金哀帝出逃，先至归德（今河南商丘），后至蔡州。窝阔台派使臣与南宋相约攻金，许诺金亡后把黄河以南的土地划归南宋。南宋不吸取联金灭辽教训，派宋将孟珙从襄阳北上，攻占金的邓、唐二州后，与蒙古军围攻蔡州。城破，金哀宗自缢，金亡。

伯颜取临安之战

1274 年，元世祖忽必烈以伯颜为统帅，率 20 万大军从襄阳出发，沿长江顺流东下，沿江宋将纷纷望风而降。南宋宰相贾似道令孙虎臣率军 7 万进驻丁家洲（今安徽铜陵县境内），又将 2500 艘战舰横亘江中，水陆遥相呼应。贾似道派人向伯颜乞和，被拒绝。元军骑兵冲击宋军，并用石炮轰击，元水军也向宋水军发起进攻。宋军毫无斗志，一触即溃。此战，宋军主力全部丧失。贾似道逃到扬州，贬途中为监押使臣郑虎臣所杀。南宋大将张世杰结集数万战船，用铁索相连，抛锚江中，驻守在焦山（今江苏镇江附近的长江中），决定与元军决一死战。元军水陆并进，夹击宋军，宋军战船大部分被焚毁，从此后，南宋再也无力抵抗元军。1276 年，元军兵临临安城下，南宋太皇太后谢氏和宋恭帝献传国玉玺和降表投降，南宋亡。

元末红巾大起义

元朝末年，统治者残酷压榨人民，激起了各族人民的强烈反抗。1351 年，元朝征发农民修治黄河。北方白莲教首领韩山童、刘福通趁机以白莲教组织群众，准备起义。结果事泄，韩山童被杀，刘福通仓促起兵，各地纷纷响应。因起义者头裹红巾，故称红巾军。1355 年，刘福通立韩山童之子韩林儿为小明王，建立政权，国号宋。由于红巾军缺乏统一指挥，各自为战，在元军的镇压下，或败或降，刘福通壮烈牺牲。元丞相脱脱率大军南下，企图消灭南方的红巾军。在高邮，脱脱被解职，元军溃散。1356 年，朱元璋率领的红巾军攻占集庆（今江苏南京），建立了吴政权。随后，朱元璋又消灭了陈友谅、张士诚等，平定了江南。1368 年，朱元璋称帝，建立明朝，元大都随即被明军攻克，元朝灭亡。

明清军事

鄱阳湖之战

朱元璋攻占集庆（今江苏南京）后，在江南地区主要有两个竞争对手：东面的陈友谅和西面的张士诚。1363 年，小明王被张士诚围困于安奉（今安徽寿县），朱元璋亲自率兵救援。陈友谅趁机率 60 万大军、巨舰数百艘顺江而下，包围洪都（今江西南昌）。朱元璋率 20 万大军来援，陈友谅败退至鄱阳湖。陈友谅自恃兵多船大，不把朱军放在眼里。陈军巨舰联结成阵，绵延数十里，"望之如山"。朱元璋针对陈军船大行动不便的弱点，派敢死队驾轻舟小船满载火药，在黄昏时冲入陈军水寨，顺风放火，焚毁敌舰数百艘，陈军死伤大半。陈军屡战屡败，粮草断绝，士气低落。陈友谅决定向湖口突围，遭到朱军的截击，陈友谅中箭而死，残部逃回武昌。1364 年，朱元璋水路并进，攻克武昌，陈友谅子陈里出降。随后，朱元璋又消灭了张士诚、方国珍，统一了江南。

徐达北伐大都

朱元璋平定江南后，任命徐达为征房大将军，常遇春为副将军，率 25 万大军北伐。在北伐的檄文中，朱元璋提

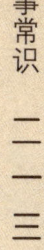

出了"驱除胡虏，恢复中华，立纲陈纪，救济斯民"的口号，争取了北方汉族地主的支持。同时也指出蒙古、色目虽然不是汉族，但只要"愿为臣民者"，与汉人同等待遇。朱元璋还制定了"先取山东，撤其屏蔽；旋师河南，断其羽翼""然后进兵元都"的正确作战方针。1367年，徐达、常遇春率北伐军从应天出发，沿大运河北上，势如破竹。次年，北伐军先后攻占山东、河南，击败元将脱因帖木儿，然后挥师北进，经长芦（今河北沧州）、青州，抵达直沽（今天津），攻克通州（今北京通州），元顺帝率后妃、太子仓皇逃往元上都（今内蒙古正蓝旗东北），北伐军占领大都，元朝灭亡。1368年，朱元璋在应天称帝，国号明，是为明太祖。

明成祖远征漠北

元顺帝北逃后不久，蒙古族分裂成瓦剌和鞑靼两部。瓦剌和鞑靼经常南下侵扰明朝，严重威胁明朝西部和北部的安全。于是，明成祖先后五次亲征，深入漠北，攻打瓦剌和鞑靼。永乐八年（1410年），成祖亲率大军北征鞑靼。在斡难河击败鞑靼首领本雅失里，鞑靼称臣，明军胜利还师。永乐十二年（1414年），成祖第二次亲征，重创瓦剌军。永乐二十年（1422年），因鞑靼首领阿鲁台扰边，成祖第三次北征。阿鲁台远逃，成祖大败阿鲁台之羽翼兀良哈部，班师而回。永乐二十一年（1423年），阿鲁台再次扰边，成祖第四次亲征。阿鲁台部众阿失帖木儿和鞑靼王子也先土干率部众归降。永乐二十二年（1424年），阿鲁台侵犯大同，成祖第五次亲征。阿鲁台远遁，成祖遂下令班师。班师途中病死于榆木川（今内蒙古多伦西北）。明成祖五次亲征，有力地打击了蒙古对明朝的侵扰和破坏。

北京保卫战

明英宗正统十四年（1449年）土木堡战败的消息传来，朝野震惊。兵部尚书于谦等人立英宗弟朱祁钰为帝，是为明代宗。于谦采取了一系列的措施加强战备：诛杀王振余党以平众怒；调集各地的军队入京，并招募民军，加强北京的防守力量；赶制兵器，向北京输送粮草。也先兵分三路，挟明英宗进攻北京。于谦令诸将率大军在城门外列阵迎敌，而自己则率军于德胜门外迎战瓦剌主力。瓦剌军进攻德胜门，于谦在城外民房内埋伏大量精兵，然后派少数骑兵诱敌。万余瓦剌骑兵紧追不舍，明军火器齐发，伏兵四起，瓦剌军大败。也先又率军转攻西直门。城下明军奋勇作战，守城明军则用火器、火箭射击瓦剌军。城中居民也呐喊助威，向瓦剌军投掷砖石。其他各门的明军纷纷赶来支援，瓦剌军败退而走。也先屡攻不克，明朝各地的勤王军即将赶到，于是撤军北还，明朝取得了北京保卫战的胜利。

倭寇的骚扰与平定

从元朝末年起，日本的浪人、武士、商人不断侵扰我国东南沿海。由于明朝初期国力强大，倭寇很长时间不敢侵扰明朝。到了明中期嘉靖年间，由于政治腐败，海防废弛，倭寇勾结明朝的奸商、海盗，在东南沿海一带杀人越货，无恶不作。明将戚继光看到海防卫所的明军毫无战斗力，遂招募剽悍的金华、义乌农民和矿工组成新军，练成了一支纪律严明、屡战屡胜的精兵，人称"戚

抗倭图卷（局部）

此图卷描绘了倭寇船侵入浙江沿海、登陆、探察地形、掠夺放火、百姓避难、明军出战、获胜的全过程。这一部分反映的是明军与倭寇激战的情况。

家军"。1561 年，倭寇进犯浙江台州，戚继光率军进剿，"五战五胜，共斩首三百八级，生擒巨酋二，俘其漂溺无算"。戚继光又在上峰岭伏击倭寇，"三战三捷，计斩首三百四十四级，生擒五酋"。经过一个月的战斗，剿灭了浙江的倭寇。接着戚继光率军进入福建，利用退潮之机，渡过泥泞的海滩，向倭寇老巢横屿发起强攻，全歼倭寇。1566 年，经过戚继光等人的艰苦战斗，为害东南沿海多年的倭患终于平息。

萨尔浒之战

1616 年，努尔哈赤在赫图阿拉（今辽宁新宾老城）称汗，建立后金。1618 年，努尔哈赤以"七大恨"告天，正式起兵反明。消息传来，明朝朝野震惊。明朝以杨镐为辽东经略，统兵 10 万，联合朝鲜、女真叶赫部，进剿后金。杨镐制订了分兵四路、合击赫图阿拉的作战方案。派杜松率明军主力，从西进攻；马林和叶赫兵从北进攻；李如柏从南面进攻；刘廷和朝鲜兵从东南进攻；杨镐坐镇沈阳指挥。努尔哈赤则采取了"凭尔几路来，我只一路去"的对策。他先集中兵力，在萨尔浒进攻孤军冒进的明军主力杜松军，杜松阵亡，全军覆没。马林听到杜松全军覆没的消息后，扎营固守，努尔哈赤率军两面夹击，击败马林军。接着又伏击刘廷军，刘廷阵亡，全军覆没。杨镐听到三路大军失败的消息后，急令李如柏撤军。萨尔浒之战以后金的胜利告终。

明末农民起义

明朝末年，社会各阶层矛盾激化，陕西澄城王二率众起义，揭开了明末农民起义的序幕。各地纷纷响应，出现了高迎祥、李自成、张献忠等几十支起义军。1635 年，明朝派洪承畴出陕西，朱大典出山东，两面夹攻起义军。各路起义军在河南荥阳会师，共商对敌之策。李自成提出联合作战、分兵出击的方案，获得了各路起义军领导人的支持。后高迎祥牺牲，李自成继任为"闯王"，率领起义军南征北讨，到处杀贪官污吏、开仓放粮。后来起义军遭明军埋伏，损失惨重，李自成率残部退入商洛山。张献忠也被迫接受招安。后来李自成趁河南大旱再次起兵，提出了"均田免粮"的口号，一时间起义军发展到几十万人。1644 年，李自成在西安称帝，国号大顺，年号永昌。张献忠也在成都称帝，国号大西，年号大顺。随后，李自成率军攻入北京，崇祯皇帝自缢，明朝灭亡。

山海关之战

李自成攻占北京、灭明朝后，逐渐骄傲自满，腐化堕落。山海关总兵吴三桂在归降途中听说父亲被捕，小妾被夺，立刻返回山海关。李自成亲率 10 万大军征讨吴三桂，吴三桂自知不敌，遂乞清兵抵御大顺军。多尔衮立即率清兵星夜驰援，赶到山海关下。大顺军突破吴三桂军防线，开始进攻山海关，吴

三桂渐渐不敌，可驻扎在山海关下的清军却按兵不动，坐观其变。吴三桂无奈，亲自到清军大营求援，以剃发降清为条件换取清军出兵。李自成将10万大顺军一字排开。多尔衮令吴三桂为前锋，进攻大顺军。吴三桂率军冲锋，与大顺军血战，结果陷入重围之中。大顺军连续作战，阵势渐乱。多尔衮见状，指挥清军全面进攻，吴军也趁机反扑，战局急转直下。大顺军拼死苦战，伤亡惨重，全线崩溃。李自成逃回北京，大顺军从此一蹶不振。

努尔哈赤创八旗

明朝后期，建州女真首领努尔哈赤统一女真各部后，创建了八旗制度，分别是：黄、红、蓝、白、镶黄、镶红、镶蓝和镶白八旗。八旗制度规定每300人设一牛录额真，每五牛录设一甲喇额真，每五甲喇设为一固山，由固山额真统管，每固山额真左右设两梅勒额真，一固山就是一旗，固山贝勒是旗的所有者和最高管理者，也称旗主。八旗的最高统帅是努尔哈赤，他自领正黄旗和镶黄旗，其余六旗由他的子侄分领。八旗制度是女真兵农合一、军政合一的社会组织。旗人"出则为兵，入则为民，耕战二事，未尝偏废"，各旗主既是旗民的民政长官，又是军事首领，为女真贵族。八旗制度对于清代历史、满族的发展，起过极其重要的作用。八旗制度以八旗为纽带，将全社会的军事、政治、经济、行政、司法和宗族联结成为一个组织严密、生气蓬勃的社会机体。

明末的抗清斗争

崇祯皇帝自缢后，南方的明朝官僚相继拥立明宗室，建立了弘光、隆武、永历等政权，史称南明。吴三桂引清兵入关，击败农民起义军，李自成、张献忠相继战死。南京的弘光政权自从建立就党争不断，内部腐败不堪。1645年，清军南下，史可法在扬州殉城。清军攻入南京，弘光政权灭亡，次年弘光帝朱由崧被杀。唐王朱聿键在福州建立隆武政权。清军再度南下，隆武帝被俘杀，隆武政权灭亡。桂王朱由榔在肇庆（今广东肇庆）建立永历政权，大顺军和大西军余部决定与永历政权"联明抗清"。大西军将领李定国率军进攻湖南，先后击杀清朝定南王孔有德和敬谨亲王尼堪，"两蹶名王，天下震动"，全国出现了抗清高潮。但由于孙可望的叛变，导致抗清力量大为削弱。1661年，吴三桂带领清兵进攻云南，永历帝逃往缅甸，后被押到昆明绞死。李定国也忧愤而死。

清统一台湾之战

郑成功于收复台湾的次年去世，其子郑经嗣立。清朝屡次招抚，均被郑经拒绝。后郑经病死，郑经子郑克塽嗣立。这时清朝的政策已由招抚变为进剿。1683年，康熙命郑成功的降将施琅率水军2万人，战船230余艘，进军澎湖。郑军大将刘国轩率军2万，战船200艘，防守澎湖。由于六月台风较多，不利海战，故刘国轩认为施琅只是虚张声势，所以毫无防备。当施琅率领的清军水师突然出现在澎湖海域时，刘国轩惊慌失措，仓促迎战。施琅分派左右各50艘战船，夹击郑军，而自己则率56艘战船从中央突进，剩下的80艘战船紧跟其后。这时南风大起，清军水师扬帆直进，乘势扑向郑军。郑军拼死

巡视台湾图卷（局部） 清

康熙统一台湾以后，于六十一年设巡台御史，负责稽核官吏、清查积案、整军统武等重大事务。

力战，奋勇抵抗。澎湖海面上顿时"炮火矢石交攻，有如雨点。烟焰蔽天，咫尺莫辨"，郑军死伤1.2万人，刘国轩逃回台湾。不久郑克塽献表投降，清朝统一了台湾。

平定噶尔丹叛乱

准噶尔部是漠西蒙古的一支，游牧于新疆伊犁一带。自从噶尔丹成为准噶尔汗以后，积极对外扩张，先是兼并了漠西蒙古的其他部落，后来又控制了天山南北。1690年，噶尔丹以追击漠北喀尔喀蒙古为名，进军内蒙古，大肆掠夺。康熙帝在屡次劝说无效的情况下，率军亲征。清军两路大军，分别出古北口和喜峰口，与噶尔丹大战于乌兰布通（今内蒙古克什克腾旗境内）。噶尔丹用万余骆驼背负木箱，排列成一道"驼墙"。清军用火炮猛烈轰击，大败噶尔丹军，噶尔丹北逃。几年后，噶尔丹东山再起，再次南下。1696年2月，康熙帝亲率10万大军，分三路大举出击。5月13日，西路军在昭莫多（今蒙古乌兰巴托以南的宗莫德）大败噶尔丹，消灭了噶尔丹所有的精锐部队，控制了漠北蒙古。1697年2月，康熙帝再次出兵，准备彻底剿灭噶尔丹。噶尔丹众叛亲离，服毒自杀。噶尔丹叛乱平息。

平定大小金川叛乱

大小金川地处四川西北部大渡河的上游，因盛产黄金而得名，是藏人聚居区，实行土司制度。其中大金川土司莎罗奔势力最为强大，不时侵扰周围的土司。1747年，清将张广泗奉命统兵征讨大金川。大金川碉楼众多，依山而建，易守难攻，莎罗奔据堡顽抗，清军将领又互相推诿，导致清军惨败。乾隆帝斩张广泗，改派傅恒、岳钟琪再次征讨大金川。莎罗奔投降。乾隆帝为了笼络人心，诏赦莎罗奔。1771年，大金川土司索诺木（莎罗奔侄孙）与小金川土司僧格桑联合，起兵反清。1773年，乾隆帝派鄂尔泰率军平叛。清军先攻克实力弱小的小金川，随后移师大金川。清军用火炮昼夜猛轰索诺木最后据点堡寨噶尔崖，索诺木降。大小金川之乱平息。战后，清廷改土归流，废除两金川土司制，设厅委官，驻军屯垦，加强了对该地的管理。

太平军北伐

1843年，洪秀全创立了拜上帝会。1851年，洪秀全称天王，发动金田起义，建立太平天国。太平军冲破清军的重围，占领永安，封王建制。1852年，太平军北上，攻克长沙、武昌，冯云山、萧朝贵先后牺牲。太平军顺江而下，一举攻克了南京，并定都于此，改名天京。太平天国定都天京后，于1853年5月8日派天官副丞相林凤祥、地官正丞相李开芳率军2万，从扬州出师北伐。洪

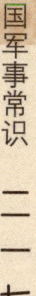

中外人文大讲堂

第五篇 中国军事常识

二一七

秀全指示:"师行间道,疾趋燕都,无贪攻城夺地糜时日。"北伐军势如破竹,连克临淮关、凤阳,经皖北进入河南。又从豫西汜水口渡过黄河,进入山西南部,旋经涉县、武安进入直隶。北伐军攻克临洺关,长驱直入,抵达保定南的深州(深县)。由于清军的防堵,北伐军改从深州经献县、沧州,直抵天津城下,京师震动。天津地主团练开运河堤岸放水,北伐军屡攻不克。冬季来临,北伐军将士大都是南方人,缺少粮食、衣物,处境艰难,只好退驻静海独流镇,清军四面围攻。北伐军突围南走,林凤祥率部退至连镇,被清将僧格林沁击败,林凤祥被俘牺牲。李开芳率军退至高唐州冯官屯,僧格林沁引水灌冯官屯,李开芳被杀。北伐军失败。

太平军西征

太平天国于1853年派春官副丞相胡以晃、夏官副丞相赖汉英率军5万、战船千艘西征。西征军溯江西上,攻入江西。西征军兵分两路,一路攻皖北,一路攻湖北。西征军攻克安庆,从此安庆成为天京的屏障。1854年,西征军攻入湖南,遭到了曾国藩率领的团练——湘军的拼死抵抗。西征军损失惨重,节节败退。西征军失利的消息传到天京后,石达开率军增援,双方对峙于鄱阳湖。石达开见湘军兵骄气盛,采取了固守不战、小船骚扰的策略,使湘军日夜戒备,疲惫不堪。石达开佯装撤军,引诱湘军进入鄱阳湖,然后立即筑垒封死湖口,将湘军水师截为两段,彼此不能相救。石达开亲自督战,西征军集中优势兵力,先击败湖内的湘军水师,然后向湖外江面上的湘军水师发起总攻,焚毁湘军战船百余艘,曾国藩乘船逃走。西征军占领长江中游大片州县。

太平军二破江南大营

太平天国定都天京后,清朝在天京南北建立了江北、江南大营,以围困天京。1856年,燕王秦日纲率冬官正丞相陈玉成、地官副丞相李秀成攻破了江北大营。接着,与率西征军凯旋的石达开联合进攻江南大营,杨秀清也派兵从天京杀出,太平军内外夹击,一举攻破江南大营,解除了天京的肘腋之患,太平天国达到了全盛时期。钦差大臣、督办江南军务的向荣自杀。天京变乱之后,清朝重建江北、江南大营,围困天京。太平天国将领李秀成率军攻克杭州,江南大营统帅和春急忙派兵前往救援。太平军在城上遍插旗帜"以为"疑兵,主力连夜撤走,迅速进攻江南大营。陈玉成在攻破江北大营后也率兵前来参战。太平军10余万人五路并进,天京城内的太平军也分头出击。在太平军的内外夹攻下,数万清兵或死或逃,太平军一举踏平江南大营,再次解除了天京之围。

安庆保卫战

安庆自1853年被太平军占领后,就成为太平天国天京长江上游的屏障和天京的粮饷基地,战略地位十分重要。湘军将领曾国藩和胡林翼乘太平军主力进攻江南大营时,率湘军主力占领了安庆周围的石碑、太湖、潜山等重要据点,包围安庆,并派水师控扼长江。曾国荃部在安庆城外挖掘了两条深壕,前壕防止城中太平军突围;后壕阻止城外的太平军救援。英王陈玉成率军前往救援,驻兵于安庆城外的集贤关。从此太平军与湘军在安庆周围地区展开激战。陈玉成率军两万进攻挂车河，惨遭失败。湘军又攻破赤岗岭的营垒，太平军全军覆没。陈玉成率军列营40余座，城中的守军也列阵于安庆西门一带。太平军分10余路，向湘军的后壕发起了10余次冲锋，但均被湘军的强大火力所阻，死伤惨重。此时安庆弹尽粮绝，湘军发起猛攻，轰塌城墙后蜂拥而入，安庆陷落。

马尾海战

位于福建东南的马尾（也称马江）港，是闽江下游的天然良港，也是福建水师的基地。1884年七月中旬，法国远东舰队司令孤拔率舰队陆续驶入福建马江，与福建水师同泊一港。福建官员根据清廷"不可衅自我开"的禁令，对法舰毫不阻拦，并令中国海军不得主动进攻，否则虽胜亦斩。八月二十三日八时，法国驻福州领事向闽浙总督何璟下了战书，何璟惊慌失措，不仅向福建水师隐瞒，还幻想法军改日开战。下午一时三刻，法舰向福建水师发动突然袭击，用大炮和水雷袭击中国军舰。福建水师仓促迎战，水军士兵英勇还击。旗舰扬威号在管带张成和驾驶官詹天佑的带领下，炮击法舰伏尔泰号，后被鱼雷击沉。振威号和福星号也奋起反击，重创敌舰。广大爱国官兵奋不顾身，视死如归，最终福建水师全军覆没。

镇南关大捷

法国占领越南后，又攻陷广西门户镇南关。后法军因兵力不足，补给困难而退回谅山，伺机再犯。清朝起用老将冯子材帮办广西军务。冯子材率军来到广西前线，被推为主帅。冯子材到任后，在镇南关前修筑了一道长1.5千米的土石长墙，横跨东西两岭之间。墙外又挖掘1米多深的堑壕，东西岭上修筑炮台数座，加强了镇南关的防御。他还把清军分成左、中、右三路，成掎角之势，互相策应。法军在尼格里的率领下，再次进攻镇南关。冯子材率军扼守长墙，顽强抵抗。法军攻至墙下，有的已经爬上墙头。在这千钧一发的时刻，冯子材手持长矛大呼而出，身先士卒，杀入敌阵。全军将士见此，无不奋勇杀敌，法军伤亡千余，尼格里重伤，法国内阁因此倒台，中国军队大获全胜。

黄海海战

中国海军提督丁汝昌率北洋水师完成护送陆军去朝鲜的任务后，在返航途经鸭绿江口大东湾海面时，遭遇前来偷袭的日本舰队。丁汝昌下令迎战，投入战斗的北洋水师军舰共10艘，日舰12艘。日舰吨位重，航速快，速射炮多，北洋水师有"定远""致远"两艘铁甲舰，铁甲厚，重炮多。北洋水师旗舰"定远"号首先开炮，双方展开激战。"两军大小各炮，连环轰发，不少间断"。北洋

点石斋画报·法犯马江战事

舰队处于有利地位。日本舰队迅速改变队形，绕过北洋水师的右翼，从后面发起攻击，北洋水师腹背受敌。"致远"号在炮弹打光后，管带邓世昌下令向日舰吉野号撞去，不幸被鱼雷击中沉没，全舰200多名将士全部壮烈殉国。"经远"号在管带林永升的指挥下，以一舰敌四舰，直到军舰下沉时，水兵们还在开炮击敌，一直战斗到最后一刻。双方激战5小时，日舰首先逃离战场，北洋水师返航。

辽东半岛之战

日军占领朝鲜后，分两路向中国发起进攻。一路日军进攻鸭绿江防线，除聂士成、马金叙率部抵抗外，其他清军都不战而逃。日军很快占领了九连城、安东（今辽宁丹东），不久又占了凤凰城、长甸、宽甸。在辽阳一带，乡勇配合聂士成部扼守险要。日军转攻辽东冲要海城，海城很快陷落。另一路日军从辽东半岛东岸的花园口登陆，意欲攻取大连、旅顺。日军登陆后，进攻金州。总兵徐邦道率军与敌血战，死伤惨重，但大连守军贪生怕死，不仅不去救援，反而逃到旅顺。徐邦道败退旅顺。日军占领金州、大连。随后，日军进攻旅顺。旅顺守将早已逃跑，只有徐邦道率军苦战。旅顺失陷后，日军对当地居民展开了野蛮的大屠杀。

淮　军

淮军是由曾国藩的门生李鸿章编练的，淮军的营制与湘军大同小异。淮军最初只有5营2500人，后来开赴上海，抵御太平军，得到了江浙富商的支持。后淮军建立了洋枪队和炮队。洋枪队使用洋枪，雇佣外国教练进行训练，改习洋操，大大提高了战斗力。李鸿章还向洋人购买大量新式大炮，在淮军中组建了独立的炮队，这在中国可谓首创。同时李鸿章不断扩充实力，淮军迅速发展到2万人，到攻打天京前夕，淮军总兵力已达7万余人，成为清军中一支装备精良、战斗力很强的地方武装。在镇压太平军的过程中，淮军发挥了很大的作用。淮军的炮队炸开城墙，然后步兵蜂拥而入，迅速攻克了苏州、常州等苏南诸城。太平天国运动失败后，李鸿章率淮军北上，在江苏、山东和河北剿灭了东、西捻军。

北洋水师

同治十三年（1874年）日本入侵台湾，让清政府感到了来自海上的威胁。于是任命沈葆桢、李鸿章为南、北洋海防大臣，负责筹建新式海军，每年从海关和厘金项下拨款400万两作为海军经费。清政府决定先建成北洋水师。北洋水师从创立之初就控制在李鸿章手中，共有各类舰船27艘，其中22艘购自外国，其余5艘为福州船政局制造。它以旅顺口和威海卫为基地，在大沽、大连湾等地修筑港口，还聘英德军官充任教习。北洋水师于1888年建成，李鸿章声称："就渤海门户而论，已有深固不摇之势。"由于慈禧太后挪用海军经费大修颐和园，所以在1888年以后，北洋水师就没有添置新舰，1891年以后又停止购买军火。甲午战争中，北洋水师全军覆没。

辛亥革命

1894年，孙中山在檀香山（今夏

威夷火奴鲁鲁）创立了兴中会。截止到1904年，国内相继创立了华兴会、光复会等革命组织。1905年，这些革命组织联合起来，在日本东京成立了同盟会，推举孙中山为总理，提出了"三民主义"。1905年同盟会成立后，革命党人发动了一系列的反清起义：1906年萍浏醴起义，1907年镇南关起义，1908年云南河口起义等六次起义，但均以失败告终。1911年，爆发了广州起义。起义者进攻总督署，战斗异常惨烈。由于寡不敌众，起义失败，但却极大地鼓舞了各地的革命党人。1911年10月10日，武昌新军的革命士兵发动起义，很快占领武汉三镇。各地的革命党人和新军纷纷响应，不到两个月，就有14个省脱离清政府，宣告独立。清政府的统治迅速土崩瓦解。1912年1月1日，中华民国临时政府在南京成立，孙中山就任临时大总统。1912年2月12日，清帝退位，清朝灭亡。

1912年10月10日，袁世凯在北京正式就任大总统后与各国使节合影。

民国军事

护国战争

二次革命失败后，袁世凯强迫国会选其为正式大总统，不久又解散国会，废除《临时约法》，制定了《中华民国约法》以扩大总统的权力。但他仍不满足，继续制造舆论，鼓吹中国只适合君主制度，组织"群众"请愿，拥戴他为皇帝，并与日本签订了灭亡中国的"二十一条"。1916年1月1日，袁世凯正式称帝，改中华民国为中华帝国，1916年为洪宪元年。袁世凯称帝，激起全国人民的义愤。孙中山再度号召各省讨袁，云南都督蔡锷首先宣布云南独立，组织中华民国护国军，进军四川、贵州，取得节节胜利，各省也纷纷响应。孙中山领导的中华革命党也组织武装起义。在全国一片反袁声中，袁世凯的亲信见风使舵，纷纷表示拥护共和，反对袁称帝。在众叛亲离的情况下，袁世凯只做了83天皇帝就被迫取消帝制，并于1916年6月郁郁而死。护国战争最终取得了胜利。

护法战争

张勋复辟失败后，段祺瑞任北洋军阀政府总理，独揽大权。他拒绝恢复《临时约法》和被解散的国会，并拼凑了受他控制的临时参议院，发布了《大总统布告》，还参加了第一次世界大战，企图利用参战获得日本贷款，扩大嫡系部队，用武力统一全国。为了维护《临时约法》，1917年孙中山联合西南军阀陆荣廷、唐继尧在广州建立护法军政府，孙中山任海陆军大元帅，以对抗由北洋军阀操纵的北京政府，形成南北对峙的局面。段祺瑞决定以武力消灭护法军政府，派北洋军进攻护法军。护法军进攻湖南、四川等省，打败北洋军，占领长沙、衡阳、重庆等地，湖北、浙江、山东、山西等省宣布独立。段祺瑞被迫下台。冯国璋上台，调遣北洋军击败了护法军。护法军战败，遂与北洋军阀媾和，并改组护法军政府，排挤孙中山。孙中山被迫辞职，护法战争失败。

直皖战争

袁世凯死后，北洋军阀分裂成皖系、直系和奉系三派。皖系以段祺瑞为首，段祺瑞担任国务总理，掌握北京政府的实权；直系以曹锟、吴佩孚为首，与皖系对抗；奉系以张作霖为首，也对皖系不满。1920年7月，直系首领吴佩孚任"讨逆军"总司令，率大军分两路进攻皖军。段祺瑞任"定国军"总司令，调集军队驻守在北京周围地区，分两路迎战。7月14日，东、西两路皖军发起进攻。直军不敌，西路直军退出高碑店，东路直军则固守杨村。皖军在日本护路队的支援下，攻占杨村，东路直军也被迫后撤。吴佩孚率西路直军，从侧翼迂回，长途奔袭，直插皖军前敌司令部松林店，俘虏皖军前敌总司令曲同丰，一举攻占涿县。接着直军又进攻长辛店，消灭了西路皖军大部。与此同时，奉军也对皖军宣战。东路皖军投降，段祺瑞被迫下台，直系和奉系控制了北京政权。

粤桂战争

护法战争失败后，孙中山被迫离开广州，南方军政府被桂系军阀陆荣廷等把持。在福建漳州地区，有一支孙中山建立的革命队伍——援闽粤军，由陈炯明任总司令。1920年7月，桂系军阀陆荣廷在龙州召开会议，决定讨伐援闽粤军。陈炯明在漳州举行回师广州的誓师大会，进军广东。粤军提出"粤人治粤""广东人不打广东人"的口号，受到了广东各界的支持。桂系军阀在广东作恶多端，广东人民纷纷组织民军，攻击桂军。粤军击败了桂军的多次反扑，攻占惠州，桂军全线崩溃。各地方军阀也纷纷宣布脱离桂系。桂系军阀见大势已去，宣布撤销军政府后，仓皇逃回广西，粤军进入广州。孙中山抵达广州，重建军政府。

孙中山北伐

1921年，根据孙中山的建议，在广州组织了中华民国政府，孙中山就任中华民国非常时期大总统，陈炯明任陆军部长。粤军自收复广东后，就准备讨伐桂系军阀。桂系军阀陆荣廷也企图重返广州。1921年6月，孙中山任命陈炯明为总司令，讨伐陆荣廷。粤军一路势如破竹，陆荣廷的部下也纷纷与他脱离关系，响应粤军。粤军占领南宁，陆荣廷逃往上海。孙中山随即来到桂林，建立了北伐大本营，决定讨伐北洋军阀。但陈炯明居功自傲，已经蜕变成一个军阀，公开反对北伐。1922年，孙中山发布了北伐动员令，北伐军进攻湖南。陈炯明与吴佩孚相勾结，阴谋夹击北伐军。孙中山只好率军返回广州，陈炯明出走惠州。5月4日，孙中山在韶关建立北伐大本营，改从江西北伐。北伐军进展迅速，直逼南昌。此时陈炯明公开叛变，炮轰孙中山的住所，孙中山乘"永丰"舰赴上海。北伐失败。

第六篇　世界军事常识

古代军事

卡叠什之战

公元前 1299 年，埃及法老拉美西斯二世率领 4 个军团（共 2 万人）远征叙利亚。赫梯国王牟瓦塔尔也组织了约 2 万人的军队埋伏在军事重镇卡叠什（今叙利亚首都大马士革东北）周围，然后派出奸细，诱使法老孤军深入。结果拉美西斯二世在卡叠什附近陷入了重围之中。赫梯人以数倍的优势兵力对埃及军队发起了猛攻。拉美西斯二世一面派人去求援，一面组织人员拼死抵抗。不久，埃及援军赶到，拉美西斯二世将埃及军队排为三线：一线是战车，并有步兵配合；二线是步兵；三线战车和步兵各半，发起反攻。赫梯军队动用了后备的步兵和战车，并命令卡叠什中的 8000 守军也出城参战。双方杀得难分难解，最后赫梯军队退守卡叠什，埃及军队撤走。公元前 1283 年，双方签订了《卡叠什合约》，这是历史上第一个合约。这次会战的特点是步兵和骑兵协同作战，要塞守军与野战部队配合。

希波战争

希波战争指的是公元前 492—公元前 449 年，希腊各城邦反抗波斯帝国侵略的一场战争。战争主要在地中海东部地区。公元前 6 世纪中期，波斯帝国占领了小亚细亚沿海的希腊殖民城邦。公元前 500 年，小亚细亚城邦米利都爆发反波斯起义，希腊本土的雅典和爱勒特里亚进行了援助。但不久，米利都起义被波斯镇压，波斯随即以希腊城邦对米利都提供援助为借口发动了对希腊的侵略战争。希波战争共进行了 3 次：第一次（公元前 492 年），波斯军队的海军在横渡爱琴海时遭到风暴袭击，全军覆灭；第二次（公元前 490 年），波斯 10 万大军，600 艘战舰先占领了爱勒特里亚，然后又在雅典附近的马拉松平原登陆。雅典人奋勇作战，击败了波斯军队；第三次（公元前 480 年），波斯 50 万大军进攻希腊，攻占了雅典。但不久，波斯海军在萨拉米湾被希腊海军击败，陆军也在希腊中部被击败，希腊军队转入反攻。公元前 449 年，波斯与希腊签订了《卡利亚斯合约》，承认希腊各城邦独立。希波战争以希腊的胜利告终。

马拉松之战

马拉松之战是公元前 490 年第二次希波战争时，雅典军队在马拉松平原以少胜多战胜波斯军队的一次会战。公元前 490 年，波斯王大流士一世派遣 5 万大军、400 艘战船再次远征希腊。波斯军队的 2 万大军在雅典附近的马拉松平原登陆。雅典紧急动员，组织了 1 万人的军队，赶赴马拉松迎战。希腊城邦布拉底也派了 1000 援军援助雅典。雅典军队先是占据有利地形，然后针对波斯军的常用战术布成一个长约 1 千米、主力配置于两翼的方阵。战斗开始后，雅典军乘波斯骑兵尚未赶到之机，首先发起攻击。波斯军队随即发动反击。希腊军队且战且退，波斯军队步步深入。希腊军队突然发动两翼进攻，夹击波斯军队，波斯军队无法抵挡，纷纷后退，希腊军队紧追不舍。波斯军队乘船逃到海上，仓皇回国，希腊军队大获全胜。此战，希腊军队抓住有利战机，以少胜多，歼敌 6400 人，缴获战船 7 艘，自身损失仅 192 人。马拉松之战的胜利，增强了希腊人抵抗波斯的信心。

温泉关之战

温泉关之战是第三次希波战争时（公元前 480 年）的一场战斗，因为发生于希腊北部的温泉关而得名。公元前 480 年，波斯王薛西斯一世率 50 万大军，1000 艘战舰，分海陆两路进攻希腊。波斯陆军从希腊北部南下，进攻希腊的门户温泉关。当时驻守温泉关的希腊军队只有 7200 人（其中斯巴达人有 300），由斯巴达国王列奥尼达斯指挥。希腊军队凭借险要地形，多次打退波斯军队的进攻，甚至击败了波斯王牌军队"不死军"的进攻。波斯军队损失达 2 万人，波斯人一筹莫展，无计可施。后来由于叛徒的告密，波斯军队从山间小路迂回到温泉关的后方，使希腊军队处于腹背受敌的境地。面对严峻的形势，为了避免全军覆没，列奥尼达斯下令希腊军队的主力撤走，只留下 300 人的斯巴达军队。波斯军队向温泉关发起了总攻，斯巴达人进行了殊死抵抗，最终因寡不敌众而全军覆没。温泉关之战为希腊全军树立了榜样，鼓舞了整个民族的士气。

萨拉米海战

萨拉米海战是第三次希波战争中的决定性会战，以希腊的胜利告终。温泉关之战后，波斯大军南下，占领了雅典城。雅典人疏散到其他城邦，雅典海军退到萨拉米湾，与其他希腊城邦的海军集中在一起，准备同波斯海军决一死战。公元前 480 年 9 月 20 日早晨，波斯海军从萨拉米湾两端夹击希腊海军。当时波斯海军有 1000 艘战船，而希腊海军只有 400 艘战船，波斯海军在数量上占绝对优势。但波斯海军的战舰体积庞大、不灵活，拥挤在狭窄的海湾里，难以发挥战斗力，而希腊海军的战舰体积小、机动灵活。波斯海军排成三线战斗队形，向希腊海军压来，而希腊海军则排成两线战斗队形迎战。希腊海军发挥灵活机动的优势，在波斯战船间横冲直撞，波斯战舰顿时陷入了被动挨打的境地。波斯战舰被击沉、搁浅和因自相撞击而沉没的战舰达 300 艘，而希腊仅损失了 40 艘。萨拉米海战是希波战争中的决定性战役，是希腊人由防守转入进攻的转折点。此战确立了雅典在爱琴海上的强国地位。

伯罗奔尼撒战争

伯罗奔尼撒战争是公元前 431—公

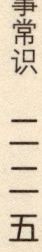

列奥尼达斯在温泉关战役中

在温泉关战役中被敌人重重包围时，列奥尼达斯解散了他的部队，只留下 300 名近卫队员战斗到全军覆没。关于斯巴达人永不投降的传说就来源于他的事迹。

元前404年，古希腊以斯巴达为首的伯罗奔尼撒同盟和以雅典为首的提洛同盟之间的争霸战争。战争的起因是雅典要求伯罗奔尼撒同盟成员科林斯的殖民地波提狄亚加入提洛同盟，结果引发了双方的战争。伯罗奔尼撒战争大致可以分为三个阶段：十年战争、西西里战争和德凯利亚战争。十年战争（公元前431—公元前421年），也称阿希达穆斯战争（以斯巴达王阿希达穆斯二世的名字命名）。公元前431年5月，斯巴达国王阿希达穆斯二世率军进攻雅典的盟邦阿提卡，战争全面爆发。公元前421年，双方签订合约，宣布休战。西西里战争（公元前415—公元前413年），雅典人冒险远征斯巴达盟邦西西里岛上的叙拉古城邦，结果陷入斯巴达与叙拉古的夹击之中，全军覆没。德凯利亚战争（公元前413—公元前404年），斯巴达占领要地德凯利亚，长期消耗和破坏雅典。后又勾结波斯，扩充海军，全歼雅典海军，最终获胜。伯罗奔尼撒战争是古希腊从繁荣走向衰落的转折点。

西西里战争

公元前415年5月，雅典将军阿尔基比阿德斯、尼基阿斯和拉马科斯率军（战船136艘、轻装步兵1300人、重装步兵5100人、桨手2.6万人）远征西西里岛上的斯巴达盟邦叙拉古。出发前夕，雅典城内发生赫尔墨斯（商旅之神）神雕像被毁事件，但为了大局，远征军还是按时出发了。远征军在行军途中，雅典派一艘战舰，要涉嫌毁坏赫尔墨斯神雕像的阿尔基比阿德斯回国受审。在归国途中，阿尔基比阿德斯投奔了斯巴达，并为其献计献策。雅典远征军在拉马科斯和尼基阿斯指挥下包围了叙拉古，但不久拉马科斯阵亡，尼基阿斯成为雅典远征军的唯一统帅。这时斯巴达的援军赶到，形势急转直下。雅典虽然也派来援军，但由于尼基阿斯指挥不力，雅典军队全军覆没。西西里之战是伯罗奔尼撒战争的转折点，从此以后，雅典丧失了海上优势。

高加米拉之战

公元前331年9月30日，为了阻止马其顿军继续东进，波斯国王大流士三世集结24个部族的步骑兵约10万人、200辆刀轮战车、15头战象，在高加米拉布成两道防线：一线为骑兵，二线为步兵。战象配置最前方，刀轮战车分置于两翼。亚历山大率4.7万马其顿军人在波斯军对面展开，一线中央为步兵，两翼为骑兵，二线骑兵配置在两翼后方，是机动兵力。第二天早晨，决战开始。亚历山大首先命令马其顿军右翼进攻波斯军，大流士随即命令波斯军左翼骑兵迎战，但被击退。随后大流士三世派刀轮战车攻击也没有取胜。亚历山大利用波斯军左翼暴露的缺口，率骑兵迅猛楔入，直扑波斯军大营。大流士三世再次临阵脱逃，波斯军左翼溃散。马其顿军追杀一阵后返回，配合左翼骑兵和步兵夹击波斯军右翼，波斯军惨败。马其顿军死伤仅数百人。高加米拉之战后不久，大流士三世被部将所杀，波斯帝国灭亡。

第一次布匿战争

布匿战争指的是罗马人和腓尼基人之间的战争。因罗马人称腓尼基人为"布匿"，故名。第一次布匿战争（公元前264—公元前241年）的主战场在西西里岛及其附近海域。公元前265年，叙拉古人的意大利雇佣兵与叙拉古人发生冲突，雇佣军向迦太基人求援。迦太基海军击败叙拉古人，占领了梅萨纳（今墨西拿）。罗马人担心迦太基控制整个西西里岛，所以决定出兵干涉。公元前264年，罗马军队登陆西西里岛，击败迦太基军，占领梅萨纳。迦太基向罗马宣战，第一次布匿战争爆发。公元前264年，罗马军队攻占迦太基人在西西里岛的据点阿格里真托，占领了西西里岛大部分。但迦太基仍具有海军优势。为此，罗马人建造了120艘战舰，并且在每艘上配备了接舷板。在海战时，罗马人从接舷板上跳到迦太基战舰上近身搏杀，大败迦太基海军。公元前256年，罗马又在北非登陆，但被迦太基人击败。公元前241年，罗马海军在埃加迪群岛附近打败迦太基海军，迦太基被迫签订和约。第一次布匿战争后，罗马人取得了地中海西部的制海权。

利帕里海战

公元前260年，在第一次布匿战争中，罗马海军和迦太基海军在西西里岛以北第勒尼安海利帕里群岛海域进行的一次海战。布匿战争前，罗马海军实力不如迦太基海军。为此，罗马人依据罗马士兵擅长格斗但不熟悉海战的弱点，在战舰上装配了一种新装置——称为"乌鸦嘴"的接舷吊桥（前端有铁钩，两侧装栏杆）。公元前260年，罗马执政官杜伊利乌斯率罗马舰队（113艘战船）与迦太基将领安尼巴尔率领的迦太基舰队（140艘战船）在利帕里群岛海域附近遭遇。迦太基人企图利用自己战舰速度快、机动灵活的优势撞沉罗马战舰。但当接近罗马战舰时，罗马士兵放下乌鸦嘴吊桥，钩住迦太基战舰，然后冲到迦太基战舰上进行白刃格斗。迦太基人从来没有见过这种战法，顿时陷入混乱，随后大败。此战，罗马人共俘获和击沉55艘迦太基战船。迦太基人战死3000人，被俘700人，罗马军损失很小。利帕里海战之后，迦太基的主力舰队被消灭，罗马成为西地中海的海上霸主。

第二次布匿战争

第二次布匿战争（公元前218—公元前201年）的战场遍及西班牙、意大利和北非。第一次布匿战争后，迦太基人卧薪尝胆，矢志复仇。公元前219年，迦太基将领汉尼拔出兵攻占了与罗马结盟的西班牙城市萨贡托，罗马向迦太基宣战。随后汉尼拔率步骑精兵约6万人、战象数十头，从西班牙的新迦太基城出发，翻越阿尔卑斯山，抵达意大利北部。在意大利，汉尼拔多次打败罗马军队，但鉴于兵力有限，因而没有攻打罗马城。汉尼拔不断补充给养，修整军队，同时分化瓦解罗马和它的同盟者。罗马人吸取失败的教训，避免决战，积蓄力量，惩罚背叛的"同盟者"，切断汉尼拔的补给。同时，罗马军队转而进攻西班牙和迦太基本土，汉尼拔被迫回国救

公元前6世纪初，希腊人在卡塔兰沿岸建立了恩波利城。公元前3世纪，该城的港口在第二次布匿战争中发挥了重要作用。

第六篇 世界军事常识

一二二七

援。公元前202年，罗马将领大西庇阿和汉尼拔在迦太基西南的扎马决战，汉尼拔战败。迦太基被迫乞和。第二次布匿战争后，罗马取代迦太基成为西地中海的霸主。

坎尼之战

第二次布匿战争期间，迦太基军队与罗马军队在坎尼附近进行的会战。公元前216年4月，迦太基统帅汉尼拔率军南下，攻占了位于意大利南部的罗马粮食和物资供应基地坎尼。罗马执政官瓦罗和鲍路斯立即率步兵8万、骑兵6000赶赴坎尼迎战汉尼拔。8月2日，两军在坎尼附近的奥菲杜斯河（今奥凡托河）下游展开大战。罗马军将军队布成三线，一、二、三线分别是重甲兵、次重甲兵和轻甲兵，6000骑兵配备在两翼，作为掩护。针对罗马军布阵特点，汉尼拔将4万步兵布置在中央，1万骑兵配备在两翼排成半月形阵，凸面朝向敌人。双方几乎同时发起进攻。汉尼拔指挥中军且战且退，半月形凸面逐渐变成凹面，迦太基骑兵乘机出击，迂回到罗马军队侧后方。罗马军陷入重围之中，队形大乱。经一天激战，罗马军战死4.8万人，被俘1万人，鲍路斯阵亡，瓦罗率少数军队突围，而迦太基军仅损失约6000人。坎尼之战是西方古代战争史上以少胜多的著名战例。

扎马之战

扎马之战是第二次布匿战争中的最后一次会战。罗马人始终无法在意大利本土战胜迦太基，只好改变策略，直接进攻迦太基本土。公元前204年，罗马将领大西庇阿率军攻入迦太基本土，汉尼拔被迫回援。公元前202年，两军在迦太基以南的扎马展开决战。当时罗马军队有步兵2.3万人，骑兵1500人，另外还有6000努米底亚步兵和4000骑兵。大西庇阿将罗马大军排成三列阵式：第一列是铠甲步兵，第二列是主力兵，第三列是后备兵。骑兵配置在两翼。迦太基军队有5万，也排成三列阵式：第一列是利古里亚和高卢雇佣军，第二列是迦太基和非洲其他地方招来的新兵，第三列是战斗经验丰富的老兵，而两翼则配置了骑兵，战象在战阵的最前方。战斗打响后，两军的第一列步兵首先厮杀，迦太基人不敌，逐渐后退，第二列迦太基军队见状四散逃命。罗马步兵和骑兵包围了第三列迦太基军队，除汉尼拔等少数人逃走外，全部被歼。此战后，迦太基被迫求和。从此，罗马取代了迦太基的地中海霸主地位。

第三次布匿战争

第三次战争（公元前149—公元前146年）的主战场在北非。第二次布匿战争后，迦太基又迅速崛起。罗马害怕迦太基复仇，决定彻底消灭迦太基。公元前150年，罗马纵容北非的努米底亚王国侵占迦太基的沿海地区，迦太基被迫自卫。罗马借口迦太基破坏合约，于公元前149年向迦太基宣战，第三次布匿战争爆发。罗马派出由8万步兵、4000骑兵、600艘战舰组成的大军在北非登陆，包围迦太基城。迦太基无力应战，向罗马求和。罗马向迦太基提出了许多无理要求，甚至要求毁掉迦太基城。迦太基人忍无可忍，决心拼死抵抗。他们释放奴隶，重建军队，制造武器，修筑工事，誓死保卫迦太基。由于迦太基人顽强作战，城防坚固，粮草充足，罗马军久围不克。公元前146年春，迦太基城内发生饥荒，疾病流行，罗马人才破城而入。迦太基人与罗马人展开激烈巷战，顽强抵抗了六天六夜。战争结束后，罗马人将迦太基剩余的5万居民全部收为奴隶，迦太基被付之一炬。迦太基的领土被划入罗马的阿非利加省。

马其顿战争

马其顿战争是罗马征服马其顿王国及其属地希腊的战争，共进行了三次：第一次马其顿战争（公元前215—公元前205年）、第二次马其顿战争（公元前200—公元前197年）和第三次马其顿战争（公元前171—公元前168年）。马其顿三次皆败。在第二次布匿战争期间，马其顿国王腓力五世得知汉尼拔大胜罗马军队，所以就与迦太基结盟，企图将马其顿的势力扩展到意大利。罗马虽然兵力不足，但积极挑动希腊反对马其顿。由于腓力五世优柔寡断，马其顿进展不大。后双方签订合约。第二次布匿战争后，罗马将注意力转向东方，在巴尔干半岛推行侵略政策，与马其顿王国产生了激烈冲突。公元前197年，罗马在锡诺斯克法莱山击败腓力五世，取得了希腊的统治权。腓力五世之子佩尔修励精图治，积极进行反罗马的军事准备。但在皮得那会战中，马其顿惨败，佩尔修被俘，后死于狱中。马其顿王国灭亡。公元前149年，马其顿爆发了声势浩大的反罗马起义，但随即被镇压。马其顿成为一个罗马行省。

叙利亚战争

叙利亚战争又称安条克战争，是公元前192—公元前188年罗马与塞琉西王国之间的战争，因塞琉西国王安条克二世而得名。塞琉西王国以叙利亚为统治中心（所以又称叙利亚王国，中国史书称条支），是一个西亚大国。安条克三世（公元前223—公元前187年在位）在第二次马其顿战争结束后，率军攻占马其顿的色雷斯，与正在向东扩展的罗马产生冲突。罗马人要求安条克三世退出色雷斯，但遭拒绝。公元前192年，希腊反罗马联盟攻击与罗马结盟的城邦，并请安条克三世派兵支援。安条克三世率1万人进军希腊，同时罗马也派兵进入希腊，叙利亚战争爆发。公元前191年，两军在温泉关大战，塞琉西军战败，退回叙利亚。公元前190年，罗马海军又大败塞琉西海军。罗马军队侵入小亚细亚，在马格尼西亚（今土耳其西部）再败塞琉西军。公元前188年，塞琉西被迫接受苛刻的和约。从此，罗马确立在整个地中海地区的霸权。

斯巴达克起义

斯巴达克起义是公元前73年罗马爆发的一次奴隶大起义，是世界古代史上最大的一次奴隶起义。斯巴达克是色雷斯（今保加利亚一带）人，在战斗中被罗马人俘虏，被卖到卡普亚城一所角斗士学校当角斗士。斯巴达克不堪忍受角斗士学校里非人的待遇，率领70多名角斗士发动起

斯巴达克雕像

义，逃往维苏威山区。周围许多逃亡奴隶和破产农民都纷纷前来投奔，起义队伍不断发展壮大，多次击败罗马人的军队。斯巴达克希望率领起义军北上翻越阿尔卑斯山，返回家园。但在翻越阿尔卑斯山时遇到了困难，斯巴达克改变计划，挥师南下，希望前往西西里岛。但由于缺乏船只也只好作罢。在阿普里亚省南部，起义军和罗马军队展开了总决战。由于寡不敌众，斯巴达克战死，起义失败。斯巴达克起义军在战斗中能组织好步兵和骑兵的协同进攻，力求夺取和掌握主动权；行军时隐蔽迅速，设置埋伏，实施突袭，对敌人实行各个击破战术，多次打退罗马精锐部队，给后来的奴隶起义提供了许多宝贵的经验。

高卢战争

　　高卢战争是公元前58—公元前51年，罗马为征服山北高卢而进行的侵略性远征，同时也是高卢总督恺撒为壮大自己的实力而进行的掠夺战争。高卢战争分为8次远征。恺撒就任山南高卢总督后，就开始大举扩张向山北高卢大举进攻。前三次远征，恺撒征服了山北高卢所有的部落。后五次远征则是镇压高卢人的起义。由于罗马的掠夺和压迫，公元前53年，高卢中部的阿弗尔尼部落族长韦辛格托里克斯联合其他部落，举行共同反抗罗马入侵和暴政的大起义。起义军声势浩大，实行"焦土"政策，使罗马的军粮发生困难，并多次击败罗马人。恺撒采取挑拨离间的政策，唆使高卢各部落互相攻击，极大地削弱了起义军的力量，最后将起义军主力包围在阿莱西亚城（今法国第戎市西北）。起义军突围不成，援军又被击败，被迫投降。高卢战争使罗马获得面积两倍于意大利的土地和800多座城镇，在这里建立了高卢行省。恺撒个人获得大量的财富和雄厚的政治资本，为他以后建立独裁统治奠定了基础。

罗马内战

　　罗马内战指的是古罗马共和国后期，罗马奴隶主集团之间争夺最高统治权的战争。公元前88年，马略和苏拉为争夺战争指挥权而展开激战。苏拉派先发制人，击败马略，夺得战争指挥权。苏拉随后率军出征，马略派乘机攻占罗马。公元前83年，苏拉得胜回国，再次击败马略，成为罗马史上第一位大权独揽的终身独裁官。公元前78年，苏拉病故，罗马陷入混乱。公元前60年，克拉苏、庞培和恺撒结盟，史称"前三巨头同盟"。公元前53年，克拉苏战死，"前三巨头同盟"解体。公元前50年，元老院与庞培联合起来共同对付恺撒。在公元前48年的法萨卢之战中，恺撒击败庞培，在罗马建立个人独裁统治。公元前44年，恺撒遇刺身亡。公元前43年，屋大维、安东尼和李必达结成"后三巨头同盟"，进军罗马，打败贵族共和派军队。此后，三人间争权夺利。公元前36年，屋大维剥夺李必达的权力。公元前31年，屋大维在亚克兴海战中击败安东尼。不久安东尼自杀，内战结束。屋大维被授予"奥古斯都"的称号，从此罗马进入奴隶制帝国时代。

亚克兴海战

　　亚克兴海战是罗马内战中屋大维战胜安东尼的决定性海战。恺撒遇刺后，他的继承人屋大维在公元前43年

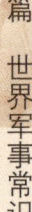

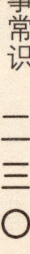

与安东尼、李必达结成"后三巨头同盟",掌握了罗马大权。公元前36年,屋大维剥夺李必达的权力。公元前32年,屋大维与安东尼公开决裂。公元前31年,屋大维率军8万、战船400艘渡海东征,安东尼和埃及女王率军10万人、战船500艘来到希腊西海岸迎战。安东尼将舰队分为左、中、右3个编队成一线展开,并准备亲自率领右翼迂回攻击屋大维,女王率预备队尾随。屋大维也将舰队分成左、中、右3个编队,也成一线展开,迎战安东尼。9月2日,战斗打响。屋大维充分发挥自己舰队船体轻、航速快、机动灵活的优势,避开安东尼战舰远程矢炮的轰击,运用撞击、火攻、接舷等战术进行攻击。安东尼船体庞大、机动性差,顿时陷入了被动挨打的境地。埃及女王见势不妙,率领预备队逃走。安东尼见大势已去,无心再战,下令撤退。不久屋大维攻入埃及,安东尼和埃及女王相继自杀。罗马内战结束。

帕提亚战争

帕提亚战争指的是罗马帝国和波斯帕提亚帝国为争夺东西方商路和小亚细亚而进行的长达300多年的战争。公元前247年,波斯的帕尔尼部族建立了阿萨希斯王朝,中国史书称为安息王朝,西方史学家称为帕提亚王朝。公元前65年,罗马将领庞培率军东侵安息,大胜。公元前53年,罗马名将克拉苏率领4万大军入侵波斯,但在卡雷之战中被击败,克拉苏战死。公元前38年,帕提亚入侵罗马东疆,被罗马打败,帕提亚王子战死。公元前34年,安东尼率军从亚美尼亚迂回攻击波斯,但在美索不达米亚平原北部遭到顽强抵抗,被迫撤退。114年,罗马皇帝图拉真突然向帕提亚发难,兵分两路:北路由亚美尼亚顺底格里斯河南下,西路由叙利亚沿幼发拉底河东进。115年,罗马军队攻占帕提亚首都泰西封。不久,波斯人举行起义,罗马人被迫撤退。162—166年,维勒斯打退帕提亚入侵,攻克泰西封,罗马因大疫退兵。帕提亚战争是罗马和帕提亚在西亚的争霸战争,在长期的战争中,双方消耗巨大,致使两国走向衰落。

卡雷之战

卡雷之战是罗马与帕提亚(波斯)之间的一场战斗。公元前53年,罗马三巨头之首的克拉苏,在野心的驱使下,率领军队东征,妄图一举征服波斯和印度,夺取那里的财富。当时波斯处于安息王朝统治时期,由于该王朝兴起于帕提亚地区,所以在西方称为帕提亚帝国。帕提亚将领萨伦那斯率领骑兵弓箭手部队迎战。罗马远征军有3.6万人,大部分是重装步兵。两军在卡雷附近的平原上相遇,帕提亚骑兵快速包围罗马人的方阵,然后射出满天箭雨。克拉苏派他的儿子普布利乌斯率一支由5000重型步兵、1300骑兵和500弓箭手组成的部队攻击敌人。帕提亚人且战且退,当这支罗马军队脱离主力后,帕提亚人的重骑兵首先击溃了罗马人的轻骑兵,然后轻骑兵围攻射箭,将其全部歼灭。随后,剩余的罗马军团也被消灭,克拉苏被杀。卡雷之战表明在平原上作战时,轻骑兵对重装步兵有压倒性优势。卡雷之战指明了从那以后几个世纪的军事发展的趋势,骑兵弓箭手成为后来各国军队的主要作战力量。

阿德里安堡之战

378年8月，罗马军队与西哥特人在阿德里安堡（今土耳其埃迪尔内）进行的大会战。376年，居住在多瑙河下游的西哥特人受到来自东方的匈奴人的冲击，请求到罗马帝国境内避难，获得许可。但罗马人肆意压榨和欺凌西哥特人，西哥特人愤而起义，占领阿德里安堡。罗马皇帝瓦林斯亲自率领6万大军前往阿德里安堡镇压。罗马军队按传统方阵展开，中央是步兵，两翼是骑兵，首先发起攻击。西哥特人在山坡上用四轮马车围成堡垒御敌。罗马军队因连日赶路极度疲惫，攻击未能奏效。西哥特人的骑兵趁机出动，攻击罗马军队右翼骑兵，将其击溃，随即向罗马中央步兵发起攻击。罗马人的方阵阵型大乱。西哥特步兵也趁机冲出堡垒，对罗马军队发起正面攻击。罗马人互相践踏，乱作一团，在西哥特人骑兵和步兵的夹击下惨败。此战，罗马损失4万人，皇帝瓦林斯及许多将领阵亡。罗马元气大伤。

沙隆之战

沙隆之战又名卡太隆尼平原之战，是451年匈奴人与罗马人在今法国香槟省境内马恩河畔沙隆附近的卡太隆尼平原进行的大战。450年，匈奴王阿提拉向罗马公主求婚，并提出割让西罗马帝国的一半领土作为嫁妆，遭到了罗马皇帝的拒绝。第二年，阿提拉联合东哥特人、格皮德人等族，组成50万大军，分兵3路进攻罗马帝国。右路进攻阿莱斯，中路进攻巴黎、奥尔良，左路进攻贝桑松。西罗马帝国统帅埃提乌斯联合西哥特人、勃艮第人、法兰克人和阿兰人等，组成约50万～60万的大军。两军在卡太隆尼平原展开大战。阿提拉将精兵置于中央，战斗力弱的部队置于两翼，准备采取中央突破战术。埃提乌斯则将战斗力弱的部队置于中央，将战斗力强的部队置于两翼，右翼是西哥特王提奥多里克一世指挥的西哥特部队，左翼是他亲自指挥的西罗马部队，采取两翼迂回包围战术。结果匈奴军在罗马联军的夹击下大败而走，但罗马人也损失惨重，双方损失了大约30万人。此战遏制了匈奴人在欧洲的扩张势头。

中古军事

波拜战争

波拜战争是指5世纪至7世纪，波斯和拜占廷为了争夺小亚细亚进行的长达2个世纪的战争。487年，波斯萨珊王朝科巴德皇帝即位，他多次率军攻打拜占廷。双方在505年议和，此后保持了20多年的和平。527年，拜占廷皇帝查士丁尼一世继位，他重开了与波斯的战争。在以后的100多年内，拜占廷与波斯之间先后进行了5次大规模战争，双方都曾趁对方内乱之机混水摸鱼，大肆扩张。625年，拜占廷皇帝希拉克略大败波斯，收复了大片领土，甚至兵临波斯首都泰西封城下。628年，波斯发生政变，国势动荡不安，无力再战。631年，波斯皇帝科巴德二世与拜占廷皇帝希拉克略议和，归还历代侵占的所有拜占廷领土，赔偿军费，波拜战争结束。在战争中，虽然波斯掌握战争主动权，但由于缺少强大的舰队，所以围攻拜占廷帝国首都君士坦丁堡都以失败告终。而拜占廷帝国拥有贝利撒留、希拉克略这样著名的军事家，多次以少胜多，以弱胜强，最后在决战中击败了波斯。

东哥特战争

东哥特战争是东罗马帝国灭亡东哥特王国的战争。西罗马帝国灭亡后，东哥特人在意大利建立了东哥特王国。535年，东罗马皇帝查士丁尼派贝利撒留进攻东哥特王国。540年贝利撒留攻灭东哥特王国。但由于东罗马帝国的横征暴敛，东哥特人发动了起义，重建东哥特王国。552年，查士丁尼派纳尔塞斯率领3万大军远征意大利。东哥特国王托提拉闻讯率军驻扎到托斯卡纳山区的塔吉纳村。托提拉企图先派骑兵进行中央突破，然后步兵跟上，扩大战果。纳尔塞斯于是在中央布置了一个长矛方阵，两侧是弓箭手，后面由骑兵保护。另有一支机动骑兵准备随时包抄敌人。战斗开始后，东哥特骑兵在东罗马军队的长矛方阵前受阻，又遭到弓箭手的袭击，损失惨重，急忙撤退。东罗马骑兵立即发起攻击，紧追不舍。东哥特骑兵和后面的步兵逃跑争路，自相残杀起来。东罗马机动骑兵从侧面发起猛烈攻击，东哥特人惨败。不久，纳尔塞斯消灭了东哥特人的残余势力，收复了整个意大利。东哥特战争以东罗马的胜利而告终。

戒日王的攻略

戒日王（589—647年），本名曷利沙·伐弹那，印度戒日朝国王（606—647年在位）。7世纪初北印度陷于分裂，出现两大阵营：坦尼沙国和穆里克国为一方，高达国和摩腊婆国为另一方。戒日王为坦尼沙国王波罗羯罗·伐弹那的次子。604年，戒日王随哥哥曷罗阇·伐弹那征讨白匈奴人。不料，父王突然病逝，母后殉葬。高达和摩腊婆大举进攻坦尼沙的盟国穆里克，穆里克国王被杀。两国军队又准备进攻坦尼沙。曷罗阇·伐弹那立即继承王位，率兵援助穆里克国，不料却遭暗杀。606年，戒日王继承了王位，以倾国之力进攻高达和摩腊婆，大获全胜。612年坦尼沙和穆里克两国合并，戒日王任国王。戒日王的军队有象兵5千、骑兵2万、步兵5万，其中象兵最重要。戒日王就率领这支军队南征北讨，统一了北印度，随后象兵增加到6万，骑兵增加到10万。但在征服南印度时，戒日王却遭到失败，被迫划河为界。647年，戒日王逝世，戒日王朝崩溃。

君士坦丁之围

君士坦丁堡之战是阿拉伯倭马亚王朝企图夺取拜占廷帝国的首都君士坦丁堡而进行的战役。从669年起，阿拉伯人就多次进攻拜占廷首都君士坦丁堡，但每次都大败而回。717年，阿拉伯人趁拜占廷政局动荡之机，再次进攻君士坦丁堡。阿拉伯军队分水陆两路。陆路主要是骑兵和骆驼兵，约有12万人，经小亚细亚渡过达达尼尔海峡进军君士坦丁堡；水路有战舰1800艘，从叙利亚和埃及驶向君士坦丁堡。面对强敌，拜占廷皇帝利奥三世采取诱敌深入、聚而歼之的战略。拜占廷人拆除了金角湾入口处铁链，使得阿拉伯舰队驶入港湾。拜占廷军队趁机向阿拉伯军队发射火箭、火矛和"希腊火"，阿拉伯舰队损失惨重，几乎全军覆没。阿拉伯

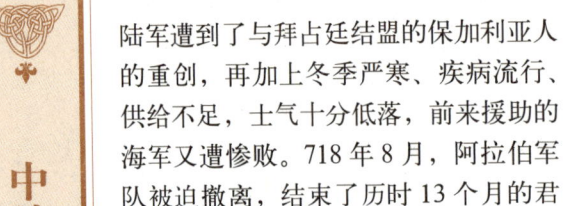

陆军遭到了与拜占廷结盟的保加利亚人的重创，再加上冬季严寒、疾病流行、供给不足，士气十分低落，前来援助的海军又遭惨败。718年8月，阿拉伯军队被迫撤离，结束了历时13个月的君士坦丁堡会战。此战，阿拉伯军队共损失了17万人、战舰2500多艘。

普瓦捷之战

732年，法兰克王国宫相查理统率的军队同入侵的阿拉伯军队在普瓦捷进行的一次交战。732年年初，阿拉伯帝国西班牙总督阿卜杜勒·拉赫曼率领3万阿拉伯军队从西班牙入侵法兰克南部。阿拉伯军队主力是轻骑兵，基本不穿甲胄，机动性很强，使用枪和剑，很少使用弓箭。他们是一支进攻型的军队，不善于防御。当时掌握法兰克王国实权的宫相查理组织了一支由中、小贵族和自由农民组成的军队前往抵御。10月，两军在普瓦捷附近展开激战。法兰克军队前方是弓箭手，中央是密集的步兵方阵，两翼重甲骑兵。阿拉伯轻骑兵的多次进攻都被法兰克步兵击退，士气大挫。法军重甲骑兵乘势进攻，步兵方阵也稳步推进，阿拉伯军大败，阿卜杜勒·拉赫曼战死。此战捍卫了法兰克王国的独立，遏止了阿拉伯人向西欧的扩张，在欧洲历史上具有重要意义。

拜保之战

拜保之战是拜占廷和保加利亚之间进行的长期征战。古保加利亚人定居在今保加利亚北部一带，经常受到拜占廷人的袭击。679年，保加利亚人大败拜占廷军队。681年，保加利亚第一王国建立。保加利亚建国后，多次南下，进攻拜占廷，夺取了大片领土。在克鲁姆大公统治时期，保加利亚又和拜占廷进行了4年（809—813年）的大战，打死了拜占廷皇帝，兵临君士坦丁堡。到了西蒙大公时期，他自称"罗马人和保加利亚人的皇帝"，并多次进攻拜占廷，保加利亚盛极一时。但多年的战争也消耗了保加利亚的实力。拜占廷皇帝巴西尔二世即位后，不断挑拨离间保加利亚贵族的关系，后又对保加利亚大举进攻。在1014年的巴拉西斯塔会战中，保加利亚人大败。1018年，保加利亚第一王国灭亡，成为拜占廷的一个行省。但保加利亚人不堪忍受拜占廷的残酷统治，不断举行起义，终于在1187年复国，建立保加利亚第二王国。双方又进行了长达200多年的战争，直到1396年保加利亚被奥斯曼帝国吞并。

黑斯廷斯之战

1066年10月14日，法国诺曼底公爵威廉一世的军队同英国国王哈罗德二世的军队在英格兰南部黑斯廷斯附近进行的一场争夺英国王位的决战。1066年1月，英王爱德华去世，他的亲属法国诺曼底公爵威廉要求继承英国王位，但英国贵族会议选举哈罗德二世为英国国王。威廉决定以武力夺取王位。9月28日，威廉率领一支由重甲骑兵和

黑斯廷斯战役（地毯画）。威廉一世在这场战役中实现了"诺曼征服"，建立了诺曼王朝。

步兵组成的 7000 人的军队从法国诺曼底渡海，在英格兰南部登陆，向英国首都伦敦挺进。29 日进抵黑斯廷斯。哈罗德二世闻讯后率领一支 7000 人的军队来到黑斯廷斯西北的森拉克高地布成方阵迎战威廉。威廉军队以弓箭手、重甲步兵和骑兵三路进攻，但被哈罗德二世居高临下的军队击退。英军一部分乘胜离开方阵，冲下高地前往追击，但被威廉军队围歼。威廉看准英军方阵的破绽，下令猛攻，同时命令弓箭手射击，哈德罗二世中箭身亡，英军溃败。1066 年 12 月 25 日，威廉在伦敦加冕为英国国王，建立诺曼王朝，史称"诺曼征服"。黑斯廷斯之战对英国历史影响深远。

德国远征意大利

10 至 15 世纪，历代德国国王和皇帝为了获得称号和财富而对意大利进行的侵略性远征。10 世纪下半期，意大利各封建势力与教皇不断斗争，两败俱伤。德国国王奥托一世两次南下侵略意大利，获得了伦巴第国王和神圣罗马帝国皇帝的称号。从此，德国历代国王都定期对意大利进行远征。1176 年，德国皇帝腓特烈一世率领骑兵远征意大利，遭到了北意大利城市联盟——伦巴第同盟的顽强抵抗。腓特烈一世亲率 3000 骑兵猛攻，米兰骑士不敌，溃败而走。但手持长矛和盾牌的步兵上前固守营垒，坚守不退，德国骑士久攻不克，逐渐陷入了混乱。布雷西亚骑士趁机从德国骑士的侧翼发起突击，配合步兵的正面作战。德国骑士大败，腓特烈一世被迫投降。德国远征意大利在军事学术史上有重要价值，它表明以排列密集队形的步兵为主力，再加上骑兵的协同配合，将防御和进攻巧妙结合在一起，足以击败优势骑兵。

绍约河之战

绍约河（今匈牙利蒂萨河）之战是西征的蒙古军队和欧洲的匈牙利军队之间进行的一场大战。1241 年，速不台和拔都分别率 6 万蒙古西征军进攻东欧，准备于匈牙利平原会师。匈牙利国王贝拉四世立即组织了 10 万大军，阻挡蒙古大军，双方对峙在绍约河两岸。匈牙利军队建立了一个巨大的桥头堡，又在河西岸用大量的马车连成了一个坚固的兵营。蒙古军队用威力巨大的抛石车和火箭攻击守卫桥头堡军队，匈牙利守军瞬间溃败，蒙古骑兵迅速穿桥而过，抵达河对岸，向匈牙利兵营杀去。蒙古军队的主力在百里以外的南方渡河后，迅速对匈牙利兵营迂回包抄。匈牙利军队急忙退守兵营。蒙古军队向兵营里发射了巨石、火箭、燃烧油、能产生烟雾的毒箭。为了避免敌人死战，蒙古军队让开西面缺口，匈牙利军开始溃逃。但在逃亡的路上，匈牙利士兵却遭到蒙古骑兵的射击和砍杀。这一仗，匈牙利伤亡 7 万人。蒙古军之所以能取得绍约河之战的胜利，主要靠的是高度机动的骑兵和先进的武器。

涅瓦河之战

涅瓦河之战是 1240 年 7 月 21 日，俄国军队与瑞典军队在涅瓦河和伊若拉河汇流处进行的一场会战。瑞典乘蒙古入侵俄罗斯各公国之机，在罗马教廷和日耳曼骑士支持下，发兵侵略诺夫哥罗德大公国，企图夺取其领土。7 月，瑞典将领亚尔·比耶尔率领 100 艘战舰

和 5000 士兵驶入涅瓦河，在伊若拉河畔安营扎寨。诺夫哥罗德大公亚历山大·雅罗斯拉维奇得知瑞军进犯的消息后，决定以突然袭击打败瑞军。他率精锐卫队和诺夫哥罗德义勇军一部秘密急行军，沿途又获得瑞军实力和营地位置的情报。7 月 15 日，俄军来到瑞军营地。当时天降大雾，亚历山大·雅罗斯拉维奇指挥步兵居中，骑兵配置在其两翼。步兵进攻瑞军中央营地，骑兵从东、西两面夹击。经过激烈的白刃格斗，俄军大败瑞军，仅有少数瑞军得以乘船逃脱，而俄军几无损失（共阵亡士兵 20 名）。从此，亚历山大·雅罗斯拉维奇被誉为"涅夫斯基"。涅瓦河之战制止了瑞典对俄罗斯的侵犯，维护了俄罗斯西北边疆的安全，为俄罗斯的统一创造了条件。

"百年战争"中发生在斯鲁斯港口外的大规模海战

英法百年战争

英法百年战争指的是 1337—1453 年，英法两国间持续长达百年的战争。战争的起因是两国王室争夺富庶的佛兰德斯和英王在法国的领地。1328 年法王查理四世病死，法国贵族腓力即位，称腓力六世，但英王爱德华三世也觊觎法国王位。导致两国战争。1337 年 11 月英国对法国宣战。战争过程可分作四个阶段：第一阶段（1337—1360 年），在这一阶段，英军多次获胜，俘虏法国国王，法国被迫议和。第二阶段（1369—1396 年），法军经过卧薪尝胆，收复大部分失地，双方缔结 20 年停战协定。第三阶段（1415—1420 年）。英军趁法国内乱之机再度侵入法国，占领巴黎及卢瓦尔河以北广大地区。第四阶段（1428—1453 年），英军进一步南下，围攻法国南部门户奥尔良城。法国人民在贞德的率领下奋起抗英，收复许多北方失地。1435 年，法国统治集团重新联合，实力增强，向英军发起总攻。1453 年 10 月，法军收复英国占领的所有法国领土（加莱港除外）。至此，百年战争以法国的胜利告终。

胡斯战争

胡斯战争（1419—1434 年）是捷克人民反对本国封建主的压榨、德意志封建主和天主教会入侵的民族解放战争。13 世纪，德意志人逐渐控制了捷克的政治、经济和宗教，引起了捷克人民的强烈不满。15 世纪初，捷克爱国者胡斯发起反对教皇和德意志天主教会的改革运动，结果被教皇和德皇以"异端"罪处以火刑。1419 年，胡斯党人在布拉格等地举行武装起义，胡斯战争爆发。1420 年，德皇率领大军亲征捷克，起义军统帅杰式卡指挥起义军在布拉格北部的重镇古登堡迎敌。起义军占领了城外的一块高地，把他们的大车用锁链围成一圈。德国骑兵向起义军发起猛冲，起义军的车阵突然分成两列，中间站满了士兵。当德国骑兵冲入两列大车之间时，起义军迅速将大车再次连在一起，将德国骑兵团团围困，全部歼灭。接着，起义军向车阵外的德军发起进攻,德皇率领残部狼狈逃窜。这就是历史上有名的"车堡战术"。后来由于民族败类的出卖,起义失败。但胡斯战争沉重打击了教皇和德皇的势力,使捷克获得独立。

露梁海战

露梁海战是朝鲜壬辰卫国战争期间,中朝联军在露梁海峡击败日军的大海战。1598年,丰臣秀吉死后,日军丧失斗志,退到釜山,准备撤退回国。中朝海军获悉日军准备撤退,派老将邓子龙和李舜臣率领中朝水师2.6万人、战船800艘赶到露梁海峡,决心围歼日军。1598年10月18日,联军在露梁海峡津湾拦住准备撤回日本的500艘日本军舰,双方展开激战。联军两面夹击,联军水兵奋勇争先,跃上日舰,与敌人白刃相搏,日军拼死顽抗。在战斗中,日军调动众多敌舰围攻明朝海军的旗舰,旗舰起火,邓子龙壮烈牺牲。朝鲜水军将领李舜臣急忙赶来救援,但不幸中弹牺牲。临死前,李舜臣将指挥权交给侄子,叮嘱部下不要声张。随后陈蚕、季金等将领率领援军赶到,夹击日军。联军全体将士更加英勇杀敌,日军死亡数万、450艘船只被焚毁。逃到岸上的日军也被明军和朝鲜军队消灭。露梁海战后,日军海军力量几乎被全歼,此后再也无力发动侵略战争。

近代军事

莫卧儿帝国的征服

莫卧儿帝国(1526—1857年)是巴布尔在印度建立的王朝。莫卧儿帝国的统治者是有蒙古族血统的突厥人,是帖木儿帝国创始人帖木儿的后裔。1525年,巴布尔率军从中亚南下,进攻印度,遭到了印度土著王公的抵抗。巴布尔以1.2万人大败印度王公10万大军。1526年,巴布尔攻陷德里,推翻了德里苏丹国在印度320年的统治,宣布自己为印度斯坦皇帝,定都德里,建立了莫卧儿帝国。巴布尔逝世后,其子胡马雍被苏里王朝的舍尔沙打败,退回中亚。但是他卧薪尝胆,重整旗鼓,趁苏里王朝内乱之机卷土重来,再次征服印度平原,重占德里,恢复了帝国。1556年,阿克巴继位。他建立中央集权制,不断开疆拓土,南征北讨,逐渐统一了次大陆大部分地区。在奥朗则布统治时期,莫卧儿帝国继续向南印度进行扩张,帝国版图几乎囊括了整个南亚次大陆,国势达到全盛,文治武功远胜孔雀王朝、笈多帝国,成为印度历史上的第三帝国。奥朗则布死后,各省总督纷纷独立,莫卧儿帝国四分五裂。

奥土战争

15世纪中叶,奥斯曼帝国开始向欧洲扩张。1521年,土耳其攻占贝尔格莱德后开始向欧洲腹地扩张,先后夺取匈牙利东部和中部,与统治中欧和东南欧部分地区的奥地利哈布斯堡王朝多次发生战争。进入17世纪后,双方进行了四次大规模的战争。1683年7月,土耳其宰相卡拉·穆斯塔法率兵15万围攻维也纳。8月,波兰国王约翰·索别斯基率3万由波兰、巴伐利亚、萨克森组成的"基督教联合战斗部队"驰援奥军,在维也纳城下大败土耳其。奥地利和波兰乘胜进军,夺取了中欧和东南

欧大片领土。1781 年，奥地利再次对土宣战。奥地利先败后胜，攻占贝尔格莱德。后因担心俄国在巴尔干扩张，奥地利与土耳其议和。此后，为了镇压各自占领区内的斯拉夫人的独立运动和抵制俄国在巴尔干地区的扩张，奥地利和土耳其开始由对抗转为联合。奥土战争加速了土耳其帝国的衰落，促进了多民族奥匈帝国的形成。

无敌舰队之战

无敌舰队之战是英国海军击败西班牙无敌舰队的大海战，风帆战舰的第一次较量。西班牙在美洲殖民地掠夺了无数金银，一跃成为欧洲最强大的国家。它与急于向海外扩张的英国产生了激烈冲突。英国海盗经常袭击西班牙运载金银财宝的船只，西班牙损失很大。1588 年，在多次抗议无效后，西班牙派出由 134 艘战船、8000 水手、2.3 万名步兵组成的欧洲历史上空前庞大的无敌舰队，远征英国。英国任命著名海盗德克雷为英国舰队总指挥，负责迎战。当无敌舰队停泊在加莱港时，英军派 6 艘涂满了柏油的旧船潜入港内四处纵火。无敌舰队一片混乱，许多军舰被烧毁。两天后，双方在加莱附近进行决战。英军军舰虽然小，但机动灵活，大炮射程远，炮火猛烈，而西班牙军舰高大笨重，大炮射程近。双方进行了一天的激烈炮战，无敌舰队损失惨重。在逃回国的途中，无敌舰队遭遇风暴，又损失了一些军舰，最后只有 43 艘军舰返回了西班牙。无敌舰队之战后，西班牙一蹶不振，英国成为大西洋的霸主。

三十年战争

三十年战争是指 1618—1648 年，哈布斯堡王朝同盟和反哈布斯堡王朝同盟两大集团间的第一次全欧洲性战争。它是欧洲国家为争夺领土、王位、霸权以及宗教矛盾尖锐化的产物。哈布斯堡王朝同盟有神圣罗马帝国、德意志天主教诸侯和西班牙，而反哈布斯堡王朝同盟有德意志新教诸侯、丹麦、瑞典、法国、荷兰、英国和俄国。1618 年，捷克爆发了反哈布斯堡王朝的起义是战争的开端。战争大致分四个阶段：捷克－普法尔茨时期（1618—1624 年）、丹麦时期（1625—1629 年）、瑞典时期（1630—1635 年）和法兰西－瑞典时期（1635—1648 年）。比较重要的战役有比拉山会战，布莱藤费尔德会战和吕岑会战。三十年战争以反哈布斯堡王朝同盟的胜利结束。战后，法国取得欧洲霸权，瑞典取得波罗的海霸权，神圣罗马帝国名存实亡，德意志遭到严重破坏，西班牙进一步衰落。战争形式变为首先集中使用炮兵轰击，然后用骑兵突击，最后再由步兵扩大战果的三段式战法，这成为滑膛枪时代的标准战法。欧洲国家的军队开始从募兵制转为征兵制。

英荷战争

英荷战争是英国和荷兰为争夺海上霸权而进行的战争，时间长达 20 多年，共进行了 3 次。第一次英荷战争（1652—1654 年）是由于英国颁布《航海法案》，损害荷兰海上利益而引起的。1652 年 7 月 28 日，荷兰首先发动向英国的战争。英荷双方在欧洲北海、地中海和印度洋等地进行多次海战，参战总兵力达 2 万～3 万人，战船 200 余艘。由于荷军装备较落后和指挥不力最终失败，被迫承认《航海法案》。第二次英荷战争（1665—1667 年）是英国为了夺取荷兰在北美的殖民地新阿姆斯特丹（今美国纽约）而引起的。1665 年 1 月 24 日，荷兰对英国宣战。荷兰海军先后在敦刻尔克海域和泰晤士河口击败英国舰队。1667 年 7 月，英国被迫与荷兰缔结《布雷达和约》。第三次英荷战争（1672—1674 年）是由于英国企图侵占荷兰沿海地区引起的，在这次战争中，法国与英国结盟。1672 年 3 月，英法联合舰队向荷兰发动进攻，但在次年 8 月被荷兰舰队击败。1674 年 2 月，英国同荷兰签订和约。英荷战争导致荷兰海上力量严重削弱，英国成为新的海上霸主。

北方战争

北方战争是 1700—1721 年俄国为了夺取北方波罗的海沿岸地区而与瑞典进行的战争。当时瑞典是波罗的海强国，长期占有波罗的海沿岸地区。彼得一世改革后，俄国崛起，两国矛盾日益激化。1699 年，俄国与萨克森、丹麦结成北方同盟，为发动反瑞典战争做准备。1700 年 8 月，彼得一世亲率 3.5 万俄军进攻纳尔瓦，结果全军覆灭。1702～1704 年，俄军趁瑞军主力入侵波兰之机，占领了波罗的海沿岸多处要塞。1707 年，瑞军进攻俄国。1709 年 7 月 8 日，俄军在波尔塔瓦击溃瑞军。1710 年，俄军占领波罗的海沿岸大片领土。1713 年，彼得一世率军攻入芬兰作战，占领了其尔辛福斯（赫尔辛基）。1714 年，俄国舰队在汉科角海战中大败瑞典，把瑞军赶出芬兰。1718 年两国开始和谈。1719 年，俄国舰队在厄塞尔海战和克琅加姆岛附近再次击败瑞典海军。1720 年俄军攻入瑞典，瑞典被迫同俄国谈判。1721 年 8 月，双方签订了《尼什塔特和约》，北方战争结束。北方战争以俄国获得波罗的海沿岸大片地区和出海口而宣告结束。

魁北克之战

魁北克之战是七年战争期间，英法两国争夺法国殖民地魁北克的战斗。自从新大陆被发现后，英法殖民者蜂拥而入，建立了大片殖民地。魁北克是法国建立的殖民地"新法兰西"的首府。七年战争爆发后，英军向魁北克发起进攻。守卫魁北克的法军只有 6000 人，当时法国正同普鲁士交战，因此无法救援。1759 年 6 月 6 日，英军将领沃尔夫率领 119 条战船和 9000 名士兵从圣·劳伦斯河向魁北克城进发。由于法军将领的内部争执，法军未作任何防御措施，致使英军从容地在魁北克城外安营扎寨。7 月 12 日，进攻魁北克城的英军开始炮击，法军也发炮反击，双方互有伤亡。1759 年 9 月 13 日，4500 名英军从魁北克城一侧的悬崖峭壁攀缘而上，突然出现在魁北克城下，法国人大吃一惊。蒙特卡姆急忙命 5000 法军向英军发起进攻，但却遭到英军大炮的轰击，死伤惨重。最后，魁北克被英军攻占。英军攻克魁北克后，很快占领了法国的殖民地，成了加拿大的主人。

瓦尔密会战

瓦尔密会战是法国大革命期间，法国革命军队与普鲁士、奥地利外国干涉军在法国马恩省瓦尔密村进行的一场会

中外人文大讲堂

第六篇　世界军事常识

二三九

战。1789年法国爆发资产阶级革命，引起了欧洲各国封建君主的仇视和恐惧。1792年2月奥地利和普鲁士结成反法联盟。8月，普奥联军侵入法国东北部，并向巴黎推进。9月19日，法军两个军团(5万多人)在瓦尔密附近设防。20日，普奥联军(约4万人)来到瓦尔密，开始对法军进行炮击。双方进行了大规模的炮战。法军抢占小丘，开炮反击。联军向法军发起了两次冲锋，但都没有击溃法军，被迫停止进攻。后来，联军后勤补给困难，再加上天气不好，于9月30日开始撤退，法军开始追击。10月5日，普奥联军被全部赶出法国国境。瓦尔密会战是一次典型的炮战。法军将领指挥灵活镇定，两个军团密切配合，战士斗志高昂，作战英勇。反观联军，将领指挥权处处受到掣肘，行动迟缓，计划多变，最终失败。瓦尔密会战是法国第一次取得反击欧洲反法联盟的胜利。

英国征服印度

18世纪初，印度马拉塔国家分裂为5个半独立的封建王国。各国之间为了利益和领土征战不休，这就给西方殖民者提供了可乘之机。英法等国的势力纷纷渗入印度。英国殖民者干预马拉塔联盟，于1775—1818年先后挑起了3次入侵马拉塔的战争。1803年8月，第三次马拉塔战争爆发。英军出动3.4万人，兵分南北两路侵入马拉塔。虽然马拉塔人奋起反抗，但由于武器悬殊，最终失败。1767年，英军对南印度的迈索尔发动了侵略战争。1781年，英军在波多诺伏战役中击溃迈索尔大军。1799年，英军再次大举入侵迈索尔，迈索尔亡国。经过迈索尔战争和马拉塔战争，英国消除了两大劲敌，大大加快了征服印度的步伐。在七年战争中，英国又排挤了法国的势力。英国人利用分化瓦解、各个击破的策略很快征服了印度其他的王公势力，最终完成了对印度的征服。

里沃利会战

在第一次反法联盟战争期间，拿破仑在意大利里沃利镇附近击败奥军的会战。1796年4月，拿破仑率领4万法军远征意大利，以配合法军主力在莱茵河地区与奥军作战。拿破仑率军沿着阿迪杰河南下，在罗韦雷托、维罗纳、巴萨诺和圣若尔日等地的战斗中，一再击败奥军，迫使撒丁王国退出反法联盟。奥军不甘失败，企图占领军事要地里沃利，但遭到了法军的顽强抵抗。拿破仑指挥炮兵向奥军狂轰，几千名企图从峡谷爬上里沃利的奥军士兵葬身谷底。接着，拿破仑又命令骑兵向奥军冲击，法国骑兵居高临下、势不可挡，奥军抵挡不住、全线崩溃，向峡谷撤退。在逃跑中，奥军的弹药车又被法军大炮击中，加重了伤亡。法军乘胜追击，奥军的主力全部被歼。不久曼托瓦要塞的奥军向法军投降。至此，法军将意大利境内的奥军全部肃清。随后，拿破仑挥师北上，直逼维也纳，奥军接连失败。奥地利被迫投降，与法国签订了停战条约。不久，第一次反法联盟解体。

法国入侵西班牙

拿破仑战争期间(1808—1814年)，拿破仑为了控制比利牛斯半岛而对西班牙进行的侵略战争。1808年，拿破仑利用西班牙王位纷争，使其兄约瑟夫·波拿巴成为西班牙国王。6月6日，西班牙临时首都塞维利亚全国委员会号召全国人民抗击法国侵略者。在西班牙政府军和游击队的进攻下，法军很快失败。11月，拿破仑亲自率领20万法军进攻西班牙。1809年3月，西班牙政府军被击溃。英国远征军前来支援，但先胜后败，仓皇撤走。1810年，拿破仑控制了整个西班牙，但广泛的游击战争在西班牙各地展开。1812年，拿破仑远征俄国，随着战事的恶化，不断抽调驻西班牙的法军。1813年，英西联军在维多利亚城附近击败法军，将法军全部赶出西班牙。西班牙人民经过长期艰苦卓绝的斗争，终于捍卫了自己的独立和自由。拿破仑在西班牙损失了50万大军，为他的最终失败埋下了伏笔。同时，由于拿破仑的入侵，西班牙统治者无暇顾及拉美殖民地，拉美殖民地人民掀起了独立运动，最终脱离了西班牙的统治。

拿破仑远征俄国

1812年，拿破仑率领从法国及其欧洲盟国与附庸国中征集的60万大军，企图征服俄国，称霸欧洲。6月24日，法军进入俄境。面对法军咄咄逼人的攻势，俄军被迫撤退，沿途坚壁清野，以阻滞法军前进。9月3日，俄军统帅库图佐夫组织俄军在莫斯科附近的博罗季诺布防，以阻止法军进攻莫斯科。9月7日，双方激战开始，13万法军向12万俄军发起猛烈进攻。法军连续对俄军发起了多次冲锋，双方短兵相接，战斗十分激烈。俄军抵挡不住，被迫撤退。最终，法军夺得俄军阵地，占领博罗季诺。9月14日，法军进入莫斯科，但莫斯科却被俄国人放火烧掉。但俄军到处袭击、骚扰法军，破坏交通线，再加上严寒，法军陷入了绝境。拿破仑被迫撤退。在法军撤退途中，一路上遭到了哥萨克骑兵的围追堵截和严寒、饥饿、伤病的沉重打击，最后回国的只有2万人。法军失败的原因是由于孤军深入，后勤供给严重不足，不适应俄国的寒冷气候，还有拿破仑把占领莫斯科看得过重，没有歼灭俄军的有生力量。

第二次美英战争

美国独立后，英国企图重新控制美国，不断从政治、经济和军事上对美国施加压力，而美国也对英国殖民地加拿大垂涎三尺。1812年6月18日，美国正式向英国宣战，美英战争爆发。美军大举进攻加拿大，但英军顽强抵抗，以少胜多，大败美军。美军虽然在陆上失败，但在海战中却大获全胜，俘虏了500艘英国舰船。拿破仑征俄失败后，英国抽调了大批陆军和海军开赴北美战场。英军在奇珀瓦河和兰迪之战中大败美军，美国被迫放弃攻占加拿大的计划。英国海军经常袭击美国沿海地区，发动大举进攻。1814年，英军攻占美国首都华盛顿，火烧白宫。英军的暴行激起了美国人民的爱国热情，美国人民纷纷拿起武器同英军作战，在巴尔的摩和普拉茨堡多次击败英军。12月24日，美英双方在根特签订和约，但军事行动一直持续到1815年1月新奥尔良之战结束。美英战争又称"第二次美国独立战争"，战后美国彻底摆脱了英国政治和经济的压迫，赢得了真正独立，为工业革命的开展扫清了道路。

莱比锡会战

莱比锡会战是拿破仑在莱比锡（今德国莱比锡）与第六次反法同盟进行的

决战。战争的一方是俄国、奥地利、普鲁士、瑞典组成的约 30 万反法联军,另一方是约 20 万法军和莱茵联邦的军队。因有许多民族的军队参战,所以被称为"民族大会战"。拿破仑入侵俄国失败后,欧洲国家趁机组织第六次反法同盟,准备一举击溃拿破仑。为了阻止反法联盟军队会合,1813 年 10 月拿破仑率领法军和莱茵联邦军队集结在莱比锡。反法同盟集中 30 余万兵力,首先从南、北、东三面包围莱比锡。拿破仑建议谈判,结果遭到拒绝,联军随即向莱比锡发动进攻。拿破仑在莱比锡城外大约 4 千米处部署了 15 万人和 630 门火炮,企图阻止联军的攻势。两军展开激战,联军依仗人数优势,步步紧逼,法军不断撤退,丢失许多村庄。正在两军大战之际,法军的盟军萨克森军队突然倒戈,宣布加入反法联盟,使法军的处境更加恶化。拿破仑被迫放弃防御阵地,开始撤退。联军占领莱比锡城,会战结束。莱比锡会战是拿破仑战争中最大的一次战役,它导致了拿破仑的垮台。

滑铁卢会战

第七次反法联盟期间,英普联军与法军在比利时滑铁卢镇进行的决战。1815 年 3 月,拿破仑从囚禁地厄尔巴岛逃回法国,重新称帝,建立"百日王朝"。欧洲各国大为惊恐,立即组织了第七次反法联盟,调集 70 万大军,分路进攻法国。为了摆脱被动局面,拿破仑军队主动出击,各个击破。6 月 15 日,拿破仑率 12 万法军进入比利时。在 16 日的利尼会战中打败布吕歇尔率领的普军,普军败逃。英荷联军急忙在滑铁卢附近部署兵力,以阻击法军。6 月 18 日,法军赶到滑铁卢,以优势兵力向联军发起进攻,佯攻联军右翼,主攻联军左翼,但遭到联军顽强抵抗。拿破仑见状,只好改为进攻联军中部。法军多次进行正面攻击,并逐次投入预备队,但没有取得重大战果。在此期间,法军骑兵曾两次杀入英军阵地,但因没有步兵支援而被击退。傍晚,布吕歇尔率普军赶到滑铁卢,联军立即组织反攻,法军无法抵挡,全线崩溃。拿破仑逃回巴黎。滑铁卢之战后,"百日王朝"灭亡,拿破仑被流放到大西洋圣赫勒拿岛。

阿亚库巧战役

阿亚库巧战役是南美解放运动时期,南美起义联军与西班牙殖民军于 1824 年 12 月 9 日在阿亚库巧(今利马东南)进行的一次决战。西班牙总督拉塞尔纳将军率领 9000 西班牙殖民军在丘陵一带设防,企图阻挡起义军的攻势。由秘鲁、委内瑞拉和哥伦比亚等国组成的 5000 起义联军,在玻利瓦尔战友苏克雷将军的率领下,开始进攻西班牙军队阵地。苏克雷将军命令科尔多瓦将军率领哥伦比亚第二师进攻敌人左

1824 年 12 月 9 日,大哥伦比亚-秘鲁联军与西班牙主力部队在阿亚库巧平原上进行决战。

翼，拉马尔将军指挥秘鲁步兵进攻敌人右翼。经过激战，这两支军队攻入西班牙人的阵地，西班牙人大败，全线退却。苏克雷抓住战机，率领骑兵进行追击。起义军骑兵击败西班牙骑兵，将西班牙步兵围歼。此役，西班牙殖民军死伤和被俘2600人，拉塞尔纳本人也被俘。南美起义联军伤亡800人。阿亚库巧战役后，上秘鲁全部解放。为了纪念玻利瓦尔，该国改名为玻利维亚。此战后，西班牙几乎丧失了在南美所有的殖民地，不久南美洲获得独立。

英缅战争

19世纪20至80年代，英国3次侵略缅甸的战争。英国占领印度后，就把侵略目光投向了地理位置重要、物产丰富的缅甸。英国多次企图诱使缅甸签订不平等条约，都遭到了缅甸的严词拒绝。于是英国人便开始制造事端，挑起了战争。1824年3月5日，英印总督康宁正式向缅甸宣战。1824年5月初，缅军在班都拉将军的指挥下主动出击，攻至印度吉大港附近。5月9日，英军舰队在仰光登陆，攻占了仰光。班都拉急忙率缅军主力回师救援，缅军6万多人冒大雨和酷热，翻山越岭，行程500多千米，赶回仰光前线。12月1日，班都拉率部向驻守仰光的英军发起总攻。由于缅军长途跋涉，疲惫不堪，英军以逸待劳，再加上双方武器装备差距悬殊，缅军几次进攻均遭失败，被迫退守仰光西北。1825年3月，英军对缅军阵地发起猛攻。班都拉不幸中弹身亡，缅军大败。缅甸国王被迫与英国签订了不平等条约。1886年元旦，英印总督达弗林正式宣布整个缅甸为英国殖民地。

阿富汗抗英战争

阿富汗抗英战争是19世纪30年代到20世纪初阿富汗人民抗击英国殖民者的战争。英国占领印度后，将侵略矛头指向了阿富汗。1839年4月，英军3万多人入侵阿富汗。英军很快就攻占了坎大哈、喀布尔，建立傀儡政权。阿富汗人民组织游击队，展开了全面的抗英游击战争。1841年11月2日，喀布尔市民手执各种武器举行大起义。起义军英勇作战，当晚就占领了喀布尔全城。第二天起义军向城外的英军据点发起进攻。9日，起义军攻占了喀布尔至巴拉喜萨尔要塞间的全部据点，击毙英国公使麦克诺顿。英军狼狈从喀布尔向贾拉拉巴德撤军。在撤退途中，英军不断受到阿富汗游击队的袭击，最后只有一名身负重伤的军医跑回贾拉拉巴德，报告了英军全军覆没的消息。第一次阿富汗战争以阿富汗人民大获全胜而告终。1878年和1919年，英国又侵略阿富汗，结果惨遭失败。

美墨战争

美墨战争是1846年至1848年美国为了扩张领土而对墨西哥进行的侵略战争。美国独立后就开始进行大规模的扩张，首当其冲的是美国南部的近邻墨西哥。1846年，美国向墨西哥宣战，美墨战争爆发。爆发初期，美军依仗优势兵力和先进武器，多次击败墨军，占领了墨西哥大片领土。1847年8月6日，1万美军兵临墨西哥城下。已经没有退路的墨西哥军民在郊区与美军展开了激战，但终因寡不敌众，墨军退入墨西哥

中外人文大讲堂

第六篇　世界军事常识

一四三

城中。9月12日，美军偷袭墨西哥郊外的要地查普尔特佩克小山工事。驻守这里的墨西哥军事学院的学生们与美军展开了殊死搏斗，美军付出了惨重代价才得以攻占墨西哥城外的制高点。9月13日，墨西哥总统逃亡。9月14日清晨，美军进入墨西哥城。为显示威风，美军身穿崭新制服，举行盛大的入城仪式，结果遭到了墨军狙击手射击，死伤惨重。美军与墨军展开了整整一天的激烈巷战，在付出了伤亡860多人的代价后才完全控制了墨西哥城。墨西哥被迫与美国签订不平等条约，向美国割让了230万平方千米的土地。

克里米亚战争

克里米亚战争是俄国与英国、法国、土耳其为争夺近东地区而进行的战争。18世纪后，土耳其不断衰落，它的领土成了欧洲列强垂涎的对象。1853年7月，俄国占领了土耳其的部分领土。10月，土耳其正式对俄国宣战。战争初期，土耳其接连惨败。为了维护自己在近东的利益，英法对俄宣战。1854年9月，英法土联军在俄国克里米亚半岛登陆，围攻俄国的塞瓦斯托波尔港。俄军凭借坚固的工事固守，联军久攻不克。6月18日，联军决定发起一次大规模冲锋。但由于法军把爆炸弹看成信号弹而提前进攻，结果打乱了联军的行动步骤，双方陷入混战。联军损失5000人，俄军损失7000人。7月10日，塞瓦斯托波尔守军的主要将领纳希莫夫在巡视阵地时被联军击毙，俄军士气受挫。9月5日，联军700门大炮猛烈轰击塞港，摧毁了全部工事。8日，6万联军发起了总攻，消灭了4万抵抗的俄军士兵，最终占领了塞港。克里米亚战争是世界上第一场现代化战争。

葛底斯堡之战

葛底斯堡之战是美国内战中最激烈的战役，是美国内战的转折点。1863年6月，罗伯特·李率领8万南军攻入宾夕法尼亚州，林肯总统命令米德率11万人迎击。米德率军在交通枢纽葛底斯堡堵住南军。7月1日，南军向北军防守的公墓岭高地发起猛攻，遭到了北军重炮的狂轰，双方各有损失。李命令南军停下来休息，等待后续部队。7月2日下午，南军以300门大炮猛攻北军阵地，接着派5000骑兵冲锋，骑兵后面跟着3万步兵，双方进行了惨烈的肉搏战。北军不敌，被迫撤退，南军占领了阵地。但到了晚上，北军发动偷袭，夺回阵地。7月3日，南军发起总攻，北军也拼死反击。伤亡惨重的南军终于冲上北军主阵地，双方展开白刃战。最后，北军全线反攻，南军败退。4日夜，罗伯特·李率残部连夜渡过波托马克河，仓皇逃走。这一仗，南军死伤2.8万，北军伤亡2.3万。葛底斯堡之战扭转了战局，从此北方完全掌握了战争的主动权。

日本戊辰战争

1868年，日本明治元年（农历戊辰年），日本新政府军同幕府军进行的一场战争。1868年1月3日，主张倒幕的萨摩、长州等强藩和公卿在京都发动政变，宣布废除幕府，建立以天皇为首的新政府。幕府将军德川庆喜决心以武力维护幕府体制。26日，德川庆喜指挥幕府和会津等藩的联军1.5万人分两路进攻京都,幕府海军副总裁本武扬指挥幕府军舰炮击萨摩藩的船只,戊辰战争爆发。以萨摩、长州两藩为主的新政府军(4500 人)在鸟羽、伏见击败幕府军,并乘胜追击,攻占大阪。3 月 3 日,明治天皇下诏东征,政府军直抵江户(今日本东京)城郊。德川庆喜投降。幕府倒台后,会津、庄内、奥羽等藩继续反对新政府,并准备用武力恢复幕府统治。政府军继续讨伐,先后平定了彰义队、"奥羽越列藩同盟""虾夷共和国"等幕府残余势力,戊辰战争结束。戊辰战争为明治维新扫清了障碍。倒幕军之所以取胜,是因为在战前萨摩、长州等藩进行了军事改革,引进了西方先进的军事体制和武器,组建了新式军队。

色当之战

色当之战是普法战争(1870—1871 年)中,普军与法军在色当(法国东北部城市,位于阿登省马斯河畔)进行的重大战役。普法战争开始后,法军侵入普鲁士,但随即被普军击败,法军败退回国内。法军元帅麦克马洪和随军督战的拿破仑三世率领夏龙军团渡过马斯河,退入色当要塞。普军第 3 集团军和新编马斯河集团军连夜追赶,将法军包围在色当。1870 年 9 月 1 日,色当会战开始。普军用 700 门大炮猛轰法军,色当全城顿时成了一片火海,法军死伤无数,麦克马洪也身受重伤。紧接着普军 20 万人向色当发起猛攻。下午 3 时,法军抵挡不住,在色当城楼举起了白旗,宣布投降。9 月 2 日,拿破仑三世会见普鲁士首相俾斯麦,正式签署了投降书。拿破仑三世、39 名将军、10 万士兵全部做了普军的俘虏。法军体制平时不设军、师两级编制,只是在临战时才仓促组建,所以协调性很差。而且法军战前没有制订周密的战争计划,狂妄自大,只想进攻不想防御,结果被在数量、炮兵装备和战斗训练方面都占优势的普军一举击败。

美西战争

美西战争是美国和西班牙之间为重新瓜分殖民地而进行的世界上第一次帝国主义战争,主战场在古巴和菲律宾。1898 年美国军舰"缅因"号在古巴哈瓦那港(西班牙殖民地)爆炸沉没(后调查是船上煤堆自燃引起的),美国随即对西班牙宣战。5 月 1 日,美国亚洲舰队驶入西班牙殖民地菲律宾的马尼拉湾,对停泊在湾内的西班牙舰队发起突袭,西班牙舰队全军覆没。随后美国远征军在菲律宾登陆,攻占马尼拉。西班牙在菲律宾的统治结束。6 月 22 日,美国陆军在海军和古巴起义军的帮助下,于古巴圣地亚哥湾登陆。7 月 3 日,被美国海军围困在圣地亚哥湾的西班牙舰队冲出海港,企图突围。美国军舰与西班牙舰队进行了激烈的海战。西班牙全军覆没,而美国损失很小。7 月 10 日,美军与古巴起义军联合进攻圣地亚哥城。7 月 16 日,城内弹尽粮绝的西班牙守军被迫投降。这场战争表明国家的经济实力和新式战斗武器对战争进程的影响越来越大,其中美军新式铁甲舰的使用标志着海军战术发展到了一个新阶段。

英布战争

英布战争(1899—1902 年)是英国对荷兰人的后代布尔人在南非建立的

德兰士瓦共和国和奥兰治共和国进行侵略的战争。1899年秋，英国人开始在德兰士瓦共和国边境附近集结军队，不断进行颠覆活动。布尔人在要求英军撤退遭拒绝后，于1899年10月11日对英宣战。在战争初期，布尔人凭借武器和人数优势，进攻时采用散开队形，防守时善于利用地形构筑野战工事，而英军武器陈旧，训练很差，纪律松弛，进攻时采用密集队形，作战时也不进行伪装，结果伤亡惨重。但由于布尔人将主要兵力用于围城，结果削弱了进攻力量。1900年，英军援军赶到，相继占领奥兰治共和国首都布隆方丹和德兰士瓦首都比勒陀利亚，德兰士瓦和奥兰治沦为英国的殖民地。英布战争是帝国主义来临的一个重要标志。英布战争使武器和军事理论、战术有了许多新的发展。步兵进攻采用散兵线和各种机动战术。防御时开始组织火力，构筑野战工事，实施近迫作业和进行伪装。

旅顺口之战

旅顺口之战是日俄战争期间，日军进攻俄军旅顺口要塞的战役。1904年6月6日，日本第3集团军在乃木希典率领下在大连湾登陆，26日开始进攻俄太平洋第一分舰队的主要基地旅顺口外围老横山等战略要地。（1898年，俄国强租中国旅顺、大连后，投入巨资修建旅顺和要塞。）7月30日，日军攻占凤凰山，将俄军压缩在要塞内。8月19日，日军对要塞发起第一次强攻。乃木希典采取"肉弹"战术，命令日军士兵轮番冲击，结果遭到俄军的机枪扫射，死伤惨重。9月19日，日军发起第二次强攻，攻占两座堡垒，但没有攻占旅顺口西北制高点203高地。10月26日，日军发起第三次强攻，仅攻克一座堡垒。11月26日，日军开始第四次总攻。俄军坚守203高地多次打退日军进攻。日军实施坑道作业，凿开岩石，爆破堡垒，终于在12月5日攻下203高地。日军在203高地架设大炮猛轰旅顺口港内的俄舰，俄舰几乎完全丧失战斗力。1905年1月1日望台炮台失守后，俄军宣布投降。旅顺口之战表明，临海要塞只有在守军和陆海军紧密配合下才可能长期固守。

对马海战

对马海战是1905年5月27—28日日俄战争期间，俄国舰队和日本舰队在日本对马群岛海域进行的一场大海战。日俄战争爆发后，俄军在旅顺口的太平洋第一分舰队被歼，大部舰只被封锁在港内。俄军统帅部抽调波罗的海舰队主力组成太平洋第二、第三分舰队驰援远东。5月27日凌晨，俄舰队到达对马海峡，被日本侦查船发现。日本联合舰队总司令东乡平八郎海军上将决心消灭俄军舰队。日本海军逼近俄国舰队后，俄国舰队由双纵队变为单纵队，双方军舰开始互相炮击。俄旗舰"苏沃洛夫公爵"号遭日军炮击，受到重创，舰队司令受伤。一时间，俄国舰队失去指挥，乱作一团。日本舰队趁机加紧进攻，俄国舰队损失惨重。不久，日主力舰只撤出战斗。夜晚，日本舰队出动驱逐舰和鱼雷艇追歼俄国舰队，俄国舰队被迫投降。俄国舰队的失败主要在于指挥官判断失误，不能适应情况突变。俄军舰队舰艇的装甲、航速、火炮威力、射速都不及日本军舰也是重要原因。

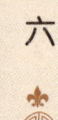

意土战争

意土战争，又称的黎波里塔尼亚战争或利比亚战争，是意大利为了夺取奥斯曼土耳其帝国的北非领土的黎波里塔尼亚和昔兰尼加（今利比亚）而发动的一场侵略战争。1911年9月29日，意大利趁土耳其的严重困难之机，对土耳其宣战，炮击的黎波里、胡姆斯等地，意土战争爆发。意大利出动10万大军对土军进行了封锁。值得一提的是，意大利陆军出动了9架飞机、11名飞行员参战。10月3至5日，意大利在北非登陆，炮击并占领了的黎波里和图卜鲁格。10月底，意大利占领了利比亚重要沿海城市。虽然土耳其军队、阿拉伯部落军队和其他地方的阿拉伯志愿军进行了抵抗，但由于武器装备悬殊最终失败。1912年10月，内外交困的土耳其被迫求和，双方签订《洛桑条约》。的黎波里塔尼亚和昔兰尼加成为意大利的殖民地。意土战争在军事学术史上具有重要意义。在战争中，意军把飞机用于战争，执行侦察、进行轰炸、为炮兵和战列舰校射等任务，显示了巨大的作战威力，开创了飞机参战的新纪元，大大促进了各国军事航空事业的发展。

巴尔干战争

巴尔干战争共发生过两次：第一次是巴尔干各国同盟共同反对土耳其的斗争（1912年10月9日—1913年5月30日）、第二次是巴尔干同盟之间的战争（1913年6月29日—8月10日）。1912年8月，阿尔巴尼亚和马其顿爆发反土耳其起义，已经独立的希腊、保加利亚、塞尔维亚和黑山纷纷表示支持。1912年10月9日，黑山首先对土耳其宣战。18日，保加利亚、塞尔维亚和希腊也相继对土耳其宣战。第一次巴尔干战争爆发。战争主要在保加利亚和土耳其之间进行。保军越过保土边界向南推进。10月29日至11月3日，保军在吕莱布尔加兹击败土军，推进到离伊斯坦布尔30千米的查塔尔贾防线。1913年5月30日，土耳其与巴尔干各国签订了《伦敦条约》，承认阿尔巴尼亚独立。但很快保加利亚与巴尔干其他各国在瓜分马其顿领土上发生矛盾，以保加利亚为一方，希腊、塞尔维亚、黑山、罗马尼亚为一方，爆发了第二次巴尔干战争。结果保加利亚战败，割让了大片领土。西方帝国主义列强干涉巴尔干事务，使这里的矛盾更加尖锐，加速了第一次世界大战的爆发。

从其规模、时间长度、交战人数及引起的后果来看，马恩河战役可说是历史上最大的战役之一。

马恩河战役

马恩河之战是第一次世界大战期间德军和英法军队进行的一场战役。1914年8月法国边境之战后，法军和英军撤退到马恩河以南，在巴黎至凡尔登一线布防。法军总参谋长霞飞将军将大量法军部署在巴黎外围，准备实施反攻。德军总参谋长小毛奇获悉这一情报，命令德军在巴黎以东转入防御，并命令其他部队协同从东面进攻，合围凡尔登以南的法军。但由于德军克卢克将领拒不执行命令，继续率军南下，结果造成了有利于英法联军反击的态势。9月5日，霞飞命令英法联军进行反击。法第六集团军先头部队与德第一集团军在马恩河以北的乌尔克河西岸遭遇。法军首次使用1200辆汽车把第六集团军从巴黎运往前线投入战斗。双方在马恩河一带长达200千米的战线上展开大战。由于作战不力，小毛奇于10日下令德军全线停止进攻，后撤到凡尔登一线。马恩河之战以德军失败告终。马恩河之战虽然短暂，但意义重大，它宣告了德军速战速决战的破产，被迫转入阵地战，战争主动权转到协约国一方。

东普鲁士之战

东普鲁士之战是第一次世界大战期间，1914年8月17日—9月15日俄军与德军在东普鲁士进行的一次作战，又称马祖里湖战役。1914年8月，英法联军为了减轻西线的压力，要求俄军在东线发动攻势。俄军为呼应盟军，并夺取东普鲁士地区，于8月17日向德军发起进攻。德军猝不及防，大败后撤，但德军利用发达的铁路网迅速重新部署。德军用少数兵力去牵制俄第一集团军，派绝大部分兵力进攻俄军第二集团军。俄第二集团军在坦能堡惨遭围歼。随后，德军迅速北上，进攻俄第一集团军。德军在正面虚张声势，主力进攻俄军左翼。俄军左翼被围歼后，德军继续进攻，俄军全线崩溃，全部撤出东普鲁士地区。在东普鲁士战役中，俄军虽然在数量上占绝对优势，但由于俄军将领指挥无能，导致俄军惨败。德军虽然采取了集中优势兵力、各个击破的正确战术，取得了战争的胜利，但却因扩大东线的战争使德国深陷两线作战的泥潭，最终导致了德国的失败。

凡尔登战役

凡尔登战役是第一次世界大战期间，德法两军于1916年2月21日—12月18日为争夺凡尔登而进行的战役。凡尔登是巴黎的东大门，战略地位十分重要。德军企图进攻凡尔登，吸引法军主力增援，借机消灭法军主力。2月21日，德军炮群开始对法军阵地炮击，法军伤亡惨重。炮击停止后，德军步兵分拨次推进，很快突破了法军第一道阵地。在5天当中，德军前进5千米。25日，法军组织3900辆卡车将19万援军和2.5万吨军用物资运送到前线。这是战争史上第一次大规模的公路输送。法军援军及时赶到加强了防御，凡尔登防线日益巩固。正面进攻难以取得进展，德军开始进攻法军阵地的左右两翼。但由于法军顽强抵抗，每个阵地都反复争夺，双方伤亡很大，德军进展不大。法军发动反攻，收复了失地，双方又恢复到战前的状态。凡尔登战役是典型的阵地战、消耗战，双方伤亡近100万人，因此凡尔登战役被称为"绞肉机"。这次战役是第一次世界大战的转折点，德国从此逐步走向失败。

索姆河战役

索姆河战役是第一次世界大战期间，英法联军于1916年7月~11月在法国索姆河地区对德军发动的进攻战役。1916年7月1日，英法联军向索姆河地区的德军阵地发动大规模进攻。当日，法军和英军突破德军第一道防线。2~3日，英军和法军又攻破德军第二道防线。但因为联军组织协同不力，进展迟缓。德军迅速调集援兵加强了索姆河上游地区的防御。此后，双方不断向索姆河地区增加兵力，索姆河战役变成了一场阵地消耗战。9月3日，英法联军再次发动大规模进攻，深入德军防御纵深2千米~4千米。9月15日，英军使用18辆坦克配合步兵进攻，突破德军第三道防线。这是战争史上第一次使用坦克。9月下旬至11月中旬，英法联军步兵和坦克协同发动两次进攻，但都没有取得决定性突破。索姆河战役牵制了德军对凡尔登的进攻，迫使德军收缩防线。这场战役表明，进攻方即使兵力兵器占优势，但如果逐次投入兵力，也难以达到突破敌方纵深防御的目的。

日德兰海战

日德兰海战是第一次世界大战期间，英国和德国在1916年5月31日至6月1日在日德兰半岛斯卡格拉克海峡附近海域进行的一场大海战。第一次世界大战爆发后，英国对德国进行了海上封锁。为打破封锁，1916年5月，德国海军前往斯卡格拉克海峡附近，诱使英国海军出海，计划用德国海军主力舰队主力将其歼灭。英国舰队获悉德国舰队出海后，前往斯卡格拉克海峡迎击。5月31日下午，双方在斯卡格拉克海峡附近海域遭遇，德舰先行开炮。战斗1小时后，英国海军损失两艘战舰。英国舰队北撤与己方舰队主力会合，德国舰队乘胜追击。英国海军主力与德国海军展开了激战。6月1日，德国舰队首先撤退，英国舰队也随之撤退。此战，英国损失巡洋舰3艘、驱逐舰8艘，伤亡6800人；德国损失战列舰、巡洋舰各1艘，轻巡洋舰4艘、驱逐舰5艘，伤亡3100人。日德兰海战是第一次世界大战期间最大规模的海战，也是世界海战史上最后一次战列舰大编队交战，它表明了大炮巨舰主义的失败，迫使各国海军寻求新的战法。

现代军事

苏俄内战

苏俄内战是十月革命胜利后俄国苏维埃政权为保卫新生的政权，与国内外反革命进行的战争。十月革命后，一些旧俄军官如高尔察克、邓尼金、克拉斯诺夫、阿列克谢耶夫等人在德国的支持下，在各地纷纷组织傀儡政府，组织反革命武装白军，发动武装叛乱。由奥匈战俘组成的捷克斯洛伐克军团在遣返途中也发动叛乱，外国干涉军在海参崴登陆，干涉俄国革命。苏维埃俄国3/4的领土被占领，情况十分危急。以列宁为首的布尔什维克苏维埃政府领导全国人民同国内外敌人进行了坚决的斗争，终于击败了敌人，稳定了局势。1918年，协约国又开始支持俄国

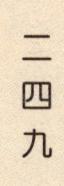

反革命武装。高尔察克、尤登尼奇、邓尼金从东、南、西3个方向向苏维埃政府发动了进攻。红军发动反攻，相继击败了这些反动武装。1920年年初，红军转入大反攻，四处扫荡白军，白军残部纷纷逃到边远地区。苏维埃俄国赢得了内战的胜利。在内战中，红军善于集中主要兵力在主要战线与主要敌人作战，最终将敌人各个击破。在战争中，红军非常注重正规军和游击队的配合、骑兵的快速机动和预备队的建设。

苏波战争

苏波战争是苏俄与波兰为了争夺白俄罗斯、西乌克兰和立陶宛而进行的战争。十月革命后，波兰获得独立，由资产阶级组成了政府。1920年，波兰白军在协约国的怂恿下，拒绝了苏俄政府关于谈判解决两国领土争端的建议，悍然对苏俄发动了进攻。波兰总统毕苏斯基趁苏俄内战之机，派兵相继占领了白俄罗斯、立陶宛等地，并再次拒绝苏俄政府的谈判请求，又占领了乌克兰。由于波军战线过长，补给困难，苏俄红军一反击，波军立即全线崩溃。红军收复乌克兰首府基辅，越过苏波边界向波兰首都华沙推进。波兰和协约国请求和谈，但遭到苏俄拒绝。红军将领图哈切夫斯基不顾红军连续作战疲惫不堪、弹药缺乏、给养不足和大量减员的情况，执意围攻华沙。结果遭到波军的反攻，遭到毁灭性打击，全线溃退，在后方预备队的支援下才稳住阵脚。1920年10月，双方签订了《里加条约》，苏波战争结束。苏波战争标志着外国干涉军对苏俄革命的干涉完全失败。

埃塞俄比亚国王与国民一起反抗意大利的入侵。

埃塞俄比亚抗意战争

埃塞俄比亚抗意战争是1935—1936年，埃塞俄比亚（当时叫阿比西尼亚）人民抗击意大利侵略者的卫国战争。墨索里尼上台后，为了扩大殖民地和控制红海通往印度洋的航道，发动了侵略埃塞俄比亚的战争。1935年10月，30万意大利侵略军不宣而战，从北、东、南3个方向向埃塞俄比亚发动进攻。埃塞俄比亚人民在皇帝海尔·塞拉西的领导下英勇抗击侵略者。战争前期，埃军主要是进行阵地战。意大利军队利用空军优势，向埃军投掷炸弹和喷洒毒气，埃军损失惨重。1936年，海尔·塞拉西皇帝在梅丘地区集结主力部队向意大利侵略军发起反攻，虽然消耗了相当数量的意军，但埃塞俄比亚损失更为惨重。4月5日，意大利侵略军攻占埃军大本营，5月1日，首都亚的斯亚贝巴失陷，海尔·塞拉西流亡国外。意大利吞并埃塞俄比亚，但是，埃塞俄比亚人民并没有屈服，而是开展了游击战。

苏芬战争

1939年11月—1940年3月的苏芬战争是苏联侵略芬兰的战争，又称"冬季战争"。1939年，苏联以维护西北边境安全为由，要求芬兰割让大片领土，但是遭到芬兰的拒绝。11月28日，苏联单方面废除两国互不侵犯条约，并于次日宣布断交。11月30日，苏军以20个师（50万人）、2000辆坦克和1000多架飞机向芬兰发起全线进攻。当时芬军包括民兵和预备役在内，大约为40万人，坦克约60辆，火炮100门，飞机100架。芬军决心利用芬兰高寒和湖泊众多、森林密布的有利地形条件，充分发挥芬兰人擅长滑雪、射击和熟悉地形的特点来抗击苏军。芬兰军队组成一支支狙击队，埋伏在雪中，到处射杀苏军，给苏军带来了极大的伤亡和恐慌。1940年1月，苏军以密集炮火和重型坦克发动地面进攻，空军对芬兰城市和交通线进行狂轰猛炸，芬兰弹尽粮绝，被迫投降。此战，苏联虽然取得了战争的胜利，但由于苏军狂妄自大，准备仓促，战术呆板落后，协同很差，竟伤亡约20万人，而芬军仅损失6.8万人。

德国闪击波兰

德国闪击波兰是第二次世界大战时德国突袭波兰的战争，导致第二次世界大战全面爆发。1939年9月1日凌晨，德国58个师、2800辆坦克、2000架飞机和6000门大炮，从北、西、西南三面对波兰发起突然袭击。德国空军对波兰的机场、战略中心和通信指挥机构实施了猛烈轰炸。500多架波兰飞机在地面被炸毁，无数火炮、汽车及其他辎重来不及撤退即被摧毁，交通枢纽和指挥中心遭到破坏，波兰军队陷入混乱之中。德军以装甲部队和摩托化部队为先锋，很快从几个主要地段突破了波军防线。苏联也趁火打劫，从东面入侵波兰。

查尔斯·坎德尔用油画生动再现了盟军在敦刻尔克撤退的一幕。

9月3日英法两国相继对德宣战，第二次世界大战全面爆发。但英法军队却在坚固的"马其诺防线"后面无所作为，坐视波兰的灭亡。16日，波兰政府和波军统帅部逃往罗马尼亚。9月17日，德军包围华沙。9月28日，华沙守军投降。10月2日，波兰最后一个城市格丁尼亚停止抵抗，波兰灭亡。德国闪击波兰使德军"闪击战"的威力第一次呈现在世人面前，显示了坦克兵团在空军的配合下的巨大威力。

敦刻尔克大撤退

敦刻尔克大撤退是1940年5月26日至6月4日，英法军队从法国敦刻尔克港向英国本土实施的战略撤退。1940年5月10日，德国调集了136个师、2500辆坦克、3800架飞机，分为A、B、C3个军团，向荷兰、比利时、卢森堡发起闪电式进攻，进而进攻法国。德军进展迅速，荷兰、比利时、卢森堡相继投降。在法国北部和比利时境内的英法军队与索姆河以南法军主力的联系被切断，被围困在敦刻尔克附近的狭小地区内，面临被歼灭的危险。为了避免英国远征军被歼，保留军事力量，26日晚英国政府下令撤退。英国派出693艘船只，法国、比利时和荷兰也派出各种舰船168艘，共计861艘。从5月27日到 6 月 4 日的 9 天里，800 多艘船只在敦刻尔克和英国港口之间穿梭不停，将英法军队 33 万人（英军 22 万人，法军 8 万人，比军 3 万人）撤退到了英国。敦刻尔克大撤退保留了一大批具有战斗经验的官兵，为以后反攻德军准备了大量有生力量，尤其是英国官兵，后来成为诺曼底登陆的骨干力量。

不列颠空战

不列颠空战是第二次世界大战中英国抵抗德国空军的大规模空战。法国投降后，纳粹德国多次诱使英国投降，但均遭到了英国政府的拒绝。1940 年 7 月 10 日，德国空军开始对英国进行大规模的空袭，企图夺取英吉利海峡上空的制空权。起初，德军轰炸的主要目标是英军的军舰、海军基地、机场和雷达站。9 月 7 日，德国空军又开始轰炸伦敦等城市，企图摧毁英国人的抵抗意志。但英国人民在丘吉尔的领导下，奋起抵抗。9 月 15 日，不列颠空战达到了高潮。德国空军的战斗机倾巢出动，英国空军与德军展开了殊死搏斗。英国空军大获全胜，这一天被定为"不列颠之日"。10 月初，德国空军转入夜袭，不列颠空战接近尾声。后来由于希特勒将注意力转向苏联，"海狮计划"被无限期推迟。不列颠空战是第二次世界大战中规模最大、时间最长的空战，是德军在第二次世界大战中第一次失败。英国成为日后欧洲抵抗运动和同盟国反攻欧洲大陆的基地，德国进攻苏联后，处于两线作战的境地，为战败埋下了伏笔。

克里特岛战役

克里特岛战役是 1941 年 5 月第二次世界大战中，德军为夺取希腊的克里特岛而进行的空降作战。克里特岛位于地中海东部，是控制东地中海的战略要地。1941 年 4 月，德国侵占巴尔干半岛后，为了控制爱琴海和东地中海交通线、保障罗马尼亚油田不受英国空军袭击，决定夺取克里特岛。1941 年 5 月 20 日凌晨，满载空降兵的德国空军运输机飞往克里特岛，克里特岛战役正式打响。德军总共在克里特岛投入了 500 架轰炸机、230 架战斗机、50 架侦察机、500 架运输机和第 7 伞降师、第 22 机降师、滑翔突击团等空降部队，共计 2.2 万人。经过激战，德军最终占领了克里特岛，将驻守该岛的英国军队全部赶走，俘虏了近万名希腊士兵，但由于作战计划不完善和守军的顽强抵抗，德军空降部队也付出了惨重的代价，伤亡 6500 多人。克里特岛战役是第二次世界大战中唯一一次以空降部队为主力的进攻战，对以后登陆战争乃至作战理论的发展产生了重要的影响。

苏德战争

苏德战争是 1941 年 6 月—1945 年 5 月苏联进行的反对纳粹德国侵略的战争，苏联称之为"卫国战争"。1941 年 6 月 22 日，德国撕毁《苏德互不侵犯条约》，悍然对苏联发动进攻。战争初期，德军突破苏军防御，占领了苏联大片领土，包围了列宁格勒。苏军被迫转入战略防御。9 月，德军大举进攻莫斯科。苏军积极防御，广泛开展敌后游击战。次年 4 月取得莫斯科会战的胜利。1942 年 7 月，德军进攻斯大林格勒，苏军被迫再次转入防御。次年 2 月，苏军反攻，消灭了斯大林格勒的德军，从

此苏军转入反攻。斯大林格勒之战是第二次世界大战的转折点。8月，苏军又在库尔斯克会战中取得重大胜利。此后苏军完全掌握了战略主动权，德军转入防御。苏军发动了一系列大规模进攻，收复全部失地，解放了许多东欧国家。4月16日，苏军对柏林发起总攻，5月2日，苏军攻克柏林。5月8日，德国无条件投降，苏德战争结束。苏德战争表明：战争规模空前增大，必须依靠军队集团才能完成战略性任务；经济因素和科学技术对战争进程影响加大。

列宁格勒战役

列宁格勒战役是第二次世界大战期间，苏军于1941年7月10日至1944年8月9日在列宁格勒（今俄罗斯圣彼得堡）进行的抵御德军的城市保卫战。列宁格勒是苏联西北部的战略要地，是德国要夺取的首要目标之一。德军北方集团军群在芬兰军队的配合下向列宁格勒发起进攻，苏军西北方向部队奉命坚守，苏联军民在城市内外建立了完整的防御体系。德军从北、东、南三面包围了列宁格勒（西面是芬兰湾），完全切断了列宁格勒与外界的联系，并且每天派轰炸机轰炸和炮击，企图迫使守军投降。但列宁格勒军民顽强不屈，誓死不降，从海军中抽调大量人员登陆作战，以民兵作为预备队，拼死抵抗。后德军一部分抽调前往参加莫斯科会战，列宁格勒军民压力大减。苏军趁机发起反攻，在拉多加湖开辟了一条冰上运输线，得到了源源不断的补充。1944年，苏军集结兵力对包围列宁格勒的德军实施反攻，击溃了德军，将列宁格勒从德军的长期围困中解救出来。列宁格勒被围困时间长达900天，牵制了德军大量的精锐部队，有力地支援了苏军在其他战场的胜利。

莫斯科保卫战

莫斯科保卫战是第二次世界大战期间，苏军于1941年9月至1942年4月在首都莫斯科附近进行的抵抗德军进攻的防御战。1941年9月底，德军北线包围了列宁格勒，南线攻占了基辅，中央攻占了斯摩棱斯克，集中兵力向苏联首都莫斯科进攻，企图在冬季到来之前攻占莫斯科。苏军在莫斯科以西建立了3道纵深300千米的防线。德军攻势猛烈，消灭了大量苏军，从西、北、南三面包围了莫斯科。但苏军迅速组建了新的部队，再次同德军展开了殊死搏斗，阻止了德军的攻势。冬季到来后，德军准备不足，没有冬衣，没有防寒设备，攻势大为减弱。苏军赢得了宝贵的休整时间。1942年1月5日，苏军发动全线反击，将德军打退了150～400千米，收复了大片领土，取得了莫斯科会战的胜利。在莫斯科会战中，苏军不断完善纵深梯次配置的防御体系，加强空中和对坦克的防御，组建战略预备队，将炮兵进攻和各军兵种与游击队的协同作战，最终稳定了战局。莫斯科会战打破了德军不可战神的神话，宣告了德军"闪电战"彻底破产。

太平洋战争

太平洋战争是第二次世界大战期间，反法西斯同盟在太平洋地区进行的粉碎日本侵略的战争。1941年12月，日本舰队偷袭珍珠港，美国太平洋舰队遭到重创，太平洋战争全面爆发。日本

利用在太平洋地区取得的暂时的军事优势，先后侵占了泰国、香港、马来亚、菲律宾、印度尼西亚、缅甸、所罗门群岛和阿留申群岛部分地区等广大地区。1942年3月，美军开始局部反攻。在珊瑚海海战中，美军首次击败日军，又在中途岛海战中重创日本舰队，掌握了战争主动权。1942年8月至次年2月，美军在瓜达尔卡纳尔群岛再次重创日军。1943年11月，美军转入全面进攻。1945年年初，美军占领冲绳，开始轰炸日本本土。8月6日和9日，美国在广岛、长崎投掷原子弹。8月15日，日本宣布无条件投降。9月2日，日本在投降书上签字，太平洋战争和第二次世界大战结束。太平洋战争进程表明：海军核心都由战列舰转为航空母舰，舰载航空兵对海上交通线的安全和掌握制海权、制空权有重大影响。

中途岛海战

中途岛海战是第二次世界大战期间，美国与日本于1942年6月在中途岛进行的一场大海战。中途岛位于太平洋中部，是海上和空中交通要冲。日本企图夺取中途岛，并诱歼美国太平洋舰队，保障日本南进和本土的安全。1942年6月4日，日本海军中将南云忠一率领日本海军第1机动编队进抵中途岛附近海域，派出第一波108架飞机袭击中途岛。但岛上和附近的美军早已严阵以待，日军袭击没有达到目的。南云忠一决定再次攻击中途岛，下令第二波已经挂上鱼雷准备攻击美舰的飞机改装炸弹。日侦察机报告美国舰队在附近出现时，南云忠一又下令飞机卸下炸弹改装鱼雷，舰上一片混乱。美国战斗机趁机发起猛烈进攻，日军损失惨重，山本五十六只好下令停止进攻中途岛。中途岛海战，日军共损失4艘大型航空母舰、1艘重巡洋舰、322架飞机和3500人，丧失了在太平洋战争初期所掌握的海空控制权，被迫停止进攻转为守势。中途岛海战是太平洋战争的转折点。

斯大林格勒战役

斯大林格勒战役是第二次世界大战期间，苏军于1942年7月17日至1943年2月2日为保卫斯大林格勒（今俄罗斯伏尔加格勒）而进行的战略性攻防战役。莫斯科会战失败后，德军被迫由全面进攻转为重点进攻。1942年7月17日，德军在顿河河曲发动攻势，企图攻占战略地位极其重要的斯大林格勒，斯大林格勒保卫战开始了。苏军在斯大林格勒远郊设置了三道防线，近郊构筑了两道防线，德军每前进一步都要付出极大的代价。9月13日，德军攻入市区，并一度攻占市中心。苏军战士同敌人展开了激烈的巷战。双方对每一个建筑物、每一条街道都展开了反复争夺，仅火车站就反复易手达13次之多。双方死伤都很大，德军无法得到补充，而苏军的援军却源源不断地开往前线。11月中旬，集结了强大兵力的苏军开始转入反攻，包围了33万德军，并击退了德国援军。在弹尽粮绝的情况下，被包围的德军只好投降。斯大林格勒是第二次世界大战的转折点，从此苏军由战略防御转向战略进攻，掌握了战争的主动权。

阿拉曼战役

阿拉曼战役是第二次世界大战期间

英军在北非的阿拉曼地区对德、意军发动的进攻战役。英法军队在欧洲大陆惨遭失败后，意大利趁火打劫，派兵抢占英国在非洲的殖民地。1941年1月，英军发动反击，意军惨败。2月，隆美尔率德国援军赶到，大败英军，德意联军推进到开罗附近的阿拉曼。1942年10月23日，得到美国大量支援的英军，在蒙哥马利的率领下在阿拉曼对德意军队的防线发动大规模进攻。28日，英军主力突破德军北部防线，迫使德军北上增援。当德军北上增援后，英军又趁机攻击敌军的结合部。11月2日，英军又突破意军南部防线。4日，隆美尔被迫率领德军残部撤退，4个意大利师向英军投降。英军一路追歼德军，德军的"非洲军团"损失了6万兵力和大量武器装备，从此一蹶不振。阿拉曼战役是第二次世界大战中非洲战场的转折点，它打破了英军队与德意联军在非洲战场的"拉锯战"局面，掌握了非洲战场的主动权。从此以后，德意联军节节败退，终于在1943年5月投降，非洲战事结束。

北非登陆战役

北非登陆战役是第二次世界大战期间，美英联军在法国维希傀儡政府控制的法属阿尔及利亚和摩洛哥进行的登陆作战。1942年，美英为了击败北非的德意军队，决定在北非摩洛哥的卡萨布兰卡和阿尔及利亚的奥兰、阿尔及尔实施一次登陆作战。登陆部队共10.7万人，由16艘航空母舰、7艘战列舰、9艘巡洋舰以及大批驱逐舰、扫雷舰和各式登陆舰艇共650艘组成。美陆军中将艾森豪威尔任总指挥，英海军上将坎宁安任海军总司令。参战舰艇编为东部、中部和西部3个特混舰队。登陆地区由法国维希傀儡政府军队驻守，约总兵力20万人，飞机500架。11月8日，东部和中部登陆舰队突击登陆，占领阿尔及尔，10日占领奥兰。11日，西部登陆舰队占领卡萨布兰卡。在登陆过程中，除个别地点战斗较激烈外，法军没有组织有力抗击，部分法军军官甚至配合美英军队的登陆行动。北非登陆战役是军事史上第一次实施大规模"由艇到岸"的渡海登陆战役，给以后的西西里岛登陆和诺曼底登陆提供了宝贵的经验。

塞班岛战役

塞班岛战役是第二次世界大战期间，美军在太平洋的塞班岛上进行的一次登陆战。塞班岛是马里亚纳群岛的主要岛屿，战略地位十分重要。1943年6月11日，美军4.6万人在470多艘舰艇和2000架飞机的掩护下，对塞班岛发起了进攻。美军先用空军和海军的强大火力摧毁岛上大部分地面工事。15日，美军在塞班岛西岸查兰干诺地区登陆，占领登陆场。日军多次发起小规模反击，但均被击退。17日夜，日军再次发起反攻，曾一度攻入美军阵地，但由于缺乏后续梯队而被击退。巩固了登陆场后，美援军源源不断地赶来。6月19~20日，美国海军在马里亚纳海战中重创日军，夺取了制空权和制海权，守岛日军陷于孤立。26日，美军攻占塞班岛中部的制高点塔波乔山，随即向北发展。7月9日，美军占领全岛。此战日军损失航母3艘、伤亡4万人，被俘3000人，守将南云忠一和斋藤义次自杀。美军夺取塞班岛，突破了日本的

内防御圈，为夺取马里亚纳群岛的其他岛屿创造了有利条件，为美军远程轰炸机轰炸日本本土提供了基地。

西西里岛登陆战役

西西里岛登陆战役是第二次世界大战期间，美英军队在意大利西西里岛进行的一次大规模登陆作战。西西里岛是地中海最大的岛屿，是意大利的南部屏障，战略地位十分重要。为了保障盟军地中海航线的畅通，并迫使意大利投降，美英盟军决定于1943年7月～8月在西西里岛进行一次大规模登陆作战。1943年夏，盟军在北非沿海港口集结了47万人，作战飞机4000架，各种战舰和辅助船只约3200艘。1943年7月9日，盟军在西西里岛强行登陆。德意军队猝不及防，防线很快被突破。登陆后的第3天，英军占领了西西里岛的东南部。7月22日，美军攻克了西西里岛首府巴勒摩。8月17日，盟军占领重镇墨西拿，随后占领全岛。至此，西西里岛登陆战以盟军获胜告终。西西里岛战役是盟军在欧洲战场上进行的一次重要战役。战役的胜利为盟军获得了进攻意大利本土的跳板，加深了墨索里尼政权的危机，并为最终迫使意大利投降创造了条件。

意大利南部战役

意大利南部战役是第二次世界大战时盟军于1943年9月～10月在意大利南部进行的进攻战役。自从意大利参战以来，在巴尔干、北非、地中海战场屡战屡败，激发了国内矛盾，意大利陷入内外交困之中。盟军占领西西里岛后，1943年7月25日意大利发生政变，墨索里尼被软禁，意大利成立了以巴多里奥为首的新政府。新政府在西西里同盟军谈判，并于9月3日签订了投降协定，轴心国集团就此开始瓦解。同日，盟军渡过墨西拿海峡，向意大利半岛罗马以南地区登陆，发起意大利南部战役。德军向盟军发起了疯狂反扑，但在盟军海军和空军的打击下惨遭失败。10月1日，盟军占领那不勒斯，控制了整个意大利南部。由于盟军行动迟缓，致使德军从容北撤，并建立了坚固的古斯塔夫防线与盟军对峙。意大利南部战役的政治意义大于军事意义，它标志着法西斯轴心国集团开始瓦解，意大利加入了盟国对德宣战，法西斯败局已定。

克里米亚战役

克里米亚战役是第二次世界大战期间，苏军于1944年4月至5月进行的解放克里米亚半岛的战役。1944年4月8日，乌克兰第4方面军在司令员托尔布欣大将的率领下，从克里米亚半岛北部向南推进，打响了解放克里米亚半岛的战役。11日，苏军攻占铁路枢纽占克伊，德军及其仆从军罗马尼亚军队从克里米亚半岛北部撤到南部，从刻赤半岛东部撤到西部。不久之后，苏军攻占刻赤。随后，苏军在整个克里米亚半岛追歼四处逃窜的德军。15日，苏军推进到塞瓦斯托波尔。经过充分准备，苏军在5月5日从北面向塞瓦斯托波尔发起进攻。7日，主力从东面和东南发起进攻。9日，苏军解放塞瓦斯托波尔。12日，苏军肃清了德军，解放了整个克里米亚半岛。在克里米亚战役中，苏军陆军与黑海舰队、亚速海区舰队、游击队密切配合，协同作战，取得了辉煌战果。克里米亚半岛的解放，改善了黑海舰队的驻扎条件，为解放巴尔干半岛和东南欧创造了有利条件。

诺曼底登陆

诺曼底登陆是第二次世界大战期间，美英军队在法国诺曼底地区进行的一次大规模登陆作战。斯大林格勒战役后，德国败局已定。为了加速德国的灭亡，1944年美英两国决定在法国诺曼底登陆，开辟欧洲第二战场。盟军集结了287万人，动用了1.1万架战斗机、2300架运输机，用于登陆的6000艘运输舰、登陆艇和用来支援登陆的近400艘战舰。1944年6月6日，美英盟军向法国诺曼底西端海岸推进。在舰队的猛烈炮火掩护下，盟军部队在维尔河口和奥恩河口之间的海岸登陆。经过激战，盟军取得了三处滩头立足点，随后又向纵深推进了2至6英里。希特勒曾大肆吹嘘的牢不可破的"大西洋壁垒"被攻破了。诺曼底登陆之所以能够成功，是因为战前盟军进行了充分的准备，准确地预测了天气，掌握了制空权和制海权，选择了正确的登陆地点，使陆海空三军能够协同配合作战。诺曼底登陆的胜利，为盟军解放法国和进攻德国获得了立足点，德国从此陷入了苏联和英美盟军东西夹击之中，加速了灭亡。

硫磺岛战役

硫磺岛战役是第二次世界大战中太平洋战争期间，美军和日军于1945年争夺硫磺岛的战争。硫磺岛地处战略要津，位于东京与塞班岛之间。美军以塞班岛为基地空袭东京。但由于硫磺岛上日军的报警，空袭效果很不理想。为总攻日本，美军势必要夺占硫磺岛。而为了东京安全，日军也要死守硫磺岛。1945年2月16日，美军出动舰艇200多艘次、飞机400多架次，对硫磺岛进行炮击和轰炸。19日，美军开始登陆，经过激烈战斗，美军占领了滩头阵地。20日，登陆美军兵分三路，右路进攻东北高地，中路进攻第一号机场，左路进攻折钵山。其中以折钵山的战斗最为激烈，双方展开了殊死搏斗，阵地几经易手。23日，美军包围折钵山，全歼守敌。随后，双方对小岛的每一块阵地、每一个洞穴展开了激烈的争夺。美军步兵在坦克的支援下，将岛上的日军防御阵地一个个地摧毁。3月26日，美军宣布占领硫磺岛。美军攻占硫磺岛，获得了进攻日本本土的前沿阵地。硫磺岛战役的重大伤亡也促使美国下决心对日本使用原子弹。

柏林战役

柏林战役是第二次世界大战后期，苏军于1945年4月16日至5月8日攻占纳粹德国首都柏林的战役。1945年春，苏、美、英等盟国军队已经从东西两面攻入德国本土，德国败局已定。但希特勒将剩余的德军兵力集中在柏林，做困兽之斗。德军在柏林地区聚集了100万军队，在柏林外围构筑了6道坚固的纵深梯次防御。为了彻底消灭德国

1945年5月，德国纳粹终于在投降书上签字。

中外人文大讲堂

第六篇 世界军事常识 二五七

法西斯，4月16日，苏军统帅朱可夫下达了进攻命令，柏林战役打响。20日，苏军逼近柏林，并且开始炮击柏林，分割德军。27日，苏军攻入市区，与德军展开激烈的巷战。30日，苏军夺取国会大厦，希特勒自杀。5月2日，柏林城防司令赫·魏德林投降，柏林卫戍部队停止抵抗。8日，德军统帅部代表威廉·凯特尔元帅在柏林签署投降书。在战斗中，苏军采取了以绝对优势的兵力兵器在正面实施多路进攻、连续突破德军的坚固的纵深梯次防御、对敌军集团采取先分割而后各个歼灭的战法。柏林战役的胜利，标志着纳粹德国的灭亡、苏德战争和欧洲战争的结束。

冲绳战役

冲绳战役是太平洋战争期间，美军于1945年4月~6月在冲绳岛进行的登陆战役。4月1日，美军6万人及大批坦克、火炮在冲绳岛中部登陆，建立包括两个机场在内的登陆场。4日，美军占领冲绳岛中部地区，将冲绳岛拦腰截断，同时开始向北部和南部发起进攻。4月21日，美军占领冲绳北部。由于南部日军固守顽抗，导致美军进展缓慢。战争期间，日军组成"神风队"对美军进行自杀性攻击，虽然取得了一定战果，但对全局影响不大。美军向南部大量增兵，24日突破牧港防线。5月4日，日军发动总反击但被击退，被迫收缩阵地。22日，美军突破日军南部防线。23日，日军司令牛岛满自杀，战役结束。冲绳战役是太平洋战争中规模最大、时间最长、最惨烈同时也是最后一次战役。在战斗中，美军占据绝对优势，采用分进合击的灵活战术，日军装备低劣、战术死板，最终被各个击破。美军占领冲绳岛后，打开了通往日本本土的门户，建立了进攻日本本土的战略基地。

美军轰炸日本本土

第二次世界大战后期，为了最后摧毁日本的战争能力和瓦解日军的斗志，同时减少盟军的伤亡，美国在完全掌握了制空权之后，开始动用轰炸机对日本本土进行战略轰炸。1944年6月15日，美军68架B-29式"超级空中堡垒"重型轰炸机飞临日本九州上空，轰炸了日本八幡钢铁厂，拉开了美军对日战略轰炸的序幕。从1945年3月开始，美军轰炸机由高空水平轰炸改为夜间地空和白天中空轰炸，对日本城市投下了大量的燃烧弹，将日本城市变成了一片火海。其他重要城市，如横滨、九州等地的日军机场和其他重要目标也遭到了轰炸。与此同时，美军轰炸机还对日本港口投掷鱼雷，进行封锁。在美军对日本本土进行的数以万计次轰炸中，日本850万城市居民逃往农村，工厂工人的缺勤率达到49%。炼油工业生产下降83%，飞机引擎生产下降了75%，飞机骨架生产下降了60%，电子装备生产下降了70%。600多家军事工厂不是被炸毁就是遭到严重破坏。日本的战争能力几乎完全被摧毁。美军轰炸日本本土加快了日本军国主义的崩溃和投降。

苏日战争

苏日战争又称满洲（指中国东北）战役，是第二次世界大战末期苏军在中国东北与日军进行的战斗。欧洲战争结束后，苏联开始准备对日作战。当时在

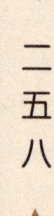

中国东北的日本关东军利用中苏、中蒙边界的山岭、河流构筑了大量的工事。1945年8月9日零点10分，苏联红军从东、西、北三个方向，在四千多千米的战线上，向关东军发动突然袭击，关东军猝不及防，防线很快被突破。8月14日，经过近一周的激战，苏军迅速向东北腹地挺进，将关东军分割成许多孤立集团，分割包围，最后将其全部歼灭。8月15日，日本天皇发布投降诏书，但关东军仍然继续抵抗。8月16日晚，关东军决定停止抵抗。18日下午，关东军司令部下达了投降命令。19日下午，苏军进入沈阳。22日，哈尔滨日军向苏军投降。同一天苏军进入大连，东北全境解放。苏日战争时，苏军统帅部对苏军进行总领导，大大提高了军队的指挥效能，保证了陆军、海军和空军之间的紧密配合。

奠边府战役

奠边府战役是越南军队在抗法战争中取得的一次大捷。第二次世界大战结束后，胡志明在河内宣布越南独立，但遭到法国的拒绝。法国占领了越南的西贡，随后向河内发起了进攻。1953年11月，法军驻印度支那总司令纳瓦尔为了夺回战场主动权，消灭越军主力，出动了5000空降兵占领越南战略要地奠边府，随后逐步增加兵力。法军企图以此作为对越南北部和中部解放区实施进攻的基地。12月，越南人民军将奠边府重重包围。1954年3月13日，越南人民军进攻奠边府，奠边府战役正式打响。越军首先拔下法军支撑点，随后向中心地区发起了进攻。越军利用坑道或交通壕接近并摧毁法军支撑点，夺取奠边府以东各制高点，楔入奠边府中心地区和南区之间，将法军分割包围。随后，越军炮兵摧毁了机场，切断法军的空中补给。1954年5月1日越军发起总攻，全歼守敌，俘虏法军总司令纳瓦尔。奠边府战役是越军首次进行的阵地攻坚战，拔除了法国殖民军在越南西北部的最后堡垒，为北越的解放奠定了基础。

印巴战争

印巴战争是印度和巴基斯坦之间发生的战争，共3次。战争的起因是克什米尔归属问题和东巴基斯坦问题。前两次印巴战争双方都没有取得决定性战果。1971年，东巴基斯坦发生动乱，印军于11月21日从东、北、西三面分十路大军向东巴基斯坦发起了进攻，第三次印巴战争爆发。东巴守军在数量上和武器上处于劣势，但是他们的顽强抵抗挫败了印军速战速决的意图。印军在东巴首府达卡周围空投了大批伞兵，切断了东巴守军之间的联系，包围了达卡。与此同时，印度的海军和空军从海上和空中封锁了东巴，切断了东巴与西巴之间的联系。东巴处于孤立无援的境地。12月16日，印军向达卡发起总攻，东巴指挥官尼亚兹中将向印军投降。不久，东巴成立孟加拉国。在西线，巴军主动向印军进攻，印军发起反击。双方海陆空三军激烈对峙，战线呈犬牙交错。后因东巴沦陷，巴军宣布停火。在这次战争中，印度采取了正确的西守东攻的战略，利用实力优势，集中优势兵力，利用对手东西分离的弱点，肢解了巴基斯坦，削弱了对手。

在1973年对埃、叙的军事突袭中，以色列士兵将国旗竖起在叙利亚国土上。

中东战争

中东战争指的是1948—1982年间，阿拉伯国家同以色列之间进行的多次战争。1947年11月第二届联合国大会通过巴勒斯坦分治决议，把巴勒斯坦地区分为阿拉伯和以色列两个国家，遭到了阿拉伯国家的强烈反对。阿拉伯国家和以色列先后爆发了5次中东战争。1973年10月6日，第四次中东战争爆发。埃及军队强渡苏伊士运河，突破了以军的"巴列夫防线"，叙利亚军队从北部向以色列发起进攻。以色列在损失惨重、极为被动的情况下，先以北线为重点，遏止了叙军进攻，随后将重点转向西线。以军击毁埃坦克250辆，迫使埃军撤退。以军从埃第2、第3集团军接合部穿插突击，摧毁许多埃及防空导弹阵地，占领苏伊士城，夺得西线战场主动权。1974年1月28日和5月31日，以色列先后与埃及和叙利亚签订了停火协议。在战争中，埃、叙经过周密准备对以色列发动突然袭击，首战告捷。而以军先北后西，重点用兵，最终化被动为主动，扭转被动局面。

两伊战争

两伊战争是指1980至1988年，伊拉克和伊朗之间的战争。伊拉克和伊朗长期以来一直存在着民族、宗教、领土争端。1980年9月22日，伊拉克军队向伊朗发起了进攻，伊朗军队仓促迎战，纷纷败退，伊拉克军队占领了伊朗2万平方千米的土地。1981年9月，经过调整部署的伊朗军队发起反攻，重创伊拉克军队，收复了全部领土。为了扭转败局，伊拉克单方面宣布停火，并撤出伊朗。但伊朗拒绝了伊拉克的停火建议，于1982年7月13日攻入伊拉克，企图夺取伊拉克第二大城市巴士拉，但遭到了伊拉克军队的围歼。从此战争陷入僵局。随后几年，双方又进行了"袭船战""袭城战"，但始终无法打破战争僵局。1988年7月18日，伊朗突然宣布无条件接受它先前拒绝的联合国安理会第598号停火协议，两伊战争正式结束。战争开始时，伊拉克采取突然袭击的方式，取得了重大战果，但伊朗军队随即调整部署，集中兵力，最终扭转了战局。

马岛战争

马岛战争是发生于1982年3月～6月间，英国和阿根廷为争夺马尔维纳斯群岛（英国称为福克兰群岛）的主权而爆发的一场战争。马尔维纳斯群岛是位于南美洲南端，是从大西洋通往太平洋的交通要地，英军长期驻守。阿根廷和英国因马岛主权归属问题曾多次举行谈判，但毫无结果。1982年4月2日，阿根廷军队突然进攻马岛，岛上的英军投降，马岛战争爆发。4月30日，英军以"竞技神"号和"无敌"航空母舰为核心的数十艘战舰组成特混舰队来到马岛，随即对岛上的阿军展开攻击。5月4日，阿空军"超级军旗"战斗机用先进的"飞鱼"导弹将英国"谢菲尔德"号驱逐舰击沉。5月25日，阿空军"超级军旗"战斗机再次用"飞鱼"导弹击沉英军"考文垂"号驱逐舰。但由于实力悬殊，5月21日，英军在马岛登陆，不久攻占全岛，马岛战争结束。马岛战争的规模并不大，但由于使用了导弹、核潜艇等新技术装备，所以被称为"世界上第一场涉及空间时代的导弹及其复杂的电子系统的大海战"，揭开了高科技战争的序幕。

海湾战争

伊拉克为了解决与科威特的边界纠纷和石油争端，于1990年8月2日出动10万大军入侵科威特。1990年11月29日，联合国通过决议，限定伊拉克在1991年1月15日前撤出科威特未果。1991年1月17日凌晨2时40分，停泊在海湾地区的美国军舰向伊拉克防空阵地、雷达基地发射了百余枚"战斧"式巡航导弹。以美国为首的多国部队开始实施"沙漠风暴"行动，海湾战争爆发。从1991年1月17日—2月24日，以美国为首的多国部队利用自己的海空优势和高技术优势，对伊拉克进行了持续38天的空中打击。伊军全线溃败。2月18日，在萨达姆宣布接受联合国662号、674号决议后，多国部队于28日8时停止战斗。

波黑内战

波黑内战是1992年4月—1995年12月，前南斯拉夫波斯尼亚和黑塞哥维那（简称波黑）3个主要民族——塞尔维亚族、克罗地亚族和穆斯林族围绕波黑前途和领土划分等问题而进行的战争。1992年3月3日，波黑议会正式宣布波黑独立，但遭到了塞族议员的反对。波黑3个主要民族间的矛盾骤然激化，导致战争爆发。战争初期，穆斯林和克罗地亚结成联盟共同对付塞族，但塞族武器装备先进，士兵素质高，所以连战连捷，占领了波黑大片领土。不久穆、克族关系破裂，彼此间也爆发激战。三族共有20多万人参战，其中穆族11万、塞族8万、克族5万，战火在波黑3/4的土地上蔓延。1992年5月，联合国安理会实行对波黑塞族全面制裁、向波黑派驻维和部队、在波黑建立"禁飞区""安全区"等措施，最终迫使三方签署了和平协议，波黑内战结束。波黑战争是第二次世界大战后在欧洲爆发的规模最大的一次局部战争。它的主要特点是民族性、长期化、国际化和非正规化。

科索沃战争

科索沃战争是以美国为首的北约与南联盟之间的战争。南斯拉夫解体后，南联盟境内的以阿尔巴尼亚族占多数的科索沃省一直谋求独立，但遭到了南联盟境内的塞族人的反对。1999年2月，南联盟拒绝签署由美国和北约起草

的和平协议。3月24日,美国向南联盟发动了空袭,科索沃战争爆发。北约打着"人权高于主权""制止种族清洗"人道主义幌子,向南联盟的土地上倾泻了数以万吨计的炸弹,对南联盟的军事目标和基础设施发动了大规模空袭,造成包括阿族平民在内的1800多无辜平民丧生、6000多人受伤,给南联盟带来了难以估量的损失。最后在俄罗斯和芬兰的斡旋下,南联盟被迫签署了北约强加给他们的不平等协议。北约之所以能够获胜,是因为完全掌握着制天权、制空权和战场制信息权,形成了信息与火力一体化的作战系统。科索沃战争是一场未经联合国授权就对一个主权国家进行的侵略战争。

阿富汗战争

阿富汗战争是2001年美国针对阿富汗塔利班政权发动的战争。2001年9月11日,美国五角大楼、世贸大楼遭到本·拉登指使的恐怖分子劫持的飞机的撞击。美国要求庇护本·拉登的阿富汗塔利班政权将其交出,遭到塔利班政权的拒绝。于是美国决定对阿富汗塔利班政权进行军事打击。美国联合了塔利班的敌对势力北方联盟展开军事行动。2001年10月7日,美国停泊在阿拉伯海的航母舰队出动了大批战斗机,打击塔利班,阿富汗战争爆发。与此同时,北方联盟也向塔利班政权发动了地面战。在地面战中,美军出动大批飞机对塔利班阵地进行轰炸,塔利班军队死伤惨重,北方联盟趁机发起进攻,取得了多次胜利。不久,北方联盟军队占领坎大哈,塔利班政权倒台。在这场战争中,美国使用了大量的高科技武器对塔利班军队进行了精确打击。

伊拉克战争

伊拉克战争又称第二次海湾战争,是美国于2003年推翻伊拉克萨达姆政权的战争。2003年3月20日,美英等国以伊拉克藏有大规模杀伤性武器和支持恐怖主义为由,对伊拉克实施大规模军事打击。美英的战斗机对伊拉克的指挥控制中心、通信防空系统和萨达姆等伊拉克领导人住所进行了精确打击。随后美军第三步兵师从科威特攻入伊拉克境内。美军地面部队进展迅速,3月24日已经抵达巴格达附近。伊军精锐"麦地那师"驻守巴格达,企图与美军决战,但遭到了美国战略轰炸机的饱和轰炸,损失惨重。4月9日,美军占领巴格达。4月14日,美军占领伊拉克最后一个主要城市提克里特。5月1日,美国总统布什宣布伊拉克战争主要作战行动结束。萨达姆的两个儿子被美军击毙,本人被俘。在战前,美军对伊拉克实行了大规模的攻心战,动摇了伊军的斗志。在战争中,美军的空中行动并不猛烈,主要是配合地面部队的进攻,主要行动仍然依赖于地面部队的进攻,又回归了传统战争。

多国部队进入伊拉克沙漠区

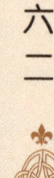

第七篇　中国文学常识

先秦两汉文学

屈 原

我国古代第一位大诗人，楚辞的创立者和代表者，战国时期杰出的政治家。屈原是战国末期楚国人，名平，字原，楚武王熊通之子屈瑕的后代，丹阳人。屈原一生经历了楚威王、楚怀王、顷襄王三个时期，而主要活动于楚怀王时期。其改革和政策受到了一系列的阻挠和中伤，最终遭流放。顷襄王二十一年（公元前278年），秦将白起攻破郢都，屈原自沉汨罗江。屈原的作品计有《离骚》《天问》《九歌》（11篇）《九章》（9篇）《招魂》，凡23篇。屈原的作品表现了诗人的苦闷彷徨和峻洁坚守的人格，以及"虽九死其犹未悔"的斗争精神，抒发了他的"美政"理想和家国之思，体现了强烈的爱国主义精神。屈原的作品具有强烈的艺术性，屈原的出现，标志着中国诗歌进入了一个由集体创作到个人独创的新时代，他所开创的新诗体——楚辞，突破了《诗经》的表现形式，极大地丰富了诗歌的表现力，为中国古代的诗歌创作开辟了一片新天地。

司马相如

西汉辞赋家，字长卿，蜀郡成都人。由于仰慕战国时期以完璧归赵、将相和衷而大名鼎鼎的蔺相如，改名相如。《汉书·艺文志》著录"司马相如赋二十九篇"，现仅存《子虚赋》《上林赋》《大人赋》《长门赋》《美人赋》《哀秦二世赋》等6篇。其代表作《子虚赋》《上林赋》虽非一时一地之作，但内容上前后相接，故《史记》将它们视为一篇，称为《天子游猎赋》。司马相如的赋重铺排、夸饰，极富于文采美和音乐美，为汉代散体大赋确立了比较成熟的形式，司马相如的赋无论在形式上还是在内容上都代表了汉赋的最高成就。

司马迁

西汉史学家、文学家、思想家，字子长，西汉左冯翊夏阳（今陕西韩城）人。司马迁具有深厚的家学渊源，其家世代为史官，祖辈中也出现过杰出的军事家和专门管理经济的人才，而其父司马谈所撰《六家要旨》中的许多观点都深深地影响了司马迁。少受业于经学大师董仲舒和孔安国。20岁后，赴各地考察游历，出游祖国的大江南北，沿途考察名胜古迹，访问了大量的历史遗迹，为以后编写《史记》积累了第一手资料。汉武帝元封三年（公元前108年），司马迁任太史令，开始阅读皇室所藏典籍，搜集史料，准备继承父志，承担起撰写《史记》的重任。当他开始撰述《史记》时，因替投降匈奴的李陵辩解，获罪入狱，惨遭腐刑。此番经历在其《报

《史记》书影

《史记》记载了上起轩辕、下至汉武帝太初年间共三千多年的历史变迁。它涉及了哲学、政治、经济、文学、美学、天文、地理、人才、伦理道德甚至医学占卜方面，几乎囊括了当时人类思想活动的全部内容，是一部百科全书式的鸿篇巨著。

《任安书》中多有记载。此后，司马迁发愤著书，约于汉武帝征和二年（公元前 91 年）前后，写成了"究天人之际，通古今之变，成一家之言"的《史记》，该书无论在史学上还是在文学上都具有开创性，深刻地影响了中国的史学传统和文学传统。

班固

东汉史学家、文学家，字孟坚，扶风安陵（今陕西扶风）人。年少时，能属文，诵诗书。16 岁入洛阳太学，博览典籍，性宽和，为人倚重。父班彪卒后，继父志补续《史记后传》。遭人诬告私改国史，下狱，其弟超上书辩解，明帝嘉其义，召为兰台令史，转迁为郎，典校秘书。自永平中奉诏修史，历 20 余年，于建初七年（公元 82 年）修成《汉书》。《汉书》是我国第一部纪传体断代史，"前四史"之一，对后代影响极大。建初四年（公元 79 年）参加了在白虎观诸儒讨论"五经"异同的会议，据会议记录，撰《白虎通德论》。和帝永元初（公元 89 年），随大将军窦宪出征匈奴，为中护军。后窦宪事败，连坐免官，死于狱中，时年 61 岁。所著辞赋以《两都赋》最著名，体制宏大，风格模仿《子虚》《上林》，铺写东西二都的繁华，开拓了散体大赋的新题材。此外，《答宾戏》《幽通赋》皆为述志之作，文辞丰足，多拟他人但仍不失其风。另其作《咏史诗》是现存最早的文人五言诗之一。

《诗经》

我国古代第一部诗歌总集。原称为《诗》或《诗三百》，自从汉儒尊《诗》为经，遂以《诗经》称之。汉代传《诗》者有齐、鲁、韩、毛四家，后独《毛诗集》流传于世。《诗经》编成于春秋时代，其中包括西周初年（公元前 11 世纪）到春秋中期（公元前 7 世纪）大约 500 年间的诗歌创作，大部分是闾巷歌谣，也有一部分出自士大夫之手。《诗经》共收诗歌 305 篇，《诗经》的表现手法有赋、比、兴三种。朱熹认为，"赋者，敷也，敷陈其事而直言之者也""比者，以彼物比此物也""兴者，先言他物以引起所咏之词也"。《诗经》主要采用四言诗和隔句用韵，但亦富于变化，杂言句式错落有致。章法上则具有重章叠句和反复咏唱的特点，大量使用了叠字、双声、叠韵词语，加强了语言的形象性和音乐性。《诗经》是中国诗歌的源头，它积淀了丰厚的文化内涵，开创了中国诗歌的现实主义传统；它的赋比兴手法也成为后世诗歌艺术表现的基本法则。《诗经》是我国文学史上第一座高峰。

《楚辞》

《楚辞》是我国古代一部重要的诗歌作品集，它得名于公元前 4 世纪的战国时代在我国南方楚地形成的一种叫做"辞"的新诗体。这种诗体经屈原发扬光大，其后的宋玉等作家继续从事楚辞的创作。在《楚辞》之前的《诗经》，诗句以四字句为主，篇章较短，风格朴素，采用散文化的句法；《楚辞》则篇章宏阔，气势汪洋恣肆，诗的结构、篇幅都扩大了，句式参差错落，富于变化，而感情奔放、想象力丰富、文采华美、风格绚烂，都与《诗经》作品截然不同。一般来说，《诗经》产生于北方，代表了当时的中原文化，而《楚辞》则是南方楚地的乡土文学，《楚辞》中的大部

分作品是屈原吸收民间文学并加以创造性提高的结果。《楚辞》的编纂始于西汉，刘向将屈原、宋玉以及他们的仿真者的作品16篇汇编成书，取名《楚辞》。东汉王逸为16卷《楚辞》作注，并增入自己创作的《九思》，成《楚辞章句》17卷，这是现存最早的《楚辞》注本。宋代黄伯思《校定楚辞序》认为："盖屈、宋诸骚，皆书楚语，作楚声，纪楚地，名楚物，故可谓之'楚辞'。"《楚辞》在我国文学史上具有重要的地位，其代表作家是屈原，其作品直接影响了后代辞赋和骈俪文的发展，其比兴寄托的方法对后代诗歌影响深远。刘勰于《文心雕龙·辨骚》品评其为："其衣被词人，非一代也。"

《山海经》

我国先秦古籍，主要记述古代地理、物产、神话、巫术、宗教等，也包括古史、医药、民俗、民族等方面的内容，具有多方面的学术价值。该书约是由战国初年到汉代初年楚和巴蜀地方的人所作，由西汉刘歆编校。《山海经》全书18篇：五藏山经5篇、海外经4篇、海内经4篇、大荒经4篇、又海内经1篇。大致可分为《山经》《海经》《大荒经》三部分。《山经》主要介绍山脉等自然地理资源，《海经》《大荒经》主要都是神话传说，如女娲神话、夸父神话等。该书对于神话学、宗教学具有重要参考价值，同时文字想象力丰富，是优秀的散文作品，对后世文学产生了影响。

汉　赋

汉赋是汉代最主要的文学体裁，一般分为骚体赋、散体大赋和抒情小赋三类。汉赋一般篇幅较长，多采用问答体，韵散夹杂，其句式以四言、六言为主，但也有五言、七言或更长的句子。汉赋闳阔壮丽，但也好堆砌词语，极尽铺陈排比之能事。汉赋的形成受到了《诗经》和《楚辞》的巨大影响。汉赋的三种类型代表了汉赋发展的三个阶段。骚体赋主要盛行于西汉初年，受骚体诗或者楚辞的影响，如贾谊的《吊屈原赋》。散体大赋又称作汉大赋，也是人们一般意义上所认为的汉赋。它主要盛行于西汉中叶至东汉初年，代表作家作品有枚乘的《七发》、司马相如的《子虚赋》《上林赋》等等。抒情小赋是汉赋的新发展，它的出现预示着汉大赋的衰弱。但是抒情小赋篇幅短小，比起汉大赋的恢宏壮丽自有一番情趣。代表作家作品主要有张衡的《归田赋》、赵壹的《刺世嫉杀赋》等。

汉乐府

汉乐府指汉代乐府机关从各地搜集来的民歌，亦称为"乐府诗"或"乐府"，代表作有《妇病行》《孤儿行》《东门行》《战城南》《陌上桑》《十五从军征》和《孔雀东南飞》等。班固认为汉乐府的特色在于"感于哀乐，缘事而发"，最基本的艺术特色就在于它的叙事性，出现了由第三者叙述故事的作品和有一定性格的人物形象和比较完整的情节，奠定了中国古代叙事诗的基础。与这种叙事性相伴随的则是汉乐府民歌所体现出来的激烈而直露的感情，形成了一次情感表现的解放。同时这种精神也开启了后代法门：建安曹操诸人古题乐府的"借古题写时事"，杜甫新题乐府的"即事名篇，无复依傍"以及白居易所倡导的新乐府运动"歌诗合为事而作"等均源于此。其次，汉乐府民歌的主要形式是杂言体与五言体，这也对后代诗歌创作影响深远，后代杂言莫不源于汉乐府，而五言体则逐渐取代了《诗经》的四言和《楚辞》的骚体，成为我国诗史上一种重要的诗歌形式。总之，作为汉代非主流的民间创作，汉乐府深刻影响了后代文人的创作，促进了诗歌的发展，在文学史上具有相当重要的地位。

《古诗十九首》

《古诗十九首》，组诗名，汉无名氏作，非一时一人所为，一般认为产生于东汉末年。南朝梁萧统合为一组，收入《文选》，题为《古诗十九首》。《古诗十九首》的作者既非一人，所以它们反映的思想内容是很复杂的，其主题有闺人怨别、游子怀乡、游宦无成、追求享乐等，但其有一个共同的特征，就是对人生易逝、节序如流的感伤，大有汲汲皇皇、如恐不及的忧虑，这些都反映了社会大动乱的前夕，失意士人对于现实生活和内心要求的矛盾和苦闷。《古诗十九首》的艺术成就十分突出，被誉为"惊心动魄，一字千金"。其主要艺术特色是长于抒情：融情入景，寓情于景；又善于通过某种生活情节抒写作者的内心活动，抒情中带有叙事意味；同时善于运用比兴手法，着墨不多而能言近旨远，语短情长；语言不假雕琢，浅近自然，但又异常精练，含蓄蕴藉，余味无穷。其高度艺术成就是五言诗已经达到成熟阶段的标志，《古诗十九首》也被刘勰誉为"五言之冠冕"。

魏晋南北朝文学

王粲

汉魏间诗人，"建安七子"之一，字仲宣，山阳高平（今山东邹城）人。少时即有才名，初依刘表，后归曹操，官至魏国侍中。王粲以诗赋见长，诗今存23首，赋今存20多篇。《七哀诗》《从军行》等5首诗作取材概括，发语悲恻，感人至深。而《登楼赋》则是当时闻名的抒情小赋，显示出抒情小赋在艺术上的成熟。《文心雕龙》《诗品》等著名评论专著均称王粲为"七子之冠冕"。

阮籍

三国时期文学代表作家，字嗣宗，陈留尉氏（今河南尉氏县）人，阮瑀之子，晚年做过步兵校尉，故世称"阮步兵"。阮籍博览群籍，本有"济世志"，后因政治黑暗终日纵酒佯狂，"发言玄远，口不臧否人物"，为人鄙弃礼法，任情自适。阮籍的诗歌对于中国五言诗的发展具有重大的影响，代表作为82首五言《咏怀诗》，组诗内容复杂，多用比兴，用笔曲折，含蕴隐约。阮籍的五言诗开拓了中国古典诗歌的广度和深度，增强了哲理性和抒情力度，《文心雕龙》认为"阮旨遥深"。钟嵘评为"言在耳目之内，情寄八荒之表"，"颇多感慨之辞，厥旨渊放，归趣难求"。阮籍的散文，以《大人先生传》最著名，文章骈散相杂，眼光锐利，说理透彻，并且成功塑造了大人先生的完美形象。

嵇 康

魏晋之际文学家，字叔夜，谯郡铚县（今安徽宿州）人。魏宗室女婿，官至中散大夫，世称嵇中散。少孤贫，然励志勤学，博闻广识，文学、玄学、音乐无不精通。嵇康恬静寡欲而又峻急刚烈不抱礼法，因其不合作态度，为司马昭所害。嵇康的诗歌以四言取胜，代表作有《幽愤诗》、组诗《赠秀才从军》等，其中的名句"风驰电逝，蹑景追飞""目送归鸿，手挥五弦"等流传千古。嵇康的文章成就也较高，《与山巨源绝交书》等散文嬉笑怒骂，文风大胆，《声无哀乐论》等论说文则逻辑严密，说理透彻。

左 思

西晋文学家，字太冲，山东临淄人，出身于寒素之家，"二十四友"之一。其代表作《咏史诗》8首，借古讽今，批判了士族门阀制度的不合理，抒发了寒门士人怀才不遇、有志难申的心曲。其诗风高亢雄迈，刚健质朴，语言简劲，继承了建安文学的传统。钟嵘认为左思"文典以怨，颇为精切，得讽喻之致"，誉之为"左思风力"。左思的《三都赋》则有"洛阳纸贵"之誉。

陆 机

西晋文学家，字士衡，吴郡华亭（今江苏苏州）人。曾任平原内史，世称"陆平原"，与其弟陆云并称"二陆"。祖父陆逊、父陆抗，均为东吴名将，地位显赫。吴亡入洛，以文才被召。惠帝时宗室相争，陆机因兵败，被诛三族。陆机才冠当世，诗、文、辞赋均有成就，在史学、书法等艺术方面也多有建树。陆机诗歌"才高词赡，举体华美"，内容多模拟，其乐府多因袭旧题，另有《拟古诗》12首也多是变换词句。其诗歌美感丰富，语言深奥典雅，技巧纯熟，用力于修辞，句式多用排偶，词汇注重色彩声调，景物描写细致，感受敏锐细腻，代表作有《赴洛中道作》等。陆机以其"缘情绮靡"（《文赋》）的准则和自身的创作，对南朝文学产生了很大影响。陆机的文赋更受人赞誉，代表作有《吊魏武帝文》《辩亡论》《豪士赋序》等。赋体的文艺批评著作《文赋》，是中国文学理论批评发展史上第一篇系统的创作论，对后世影响良多。因其多方面的成就，陆机被后人誉为"太康之英"。

干 宝

东晋初史学家，字令升，据传祖籍新蔡县。少勤学，博览群书，以德才召为著作郎。东晋初年，经推荐，领修国史。东晋太宁三年著《晋记》20卷，直而能婉，时称良史。又有《周易注》10卷、《周官注》12卷、《春秋左氏义外传》15卷、《搜神记》20卷、《干子》18卷、文集4卷等，其著述跨四部，学识博通。《搜神记》原书已佚，今存本为后人辑录，是我国魏晋志怪小说的代表作。书中多述神仙鬼怪，并保留了许多古代传说和民间故事，如《董永卖身》《相思树》《干将莫邪》《李寄斩蛇》等，在民间广为流传，并对后世文学创作影响深远。

陶渊明

魏晋南北朝文学家，一名潜，字元亮，私谥靖节先生，浔阳柴桑（今江西九江）人。曾祖陶侃是东晋的开国元勋，祖父陶茂官至太守。陶渊明幼年丧父，家道败落，亦曾出仕，后去职归隐。陶渊明现存诗120多首，散文6篇，辞赋3篇等。陶渊明虽有《读山海经》《咏荆轲》等"金刚怒目"之诗，但其最有代表性的是田园诗，如《归园田居》《饮酒》等。陶渊明的田园诗表现了他以"自然"为核心的哲学，将自然景色与抽象哲理结合起来，显示出了"静穆""朴素"等美学特色。陶诗开创了田园诗这一新的审美内容，以自然朴素的形式呈现出清明淡远的艺术境界。陶渊明留存下来的散文、辞赋并不多，但名篇甚多。散文以《桃花源记》最为著名，语言优美朴素，构建了一个作者心中的乐园。《五柳先生传》是作者自况，全篇百余字，以一"不"字贯通始终，言语浅近而意味深长。辞赋以《归去来兮辞》最为著名，朴素清新，富于诗意。其余的《感士不遇赋》《闲情赋》等都各有特色。

谢灵运

晋宋间诗人，当时被誉为"江左（指南朝）第一"。祖籍陈郡阳夏（今河南太康），世居会稽，出身于东晋显赫世家，祖父谢玄。谢灵运年轻时就袭爵封康乐公，故世称"谢康乐"。他幼时寄养在外，故小名"客儿"，后世又称之为"谢客"。谢灵运因政治失意，在永初三年任永嘉太守后，便恣意山水，并多有描写永嘉、会稽等地山水名胜的诗作。谢灵运的主要文学成就是山水诗，代表作有《石壁精舍还湖中作》《石门岩上宿》等，尤其是各篇当中的名句久经传诵，如"池塘生春草，园柳变鸣禽"（《登池上楼》）、"白云抱幽石，绿筱媚清涟"（《过始宁墅》）等。谢灵运的山水诗，自铸新辞，体物细微，精细生动，表现出清新、明丽又不乏幽深的意境。虽然谢诗仍带有玄言诗的痕迹，并且有"繁富为累"之病，但谢灵运开创了我国的山水诗派，打破了东晋诗坛因玄言诗占统治地位从而导致的沉闷状态，完成了从玄言诗到山水诗的演变，所谓"庄老告退，而山水方滋"。谢灵运开创的山水诗派成为我国古典诗歌中最重要的流派之一，谢诗对唐代的李、杜、王、孟、韦、柳诸大家都有深远影响。鲍照认为："谢五言如初发芙蓉，自然可爱。"钟嵘在《诗品》中也评谢灵运为："若人兴多才高，寓目辄书，内无乏思，外无遗物，其繁富宜哉！然名章迥句，处处间起，丽典新声，络绎奔会，譬犹青松之拔灌木，白玉之映尘沙，未足贬其高洁也。"

鲍照

南北朝的诗人，"元嘉三大家"之一，字明远，世称"鲍参军"，生于魏晋南北朝的混乱时代，虽胸怀大志，但一生沉沦下僚，郁郁不得志，最终死于乱兵之手。现存诗约有200多首，其中乐府诗80多首。《拟行路难》18首是其代表作，被誉为"发唱惊挺""倾炫心魂"，鲍照创造的以七言句式为主的杂言体诗，为后世七言歌行的发展奠定了基础。鲍照的五言乐府刚劲有力，《代出自蓟北门行》等从军诗，是唐代边塞诗的先驱。鲍照在诗坛上的影响既深且广，为李白、高适、岑参、杜甫等的创作奠定了坚实的基础，被杜甫赞为"俊逸鲍参军"。鲍照还擅长诗赋和骈文，代表作有《芜城赋》和《登大雷岸与妹书》等，均为名篇。刘熙载《艺概·诗概》云："明远长句，慷慨任气，磊落使才，在当时不可无一，不能无二。"

谢 朓

南朝齐诗人，字玄晖，陈郡阳夏（今河南太康）人，曾任宣城太守，世称"谢宣城"。与同族前辈谢灵运均擅长山水诗，又有"大小谢"并称。谢朓的主要文学成就是山水诗，他将描写景物和抒发感情自然地结合起来，摆脱了玄言诗的尾巴，发展了谢灵运开创的山水诗。其代表作有《暂使下都夜发新林至京邑赠西府同僚》《晚登三山还望京邑》《之宣城郡出新林浦向板桥》等。谢朓主张"好诗圆美流转如弹丸"，创作中讲究平仄四声，故其诗歌音调和谐，朗朗上口；同时，其诗情景交融，自然清发，"余霞散成绮，澄江静如练"等警句为人所称道。但是，谢朓浮沉宦海有感于仕途险恶，因而软弱谨慎，唯求自保。其诗歌也就表现出对宦途的忧惧和人生的苦闷，传达出迷惘、忧伤、彷徨、凄凉的感情。谢朓的短诗也很出色，如《玉阶怨》《王孙游》《铜雀悲》等，富有民歌风味，遣词自然、音调和谐。谢朓在当时就享有盛名。萧衍曾说："三日不读谢（朓）诗，便觉口臭。"其诗歌对唐代诗坛影响深刻，宋赵紫芝认为"玄晖诗变有唐风"，明胡应麟认为唐人"多法宣城"，总之谢朓上承谢灵运"芙蓉出水"般清新的山水诗，下接唐代诗歌的新体制，在文学史上占有特殊地位。

《世说新语》

《世说新语》，原名《世说》，宋临川王刘义庆（403—444年）撰，此书带有纂辑的性质。有梁代刘孝标注，引书400余种，丰富了本书内容，也是珍贵的史料。《世说新语》主要收集记录了汉末至东晋士族阶层人物的逸闻轶事。全书分为《德行》《言语》《政事》《文学》等36篇，多描写"魏晋风度""名士风流"等，反映了士族阶层多方面的生活面貌和情趣，集中表现了他们个性自由、适意而行的文化特征。《世说新语》别有艺术魅力，文字简洁隽永，笔调含蓄委婉，人物形象生动，鲁迅认为《世说新语》"记言则玄远冷峻，记行则高简瑰奇"。作为记叙逸闻笔记小说的先驱，《世说新语》对后世笔记小说影响深远，是后世小品文的典范。

《文选》

《文选》是我国现存最早的诗文总集，由南朝梁萧统编著。萧统（501—531年），字德施，梁武帝萧衍长子，天监元年立为皇太子，未及即位而卒，谥号昭明，因此《文选》又被称为《昭明文选》。《文选》30卷，收录作家130家，上起子夏、屈原，下迄当时；收录作品514篇，编排的标准是"凡次文之体，各以汇聚。诗赋体既不一，又以类分。类分之中，各以时代相次"，所录作品中赋、诗所占比重最多。《文选》的分类标准体现了萧统对古代文学发展、对文体分类及源流的理论观点。《文选》的选录标准以"文为本"，对文学的独立发展有促进作用。《文选》大体收录了先秦至梁初的重要作品，反映了各种文体发展的轮廓，为后人研究这段文学史提供了重要的资料。隋唐以来，研究《文选》成为一种专门的学问，形成了"文选学"，现存最早的、影响最大的著作是唐高宗时代李善的《文选注》，其注释、体例谨严，引证赅博。

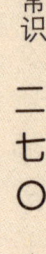

木兰诗

北朝长篇叙事民歌，产生年代及作者不详。始见于《文苑英华》，题为《木兰歌》。《古文苑》题为《木兰诗》。《乐府诗集》列入"梁鼓角横吹曲"，亦题《木兰诗》。现代学者多认为《木兰诗》产生于北魏，属民间创作。《木兰诗》记述了木兰女扮男装、代父从军的故事，塑造了勤劳善良而又爱国勇敢的一个女英雄形象。木兰既端庄从容，又果敢勇毅、机智活泼，从古到今，深受人们的喜爱。这首民歌"事奇诗奇"，富有浪漫色彩和浓郁的民歌风味，风格刚健古朴，语言浅近轻快，对话口语化，心理刻画细腻，气氛活跃，是北朝乐府民歌杰出成就的代表，对后世也有深远影响。

正始文学

正始是魏废帝曹芳的年号（240—249年），习惯上所说的"正始文学"，还包括正始以后直到西晋立国（公元265年）这一时期的文学创作。此时，社会异常黑暗，道家思想盛行，玄学大兴，深刻的理性思考和尖锐的人生悲哀，构成了正始文学最基本的特点。正始时期著名的文人有"正始名士"和"竹林七贤"。前者的代表人物是何晏、王弼、夏侯玄，他们的主要成就在哲学方面。后者指阮籍、嵇康、山涛、王戎、向秀、刘伶、阮咸七人，主要成就在文学方面，其中阮籍、嵇康的成就最高。

游仙诗

游仙诗是歌咏仙人漫游之情的诗。梁朝萧统所编《文选》列"游仙"为文学体裁之一，并选有晋代何劭和郭璞的作品，"游仙诗"因此得名。游仙诗源于汉代以前的歌赋。在《楚辞·远游》篇中已有抒写仙人轻举登霞的篇章。到了秦朝，始皇帝好神仙，曾"使博士为《仙真人诗》，及行所游天下，传令乐人歌弦之"。汉乐府之中的《日出入》《天马》《秋胡行》，建安曹植的《洛神赋》《游仙篇》，都涉及到了游仙的内容。魏晋之后，文人开始自觉地创作游仙诗，渐成一代诗风，成为一种成熟的体裁，刘勰的《文心雕龙》和钟嵘的《诗品》都对游仙诗有专门的评说。代表作家就是郭璞。南北朝以后，李贺等诗人的创作仍受游仙诗的影响。游仙诗在思想上表现出超脱世俗的强烈愿望；在艺术上则想象奇瑰，善于运用夸张、象征等多种修辞手法，具有浓厚的浪漫色彩。

玄言诗

西晋时兴起的一种以阐释老庄和佛教哲理为主要内容的诗歌，盛行于东晋。语见《文心雕龙·时序》篇："自中朝贵玄，江左称盛，因谈余气，流成文体，是以世极迍邅，而辞意夷泰。诗必柱下之旨归，赋乃漆园之义疏。"这个诗派的出现，反映了魏晋玄学对文学的影响，同时与佛教思想结合起来，反映了当时士大夫逃避现实、崇尚虚无的精神状态。玄言诗的代表人物有孙绰、许询等。虽然部分玄言诗不乏玄趣，较有文采，但大多"理过其辞，淡乎寡味"，文学价值不高。

山水田园诗

山水田园诗以描写山水自然美景和田园生活为主要内容。谢灵运是我国山水诗的开创者，他一生写了大量描写

山水的诗歌，其诗作清新雅丽，这在玄言诗盛行的诗坛上是独树一帜的。他的贡献就在于将这种描写山水的内容从诗歌创作中独立出来，有利于诗歌的发展。陶渊明是我国田园诗的开创者，他的创作作为中国古典诗歌注入了新的形式和内容，其《归园田居》《饮酒》等一系列的作品深受世人的喜爱。这种以山水、田园为内容的诗歌创作的不断发展，到了唐代就形成了以王维、孟浩然为代表的山水田园诗派，在中国的诗坛上具有重要的影响。

隋唐五代文学

卢照邻

唐代诗人，字升之，自号幽忧子，幽州范阳（今北京）人。曾为邓王府典签及新都尉。他一生不得志，晚年又患风疾，手足痉挛，卧病十余年，成为残废，曾作《五悲文》自道遭遇。后来不胜病痛，投颍水而死。他最擅长七言歌行，词采富艳，内容广阔，意境清迥，以韵致取胜，《长安古意》是其代表作。这首诗借用历史题材，以纵横奔放、富丽铺陈的笔调，描绘了当时首都长安现实生活的形形色色：如云的车骑，壮丽的宫馆，将相，廷尉，御史，游侠子弟，歌姬舞女，市井娼家等等。描写了他们"北堂夜夜人如月，南陌朝朝骑似云"繁华狂热、堕落癫狂的生活。诗人保持清醒的头脑，指出这一切终究会发展到空虚幻灭的结局："节物风光不相待，桑田碧海须臾改。昔时金阶白玉堂，即今唯见青松在。"在末尾，以自己的冷清生活与前面所描写的统治阶级生活作了对比："寂寂寥寥扬子居，年年岁岁一床书。"其作品在艺术上虽然没有完全摆脱六朝的藻绘余习，但是韵味深厚，不流于浮艳，继承了宫体诗，而又变革了宫体诗。明代学者胡震亨在《唐音癸签》中说他"领韵疏拔，时有一往任笔，不拘整对之意"。著作有《卢升之集》（一称《幽忧子集》）。

骆宾王

唐代文学家，婺州义乌（今浙江义乌）人，"初唐四杰"之一。做过长安县主簿、临海县丞等。后来参加徐敬业起兵反对武则天的活动，不知所终。他生活经历丰富，"四杰"中存诗最多。其诗歌虽没有彻底摆脱齐梁浮饰夸丽文风，但以匡时济世、建功立业的理想，为诗歌注入了新鲜内容。他擅长七言歌行，颇多边塞题材的诗作，富生活实感，开唐代边塞诗歌之先河。他的咏物诗托物抒怀，慷慨悲凉。代表作是《帝京篇》《在狱咏蝉》等。《帝京篇》内容和卢照邻的《长安古意》相近，但是篇幅更大，多辞赋铺排的成分，"当时以为绝唱"。他的边塞诗歌，如《边城落日》《边夜有怀》等，都较有特色。而名作《在狱咏蝉》，艺术上更为成熟。"露重飞难进，风多响易沉。无人信高洁，谁为表予心"是咏蝉，更是以蝉自比，抒发了作者有志不得实现的悲愤沉痛之情，感情深沉真挚。除诗歌外，他的文章在当时也甚为人重，尤其是为徐敬业起兵写的《讨武曌檄》，更是名闻天下。著作有《骆临海集》。

王勃

唐代文学家，字子安，绛州龙门（今山西河津）人。隋代学者文中子王通的

孙子，唐初诗人王绩的侄孙。年十四举幽素科，授朝散郎，为沛王府修撰，曾漫游蜀中。补虢州参军，犯死罪，遇赦，革职。其父王福时任雍州司功参军，因受他连累，被贬谪边地。王勃渡海省亲，溺水，惊悸而死。他与杨炯、卢照邻、骆宾王并称"王杨卢骆"，是为"初唐四杰"。"四杰"中王勃才气最高，成就最大。他反对自南朝以来即蔓延的宫体诗风，提出诗歌革新主张。其诗歌创作内容充实，感情充沛，悲凉浑壮，并在七言、杂言诗体形式上也有所创新，初步摆脱了齐梁浮华空虚的文风。《滕王阁序》《采莲曲》《送杜少府之任蜀州》等是其代表作。《采莲曲》描绘了江南地区的水国风光，以及采莲女的生活情态和相思离别之情。杂用三、五、七言句式，语言活泼，节奏和谐，极富民歌气息。"海内存知己，天涯若比邻"（《送杜少府之任蜀州》）是广为传诵的名句。除诗歌外，其文章也极著名，尤其是《滕王阁序》，享誉千古，"落霞与孤鹜齐飞，秋水共长天一色"是广为传诵的名句。著作有《王子安集》。

杨　炯

唐代诗人，陕西华阴县人，曾做过盈川令。幼时聪敏，年十三举神童，授校书郎。高宗永隆二年（681年）为崇文馆学士，迁詹事司直。武后初，任梓州（故治在今四川省三台县）司法参军，秩满迁盈川（故治在今四川省筠连县）令，卒于官。他是

杨炯像

"初唐四杰"之一，在"四杰"中存诗最少，成就也最低。今存诗歌以五言律、绝为主，而擅长五言律诗。较之卢照邻、骆宾王，其诗歌语言更趋明净凝练，进一步扫荡了六朝以来浮华雕饰的文风。《从军行》是他的代表作，表达了诗人慷慨从军的豪情壮志，艺术上较成熟，其中"宁为百夫长，胜作一书生"一句常为人引用。此外还有《巫峡》《西陵峡》《广溪峡》等作品。这些诗歌展现了祖国雄奇瑰玮的山水风景，表现了诗人豪迈开朗的襟怀。著作有《杨盈川集》。

贺知章

唐代诗人，字季真，越州永兴（今浙江萧山）人。少以文词知名，征圣进士，累迁太常博士。开元中，张说为丽正殿修书使，奏请知章入书院，同撰六典及文家。后接太常少卿，迁礼部侍郎，加集贤院学士，改授工部侍郎，不久迁任秘书监。天宝初，请为道士还乡里。贺知章性格狂放开朗，晚年尤其纵诞，自号四明狂客，年86而卒，肃宗时迁礼部尚书。又善草隶，人共传宝。与李白、张旭等相交甚好，时常共饮，并称"醉中八仙"。醉后属词，动成卷轴。诗以七绝见长，多祭祀乐章和应制诗。也有一些风格清新自然的诗歌，最为人称诵的是《回乡偶书》："少小离家老大回，乡音无改鬓毛衰。儿童相见不相识，笑问客从何处来。"写一个少年时即远离家乡的游子回到家乡后的情形，细致而生动。《咏柳》（一作《柳枝词》）："碧玉妆成一树高，万条垂下绿丝绦。不知细叶谁裁出，二月春风似剪刀。"也是描写春光的名诗。

陈子昂

唐代文学家，字伯玉，梓州射洪（今四川射洪县）人。24岁中进士，上书论政，得到武后重视。曾两次出塞，直言敢谏，遭到排斥打击。38岁后辞职归乡，不久蒙冤死于狱中。他倡导诗歌革新，标举"风骨""兴寄"，反对齐梁藻饰柔靡的诗风，是唐诗开创时期在诗歌革新的理论和实践上都有重大功绩的诗人。其诗歌代表为《感遇诗》38首，这些诗内容广阔，思想丰富，既有讽时刺事之作，也有感慨身世、抒发理想之作，总体风格苍凉激越，质朴明朗。《登幽州台歌》："前不见古人，后不见来者。念天地之悠悠，独怆然而涕下。"情调深沉孤独，引起时人及后人无数共鸣。除诗歌外，他在散文革新方面也极具功绩，他的对策、奏疏，都是朴实畅达的散文，开唐代文风之先。欧阳修评之为"文宗"。著作有《陈伯玉集》。

张九龄

唐代诗人，一名博物，字子寿，曲江（今广东韶关）人。唐中宗景龙初年进士。玄宗时，官至同中书门下平章事、中书令。在朝直言敢谏，是开元时代贤相之一。后遭李林甫排挤，贬为荆州刺史。他早年以文学为张说所赏识，被赞为"轻缣素练，实济时用"（唐刘肃《大唐新语》）。他曾提拔过孟浩然、王维，是受人钦慕的文坛宿将。他的诗歌多表现自己高洁的人格理想，以兴寄为主，含蓄蕴藉，词采富艳，情致深婉。他又喜游山水，写作了许多山水诗，其特点是突破前人仅求神似的写法，力求主观交融，《西江夜行》《望月怀远》是优秀代表，尤其《望月怀远》中"海上生明月，天涯共此时"更是为人称道的名句。晚年他遭受谗毁，感慨加深，诗歌风格转向质朴简劲。著作有《张曲江集》。

王之涣

唐代诗人，字季陵，晋阳（今山西太原市）人，后徙居绛州（今山西新绛）。一生只任过主簿、县尉等低职。后被人诬陷，去官。曾漫游黄河南北达15年，后任文安县尉，在任上去世。他性格慷慨豪放，多边塞诗歌，与王昌龄、高适相唱和，被称为边塞诗人。其边塞诗雄奇豪迈，苍茫悲凉，极富音乐性。惜存诗仅6首，但几乎首首精品，《登鹳雀楼》："白日依山尽，黄河入海流。欲穷千里目，更上一层楼。"是写景，更把哲理融入诗情，是众口皆碑之名作。《凉州词》："黄河远上白云间，一片孤城万仞山。羌笛何须怨杨柳，春风不度玉门关。"也是广为传诵的优秀诗作，后人甚至将其评为唐人绝句压卷之作。

孟浩然

唐代诗人，襄阳（今湖北襄阳）人。前半生在家闭门苦读，曾一度隐居鹿门山。40岁入长安应进士试不第，在江淮吴越各地漫游几年后，重回故乡。后张九龄做荆州刺史，引他做幕僚，不久即归隐，以此终身。在盛唐诗人中，他年辈较早，人品和诗风深得时人赞赏、倾慕。李白《赠孟浩然》诗中曾云："吾爱孟夫子，风流天下闻。"他的诗歌，意境清远，淳朴明丽，语言流畅，多蕴自然超妙之趣。他擅长五言律诗和排律，多写隐逸生活和山水田园风光，一向与王维并称。他对山水田园诗派的形成起

孟浩然《春晓》诗意图
夜来风雨声，花落知多少。

了重要作用。但是他的诗歌内容比较狭窄，缺乏社会意义，苏轼曾说他："浩然诗韵高而才短，如造内法酒手，而无材料耳。"（《苕溪渔隐丛话》）"春眠不觉晓，处处闻啼鸟。夜来风雨声，花落知多少"，《春晓》一诗，几乎人人皆能诵。其他名作还有《过故人庄》《望洞庭湖赠张丞相》等。著作有《孟浩然集》。

王昌龄

唐代诗人，字伯安，太原（今山西太原）人，一说京兆（今陕西省西安市）人。开元进士，初补秘书郎，授汜水尉，谪岭南。后任江宁丞，又因事贬为龙标尉，故世称"王江宁""王龙标"。后为濠州刺史闾丘晓所杀，结局悲惨。他的诗歌涉及边塞、宫怨、闺情等题材，尤以边塞诗歌为佳。他擅长五言古诗和五、七言绝句，其中对七绝用力最专，成就也最高，后人称之为"七绝圣手"。其诗歌委婉多讽，而又句奇格妙、雄浑自然。明代王世贞论盛唐七绝，认为只有他可以和李白争胜，列为"神品"（《艺苑卮言》卷四）。《从军行》《出塞》《代扶风主人答》为代表。其中《出塞》"秦时明月汉时关，万里长征人未还。但使龙城飞将在，不教胡马度阴山"一首，被推为唐人七绝压卷之作。

王 维

唐代诗人、画家，字摩诘，太原祁（今山西祁县）人，出身于官僚家庭。开元九年，进士及第，做大乐丞，因事贬为济州司库参军。后来回长安，历任右拾遗、监察御史、吏部郎中等职。40岁后过着亦官亦隐的生活。安史之乱中被强迫做伪官，乱后一度被贬，后升至尚书右丞，卒于官。故有"王右丞"之称。晚年淡漠世事，成为"以禅诵为事"的佛教徒。王维诗歌以40岁为界分为前后两期。前期诗歌多游侠、边塞题材的作品，风格豪放慷慨，意气风发；后期诗歌的主要题材是山水田园、隐居生活的闲情逸致。他的诗歌意境独特，想象新鲜，刻画细致，语言凝练，艺术成就极高。《山居秋暝》《渭城曲》等是其诗歌代表作。《送元二使安西》又称《阳关三叠》，是著名的送别诗。王维也有极高的书画、音乐造诣。

李 白

唐代诗人，字太白，号青莲居士，祖籍陇西成纪（今甘肃天水附近），隋末其先人流寓碎叶（今吉尔吉斯斯坦北部托克马克附近），李白即诞生于此。5岁时随父迁居绵州隆昌（今四川江油）。李白少有逸才，志气宏放。25岁时"辞亲远游"，仗剑出蜀，先后漫游了长江、黄河中下游许多地方。他不屑参加科举，希望走"终南捷径"，通过隐居学道来树立声誉，先后在嵩山、徂徕山等地隐居。天宝元年，李白42岁，到达长安，太子宾客贺知章一见叹为"谪仙人"，声名由此大振。唐玄宗召见赐食，并亲为调羹，下诏供奉翰林。李白生性耿直，得罪了当时权贵，招致谗毁，三年后辞官离京，从此浪迹江湖，终日沉饮。安史之乱爆发，李白参加永王李璘幕府。李璘谋乱兵败后，李白被牵连，流放夜郎，中途遇赦得还，时年59岁。两年后病卒于族叔、当涂县令李阳冰家中。文宗时，下诏以李白歌诗、裴旻剑舞、张旭草书为"三绝"。李白诗歌感情奔放，形象生动，想象丰富，语言朴素优美，富有浪漫主义精神，取得极高艺术成就，与杜甫并称"李杜"，成为我国古代诗歌的高峰。

高 适

唐代诗人，字达夫，渤海蓚（今河北景县）人。20岁到长安，求仕不遇，遂北上蓟门，漫游燕赵，终无所得。后客居梁、宋，"混迹渔樵"，过着贫困、流浪生活。天宝八年举有道科，任封丘尉，不久弃官。后入河西节度使哥舒翰幕府任书记。安史之乱时被拜为左拾遗，转监察御史，佐哥舒翰守潼关。乱后得到玄宗、肃宗重视，连续升迁，官至淮南、剑南西川节度使，最后任散骑常侍，"高常侍"之称即由此而来。高适性格狂放，抱负远大，"喜言王霸大略，务功名，尚节义"。其诗作多反映边地生活，与岑参并称"高岑"，是唐边塞诗派的代表。他的边塞诗涉及许多问题，边地将士的游猎生活，战斗的英勇，斗争的激烈和艰苦，士卒的久戍不归，将军和士兵苦乐悬殊的生活，凡此种种，在他诗歌中都有表现。他边塞诗作的代表是《燕歌行》。此外，他还有一些描写农民疾苦，感时伤乱的咏怀诗。总之，他的诗歌主要反映现实，感情深挚，风格雄厚浑朴。其《别董大》中"莫愁前路无知己，天下谁人不识君"，是人尽皆知的名句。著作有《高常侍集》。

杜 甫

唐代诗人，字子美，祖籍襄阳（今湖北襄阳），生于河南巩县，出身于"奉儒守官"的官僚家庭。杜甫自幼好学，7岁开始吟诗，15岁即有文名。20岁结束书斋生活，开始漫游，南及吴越，北达齐赵。这一长达15年的漫游，充实了他的生活，扩大了他的视野和心胸，使他早期诗歌具有极浓厚的浪漫主义色彩。其后诗人应科举试不第，困居长安10年，过着"朝扣富儿门，暮随肥马尘"的屈辱生活。诗人在这种生活中得到磨炼，逐渐深入人民生活，看到人民疾苦，也看到统治阶级的罪恶，最终成为一个忧国忧民的诗人。安史之乱时，杜甫被安禄山叛兵掠至长安，后来只身逃出长安，至凤翔见肃宗，被任为左拾遗，不久触怒肃宗，几受刑戮。后屡遭贬斥，公元759年，杜甫弃官，经历千辛万苦，到达成都，在成都西郊筑茅屋而居，开始"漂泊西南"的生活。在蜀8年，曾任检校工部员外郎，"杜工部"之称即由此而来。公元770年冬，诗人死在由长沙到衡阳的船上。杜甫经历了开元盛世，也经历了安史之乱的全过程，处在唐帝国由盛而衰急剧转变的时代。他写作的大量诗歌，反映了这一时期的社会面貌，展示了唐代由盛转衰的全过程，故被称为"诗史"，杜甫则被称为"诗圣"。

岑 参

唐代诗人，南阳（今属河南）人。出身于"一门三相"的显赫官僚家庭，但父亲早死，家道衰落。天宝进士，官至嘉州刺史，人称"岑嘉州"。先后两次出塞，居边塞共6年。其诗歌题材广泛，出塞前写作了许多感叹身世、赠答朋友以及描写山水的诗歌。出塞后诗歌主要题材是边地的瑰丽风光和激烈的战斗生活。其诗形式丰富多样，而最擅长七言歌行，以慷慨报国的英雄气概和不畏艰苦的乐观精神为基本特征，富有浪漫主义的特色。想象丰富，构思新奇，语言明快通俗，换韵自然。与高适并称"高岑"。《走马川行奉送出师西征》《轮台歌奉送封大夫出师西征》《白雪歌送武判官归京》是其边塞诗歌的代表作，"忽如一夜春风来，千树万树梨花开"更是传诵千古的名句。著作有《岑嘉州诗集》。

韩 愈

唐代文学家、哲学家，字退之，河阳（今河南孟州）人，郡望昌黎，世称"韩昌黎"。因官吏部侍郎，又称"韩吏部"。谥号"文"，又称"韩文公"。3岁即孤，由兄嫂抚育，25岁中进士，29岁始登仕途，在科名和仕途上屡受挫折。任监察御史时，因上书论天旱人饥状，请减免赋税，贬阳山令。元和十二年，升为刑部侍郎。元和十四年，因谏迎佛骨，触怒宪宗，被贬潮州刺史。穆宗时被召回京，为兵部侍郎、吏部侍郎、京兆尹等职。韩愈思想源于儒家，以儒家正统自居，反对佛教清净寂灭、神权迷信；反对藩镇割据、宦官专权，关心人民疾苦。他与柳宗元倡导古文运动，开辟了唐以来古文的发展道路。散文内容丰富，形式多样，风格雄奇奔放，感情充沛，语言造诣很高。除散文外，韩愈又能诗，他以文为诗，引古文语言、章法、技巧入诗，开创了唐诗新领域，但也带来讲才学、发议论、追求险怪等不良风气。他工古体而近体少，但亦有律诗、绝句佳篇，如七律《左迁至蓝关示侄孙湘》《答张十一功曹》《题驿梁》，七绝《次潼关先寄张十二阁老》《题楚昭王庙》等。后人对韩愈评价很高，尊他为"唐宋八大家"之首。杜牧把韩文与杜诗并列，称为"杜诗韩笔"；苏轼称他"文起八代之衰"。著作有《昌黎先生集》。

白居易

唐代继李白、杜甫后又一位大诗人，字乐天，晚年自号香山居士，后人称"白香山"，又曾官太子少傅，故后人又称"白傅"或"白太傅"。

白居易像

原籍太原，后迁下邽（今陕西渭南县）。存诗近3000首，是唐诗人中存诗最多者。倡导新乐府运动，主张"文章合为时而著，歌诗合为事而作"，认为诗歌应当反映社会现实，反对辞藻华丽而内容空虚的文风。这既是他的创作纲领，也是他领导新乐府运动的纲领。他的诗作题旨鲜明，语言明白晓畅、妇孺能诵。白诗中价值极高、他本人最重视的是讽喻诗，这些诗作尖锐揭露出当时的政治黑暗，反映人民疾苦，其中《新乐府》

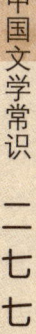

50首，《秦中吟》10首，更是杰作。讽喻诗首先对农民疾苦作了深刻表现，例如《观刈麦》《采地黄者》；其次对妇女问题也有多方面反映，《井底引银瓶》《母别子》《上阳白发人》为其代表；另外对中唐弊政"宫市""进奉"也有揭露，代表诗作是《卖炭翁》《红线毯》。除讽喻诗外，《长恨歌》《琵琶行》是著名的长篇叙事诗。"野火烧不尽，春风吹又生"，是脍炙人口的佳句。著作有《白氏长庆集》。

刘禹锡

唐代诗人、哲学家，字梦得，洛阳（今属河南）人。贞元进士，参加王叔文政治革新集团，失败后被贬为朗州司马，迁连州刺史。后入朝做主客郎中，晚年任太子宾客，"刘宾客"之名由此而来。与柳宗元友善，人称"刘柳"；与白居易诗歌酬唱，人称"刘白"。他才力雄健，有"诗豪"之称。有三类诗歌成就最高：政治讽刺诗，寓意深刻，辛辣犀利；怀古诗，均用律绝形式，吊古伤今，沉郁苍凉，感慨无限；学习民歌的作品《竹枝词》《杨柳枝词》《浪淘沙词》等，新鲜活泼，健康开朗，自然流畅，尽洗文人习气。《戏赠看花诸君子》《再游玄都观》《西塞怀古》《乌衣巷》等是其诗歌名作。"旧时王谢堂前燕，飞入寻常百姓家""沉舟侧畔千帆过，病树前头万木春"，是人所共传的名句。除诗歌外，他的散文善于析理论辩，《陋室铭》最为知名。著作有《刘梦得文集》。

柳宗元

唐代文学家、哲学家，字子厚，河东解（今山西永济）人，世称"柳河东"。贞元进士，又应博学宏词科及第。参加王叔文革新集团，失败后被贬为永州司马，后迁柳州刺史，故又称"柳柳州"。柳宗元最突出的文学成就在散文上，与韩愈共同倡导古文运动，同列"唐宋八大家"。他的散文题材多样，论说文，表达自己的政治历史观，如《封建论》；传记叙事文，多取材于下层人物，发展了《史记》以来的人物传记传统，如《捕蛇者说》；寓言散文，篇幅短小，寓意深刻，《黔之驴》最为著名；尤其著名的是他的山水游记，这些作品，文笔清新秀美，富有诗情画意，代表作是《小石潭记》。柳宗元存诗较少，但他在独特生活经历和思想感受的基础上，借鉴前人经验，发挥自己才华，创造出独特的艺术风格，多传世之作。其诗歌精工密致，韵味深长，在简淡格调中表现深厚的感情。《江雪》是最为人传诵的诗歌名作。著作有《河东先生集》。

元　稹

唐代诗人，字微之，洛阳（今河南洛阳附近）人，幼年丧父，少经贫贱。贞元进士，曾任校书郎、左拾遗、监察御史，出使剑南东川，直言敢谏，劾奏不法官吏，为此得罪宦官权贵，遭贬。后转而依附宦官，为时论所薄。长庆二年（822年），拜平章事，居相位三月。后出任武昌军节度使，卒于任上。元稹创作以诗歌成就最大，与白居易齐名，并称"元白"，同为新乐府运动的倡导者。他的乐府诗广泛反映现实，揭露统治者相当尖锐深刻，表达对普通民众疾苦的同情。有《乐府古题》19首、《新题乐府》12首。《连昌宫词》是和《长恨歌》并称的长篇叙事诗。他的悼亡诗颇负盛名,以《遣悲怀》3首为最。这些诗感情真挚,并将律诗口语化,较潘岳悼亡诗更为人喜爱。此外小诗《行宫》:"寥落古行宫,宫花寂寞红。白头宫女在,闲坐说玄宗。"篇幅虽小,所揭露的宫女痛苦生活却触目惊心。著作有《元氏长庆集》。

李 贺

唐代诗人,字长吉,福昌(今河南宜阳)人,唐皇室远支,少年时才能出众,却因父名"晋肃"与"进士"谐音,不能应进士试,仅做了九品之官奉礼郎。死时年仅27岁。常与王勃等同被后人引作"天妒英才"的实例。宋代严羽《沧浪诗话》曾说:"人言'太白仙才,长吉鬼才',不然。太白天仙之词,长吉鬼仙之词尔。""鬼才"之称,由此得来。他文思敏捷,以乐府诗著称,其诗想象丰富,构思奇特,极具浪漫主义风格。他的诗歌,抒发了理想无法实现的苦闷,反映了社会的现实矛盾,揭露了统治者的荒淫堕落,表达了对人民疾苦的同情,歌颂了边塞将士的英雄气概,但也有一些作品流露出人生无常的阴郁情绪。他的诗歌特点是善用神话传说,意境新奇瑰丽,想象奇特丰富,色彩艳丽浓重,语言精练,富有象征性。他的诗歌对晚唐杜牧、李商隐、温庭筠都有影响。代表作是《李凭箜篌引》《雁门太守行》《金铜仙人辞汉歌》等。著作有《昌谷集》。

杜 牧

唐代文学家,字牧之,京兆万年(今陕西西安)人。26岁中进士,因秉性耿直,被人排挤,做了10年幕僚,生

杜牧《清明》诗意图

活很不得意。36岁迁为京官,后受宰相李德裕排挤,出为黄州、池州刺史。李德裕失势,内调为司勋员外郎。官终中书舍人。杜牧诗歌与李商隐齐名,并称"小李杜"。他作诗重视思想内容,有些作品表现出爱国忧民的思想感情,以及诗人自己的理想和抱负。其咏史诗很著名,大体有两种倾向:借历史题材讽刺时政,如《过华清宫》三绝句;具有明显的史论特点,如《赤壁》。杜牧抒情写景的七言绝句,辞采清丽,画面鲜明,取得极高的艺术成就。他也有一些描写个人潦倒失意、带有浓厚感伤情调的诗作,及一些饮酒狎妓之作,流于颓废。除诗歌外,杜牧亦工文赋,文多谈论兵政。著作有《樊川文集》。

李商隐

唐代诗人,字义山,号玉溪生,怀州河内(今河南沁阳)人。初受牛党令狐楚赏识,被引为幕府巡官。后李党王茂元爱其才,任为书记,并以女嫁之。牛党执政后,遂受冷遇,遭排挤,辗转于各藩镇幕府,过着贫寒的幕僚生活,潦倒至死。他关心现实,写有许多反映宦官专权、藩镇割据的诗歌。其咏史

诗，曲折讽刺帝王的荒淫误国，抒发自己怀才不遇的感慨。他最为人传诵的是爱情诗，此类诗，或名《无题》，或取篇中两字为题，写得委婉含蓄，凄迷朦胧，幽渺秾艳，神秘宁静，"春蚕到死丝方尽，蜡炬成灰泪始干""心有灵犀一点通"是广为传诵的名句。《安定城楼》《登乐游原》《有感》等都是他的代表诗作。他与杜牧并称"小李杜"，对晚唐韩偓、宋初西昆派诗人等都有影响。著作有《李义山集》。

温庭筠

唐代诗人、词人，本名岐，字飞卿，太原祁（今山西祁县）人，唐宰相温彦博后代。他长期混迹于歌楼妓馆，为当时士人所不齿。早年才思敏捷，每入试，押官韵作赋，凡八叉手而成，时号温八叉。他以词赋知名，韵格清拔，然屡试不第，终身困顿，晚年才任方城尉和国子监助教，世称"温方城""温助教"。他诗词兼善，诗歌与李商隐齐名，称"温李"，但其诗作藻饰过甚，实际是齐梁宫体诗风的延续，成就实不及李商隐。而他精通音律，熟悉词调，对词这种新的文学样式的发展起了很强的推动作用，只是题材狭窄，多写花前月下，闺思情怨，风格绮艳香软，被尊为花间词派鼻祖。清代刘熙载在《艺概》中说他："温飞卿词，精妙绝人，然类不出乎绮怨。"但也有人认为他词中所写的男女之情是别有寄托的。代表作是《菩萨蛮》《望江南》《更漏子》。

韦　庄

晚唐五代诗人、词人，字端己，京兆杜陵（今陕西西安）人。乾宁元年（894年）进士，曾任校书郎、右补阙等职。后入蜀，为王建书记。唐亡，王建建立前蜀，韦庄为宰相，死于蜀。他的诗词都很著名。《秦妇吟》一诗是他未第前写的一首长诗，时人曾因之称他为"秦妇吟秀才"，其中虽有嘲笑黄巢起义军之语，但客观上反映了官军的腐败无能，表达了对人民疾苦的同情。他的此种诗歌为数极少，多是抒发及时行乐、追念昔日繁华之作。较有成就的是《古离别》《台城》。词史上，他属花间派，是花间派代表作家，与温庭筠齐名，号称"温韦"。其词风格清新明朗，寓浓与淡，以清丽见长，艺术成就较高。《思帝乡》《女冠子》《菩萨蛮》是其优秀代表。有《浣花集》。

冯延巳

五代南唐词人，字正中，广陵（今江苏扬州）人，曾官至南唐中主李璟朝宰相。遗有《阳春集》，留词100多首。其词介于晚唐五代花间词风与北宋词风之间。与花间词人相比，虽有带浓艳色彩的词作，但总体词风已转向清新流畅、深婉含蓄，开北宋一代风气，北宋词人晏殊、张先、欧阳修等都曾受他的影响。王国维《人间词话》中说他："冯正中词虽不失五代风格，而堂庑特大，开北宋一代风气。"其词多娱宾遣兴、流连光景之作，反映了官僚士大夫闲逸的生活面貌。他善于通过自然意象与心理变化的表现来抒情，以《鹊踏枝》著名，今存14首。此外，《谒金门》一词中"风乍起，吹皱一池春水"，是广为传诵的名句。

李　煜

五代南唐后主、词人，字重光，世

称"李后主"。在位15年，对宋委曲求全，苟且偷安中还不忘纵情声色。公元975年，南唐被宋所灭，他出降，被封为"违命侯"，成为亡国之君，过了3年囚犯般的屈辱生活。978年七夕前夕被宋太宗派人毒死。李煜在政治上荒唐无才干，但在文艺上却极具才能：工书，善画，洞晓音律。其词以南唐亡国为界，明显可分为前后两期。前期词作是南朝宫体和花间词风的继续，多写宫廷享乐生活，风格柔靡；后期主要抒发对故国的怀恋眷顾，感叹身世，情调感伤，语言明净优美，生动如画，形象鲜明，风貌天然，取得很高的艺术成就，为唐、五代其他词人所不及。《虞美人》《浪淘沙令》《乌夜啼》是其代表作。"剪不断，理还乱，是离愁"(《乌夜啼》)；"问君能有几多愁？恰似一江春水向东流"(《虞美人》)；"流水落花春去也，天上人间！"(《浪淘沙令》)等都是他抒写优美的名句。

李煜像

新乐府运动

中唐时期由白居易、元稹倡导的诗歌革新运动。"新乐府"一名是由白居易提出的。所谓新乐府，就是一种用新题写时事的乐府式的诗。从建安时代起，便有少数用乐府写时事的文人诗，但是多用古题，反映现实既受限制，题目和内容也不协调。建安后也有一些新题乐府诗，但又往往不反映现实。既用新题，又写时事的，始于杜甫，但不是所有新题都写时事。白居易等提倡的新乐府，不以入乐与否为衡量标准。这个运动强调诗歌的社会功能和讽喻作用，注重反映现实，关心人民疾苦，即白居易说的"文章合为时而著，歌诗合为事而作"。这一诗歌运动具有较大进步意义，对后来诗歌创作影响较大。清人赵翼在《瓯北诗话》中称这类诗"多触景生情，因事起意。眼前景，口头语，自能沁人心脾，耐人咀嚼"。新乐府运动持续的时间虽不太长，但成绩卓著，标志着唐诗发展进入了一个由衰而复兴的新阶段。

古文运动

唐代韩愈、柳宗元发起的文学革新运动。所谓古文，指汉以前的散体文，不仅语言长短不拘，抒写自由，而且内容充实。随着时代的发展，散文渐渐发生变化，趋向对偶、排比，出现了骈文。这是两汉以来散文和辞赋发展的结果，在六朝发展到极致，占据了文坛的主流。六朝文人以骈辞俪句掩盖他们生活内容的空虚，骈文流于对偶、声律、典故、辞藻等形式，华而不实，不合现实需要。为了反对这种文风，推广古道，复兴儒学，韩愈大力提倡古文，主张文章不应刻意追求对偶，为此他写出不少奇句单行，继承先秦两汉文体的优秀散文。他的学生和追随者纷起响应，柳宗元也积极拥护，紧密配合，终于在文坛上形成了颇有声势的古文运动。从贞元到元和的二三十年间，古文逐渐压倒骈文，成为文坛的主要风尚，这就是所谓的"古文运动"。

唐传奇

唐人小说，此名称始于晚唐裴铏《传奇》一书，宋以后人们概称唐人小

说。历代正统文人对小说总采取鄙视的态度，而晚唐时期，许多人参加到传奇小说创作队伍中来，包括著名历史家、古文家和诗人。他们的参加充实了小说的思想内容，提高了小说的艺术水平，逐渐改变了人们对小说的传统看法，标志着中国小说发展趋于成熟。唐传奇主要有以下题材：神怪类，以《枕中记》《南柯太守传》等为代表，它们虽然谈神说鬼，但作品中也可以看到现实的影子，曲折地反映了现实；爱情类，以《任氏传》《柳毅传》《霍小玉传》《李娃传》《莺莺传》等为代表，它们在唐传奇中成就最高；剑侠类，以《虬髯客传》《昆仑奴》《聂隐娘》《红线传》等为代表。

宋与金元文学

柳 永

北宋词人，字耆卿，初名三变。因排行第七，又称"柳七"。祖籍河东（今属山西），后移居崇安（今属福建）。宋仁宗朝进士，官至屯田员外郎，故世称"柳屯田"。为人放荡不羁，流连歌楼舞榭，为当时士人不屑。曾应试，仁宗批"且去填词"，故自谑"奉旨填词柳三变"。由于仕途坎坷、生活潦倒，他由追求功名转而厌倦官场，耽溺于旖旎繁华的都市生活，在"倚红偎翠""浅斟低唱"中寻找寄托。作为北宋第一个专力作词的词人，他不仅开拓了词的题材内容，而且创作了大量的慢词，发展了铺叙手法，使词通俗化、口语化，在词史上产生了较大影响。代表作品有《雨霖铃》《八声甘州》，"杨柳岸，晓风残月"是人所皆知的名句。著有《乐章集》。

范仲淹

宋代政治家、军事家、文学家，字希文，吴县（今属江苏）人，真宗朝进士。庆历三年（1043年），授参知政事，主持庆历改革，力图刷新，因守旧派阻挠而未果。次年罢政，自请外任，历知州、邓州、杭州、青州。卒谥文正。散文、诗、词均有名篇传世。其散文多富有政治内容，《岳阳楼记》通过写景以抒情，又转而言志，颇具匠心。最后提出"先天下之忧而忧，后天下之乐而乐"，表现出作者积极有为的抱负与忧国忧民的思想，为千古名篇。其词存世不多，仅3首比较完整，但意境宏阔，气象雄奇，以反映边塞风光和征战劳苦见长，突破了唐末五代词的绮靡风气，以《渔家傲·塞下秋来风景异》《苏幕遮·碧云天》为代表。有《范文正公集》。

晏 殊

北宋词人，承接北宋词前期与中期的关键人物。字同叔，抚州临川（今属江西）人。少年以"神童"被荐入朝。景德中赐同进士出身，庆历中官至集贤殿大学士、同中书门下平章事兼枢密使，官至仁宗朝宰相，当时名臣范仲淹、富弼、欧阳修和词人张先等均出其门。

晏殊"无可奈何花落去，似曾相识燕归来"词意图

卒谥元献。他一生生活优裕自在，志得意满，所以其词亦有一种雍容典雅的"富贵气"。擅长小令，多表现诗酒生活和悠闲情致，以及抒发伤春感时、好景不长的感慨。虽然其创作题材狭窄，但晏殊善于捕捉和描绘意象，表现细腻的心理感受，清丽疏淡，语言婉丽，颇受南唐冯延巳的影响。《浣溪沙》中"无可奈何花落去，似曾相识燕归来"二句，传诵颇广。此外，《蝶恋花·槛菊愁烟兰泣露》《破阵子·燕子来时新社》等也是他的优秀词作。其诗属西昆体。著作有《珠玉词》及清人所辑《晏元献遗文》。

欧阳修

北宋政治家、文学家、史学家，字永叔，号醉翁，晚号六一居士，卒谥文忠，吉州永丰（今属江西）人。欧阳修是北宋诗文革新运动的领袖，在诗、文两方面确立了宋代文学的基本风格；他也是"唐宋八大家"之一，在诗歌、散文、词等各方面都有突出成就，其中以散文最高，影响最大。他继承了韩愈古文运动的精神，提出文道并重的观点，提倡简而有法和流畅自然的文风。欧阳修对赋的发展也有开拓意义，著名的《秋声赋》对无形的秋声作了形象的描绘，突出了作者内心对秋天衰飒气氛的敏感和悲哀。欧阳修还提出了很多有价值的文学批评观点，如提出诗"穷者而后工"，他的《六一诗话》是中国文学史上第一部诗话。欧阳修还擅长写词，风格婉丽，代表作有《踏莎行·候馆梅残》等。欧阳修在中国文学史上有重要的地位，他领导了北宋诗文革新运动，荐拔和指导了王安石、曾巩、苏洵、苏轼、苏辙等一大批文学家，开创了一代文风。著作有《欧阳文忠公全集》。

苏 洵

北宋文学家，字明允，又号老泉，眉州（今四川眉山）人。他27岁始发愤向学，后来应进士试不中，于是闭门苦读，精研经史百家之书，成为著名的古文家。嘉祐年间，他偕同儿子苏轼、苏辙到京师拜会当代文坛盟主欧阳修，呈上所著《权书》《论衡》等22篇。经欧阳修推荐，一时学者竞相仿效。遗著有《嘉祐集》《老泉文钞》。父子三人同列"唐宋八大家"，世人称洵为"老苏"，轼为"大苏"，辙为"小苏"，合称"三苏"。苏洵深于《孟子》《战国策》，擅长于史论、政论，喜谈古今形势及用兵之道，为文纵厉雄奇，文笔老练而简洁，有战国纵横家之风，以《六国论》最为知名。曾巩曾称其文："烦能不乱，肆能不流。其雄壮俊伟，若决江河而下也；其辉光明白，若引星辰而上也。"（《苏明允哀词》）著作有《嘉祐集》。

曾 巩

北宋散文家，"唐宋八大家"之一，字子固，建昌郡南丰（今属江西）人，理宗时追谥文定。幼年聪慧，12岁即能作文，言简意赅，得到欧阳修的赞赏，名闻四方。嘉祐二年（1057年）进士。历任馆阁校勘、集贤校理等职，官至中书舍人。他接受了欧阳修先道后文的古文创作主张，而且比欧阳修更着重于道。其散文在八大家中是较少情致文采的一家，但曾文长于议论，语言质朴，立论精辟，说理曲折尽意，文风以"古雅、平正、冲和"见称，如《上欧阳舍人书》《上蔡学士书》等。记叙文亦常多议论，《宜黄县县学记》《墨池记》是其代表。曾巩亦能诗，存诗400余首，以七绝成就为高，为文所掩，不大受人重视。《宋史》本传称其"为文章，上下驰骤，愈出而愈工。本源六经，斟酌司马迁、韩愈，一时工作文者，鲜能过也"。著作有《元丰类稿》。

苏　轼

北宋文学家、书画家，字子瞻，号东坡居士，眉州眉山（今属四川）人，苏洵子，嘉祐进士。神宗时曾任礼部员外郎，因反对王安石新法而求外职，任杭州通判，知密州、徐州、湖州。元丰二年，因"乌台诗案"发，被冤入狱，后贬黄州团练副使。哲宗时，旧党执政，任翰林学士，因与权臣不合，出知杭州、颍州、定州等。新党再次执政后，被贬谪惠州、儋州。徽宗即位，北还，第二年病死常州。南宋时追谥文忠。他在政治上属于旧党，但也有改革弊政的要求。文学上与父洵、弟辙，合称"三苏"，同为"唐宋八大家"。他具有多方面的文艺才能，是欧阳修之后北宋的文坛领袖。其文汪洋恣肆，明白畅达，文理俱健；其诗清新豪健，善用夸张比喻，独具风格。少数诗篇也能反映民间疾苦，指责统治者的奢侈骄纵。其词作开豪放一派，对后代有极大影响。其词意境开阔，豪迈奔放，《念奴娇·赤壁怀古》《水调歌头·丙辰中秋》传诵甚广。此外，他还擅长行书、楷书，用笔丰腴跌宕，有天真烂漫之趣。与蔡襄、黄庭坚、米芾并称"宋四家"。

苏　辙

北宋散文家，字子由，号颍滨遗老，眉山（今四川眉山）人，苏洵之子，苏轼之弟，并称"三苏"，而有"小苏"之称，与父同列"唐宋八大家"。仁宗嘉祐年间进士，官尚书右丞、门下侍郎。神宗时，王安石行新法，与其兄苏轼力言不便。后以事忤元丰诸臣，累贬徙许州（今河南省许昌市）。徽宗时，复官大中大夫。卒谥文定。苏辙将自己的文章与兄苏轼相比，称"子瞻之文奇，余文但稳耳"（《栾城遗言》）。其为文，政论不及父兄，风格淳正厚重。但叙事写景饶有意趣，《黄州快哉亭记》是广为传诵的名篇。该文寓情于景，句法整齐而有变化。著有《诗传》《春秋传》《论语拾遗》《栾城文集》等。

秦　观

北宋词人，字少游、太虚，号淮海居士，高邮（今属江苏）人。曾任秘书省正字兼国史院编修官等职。政治上倾向旧党，被列为元祐党人，绍圣初，新党执政，他屡遭贬谪。徽宗即位召还，中途死于藤州。其文辞为苏轼所赏识，是"苏门四学士"之一，宋词坛上的大家，取得多方面的成就。他吸取了二晏、欧阳修、苏轼词的精华，并学习民间乐曲，形成"柔婉清丽"的风格。其词作语言清新秀丽，明白晓畅，很少使用典故、僻字，艺术成就较高，是婉约派的代表。内容则多写男女恋情及感叹身世。《满庭芳·山抹微云》《踏莎行·雾失楼台》《鹊桥仙·纤云弄巧》等是其代表词作，尤其《满庭芳》为佳，因此获得"山抹微云君"的雅号。他也写诗，诗风与词风相近。著作有《淮海集》《淮海居士长短句》。

李清照像

李清照

南宋女词人，号易安居士，济南（今属山东）人，父李格非为当时著名学者，夫赵明诚为金石考据家。早期生活优裕，与赵明诚共同致力于书画金石的搜集整理。金兵入侵中原，流寓南方，明诚病死，境遇孤苦。所作词，前期多写少女少妇的闲适生活，格调明快，语言清新婉丽；后期多悲叹身世，情调感伤，有的也流露出对中原的怀念。善用白描，刻画深刻。论词强调协律，崇尚典雅、情致，提出词"别是一家"之说，反对以作诗文之法作词。代表作有《如梦令·昨夜雨疏风骤》《一剪梅·红藕香残玉簟秋》《武陵春·风住尘香花已尽》。并能诗，留存不多，部分篇章感时咏史，情辞慷慨，与其词风不同。"生当作人杰，死亦为鬼雄"是为人传诵的名句。著有《易安居士文集》《易安词》，已散佚。后人有《漱玉词》辑本。今人有《李清照集校注》。

陆　游

南宋诗人，字务观，号放翁，越州山阴（今浙江绍兴）人。20 岁就有"上马击狂胡，下马草军书"之志。30 岁参加礼部考试，名列第一，因"喜论恢复"而遭秦桧打击，被除名。后任夔州（今四川奉节）通判和蜀州等州代理通判、知州等职。淳熙二年（1175 年），范成大镇蜀，邀陆游至其幕中任参议官。淳熙五年，陆游诗名日盛，受到孝宗召见，但未得重用，孝宗只派他到福州、江西去做了两任提举常平茶盐公事，不久即罢职。光宗即位后，陆游任朝议大夫礼部郎中，连上奏章，谏劝朝廷减轻赋税，遭弹劾，再度罢官。此后，陆游长期蛰居农村，于嘉定二年（1209 年）与世长辞。陆游为人旷达，不拘官场礼法，曾遭"不拘礼法，恃酒颓放"之讥，于是他干脆自号"放翁"。他存诗约 9300 余首。其诗歌中始终贯穿着炽热的爱国主义精神。体制上各体兼备，古体、律诗、绝句都有出色之作，其中尤以七律写得又多又好。

辛弃疾

南宋词人，原字坦夫，改字幼安，别号稼轩居士。历城（今山东济南）人。出生前 13 年，家乡即已为金兵侵占。绍兴三十一年（1161 年）率 2000 民众参加北方抗金义军，次年奉表归南宋。历任湖北等地安抚史，在各地任上认真革除积弊，积极整军备战。曾进奏《美芹十论》，又上宰相《九议》，力主抗战，未得采纳和施行，闲居江西 20 年。后虽被起用，但壮志终不得展，抱恨而死。今存词 629 首，数量为宋词人之冠。词作题材广泛，风格多样，抒发对祖国统一的渴望，批判南宋统治者的苟安投降，倾诉壮志难酬的悲愤。慷慨悲壮是其词作主调，代表作有《永遇乐·京口北固亭怀古》《水龙吟·登建康赏心亭》《破阵子·为陈同甫赋壮词以寄之》《菩萨蛮·书江西造口壁》等。表现闲适生活的词数量最大，这类词往往流露出无可奈何的情绪，其精神仍与爱国词一脉相通，如《沁园春·带湖新居将成》《水调歌头·盟鸥》等许多词中都带有这种情绪。一部分写农村生活的词清新淳朴，语言浅近，如《清平乐·村居》《鹧鸪天·戏题村舍》《西江月·夜行黄沙道中》《浣溪纱·常山道中即事》。辛弃疾诗今存133首，内容和风格大体上亦如其词。有《稼轩长短句》。

姜 夔

南宋词人，字尧章，号白石道人，饶州鄱阳（江西鄱阳）人。早年孤贫，生活比较艰苦，视野较广阔。他具有多方面文艺才能而屡试不第。中年后，长住杭州，渐渐厌倦江湖游士的生活，豪门清客色彩渐浓。为诗初学黄庭坚，而自拔于宋人之外，所为《诗说》，多精当之论。尤以词著称，能自度曲，格律精严，字句雕琢，其格甚高，而意境则浅。清空峭拔，幽远淳雅，"如野云孤飞，去留无迹"（《词源》），上承周邦彦，下开吴文英、张炎一派，被清初浙西词派奉为圭臬，并被后人誉为"如盛唐之有李杜""文中之有昌黎""词中之圣"等。近人王国维《人间词话》说他"古今词人格调之高，无如白石，惜不于意境上用力，故觉无言外之味，弦外之响"。《暗香》《疏影》是其最有名的自度曲作。著作有词集《白石词》。

白 朴

元代戏曲作家，字仁甫，一字太素，号兰谷，生于金哀宗正大三年（1226年），卒年不详。祖籍隩州（今山西河曲县），后徙居真定（今河北正定县），晚年寓居金陵（今南京市）。他出身官僚士大夫家庭，父亲白华为金宣宗进士，官至枢密院判官，又是著名文士。白家与元好问父子为世交，过从甚密。金元之际，饱经战乱，入元后终身不仕。与关汉卿、马致远、郑光祖并称为"元曲四大家"。其词和散曲常表现出故国之思、沧桑之感和身世之悲，情调凄凉低沉。他剧作见于著录的有16种，完整留存的有《墙头马上》与《梧桐雨》两种。另有《东墙记》，经明人篡改，已非原貌。从内容看，白朴杂剧大半写男女情事。其杂剧以文采见长，《梧桐雨》文辞华美，是优美的抒情诗剧。《墙头马上》与《拜月亭》（关汉卿）、《西厢记》（王实甫）、《倩女离魂》（郑光祖）并称为元杂剧四大爱情剧。

马致远

元代戏曲家、散曲作家，晚号东篱，一说字千里，大都（今北京）人。早年热衷功名，但仕途并不显达，晚年退隐山林。马致远的杂剧享有盛名，元代周德清以关、郑、白、马并列。他有杂剧

《汉宫秋》插图

15种，今存有《破幽梦孤雁汉宫秋》《江州司马青衫泪》《西华山陈抟高卧》《吕洞宾三醉岳阳楼》《马丹阳三度任风子》《半夜雷轰荐福碑》6种，以及和他人合写的《邯郸道省悟黄粱梦》一种（马著第一折）。其中以《汉宫秋》最有影响，作品敷演汉代王昭君和亲的历史故事，以汉元帝与王昭君的爱情故事为主线，塑造了王昭君这一完美女性形象，表现了汉元帝对于命运的无可奈何，抒写了家国之痛和悲凉的人生感受。《汉宫秋》结构紧凑，有浓烈的抒情色彩，曲词苍凉幽邈，其中[梅花酒]一曲脍炙人口。马致远的神仙道化剧在元明杂剧中有不小的影响。马致远的散曲为元代之冠，明代贾仲明称他为"曲状元"，现存120多首，代表作有套曲《双调夜行船·秋思》，被誉为"万中无一"，小令《天净沙·枯藤老树昏鸦》也是咏景名篇，周德清赞其为"秋思之祖"，王国维评为"寥寥数语，深得唐人绝句妙境"。

郑光祖

元代杂剧作家，字德辉，平阳襄陵（今山西临汾附近）人，生卒年不详。周德清《中原音韵》把他与关汉卿、白朴、马致远并列，后人称为"元曲四大家"。他写过杂剧18种，今存《迷青琐倩女离魂》《㑇梅香翰林风月》《醉思乡王粲登楼》等8种。《倩女离魂》是其代表作。此剧据唐人陈玄祐传奇《离魂记》改编而成，写王文举与张倩女"指腹为婚"，但张母嫌文举功名未就，不许二人成婚。文举被迫上京应试，倩女忧念成疾，灵魂离开躯体去追赶王文举，与之相伴多年。王文举中状元后，携倩女魂归至张家，离魂与病卧之身重合为一，遂欢宴成亲。《王粲登楼》根据王粲《登楼赋》虚构而成，抒发了作者游子飘零、怀才不遇之感。他的杂剧曲词优美，情致凄婉。

王实甫

元代杂剧作家，名德信，大都（今北京市）人，生卒年不详。生平资料极少，可能是仕途失意而混迹于教坊勾栏的文人。所作杂剧，名目可考者共13种。今存有《崔莺莺待月西厢记》《吕蒙正风雪破窑记》和《四丞相高会丽春堂》3种，以《西厢记》艺术成就为最高，是元代杂剧中最优秀的作品之一。贾仲名《凌波仙》曾云"西厢记天下夺魁"。其曲词华美，《长亭送别》脍炙人口。《破窑记》写吕蒙正与刘月娥的爱情故事，影响比较大。此外，王实甫还有少量散曲流传：小令1首，套曲3种（其中有一残套）。小令《中吕·十二月过尧民歌》（《别情》）很有特色，辞藻绮丽，与《西厢记》曲词风格相似。

纪君祥

元代戏曲作家，一作纪天祥，生卒年不详，钟嗣成《录鬼簿》说他"配李寿卿、郑延玉同时"。著有杂剧6种，现仅存1种，即《赵氏孤儿冤报冤》（一作《赵氏孤儿大报仇》，简称《赵氏孤儿》）。《赵氏孤儿》是一部具有浓郁悲剧色彩的历史剧。人物形象塑造颇具特色。剧中的一批正面人物形象，作者赋予他们不畏强权、见义勇为、视死如归的崇高品格。但他们性格的完成，并不是标签式的抽象道德观念的外化，而是在剧情的展示和尖锐的矛盾冲突中加以凸现的，因而显得真实感人。另《陈文图悟道松阴梦》一剧，仅存曲词1折。

张养浩

元代散曲作家，字希孟，号云庄，山东历城人，曾任礼部尚书、监察御史等职。后因上疏谏元夕放灯获罪辞官，隐居故乡。天历二年（1329年），陕西大旱，他被任为陕西行省中丞，赈济灾民，同年死于任所。他宦海沉浮30年，有许多作品抒发了想有所作为而又畏惧灾祸的矛盾心情，如《红绣鞋·失题》中"腆着脸登要路，睁着眼履危机，直到那其间谁救你"的句子。而在陕西任上写的《山坡羊·潼关怀古》则是他最有名的作品，其中"兴，百姓苦！亡，百姓苦"句更是饱含对人民的同情，感情真挚，含义深沉。

张可久

元代散曲作家，字小山，庆元（今浙江鄞州区）人。曾任典史等小吏，做过昆山县幕僚。仕途上不很得意。平生好漫游，到过江南各地，晚年居杭州。他是元代后期著名的散曲作家，留存小令855首，套数9篇，数量为元人之冠。内容以表现闲逸情怀为主，而又包括写景、咏物、言情、赠答、送别等，反映现实的作品不多。在表现方法上，注重格律形式的工整，多采诗词句法入典，风格典雅蕴藉，但失去了前期散曲清新、自然的本色。代表作为《金字经·春晚》。著作有《小山北曲联乐府》。

西昆体

北宋初社会安定繁荣，宋太宗、宋真宗都奖掖文士，君臣时常唱和，蔚成风气。宋真宗景德二年到大中祥符元年（1005—1008年），杨亿、刘筠、钱惟演等馆阁之臣相互唱和，共得诗250首。杨亿取传统中昆仑山以西有群玉之山，为先王藏书之策府之意，编集成《西昆酬唱集》，后人遂称之为"西昆体"。西昆体诗歌内容多为吟咏前代帝王和宫廷故事。西昆体作者群标榜学习李商隐，但主要拾取了李诗典雅精丽、委婉深密的艺术技巧，而缺乏充实的生活感受。西昆体诗歌在宋初诗坛影响很大，欧阳修《六一诗话》说"杨、刘风采，耸动天下""时人争效之，诗体一变"。

诚斋体

南宋诗人杨万里诗歌风格的特称，杨万里号诚斋，故得名。南宋严羽的《沧浪诗话》、宋魏庆之的《诗人玉屑》等都提及了"诚斋体"。诚斋体的特点有：富于幽默诙谐的风趣，也往往寓深沉的思想感情，如对统治者的批判；立意新颖，想象丰富，善于捕捉自然景物的变化，用拟人的手法加以表现；语言自然活泼，通俗易晓，句法完整而意脉连贯，多采用口语、俗语入诗。这种诗风为当时受江西诗派笼罩的诗坛试验了新的诗歌创作的可能性，引进了新的诗风。

诸宫调

宋、金、元代说唱艺术的一种，起源于北宋神宗时。语见宋王灼："熙丰、元祐间……泽州孔三传者，首创诸宫调古传，士大夫皆能诵之。"诸宫调有说有唱而以唱为主，由同一宫调和不同宫调的曲子杂缀而成，杂以说白，以反映社会生活为主要内容，以琵琶等乐器伴奏。此后由说唱发展到舞台演出，形成杂剧。现存作品有金人作《刘知远》的残篇，金人董解元的《西厢记》和元代王伯成的《天宝遗事》的残篇等。

杂 剧

杂剧是我国戏曲艺术发展到成熟阶段最早的戏曲种类。它是在金院本和诸宫调的基础上，广泛吸收多种词曲的艺术成就发展而成的戏曲形式，是一种带有科白的歌剧。杂剧一般由四折组成（少数剧目多于四折），一折相当于现在的一幕。一些杂剧还有"楔子"，即在四折之外加插一场，交代情节或贯穿线索，可以放全剧之首，也可放在折与折之间。每折由多首曲子（套曲）组成，必须采用同一宫调，一韵到底，中间不能换韵。套曲的曲词就是剧中的唱词。正末主唱的戏称为"末本"，正旦主唱的戏称为"旦本"。角色分类："末"是男角，"正末"即男主角；"旦"是女角，"正旦"即女主角；"净"是花脸，扮演刚强、凶恶或滑稽的人物；"杂"是一些次要角色，如老人、小孩等；"丑"是丑角，明朝以后才有此角色名称出现。剧本由曲、白、科组成。"曲"即曲词，是唱的；"白"即宾白，就是剧中说白，有独白、对白、旁白、带白（唱曲时自己插入的说白）、插白（另一角色插入）多种；"科"即动作，包括演员的表情、动作和舞台效果。杂剧剧本一般有题目和正名。这是以两句或四句的对句概括全剧内容，以提出全剧纲领，总结全剧节目。习惯上摘取末句数字作为剧本名称，如《窦娥冤》的题目是"秉鉴持衡廉访法"，正名是"感天动地窦娥冤"。

南 戏

南戏是南曲戏文的简称，最初流行于浙东沿海一带，称温州杂剧或永嘉杂剧。它盛行于南方，后世为跟元代北方的杂剧相区别，而称元代南戏。南戏多取材于现实，偏于爱情故事及家庭纠纷，较少历史英雄故事或农民起义战争。剧情一般较杂剧曲折、丰富，剧中各个角色可以合唱或分唱，不像杂剧一本戏只能由一个主角演唱。高明《琵琶记》为"南戏之祖"，振兴了南戏，是南戏由民间文学过渡到文人创作的转折点。南戏有弋阳、余姚、海盐、昆山四大声腔。

明代文学

宋 濂

明初散文家，字景溪，号潜溪，谥文宪，浙江金华人。自幼好学，曾师从散文大家吴莱、柳贯、黄溍等人。朱元璋称帝后，任命他为文学顾问，江南儒学提举，授太子经。他认为只有孔子之文"才称之为文"，"六籍之外当以孟子为宗，韩子次之，欧阳子又次之"（《文原》）；提倡儒家"温柔敦厚"的文章风格。其散文创作十分出色，尤以传记文成就突出，主要代表作品有《秦士录》《王冕传》《李疑传》等。他的写景散文风格近似欧阳修，文笔清新，不事雕琢，主要作品有《桃花涧修禊诗序》《环翠亭记》等。由于经历了元末动荡不安的社会现实，故而他的文章具有较强的现实意义且往往含有深刻的哲理，思想性较强。他被朱元璋推为"开国文臣之首"。

施耐庵

施耐庵，元末明初小说家，江苏兴

化人。一般认为，他是《水浒传》的作者。施耐庵出身贫寒，曾到山东郓城任训导，因此对山东的风土人情以及宋江等人的英雄事迹都有所了解。水浒的故事在民间流传甚广，主要作品有龚开的《宋江三十六人赞》，以及元杂剧中的《双献头》《李逵负荆》等。《水浒传》就是在民间传说、话本和戏曲的基础上写成的，是我国的四大古典名著之一。在内容上，《水浒传》主要描写了宋江起义和失败的经过，反映了北宋末年当政者横征暴敛，以致官逼民反的情形，揭露了社会的黑暗压迫，歌颂了梁山英雄的反抗精神和优秀品质。作品塑造了一系列的典型人物，如宋江、林冲、杨志、武松、李逵、鲁智深等，深受人们的喜爱。其中的一些优秀章节如"林教头风雪山神庙""鲁提辖拳打镇关西""景阳冈武松打虎"等，一直都为人们津津乐道。

施耐庵著《水浒》图

罗贯中

罗贯中，元末明初小说家、戏曲家，名本，字贯中，浙江杭州人，祖籍太原。传说他很有政治抱负，曾入张士诚幕，朱元璋统一天下后，转而从事小说创作。他具有多方面的创作才能，曾写过乐府隐语和戏曲，但以小说成就为主。《西湖游览志余》称他"编撰小说数十种"。现存署名罗贯中的作品有《三国志通俗演义》《隋唐志传》《残唐五代史演义传》和《三遂平妖传》等，其中《三国志通俗演义》（即《三国演义》），在中国的文学史上具有重要的影响，为我国四大古典名著之一。这部作品是在历代史传、讲唱文学，以及民间传说的基础上写成的，后人常以"七实三虚"来评价这部作品。整部作品以宏观的视角、宏大的结构演义了三国时期复杂的政治军事斗争，极力宣扬了刘、关、张的义气。作品塑造了一系列的典型人物，如奸雄曹操、仁主刘备、富有智慧的诸葛亮等等，这些艺术形象各自以其不同的艺术魅力进入了人们的生活中，其中"拥刘反曹"的思想倾向，则反映了民众对于仁君的向往。

吴承恩

明代小说家，字汝忠，号射阳山人，怀安山阳（今江苏淮安）人。自幼聪明过人，喜欢读野言稗史，熟悉古代神话和民间传说。科场的失意与生活的困顿，使他对科举制度和黑暗的社会现

吴承恩故居

实深为不满，因此常以志怪小说的形式来表达心中的愤懑，他曾说："虽然吾书名为志怪，盖不专明鬼，实记人间变异，亦微有鉴戒寓焉。"《西游记》是其代表作品，为中国四大古典名著之一。作者以唐玄奘西天取经的事件为素材，同时参考整理了《大唐西域记》《大唐慈恩寺三藏法师传》等作品以及各种民间传说，以此为基础写成了《西游记》。整部作品以幻想的形式，向人们展现了一个神奇的神话世界，塑造了唐僧、孙悟空、猪八戒、沙僧等人物，影响极其广泛。作者借这种想象和虚幻的形式，曲折地表达了他对现实的批评和不满。吴承恩还有很多散佚的诗文，后人辑为《射阳先生存稿》。

兰陵笑笑生

《金瓶梅》的作者"兰陵笑笑生"，后世存疑。1617 年的刻本《金瓶梅词话》开卷欣欣子序第一句话说"窃谓兰陵笑笑生作《金瓶梅传》"，该序最后一句话是"吾故曰：'笑笑生作此传者，盖有所谓也。'"因此，后人考证"兰陵"是郡望，"笑笑生"是作者。据明沈德符《万历野获编》中所说"嘉靖间大名士手笔"，以及《金瓶梅跋》中所说的"《金瓶梅传》，为世庙时一巨公寓言"等零星的线索来看，"笑笑生"应是明嘉靖年间人士。研究者根据以上这些零星的线索去推测"笑笑生"的真实身份，现今推测出了一百多人而且名单还在不断地加长，其中最主要的有王世贞说、贾三近说、屠隆说、李开先说、徐渭说、王稚登说等等，不一而足。但各说均属间接推论，并无直接证据，这使"笑笑生"成为一个悬案。

汤显祖

明代戏曲家，字义仍，号若士，自署清远道人，晚号茧翁，祖籍江西临川。少年即有诗名，万历年间进士，历任南京太常博士、詹事府主簿、礼部祠祭司主事等职，与顾宪成等东林党关系密切。49 岁辞官回家，专事于戏曲创作。他的传奇作品《牡丹亭》《邯郸记》《南柯记》《紫钗记》被称为"玉茗堂四梦"或"临川四梦"，以他为代表的这一戏曲派别被称为"临川派"或"玉茗堂派"。在哲学上，他受王学左派的影响，崇尚真性情，反对程朱理学。在戏剧创作上，他提倡文采，主张抒写人的真情实感，不受格律的限制。《牡丹亭》是其代表作品，文采斐然，具有很高的文学性和思想性，代表了明代戏曲创作的最高峰。除戏曲创作外，他还著有诗集《红泉逸草》《问棘邮草》和诗文集《玉茗堂全集》。

冯梦龙

明代通俗文学家、戏曲家，字犹龙，一字耳犹，号姑苏民奴、顾曲散人、墨憨斋主人、墨憨子、茂苑野史民、龙子犹等，江苏长洲人。少有才气，与兄冯梦桂、弟冯梦熊并称"吴下三冯"。在科举上，冯梦龙一生不得意，遂将主要精力集中于搜集、整理通俗文学上。他的代表作品是《喻世明言》(旧题《古今小说》)、《警世通言》《醒世恒言》，世称"三言"，代表了明代拟话本小说的成就。此外，他还增补了长篇小说《平妖传》，将其改为《新列国志》，编辑了《古今谭概》《情史》等笔记故事，并鉴定了《有商志传》《有夏志传》《盘古至唐虞传》等。民歌方面，他搜集、整理

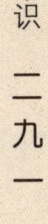

了《挂枝儿》《山歌》两种民歌集。他还是一位戏曲家，曾经改定过《精忠旗》《酒家佣》等曲本，编纂了散曲集《太霞新奏》，并且创作了《双雄记》和《万事足》两部剧本。由于其在通俗文学方面的巨大贡献，被称为"民间文学整理人"。

凌濛初

明代文学家，字玄房，别号空空道人，浙江乌程人。早年曾过着风流才子、浪荡文人的生活，晚年做过地方官。他的著作，除"二拍"外，还有戏曲《虬髯翁》《红拂》等多种。"二拍"即《初刻拍案惊奇》《二刻拍案惊奇》，与冯梦龙的"三言"合称为"三言二拍"，是明代拟话本小说的杰出代表。"二拍"是作者据野史笔记、文言小说和当时社会传闻创作的，因而具有强烈的市民社会意识。书中有很多宣扬封建道德与迷信思想的作品，也有露骨的色情描写，其中较为亮丽的是反映商人的经济活动、市民的人生观念，以及爱情与婚姻的一些作品，如《转运汉巧遇洞庭红》《叠居奇程客得助》《满少卿饥附饱扬》等。

临川派

明代戏曲文学流派，其领袖人物是汤显祖。因其书房名为玉茗堂，因此，世人往往将他的剧作《紫钗记》《牡丹亭》《南柯记》与《邯郸记》称为"玉茗堂四梦"或"临川四梦"，"临川派"和"玉茗堂派"因此得名。向来被认为属于此派的戏曲家还有阮大铖、吴炳、孟称舜、凌濛初等人。在戏剧理论上，这派戏曲家首重情辞，强调格律对情辞的依附性，反对格律约束情辞。汤显祖说："凡文以意、趣、神色为主"，甚至还说"余意所致，不妨拗折天下人嗓子"。他还强调"曲意"，主张"意趣说"，反对吴江作家"按字模声""宁协律而不工"的主张。在语言上，讲究"机神情趣"，既要本色，又要有文采。

吴江派

明代万历年间戏曲文学流派，又称属玉堂派或格律派，其代表人物是江苏吴江人沈璟，曲学名家顾大典、吕天成、卜世臣、王骥德、叶宪祖等也是此派的重要成员。在戏剧理论上，吴江派主张有两点，一是强调作曲要"合律依腔"，即注重音韵格律，讲求戏曲的演唱效果，主张宁肯"不工"，也要"协律"。二是在语言上"僻好本色"，这对于反对明初文坛的骈俪辞风，有积极的影响。但是，过于强调音律，引用大量"俗言俚语"入戏也产生了不良的影响，为时人所诟病。在戏剧理论上，吴江派著述颇丰，贡献甚大，主要代表作品有沈璟的《南九宫十三调曲谱》、吕天成的《曲品》、王骥德的《曲律》等。

公安派

明代文学流派，其成员主要生活在明万历时期，代表人物为袁宗道（1560—1600年）、袁宏道（1568—1610年）、袁中道（1570—1623年）三兄弟，因其皆为湖广公安（今属湖北）人，故世人称之为"公安派"。与前后七子的"文必秦汉，诗必盛唐""大历以后书勿读"的复古论调不同，他们反对抄袭，主张通变，认为文学应随时代的发展而变化，"世道改变，文亦因之；今之不必摹古者，亦势也"（袁宏道《与江进之》)。其次,他们认为文章要独抒性灵不拘格套,强调非从自己胸臆流出,则不下笔。此外他们还提倡通俗文学,尤为重视民歌小说的创作,从民间文学中吸取养料。其重要成员还有江盈科、陶望龄、黄辉、雷思霈等人。可以说公安派对于文体的解放是有贡献的,他们的游记、尺牍、小品文等很有特色,或秀逸清新,或活泼诙谐,可谓自成一家。但他们文学主张的理论意义往往超过他们的创作实践,是为不足之处。

竟陵派

明代后期文学流派,其创始人钟惺、谭元春都是竟陵人,因而得名,他们的文章体式也因此被称为竟陵体或钟谭体。竟陵派继承了公安派"独抒性灵"的主张,反对拟古之风,同时又用一种"幽深孤峭"风格对"公安"作品的俚俗、浮浅加以匡正。他们认为"古人精神"是"幽情单绪"和"孤行静寄",因此他们所谓"性灵"是指学习古人诗词中的"精神"。在文章的风格上,他们追求文风的新奇,字义的深奥,因此刻意雕琢字句,语言佶屈、艰涩隐晦。竟陵派的文学主张以及创作对晚明及以后小品文大量产生有一定促进作用,但作品题材狭窄,语言艰涩,又同时束缚了他们的发展。这派的追随者还有蔡复一、张泽、华淑等人,但是受竟陵派影响而较有成就的是刘侗,他的《帝京景物略》成为竟陵体语言风格代表作品之一。

拟话本

话本即"说话艺人"的底本。宋元以来的说话艺术深受世人的喜爱,话本的大量刊行,逐渐引起文人注意,他们由对话本的编辑、加工,转而变为模拟话本进行创作,这就是拟话本。与传统的话本娱乐说唱的功能不同,拟话本主要是由文人创作,供世人案头阅读的作品,因此在语言、情节以及思想等各个方面,都与传统的话本小说有很大的不同。明代拟话本的主要代表就是"三言二拍",即冯梦龙的《喻世明言》《警世通言》《醒世恒言》与凌濛初的《初刻拍案惊奇》《二刻拍案惊奇》等,"三言二拍"代表了明代白话短篇小说创作的最高成就。

清代与近代文学

李 渔

清代戏曲理论家、戏剧作家,字笠鸿、谪凡,号笠翁,浙江兰溪人。早年屡试不第,后家境败落,遂以开书铺、办戏班维持生活。李渔是我国第一个专门从事喜剧创作的剧作家,创作有传奇喜剧集《笠翁十种曲》。他还创作了《闲情偶寄》、评话小说《十二楼》《无声戏》等作品。在戏曲理论方面,他也颇有建树,其论述比较全面系统。他的理论以戏曲的社会性和舞台性为出发点,强调作品的结构,语言的浅显和人物的个性化,在题材和情节安排上强调"奇"与"新"。一般认为,他的戏曲理论的贡献超过了他的戏曲创作。其作品《闲情偶寄》在内容上包含了戏曲理论、饮食、营造、园艺、养生等多个方面,被誉为"古代生活艺术大全",为"中国名士八大奇著"之一。

蒲松龄

清代小说家,字留仙,一字剑臣,别号柳泉居士,山东淄川人。出身于小地主商人家庭，才华横溢，热衷于科举，但屡试不第，直到71岁才援例当了一名贡生。他一生穷困潦倒，饱尝世情，对于社会世态有很深的认识。他所著《聊斋志异》是一部文言短篇小说集，是其代表作品。蒲松龄是一个多才多艺的作家，除《聊斋志异》外，他还有俚曲14种，诗歌千余首，词90多阕，文400余篇，戏曲3出，还编了《农桑经》《日用俗字》等一些农村社会日常生活需用之书。

洪昇

洪昇，字思昉，号稗畦，又号南平樵者，浙江钱塘人。出身于仕宦之家，后家境败落，科场也一直不得意。他交游甚广，曾向王世祯、施润章学诗，并与朱彝尊、赵执信等名士有往来，这对洪昇的创作有重要的影响。洪昇在诗歌方面较为擅长，有诗作《稗畦集》《啸月楼集》。他还嗜好音律，有多部戏曲作品，其中著名的是杂剧《四婵娟》与传奇《长生殿》。《长生殿》代表了作者的最高文学成就，这部传奇前后历时10余年，"三易其稿而始成"。作品以李隆基、杨玉环的爱情为经，以社会政治演变为纬来结构全剧，现实主义与浪漫主义有机地结合到了一起，情节曲折、场面壮丽、语言清丽流畅，充满了诗意。在思想上，作者既同情李、杨的遭遇，赞美他们的爱情，又揭露了其后果，流露出作者对家国兴亡的感伤情绪。

孔尚任

清初诗人、戏曲作家，字聘之，又字季重，号东塘、岸堂，又号云亭山人，山东曲阜人，为孔子第六十四代孙。自

彩绘本《桃花扇》插图　清

幼便继承了儒家的思想传统与学术，并留意礼、乐、兵、农等各种学问，还考证过乐律。康熙皇帝南巡北归时到曲阜祭孔，孔尚任在御前讲《论语》受到褒奖，被任命为国子监博士，为此，他写了一篇《出山异数记》表示他的感激之情。他在京城的生活十分闲散，因此常以读书和搜集古物来填补无聊的日子，此时他开始了《桃花扇》的创作。这部剧作以李香君与侯方域之间的悲欢离合为主线，借儿女之情抒发了作者的兴亡之感，全面地反映了晚明社会的各种现实。这部作品很好地处理了艺术真实和历史真实之间的关系，是一部优秀的作品，在中国的戏曲史上占有重要的地位。

纳兰性德

清代词人，原名成德，字容若，号楞伽山人，满洲正黄旗人，大学士明珠之子。善骑射，好读书，经史百家无所不窥，谙悉中国传统的学术文化，尤好填词。18岁中举，22岁赐进士出身，官一等侍卫，其才干深得康熙赏识。其

词直抒胸臆，自然清新，风格近似李后主，尤以小令见长。曾多次奉命出征，因此写有不少描写边塞生活的小令，颇具特色，如《菩萨蛮·朔风吹散三更雪》《如梦令·万帐穹庐人醉》等。亦能诗，但成就不如词。有词集《纳兰词》，此外还辑有《全唐诗选》和《词韵正略》等。

方苞

清代散文家，字凤九，一字灵皋，晚年号望溪，安徽桐城人，被称为桐城派的鼻祖。自幼聪慧，24岁至京城，入国子监，以文会友，名声大振。康熙四十五年（1706年）进士及第。后因给《南山集》作序案发，被株连下江宁县监狱。在狱中著成《礼记析疑》和《丧礼或问》。后康熙帝亲笔批示"方苞学问天下莫不闻"，方苞免死出狱，并以平民身份入南书房做了皇帝的文学侍从。雍正年间提升为内阁学士，官至礼部侍郎。乾隆七年（1742年），告病还乡。在文学上，方苞首创"义法说"。所谓"义"即"言有物"，指文章的思想内容；所谓"法"即"言有序"，指文章的形式技巧。"义法说"也就是倡导"道"与"文"、形式与内容的统一，为桐城派散文理论奠定了基础。后来桐城派的理论，皆是对"义法说"的完善和发展。

方苞一生著述丰富，有《周官集注》《周官析疑》《集外文》《补遗》等，还删订了《通志堂宋元经解》。

吴敬梓

清代小说家，字敏轩，一字文木，安徽全椒县人，出身于官僚仕宦之家。自幼聪颖，才识过人，少时曾随父宦游大江南北，对于官场内幕有很深的认识，无心于仕途功名。父亲去世后，由于他不善治生，又慷慨好施、挥霍无度，家境迅速败落，直到去世一直都过着清贫的生活。《儒林外史》是其代表作品，这部小说以批判科举制度和功名富贵为中心，反映了封建社会末期种种弊端和腐败的社会现实，塑造了范进、杜少卿等典型人物。这部小说在艺术上最大的特点是讽刺，语言精练、准确，是一部非常优秀的小说，在中国文学史上占有重要的地位。吴敬梓晚年爱好治经，著有《诗说》87卷（已佚），此外还有《文木山房集》12卷。

曹雪芹

曹霑，清代小说家，字梦阮，号雪芹，又号芹圃、芹溪，是我国古典名著《红楼梦》的作者。曹雪芹自幼得到良好的教育，但曹家后期败落，深刻影响了曹雪芹的思想和心理，形成了他愤世傲世的叛逆性格。曹雪芹晚年贫困潦倒，长期靠朋友救济和卖画为生。曹雪芹多才多艺，工诗善画，时人评价其"诗笔有奇气"。《红楼梦》是他的代表作品，也是我国最杰出的古典文学名著之一。在艰难的环境中，他"披阅十载，增删五次"而成《红楼梦》。"满纸荒唐言，一把辛酸泪，都云作者痴，谁解其中味"，可以说概括了作者一生的辛酸。《红楼梦》原名《石头记》，此外还有《金陵十二钗》《风月宝鉴》等名，小说以贾宝玉、林黛玉的爱情为主线，以贾、王、史、薛四大家族的兴衰败亡为背景，揭示了封建礼教对人的束缚与残害。《红楼梦》是一部集大成之作，文笔优美，融汇了作者对人生和社会的思考，在思想和艺术上都具有很高的成就。

袁 枚

清代诗人、小说家、戏曲理论家，字子才，号简斋，又号随园老人，浙江钱塘（今浙江杭州市）人。乾隆四年（1739年）进士，曾任溧水、江浦、江宁等地知县。后辞官定居江宁，在小仓山下构筑随园，自号随园老人。袁枚的思想与晚明的李贽一脉相承，对当时学术界的汉宋学派不满，尤为反对考据学。在诗论上，他提出了"性灵说"，提倡抒写性情、遭际和灵感，开创了性灵派。他的诗文对当时文坛的拟古和形式主义文风有极大的冲击，但抒发闲情逸致，流连风花雪月，只是士大夫的情致，缺少社会生活内容，也限制了他的成就。其著作主要有《小仓山房诗文集》《随园诗话》以及笔记体志怪小说专集《子不语》。《随园诗话》是他的代表作品，在论诗方面，提出了很多独到的见解，具有重要的影响。其小说集《子不语》文笔流畅，叙事简洁，在文坛上也具有重要的地位，其中有很多为人们所称道的名篇，如《黄生借书说》《书鲁亮侪》等。

姚 鼐

清代散文家，字姬传，又字梦谷，因室名惜抱轩，又称为惜抱先生，安徽桐城人。乾隆年间进士，官至刑部郎中、记名御史等。曾在江宁、扬州等地书院讲学达40年。治学以经为主，兼及子史、诗文。曾受业于刘大櫆，为桐城派的集大成者。在理论上，他提倡文章要"义理""考证""辞章"三者相互为用。其中，"义理"即程朱理学，"考证"指对古代文献、文义、字句等的考证，"辞章"也就是文章的文采，也就是文章要以"考据""辞章"为手段，来阐释儒家的"义理"，这可以说是对方苞的"义法"说的补充和发展。在文章美学上，他提出了"阳刚"与"阴柔"的概念。同时，他发展了刘大櫆的拟古主张，提倡从"格律声色"入手去模拟古文，进而达到"神理气味"。著有《惜抱轩全集》，并选有《古文辞类纂》《五七言今体诗钞》等。

李汝珍

清代小说家，字松石，号松石道人，直隶大兴（今属北京）人。学问渊博，受业于经学大师凌廷堪，精通文学、音韵等，并旁及杂艺，在音韵方面著有《音鉴》一书。他晚年穷愁潦倒，作小说以自遣，历十数年而成小说《镜花缘》。该作品被鲁迅归入以才学见称的小说，鲁迅评价说其"博识多通而仍敢于为小说也；惟小说又复论学说艺数典谈经，连篇累牍而不能自已，则博识

姚鼐《古文辞类纂》书影
此书对"桐城派"获得巨大的声誉起到了至关重要的作用。这本书集中体现了他著文为辞要规范化和优美的倾向。

多通又害之"，可谓是中肯之语。《镜花缘》代表了作者的最高成就。这部作品共100回，以百花仙子被贬下凡历劫为线索，以唐敖、林之洋、多九公三人海外航游为主线，同时穿插了大量的关于才学的论述和描写。这部作品自从问世以来一直受到关注。

龚自珍

晚清思想家、史学家、诗人，一名巩祚，字璱人，号定盦，浙江仁和（今杭州）人。道光九年（1829年）进士，官至礼部主事。龚自珍家学渊源深厚，对文字、训诂、金石、目录、诗文、地理、经史百家皆有所涉猎，并深受当时崛起的"春秋公羊学"的影响，提倡"通经致用"。在政治上，主张革新内政，变法图强，他的思想为后来康有为等人倡公羊之学以变法图强开了先声。在文学上，他提出了"尊情"之说，主张诗与人为一。他的诗文俱佳，尤以诗的成就为高，其组诗《己亥杂诗》一直为世人所重视。后人将他的作品辑为《定盦全集》《龚自珍全集》。

刘鹗

晚清文学家、金石专家，原名孟鹏，字云博，后更名为鹗，字铁云，笔名洪都百炼生，江苏丹徒人。自幼聪颖，对数学、医学等都有研究。在金石方面，他搜罗龟甲，著有《铁云藏龟》一书，是研究甲骨文的重要文献。就目前所见的资料来看，《老残游记》是他唯一的一部小说创作。这部作品在中国的小说史上占有重要的地位，为清末四大谴责小说之一。此外，《〈老残游记〉初编自序》《老残游记〉二编自序》以及《老残游记》初编卷一至卷十七的评语，是重要的小说理论资料。就作品来看，《老残游记》以江湖医生老残的游历为线索，反映了晚清的某些社会现实。"棋局已残，吾人将老，欲不哭泣也得乎"，《老残游记》的世界可以说是中国近代社会的缩影。

吴趼人

晚清小说家，名沃尧，又名宝震，字小允，号茧人，后改为趼人，广东南海人。出生于官僚地主家庭，一生致力于小说创作和报刊编辑。在理论上重视小说的趣味性和移情作用，提倡"寓教育于闲谈"，反对枯燥呆板的说教。他还认为既是小说，也是正史的"辅翼"具有重要的社会作用。在小说技巧上，他强调作品立意与摹绘的传神。其作品主要有长篇小说《二十年目睹之怪现状》《痛史》《九命奇冤》等12种，还有短篇小说。

李宝嘉

晚清小说家，字伯元，别号南亭亭长，笔名有游戏主人、二春居士等，江苏武进人。一生以办报和写小说为主，其主要作品有小说《官场现形记》《文明小史》《中国现在记》《活地狱》《海天鸿雪记》等。其中《官场现形记》是作者的代表作品，为清末四大谴责小说之一。这部小说在结构上与《儒林外史》相似，全书没有一个中心人物，而是由一个个小故事连缀而成，通过对晚清官场的描写，揭露了封建社会崩溃时期，统治集团内部的腐朽状况。在小说理论上，他首先强调写真，因此他的小说笔锋尖锐，有清醒的现实性，揭露了晚清社会的黑暗现实。在人物塑造上，注重

细节，强调人物性格的刻画；在结构小说方面，他提出了"草蛇灰线法"，即强调伏笔和小说的曲折性；在语言上，力求生动、精当、准确。

曾朴

近代小说家、出版家，字孟朴，笔名东亚病夫、病夫国之病夫等，江苏常熟人。早年曾在同文馆学习法文，深受西方思想文化的影响，曾翻译过雨果等人的作品。后来，参加了康梁的维新运动，1904年创办小说林书社，并开始了《孽海花》的创作。其晚年思想渐趋保守和反动。《孽海花》是作者的代表作品，为清末四大谴责小说之一。这部小说以金雯青和傅彩云的故事为主要线索，通过对当时官僚名士、封建文人的思想生活和社会风气的描写，全面地展现了清末的政治、经济以及外交等各方面的情况，对于帝国主义的野心也有一定的批判和揭露。书中的人物在现实生活中皆有所指，具有很强的写实性。

阳羡词派

清初词学流派，又称作聚放派。陈维崧（1625—1682年）是阳羡词派的领袖人物，江苏宜兴人。因宜兴在汉时被称为阳羡县，因而这一词派被命名为阳羡派。陈维崧的词追法苏轼、辛弃疾，同时兼有周邦彦、秦观之长，自成一家。他的词作数量多，其《迦陵词》集存词1600余首，可谓是"填词之富，古今无两"。在题材上，既有闺房花草、感遇怀古之作，也有反映民生疾苦和农家生活的佳作。他的词风兼有豪放、婉约之长，以"才气大，骨力遒"见称，小令、中调、长调无不精通。但其词"发扬蹈厉，而无余韵"，有时写得太直、太露，失之含蓄，给人以美中不足之感。阳羡词派的人物还有曹贞吉、孙枝蔚、尤侗等。阳羡词派人的创作与理论主张对于词的变革发展具有重要影响，在清代文坛上也占有重要的地位。

神韵派

清代初叶诗学流派，其倡导者是王世祯（1634—1711年），著有《带经堂集》《渔洋诗文集》《渔洋诗话》等书。他擅长七言近体诗，善于融情入境，其诗歌《江山》《真州绝句》等，在艺术上颇有特色。在诗论方面，提出了"神韵说"，追求诗的神情韵味。他在《池杯偶谈》中说："'神韵'二字，予向论诗，首为学人拈出。""神韵"一词可以说是唐代司空图"自然""含蓄"以及宋代严羽"妙悟""兴趣"之说的延续，以"不著一字，尽得风流"为诗的最高境界。因此，他的诗歌创作境界淡远，语言隽永含蓄，对于纠正明末清初以议论为诗的偏向有一定的作用。但是太过强调韵味，忽略思想内容，易给人一种虚无缥缈的感觉。

格调派

清代中叶诗学流派，其倡导人物是沈德潜（1673—1769年）。沈德潜江南长洲人（今苏州），乾隆年间进士，官至礼部侍郎。主要编选了《古诗源》《唐诗别裁》《明诗别裁》《清诗别裁》等作品，著有《归愚诗文集》。他对叶燮《原诗》中的理论主张加以发展，提出了"格调说"。在诗风上他主张温柔敦厚，怨而不怒，认为学诗者必须沿唐诗而"上穷其源""以渐窥风雅之遗意"（《古诗源序》)。他还十分重视格律声调，认为"诗贵性情，亦须论法"，主张作诗以唐诗为法，格调派虽然提倡学古，但并不是对古人的完全模拟。总的来说，格调说属于儒家正统派的诗论。

性灵派

清代中叶诗学流派，其代表人物是袁枚（1716—1797年）。袁枚活跃于诗坛60余年，存诗4000余首，著有《小仓山房诗文集》《随园诗话》等。在思想上，他与晚明的李贽一脉相承，要求个性自由，强调"人欲"，反对"以理杀人"。与之相适应，在诗论上他提出了"性灵说"，主张抒写性灵，他在《随园诗话》说："自'三百篇'至今日，凡诗之传者，都是性灵。"所谓"性灵"在他看来就是指诗人的真性情，"作诗不可以无我"，强调作诗应抒写个人的性情遭际与实感，直抒胸臆，辞贵自然。性灵说对于诗坛上的形式主义诗风是有力的冲击，但性灵也只是士大夫的情致，过分注意个人生活琐事，吟咏风花雪月，缺乏充实的社会内容，有时不免失之肤浅。

桐城派

清代散文流派，其创始人是方苞。该流派继承发展者众多，其中影响最大的是刘大櫆和姚鼐。因为方、刘、姚都是安徽桐城人，故世人以桐城派称之。桐城派的文论，以"义法"为中心，逐步丰富发展而成为一个有机的体系。"义法"的主张首先由方苞提出，所谓"义"，即"言有物"，指文章的思想内容；"法"，即"言有序"，指文章的形式技巧。"义法说"要求文章的形式服从于内容，做到内容和形式的统一。在文章的语言方面，他提倡"清真雅正"和"雅洁"，反对俚俗和繁芜。刘大櫆进一步发展了"义法"的理论。桐城派的集大成者是姚鼐，他强调"义理、考证、辞章"三者相互为用；同时发展了"神气说"，提出神、理、气、味、格、律、声、色为文章八要，并将文章的风格归纳为"阳刚"与"阴柔"两大类。桐城派的文章语言简明，清顺通畅，颇有特色，特别是一些记叙文，其代表作品有方苞的《狱中杂记》《左忠毅公逸事》，姚鼐的《登泰山记》等。

现当代文学

鲁 迅

现代文学家、思想家、教育家、革命家，原名周树人，字豫才，浙江绍兴人。1902年去日本学医，后弃医从文，希望用以改变国民精神。1909年，翻译《域外小说集》，介绍弱小民族文学。1918年，发表中国现代文学史上第一篇白话小说《狂人日记》，奠定了新文学运动的基石。参加《新青年》杂志工作，成为"五四"新文化运动的主将。1921年发表了中篇小说《阿Q正传》。1930年起，先后参加中国自由运动大同盟、中国左翼作家联盟等。先后参与主编了《莽原》《语丝》等文艺期刊。著有杂文集

《而已集》《三闲集》等，小说集《呐喊》《坟》等，散文集《野草》《朝花夕拾》等，编著《中国小说史略》《小说旧闻钞》等。

胡　适

中国现代学者、诗人，原名胡洪，字适之，安徽绩溪人。1910 年留学美国。1914 年在康奈尔大学获文学士学位后，入哥伦比亚大学读哲学，师从杜威，深受其实验主义哲学的影响。1917 年回国，任北京大学教授，积极参加新文化运动和文学革命运动，是新文化运动中最有影响力的人物之一。1917 年发表《文学改良刍议》，猛烈抨击了封建文学，是反对文言文、提倡白话文的首篇正式宣言。参加编辑《新青年》。1920 年出版中国文学史上第一部白话诗集《尝试集》。1923 年与徐志摩等组织新月社。1924 年与陈西滢等创办《现代评论》周刊。1946 年任北京大学校长。胡适一生在哲学、文学、史学、古典文学考证诸方面都有很大成就。另著有《五十年来之中国文学》《胡适文存》《白话文学史》《中国哲学史大纲》等。

刘半农

中国文学家、语言学家、教育家，"五四"新文化运动的先驱之一，原名刘复，江苏淮阴人。1911 年参加辛亥革命。1917 年到北京大学任预科教授，并参与《新青年》杂志的编辑工作。积极投身文学革命，发表了许多震惊文坛的进步论著，成为新文化运动中一位"斗士"和"闯将"。1920 年到英国伦敦大学的文学院学习实验语音学。同年创作了一首题为《教我如何不想她》的新诗。1921 年转入法国巴黎大学学习。1925 年获法国国家文学博士学位。1925 年秋回国，任北京大学国文系教授，讲授语音学。他是白话诗歌的拓荒者，现代民歌研究的带头人，具有开拓精神的杂文家。他又是中国语言学及摄影理论奠基人，是中国第一个获"康士坦丁语言学专奖"的语言学家。著有诗集《扬鞭集》《瓦釜集》等。

郭沫若

中国现代诗人、剧作家、历史学家、考古学家、古文字学家，原名郭开贞，号尚武、鼎堂，四川乐山人。1914 年留学日本。1921 年出版第一本诗集《女神》，以崭新的内容和形式，开了一代诗风，成为中国新诗的奠基人。诗作直抒胸臆，感情奔放，格调昂扬。同年与成仿吾等人发起成立创造社，是创造社的骨干成员。后又发表诗集《星空》《恢复》等。抗战期间写了《屈原》《虎符》《棠棣之花》等历史剧及大量诗文。他的历史剧将历史与现实有机结合，以独到的历史眼光，向传统思想进行了挑战，具有鲜明的革命浪漫主义特色和浓郁的抒情色彩。1949 年后，郭沫若历任中国科学院院长、中国科学院哲学社会科学部主任、历史研究所第一所所长等职。先后出版诗集《新华颂》《潮汐集》《东风集》等，历史剧《蔡文姬》《武则天》等，学术专著《石鼓文研究》等。在文学的各种体裁、翻译、史学、文字学等各方面郭沫若都有建树，是少有的全能型文人，又是多产作家。

徐志摩

现代诗人、散文家、翻译家，新

月社的主要代表人物，被誉为新月社的"盟主"，笔名诗哲、南湖等，浙江海宁人。1915年考入上海沪江大学。1918年赴美，先后学习历史、政治及银行学，这一时期深受尼采哲学的影响。1921年赴英留学，期间深受欧美浪漫主义和唯美派诗人的影响。1923年发起组织新月社。1924年与胡适、陈西滢等创办《现代评论》周刊。1925年出版第一本诗集《志摩的诗》。1926年主编《诗镌》，与闻一多等人开展新诗格律化运动。1928年，作抒情诗《再别康桥》，诗作音节和谐，想象丰富，比喻贴切，具有优美的意境，充分表现了诗人的个性和才情。徐志摩早期诗作优美、乐观而热情；后期的诗作则相对消极。他的作品具有鲜明的音乐美，节奏和谐而整齐，音节匀整而富有流动感。语言平易、浅显，表现手法多样。主要著有诗集《翡冷翠的一夜》《猛虎集》等，散文集《落叶》《秋》等，戏剧《卞昆冈》，日记《爱眉小札》等，译著《曼殊斐尔小说集》等。

中国民权保障同盟成员合影
右起：宋庆龄、杨杏佛、黎沛华、林语堂、胡愈之

叶圣陶

现代作家、教育家，原名绍钧，江苏苏州人。1919年加入新潮社，1921年参与发起成立文学研究会。1928年发表长篇小说《倪焕之》。这部小说真实地反映了从辛亥革命到第一次国内革命战争时期一部分小资产阶级知识分子的生活历程和精神面貌。他的小说呈现出朴实冷隽的艺术格调，具有强烈的现实主义特色。"九一八"事变之后，积极参加爱国抗日活动，发表了《多收了三五斗》等著名的短篇小说。1935年出版散文集《未厌居习作》，作品感情朴实，语言洁净，具有厚实的社会内容。他还创作了大量的童话作品，其中《稻草人》是其代表作，作品展现了劳动人民的苦难。1949年后，历任人民教育出版社社长、教育部副部长、中央文史馆馆长等职。主要著作有长篇小说《倪焕之》，短篇小说集《隔膜》《城中》《未厌集》等，散文集《叶圣陶散文甲集》《小记十篇》，童话集《稻草人》《古代英雄的石像》等，论文集《文心》《十三经索引》《苏辛词》等。

林语堂

现代文学家，原名和乐，后改为玉堂、语堂，福建龙溪人。1919年入美国哈佛大学文学系。1922年转赴德国入莱比锡大学，专攻语言学。次年获博士学位后回国，任北京大学教授、北京女子师范大学英文系主任。1924年后为《语丝》主要撰稿人之一。1932年先后主编《论语》半月刊、《人间世》《宇宙风》等杂志。他提倡"以自我为中心，以闲适为格调"的小品文。1952年在美国与人创办《天风》杂志。他的一生，走的是一条综合东西方文化之路。1936年以前重在向中国读者输入西方文化观念。1936年以后则重在向欧美读者宣扬道家哲学，意欲用老庄思想之"柔"来济西方文化之"刚"，使之臻于至美。

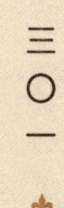

著有长篇小说"林氏三部曲"(《京华烟云》《风声鹤唳》《朱和》)，散文集《欧风美语》，杂文集《剪拂集》《俚语集》。

郁达夫

现代作家、翻译家，原名郁文，浙江富阳人。自幼喜爱文学，古典文学修养深厚。1913年赴日本留学，初读文科，后改学经济。1921年，与郭沫若、成仿吾等在东京发起成立创造社，同年出版了短篇小说集《沉沦》，该作被列为"创造社丛书"之一。小说《沉沦》描写一个有忧郁症的中国留日学生，在异国历经屈辱和冷遇，最终绝望走向沉沦的过程。1922年回国，参加编辑《创造》季刊、《创造周报》等刊物。1928年与鲁迅合编《奔流》月刊，并主编《大众文艺》。1930年，加入中国左翼作家联盟。抗日战争爆发后，积极从事抗日活动，后被日军杀害。他的早期作品往往流露出孤独愤世的慨叹和哀怨；后期的作品如《迟桂花》等则更多地表现了对下层不幸者的同情，风格上具有真率、热情、明丽、酣畅的特点。主要著作有短篇小说集《沉沦》《鸡肋集》等，中篇小说《迷羊》《她是一个弱女子》等，《达夫日记》《达夫游记》等。另出版有《达夫全集》《达夫文集》等。

邹韬奋

现代作家、新闻记者，原名思润，江西余江人。1921年毕业于上海圣约翰大学，后任《生活》周刊和《时事新报》副刊主编，从此毕生从事新闻出版工作。1933年起，撰写了《小言论》和《韬奋漫笔》等杂文集。同年7月因受迫害流亡国外，为《生活》周刊撰写了30多万字的国外通讯。1935年，由美归国，创办《大众生活》周刊，同时参加抗日救亡活动。1936年3月被迫出走香港，创办了《生活日报》及《生活日报星期增刊》。1943年写下《对国事的呼吁》一文，表达了他对蒋介石实行反动政策的愤慨。他写的通讯和评论具有极强的现实主义特色，产生了广泛的社会影响。主要著作有《萍踪寄语》《萍踪忆语》《经历》《抗战以来》《患难余生记》等。

茅 盾

现当代杰出的小说家、文艺理论家、文艺批评家，原名沈德鸿，字雁冰，浙江桐乡人。1915年毕业于北京大学预科班。1916年参与发起组织文学研究会，任《小说月报》主编。1928年东渡日本，开始写作《幻灭》《动摇》《追求》和《虹》。1930年回国加入"左联"，期间写出了《子夜》《林家铺子》《春蚕》。抗战时期，发表了《腐蚀》和《锻炼》等。他的小说被称为"社会剖析小说"，其特征是"作品中人物形象阶级特征比较鲜明，情节的冲突、发展，往往由当时各种社会矛盾所决定，与更为广阔的社会背景相联系着"。另著有长篇小说《第一阶段的故事》等，短篇小说集《野蔷薇》等，散文集《白杨礼赞》《话匣子》

根据茅盾同名小说改编成的电影《春蚕》剧照

等，评论集《夜读偶记》《鼓吹集》等，话剧剧本《清明前后》，中短篇小说《路》《林家铺子》等。

丰子恺

散文家、漫画家、翻译家，原名丰润、丰仁，浙江崇德人。1914年入杭州浙江省第一师范学校，从李叔同学习音乐和绘画。1921年东渡日本学习绘画、音乐和外语。1924年首次发表了他的画作《人散后，一钩新月天如水》。其后，他的画以"漫画"为题在《文学周报》上陆续发表。自此中国开始有了"漫画"这一名称。1925年成立立达学会，参加者有茅盾、叶圣陶、郑振铎等人。1931年，他的第一本散文集《缘缘堂随笔》出版，后又陆续出版了《缘缘堂再笔》《东厢社会》等十几部集子。他的散文以动人的笔触表达了对社会人生的深刻思考和一个正直知识分子的良知，也展示了作者丰富的内心世界和广阔的艺术视野。另著有漫画集《子恺漫画》《古诗新画》，论文集《艺术修养基础》《艺术丛话》，译著《源氏物语》《猎人笔记》等。他被誉为"现代最像艺术家的艺术家"。

庐　隐

中国现代女文学家，原名黄淑仪，又名黄英，福建闽侯人。1919年考入北京高等女子师范学校国文系。1921年加入文学研究会。1925年出版第一本小说集《海滨故人》。1926年到上海大夏大学教书。1927年任北京市立女子第一中学校长半年，期间出版了作品集《灵海潮汐》和《曼丽》，其中的《父亲》等篇，揭露了旧家庭代表人物的种种丑态，表现了作者对封建当权势力的愤慨，极具社会意义。1931年出版了通信集《云鸥情书集》。后移居东京，出版了《东京小品》。1931年起担任上海工部局女子中学国文教师。她的小说，大多采取自传式的书信体或日记体，文字清浅、直切、劲健、自然，并不炫奇斗巧。另著有小说集《玫瑰的刺》等，长篇小说《女人的心》《火焰》等。

郑振铎

现代作家、文学评论家、文学史家、考古学家，字西谛，笔名宾芬、郭源新。原籍福建长乐，生于浙江永嘉。"五四"运动爆发后，曾作为学生代表参加社会活动，并和瞿秋白等人创办《新社会》杂志。1920年与沈雁冰、叶绍钧等人发起成立文学研究会，并主编文学研究会机关刊物《文学周刊》，编辑出版了"文学研究会丛书"。1923年开始主编《小说月报》，倡导写实主义的"为人生"的文学，提出"血与泪"的文学主张。和许广平等人组织复社，出版了《鲁迅全集》《联共党史》《列宁文选》等。新中国成立后，长期在文化部门和科研单位工作，1958年在率中国文化代表团出国访问途中，因飞机失事殉难。郑振铎的学术活动贯穿于他的一生，其突出贡献主要是在新文学现实主义文艺理论的探讨和中国文学史的建树两个方面。主要著作有：短篇小说集《家庭的故事》《桂公塘》，散文集《山中杂记》，专著《文学大纲》《插图本中国文学史》《中国通俗文学史》《中国文学论集》《俄国文学史略》等。有著作《郑振铎文集》。

朱自清

现代散文家、诗人，原名自华，字佩弦，号秋实，祖籍浙江绍兴，生于江苏扬州。1916年在北京大学哲学系学习。1922年，他同俞平伯、叶圣陶等创办《诗》月刊，这是"五四"以来最早的一个诗刊。1931年到英国留学，并漫游欧洲数国。1932年回国主持清华大学文学系。在我国现代散文作家中，朱自清的散文结构缜密，脉络清晰，婉转曲折的思绪中有种温柔敦厚的气氛；文字清秀、朴素而又精到，最具有我国散文的传统的美学风范。主要作品有长诗《毁灭》，散文《绿》《春》《桨声灯影里的秦淮河》《荷塘月色》，散文集《欧游杂记》《伦敦杂记》等。1948年6月，他为抗议美国的扶日政策，在拒绝领取美援面粉宣言上签名，后因胃病复发，医治无效，终在贫病中死去。毛泽东赞扬他"表现了我们民族的英雄气概"。

老 舍

现代当代作家、戏剧家，原名舒庆春，字舍予，满族，北京人。1918年北京师范学校毕业后任小学校长。1924年应聘到英国伦敦大学东方学院当中文讲师。在英期间创作了长篇小说《老张的哲学》《二马》等。这些小说以"看戏"的态度来旁观北京的众生相，文笔轻松活泼、幽默诙谐。1926年加入文学研究会。1944年开始创作近百万字的长篇巨著《四世同堂》，1946年完稿。这是一部结构谨严、气势磅礴、饱含感情的民族抗争史。曾因创作优秀话剧《龙须沟》而被授予"人民艺术家"称号。他的作品大都取材于市民生活，为中国现代文学开拓了重要的题材领域。主要著作有长篇小说《骆驼祥子》《火葬》等，中篇小说《月牙儿》等，短篇小说集《赶集》《樱海集》等，剧本《龙须沟》《茶馆》等。

闻一多

中国现代诗人、学者，原名闻家骅，湖北浠水人。1913年入北京清华学校。1919年"五四"运动中，作为清华学生代表，出席在上海召开的全国学生联合会。1920年发表第一首新诗《西岸》。1922年出版《冬夜草儿评论》，主张艺术应讲究唯美。1926年发表了著名论文《诗的格律》，他要求新诗具有"音乐的美，绘画的美，并且还有建筑的美"。1928年出版诗集《死水》，艺术上感情炽热深沉，想象丰富神奇，结构严谨，音韵和谐；内容上表现了他强烈的爱国主义思想。而对《周易》《诗经》《庄子》《楚辞》四大古籍的整理研究，被郭沫若称为"前无古人，后无来者"。抗日战争爆发后，投身于爱国民主运动，成为著名的反法西斯主义的民主斗士。1946年7月15日发表了著名的《最后一次的讲演》，当天下午遭国民党特务刺杀身亡。主要著作有诗集《死水》《红烛》等，评论集《闻一多论新诗》等，古典文学研究《楚辞补校》《神话与诗》等。

俞平伯

现代作家、学者，原名俞铭衡，浙江德清人。1915年考入北京大学文学部。1918年，在《新青年》上发表了第一首新诗《春水》。1921年加入文学研究会。1922年与朱自清等人创办"五四"以来最早出现的诗刊《诗》月刊。1923年与郑振铎、沈雁冰等10人成立朴社，期间曾赴英留学。他是新文学运动初期的重要诗人，提倡过"诗的平民化"，积极倡导白话诗，为新文学的发展做出了突出贡献。主要著作有诗集《冬夜》《雪朝》《忆》等，旧体诗《夕槐书屋词》《遥夜》等，散文集《杂拌儿》《燕知草》《燕郊集》等，专著《红楼梦辨》《读词偶得》等。

冰　心

现当代女作家，儿童文学作家，原名谢婉莹，福建长乐人。1919年开始发表第一篇小说《两个家庭》。其后，受泰戈尔《飞鸟集》的影响，写作无标题的自由体小诗。这些晶莹清丽、轻柔隽逸的小诗，后结集为《繁星》和《春水》出版，被人称为"春水体"。1921年加入文学研究会。1923年赴美留学，获威尔斯利女子大学文学硕士学位，其间，写有散文集《寄小读者》，显示出婉约典雅、轻灵隽丽、凝练流畅的特点。这种独特的风格曾被时人称为"冰心体"。1926年回国后曾任燕京大学、清华大学教师。1946年赴日本，曾任东京大学教授。1951年回国，先后任《人民文学》编委、中国作家协会理事、中国文联副主席等职。作品主要有散文集《归来以后》《再寄小读者》《三寄小读者》，小说集《超人》《去国》《冬儿姑娘》，以及《冰心全集》《冰心文集》《冰心著译选集》等。

夏　衍

现代剧作家、翻译家，原名沈乃熙，浙江杭州人。1920年赴日本留学。1927年回国以后，从事工人运动及翻译工作。1929年参加筹备左翼作家联盟，同年与郑伯奇等人组织上海艺术剧社。他的剧作多从平凡的日常生活中选取题材，大都具有强烈的时代性，在人物的刻画上致力于揭示其内在的心理活动，情节多平淡无奇，结构严谨，具有隽永、素淡的艺术风格，为中国的话剧作出了突出的贡献。主要著有话剧剧本《上海屋檐下》《秋瑾传》《赛金花》等，电影文学剧本《风云儿女》《压岁钱》等，报告文学《包身工》，论著《夏衍剧作选》《电影论文集》等，译著长篇小说《母亲》等。

沈从文

现代作家、历史文物研究学者，原名沈崇焕，湖南凤凰人，苗族。1918年高小毕业后入伍。1923年到北京，开始用"休芸芸"这一笔名进行创作，与胡也频合编《京报副刊》和《民众文艺》周刊。自30年代起他开始用小说构造他心中的"湘西世界"，完成一系列代表作，如《边城》《长河》等。1928年到上海与胡也频等编辑《红黑》《人间》杂志。抗战胜利后，任北京大学教授，编辑《大公报》《益世报》等文学副刊。在作品中，他以"乡下人"的主体视角审视当时城乡对峙的现状，批判现代文明在进入乡村的过程中所显露出的丑陋，提出了他的人与自然"和谐共存"的、本于自然、回归自然的哲学观点。另著有短篇小说集《蜜柑》《神巫之爱》《虎雏》《八骏图》等，中篇小说《边城》等，长篇小说《旧梦》等，散文集《记胡也频》《湘西》等。

梁实秋

现当代文学评论家、散文家、翻译家，原名梁治华，笔名秋郎等，浙

梁实秋像

江杭县人。1915年考入清华学校。1921发表第一篇散文诗《荷水池畔》。1923年赴美留学，留学期间受新人文主义者白璧德影响较深。1926年回国，发表代表性论文《现代中国文学之浪漫的趋势》，认为中国新文学应在理性指引下，从普遍的人性出发进行文学创作。1932年到天津编《益世报》副刊《文学周刊》。1934年任北京大学外文系主任。1935年秋创办《自由评论》。抗战胜利后回北平任师大英语系教授。1949年到台湾，任台湾师范学院英语系教授。他的散文，旁征博引，融会古今中外的实例和名言轶事而得其自然与熨帖，不炫耀，有真色。文笔机智闪烁，谐趣横生，严肃中见幽默，幽默中见文采。代表作有《雅舍小品》《看云集》《秋室杂文》《槐园梦忆》等，译有《莎士比亚全集》等。

巴 金

中国现当代作家，被鲁迅称为"一个有热情的有进步思想的作家，在屈指可数的好作家之列的作家"。原名李尧棠，字芾甘，四川成都人。1920年入成都外国语专门学校。1923年从封建家庭出走，就读于上海和南京的中学。1927年初赴法国留学，写成了处女作长篇小说《灭亡》。1929年到1937年间任文化生活出版社总编辑，主编有《文学月刊》等刊物和《文学丛刊》等丛书。抗日战争爆发后，编辑《呐喊》《救亡日报》等报刊。1949年后，巴金曾任全国文联副主席、中国作家协会主席、中国笔会中心主席等职。早期小说主要取材于腐朽的封建家庭和"五四"后开始觉醒的青年知识分子的生活，以此展示了封建势力必然崩溃，民主革命必然兴起的伟大历史转折。在艺术上长于通过细腻的心理刻画表现人物，语言自然流畅富有诗意。其作品大都充满热烈的感情激流和扣人心弦的力量，从而形成独特的直抒胸臆的艺术风格。代表作有"激流三部曲"（《家》《春》《秋》）"爱情三部曲"（《雾》《雨》《电》）等。20世纪40年代，《寒夜》等作品体现了巴金创作的转型和深入，是其小说创作的另一高峰。其巨作《随想录》是1949年以来我国散文的代表作品。

丁 玲

现当代女作家，原名蒋冰之，湖南临澧人。1927年毕业于上海大学中文系，同年发表小说《莎菲女士的日记》，反响强烈。这部丁玲早期的代表作，显示出了她热情与开放的创作个性。1930年参加中国左翼作家联盟，主编"左联"机关刊物《北斗》月刊。这时期她创作了《水》《母亲》等多个作品，是其走向文学创作道路的丰收时期。1936年去陕北，在解放区写的小说分别收录在《一颗未出膛的子弹》《我在霞村的时候》等集子中，这些作品是对人民大众的斗争和意识改造及成长的记录。1948年写成了她创作道路上具有里程碑意义的长篇小说《太阳照在桑干河上》。小说描绘了解放前"土改"的历史画面，反映了当时农村尖锐的阶级斗争，概括了时代转换的历史进程。丁玲一生著作丰富，很多作品被译成多种文字在世界各国流传，产生了广泛的影响。

戴望舒

现代诗人、现代派象征主义诗歌代表人物，原名戴梦鸥，笔名江思、郎芳等。浙江杭州人。1923年考入上海大学文学系。1926年发表处女诗作《凝泪出门》。1928年写出了凄美如梦的著名诗作《雨巷》，并因此荣获"雨巷诗人"的桂冠，一举成名，由此在诗坛刮起一股"戴望舒旋风"。他的诗将20世纪30年代的幻灭意识化解为一种梦幻的美，把社会和自我隐藏在意象中，同时把散文引入了诗中，追求诗风的朴素自然，以"新的诗应该有新的情绪和表现这种情绪的形式"，形成他独特的抒情诗艺术风格，开创了由新月诗走向现代诗的新纪元。另有诗作《我用残损的手掌》，诗集《我的记忆》《望舒草》等。

臧克家

现当代诗人，山东诸城人。1933年出版了第一部诗集《烙印》，诗集表现了中国农村的破落、农民的苦难与民族的忧患。1946年去上海，任《侨声报》文艺副刊、《文讯》月刊、《创造诗丛》主编。1949年创作著名诗篇《有的人》，诗作语言朴素、对比强烈、形象鲜明，歌颂了鞠躬尽瘁、死而后已的人，嘲弄了对人民作威作福、不可一世的人。1949年后，历任人民出版社编审、中国作家协会书记处书记，《诗刊》主编、顾问等。他的诗歌语言朴素凝练，感情真挚深沉，具有韵味无穷的艺术魅力。著有新诗集《烙印》《罪恶的黑手》《运河》《从军行》《淮上吟》等，旧体诗集《臧克家旧体诗稿》，散文集《乱蓬集》《我的诗生活》《怀人集》等，评论集《学诗断想》等。

李健吾

现当代作家、戏剧家、文学评论家，笔名刘西渭，山西安邑人。自幼喜好戏剧和文学，博览群书。曾参与组织曦社，编辑《国风日报》的文艺副刊《爝火旬报》。1925年考入清华大学中文系，后转入西洋文学系，同年加入文学研究会。1931年赴法国留学，研究福楼拜。后以文学评论集《咀华集》蜚声文坛。另有《咀华二集》。李健吾的评论文学是带有美文色彩的哲理性质的评判，大都是可以当优美的散文来阅读的。他能把对作品的体悟和见解转化为个人的感觉，重新赋予这种感觉以色彩和声音，形象化地告诉读者作品的美妙所在、成功所在。他还著有长篇小说《心病》，短篇小说《使命》《坛子》，剧本《母亲的梦》《以身作则》等，散文集《切梦刀》《雨中登泰山》等，译著《福楼拜短篇小说集》等，长篇小说《爱与死的搏斗》等，专著《福楼拜评传》《情感教育》等。

赵树理

现当代作家，山西省沁水县人。1925年入山西省第四师范学校，毕业后任小学教师。抗日战争爆发后，先后担任《黄河日报》《人民报》等报副刊编辑。1943年发表《小二黑结婚》，蜚声文坛。他是山药蛋派的开创者之一，以其巨大的文学成就被称为现代小说的"铁笔""圣手"。他的小说多以华北农村为背景，用现实主义手法反映农村社会的变迁和存在其间的矛盾斗争，塑造农村各式人物的形象，具有新鲜朴素的民族形式，生动活泼的群众语言，清新浓郁的乡土气息，因而受到广大读者的喜爱。主要作品有小说《小二黑结婚》《李有才板话》《三里湾》《李家庄的变迁》《登记》等。

艾 青

中国现当代著名诗人，当代诗坛泰斗之一，原名蒋正涵，号海澄，浙江金华人。1928年入杭州国立西湖艺术学院绘画系，翌年赴法国留学。1931年9月在法国参加世界反帝大同盟。1932年在上海加入中国左翼美术家联盟，创办春地艺术社，不久被捕入狱，在狱中写出了代表作《大堰河——我的保姆》。1937年后辗转于武汉、山西、桂林、重庆等地，参加抗日救亡活动。1941年赴延安，任《诗刊》主编。1949年后，艾青任《人民文学》副主编、全国文联委员等职。1957年被错划为"右派"。1979年平反后，任中国作家协会副主席、国际笔会中心副会长等职，被法国授予文学艺术最高勋章。他的诗紧密结合现实，集中表现了民族的苦难和奋起，感情真挚，战斗性强，语言生动、朴素，形式自由，在中国的新诗史上标志着自由体诗发展的一个新阶段。主要诗集有《大堰河》《火把》《他死在第二次》《黎明的通知》《归来的歌》和《雪莲》等。

曹 禺

现当代剧作家，原名万家宝，湖北潜江人。从小爱好文学和戏剧，博览群书。1922年入天津南开中学，开始写作小说和新诗。1928年考入南开大学政治系。1930年转清华大学西洋文学系，广泛接触欧美文学作品。1933年创作了处女作《雷雨》，以高度的艺术成就震动了当时的戏剧界。1935年写成剧本《日出》，与《雷雨》一起奠定了曹禺在中国话剧史上的地位。1936年曹禺写了剧作《原野》。抗日战争爆发后，写出了淳厚清新、深沉动人的优秀剧作《北京人》。1949年后，历任北京人民艺术剧院院长、中央戏剧学院名誉院长、中国戏剧家协会主席等职。其作品多选取具有强烈时代特点的题材，深刻地揭露了旧社会、旧家庭的罪恶，成功地塑造了大量具有鲜明个性的人物形象。主要作品有话剧《明朗的天》，历史剧《胆剑篇》《王昭君》，出版有《曹禺论创作》《曹禺戏剧集》等。他的一些剧作已被译成日、俄、英等国文字出版。

钱钟书

现当代学者、文学家，字默存，号槐聚，江苏无锡人。1929年被清华大学外语系破格录取。1935年赴英国留学。1937年以《十七十八世纪英国文学中的中国》一文获副博士学位。1938年回国，被清华大学破例聘为教授。后又任湖南蓝田国立师范学院英文系主任，开始创作《谈艺录》，这是一部具有开创性的中西比较诗论。1941年被困上海，创作了长篇小说《围城》和短篇小说集《人·兽·鬼》，1949年所著《管锥编》，对中国著名的经史、子古籍进行了考释，并从中西文化和文学的比较上加以阐发、辨析。另著有诗文评论集《宋诗选注》，论文集《七缀集》，旧体诗集《槐聚诗存》，散文集《钱钟书散文》等。

萧 红

现代作家，原名张乃莹，黑龙江呼兰县人。1927年入哈尔滨市第一女子中学读书，期间开始对文学产生兴趣。1933年因抗婚而出走，漂泊中结识萧军，在他及其他东北作家的影响下，开始文学创作。1934年，萧红将自己的5个短篇小说和萧军的6个短篇小说合编成小说集《跋涉集》出版。同年完成了长篇小说《生死场》，在鲁迅帮助下作为"奴隶丛书"之一出版，由此也奠定了她在中国文学史上的地位。1940年出版短篇小说集《朦胧的期待》。同年赴香港，期间完成了她的代表作——回忆性长篇小说《呼兰河传》。《呼兰河传》是一部优秀的抒情小说，语言精练，韵律感强，感情丰满充沛，深沉而忧郁。主要著作有散文集《商市街》《桥》等，短篇小说集《旷野的呼喊》等，长篇小说《马伯乐》《呼兰河传》等。

孙 犁

现当代小说家、散文家，原名孙树勋，河北安平人。1945年在延安发表成名作小说《荷花淀》，受到广泛赞扬，毛泽东曾称赞他是一位有风格的作家。20世纪50年代后在短、中、长篇小说中取得了显著成就，主要作品有小说散文集《白洋淀纪事》、中篇小说《村歌》与《铁木前传》、长篇小说《风云初记》。孙犁的小说着重于挖掘农民的灵魂美和人情美，时代色彩鲜明，生活气息浓郁。艺术上追求诗的抒情性和风俗化的描写，带有浪漫主义的艺术气质。他的小说以其美的特质与独特艺术风格在解放区小说中占据了一个重要的位置。以他为首，形成了一个小说流派——白洋淀派。在散文创作方面，孙犁以写人见长。他善于抓住人物鲜明的特点，以细致委婉的笔调表现人物美好纯洁的情感，于淡淡的客观描述中包含着浓浓的情致，如《投宿》《随感》等都是这方面成功的作品。

杨 朔

现当代作家，原名杨毓瑨，山东蓬莱人。1937年集资创办了北雁出版社，同年去延安参加革命，并着手翻译《彼得大帝》。1953年出版了他的代表作《三千里江山》。小说热情地歌颂了中国人民志愿军战士的崇高的爱国主义和国际主义精神。其成就主要表现在散文创作上。他的散文以诗情而著称，艺术上结构严谨，曲折有致、遣词造句精练别致，富有诗的意境。著有长篇小说《疮庭》《三千里江山》，中篇小说集《洗兵马》《红石山》等，短篇小说《月黑夜》《北黑线》等，散文集《刁古长春》《铁骑兵》等。

魏 巍

当代诗人、散文作家、小说家，原名鸿杰，河南郑州人。1950年至1958年间，他三赴朝鲜，写下了一系列散文、报告文学作品，后结集为《谁是最可爱的人》。这部文集多方位地反映了抗美援朝斗争的光辉历程，热情讴歌了中国人民志愿军的革命英雄主义精神，揭示出"谁是最可爱的人"这个深刻主题。该作的发表也一举奠定了他在中国文学史上的地位。从1959年始至1978年，历经数载创作的长篇小说《东方》，以史诗般的笔触，通过对壮烈的抗美援朝战争生活的描写，热情歌颂了"最可爱的人"战胜一切困难的顽强精神和优秀品质。主要著作有长篇小说《革命战争》三部曲、《火凤凰》等，诗集《黎明风景》《魏巍诗选》等，散文集《壮行集》《魏巍散文选》等。

汪曾祺

现当代作家，江苏高邮人。1939年考入西南联合大学中文系，师从沈从文。1940年发表第一篇小说。1946年后相继发表了《复仇》《绿猫》等短篇小说，震动文坛。1950年后，编辑出版《北京文艺》和《民间文学》等刊物。1980年的获奖作品《受戒》是他的代表作，小说描写了一对可爱的小儿女之间萌发的天真无邪的朦胧爱情，表现了对生活、对人生的热爱，散发出纯真的人性美。他的作品从人物性格的塑造到环境气氛的烘托，无不洋溢着浓郁的民族气息，既具有写实的严整、细腻，又充满写意的旷达、无忌，文笔挥洒自如。著有短篇小说集《邂逅集》《羊舍的夜晚》《晚饭花集》等，戏剧剧本《沙家浜》《大劈棺》等，文论集《晚翠文谈》，散文集《蒲桥集》等。

张爱玲

现当代女作家，原籍河北丰润，生于上海，名门之后。她有着异常的文学才华，是20世纪40年代沦陷后的上海文坛最负盛名的女作家。1952年赴香港，1966年定居美国。她从小就受到西方文学艺术的熏陶，又酷爱中国的古典诗词和小说，因此她的作品是中西古今文学艺术的融会，既是传统的，又是现代的。她的作品是才与情的统一，其内容多以上海和香港两大都市为背景，描写当时社会那些没落的封建世家和半新半旧的资产阶级家庭人物，注意挖掘人物的精神世界，表现人性中的种种病弱和丑拙，同时也对人物内心深处的寂寞和悲凉寄予了极大的同情和理解。艺术上她注重意象世界的创造，作品含蓄、凝练而耐人寻味。主要作品有散文集《流言》，散文小说合集《张看》，中短篇小说集《传奇》，长篇小说《倾城之恋》《半生缘》。其代表作《金锁记》曾被傅雷誉为"我们文坛最美的收获之一"。晚年主要从事中国文学评价和《红楼梦》研究。

余光中

中国台湾当代诗人、散文家，因其涉猎广泛，被誉为"艺术上的多妻主义者"。1948年进入厦门大学外文系，同年开始发表新诗，1949年赴台湾，同年入台大外文系。1954年与覃子豪等创立蓝星诗社，主编过《现代文学》和《文星》。1958年到美国留学获艺术硕士学位。1971年返台，先后任台湾政治大学西语系主任、台湾中山大学文学院院长等，同年发表著名的《乡愁》，表达了作者对祖国的无比思恋。余光中一生从事诗歌、散文、评论、翻译创作，将其称为自己写作的"四度空间"。他的散文具有汪洋恣肆、突兀峥嵘的想象力和排山倒海、阅兵方阵般驾驭文字的能力，既雄健豪放，又不乏柔丽之情。主要著作有诗集《舟子的悲歌》《五陵少年》《天国的夜市》《敲打案》《在冷战的年代》等，散文集《左手的缪斯》《逍遥游》《焚鹤人》《青青边稔》等，评论集有《掌上雨》《分水岭上》等。

# 第八篇　世界文学常识

欧洲古代文学

荷 马

荷马，相传是古希腊两大史诗《伊里亚特》和《奥德赛》的作者。大多数学者认为，荷马可能是公元前八九世纪时一位朗诵史诗的盲艺人，他根据口头流传的篇章，整理了这两部史诗。《伊里亚特》写的是由于特洛伊王子帕里斯骗走了斯巴达王后海伦，引发了希腊联军讨伐特洛伊的10年战争。史诗集中描写第十年希腊英雄阿喀琉斯和伊利昂城主将赫克托尔之间的决战，以赫克托尔的死告终。其中阿喀琉斯是一个理想的部落英雄形象。《奥德赛》则写战争结束后，希腊主将奥德修斯返乡途中的海上冒险和机智地维护自己的财产、与妻儿团聚的故事，它的形成比《伊里亚特》稍晚，反映了奴隶制度萌芽时期的生活场景，体现了对私人财产的捍卫，并通过对奥德修斯之妻佩涅洛佩贞洁勇敢的赞扬，提倡新的家庭道德规范。两部史诗的结构巧妙，布局完整，塑造了众多英雄人物，也被称为"英雄史诗"。基本主题是热爱现实，肯定人的奋斗精神，强调对人生采取积极进取的态度。史诗的语言也很有特点，尤其比喻丰富多彩，贴切生动，被称为"荷马式比喻"。此外还常用重复的手法，增强了诗歌的感染力。

荷马吟诗图

伊 索

伊索，约公元前6世纪的希腊寓言家，传说本是一个奴隶，因擅长讲寓言故事而获得自由，常出入吕底亚国王的宫廷。公元前5世纪时，伊索的名字已为希腊人所熟知，希腊寓言开始都归在他的名下。今天流传的《伊索寓言》，是后人收集改编的，共有三四百个小故事。伊索寓言大部分是动物故事，这些故事通过描写动物之间的关系来反映当时的社会关系，尤其是压迫者和被压迫者之间的不平等关系，如《狼与小羊》《狮子与鹿》《狗和公鸡与狐狸》《两个锅》等；也有一些总结了人们的生活经验，教人处世和做人的道理，如《龟兔赛跑》《狐狸与葡萄》等。伊索寓言形式短小精悍，比喻恰当，形象生动，对法国的拉封丹、俄国的克雷洛夫、德国的莱辛等都产生了明显的影响。

埃斯库罗斯

古希腊悲剧的创始人之一，与索福克勒斯、欧里庇得斯合称为古希腊三大悲剧诗人。他出身贵族，共写了70部悲剧（一说是90部），生前得过13次奖，死后还得过4次。完整保存下来的只有《波斯人》《普罗米修斯》三部曲、《阿伽门农》《奠酒人》等7部。其中《普罗米修斯》三部曲的第一部《被缚的普罗米修斯》是诗人最负盛名的代表作，情节取材于希腊神话中普罗米修斯盗天火赐予人类的故事，却被赋予了丰富的现实意义。剧中的普罗米修斯受尽折磨也决不向宙斯屈服，象征着当时雅典民主派对寡头派的斗争，普罗米修斯被马克思誉为"哲学日历中最高尚的圣者和殉道者"。埃斯库罗斯对悲剧艺术做出了很大贡献，他增加了第二名演员，使对话成为戏剧的主要部分；简缩了合唱队，使戏剧结构程式基本形成；还创造了舞台背景，并使演员面具基本定型。但他的作品人物形象单纯高大，是理想化的性格，并且一般是静止的，缺少发展。抒情气氛浓郁，诗句庄严。由于他在悲剧发展阶段对内容和形式等方面都作出了很多贡献，故被称为"悲剧之父"。

索福克勒斯

古希腊三大悲剧诗人之一。生在雅典西北郊科洛诺斯乡。他父亲是一个兵器制造厂厂主，他受过很好的教育，在音乐和诗歌方面造诣很深。公元前468年在戏剧比赛中击败了埃斯库罗斯，得了头奖，是希腊悲剧作家中得奖最多的一位。据说他一共写了120多个剧本，现存的只有《安提戈涅》《俄狄浦斯王》《埃勒克特拉》等7部悲剧。他的作品反映的是雅典民主制度繁荣时期的思想意识，鼓吹英雄主义，强调人对命运的反抗，他的剧作中很少出现神或神力，而是依靠人物性格的发展来推动戏剧情节的发展。他在悲剧中加入了第三个演员，使对话成为戏剧中刻画人物的重要手段，还使歌队成为戏剧整体中的有机组成部分，并打破了"三部曲"的形式，而变为三部独立的悲剧。索福克勒斯的创作标志着希腊悲剧进入成熟阶段。

欧里庇得斯

古希腊三大悲剧作家之一。出生在雅典领土阿提卡东海岸佛吕亚乡，贵族出身。他学习过绘画，热心于研究哲学，被称为"舞台上的哲学家"。晚年，反对当局的暴政和侵略政策，流落到马其顿并死在那里。他的作品大多是在内战时期写成的，反映了雅典奴隶民主制危机中的社会现实和思想意识，以沉重的笔触描绘了社会的黑暗以及人们在反抗不合理的现实时所付出的巨大代价。在他的剧作中，神和英雄的描写削弱了，代之以对人的激情和意志的刻画，被压迫的妇女和受奴役的奴隶受到了前所未有的重视。如《特洛伊妇女》《美狄亚》《阿尔克提斯》对妇女命运的关注。除了在题材上有所开创，他的写实手法和心理描写对后人影响深刻，有"心理戏剧鼻祖"之称。欧里庇得斯采用的是神话题材，反映的却是日常生活的画面，塑造的人物也更接近现实，他的创作标志着英雄悲剧的终结。

阿里斯托芬

古希腊旧喜剧诗人。生于雅典，同苏格拉底和柏拉图都是朋友。据说他共写过44部喜剧，得过7次奖，现存11部。阿里斯托芬认为喜剧应该有严肃的政治目的，他的创作题材广泛，几乎涉及当时所有重大的政治和社会问题，反映了自耕农的思想和立场。如《阿卡奈人》通过农民狄凯奥波斯单独与敌人讲和，从而一家人过着幸福生活的荒诞故事，谴责不义战争，主张重建和平；《鸟》中两个年老的雅典人厌弃城市生活和诉讼风气，建立了一个"云中鹧鸪国"，这里没有压迫与贫穷，所有人都平等地参加劳动。这也是现存的唯一一部以神话为题材的旧喜剧，同时也可以说是西方文学中乌托邦理想的最早表现。阿里斯托芬的创作风格多样，想象丰富，吸取了民间语言的自然诙谐，在当时深受欢迎，对后世的喜剧和小说创作也产生了广泛影响，被称作"喜剧之父"。

维吉尔

古罗马杰出诗人。原名普布留斯·维吉留斯·马罗，生于高卢曼图亚附近的农村，家境比较富裕。他幼年在农村长大，熟悉农村和农业劳动，热爱大自然。后来去米兰、罗马等地接受了良好的教育。因体弱多病，从事律师失败后，回到农村家中，专心写诗。后加入了麦凯纳斯庇护下的文学集团，深受屋大维的尊敬。他的主要作品除代表作《埃涅阿斯纪》外，还有《牧歌》《农事诗》等。《牧歌》共有10首，是其成名作，通过一个牧人的独唱或一对牧羊男女的对唱，歌唱牧人的生活和爱情，还表达了对当前社会和政治的看法与感受。《农事诗》共4卷，描写罗马农民的工作与生活。这些作品将农业知识的介绍、农业政策的阐释和对自然景色、历史传说的描写结合起来，语言优美，生动有趣。维吉尔在中古时代一直享有特殊的声誉，但丁在《神曲》中就尊他为老师和带路人。

贺拉斯

古罗马奥古斯都时期杰出诗人，也是一位有重要影响的文艺理论家。他推崇希腊文化，早年参加共和派，后支持帝制。他的诗歌题材多样，有的歌颂奥古斯都的统治，有的针对社会生活的一些恶习进行讽刺，有的赞美友谊和田园生活。主要的诗歌作品集有《讽刺诗集》《歌集》等。《诗艺》是贺拉斯重要的文学论文，他根据自己及同时代人的创作实践，重申了艺术模仿现实的观点，在文艺的功用上，提出了"寓教于乐"的原则；在艺术创作方面，提出了"合式"的原则，即要求一部作品具有统一与调和的美。他的主张对后来的古典主义文艺理论产生了很大影响。

史 诗

古代民间文学的一种体裁，常指以传说或重大的历史事件为题材的古代长篇民间叙事诗。史诗主要歌颂各个民族在形成发展过程中战胜和经历各种艰难险阻（克服自然灾害、抵御外侮的斗争）及其英雄业绩。史诗在产生初期，一般以口头形式在民间流传，其内容随着时间的变化会有所增删，发展到一定时期再由专人进行整理加工，成为有固定文本的作品。所以，史诗是一个民族的人民集体智慧的结晶，风格一般庄严崇高，常用夸张、比喻等修辞手法，形象丰富鲜明。流传至今的外国史诗中，著名的有古希腊的荷马史诗、印度的《摩诃婆罗

维吉尔（中）两旁站着英雄史诗缪斯与悲剧缪斯
这幅古罗马的镶嵌画体现了当时人们对诗人维吉尔的敬重。

多》和《罗摩衍那》等。由于史诗所包含的深刻社会意义,现在也常把比较全面地反映一个历史时期的社会面貌和人民生活的长篇艺术作品称为史诗式的作品。

十四行诗

欧洲的一种抒情诗,音译为"商籁体",源出普罗旺斯语 Sonnet。起初泛指中世纪流行于民间,用歌唱和乐器伴奏的短小诗歌。意大利中世纪的西西里诗派诗人雅科波·达·连蒂尼是第一个使用这种诗歌形式并使之具有严谨的格律的文人。它由两部分组成,前一部分是两节4行诗,后一部分是两节3行诗,共14行。每行诗句通常是11个音节,抑扬格。每行诗的末尾押脚韵,押韵方式是 ABAB,ABAB,CDE,CDE。13世纪末,十四行诗的运用从抒情诗领域扩大到叙事诗、教谕诗、政治诗等,押韵方式也变为 ABBA,ABBA,CDC,CDC 或 ABBA,ABBA,CDC,EDE。文艺复兴时期,彼特拉克等人的创作,使十四行诗在艺术上和表现上更加完美,对欧洲诗歌的发展产生了重大影响,莎士比亚、雪莱等都创作过很多优秀的十四行诗。

欧洲中世纪文学

亚瑟王传奇

中世纪欧洲主要国家有关亚瑟王故事的许多作品的总称,包括亚瑟王的诞生、魔法师梅林的故事、"圆桌骑士团"的建立、亚瑟和他的骑士的冒险事迹以及亚瑟之死等。其中比较重要的是第一骑士朗斯洛和王后圭尼维尔的爱情和寻找圣杯的故事。亚瑟王本是6世纪不列颠岛上威尔士和康沃尔一带凯尔特人的领袖,抵抗了盎格鲁-撒克逊人的入侵,久之成为民间传说中的人物。公元9世纪时,有关亚瑟王的传说流传到法国,并有不少诗人开始以此为题材进行创作,使之在欧洲广泛流传。亚瑟王传奇是中世纪西欧骑士传奇文学的三大系统之一(其他两大系统是法兰西和古代系统),它为后世的欧洲文学提供了冒险、爱情和宗教三大主题。除了故事情节引人入胜以外,这种文学样式也开始关注人的内心世界,可以说是长篇小说的滥觞。

四大民族史诗

中世纪后期出现的四部民族史诗的合称,它们是:法国的《罗兰之歌》(约1080年)、西班牙的《熙德之歌》(约1140年)、德国的《尼伯龙根之歌》(约1200年)和俄罗斯的《伊戈尔远征记》(1185—1187年)。其中,《罗兰之歌》是最有代表性的作品,叙述了查理大帝远征西班牙时期,大臣加奈隆与敌人勾结,在大军撤退时偷袭后卫部队的故事。断后的罗兰率军英勇奋战,终因众寡悬殊,全军覆灭。史诗的主题是爱国主义,查理大帝是一个理想的君主形象,罗兰则是一个保卫祖国的英雄。诗中多用重叠和对比手法,风格朴素。《熙德之歌》写熙德反抗外族侵略者的故事;《尼伯龙根之歌》写围绕尼伯龙根宝物所产生的争夺和流血冲突;《伊戈尔远征记》通过对罗斯王公伊戈尔远征波洛夫人失败的记叙,表达了强烈的爱国主义思想。这4部史诗的内容和反映的主题都在不同程度上有封建制度形成后的特点。

但　丁

意大利诗人。1265年5月出生在佛罗伦萨的一个小贵族家庭,少年时代就师从著名学者布鲁内托·拉蒂尼学习修辞学、文法和拉丁文等,并掌握了丰富的古典文化知识。当时佛罗伦萨城内有贵尔夫党和吉伯林党两个对立派别,但丁青年时代就加入了贵尔夫党,并一度当选执政官。后来因政治失意而被流放。他提倡用意大利语进行文学创作,并写有《论俗语》一书,对意大利民族语言的形成有重要影响。《新生》(1292—1293年)是他第一部作品,这部作品把31首献给贝阿特丽采的情诗用散文连缀起来,歌颂了纯洁的爱情,风格清新自然,并带有中世纪文学的神秘色彩,是"温柔的新体"诗的最高成就,也是西欧文学史上第一部向读者剖析作者最隐秘的思想感情的自传性作品。放逐期间写的《神曲》是但丁最著名的作品,此外还有《飨宴》《帝制论》等著作。由于但丁的作品有从中世纪向资本主义时代过渡的特点,所以他被恩格斯称为"中世纪的最后一位诗人,同时又是新时代的最初一位诗人"。

骑士文学

11、12世纪的欧洲进行了多次十字军东侵。由于战争需要,很多小封建主作为骑士从军,逐渐形成了"骑士精神"。其信条是:"忠君、护教、行侠",把"荣誉"看得高于一切,还要效忠和保护女主人。骑士文学的主要体裁有抒情诗和叙事诗。法国的骑士文学最为兴盛。普罗旺斯的骑士抒情诗非常繁荣,主要表现骑士们"典雅的爱情",中心主题是骑士对贵妇人的爱和崇拜。《破晓歌》是其代表作。骑士叙事诗又称骑士传奇,主要流行于法国北部地区,内容一般写骑士对贵妇人的爱情,写他们为博得荣誉和贵妇人的青睐,进行各种冒险活动。《特里斯丹和伊瑟》是其中的代表性作品。骑士叙事诗的情节大多荒诞,但它的结构形式、人物刻画及心理描写等对后来欧洲长篇小说的发展有一定影响。

埃　达

中世纪早期冰岛诗歌的一种。"埃达"一词在古代斯堪的那维亚语里本是"太姥姥"或"古老传统"之意,后转化为"神的启示"或"运用智慧",12世纪末才有了"诗作"或"写诗"的意思。埃达分两类,一类是旧埃达,是诗体,另一类是新埃达,或称"散文埃达",是旧埃达的诠释性著作。诗体埃达韵律简单,诗句很短,语言简练,共收有诗歌30余篇,按题材分为神话诗和英雄史诗两大类。神话诗记录了有关北欧一些异教神的传说,如神王奥丁、战神提尔等。其中最有名的作品是《沃卢斯帕》(又名《女法师的预言》),记录了关于世界产生、毁灭和再生的故事。著名诗人斯诺里·斯图鲁松的散文埃达《斯诺里埃达》分为神话、吟唱诗的诗语和诗的韵律3部分,其中神话是了解古代日耳曼神话最有价值的资料,被称为"有关神话和诗学的教科书"。英雄史诗中不少是民族大迁徙后期的英雄齐格夫里特等人的传说。

萨　迦

"萨迦"一词源于德语,本意指短小的故事。指冰岛和挪威人用文字记载的古代居民的口头创作,是一种散文叙

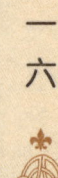

事体文学，包括神话和英雄史诗，大约形成于 10～14 世纪，在 12～14 世纪被记录下来。13 世纪是萨迦创作的黄金时代，这期间至少有 12 部萨迦问世，主要反映氏族社会的生活。流传至今的萨迦从内容上大致可以分为"史传萨迦"和"神话萨迦"两类。史传萨迦亦称"家族萨迦"，主要作品有《定居记》和《冰岛人萨迦》等。前者列举了公元 930 年以前到冰岛定居的名人年表和许多关于宗教、法律、习俗等的材料；后者叙述了公元 950～1130 年冰岛有名望的人物的生平、成就和他们的身世，大部分是短篇，其中著名的有《贡劳格传》和长篇《尼雅尔传》《海姆斯克林拉》（即《挪威王列传》）等。神话萨迦包括属于神话一类的古代英雄传说，如《沃尔松格传》等。14 世纪中期以后，萨迦的创作艺术开始衰退，但仍因为其保存了丰富的北欧史传故事材料而在欧洲文学中占有重要地位，具有很高的历史与文学价值。

欧洲文艺复兴时期文学

彼特拉克

意大利诗人，早期人文主义文学的代表人物。出生于阿雷佐，1311 年开始在普罗旺斯旅居多年。他学识渊博，最早突破了中世纪神学观念，用人文主义的观点阐释古典名著，成为文艺复兴运动的先驱。他早期用拉丁文写了许多诗歌和散文，而最著名的作品是后来用意大利语写作的抒情诗集《歌集》。其中主要是抒发诗人对少女劳拉的爱情，表达了以现实生活和个人幸福为中心的爱情观。还有部分是政治抒情诗，歌颂祖国，呼吁统一。他的抒情诗在风格上继承了"温柔的新体"派爱情诗的传统，又更接近现实生活，语言精练，文词淡雅，善于借景抒情。诗集的形式，以十四行诗为主，并使得这种诗体在艺术上达到接近完美的境界，成为近代诗歌的重要体裁之一，为后来的欧洲抒情诗开辟了一条新路。

薄伽丘

意大利作家。据说是一个商人的私生子，受过大学教育，是意大利第一个通晓希腊文的学者，并能熟练掌握拉丁文和当时流行的俗语。早年在那不勒斯和上层贵族、人文

薄伽丘像

主义者有交往，后回到佛罗伦萨，拥护当地的共和派。1350 年和彼特拉克结识，共同提倡古典文学。薄伽丘的创作丰富，有传奇、史诗、叙事诗、十四行诗和短篇小说等，早年作有许多以爱情为题材的抒情诗和叙事长诗，如富有传奇色彩的故事诗《菲洛斯特拉托》《菲爱索莱的仙女》等。代表作是短篇小说集《十日谈》。作品叙述 1348 年黑死病流行时，10 个青年男女到乡间避难，每人每天讲一个故事，十天共讲了一百个故事。其中许多故事取材历史事件、传说和民间故事，薄伽丘通过这些故事，抨击了教会的腐化和僧侣的奸诈与伪善，否定了中世纪的宗教观和禁欲主义道德观，肯定爱情和人的自然愿

望，同时塑造了一系列新兴的资产者的形象，歌颂他们的聪明才智。《十日谈》奠定了意大利散文的基础，开创了欧洲文学中短篇小说这一文学体裁。

乔　叟

乔叟出生于伦敦一个富裕的商人家庭，受过大学教育，熟悉法语和意大利语。1357年开始出入宫廷，后常出访欧洲，在意大利接触到了但丁、薄伽丘等人的作品，这影响了他后来的文学创作。乔叟于1400年在伦敦去世，葬在威斯敏斯特教堂的"诗人之角"。他的创作可分为3个时期，早期受法国诗人影响，创作有《悼公爵夫人》，并用伦敦方言翻译了法国中世纪的长篇叙事诗《玫瑰传奇》等。中期受意大利人文主义文学影响，创作有《百鸟会议》《好女人的故事》《特罗伊勒斯和克莱西德》等，反映了作家现实主义的创作态度。成熟期创作的短篇故事集《坎特伯雷故事集》是他的代表作，讲一群准备去坎特伯雷朝圣的香客，在路上为了解闷，轮流讲故事，共写了24个短篇故事。香客身份各异，代表了英国中世纪各个阶层的人物，他们所讲的故事，广泛地反映了英国社会的现实。作者用生动活泼的伦敦方言，讽刺幽默的创作手法，揭露了封建教会对人们的压迫和欺骗，表达了人文主义的爱情观和婚姻观。作品在形式上用君王诗体和双韵诗体，在风格上开创了英国文学的现实主义传统。

拉伯雷

法国文艺复兴时期的代表作家。生于法国中部的希农城一个法官家庭。自幼受教会教育，1527年后游历了法国中部主要城市，后来走上了从医的道路。1532年，他在一部民间故事的启发下，开始写作《巨人传》，全书共5卷，是在不同的时期写成的。小说写了卡都岗亚、庞大固埃父子两代巨人的故事，主要叙述庞大固埃的求学和与巴奴日、约翰修士一起寻找"神瓶"的游历经过。这两代巨人超出常人的体魄和力量、公正善良的品质和乐观精神，体现了人文主义者对人、人性和人的创造力的充分肯定。小说表现了反封建、反教会的严肃主题，歌颂了新兴资产阶级"巨人"般的力量，书中约翰修士在卡都岗亚支持下建立的特来美修道院是人文主义的理想国，集中反映了拉伯雷在政治、社会和宗教等方面的理想原则，其核心是个人自由和个性解放。《巨人传》最大的艺术特色是对民间文学的借鉴和发展，以夸张和讽刺为主要艺术手法，语言通俗易懂，丰富多变。作为法国第一部长篇小说，开创了通俗小说形式的先河。

蒙　田

法国思想家、散文家。出身于新贵族家庭，曾做过15年文官，并游历过意大利、瑞士等地，后来相当长的时间内都闭户读书。他把旅途见闻、日常感想等记录下来，集成《随笔集》2卷，晚年修订为3卷。书的卷首写道："我本人就是这部书的材料。"它介绍了作者的思想和生活，结构松散自然，又彼此连贯。蒙田把渊博的知识和丰富的个人经验结合起来，形成了独特的思想意境和艺术风格。书中的思想是趋于中庸的，他对当时的迷信、偏见、巫术和破坏进行否定，认为绝对的真理无法认识，只能探索部分的寻常真理。他在政治上又是保守的，尊重现存社会和秩序。《随笔集》行文旁征博引，语言平易流畅，对同时代的英国作家莎士比亚及17、18世纪法国文学都有深远影响。

塞万提斯

西班牙作家、戏剧家和诗人。出生于马德里附近一个穷苦医生的家庭，只上过中学。1569年作为红衣主教的随从游历了罗马、威尼斯、米兰等地，并阅读了大量文艺复兴时期的作品。1571年在对土耳其的海战中左臂受伤，残废。1582年前后开始创作，同时为生活做过收税员等，曾因得罪教会，数度被诬入狱。这时期的生活丰富了他的阅历，影响着他的创作。他的著名小说《堂吉诃德》就是在狱中构思的。其他作品还有短篇小说《惩恶扬善故事集》（又译《训诫小说》）、历史剧《奴曼西亚》、长诗《巴尔纳斯游记》《八出喜剧和八出幕间短剧集》等。《惩恶扬善故事集》共13篇短篇小说，体现了作家憎恶欺骗、奴役和压迫的思想，如《两狗对话》通过两只狗的对话，揭露了当时社会的阴暗面和形形色色人物的丑恶行为，情节生动。这部作品集也是西班牙文学中第一部摆脱意大利文学影响的富有开创性的杰作。

莎士比亚

英国戏剧家和诗人。出生于沃里克郡一个富裕市民家庭，莎士比亚曾在当地文法学校学过拉丁文和古代历史、哲学、诗歌等。1585年前后，他到伦敦，起初在剧院打杂，后来才逐渐成为雇佣演员、股东。莎士比亚共写作37部戏剧，154首十四行诗，2首长诗和许多其他诗歌。他的戏剧创作可以分为3个时期：早期（1590—1600年）主要是历史剧和喜剧，代表作有《亨利四世》（上、下）、《亨利六世》《仲夏夜之梦》《威尼斯商人》《无事生非》《皆大欢喜》《第十二夜》和《罗密欧与朱丽叶》等，主要是正面宣扬人文主义的理想，充满愉快、乐观的浪漫主义色彩。中期（1601—1607年）是悲剧时期，代表作有《哈姆雷特》《麦克白》《李尔王》和《奥赛罗》四大悲剧，以及《一报还一报》《雅典的泰门》等，随着对现实认识的深入，这一时期剧作的批判力度加强了，风格也变为悲愤沉郁。后期（1608—1612年）是传奇剧时期，有《暴风雨》等4部传奇剧和历史剧《亨利八世》，都宣扬宽恕和容忍。

流浪汉小说

16、17世纪在西班牙流行的一种小说，它以流浪者的生活及其遭遇为题材，反映下层平民的生活。一般是自传体，也有一些用回忆录的形式。16世纪

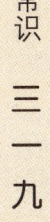

画家笔下的堂吉诃德

中叶开始，西班牙经济开始衰落，大批农民和手工业者破产，沦为无业游民，同时商业经济上升，冒险风气盛行，流浪汉小说就是在这样的背景下产生的。它的主人公多是出身贫苦的流浪汉，为了自保和活命，学会了欺骗、偷窃等手段。小说通过他们的经历，从下层人物的角度观察社会，批判现实，揭露了衰落中的贵族和教士的贪婪、伪善，讽刺唯利是图的资产阶级观念，慨叹世道不公和生活的艰难。《小癞子》（又名《托梅斯河上的小拉萨罗》）是最早的一部此类小说。该书以主人公自述的方式展开，"我"10岁时就为生活所迫给一个走江湖的盲丐当引路童，并跟着他学会了许多江湖上的勾当，学会了偷窃等。后来，"我"又给一个吝啬的老教士当仆人，不久因为偷吃面包被赶走，接着又给一个绅士当仆人，但衣冠楚楚的绅士却要靠小癞子沿街乞讨来养活。此后又先后换了好几个主人，最后在大祭司家当仆人，依靠妻子和大祭司的私情发了财，不久妻子死去，"我"又一贫如洗。小说语言幽默，对人物的刻画生动深刻。其他的作品还有马提奥·阿列曼的《古斯曼·德·阿尔法拉切的生平》、德·乌维达的《流浪女胡斯蒂娜》等。

牧 歌

欧洲文学中一个历史悠久的文学体裁，一般表现牧人田园生活情趣。诗人往往借这种体裁将乡村生活的恬静与城市或宫廷生活的腐化堕落相对立。希腊的忒奥克里托斯是最早的牧歌作者之一，之后维吉尔的牧歌表现了理想化的庄园生活。作为一个文类，牧歌的高峰期在文艺复兴时期，还出现了利用牧歌主题的田园小说和田园戏剧，如莎士比亚的《皆大欢喜》等，浪漫主义文学中也可以发现牧歌的影子，而且在发展的过程中，它的含义也扩大了，20世纪现实主义文学兴起以后，它的一些艺术手法和主题不但保留了下来，还广泛渗透到了欧洲之外的其他民族文学中。一般认为可能是因为牧歌中表现的城市生活和乡村生活二元对立的模式，极大地满足了人们回到自然、回归乡土和单纯生活状态的愿望。

17世纪欧洲文学

高乃依

法国剧作家。他出生在卢昂，父亲是法官，少年时受天主教影响较深，1628年起成为律师，同时开始诗歌创作。1635年发表第一部悲剧《梅黛》，此后一度成为黎塞留写作班子中的一员。1647年成为法兰西学院院士，以后的创作每况愈下。他的主要成就是《熙德》《贺拉斯》《西拿》和《波利厄克特》四大悲剧。这些剧作的基本主题都是感情与理智的矛盾，强调感情要服从理智。《熙德》是他的代表作，写贵族青年罗狄克和施曼娜相爱，但因二人的父亲有冲突，罗狄克奉父命和施曼娜的父亲决斗时，将其杀死。施曼娜不得不请求为父报仇。由于罗狄克在抗击摩尔人的斗争中立下大功，成为"熙德"光荣归来。施曼娜却要求报仇，国王劝她以国家为重，二人和好。这里的基本冲突是义务和情感的矛盾，这种矛盾在国家利益和国王权力高于一切的原则下得到了解决。

弥尔顿

英国诗人、政论家、资产阶级革命活动家和革命文学的代表。出生在伦敦一个富裕的清教徒家庭，从小喜爱文学。1625年入剑桥大学，并开始写诗，著有《圣诞清晨歌》、姐妹篇《快乐的人》和《沉思的人》、挽歌《黎西达斯》等。英国革命爆发后，站在革命的清教徒一边，发表了《论出版自由》《为英国人民声辩》《再为英国人民声辩》等政论文，鼓舞士气。因劳累过度双目失明，王朝复辟后一度被捕入狱，之后专心写诗。共写出3首长诗：《失乐园》《复乐园》和悲剧诗《力士参孙》。其中，《失乐园》是他的代表作，选用了《圣经》中魔鬼撒旦引诱亚当和夏娃偷吃禁果，被上帝逐出乐园的故事。在艺术手法上，他从多方面继承了古典史诗的传统，语言充满激情，富有政论性，多用比喻和多变的句法表现自由奔放的思想感情。尤其是充满叛逆精神的撒旦，给人留下了深刻的印象。弥尔顿的创作标志着文艺复兴传统风格向古典主义风格的过渡。

拉封丹

法国诗人。他出生在一个森林管理员家庭，幼年在农村度过，热爱大自然，熟悉下层劳动人民的生活。1645年赴巴黎学习法律，结业后返回故乡，潜心阅读和写作。之后，依附财政大臣富凯，后者被捕后被迫逃亡。先后投靠两个公爵夫人出入上流社会。他的主要文学成就是《寓言诗》12卷，于1668—1694年之间陆续出版，共有故事240多个。其中大多取材于伊索寓言，古希腊、古罗马和印度寓言家的作品及民间故事，经过加工改写后出版，大多采用自由诗体，语言流畅自然，思想内容更为深刻。其中不少为脍炙人口的名篇，如《狼和羔羊》通过一只小羊饮水时被狼强行吞噬，说明强者总是最"有理"的；《农夫和蛇》说明对恶人不能讲仁慈，否则反被其害。其他名篇还包括《患瘟疫的野兽》《死神和樵夫》《兔子和乌龟》等。

莫里哀

法国古典主义喜剧家。本名让·巴蒂斯特·波克兰，父亲是宫廷室内陈设商。他自幼喜爱戏剧，1643年和朋友组成了剧团，亲自参加演出，并为此放弃了继承权。1650年起任剧团负责人并开始喜剧创作。1659年公演的《可笑的女才子》嘲讽了当时贵族矫揉造作的风气，也奠定了莫里哀喜剧家的地位。他的主要作品还有讽刺天主教会的《伪君子》、批判修道院妇女教育的《太太学堂》《丈夫学堂》《屈打成医》《吝啬鬼》(一译《悭吝人》)、《乔治·唐丹》《唐·璜》《恨世者》《史嘉本的诡计》《无病呻吟》，舞蹈剧《布索那克先生》《醉心贵族的小市民》等。其中，《太太学堂》的演出标志着法国古典主义喜剧的诞生。莫里哀是法国现实主义喜剧的首创者，他对喜剧形式作了多方面的探索，主要讽刺对象是上层资产者和没落贵族，提出了各种严肃的社会问题，用喜剧的形式揭露封建制度、宗教与一切虚假的事物。在艺术手法上，他大胆吸收了很多民间艺术手法，语言自然，把生活中的矛盾和人物性格都表现得很透彻，法国人评价他是"无法模仿的莫里哀"。

拉 辛

法国古典主义悲剧诗人。他出生在一个小官吏家庭，幼年父母双亡，由祖母抚养大。1658年在巴黎学习期间结识了古典主义理论家布瓦洛，之后开始从事文学创作。由于作品揭露了封建社会的罪恶，拉辛受到贵族保守势力的仇视，曾被迫停笔10年。他的代表作有五幕诗剧《安德洛玛克》《费得尔》《爱丝苔尔》等，这些作品大多取材于古希腊故事，描写王公贵妇丧失理性，感情放纵，结局悲惨。《安德洛玛克》写特洛伊城主将赫克托尔的妻子安德洛玛克战争后成了爱庇尔国王庇吕斯的奴隶。国王却爱上了她而不愿娶自己的未婚妻爱尔米奥娜，并以她儿子的性命相要挟，因嫉生恨的爱尔米奥娜唆使有意于她的希腊特使奥莱斯特去刺杀国王。婚礼上，安德洛玛克自杀，国王被奥莱斯特杀死，爱尔米奥娜也自杀而死。剧本谴责了这些被受情欲支配的贵族男女。在艺术方面，他文笔细腻，富于抒情意味，擅长分析人物心理，尤其是贵族妇女心理活动的刻画，十分出色。此外，拉辛作品还有以圣经故事为题材的悲剧《以斯贴记》和《亚他利雅记》。

古典主义

17世纪初产生于法国的一种文艺思潮，后在欧洲各国都产生很大影响，一直持续到18世纪初。法国古典主义在17世纪中叶形成，以笛卡尔的唯理主义为哲学基础，其主要特征是具有为君主专制王权服务的鲜明倾向，注重理性，模仿古代，重视格律。创作实践上以古希腊罗马文学为典范。布瓦洛的《诗艺》是古典主义理论的重要著作，集中阐述了许多古典主义原则性的创作理论，比如戏剧创作的"三一律"原则，即要求时间、地点、情节三者的单一，就是说一出戏只演一件事，剧情必须发生在同一地方，一昼夜之内。这其实是对亚里士多德的"三一律"的一种曲解。古典主义在欧洲流行了200多年，文学创作上的主要成就是高乃依和拉辛等人的悲剧。古典主义虽然范围狭窄，但对法国文学的影响十分深远。

18世纪欧美文学

笛 福

出生于伦敦。年轻时曾辗转欧洲各国经商。1692年破产，之后为谋生做过政府秘密情报员等。他在59岁时开始写小说，1719年处女作《鲁滨逊漂流记》（第一部）发表后大受欢迎。此后，陆续写了《鲁滨逊漂流记》续集和《辛格尔顿船长》等5部小说和多篇传记、游记。他的小说多采用流浪汉小说的结构形式，以普通人的现实生活为主要描写对象，反映了18世纪英国资本主义

1791年出版的《鲁滨逊漂流记》扉页

初期的繁荣和强烈的海外扩张意识。《鲁滨逊漂流记》正是这样有鲜明时代色彩的作品，写主人公鲁滨逊不安于父母给他安排的小康之家的生活，到海外去经商。一次去非洲进行奴隶贸易时遇到海难，流落到一个荒岛上。他以惊人的毅力顽强地用双手为自己创造了一个文明人所必需的生活条件，还驯化了一个土人星期五做自己的仆人。鲁滨逊的形象集中体现了上升时期资产阶级的创业精神，他也是欧洲文学史上第一个理想化的资产者形象。

斯威夫特

英国作家。出生在爱尔兰，是一个英国牧师的遗腹子，由叔父抚养大。1686年毕业于都柏林三一学院，1692年获牛津大学硕士学位，1701年获三一学院神学博士学位。1688年后前往英国，在辉格党和托利党的斗争中仕途不顺，1713年左右回到爱尔兰，支持并参加了当地人民反抗英国殖民者的斗争，被尊为爱尔兰民族英雄。他在文学上的主要成就是讽刺寓言小说《格利佛游记》，小说通过格利佛漫游小人国、大人国、飞岛国、慧骃国等的故事，通过幻想旅行的方式来影射现实，讽刺了英国统治阶级内部为一己私利进行的掠夺战争，从道德、制度、社会风尚等多个侧面表现了文明人的堕落。这部作品实际上是针对当时流行的笛福式的小说所写的，表现了高超的讽刺艺术技巧。另外，他还著有讽刺散文《一个小小的建议》《书之战》等。

莱辛

德国剧作家、文艺理论家。出生在一个牧师家庭，读书时精通了希腊文、拉丁文、英文和法文，爱好文学和哲学。大学毕业后，成为德国第一个靠写作维持生活的职业作家。他的创作有寓言、抒情诗、戏剧、文学评论等多种体裁，戏剧方面的主要成就是悲剧作品，《萨拉·萨姆逊小姐》描写少女萨拉和密勒封的恋爱悲剧，第一次使普通市民阶层的青年男女成为悲剧的主人公，是德国第一部市民悲剧。《爱米丽雅·伽洛蒂》描写了文艺复兴时期，爱米丽雅的父亲为保护女儿的贞操将她杀死，表现了对封建专制主义的抗议。他在文学评论方面的著作有《拉奥孔》《汉堡剧评》和《文学书简》等，在一定程度上为德国文学的发展奠定了基础，对后世影响很大。

萨德

法国作家。原名多纳西安，出身贵族家庭，父亲和叔父的放荡生活，以及他自己的生活经历，使之养成了目空一切的狂妄性格，因其作品有大胆的性描写和性虐待等而不容于当时统治者，他曾两次被投入巴士底狱。他的主要作品有《贞洁的厄运》（一译《美德的磨难》）《阿斯汀娜》《爱之诡计》《爱之罪》《隆维尔的女主人》等。《贞洁的厄运》描写一对姐妹，妹妹想恪守操节，却先后落入淫乱的修士等人之手，遭受了种种磨难。姐姐淫乱放荡，却享受荣华富贵。由于小说对妹妹遭受的蹂躏进行了详细的描写，一度因为渲染性暴力而被禁。

歌德

德国文学家。他出生于法兰克福一个富裕市民的家庭，曾先后在莱比锡大学和斯特拉斯堡大学学法律，但主要志

趣在文学创作方面,是德国"狂飙突进"运动的中坚。1775年应聘到魏玛公国做官,但一事无成。1786年前往意大利,专心研究自然科学,从事绘画和文学创作。1788年回到魏玛后任剧院监督,政治上倾向保守,艺术上追求和谐、宁静的古典美。1794年与席勒交往后,开创了德国的"古典文学"。歌德的创作囊括诗歌、散文、小说、戏剧等诸多体裁,主要作品有剧本《铁手骑士葛茨·冯·伯里欣根》《伊菲格尼亚在陶里斯》《托夸多·塔索》等,小说《少年维特之烦恼》,牧歌式叙事诗《赫尔曼和窦绿苔》,诗体哲理悲剧《浮士德》,长篇小说《亲和力》《威廉·迈斯特》(包括《学习时代》和《漫游时代》),自传《诗与真》(四卷)和抒情诗集《东西合集》等。《少年维特之烦恼》是一部书信体小说,它描写青年维特和绿蒂之间的爱情悲剧,反映了当时青年人反对封建,追求个性解放和爱情自由的心声,使歌德享有世界性的声誉。

彭 斯

苏格兰的民族诗人。出生在一个农民家庭,从小在田里劳动。除曾短期到苏格兰西北部游历外,长期在家乡务农,后曾为税务局职员,一生处在困顿状态。他自幼爱好诗歌,1786年出版了第一部主要用苏格兰方言写的诗集,以淳朴清新的风格获得广泛好评。此后,他以民歌为本,写了大量抒情诗、讽刺诗等。代表作如《高原的玛丽》《一朵红红的玫瑰》和《不管那一套》等。另外,长篇叙事诗《两只狗》《汤姆·奥桑特》和《快活的乞丐》等以轻松幽默的风格和对民间艺术的改编与提升,达到了新的艺术高度。彭斯的多数作品都充满对生活的热爱,表达了苏格兰农村青年的日常生活和诗人的民主思想,故在活泼酣畅中有一种对世俗的蔑视和嘲讽。

席 勒

德国诗人、剧作家。出生在一个军医家庭,少年时代受宗教教育,1773年被符腾堡公爵送入军事学校,毕业后当过军医、剧院作家等。1794年和歌德交往,共

席勒雕像

同创造了德国的古典文学。他从1776年起就在杂志上发表抒情诗,1782年上演的以反抗暴君为主旨的《强盗》是他的成名作,也是"狂飙突进"运动在戏剧方面的重要成果。此后,写有悲剧《斐哀斯柯》《阴谋与爱情》,诗体政治悲剧《唐·卡洛斯》,诗歌《欢乐颂》等。古典时期的主要作品有诗剧《华伦斯坦》三部曲、《玛丽亚·斯图亚特》《奥里昂的姑娘》《墨西拿的新娘》《威廉·退尔》等,以及大量诗歌。此外,他还著有《三十年战争史》《美育书简》《论朴素的诗与感伤的诗》等历史学和美学著述。席勒和歌德一起把德国古典文学推向高峰,为德国文学的发展做出了巨大贡献。

奥斯丁

英国女小说家。出生在一个叫史蒂文顿的小乡镇,父亲是当地的牧师。她没有进过正规学校,在家由父母指导阅

读了很多古典文学和流行小说。她终身未嫁，长期居住农村，生活圈子很狭窄。她共创作了6部小说，《傲慢与偏见》和《爱玛》是其代表作，其他作品还有《教导》《曼斯菲尔德山庄》《理智与情感》等。她的作品基本都以乡镇中产阶级青年男女的爱情婚姻为主题，描写日常生活的风波和人物之间的喜剧性冲突，在轻松诙谐的氛围中表达她的婚姻观：为了财产和地位结婚是错误的，但完全不考虑财产也是愚蠢的。18世纪70年代以后，英国充斥着庸俗无聊的感伤小说和哥特小说，奥斯丁的创作虽然反映的生活面不广，但扭转了当时小说创作的庸俗风气，在英国小说发展史上具有承上启下的作用。

济慈

英国诗人。生于伦敦，父母早逝。曾做过医生，同时又深爱诗歌，在创作中受诗人亨特和华兹华斯的影响。1817年出版第一部诗集，受到人们的好评。后来形成了"天然接受力"的思想。1818年写成叙事诗《伊萨贝拉》，他的思想从强调感官享受转而强调思想深度。1819年济慈写出了传世之作：颂诗《夜莺》《希腊古瓮》《哀感》《心灵》和抒情诗《无情的美人》，十四行诗《灿烂的星，愿我能与你永在》等，成为济慈诗作的精华和英国诗歌中的不朽之作。同年又写作了抒情诗《莱米亚》等作品。济慈诗中有画，色彩感和立体感甚强。他是英国浪漫主义诗人中最有才气的诗人之一，他的诗对后世影响巨大，维多利亚时代的诗人丁尼生、布朗宁，以及唯美派诗人王尔德和20世纪的意象派诗人都受其影响。

哥特小说

18世纪流行于英国的一种小说。它描写恐怖、暴力，以及对中世纪的向往。故事通常发生在一个哥特式的建筑，尤其是阴暗、荒凉的古堡之中。最早的一部哥特小说是1764年出版的贺拉斯·华尔浦尔的《奥特朗堡》，它对当时的浪漫主义文学运动起了推动作用，同时也影响了19世纪初期英国小说家瓦尔特·司各特的历史小说，因此在英国的文学史上占有重要的位置。其他流行的哥特小说有安娜·拉德克利夫的《尤道拂的神秘事迹》和马修·格雷戈里·刘易斯的《僧人》等。前者经常被作为典型的哥特小说，小说情节恐怖、阴森，富于神秘气氛。《僧人》也非常流行，它的作者获得了"僧人"刘易斯的绰号。《僧人》的特点在于恐怖和心理分析相结合，对后来的美国文学尤其是霍桑和爱伦·坡的创作产生了影响。同时，也影响了20世纪的超现实主义文学运动。

狂飙突进

18世纪70年代在德国兴起的一次文学运动。"狂飙突进"这个名称来自作家克林格的同名剧本。主要参加者是市民阶层的青年作家，以赫尔德为旗手，向封建意识形态进行了猛烈的攻击。它的主要精神特征是：主张发挥人的主观能动性，实现个性解放；崇尚"天才"，倡导"返归自然"和德国民族风格；反对一切束缚人的僵化保守的教条，强调感情，有着浓郁的感伤色彩。狂飙突进作家的创作揭露性都比较强，尤其反映市民阶层和封建贵族的冲突。在戏剧和小说方面都有较大成就，歌德的剧本

《铁手骑士葛兹·冯·伯里欣根》、书信体小说《少年维特之烦恼》，席勒的剧本《强盗》《阴谋与爱情》，华格纳的剧本《杀婴女人》等都是狂飙突进运动的代表作。20 世纪 80 年代中叶后，狂飙突进运动逐渐消退，它对德国民族文学的形成起了极大的推动作用。

19 世纪欧美文学

司汤达

法国小说家。原名马里·昂利·贝尔。出生在一个律师家庭，他幼年丧母，受信仰启蒙思想的外祖父影响较大，少年时代在法国资产阶级革命的氛围中长大，崇敬拿破仑，并多次随拿破仑的大军征战欧洲。1814 年波旁王朝复辟后侨居米兰，同意大利爱国主义者有来往，后被驱逐出境，回到巴黎。他的主要作品大部分是在 1831 年后写成的，有长篇小说《吕西安·娄凡》《巴马修道院》《红与黑》《阿尔芒斯》，中短篇小说集《意大利遗事》和一些游记、传记等。司汤达在美学论著《拉辛与莎士比亚》中提出艺术必须适应时代潮流，表现"人民的习惯和信仰的现实状况"。他的作品善于描写政治斗争和社会问题，在塑造人物时重视细腻的心理分析，深刻揭露了 19 世纪法国复辟时期复杂的阶级矛盾，是法国批判现实主义文学的先驱和奠基人。

格林兄弟

指雅各布·格林（1785—1863 年）和威廉·格林（1786—1859 年）兄弟，德国语言学家、童话收集家。他们出生在哈瑙一个官员家庭，都毕业于马尔堡大学，二人经历相似，兴趣相近，合作研究语言学，搜集和整理民间童话和传说，故在文学史上被称为"格林兄弟"。他们在文学上的主要贡献是二人合作搜集编写的民间童话故事集《儿童与家庭童话集》，该书开创了民间童话中引人入胜的"格林体"叙述方式，对 19 世纪以来的世界儿童文学产生了深远的影响。其中的《青蛙王子》《忠实的约翰》《莴苣姑娘》《灰姑娘》《白雪公主》《小红帽》《玫瑰公主》等，以其丰富的想象、美丽的憧憬、善良的心灵和高尚的情操启迪了孩子们的心扉。之后，他们又出版了两卷集《德国传说》和《德国神话》。格林童话如今已被译成各国文字多次出版，成为世界儿童文学的珍宝。

拜伦

英国浪漫主义诗人。他出生在一个没落贵族的家庭，10 岁就继承了家族的爵位和庄园，但父母的离异和自己的残疾，都带给他深刻的影响。1805 年进入剑桥大学学习，并开始写诗。1809 年发表的长篇讽刺诗《英格兰诗人和苏格兰评论》确立了他在诗坛上的地位。大学毕业后，拜伦成为贵族议院的世袭议员。他 1809 年游历了葡萄牙、西班牙和土耳其等多个国家，大大开拓了政治视野。旅行归途中，他创作了长篇叙事诗《恰尔德·哈洛尔德游记》的第一、第二章，这部作品以政治和社会问题为题材，表现出一种积极斗争、争取自由的精神。拜伦其他优秀作品还有浪漫主义组诗《东方叙事诗》，长诗《锡隆的囚徒》《普罗米修斯》《路德派之歌》，诗剧《曼弗雷德》《该隐》，政治讽刺诗《〈制压破坏机器法案〉制订者颂》《青铜时代》，长篇叙事诗《唐璜》等。1824年，拜伦在参与希腊人民的民族解放斗争时，因病去世。他的诗作充满斗争精神，并塑造了反抗社会的叛逆者"拜伦式英雄"的群像，在传播中也产生了超文本的影响。

雪莱

英国浪漫主义诗人。出生在英格兰一个乡村贵族的家庭，从小受到严格教育，1804年进入伊顿公学，1810年进入牛津大学就读，第二年因发表《无神论的必要性》被开除。此后参加了爱尔兰的民族解放运动等，1822年不幸因海难去世。他在中学时期便开始创作，早期作品主要有《麦布女王》《致华兹华斯》《赞智力美》等，1818年定居意大利后，发表了长篇诗歌《阿多尼》《暴政的假面游行》，抒情诗《印度小夜曲》《给英格兰人民的歌》《西风颂》《致云雀》，诗剧《解放了的普罗米修斯》《希腊》等。

雪莱像

这些作品以资产阶级民主主义和空想社会主义为武器，反对专制暴政，反对宗教迷信，鼓吹自由民主、平等博爱。他是时代先进潮流的代表，通过诗作向被压迫人民传递了革命的火种。

海涅

德国诗人。他出生于犹太商人家庭，1819年起先后到波恩等大学攻读法律，并获得博士学位。1816年开始写诗，1827年出版了诗歌总集《歌集》。他的诗歌富于浪漫主义色彩和民族气息，给诗人带来世界性声誉。同时，他还写了许多游记。1831年海涅流亡巴黎，为德国写了大量通讯和政治评论，集为《法兰西状况》一书。《论德国宗教和政治的历史》和《论浪漫派》两本哲学著作是他介绍德国文化和宗教的论文汇集。他的第二部诗集是《新诗集》（1844年），这本诗集标志着海涅由抒情诗人向政治诗人的转变；他的长篇政治抒情诗《德国，一个冬天的神话》也于1844年出版。这是他第一次回国旅行的结果，这部长诗是海涅诗歌创作的顶峰。晚年以口授形式创作了第三部诗集《罗曼采罗》，诗集仍洋溢着战斗的激情。

普希金

19世纪俄罗斯伟大的民族诗人，俄国浪漫主义文学的主要代表和俄国批判现实主义文学的奠基人。他出生在贵族地主家庭，自幼受到良好的家庭教育，1811年进入彼得堡皇村贵族子弟小学，卫国战争的爆发激起他很大的爱国热情。毕业后在外交部任职，之后因创作中的进步倾向几次被流放。1837年，年仅38岁的诗人死于一场有阴谋的决斗。普希金具有多方面的文学才华，作为诗人，他写了800多首抒情诗和几十篇叙事诗，运用了各种形式和韵

中外人文大讲堂

第八篇 世界文学常识

三二七

律，如童话诗《渔夫和金鱼的故事》、政治抒情诗《自由颂》、长篇浪漫主义叙事诗《茨冈》、长篇现实主义叙事诗《叶甫盖尼·奥涅金》等。在小说方面，他的短篇小说《驿站长》开创了俄罗斯文学中描写"小人物"的传统，《别尔金小说集》成为俄国短篇小说的典范。长篇小说《上尉的女儿》、中篇小说《黑桃皇后》等也是名篇。他还留下几部诗剧和大量政论等。

巴尔扎克

法国作家。父亲是一个白手起家的资产者，他出生后不久，就被寄养到附近的农村。从小学到中学，他一直寄住在学校，没有享受过家庭的温暖，童年生活的这种痛苦直接影响了他后来的生活和创作。1816年，巴尔扎克进入大学学习法律。毕业后，他不顾父母的反对，开始文学创作。早期作品销路不好，为了生活，他开始办实业，做过出版商，经营过印刷厂和铸字厂等，均以失败告终，并使他负债累累，但这大大丰富了他的生活经验。1828年起，他又回到文学创作上来，不久发表的小说《最后一个舒昂党人》，初步奠定了他在文学界的地位。此后，他把这部作品和计划要写的100多部小说命名为《人间喜剧》，并为之写了前言，阐述了他的现实主义创作方法和基本原则，从理论上为法国批判现实主义文学奠定了基础。巴尔扎克是一个充满激情的人，在创作中他也往往和人物融为一体。1850年，他因劳累过度而去世。巴尔扎克在艺术上取得的巨大成就，不但表现在小说的结构上匠心独运，多种多样，不拘一格，还表现在善于将集中概括与精确描摹相结合，以外形反映内心本质等手法来塑造人物，深刻揭示人性的善恶，还善于以精细入微、生动逼真的环境描写再现时代风貌。巴尔扎克是欧洲批判现实主义文学的奠基人和杰出代表。

大仲马

法国19世纪积极浪漫主义作家。他出生于巴黎附近一个县城，父亲是法国大革命中的一位将军。他只上过几年小学，靠自学成才。由于父亲有黑人血统，他饱尝种族歧视之苦，也形成了反对不平、追求正义的叛逆性格。大仲马一生著述丰富，主要以小说和剧作著称。他的浪漫主义戏剧《享利第三及其宫廷》比雨果的《欧那尼》问世还早一年，完全破除了古典主义的"三一律"。他的小说多达百部，大都以真实的历史做背景，以主人公的奇遇为内容，情节曲折生动，出人意料，堪称历史惊险小说。异乎寻常的理想英雄，急剧发展的故事情节，紧张的打斗动作，清晰明朗的完整结构，生动有力的语言，灵活机智的对话等构成了大仲马小说的特色。最著名的是《三个火枪手》和《基督山伯爵》。他被别林斯基称为"一名天才的小说家"。

雨 果

法国作家。出生在法国东部的贝桑松，幼年时曾随父亲行军到意大利等地，11岁时随母亲返回巴黎。他支持法国大革命，在法国复辟王朝时期被迫流亡19年。1827年发表诗剧《克伦威尔》，在序言中提出浪漫主义的文学，主张美丑对比等原则，从此成为法国浪漫主义文学运动的领袖。1830年，剧本《欧那尼》上演成功，标志着浪漫主义对古典主义的胜利。他的小说主要有长篇小说《巴黎圣母院》《悲惨世界》《海上劳工》《笑面人》和《九三年》等，还著有《新颂歌集》《东方吟》《秋叶集》《心声集》《凶年集》《惩罚集》等，剧本还有历史剧《城堡里的公爵》《逍遥王》《昂杰罗》等。这些作品的基本主题是歌颂真善美，鞭挞黑暗、丑恶和残暴，充满丰富的想象力和巧妙的音乐性，具有优雅精美、雄伟朴实的艺术风格。雨果是法国浪漫主义文学运动的领袖，他长达60年的创作生涯，反映了19世纪法国重大历史进程和文学进程。

爱默生

美国散文家、演说家、诗人。他出生在一个牧师家庭，曾就读于哈佛大学，在校期间，他阅读了大量英国浪漫主义作家的作品，丰富了思想，开阔了视野。毕业后曾担任基督教唯一的神教派牧师，并开始布道。1832年以后，爱默生到欧洲各国游历，结识了浪漫主义先驱华兹华斯和柯勒律治，接受了他们的先验论思想，对他思想体系的形成具有很大影响。1837年，他在美国大学生联谊会上发表了《论美国学者》的演讲，宣布美国文学已脱离英国文学而独立，同时强调人的价值，被誉为美国精神领域的"独立宣言"。爱默生集散文作家、思想家、诗人于一身，他的诗歌、散文独具特色，注重思想内容而没有过分注重词藻的华丽，行文犹如格言，哲理深入浅出，说服力强，被称为"爱默生风格"。

乔治·桑

法国女小说家。生于巴黎，幼年丧父，由祖母抚养，18岁时嫁给杜德望男爵，但她对婚姻并不满意，1831年到巴黎，开始独立生活，从事文学创作。她的小说创作大致可分为4个阶段：早期作品称为激情小说，代表作有《安蒂亚娜》《华伦蒂娜》等，描写爱情上不幸的女性不懈地追求独立与自由，充满了青春的热情与反抗的意志。第二阶段作品是空想社会主义小说，代表作有《木工小史》《康素爱萝》等，提出了资本主义社会中妇女的命运问题，攻击资本主义的财产制度和婚姻制度，进而提出空想社会主义的理想。第三阶段作品为田园小说，代表作有《魔沼》《弃儿弗朗索瓦》等，以抒情见长，善于描绘绮丽的自然风光，渲染农村的静谧气氛，具有浓郁的浪漫色彩。第四阶段作品为传奇小说，代表作为《金色树林的美男子》。乔治·桑是最早反映工人和农民生活的欧洲作家之一。

安徒生

丹麦童话作家。出身于一个贫穷的鞋匠家庭，幼年丧父，从小在店铺中当学徒，没有受过正规教育。1829年进入哥本哈根大学学习，同时坚持文学创作。安徒生的创作包括童话、戏剧、游记散文、小说等多种体裁，但为他赢得世界性声誉的主要是他的童话故事。1835年，安徒生发表了第一部童话集《讲给孩子们听的故事》，此后几乎每年发表

1895年出版的《安徒生童话集》的封面

一部集子，共写了 168 篇童话和故事，被译成 80 多种语言。安徒生的童话故事大多带有一定自传性，表现贫富悬殊的社会现实和穷苦人的悲惨生活，如《卖火柴的小女孩》《丑小鸭》《夜莺》等；有的则嘲笑、讽刺上层贵族的愚蠢无知，如《皇帝的新衣》《园丁和主人》等；有的则表现了对理性的看法，如《白雪公主》等。

勃朗宁夫人

英国诗人。她出身于富裕家庭，15 岁时从马上摔跌下来，伤了脊椎骨，长期卧床。静养期间博览群书，醉心于诗歌创作。她是一个很有天赋的女性，能阅读希腊文原版的荷马史诗和希伯来语的《圣经》，13 岁时就出版了第一部诗集，1838 年以诗集《天使及其他诗歌》成名。同时，她对当时的社会问题也给予了很大关注，1844 年发表的短诗《孩子们的哭声》，就愤怒抗议了资本家对儿童的摧残和剥削。1846 年，她不顾父亲的反对，和诗人罗伯特·勃朗宁私奔，并出走意大利，在佛罗伦萨居住了 15 年。她写给丈夫的爱情诗集《葡萄牙十四行诗集》，诗句精练，才华横溢，被认为是莎士比亚以来最优美的十四行诗。

爱伦·坡

美国诗人、小说家、批评家。出生在波士顿一个江湖艺人的家庭，父母早丧，被爱伦夫妇收养。在英国受小学教育，后进入弗吉尼亚大学肄业一年。曾参加美国陆军，被选送至西点军校。一年后，被军校开除，从此开始专业写作生活。1847 年妻子病故后精神日益失常。爱伦·坡的诗多写忧郁的情调，形象古怪奇特，主要诗集有《帖木儿》《诗集》等。他的小说大致可分为推理小说和恐怖小说两类，所写的故事大多发生在奇特的地方，刻意渲染恐怖神秘、朦胧凄恻的氛围，前者有《血色死亡的面具》《黑猫》《厄舍古厦的倒塌》等，后者包括《莫格街谋杀案》《莉盖亚》等。他的创作在死后才日益受到重视，被认为是推理小说的鼻祖。另外，他作品中的神秘恐怖等特点对现代派作家也有一定的启发。

果戈理

19 世纪俄国批判现实主义文学的代表和奠基人。他出生在大地主家庭，从小受到艺术熏陶，尤其喜爱乌克兰的民谣、传说和民间戏剧。父亲早逝后，到彼得堡谋生，做过小公务员，并结识了普希金等人。果戈理的一生创作甚丰：小说集《狄康卡近乡夜话》、长篇小说《死魂灵》、短篇小说集《彼得堡故事集》等，讽刺了贵族地主阶级，表达了对小人物悲惨生活的人道主义同情，形成了"含泪的微笑"这种独特的艺术风格。他的讽刺喜剧也有很高成就，著名的《钦差大臣》尖锐讽刺了俄国官僚社会的丑恶本质，对俄国戏剧的发展产生了重要影响。果戈理是俄国"自然派"文学的创始者，他的创作和普希金的创作相配合，共同奠定了俄国批判现实主义文学的

果戈理像

基础，被誉为俄国文学史上的"双璧"。

狄更斯

英国 19 世纪现实主义小说家。他出生于海军小职员家庭，11 岁就承担起繁重的家务劳动，做过学徒、记者等。他只上过几年学，全靠刻苦自学和艰辛劳动成为知名作家。狄更斯一生共创作了 14 部长篇小说，许多中短篇小说和杂文、游记等。其中最著名的作品是描写劳资矛盾的长篇小说《艰难时世》和描写 1789 年法国革命的《双城记》。其他重要作品还有《奥列佛·特维斯特》（又译《雾都孤儿》）《董贝父子》《大卫·科波菲尔》《荒凉山庄》和《远大前程》等等。他生活在英国由半封建社会向工业资本主义社会的过渡时期，其作品广泛而深刻地描写这时期社会生活的各个方面，宣扬以"仁爱"为核心的人道主义。艺术上以妙趣横生的幽默、细致入微的心理分析，以及现实主义描写与浪漫主义气氛的有机结合而著称。

勃朗特姐妹

指英国 19 世纪的女小说家夏洛蒂·勃朗特(1816—1855 年)、艾米莉·勃朗特（1818—1848 年）和安妮·勃朗特（1820—1849 年）三姐妹。她们出生在约克郡一个乡村牧师的家庭，生活贫困，都上过生活条件恶劣的寄宿学校，均因肺结核早逝。夏洛蒂的代表作是《简·爱》，带有自传性质，写一个出身贫苦的家庭女教师简·爱，她单纯、倔强，勇于捍卫自己独立的人格，在平等基础上发展和罗切斯特的爱情。小说被后来的女性主义批评者看作是女性小说开始崛起的标志。艾米莉的代表作《呼啸山庄》近年来声誉日盛，主人公是弃儿希斯克利夫。他与主人女儿凯瑟琳产生了爱情，但受阻分开，后来他设计报了仇。全书贯穿着一种强烈的反叛精神，结构巧妙，语言质朴有力。安妮的《艾格妮丝·格雷》和两个姐姐的代表作同年发表。勃朗特姐妹以其杰出的文学才华，在 19 世纪的英国小说史上形成了一座高峰，被称为"勃朗特峭壁"。

屠格涅夫

俄国作家。他出生在奥廖尔省一个贵族家庭，但自幼厌恶农奴制度。曾先后在莫斯科大学、彼得堡大学就读，毕业后到柏林进修，回国后和别林斯基成为至交。从 1847 年起为《现代人》杂志撰稿，出于自由主义和人道主义的立场反对农奴制。19 世纪 60 年代后长期居住巴黎。他在大学时代就开始创作，1847—1852 年陆续写成的特写集《猎人笔记》是其成名作，主要表现农奴制下农民和地主的关系，在日常的平淡生活中表现出浓郁的诗意。他的主要作品有戏剧《贵族长的早餐》《村居一月》，长篇小说《罗亭》《贵族之家》《前夜》《父与子》《阿霞》《初恋》《处女地》等。屠格涅夫善于敏锐地把握时代特点，迅速反映俄国现实，对俄国文学中现实主义文学的发展有重大影响，也为俄罗斯语言规范化做出了贡献。

惠特曼

美国浪漫主义时期的诗人。他出身农家，曾做过教师、编辑。1838 年惠特曼主编《长岛人》，传播民主思想，与此同时开始诗歌创作，1855 年出版《草叶集》，收诗 383 首。以"草

叶"命名诗集体现了诗人的民主思想，因为它赋予最普通的遭人践踏的小东西以崇高的地位与尊严。草叶也是包括诗人在内的具有强大生命力的美国"新人"形象，它象征独特的美国精神和性格。其中著名的诗歌有《船长啊，我的船长！》《自己之歌》等。这部诗集的自由体，豪迈奔放而又不失其音乐美感，在英语诗歌中独树一帜，从根本上动摇了传统格律诗几世纪以来的垄断地位，开了英诗自由体在20世纪迅猛发展的先河，并对中国"五四"运动以后的新诗创作产生了很大影响。

波德莱尔

法国诗人。出生于巴黎，父亲是一个有启蒙思想的画家，培养了他对艺术的热爱，但在他6岁时就因病去世。母亲再婚后，他和继父关系恶劣，对资产阶级的传统观念和道德意识采取了挑战态度。成年后，他继承了生父遗产，过着和诗人、艺术家交游的浪漫放荡生活，曾到印度等地旅行。后来，因为母亲的经济限制，他开始创作，并翻译了不少爱伦·坡的作品，后者丰富怪诞的想象力和精辟的分析，使他受到很大启发。诗集《恶之花》奠定了他在法国文学史上的地位。这部诗集是法国象征主义的开山之作，描写了大城市的罪恶，展现了一个孤独、病态而悲怆的诗人追求光明幸福却感到幻灭的苦闷和忧郁。此外，他还有《巴黎的忧郁》和《人工天国》两部散文集和一些评论文章，作品虽然不多，但他在艺术方面的创新，如通感、象征等，对整个现代派都有所启发。

福楼拜

法国现实主义小说家。他出生在里昂的医生家庭，幼年在医院里度过。1840年赴巴黎学习法律，后因病辍学。1846年开始，在卢昂附近的克罗瓦赛别墅定居，过着简单的生活，直至去世。福楼拜的主要作品有《包法利夫人》《情感教育》《圣安东的诱惑》和《简单的心》等。基本主题是对资产阶级的揭露，他主张艺术应该真实地反映现实生活，同时作家要努力隐去个人的喜好，持"客观而无动于衷"的态度。在对人物的塑造和描写上，他十分注重遣词用句，形成了精雕细刻的艺术风格。他的主张和独特的艺术风格，影响和启迪了后来的作家，被推为现代小说的先行者。他最著名的代表作《包法利夫人》描写外省一个富裕农民的女儿爱玛，因不满于婚后平庸的生活而酿成的悲剧，成为当时一部"新的艺术法典"。

陀思妥耶夫斯基

俄国作家。出生于小贵族家庭，童年在莫斯科和乡间度过。1846年发表第一部长篇小说《穷人》，受到高度评价。1848年发表中篇小说《白夜》。1849年因参加反农奴制活动而被流放到西伯利亚，在此期间发表有长篇小说《被侮辱和被损害的》《罪与罚》《白痴》《群魔》《卡拉马佐夫兄弟》和中篇《地下室手记》等名著，为俄国文学留下一笔宝贵的遗产。他的创作很有特色，擅长通过人物病态心理的分析和人物意识的表述来塑造人物；他善于运用象征、梦幻、梦境、意识流等艺术手法，使作品具有紧张压抑、情节发展急促、悬念迭起、震撼人心

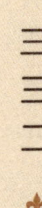

的力量。他作品的开创性意义和他人难以企及的成就已为举世公认,现代派作家更将他奉为宗师。

裴多菲

匈牙利革命诗人。他出生在平民家庭,少年时代曾度过一段流浪生活,熟悉劳动人民的悲惨处境。做过演员,当过兵。他的一生是和匈牙利人民抗击外国侵略者、争取政治自由的斗争联系在一起的。他从1842年开始发表作品,早期诗作采用民歌体,歌颂劳动人民。后期在革命斗争的间隙写了大量的抒情诗,如《民族之歌》《我的歌》《一个念头在烦恼着我》和《自由与爱情》等,另外还有《农村的大锤》《雅诺什勇士》(一译《勇敢的约翰》)和《使徒》等8首长篇叙事诗,塑造了一批英雄,形象地表现了匈牙利人民争取自由的斗争精神,具有充沛的浪漫主义激情和爱国热情,具有极大的鼓舞力量。1849年7月,裴多菲在反抗俄奥联军的战争中不幸牺牲。

奥斯特洛夫斯基

俄国剧作家。出生于莫斯科一个商人家庭,在莫斯科大学法学系肄业。后在莫斯科法院工作8年,为后来的创作提供了丰富的素材,同时开始写作。奥斯特洛夫斯基一共写了

奥斯特洛夫斯基的喜剧作品《家庭幸福图》中的插图

50多部剧本,是俄国最多产的剧作家之一。代表作有《自家人好算帐》《大雷雨》《艰苦的日子》《没有陪嫁的女人》等,他的剧作生活气息浓厚,往往大胆讽刺现实中的弊病,灵活运用民间和各阶层的语言,对白幽默,善于安排戏剧场面,情节紧张动人。另外,奥斯特洛夫斯基在俄国大力传播塞万提斯、莎士比亚等人的名作,并培养了一批杰出的表演艺术家。他为俄罗斯民族戏剧奠定了基石,对契诃夫等人的创作有很大影响。

小仲马

法国作家。著名作家大仲马与一个裁缝女工的私生子,这种身份使他童年时代受尽讥笑,成年后决心通过文学改变社会道德。1848年发表小说《茶花女》,随后他本人把它改编成戏剧,一举成名。作品通过出身贫困的名妓玛格丽特和税务官之子阿芒的爱情悲剧,揭露了资产阶级道德的虚伪,塑造了一个不甘堕落、心地善良的茶花女形象,忠实地再现了七月王朝时期的社会现实。《茶花女》是法国戏剧由浪漫主义向现实主义演变时期的优秀作品。其他的戏剧作品还有描写交际花的世态喜剧《半上流社会》、谴责富人始乱终弃的《私生子》、鼓励失足少女走上正道的《奥布雷夫人的见解》等。小仲马注重戏剧的道德效果,是法国现实主义戏剧的创始人,使戏剧摆脱了纯粹的幻想和激情,其创作实践和主张影响了整整一代人。

车尔尼雪夫斯基

俄国革命家、哲学家、作家和文学批评家。他出生于一个神父家庭,1846

年进入彼得堡大学语文历史系研究哲学、历史、经济学和文学。大学毕业后在中学教语文。1853 年后，到彼得堡为《祖国纪事》和《现代人》杂志撰稿。1855 年发表著名的学位论文《艺术对现实的审美关系》，提出了"美是生活"。之后他接编《现代人》杂志，使它成了传播革命思想的强大阵地。他也因此于 1862 年被沙皇政府逮捕，并判处终身流放。在流放中，他写出了长篇小说《怎么办？》和《序幕》。《怎么办？》通过拉赫美托夫集中表现了俄国民主主义革命家的形象，通过薇拉的缝衣工场和她的四次梦境，宣传了空想社会主义思想。小说教育了一代青年和许多革命者。

易卜生

挪威戏剧家、诗人。出生在一个小商人家庭，16 岁时就开始在一家药材店当学徒，工作之余，阅读了大量莎士比亚、拜伦等人的作品。1850 年到首都，结识了文艺界一些思想进步的朋友，并开始诗歌和戏剧创作。这时期在艺术上处于探索期，主要作品有《爱的喜剧》、历史剧《卡提利那》、诗剧《布兰德》等。1864—1885 年，长期居住在罗马、慕尼黑等地，代表作有《社会支柱》《玩偶之家》《群鬼》《人民公敌》《青年同盟》等一系列社会问题剧，分别从社会政治问题和婚姻家庭问题入手，触及妇女解放等当时一些重要的社会问题。晚期作品有《野鸭》《罗斯默庄》《海上夫人》《建筑师》等，都着重人物心理发展的分析，具有神秘的象征主义风格。易卜生的创作把 19 世纪末的欧洲戏剧从形式主义拉回到现实主义的道路上来。

列夫·托尔斯泰

19 世纪俄国的现实主义作家。他出生于贵族家庭，1840 年入喀山大学，受到卢梭、孟德斯鸠等启蒙思想家影响。1847 年

《战争与和平》电影海报

退学回故乡，在自己领地上做改革农奴制的尝试。1851～1855 年的军旅生活不仅使他看到上流社会的腐化，而且为以后在其巨著《战争与和平》中能够逼真地描绘战争场面打下基础。退伍后开始文学创作，成名作是自传体小说《童年》《少年》，这些作品反映了他对贵族生活持批判态度，主张"道德自我修养"，擅长心理分析。之后多次到欧洲考察，认为俄国应该在小农基础上建立自己的理想社会，贵族应走向"平民化"，这些思想鲜明地体现在其中篇小说《哥萨克》中。晚年，他思想发生转变，创作了《忏悔录》和中篇小说《伊凡·伊里奇之死》等多篇小说。托尔斯泰的创作被列宁称为反映俄国革命的一面镜子。

狄金森

美国女诗人，旧译狄更生。她出生在马萨诸塞州阿默斯特镇，祖上是当地望族。她自幼受到正统的宗教教育，从 25 岁开始弃绝了社交生活，几乎足不出户，在孤独中醉心于诗歌创作，留下了 1700 多首诗。她生前只有 10 首诗歌公

开发表过，其他的都是在她死后由亲友整理出版的。她的诗歌多以自然、死亡和永生为题材，语言不事雕饰，质朴清新，有一种现代派作家追求的"粗糙美"，有时又有一种小儿学语般的幼稚。在韵律方面，她基本上采用四行一节、偶数行押韵的赞美诗体。但是这种简单的形式，她运用起来千变万化，实际上已经发展成一种具有松散格律的自由体。她的诗出版后，评价越来越高，已被认为是同惠特曼一样对美国诗歌发展具有里程碑性质的大诗人。《篱笆那边》《如果你能在秋季来到》等都是她的名篇。

马克·吐温

美国批判现实主义文学的奠基人，世界短篇小说大师。原名塞谬尔·朗荷恩·克莱门斯，"马克·吐温"在英语里是水手的术语，意思是水深12英尺，表示船只可以安全通过。他出生于密西西比河畔一个贫穷的乡村律师家庭，从小出外学徒，当过排字工人、水手等。他经历了美国从"自由"资本主义到帝国主义的发展过程，其思想和创作也表现为从轻快调笑到辛辣讽刺再到悲观厌世的发展阶段。他的早期创作，如短篇小说《竞选州长》《哥尔斯密的朋友再度出洋》等，以幽默、诙谐的笔法嘲笑美国"民主选举"的荒谬和"民主天堂"的本质。中期作品，如长篇小说《镀金时代》（与华纳合写）、《汤姆·索亚历险记》《哈克贝利·费恩历险记》等则以深沉、辛辣的笔调讽刺和揭露像瘟疫般盛行于美国的投机、拜金狂热，及暗无天日的社会现实与惨无人道的种族歧视。19世纪80年代发表了历史题材的小说《王子与贫儿》和《在亚瑟王朝廷里的康涅狄克州美国人》，以及揭露种族歧视的《傻瓜威尔逊》。19世纪末发表的作品如中篇小说《败坏了哈德莱堡的人》《神秘的陌生人》等，绝望神秘情绪有所增长。

都德

法国现实主义作家。生于一个破落的商人家庭，曾在小学里任监学。17岁到巴黎，开始文艺创作。1866年以短篇小说集《磨坊书简》成名，作者以故乡普罗旺斯的生活为题材，流露了深深的乡土之恋。之后，又发表了自传性小说《小东西》。1870年普法战争时，他应征入伍，后来曾以战争生活为题材创作了不少爱国主义的短篇。他一生共写了13部长篇小说、1个剧本和4个短篇小说集。长篇中较著名的除《小东西》外，还有讽刺资产阶级庸人的《达拉斯贡的戴达伦》和揭露资产阶级生活的《小弟弗罗蒙与长兄黎斯雷》。他的创作倾向于对资本主义现实进行批判，但由于视野不宽，批判力度大都不深。他往往以自己熟悉的小人物为描写对象，善于从生活中挖掘有独特意味的东西，风格平易幽默。因此，他的作品往往带有一种柔和的诗意和动人的魅力。

左拉

法国自然主义作家。出生在巴黎，幼年丧父，依靠奖学金读完了中学。1862年进入阿谢特书局打工，同时开始发表作品。左拉的创作和世界观充满矛盾：一方面对现存的制度进行毁灭性的批判，另一方面又对资本主义社会抱有不切实际的幻想。他的创作从理论到实践都有其特色。早期作品中短篇小说集《给妮侬的故事》、长篇小说《克洛德的忏悔》《一个女人的遗志》等，脱不开对浪漫主义作家的模仿，也显示了他对社会题材的浓厚兴趣和民主主义倾向。后来，他对现实主义和自然主义逐渐产生浓厚兴趣。在泰纳的环境决定论和克罗德·贝尔纳的遗传学说的影响下，形成了他的自然主义理论，在长篇小说《黛莱丝·拉甘》序言、《实验小说》《戏剧中的自然主义》《自然主义小说家》等文章中有比较详细的阐述：主张以科学实验方法写作，对人物进行生理学和解剖学的分析；作家在写作时应无动于衷地记录现实生活中的事实，不必掺杂主观感情。但在左拉身上，自然主义、现实主义两种倾向兼而有之。他受巴尔扎克《人间喜剧》的启示，历时25年创作了一部由20部长篇小说构成的巨著《卢贡－马卡尔家族》，反映了法国第二帝国时代社会各方面情况。其中的《小酒店》《娜娜》《金钱》《妇女乐园》都十分著名。他还写有长篇小说《黛莱丝·拉甘》《玛德莱娜·菲拉》，城市三部曲：《卢尔德》《罗马》《巴黎》，以及"四福音书"中的前三部：《繁殖》《劳动》《真理》，剧本《拉布丹家的继承人》《爱的一页》《狂风》等。1902年9月29日，左拉因煤气中毒而逝世。左拉的创作真实地再现了19世纪后半期法国从资本主义向帝国主义过渡的社会场景，他的小说及自然主义理论深深影响了此后数十年间的法国文学。

哈 代

英国小说家、诗人。他出生在英国西南部一个小镇，父亲是石匠。他自幼在乡村长大，上学时才离开家乡。1862年到伦敦学习建筑，同时从事文学、哲学等的研究。1867年回到家乡做了几年建筑师后，致力于文学创作。他重要的作品有长篇小说《绿荫下》《远离尘嚣》《还乡》《德伯家的苔丝》《无名的裘德》和《卡斯特桥市长》等，这些作品反映了英国农村资本主义发展后引起的社会经济、政治和道德风俗等方面的变化，以及破产农民的悲惨命运，揭示了"维多利亚盛世"帷幕掩盖下的英国社会的深刻危机。哈代晚年把主要精力放在了诗歌创作上，共写了918首诗，有《时光的笑柄》《即事讽刺诗集》《幻象的瞬间》《人生小景》《冬话》等诗集，内容多是日常经验，探讨悲喜互糅的人生，诗节多变化的试验，写得巧妙而含义隽永，对现代主义诗歌有重要影响。他晚年创作的以欧洲联军对拿破仑的战争为题材的史诗剧《列王》可以视为他创作的一个艺术性总结。此外还有《威塞克斯故事集》《一群贵妇人》《人生的小讽刺》和《一个改变了的人》等中短篇故事集。

霍 桑

美国小说家。他出生于马萨诸塞州萨勒姆镇一个没落世家。1825年毕业于博多因学院，之后开始从事写作。曾两度在海关任职，1857年后侨居意大利，1860年回国专事创作。其代表作是以殖民时期新英格兰生活为背景的长篇小说《红字》，通过一个受不合理婚姻束缚的少妇海丝特·白兰因犯"通奸"罪被监禁、示众和长期隔离的故事，暴露了政教合一体制统治下殖民地社会的冷酷虚伪，探讨了有关罪恶和人性的道德、哲理问题。其他著名作品，有描写祖先谋财害命,其罪孽殃及子孙的长篇小说《带有七个尖角楼的房子》,讨论善恶问题的长篇小说《玉石雕像》,揭示人人都有隐秘罪恶的短篇小说《教长的黑纱》等。他擅长揭示人物内心冲突和心理描写,充满丰富想象,惯用象征手法,且潜心挖掘隐藏在事物后的深层意义,但往往带有浓厚的宗教气氛和神秘色彩。他称自己的作品是人的"心理罗曼史"。

莫泊桑

法国作家。他出生在诺曼底破落贵族家庭,母亲颇有文学修养,对他影响很大。后到巴黎读法学,曾参加普法战争,退伍后,在福楼拜指导下开始创作。1880年,因中篇小说《羊脂球》而一举成名。小说以普法战争为背景,描写一个妓女为解救同行的法国旅客而受到普鲁士军官的侮辱,谴责了体面的上层人物的自私和虚伪。之后,发表了《项链》《菲菲小姐》和《我的叔叔于勒》等300多篇短篇小说。他的小说侧重描摹人情世态,构思布局别具匠心,细节描写和故事结尾都有独到之处,因而获得了短篇小说巨匠的美称。另外,他以《一生》和《俊友》(一译《漂亮朋友》)为代表的长篇小说也有较高成就。《俊友》通过出身低微的杜洛瓦向上爬的历史,成功塑造了一个冒险家的形象,揭示了当时政界和新闻界的某些黑幕。

柯南道尔

英国小说家。出生于爱丁堡,做过医生,因在一系列侦探小说中塑造了私人侦探福尔摩斯的形象而闻名。自1887年出版第一部《血字的研究》起,共创作了68篇福尔摩斯探案的故事,收录在《福尔摩斯的冒险》(1891—1892年)、《福尔摩斯回忆录》(1892—1893年)等集子中。这些小说结构严谨,情节曲折,主人公福尔摩斯更成为家喻户晓的人物,他清瘦独特的外貌、个性化的知识结构、极强的逻辑推理能力、敏捷的反应、深入虎穴的冒险精神,都给人留下了深刻印象。另外,柯南道尔在小说中,还把犯罪与政治制度和道德观念联系起来,从多个侧面反映了英国社会中存在的问题,同时还融入众多的科学知识,提高了侦探小说的趣味性、知识性和社会性。

契诃夫

俄国作家、戏剧家。他生于塔甘罗格市小商人家庭,童年生活困苦。1879年考入莫斯科大学医学系,学习之余开始创作。19世纪80年代中叶前,他写下大量诙谐幽默的小说,如写大官僚飞扬跋扈和小人物的卑微可怜的《小公务员之死》,写见风使舵的小市民奴性心理的《变色龙》等。80年代后半期,契诃夫的创作进入成熟阶段,写出了《万卡》《苦恼》《套中人》等杰出的短篇小说,对于下层人民的穷苦悲哀寄予深切同情,讽刺了沙皇专制的卫道士。1890年,他到库页岛考察苦役犯和当地居民的生活状况,进一步加深了他对俄国专制制度的认识。此后不久写出震撼人心的中篇小说《第六病室》,揭露"萨哈林岛地狱"的真相。

契诃夫像

90年代，他在小说创作的同时开始戏剧创作，共写了5部多幕剧，最著名的是《樱桃园》。

欧·亨利

美国短篇小说家。出生于美国北卡罗来纳州格林斯波罗镇一个医师家庭。当过药房学徒、牧牛人、新闻记者、银行出纳员等，当银行出纳员时，因银行短缺了一笔现金，为避免审讯，离家流亡中美的洪都拉斯。后被捕入狱，在监狱医务室任药剂师，这段生活为他以后的创作积累了丰富的素材。1901年提前获释后，迁居纽约，专门从事写作。欧·亨利善于描写美国社会尤其是纽约百姓辛酸又充满温情的生活，形成了"含泪的微笑"的风格。他的作品构思新颖，语言诙谐，结局常常出人意料，富于生活情趣，被誉为"美国生活的幽默百科全书"。他的代表作有《爱的牺牲》《警察与赞美诗》《带家具出租的房间》《麦琪的礼物》《最后一片藤叶》等。

杰克·伦敦

美国作家。出生于加利福尼亚州的旧金山，家庭贫困，从小以出卖劳力为生。1896年考入加利福尼亚大学，后来辍学。阿拉斯加淘金是杰克·伦敦一生最有价值的经历，他开始以此为题材进行创作并获得成功。早期作品有描写淘金者生活的短篇小说集《北方故事》和揭露利己主义残忍性的长篇小说《海狼》等。这些作品表现了劳动者的悲惨生活，同时也体现了作者的进化论思想和尼采超人哲学的影响。自传体长篇小说《马丁·伊登》是他的代表作之一，描写一个出身低微的作家成名后理想幻灭而自杀的故事，批判了资产阶级的自私、虚伪和庸俗。后期主要作品有短篇小说《在甲板天篷下》《一块排骨》等，但他日益脱离社会生活，追求个人享受。1916年他在精神极度空虚中服毒自杀。

自然主义

文学艺术中的一种倾向。作为创作方法，它着重对现实生活的表面现象做记录式的写照，并企图以自然规律，特别是生物学规律解释人与人类社会。作为一个文学流派，它兴起于19世纪下半叶至20世纪初，在法国兴起，后波及欧洲一些国家，并影响到文化和艺术的许多部门。自然主义的哲学基础是实证主义哲学，创始人是孔德。法国自然主义运动高潮是在19世纪50至60年代涌起的。代表作是福楼拜的《包法利夫人》，1858年泰纳在《历史与批评文集》中第一个规定了文学上的自然主义的含义。19世纪60年代下半叶左拉发表了一系列作品，系统地阐述了自然主义的文学观点和基本特征，即描绘客观现实生活、实验的方法等。此后自然主义在欧洲其他国家又掀起高潮。

浪漫主义

浪漫主义一词来源于中世纪用各国方言写成的"浪漫传奇"，即中古欧洲盛行的骑士传奇、抒情诗等。作为创作方法，浪漫主义在反映客观现实时侧重从主观内心世界出发，抒发对理想世界的热烈追求，常用热情的语言、瑰丽的想象和夸张的手法塑造形象。作为一种文艺思潮，浪漫主义在18世纪后半期到19世纪上半叶盛行于欧洲多个国家。它是法国大革命和欧洲民主运动、民族解放运动高涨时的产物，反映了早期资产阶级对个性解放的要求。它的主要特征是抒发强烈的个人感情，诅咒城市文明，提倡回到自然。英国的雪莱和拜伦，法国的雨果和乔治·桑，以及俄国的普希金等都创作了优秀的浪漫主义作品。

颓废主义

或称颓废派，是19世纪下半叶欧洲资产阶级知识分子对社会表示不满而又无力反抗，所产生的苦闷彷徨情绪在文学艺术中的反映。它的思想基础是主观唯心主义、非理性主义。"颓废主义者"的名称最早用来称呼一群放浪的法国年轻诗人，1886年魏尔伦创办《颓废者》杂志，主张"为艺术而艺术"，片面强调艺术的超功利性，特别从变态的人类情感及与死亡、恐怖有关的主题中发现灵感，否定文艺的社会作用。这种倾向后来在英国的唯美主义运动、表现主义、未来主义等各种现代主义流派中都有不同形式的表现。颓废主义是一种复杂矛盾的现象，它是资产阶级精神危机的产物，故不少作家都受其影响，如王尔德、勃洛克等。

唯美主义

19世纪末流行于欧洲的一种现代主义文艺思潮。首倡者是法国浪漫主义诗人戈蒂耶，他提出"为艺术而艺术"的口号，声称艺术本身就是目的，标榜文艺脱离社会，提倡纯粹美，追求抽象的艺术效果。这种观点在王尔德等人的创作中得到全面体现，后来英国文艺理论家佩特使之系统化。唯美主义的兴起是对资本主义社会功利哲学、市侩习气和庸俗作风的反抗，其思想基础可以追溯到康德的美学思想。它追求艺术的形式美和表现技巧，在艺术上开创了各种美的领域，如怪诞、丑恶、颓废和乖戾等，从而扩大了艺术表现的范围和能力，是颓废主义文艺的一个重要组成部分。

20世纪欧美文学

萧伯纳

爱尔兰剧作家。出生在都柏林一个公务员家庭。1876年移居伦敦，培养了对音乐的爱好，并从事新闻工作。后来接受共产主义思想，但始终是个改良主义者。20世纪30年代访问过苏联、中国和美国等。1885年开始创作戏剧，共有剧本51部，主要作品有《鳏夫的房产》《华伦夫人的职业》《康蒂妲》《恺撒和克莉奥佩特拉》《英国佬的另一个岛》《巴巴拉少校》《皮格马利翁》《伤心之家》《圣女贞德》和《苹果车》等。萧伯纳的社会问题剧创作受易卜生影响很深，但他对社会问题的揭发和批判，对知识分子和孤独的反抗者的推崇，常常以接近闹剧的形式表现出来。其作品中夸张幽默的语言蕴含着深刻的真理。他也因此成为现代英国资产阶级社会最辛辣的讽刺者。

纪　德

法国作家。他出生于巴黎资产者家庭，早年丧父。1891年发表《安德烈·瓦尔特的笔记》，表达了对柏拉图式爱情的向往，此后又追求同性恋生活，但在《背德者》中却对同性恋的恶果进行了批判。日记体中篇小说《田园交响乐》和长篇小说《伪币制造者》是纪德的两

部重要作品，前者正如纪德所说，"是对某种自我欺骗的形式的批评"。后者被作者认为是他唯一的长篇小说，在小说的写作手法和技巧上都有创新。1925年的赤道非洲之行是纪德的又一重要转折点，此后发表的《刚果游记》等作品引起了公众对殖民主义罪行的注意。在《伪币制造者》中，他表达了对资本主义现实的不满。1947年，他因"内容广博和意味深长的作品"，获诺贝尔文学奖。

伏尼契

英国女作家。出生在爱尔兰，后迁居伦敦。1885年毕业于德国柏林音乐学院。后在伦敦结识了很多流亡的革命者，1892年与波兰流亡者米哈伊·伏尼契结婚。婚后积极参与流亡者的革命活动，任《自由俄罗斯》杂志的编辑，并翻译介绍了果戈理、奥斯特洛夫斯基等人的作品。1897年，在伦敦出版了她的小说《牛虻》，小说描写意大利革命者争取国家独立，反抗奥地利统治者的故事，成功地塑造了坚定的革命者牛虻的形象。小说在中国和苏联有很大影响，曾经激励了一代人，但在西方长期受到冷落。伏尼契的其他创作还有小说《杰克·雷蒙》等。

叶 芝

爱尔兰诗人、剧作家。出生在都柏林一个画师家庭，1884年进入都柏林艺术学院，1886年开始创作生涯。之后参与建立了爱尔兰文学协会、创建爱尔兰民族剧院协会等，是20世纪初爱尔兰文艺复兴运动的领导人之一。他的诗歌创作大概可分为3个时期：19世纪90年代，发表了《秘密的玫瑰》《风中的芦苇》等具有唯美主义和浪漫主义风格的诗集，受斯宾塞和雪莱影响较大，《当你老了》《茵纳斯弗利岛》等是其中脍炙人口的名篇；中期，参与了要求民族自治的民族独立运动，诗风也由早期的虚幻朦胧转向坚实明朗，代表作有诗集《在七座树林中》《布满阴影的水》《责任》等；后期，发表了《幻象》一书，解释其神秘主义哲学体系，并有诗集《钟楼》《螺旋》等问世，其抒情诗以洗练的语言和含义丰富的象征手法，取得较高的艺术成就。叶芝的诗歌创作对现代派诗歌有很大影响，1923年获诺贝尔文学奖。叶芝的实验戏剧也取得了很大成就，代表作有《女伯爵凯瑟琳》《心愿之乡》等。

罗曼·罗兰

法国作家。出生在一个银行职员的家庭，1886年考入巴黎高等师范学校，后又获得罗马法国考古学校的博士学位。之后在巴黎高师和巴黎大学教书，开始创作并兼写音乐评论。第一次世界大战时，坚持人道主义的立场，赞同社会主义。他的创作在戏剧方面有《群狼》《爱与死的较量》等；传记方面有《贝多芬传》《米开朗琪罗传》和《甘地传》等，他主要是想通过名人传记，宣扬一种为理想而奋斗的英雄主义。在小说方面的代表作有《约翰·克利斯朵夫》和《母与子》等。前者是罗兰的成名作，写一个坚持自己音乐理想的作曲家一生的故事，批判了当时巴黎文艺界的虚伪和腐化。1915年获诺贝尔文学奖。

高尔基

苏联无产阶级作家。父亲是一个木

匠，幼年丧父，11 岁就开始走上社会，做过报童、搬运工、跑堂等。1884 年起定居喀山，同时开始参加革命活动。他依靠自学开始文学创作，早期作品如《伊吉尔老婆子》《鹰之歌》等有浪漫主义特色，但一些以流浪汉为题材的小说也很成功，如《玛莉娃》等。1899 年发表的长篇小说《福马·高尔杰耶夫》标志着他的现实主义创作进入了成熟阶段。此后至十月革命前，他的主要作品是《母亲》、自传体三部曲的前两部《童年》《在人间》，还有剧本《底层》《小市民》等。苏维埃时期，他一方面主持了很多社会活动，一方面坚持创作。长篇小说《阿尔达莫诺夫家的事业》通过阿尔达莫诺夫一家三代的兴衰变化，概括了俄国资产阶级的命运。1934 年，高尔基主持了第一次全苏联作家代表大会，并担任作家协会第一任主席，对苏维埃文学事业的发展起了十分重要的推动作用。著名作家巴乌斯托夫斯基曾这样评价高尔基："在高尔基身上体现着俄罗斯。如同没有伏尔加河我不能想象俄罗斯一样，我也不能想象没有高尔基。"

普鲁斯特

法国小说家、评论家。出生在巴黎富裕的资产阶级家庭，他自幼体弱多病，生性敏感，富有幻想。中学毕业后入巴黎大学文学院法律系，听过柏格森的哲学课，深受影响。不久，开始涉足上流社会，出入文艺沙龙。1892 年起参与创办《宴会》杂志，并在上面发表短篇小说和随笔。1896 年他将已发表过的 10 多篇作品编辑成《欢乐与时日》出版。之后他撰写了长篇自传体小说《让·桑特依》，写的是童年时代的回忆，但 1952 年才出版。此外，他还翻译了英国美学家约翰·罗斯金的著作《亚眠人的圣经》《芝麻和百合花》。1906 年父母去世后，他闭门写作，除阐述美学观点的论文《驳圣·勃夫》外，开始了文学巨著《追忆似水年华》的创作，这部小说使他成为意识流小说流派的开山鼻祖，并在世界文学史上留名。

德莱塞

美国现代小说的先驱和代表作家。出生于破产小工业主家庭，中学毕业后便自谋生计，长期在底层挣扎，这段经历为他后来的创作提供了许多素材。1892 年，他成了一位记者，走访了芝加哥和纽约等城市，广泛接触和了解了社会生活。德莱塞的创作可分前后两个时期，俄国十月革命是他思想和创作的转折点。他的代表作有长篇小说《嘉莉妹妹》《珍妮姑娘》《欲望三部曲》《"天才"》和《美国的悲剧》等。这些作品基本是批判现实主义的，揭露了资本主义社会繁荣表面下的罪恶和社会的贫富对立。尤其以真人真事为原型的《美国的悲剧》，写一个穷教士的儿子为追逐权力和金钱而成为杀人犯的故事，揭露了利己主义和金钱至上的观念对人的腐蚀。另外，他在创作中较早使用了弗洛伊德学说的一些理论来塑造典型形象，如潜意识、幻觉、梦境和性的压抑与升华等。

托马斯·曼

德国作家。出身德国北部卢卑克城望族，曾在慕尼黑高等工业学校旁听历史、文学史和经济学课程，第一次世界大战时曾一度为帝国主义参战辩护，但

20世纪30年代大力反对法西斯主义威胁,希特勒上台后流亡瑞士。其创作主要是中、长篇小说。代表作是长篇小说《布登勃洛克一家》,小说通过自由资产阶级布登勃洛克在垄断资产阶级哈根施特勒姆家族的排挤、打击下逐渐衰落的历史描写,详尽地揭示了资本主义旧的刻意盘剥和新的掠夺兼并方式的激烈竞争和历史成败,成为德国19世纪后半期社会发展的艺术缩影,被誉为德国资产阶级的"一部灵魂史"。托马斯·曼的重要作品还有长篇小说《魔山》和《浮士德博士》等。1929年获诺贝尔文学奖。

毛 姆

英国小说家、戏剧家。出生在巴黎,父母双亡后,由伯父送入英国的寄宿学校,在那里度过了孤独凄清的童年,养成了孤僻敏感的性格。1892年到德国海德堡大学学习了一年,接触到费希尔的哲学和易卜生的戏剧。返回英国后,做了一段时间医生。1897年起弃医专事文学创作。他的主要作品有戏剧《周而复始》《比我们高贵的人们》和《坚贞的妻子》等,揭露了上流社会尔虞我诈、钩心斗角的堕落生活。小说主要有反映现代文明扼杀艺术家个性和创作的《月亮和六便士》,讽刺文坛不良现象的《寻欢作乐》等,长篇小说《刀锋》是其代表作,作品试图通过一个青年人探求人生哲理的故事,揭示精神与实利主义之间的矛盾冲突。另外,他的短篇小说风格接近莫泊桑,结构严谨,语言简洁,叙述生动,具有很高的艺术水平。

茨威格

奥地利作家。生于维也纳一个企业主家庭,是犹太贵族家庭后裔,中学毕业后在维也纳和柏林攻读哲学和文学。后到西欧、北非、印度等地游历,1901年出版第一部诗集《银弦》,受法国象征主义和里尔克等人的影响。他的文学创作的主要成就在传记和中短篇小说方面。传记主要有为巴尔扎克、狄更斯和陀思妥耶夫斯基作传的《三大师》,他的中短篇小说集有《恐惧》《象棋的故事》等,大多描写孤独的人的奇特遭遇,常用弗洛伊德的心理分析法深入探索人的灵魂。尤其是在《一个女人一生中的二十四小时》和《一个陌生女人的来信》等名篇中,塑造了不少令人难忘的女性形象。另外,他的小说还尝试不同的叙述方法和体裁,如书信体、自述体等,并有所创新。第二次世界大战期间,由于他的犹太人出身,而被驱逐出萨尔斯堡,开始流亡生活,但他无法适应在新环境下的生活,于是在1942年和妻子在巴西自杀。

乔伊斯

爱尔兰小说家。生于都柏林一个贫穷的税务员家庭,从小在耶稣会学校念书,在中学时代便尝试用散文和诗歌创作。1898年入都柏林大学攻读现代语言学,1902年赴巴黎学医,1903年因母亲病重辍学,并开始短篇小说的创作。1904年,他结婚后赴欧洲大陆,宣布"自愿流亡",与天主教会以及教会统治下的爱尔兰彻底决裂。他曾先后在罗马、苏黎世等地以教授英语、做银行小职员为生,同时从事写作。1920年定居巴黎,专心从事文学创作活动。乔伊斯的作品题材和人物都集中在都柏林,短篇小说集《都柏林人》通过描写都柏林中下层市民的琐屑生活,表现了社会环境给人们的理想带来的幻灭和悲哀。还有自传体中篇小说《青年艺术家的肖像》，长篇小说《尤利西斯》和《费尼根们的苏醒》（又译《为芬尼根守灵》），诗集《室内乐》等。

伍尔芙

英国女作家。出生在伦敦一个文学世家，虽因身体关系从未上过正规学校，但在家庭的教育和熏陶下接受了多方面的知识。她是一个女权主义者，关注妇女的命运和权利，1941年在乌斯河投水自尽。伍尔芙创作上的主要成就在小说方面，有短篇小说《墙上的斑点》，长篇小说《雅各的房间》《黛洛维夫人》《到灯塔去》《海浪》《远航》《奥尔兰多》《幕与幕之间》《一间自己的房间》等。她的作品着重描写人物的内心世界和感受，更强调"意识流"的创作方法，在小说的内容和形式上都有所创新。此外，她还是一个独特的评论家，评论集《普通读者》中的文章，写了对列夫·托尔斯泰、契诃夫等作家及其作品的阅读体验，涉及小说、诗歌、理论等多个领域，推崇现实主义，见解新颖，多有启发，为评论家和读者所称道。

阿·托尔斯泰

苏联作家。出身贵族家庭，1901年前后受象征主义影响开始文学创作，发表诗集《抒情诗》。第一次世界大战爆发后，曾以战地记者身份到过英国和法国。1918—1922年，过着流亡生活，1923年回到祖国，创作也开始发生转变。他的代表作有三部曲《苦难的历程》，长篇科幻小说《艾里达》，长篇历史小说《彼得大帝》《伊凡雷帝》和中篇小说《粮食》等。三部曲包括《两姊妹》《一九一八年》和《阴暗的早晨》，以十月革命前夕、革命时期和国内战争时期的历史事件为背景，描写达莎、卡嘉两姐妹的曲折经历，表明知识分子只有与人民结合，献身祖国才能获得幸福。阿·托尔斯泰擅长描绘大规模的群众场面，安排复杂的情节结构，也是一位语言大师。

卡夫卡

奥地利小说家。出生于布拉格的犹太商人家庭。父亲"专横有如暴君"。1901年进入布拉格大学学习文学，后学习法律，1904年开始写作，1923年迁居柏林。他的主要成就是小说。代表作有长篇小说《美国》《审判》《城堡》，短篇小说《变形记》《乡村的故事》《地洞》等。卡夫卡生活在奥匈帝国行将崩溃的时代，又深受尼采、柏格森哲学影响，对政治事件也一直抱旁观态度，故其作品大都用变形荒诞的形象和象征直觉的手法，表现被充满敌意的社会环境所包围的孤立、绝望的个人，成为席卷欧洲的"现代人的困惑"的集中体现。如《审判》写银行职员约瑟夫·K莫明其妙被"捕"，又莫明其妙被杀害的荒诞事件，揭露资本主义社会司法制度的腐败及其反人民的本质。短篇小说《变形记》通过小职员萨姆沙突然变成一只使家人都厌恶的大甲虫的荒诞情节，表现现代社会把人变成奴隶乃至"非人"的"异化"现象。他笔下的主人公几乎都是小资产阶级及其知识分子，是他们之中受欺压的弱者。他们对社会不平，但又无力反抗。他们孤独、恐惧的变态心理是当时社会现实的产物。他的作品画面支离破

碎,主题晦涩不明。他被称为现代派文学的鼻祖。

劳伦斯

英国现代主义诗人、小说家和散文家。出生在诺丁汉州一个矿工家庭,作过会计、厂商雇员。他很早就开始写诗,于1911年发表了第一部长篇小说《白孔雀》,表达了作者对大自然勃勃生机的礼赞、对畸形文明迫害人们天性的谴责。第一次世界大战中发表长篇小说《虹》和《恋爱中的女人》,反映了西方世界人的异化和深刻的精神危机。1928年出版了最后一部长篇小说《查泰莱夫人的情人》,表现了现代工业对人的精神和肉体的摧残,小说的性爱描写多次引起争论。劳伦斯是20世纪英国文学史上最独特、最有争议的作家之一,他敢于打破传统方式,以其独特的风格揭示人性中的本能力量,希望通过对理想健康的两性关系的回归,召唤人们从资产阶级文明的灰烬中重建现代社会。

尤金·奥尼尔

美国戏剧家。出生在一个演员家庭,从小随父亲在美国各地做巡回演出。从普林斯顿大学肄业,辍学后度过了漫长的流浪生活。1912年患肺结核,养病期间开始进行戏剧创作,后参加过一些戏剧创作和演出活动。1920年发表的两部多幕剧《天边外》和《琼斯皇帝》是其成名作。此后,他又创作了很多重要悲剧,如《安娜·克里斯蒂》《毛猿》《榆树下的欲望》《伟大之神布朗》《拉撒路笑了》《哀悼》和《卖冰的人来了》等。这些作品取材于他熟悉的现实生活,特别是海上生活和美国新英格兰的生活,表现人与环境的斗争和对人类命运的思考,带有悲观主义和神秘主义色彩。奥尼尔是美国戏剧史上具有划时代意义的重要作家,1936年获诺贝尔文学奖。

艾略特

英国诗人、剧作家、批评家,后期象征主义诗歌最杰出的代表。出生于美国密苏里州圣路易斯的一个清教徒家庭。1906—1910年在哈佛大学攻读哲学时,受到新人文主义者巴比特的影响。后去法国,在巴黎大学听柏格森讲哲学,接触到波德莱尔、马拉美等象征派诗歌。1914年起定居英国。1922年创办文学评论季刊《标准》,并任主编,直至1939年。1948年因"对当代诗歌做出的卓越贡献和所起的先锋作用"获诺贝尔文学奖。艾略特的诗歌受法国象征派、文艺复兴后英国剧作家和玄学派诗歌的影响,形象、具体、准确,感情和思想融合,反映了西方社会中存在的怀疑和幻灭情绪。重要的诗歌作品《普鲁弗洛克情歌》《一位夫人的写照》《荒原》《四个四重奏》等。最著名的诗剧是《大教堂谋杀案》,他的批评著作收编为《古今论文集》。

叶赛宁

俄国诗人。出生在一个农民家庭,

曾就读于教会师范学校，毕业后在莫斯科当店员、校对等，同时在民众大学学习，后成为左翼社会革命党人。1916年他的第一部诗集《扫墓日》发表，其中包括优美的风景诗和宗教诗，受到好评。十月革命后曾创作过许多歌颂革命的诗歌，如《同志》《宇宙的鼓手》等。20世纪20年代进入创作上的黄金时期，发表了诗集《一个流氓的自白》《小酒馆式的莫斯科》《俄罗斯与革命》，长诗《四十天祈祷》《回归祖国》《列宁》《孤独的俄罗斯》《安娜·斯涅金娜》《黑影人》，诗剧《普加乔夫》《坏蛋的国度》等。他的诗歌，意象和感情水乳交融，充满乡土气息和田园风情，对城市的喧嚣和腐朽表现出极大的憎恨。他是俄罗斯抒情和意象派诗歌的代表。1925年12月叶赛宁自杀。

福克纳

美国现代主义小说家。出生在密西西比州一个没落的庄园主家庭。1919年考入密西西比大学，一年后即辍学到大学邮电所工作。1925年发表处女作《士兵的报酬》，此后曾到巴黎、意大利和瑞士等地游历。1926年回到奥克斯福镇，开始专心写作。他自称，发现家乡那邮票一样小的地方倒也值得一写。他一生共创作19部长篇小说，70多篇短篇小说，其中绝大多数以一个虚构的约克纳帕塔法县作为背景，人称"约克纳帕塔法体系"。这些小说展现了200多年来美国南方社会生活的变迁和各种人物的命运，揭示了现代人的精神风貌和面临的问题，运用了意识流、时序颠倒等多种新颖的艺术手法。1929年发表的《萨托里斯》是第一部以虚构的约克纳帕塔法县为背景的小说，写南方贵族地主有害的精神遗产对子孙的不良影响。此后的《喧哗与骚动》《我弥留之际》《押沙龙！押沙龙！》《村子》《小镇》等长篇小说都是这一类型的著名作品。因为"对当代美国小说做出了强有力的和艺术上无与伦比的贡献"，福克纳于1949年获诺贝尔文学奖。

海明威

美国小说家。出生在芝加哥附近一个医生家庭，从小酷爱体育、狩猎和捕鱼。曾参加过两次世界大战，做过战地记者等，曾长期驻欧洲，结识了女作家斯泰因、诗人爱兹拉·庞德等人。1922年开始在报刊上发表寓言、短篇小说等作品。1961年7月自杀。早期的两部长篇小说《太阳照常升起》和《永别了，武器》，是美国"迷惘的一代"的代表作品，反映了战后青年一代的迷惘、失落的心态，以及战争给人类带来的创伤。还有短篇小说集《没有女人的男人》等，其中《打不败的人》《杀人者》《五万大洋》等作品中塑造了一种视死如归的"硬汉性格"，对美国通俗文学的影响很大。20世纪三四十年代逐渐摆脱迷惘，创作了反映反法西斯英雄事迹的长篇小说《丧钟为谁而鸣》和剧本《第五纵队》等，此外有描写西班牙斗牛的专著《死在午后》，短篇小说《乞力马扎罗的雪》，长篇小说《有的和没有的》等。50年代发表长篇小说《过河入林》和中篇小说《老人与海》等，后者的主题是要人勇敢地面对失败。"你尽可以把他消灭掉，可就是打不败他"的孤军奋战的主人公桑提亚哥是他二三十年代创造的"硬汉性格"的继续和发展。1954年，海明威因其小说体现了人在"充满暴力与死亡的现实世界中"表现出来的勇气而获得诺贝尔文学奖。他那独特的风格和简洁的文体以及塑造的硬汉子形象对现代欧美文学产生了深远的影响。

博尔赫斯

阿根廷诗人、小说家和翻译家。生于布宜诺斯艾利斯一个有英国血统的律师家庭。在日内瓦上中学,在剑桥读大学。掌握英、法、德等多国文字,中学时代开始写诗。1919年赴西班牙,与极端主义派及先锋派作家过从甚密,同编文学期刊。1950～1953年间任阿根廷作家协会主席,1955年任国立图书馆馆长。重要作品有诗集《布宜诺斯艾利斯的激情》《面前的月亮》《圣马丁笔记本》《老虎的金黄》《深沉的玫瑰》,短篇小说集《世界性的丑事》《小径分岔的花园》《手工艺品》《阿莱夫》《死亡与罗盘》《沙之书》等。还译有卡夫卡、福克纳等人的作品。思想上他受尼采、叔本华影响,融贯东西方文化,形成其独特的风格。其作品基调低沉,题材具有幻想性,充满孤独失望和迷茫。对时间的否定使他的小说似是而非,若有若无,无穷无尽,语言多变,宛如进入了知识迷宫,主题带有很大程度的哲理性、荒诞性和神秘性。很多作家都从他的作品中得到灵感,故被称为"作家们的作家"。

玛格丽特·米切尔

美国女作家。出生在亚特兰大,父亲曾是亚特兰大历史学会主席。她曾就读于亚特兰大史密斯学院,做过当地报纸的记者。1926年因腿伤辞去工作,

1939年,由米切尔作品《飘》改编的电影《乱世佳人》剧照,此片共获八项奥斯卡奖。

开始写作。处女作和成名作《飘》于1936年出版,小说以南北战争为背景,主要描写一个农场主的女儿郝思嘉和白瑞德、卫希礼之间的爱情纠葛以及郝思嘉在战争中逐步成熟的过程,她为了振兴家业,不惜以爱情和婚姻为交易,自私残酷、勇敢自信等多种品质构成了她复杂的性格。小说极富于浪漫情调的构思、细腻生动的人物和场景的描写,以及优美生动的语言、个性化的对白都使整部作品极具魅力,出版后第二年获得普利策奖。1938年被改编成电影。1949年,米切尔因车祸在亚特兰大去世。

法捷耶夫

苏联作家。在乌苏里边区度过了贫苦的童年和青少年时代,1912年到海参崴商业学院学习,同时参加了革命活动。1926年年底到莫斯科后专职从事文学创作,并积极参与社会活动。1956年自杀。法捷耶夫的主要作品有描写一支游击队战斗的小说《毁灭》和描述青年一代和全体人民英勇反抗法西斯占领军的长篇小说《青年近卫军》。他的作品是在社会主义革命精神的鼓舞下写成的,他笔下的主人公都是为建设新生活而斗争的英勇战士。在现实主义原则

下，他的作品把细腻的心理分析和浪漫主义的抒情笔调有机结合了起来。此外，他还针对苏联文学问题发表了多篇评论，收集在《三十年间》中，对社会主义现实主义文艺理论的建设做出了贡献。

伏契克

捷克文艺评论家、作家。生于布拉格一个工人家庭，在俄国十月革命的鼓舞下投身革命活动。1924年进入查理大学文学院学习。曾做过短工、广告员等。后任共产党党刊《创造》的总编辑。曾两次去苏联，对苏联实现的无产阶级专政深感鼓舞。1938年慕尼黑协定后，他撰写了许多政论，揭露反对派的阴谋，领导人民的地下斗争，同时，从事捷克19世纪文学的研究，为无产阶级文学评论的发展做出了贡献。1942年被捕后，在狱中秘密写出了长篇特写《绞刑架下的报告》，记录了在狱中遭受的迫害。1943年，被纳粹在柏林杀害。《绞刑架下的报告》自1945年在捷克初版后，已被译成了80多种文字，在中国曾有较大影响。

肖洛霍夫

苏联作家。出生在一个商店职员的家庭，中学毕业后参加过征粮队等。1922年到莫斯科学习，同时开始创作。1924年成为职业作家。早期作品有中短篇小说集《顿河故事》《浅蓝的原野》等，以顿河地区为背景，揭示了国内战争时期哥萨克内部阶级冲突的尖锐性和悲剧性。1926年开始创作长篇巨著《静静的顿河》，期间还写了反映农业集体化运动的长篇小说《被开垦的处女地》等。卫国战争期间，他作为战地记者奔赴前线，写了很多充满爱国主义精神的短篇小说。1956年发表的短篇小说《一个人的遭遇》以卫国战争为背景，通过一个普通苏联人的遭遇，控诉了法西斯的侵略战争给苏联人民带来的深重灾难。小说对战争和人的关系的深刻思考，对苏联当代文学尤其是战争文学影响很大。1965年，肖洛霍夫获诺贝尔文学奖。

贝克特

爱尔兰荒诞派剧作家、小说家。出生在都柏林一个犹太人家庭。1827年毕业于都柏林圣三一学院，之后在巴黎高师任法文教师，并结识了乔伊斯，曾任乔伊斯的秘书，并把他的一些小说译成法文。1931年，他回到三一学院当教师，并获得硕士学位。1938年后定居巴黎，成为职业作家。贝克特在创作上受到乔伊斯、普鲁斯特和卡夫卡的深刻影响，小说方面的主要作品有三部曲《马洛伊》、长篇小说《无名的人》等，这些小说以诙谐、幽默的方式，表现了人生的荒诞、无意义和难以琢磨。他在戏剧方面的成就最大，代表作《等待戈多》使荒诞派戏剧盛极一时。人永远无法确定任何事，是贝克特剧作的基本主题。1969年，由于"他那具有奇特形式的小说和戏剧作品，使现代人从精神匮乏中得到振奋"，贝克特荣获诺贝尔文学奖。

加缪

法国作家。生于移民家庭，父早亡，在贫困中长大。1942年发表了他的成名作《局外人》，这部小说形象化地表现人生荒诞的观念，小说塑造了一

个"荒诞的人"的形象。他是个具有"清醒的理性的人",但违反了社会形式主义的道德规范而为社会所不容。同年又发表哲学随笔《西绪福斯神话》,进一步阐释荒诞哲学,是他最重要的理论著作。1947年出版小说《鼠疫》,用象征的手法表现人们团结起来反抗法西斯势力,获批评家奖。此外,还有剧本《正义者》、随笔《反抗者》等作品。作品《流放与王国》包括6个短篇小说,以不同的方式探求再生的途径。1957年,"因为他的重要文学创作以明澈的认真态度阐明我们同时代人的意识问题"而获诺贝尔文学奖。

卡尔维诺

意大利小说家。出生在古巴,1947年毕业于都灵大学。同年发表第一部长篇小说《蛛巢小径》,20世纪50年代问世的3部小说《分为两半的子爵》《树上的男爵》和《不存在的骑士》,后来辑为三部曲《我们的祖先》,通过借助离奇的情节表现了当代社会里被异化的人的境遇,蕴含着作家对社会现实和人的命运的哲理的思考。1963年,短篇小说集《马可瓦多》标志着他的文学创作达到了新的高度。小说以寓言式的风格,揭示了从社会学、心理学和生理学的角度都业已蜕化的人类社会,描述了当代人孤寂、惶恐、陌生和不安的心态。70年代发表了3部有后现代特色的小说《看不见的城市》《命运交叉的古堡》和《寒冬夜行人》,进一步确立了卡尔维诺的创作风格:幻想与现实结合,过去与现在结合,内心世界和外部世界结合。他以游戏似的新颖结构和变化不定的视角来考察各种机遇、巧合和变化,开创了现实主义文学的新天地。

海 勒

美国黑色幽默派代表作家。生于纽约市的布鲁克林区一个犹太移民家庭,第二次世界大战时期曾任空军中尉。1948年毕业于纽约大学,此后做过杂志编辑、教师等。他的代表作长篇小说《第二十二条军规》是第二次世界大战后出现的"抗议文学"名作之一。他的另一部著名小说是《出了毛病》,描写美国中产阶级日常生活中的疑惧和烦恼。此外还有剧本《我们轰炸了纽黑文》等。他注重社会重大问题,揭示现代社会中使人受到摧残和折磨的异己力量,具有象征意义。他的创作方法是超现实主义的,以夸张的手法把生活漫画化。作品的基调是绝望的,排斥圆满的结局。所以黑色幽默又称为"绝望的喜剧"或"绞刑架下的幽默"等。

《第二十二条军规》被著名导演迈克·尼古拉斯拍成电影

加西亚·马尔克斯

哥伦比亚作家,记者。生于马格达莱纳省阿拉卡塔卡镇。父亲是医生,

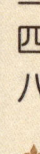

在外祖父家中长大。外祖父当过上校军官，性格善良，倔强，思想比较激进，外祖母善讲神话传说及鬼怪故事，这对作家日后的文学创作有着重要的影响。18 岁进国立波哥大大学攻读法律，后因内战辍学。不久开始做记者，并长期从事文学、新闻和电影工作。1982 年获诺贝尔文学奖。马尔克斯作品的主要特色是幻想与现实的巧妙结合，以此来反映社会现实生活，审视人生和世界。重要作品有长篇小说《百年孤独》《家长的没落》《霍乱时期的爱情》，中篇小说《枯枝败叶》《恶时辰》《一件事先张扬的凶杀案》等，短篇小说集《格兰德大妈的葬礼》，文学谈话录《番石榴飘香》等。

米兰·昆德拉

捷克小说家。生于捷克布尔诺市，他童年时代受过良好的音乐熏陶和教育。少年时代，开始广泛阅读世界文艺名著。青年时代，写过诗歌和剧本，并从事过音乐和绘画等。20 世纪 50 年代初，他作为诗人登上文坛，出版了《独白》等诗集。1967 年，第一部长篇小说《玩笑》在捷克出版，获得巨大成功。苏联入侵捷克后，他于 1975 年移居法国，之后创作了长篇小说《笑忘录》《生活在别处》《告别圆舞曲》《生命中不能承受之轻》《不朽》，戏剧《雅克和他的主人》，短篇小说集《好笑的爱》等。还出版有《小说的艺术》和《被背叛的遗嘱》等 3 本论述小说艺术的文集。昆德拉善于以反讽手法，用幽默的语调描绘人类境况。他的作品表面轻松，实质沉重，表面通俗，实质深邃而又机智，充满了人生智慧。

表现主义

20 世纪初至 30 年代盛行于欧美一些国家的文艺流派。这个词最早是一组油画的题目，1914 年后才逐渐被普遍使用。表现主义在第一次世界大战前后在德国和奥地利流行最广，在绘画、音乐、文学等领域都产生了一批有影响的人物。表现主义是一种反传统的现代主义流派，具有较强的社会批判性。就文学方面而言，诗歌的主题常是厌恶大城市的喧嚣和堕落，形式自由；在小说领域，奥地利的卡夫卡和爱尔兰的乔伊斯最具代表性，他们的作品以离奇怪诞的情节表现现实生活的危机；瑞典的斯特林堡是表现主义戏剧的先驱，他的《到大马士革去》等作品奠定了表现主义戏剧的基本格局，主要特点是内容荒诞离奇，结构混乱，人物类型化，往往用冗长的独白表现思想感情。表现主义作为一种运动，存在的时间不长，但它的反叛精神对现代文学产生了深远的影响。

未来主义

20 世纪初在欧洲产生的一个文艺流派和思潮。兴起于意大利，后传入俄国，在法、英、德等国都有一定影响。它的创始人是意大利诗人马里内蒂，代表人物有帕拉泽斯基、戈沃尼等。1909 年 2 月马里内蒂在法国《费加罗报》发表的《未来主义宣言》宣告了这一流派的诞生。未来主义的主张受到尼采、柏格森哲学的影响，认为艺术应该反映现代大都市、工业文明、速度和竞争，赞美"速度的美和力量"，否定一切文化遗产和传统。在艺术形式上他们提倡以"自由不羁的字句"为基础的诗，以便随心所欲地表现运动的各种形式、速度以及它们的组合，强调直觉，排斥理性的逻辑。未来主义从文学开始，很快席卷了绘画、电影等多个艺术领域，英国的漩涡主义、德国的尼兰德主义和法国的动态主义等都是未来主义的变种。

意识流

"意识流"本是一个心理学术语，美国心理学家詹姆斯曾把意识比喻为流动的"河流"或"流水"。20世纪20年代，欧美一些作家把这种理论直接运用到文学创作中，认为文学应该表现人的意识流动，尤其是潜意识的活动，人的意识流动遵循的是心理时间，这就形成了意识流文学。它不是一个统一的文学流派，也没有公认的统一定义，在实际的运用上也很不同，主要是采用不受时间和空间限制的自由联想和内心独白的表现手法，法国作家普鲁斯特的《追忆似水年华》、爱尔兰作家乔伊斯的《尤利西斯》、美国作家福克纳的《喧哗与骚动》、英国女作家伍尔芙的《到灯塔去》等作品，都是意识流小说的代表作。作为一种创作方法，意识流对很多现代文学流派都产生了影响。

超现实主义

第一次世界大战后在法国产生的一场对传统文化思想的反叛运动，它的内容包括文学、绘画和音乐等多个艺术领域。作为文学流派，代表作家有布勒东、艾吕雅和阿拉贡等人。1924年，布勒东发表《超现实主义宣言》，否定了现实主义与传统小说，指出超现实主义要追求对现实的"纯精神自动反映"，强调潜意识和梦幻，认为只有在这种状态下的思维活动才不受外界干扰。倡导"无理性认识"和"自动书写"，即以极快的速度将头脑中涌现的一切都杂乱无章地记下来，词句之间可以没有任何联系。布勒东的小说《娜佳》和阿拉贡的散文集《巴黎的乡下人》是这一流派的重要作品。

魔幻现实主义

20世纪拉丁美洲小说创作中的一个流派。这一术语最早是1924年德国艺术批评家弗兰兹·罗在一本评论后期表现派绘画的专著中提出的。之后，委内瑞拉作家乌斯拉尔·彼得里在《委内瑞拉文学与人》一书中将其应用到文学评论上。作为一个文学流派，它发源于20世纪30年代，早期主要表现为对美洲印第安人或黑人神话传说的发掘，代表作是危地马拉作家阿斯图里亚斯的短篇小说集《危地马拉的传说》；中期从40年代末到60年代中，主要包括阿斯图里亚斯的《玉米人》、秘鲁作家J.M.阿格达斯的《深沉的河流》和哥伦比亚作家加西亚·马尔克斯的《百年孤独》等，这些作品的显著特点是通过神话原型的显现以展示拉丁美洲的文化混杂和社会矛盾；此后，魔幻现实主义盛极而衰，但它的某些创作方法一直延续到70年代甚至更晚。

黑色幽默

20世纪60年代美国一个重要的文学流派。1965年3月，弗里德曼编了一本短篇小说集，题名为《黑色幽默》，"黑色幽默"一词即由此而来。它是60年代美国小说最有代表性的流派之一。代表作家有约瑟夫·海勒、约翰·巴斯等。小说家运用夸张扭曲的手法描写人物周围世界的荒谬和社会对个人的压迫，令人感到沉重和苦闷。作家还塑造一些"反英雄"人物，借他们的言行影射社会现实，表达作者对社会问题的观点。"黑色幽默"作为一种美学形式，属于喜剧范畴，但又是一种带有悲剧色彩的变态的喜剧。虽具有一定的社会意义和认识价值，但又强调社会现实是难以改变的，带有悲观绝望的情绪。

亚非古典文学

蚁垤

音译为"跋弥"，印度古代诗人，据传为史诗《罗摩衍那》的作者。据说他早年曾是强盗，受仙人点化，出家修行。由于长时间端坐，白蚁在其身上筑窝而不知，因此被称为"蚁垤"。有一天他到河边沐浴，看见一对麻鹬在交欢，突然雄麻鹬被射杀，雌鸟悲鸣不已。蚁垤心生悲愤，脱口而出吟了一首短诗，就是"输洛迦"（Sloka，短颂）。后来，他遵大神梵天之命创作了《罗摩衍那》。

《吉尔伽美什》

古巴比伦史诗，也是目前发现的世界上最早的一部完整的史诗。大概形成于公元前19世纪，巴比伦第一王朝时期有了最初的定本。全诗共3000余行，用楔形文字记录在12块泥板上，主要情节是乌鲁克国王吉尔伽美什与野人恩奇都不打不相识，由交战的敌人变为好友，然后合力杀死了巨妖芬巴巴和危害人间的天牛，因此触怒天神，恩奇都患病而死。吉尔伽美什对好友的死十分悲伤，远走他乡探求永生的秘密，结果失望而归。史诗含有丰富的文化内涵，现代学者多从史诗反映的人和自然的关系、对人类生命奥秘的探求，以及结构主义方法和原型批评等角度对史诗进行解读和分析，挖掘史诗中潜在的文化意蕴。这部史诗对古代希伯来文学和希腊罗马文学也有一定影响，是东西方文学共同的源头之一。

印度两大史诗

包括《摩诃婆罗多》和《罗摩衍那》两部史诗。它们约形成于公元前4世纪到公元4世纪的800年间，长期在民间流传，主要颂扬传说中的民族英雄业绩，表现了光明战胜黑暗、正义战胜非正义的主题。《摩诃婆罗多》的作者相传是广博仙人，题目的意思是"伟大的婆罗多族的故事"，全诗约10万颂（每颂两行，每行16个音），共分18篇，是世界上已有写本的最长史诗。主要写了婆罗多的后代堂兄弟之间为争夺王位和国土而进行的斗争和战争。《罗摩衍那》成书稍晚，书名的意思是"罗摩的漫游"或"罗摩传"，传说作者是"蚁垤"。全书共7篇500章，2400颂。史诗以罗摩和妻子悉多的悲欢离合为主要线索，展示了印度古代社会生活的全貌。两大史诗都用"输洛迦"诗律，都体现了婆罗门教的基本教义。它们不但开辟了印度文学的新时代，对印度人民世界观的形成、印度文学的发展，都有重要意义。

迦梨陀娑

印度古代诗人和剧作家。他的生卒年月和生平事迹没有确凿的材料，只是

根据作品等推测，大概生活在公元330年至432年之间，属婆罗门种姓，居住在当时笈多王朝的首都，信奉湿婆教，是宫廷诗人。他的名字是一个复合词，"迦梨"是一个女神的名字，"陀娑"意为奴隶，合起来就是"迦梨女神的奴隶"。传说他本是孤儿，后与公主结婚，公主耻其出身低贱，他遂向迦梨女神祈祷，终于变成了一个伟大的诗人和学者。他取这个名字表示不忘女神的恩典。迦梨陀娑的作品很多，主要有剧本《沙恭达罗》《尤哩婆湿》《摩罗维迦和火友王》，叙事诗《鸠摩罗出世》《罗怙世系》，抒情长诗《云使》，抒情诗集《时令之环》等。其中《云使》是他的代表作之一，描述一个被贬谪他乡的小神仙药叉委托天边北飞的雨云向故乡的妻子传递信息的故事。分为《前云》和《后云》两个部分。长诗歌颂了真挚专一的爱情，并含蓄地表达了对造成相爱夫妻分离的社会的不满。想象丰富，心理刻画细致，尤其善于借景抒情，形成了端庄高雅、潇洒和谐的独特风格。

《万叶集》

日本现存最早的诗歌总集，全集20卷，收诗歌4500多首。书名中的"万叶"，一说是"万语"之意，表示内容丰富多彩；一说是"万世"之意，表示生命万古长新。关于本书的编者和成书年代，说法不一。大致是由多人参与，经过多次编辑，公元760年左右大体编成。《万叶集》中的诗歌，按内容大体上可分为相闻、挽歌、杂歌三类。相闻是互相闻问的意思，是表示长幼相亲、男女相爱等内容的作品；挽歌是哀悼死者的作品；杂歌范围很广，包括不属于上述两类内容的其他作品，另外还有一些民谣。按形式来说，可分为短歌、长歌、旋头歌、佛足石体歌4类。《万叶集》的作者上自天皇、后妃、贵族，下到农民、士兵甚至乞丐，署名作者中有代表性的有大伴家持、山上忆良等。《万叶集》是研究日本古代社会的重要资料之一，对日本文学的影响更是深刻。

《一千零一夜》

阿拉伯的民间故事集，中国又译《天方夜谭》。其中的故事和早期手抄本大约在八九世纪之交就开始流传，后来经过多次增补变化，16世纪才基本定型。书中的故事共有300个左右，包括神话传说、历史故事、现实故事、道德训诫故事、笑话、童话等，其中，商人的故事占主导地位，广泛反映了中古阿拉伯社会的生活状况。书名来自这部故事集的引子：国王山鲁亚尔因痛恨王后与人有私，将其杀死。此后每日娶一少女，翌晨杀掉。宰相之女山鲁佐德自愿嫁给国王，每夜讲故事引起国王的兴趣，免遭杀戮。她一直讲了一千零一个故事，终于将国王感化，立她为后。这种大故事套小故事的框形结构对后世文学很有影响，如意大利薄伽丘的《十日谈》、英国乔叟的《坎特伯雷故事集》等。它在艺术上的突出特点还有浓郁丰富的浪漫主义的想象，夸张、离奇的情节，故事中常常出现具有神奇力量的宝物，如能自由飞翔的乌木马、飞毯，可以驱使神魔的手杖、神灯等。其中不少故事都是流传很广的名篇，如《阿里巴巴和四十大盗》《辛伯达航海旅行的故事》《阿拉丁和神灯》《渔翁的故事》《驼背的故事》等。

紫氏部

日本平安朝女作家，约生于 978 年，逝于 1015 年。出身中层贵族家庭，本姓藤原，式部是她在宫廷服务期间的称呼。本为藤式部，因《源氏物语》中的紫姬为世人传颂，故又称为紫氏部。她幼年随父亲学习中国古典文学，对白居易的诗研究颇深。有过短暂的婚姻，后入宫当女官。《紫氏部日记》中详细记载了她在宫中的生活和感受。她的代表作长篇物语《源氏物语》约成书于 11 世纪初期，被公认为世界上最早出现的完整的长篇散文体小说。全书共 54 卷，卷帙浩繁，场面复杂，主要描写了源氏和他的儿子薰君与众多女性的恋情，塑造了紫上、空蝉、藤壶妃子、浮舟等众多感人的女性形象，同时又有当时贵族的权力斗争，比较完整地反映了平安时代贵族的生活。小说的语言绵密典雅，常从最细微处入手，细腻地刻画人物，抒发情感，体现了日本传统悲剧的"物哀"风格。

萨 迪

中古波斯诗人。出生在波斯北部名城设拉子，父亲是一个清贫的传教士，十分注重对他的教育。后经人帮助，他进入最高学府尼扎米亚神学院学习，在波斯和阿拉伯诗学方面造诣很深。毕业前离校，作为一个游方僧人度过了近 30 年的流浪生活，晚年回故乡定居。他早在少年时代就开始写诗，但主要代表作哲理性叙事长诗《果园》《蔷薇园》都是晚年完成的。《蔷薇园》是一部散文和诗歌相结合的作品，全书除写作缘由和跋外，共 8 卷，内容涉及帝王言行、僧侣言行、论知足常乐、论青春与爱情、论老年昏庸、论教育的功效和交往知识等。前 7 卷是短小的故事，第八卷主要是一些警句和格言，表现出反对奴役和压迫的人道主义思想。语言优美自然，简洁朴质，对话风趣，取得了卓越的艺术成就。

哈菲兹

波斯诗人。出生在一个破产的商人家庭，幼年丧父，勤奋好学，能背诵《古兰经》，他的名字的含义就是"熟背古兰经的人"。他少年时代就开始写诗，并且引起了宫廷贵族的注意。他创作时正值蒙古人统治波斯，他的诗歌对封建统治阶级的专横暴虐、宗教势力的猖獗和社会道德的沉沦进行了无情的揭露和嘲讽。他的主要诗作是近 500 首抒情诗——"嘎扎勒"，这是波斯的一种古典抒情诗体，只用一个韵脚，通常在最后一联点出主题。哈菲兹的诗作寓意深刻，富有哲理，比兴新奇，充满浪漫主义精神。长期以来，他的诗通过手抄本和民间艺人的吟唱得以流传，他的诗集于 1791 年出版，得到很多国外诗人的高度评价。

贾 米

波斯诗人、学者。出生在霍拉桑，童年时随父亲学习波斯文和阿拉伯文，后到赫拉特的尼扎米耶学院学习，在当地一些著名学者的指导下，攻读了文学、神学和天文学等，在阿拉伯文学研究上造诣很深。他一生还先后 7 次到各地漫游，这些经验对他的创作影响较大。贾米属于苏菲派作家，在文学上善于吸收历代著名诗人之长，比如叙事诗就学习了 12 世纪波斯诗人内扎米的风格。他的主要作品有诗集《七卷诗》和散文《春

园》，其中的爱情叙事诗《尤素福和佐列哈》《莱伊丽和马季农》等都是生动感人的著名诗篇。

井原西鹤

日本江户时代小说家、俳谐诗人。原名平山藤五，出生在大阪一个富商家庭。青年时代主要创作俳谐，并大量取材于城市商人生活，反映了新兴的商业资本的发展面貌，代表作有《西鹤大矢数》等。此书是井原西鹤34岁后到各地周游并创作的市井小说，书中用松散的54个片断描述一名浪子的爱情。1682年发表的长篇小说《一代风流汉》是井原西鹤第一部市井小说，被认为是日本文学史上"浮世草子"的开端。从内容上看，他的作品可以分为艳情小说和经济小说两类。前者包括《一代风流汉》《五个痴情女子的故事》和《一个荡妇的自述》等。晚年写出的《日本致富经》和《处世费心机》等反映商人（町人）生活的作品，一定程度上触到了商人社会的阶级性质，以故事体的形式述说了商人阶级的致富以及处理债务、收款付账的事务。西鹤的市井文学是反映日本町人社会的一面镜子，为近代现实主义文学提供了借鉴，西鹤是日本古典文学中一位划时代的作家。

松尾芭蕉

日本江户时代俳谐诗人，本名松尾宗房，别号青桃、泊船堂等。生于上野，低阶武士之子。父亲是一个私塾老师，他自幼在藤堂新七郎家为少爷做陪读，曾师从当时的著名诗人北村季吟学习俳句，风格上受到谈林派影响。1680年前后，定居在江户的芭蕉庵，并以"芭蕉"为名，开始专业俳谐师的生活。此后出版了《俳谐次韵》《虚栗》等俳谐选集，逐渐形成了闲寂恬淡的韵味。如著名的《青蛙》俳句："闲寂古池旁，青蛙跃入水中央，水声扑通响。"1884年起多次外出游历，徒步走遍了名古屋、奈良、大阪以及奥州北陆等地，后将旅途中所作辑为《更科纪行》《奥州的小道》《嵯峨日记》《猿蓑》等俳谐诗文集出版。游历经验使他的诗风增加了深沉悲凉的情调，最能代表他这种"怜世""幽深"风格的是俳谐集《猿蓑》。松尾芭蕉的创作把俳谐发展成了具有高度艺术性和鲜明个性的庶民诗。

和 歌

一种有严格规范的日本古代格律诗，主要是和自古以来在日本流传的汉诗相对而言。和歌包括长歌、短歌、旋头歌、片歌、佛足石体歌等形式，均由五、七音节相配交叉而成。如长歌是"五七五七"音节交替反复多次，最后以"五七七"音节结尾；短歌由"五七五、七七"共31个音节构成；旋头歌则以"五七七、五七七"38个音节构成。其中，短歌是和歌的主要歌体，由于形式限制，特别讲究遣词炼字，简洁、含蓄、雅淡是它的主要特点。《万叶集》是日本现存最早的和歌总集，成书于公元8世纪中叶，收录有4500多首诗，其中短歌就有约4200首。主要内容是吟叹人生的苦闷悲哀，抒发诗人对外物的细腻感受，初步奠定了日本诗歌重主观情绪、重感受的审美基调。稍后重要的和歌集有《古今集》《新古今集》等。

俳 句

日本古典诗歌形式。起源于长连歌和俳谐连歌中的"发句"，江户时代由于松永贞德等人的提倡，才逐渐独立出来，并加上与四季时节有关的词句，成为一种新的诗歌样式，这就是最早的俳句。俳句的基本规则是：每首由17个音节构成，这17个音节又分为五、七、五共3个音段。在日语中，一个音节并不等于一个实词，所以，俳句实际上只由几个词构成，可以说是世界上最短的格律诗之一。另外，每首俳句必须有一个"季题"，就是与四季有关的标志和暗示，要让读者一看就明白所吟咏的是哪个特定季节的事物。一首俳句不能有两个以上的季题。俳句多采用象征和比喻手法，崇尚简洁含蓄，比和歌更为精练。被称为"俳圣"的松尾芭蕉是最著名的俳句作者。

草纸文学

日本文学的一种体裁。草纸，又名草子。草纸文学有两种含义：一指用假名写成的物语、日记、随笔等散文，以区别于用汉字写成的文学作品；一说是指日本中世和近世文学中的一种群众读物，是一种带插图的小说，多为短篇。前说中物语、日记、随笔与民间口语相结合，发展成为更具日本民族特点、更富文学意味的散文。最早的作品有纪贯之的《土佐日记》和清少纳言的《枕草子》等。室町时代（14世纪中叶到16世纪末）出现的大众小说称为御伽草子，多取材于民间故事，它的出现标志着平民阶级文学的兴起。江户前期（17世纪初期到17世纪80年代）兴起一种几乎全用假名书写的通俗文艺作品，称为假名草子，重要作品有《两个比丘尼》等。江户元禄前后，以京都、大阪一带为中心流行一种浮世草子，正面描写现实人生，重要作品有井原西鹤的《好色一代男》等。

悬 诗

即"悬挂的诗"之意，是阿拉伯蒙昧时期的七首长诗的总称。据载在伊斯兰教产生之前，阿拉伯人每年都到麦加朝觐，并在麦加附近的欧卡兹进行集市贸易活动，举行赛诗会。会后，由公认的诗人选出优秀的作品，用金水抄写在细麻布上，挂在城墙上，供人们阅读观赏，所以称为"悬诗"或"描金诗"。流传下来的这7首诗被认为是蒙昧时期阿拉伯诗歌的代表作，内容和形式都基本成熟。作品常以诗人缅怀遗址，抒发对情人的爱恋开始，描写沙漠、骆驼、羚羊等，宣扬阿拉伯人的生活哲学和崇高理想。形式上看，这7首诗都是工整的格律诗，在韵律上对后世诗歌影响很大。7位诗人中最重要的是昂泰拉·本·舍达德，他的诗仅存约1500行，最集中反映了阿拉伯沙漠骑士自由勇敢、慷慨坚忍的性格。

亚非现代文学

泰戈尔

印度诗人、作家和社会活动家。出身加尔各答市的望族，没有受过正规的学校教育，但在父兄的教导下，掌握了丰富的历史、文学知识。14岁时就有诗作发表。1878年赴英留学，学习英国文学和西方音乐。1880年回国后专门从事文

学活动。1913年获诺贝尔文学奖，此后出访了欧洲很多国家及中国、日本和苏联等国。他在诗歌方面的主要作品有抒情诗集《暮歌》《晨歌》《金帆船》《缤纷集》《园丁集》《收获集》《渡口》《吉檀迦利》和哲理短诗集《微思集》《故事诗集》等。在小说方面的代表作有长篇小说《沉船》《戈拉》《家庭与世界》，中篇小说《两姊妹》《四个人》，短篇小说《河边的台阶》《饥饿的石头》等。另外，还有戏剧《国王》《邮局》等。泰戈尔的创作融合了印度传统和西方文学的有益成分，对印度现代文学的发展产生了很大影响。

夏目漱石

日本作家。毕业于东京帝国大学英文科。曾到英国留学，见识到了资本主义社会的种种弊病。后在高校任教，并为杂志创作俳句。1905年创作了长篇小说《我是猫》获得成功，此后，发表了中篇小说《哥儿》《旅宿》《风暴》等。1907年开始专业创作时期，写有长篇小说《虞美人草》《矿工》《三四郎》《其后》和《门》等，短篇小说集《行人》《心》《过了春分时节》等。这些作品都坚持了批判现实主义的创作态度，通过对知识分子形象的塑造，揭露社会的疾患，评估东西方文化的优劣得失，全面展示了东西方文化冲突中知识分子苦闷彷徨、进退维谷的悲剧心态，被公认为日本近代文坛的领袖。

岛崎藤村

日本诗人、小说家。原名春树，别号古藤庵。出身长野县一个破落地主家庭，受到良好的家教，熟悉各类中国古籍。1887年考入明治学院，毕业后做教员并翻译介绍英国诗歌。1893年开始创作，1897年发表了第一部诗集《嫩菜集》，之后又相继发表了《一叶舟》和《夏草》等诗集，为日本近代浪漫主义诗歌创作开创了先河。1899年之后开始创作小说，1906年成为职业作家。主要作品有长篇小说《破戒》《春》《新生》和《黎明之前》等。其中《破戒》描写一个部落民出身的小学教师濑川丑松从严守出身秘密，到经历了痛苦的决定后终于公开自己的出身，争取做人应有的权力，批判了日本资产阶级革命的不彻底性和封建身份制度的残余。在语言上采用优美的土语和白话文体描写农村风光，极富地方特色，是日本近代文学史上一部里程碑式的作品。

普列姆昌德

印度印地语作家。出生在印度北方的农村，童年时上过旧式学堂，高中毕业后，当过家庭教师、小学教师等，自学获得学士学位。后响应甘地的不合作运动而放弃公职，专门从事创作和出版编辑工作。他一生共创作有10余部中长篇小说和300多部短篇小说，主要代表作有长篇小说《服务院》《舞台》《仁爱道院》《戈丹》和《沙伦塔夫人》《棋友》《咒语》等短篇名作。他的这些作品的一个基本特征是将城市和乡村对立起来，将传统农业文明理想化，深刻生动地反映了印度农村的面貌。他还广泛涉猎社会和政治主题，描绘了印度北部社会各个阶层的生活。他一方面受到甘地主义的影响，认识到印度内在的不和谐的原因在于殖民主义者的文化策略，但又不能完全否定新出现的一切，所以，他作品中的主人公多是传统的改革

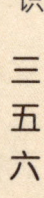

者而不是现代思想家。

纪伯伦

黎巴嫩诗人、散文家、旅美派代表作家。出生在黎巴嫩北部，12岁时随母亲去美国，两年后回国学习，1908年因发表小说《叛逆的灵魂》激怒当局，再次前往美国，后到法国学习。1912年起定居纽约，从事文艺创作活动。他的早期创作以小说为主，主要有短篇集《音乐》《草原的新娘》和中篇小说《折断的翅膀》等，具有强烈的叛逆精神，矛头直指封建暴政，同时形成了情节淡化的散文诗化的风格。定居美国后，纪伯伦的创作以散文和散文诗创作为主，用阿拉伯文发表了散文诗集《泪与笑》，长诗《行列》等，用英文发表了散文诗集《先驱者》《先知》等。《先知》通过一位东方智者的"讲说"，谈到了爱、婚姻等26个方面的问题，用诗般的语言讲述哲理，充满了诗化的智慧和诗意的美，是诗人融合东西方文学传统革新之作。

芥川龙之介

日本小说家。出生在东京，本姓新源，后过继给舅父而改姓。幼年在文化氛围浓厚的养父家受到日本和中国古典文学的熏陶，1917年考入东京帝国大学英文系，又广泛涉猎了西方文学名著，受世纪末文学的影响较深。后参加了夏目漱石的"星期四聚会"，成为新思潮派的代表作家。他的创作基本都是短篇小说，而且篇篇有新意，对人性的多个方面进行了深刻的剖析。如《罗生门》揭示了为生存而损人利己是人的一种本能。《鼻子》通过僧人禅智内供的特大型鼻子引起的喜剧性小故事，深刻揭示了自我的脆弱、自尊心的可悲以及人们阴暗的利己主义心理。《竹林中》由一件命案的当事人、见证人在法庭上的自述或自供构成，而他们的说法又相互矛盾。作者完全退出了小说，迫使读者进入小说的语境，思索人物说谎背后的心理，对私欲和利己主义进行深刻的否定和批判。

川端康成

日本作家。大阪市人，幼年父母双亡，过着孤独的生活，这对他后来的创作影响较大。中学时代就立志进行文学创作，后进入东京帝国大学国文系学习。期间与人合办《新思潮》杂志并发表了《招魂祭一景》等文章。毕业后开始专门从事创作，并创办过《文艺时代》《文学界》等杂志。他早期受欧洲现代主义思潮影响，曾与横光利一等发起过"新感觉派"运动，主张艺术至上，在思想上受佛禅和虚无主义影响较深。他的主要作品有短篇小说《伊豆的舞女》《千纸鹤》《睡美人》，中篇小说《雪国》《古都》等。多表现一种细腻的忧郁的感情和虚无的心理，重视对人物的感情和内心活动的描写，1968年，川端康成因其"高超的叙事文学以非凡的敏锐表现了日本人的精神实质"获诺贝尔文学奖。1972年自杀。

小林多喜二

日本小说家。出生在秋田县一个贫农家庭，在小樽度过少年时代。在伯父的资助下，毕业于高等商业学校。后进入银行供职。1930年迁居东京，开始成为职业作家和无产阶级革命家。1933年被捕牺牲。他的作品主要有长篇小说

《蟹工船》《在外地主》，中篇小说《为党生活的人》《工厂党支部》《组织者》《安子》等。《为党生活的人》是其代表作，具有一定自传性，作品讲述了3个共产党人领导工人群众展开斗争的故事。强调"为党生活"是个人生活的全部价值，主人公"我"对党和革命事业无私奉献，鞠躬尽瘁，非常令人感动。

井上靖

日本作家。生于北海道，父亲是军医，少年时代在老家的乡村度过。后曾在九州帝国大学和京都帝国大学学习英语和美学，同时进行文学创作。1949年因发表小说《斗牛》而成名，之后开始职业作家的生活。他的小说从题材上看，可以分为现代题材和历史题材两类。前者有《斗牛》《比良山的石楠花》和《射程》等，从不同侧面暴露了战后初期日本社会的混乱、丑恶和种种不合理现象。历史小说以写中国历史的题材居多，如描写唐代高僧鉴真6次东渡的《天平之甍》。《敦煌》也是其历史题材小说之一，描写一个落第书生和王女的爱情悲剧，书生最后落户边疆，战乱中将大批经卷藏入千佛洞，后来成为敦煌石窟文化的一部分。井上靖以冷静犀利的目光观察社会问题，在委婉含蓄之中蕴藏着批判的锋芒，往往流露出孤独的情调。

戈迪默

南非当代女作家。生于约翰内斯堡附近一个小城，父亲是立陶宛的犹太移民，母亲是英国人。戈迪默从小就具有很强的独立性，醉心于读书写故事，至今已著有20多部长篇小说和短篇小说集以及160余篇杂文和评论。她的前期作品主要以现实主义笔法揭露南非种族主义的罪恶，着重刻画这一社会中不同肤色人们的种种心态，控诉种族主义制度对人性的扭曲，如短篇小说集《面对面》《六英尺土地》《星期五的足迹》和《不宜发表》等，长篇小说《陌生人的世界》《恋爱时节》和《贵宾》等。20世纪70年代以来，戈迪默的后期作品在继续展现南非的社会现实的同时，明显地加入了对南非未来命运的"预言"成分，创作手法也更为成熟和多样，如长篇小说《自然资源保护论者》和《朱利的族人》等。1991年获诺贝尔文学奖。

三岛由纪夫

日本小说家。本名平冈公威。出身官僚家庭，自幼接受属于贵族的学习院教育，对日本民族和天皇制抱有狂热的信念。1947年毕业于东京大学法律系，第二次世界大战中日本的战败使他产生了一种深深的绝望感。他就是带着这种感觉走上文坛，代表作有自传体长篇小说《假面的告白》《潮骚》《金阁寺》《明日黄花》和《丰饶之海》四部曲等。他的作品多描写变态的人物和心理，倒错、施虐、嗜血与趋亡是他创作中的基本倾向。他的小说有着清醒的追求，在唯美的颓废中有着强烈的政治信念和追求，对战后日本社会有着强烈的对抗心理。20世纪60年代发表政论反对进步群众运动，1970年发动军队组织武装政变失败，切腹自杀。

普拉姆迪亚

印度尼西亚小说家。出生在中爪哇一个小镇，受父母影响，有浓厚的民族意识。日本占领印度尼西亚期间，他在新闻社工作，参加了八月革命，1947年荷兰殖民者发动战争时被捕。20世纪50年代逐渐接近进步文艺组织，后参加人民文化协会。1965年在"九三〇"事件中被捕，1979年年底才获释。他的创作可分3个时期：早期多以"八月革命"为题材，描写了形形色色的人物，呈现出纷繁复杂的时代画面，主要有长篇小说《勿加西河畔》《游击队之家》等及许多短篇。中期是移交主权之前，以中篇小说《不是夜市》《贪污》和短篇小说集《雅加达的故事》为代表，多描写底层小人物的悲惨命运，暴露和鞭笞社会的丑恶现实。晚期尝试写革命题材和工农形象，如《铁锤大叔》等。1980年后发表的长篇小说《人世间》等四部曲，反映19世纪末20世纪初印尼民族觉醒的过程，受到普遍好评。

渡边淳一

日本当代作家。出生在北海道，毕业于札幌医科大学，曾任该校整形外科医生。20世纪60年代开始创作。渡边淳一代表作品有长篇小说《失乐园》《男人这东西》《光与影》《一片雪》等，涉及"中年情感危机""婚外情"等敏感话题。他认为日常生活的平庸不可避免，男女的婚外恋情只是他们反抗平庸、凸现自我的一种方式。《失乐园》即是他描写婚外恋情的巅峰之作，主人公54岁的久木和37岁的凛子，沉迷在婚外恋情中不能自拔，终于在最后一次约会中，相拥在一起自杀。小说表现了对平淡生活的一种反抗，在热烈狂乱的感情中又表现出一种日本传统文学的悲凉意味。

大江健三郎

日本作家。出生于四国爱媛县，1954年考入东京大学文科。大学时代参加过学潮，并读了大量加缪和萨特等现代派作家的作品，受存在主义思潮影响较大。发表了《奇妙的工作》《饲育》和《人羊》等小说，提出了现代资本主义社会中人的个性受压抑和人的尊严受损害等问题。毕业后继续创作，长篇小说《我们的时代》《青年的污名》等通过性来反映社会和人生的问题，长篇小说《万延元年足球队》《洪水涌上我的灵魂》和《燃烧的绿树》等记述有关核问题等重大社会问题，视角独特，情节荒诞。另外，还发表有长篇随笔《广岛札记》，散文集《严肃的走钢丝》，理论著作《小说的方法》等。因为他"善于在荒诞的故事叙述里蕴藏诗意的抒情，对人类危机进行深刻的思考"，1994年获诺贝尔文学奖。

村上春树

日本现代作家和翻译家。出生在京都，在当国语教师的父亲影响下，阅读了大量外国文学作品，尤其受美国现代文学影响较大。1975年毕业于早稻田大学演剧科，之后一边经营一家爵士咖啡厅，一边利用业余时间写作。1979年因为《且听风吟》（一译《听风的歌》）一举成名。1981年开始成为职业作家。到目前为止共推出长篇小说、短篇小说和随笔等40多部，在很多国家和地区引起了一股"村上热"。他的主要代表作有长篇小说《挪威的森林》《世界尽头与冷酷仙境》《发条鸟年代记》《舞！舞！舞！》《寻羊历险记》和《海边的卡夫卡》等。他的作品语言别具特色，充满爵士乐的节奏，抒情风格浓郁。被有的评论家推举为最具都市感受性、最能掌握时代特质与节奏的作家。